Stoye-Benk/Cutura
Handbuch Umwandlungsrecht

Handbuch
Umwandlungsrecht

für die rechtsberatende und notarielle Praxis

von

Christiane Stoye-Benk
Württ. Notariatsassessorin

Vladimir Cutura
Rechtsanwalt

3., neu bearbeitete Auflage

C.F. Müller

Bibliografische Information der Deutschen Nationalbibliothek

Die Deutsche Nationalbibliothek verzeichnet diese Publikation in der Deutschen Nationalbibliografie; detaillierte bibliografische Daten sind im Internet über <http://dnb.d-nb.de> abrufbar.

Bei der Herstellung des Werkes haben wir uns zukunftsbewusst für umweltverträgliche und wiederverwertbare Materialien entschieden.

Der Inhalt ist auf elementar chlorfreies Papier gedruckt.

ISBN 978-3-8114-3653-4

E-Mail: kundenbetreuung@hjr-verlag.de

Telefon: +49 89/2183-7928
Telefax: +49 89/2183-7620

© 2012 C.F. Müller, eine Marke der Verlagsgruppe Hüthig Jehle Rehm GmbH
Heidelberg, München, Landsberg, Frechen, Hamburg

www.cfmueller.de
www.hjr-verlag.de

Printed in Germany

Satz: TypoScript GmbH, München
Druck: Freiburger Graphische Betriebe, Freiburg

Vorwort

Es freut mich, dass ganz aktuell zum Inkrafttreten des Dritten Gesetzes zur Änderung des Umwandlungsgesetzes die dritte Auflage dieses Handbuchs erscheint. Damit können wir eine große Aktualität gewährleisten, die für die praktische Verwendbarkeit des Handbuchs als kompakte Arbeitshilfe zum Umwandlungsrecht sehr wichtig ist. Seit der zweiten Auflage gab es folgende wesentliche Neuerungen:

- das **Dritte Gesetz zur Änderung des Umwandlungsgesetzes**, welches am 15. Juli 2011 in Kraft getreten ist,
- das Gesetz zur Modernisierung des GmbH-Rechts und zur Bekämpfung von Missbräuchen (**MoMiG**), welches am 1. November 2008 in Kraft getreten ist,
- das Gesetz zur Modernisierung des Bilanzrechts (**BilMoG**), welches am 29. Mai 2009 in Kraft getreten ist,
- die Veröffentlichung des **Umwandlungssteuererlasses** zum SEStG am 31.12.2011, der fünf Jahre nach Inkrafttreten des SEStG für mehr Gestaltungssicherheit im UmwStG sorgen soll.

Zudem wurde in dieser dritten Auflage die Literatur und Rechtsprechung verarbeitet, die zwischenzeitlich zum Zweiten Gesetz zur Änderung des Umwandlungsgesetzes und zum SEStG erschienen ist. Zu vielen Fragen und Problemstellungen aus den damaligen Änderungen des UmwG und des UmwStG gab es bei Erscheinen der zweiten Auflage dieses Handbuchs noch keine oder nur sehr wenige Stellungnahmen aus der Literatur. Es freut mich, dass sich viele der Lösungsansätze der zweiten Auflage dieses Handbuchs bestätigt haben.

Da uns ein etwas erweiterter Umfang des Handbuchs vom Verlag zugestanden wurde, konnten wir auch weitere Musterlösungen in das Handbuch aufnehmen. Bei der Auswahl der zusätzlichen Fallkonstellationen haben wir uns vor allem an den zahlreichen Anregungen und Nachfragen orientiert, die ich in den vergangenen Jahren von den Nutzern dieses Handbuchs bekommen habe. Die praktische Verwendbarkeit des Buches wird sicherlich auch dadurch gesteigert werden, dass den Käufern des Handbuchs die Musterlösungen nun elektronisch zur Verfügung stehen. Sie erhalten diese auf Anfrage als Word-Datei unter E-Mail: **umwandlungsrecht@hjr-verlag.de.**

Da die Aktualität dieses Handbuchs eine sehr intensive Bearbeitung erfordert, freue ich mich, dass mein Kollege Rechtsanwalt Vladimir Cutura als Co-Autor hinzugekommen ist, der diese Aufgabe spontan und mit Elan übernommen hat. Aus seiner rechtsberatenden Tätigkeit hat er intensive praktische Erfahrungen mit Umwandlungsgestaltungen, die er in diese Auflagenbearbeitung eingebracht hat.

Für die vielen Hinweise und Anregungen zu diesem Handbuch seit seinem Erscheinen bin ich sehr dankbar und ich hoffe, dass dieser Austausch mit den Nutzern des Handbuchs erhalten bleibt. Hinweise und Anregungen können Sie weiterhin an unsere umseitig aufgeführte Adresse richten.

Ich möchte an dieser Stelle ganz herzlich Frau Kinga Miszlai, Frau Julia Stivala und Frau Nadine Goller für ihre Mitarbeit an diesem Handbuch in den letzten Monaten als wissenschaftliche Mitarbeiterinnen, insbesondere für die Unterstützung bei der umfangreichen Bearbeitung der Fußnoten dieses Handbuchs danken. Aber auch meinen Kolleginnen und Kollegen der Kanzlei Menold Bezler Rechtsanwälte danke ich sehr für die kollegiale Unterstützung, ohne die eine solche Autorentätigkeit nicht möglich wäre. Insbesondere danke ich meinem Kollegen Ralf-Dietrich Tiesler für die intensive Mitarbeit an den arbeitsrechtlichen Themen und meinem Kollegen Dr. Stefan Meßmer für die Mitarbeit an dem kartellrechtlichen Abschnitt.

Meiner Familie, in erster Linie meinem Ehemann, danke ich für das erneute Verständnis und die Unterstützung während der Arbeit an dieser Neuauflage, die mich immer wieder sehr stark in Anspruch genommen hat.

Stuttgart, im Januar 2012
Christiane Stoye-Benk
Vladimir Cutura

Anschrift der Autoren:

Menold Bezler Rechtsanwälte

Christiane Stoye-Benk

Vladimir Cutura

Rheinstahlstraße 3

70469 Stuttgart

Tel.: 0711/86040540

Fax: 0711/86040600

E-Mail: christiane.stoye-benk@menoldbezler.de

E-Mail: vladimir.cutura@menoldbezler.de

Vorwort zur 1. Auflage

Wieso und mit welcher Zielrichtung fängt man an, ein Handbuch zum Umwandlungsrecht zu schreiben? Es gibt zu diesem Rechtsgebiet ja bereits einige umfassende Handbücher, die von sehr guter Qualität sind.

Die Idee zu diesem Buch entstand aus der alltäglichen eigenen Praxis mit dem Umwandlungsrecht, den Erfahrungen bei der Ausbildung junger Kollegen in der Kanzlei sowie meiner Tätigkeit im Fortbildungsbereich des Württ. Notarvereins. Das Umwandlungsrecht ist ein Rechtsgebiet, das sich nicht leicht erschließen lässt. Der erste Einstieg erscheint einfach, da der systematische Aufbau des UmwG logisch nachvollziehbar ist. Sobald man jedoch am ersten „echten Umwandlungsfall" sitzt, merkt man (hoffentlich) schnell, wie komplex und schwierig das genaue Durchdringen der Einzelfalllösung ist. Hat man in der Praxis nur sporadisch mit Umwandlungsfällen zu tun, ist der Einstieg in einen komplexen Fall mit einem häufig sehr mühsamen Wiedereinfinden in die Materie verbunden. Hat man die Gelegenheit, sich viel mit Umwandlungsfällen zu beschäftigen, erschließen sich aus einer Fülle von Details nach und nach verschiedene Strukturen, mit deren Hilfe man eine systematische und vertiefte Kenntnis des Umwandlungsrechts entwickeln kann.

Das Konzept dieses Handbuchs soll sein, dem Einsteiger in die Materie des Umwandlungsrechts eine Einführung zu bieten, die nicht an der Oberfläche bleibt, sondern in einzelnen Punkten bereits mehr in die Tiefe geht. Zugleich soll das Handbuch demjenigen, der in der Praxis Einzelfragen hat, in wichtigen Bereichen zumindest den Ansatzpunkt zum schnellen Finden der Antworten bieten. Dabei habe ich versucht, gerade in den Vernetzungsbereichen mit anderen Rechtsgebieten die Fragen aufzugreifen, welche mir aus der notariellen Praxis mit dem Umwandlungsrecht heraus wichtig erscheinen. Durch die Musterlösungen soll auch für die praktische Umsetzung eine Hilfestellung geboten werden.

Das Handbuch beansprucht nicht, einen vollständigen Abriss des Umwandlungsrechts zu bieten. Vielmehr soll es durch die getroffene Auswahl der Erläuterungen und Lösungsvorschläge eine kompakte Arbeitshilfe zum Umwandlungsrecht sein. Ich hoffe, dass es diesem Anspruch in der Praxis gerecht werden kann. Für Hinweise und Anregungen zu diesem Handbuch bin ich dankbar. Sie sind jederzeit willkommen und können an meine nachfolgend (umseitig) aufgeführte Adresse gerichtet werden.

Ich möchte an dieser Stelle meinem Kollegen Herrn Rechtsanwalt Hermann Raible ganz herzlich dafür danken, dass er mit großem Sachverstand und großer Mühe das Stichwortverzeichnis zu diesem Handbuch erstellt hat. Meinem gesamten privaten und beruflichen Umfeld danke ich für das Verständnis und die Unterstützung während der Arbeit an diesem Handbuch, die mich zeitweise sehr stark in Anspruch genommen hat.

Stuttgart, im Oktober 2004 *Christiane Stoye-Benk*

Inhaltsübersicht

1. Kapitel
Einleitung

2. Kapitel
Allgemeiner Teil des Umwandlungsrechtes

3. Kapitel
Verschmelzung

4. Kapitel
Spaltung

5. Kapitel
Formwechsel

6. Kapitel
Vermögensübertragung

7. Kapitel
Gestaltungsüberlegungen

Anhang
Aufstellung der Umwandlungsarten des UmwG gem. Umwandlungssteuererlass 1998

Inhaltsverzeichnis

1. Kapitel
Einleitung

2. Kapitel
Allgemeiner Teil des Umwandlungsrechtes

3. Kapitel
Verschmelzung

4. Kapitel
Spaltung

5. Kapitel
Formwechsel

6. Kapitel
Vermögensübertragung

7. Kapitel
Gestaltungsüberlegungen

Anhang
Aufstellung der Umwandlungsarten des UmwG
gem. Umwandlungssteuererlass 1998

Abkürzungsverzeichnis

a.A.	anderer Ansicht
a.a.O.	am angegebenen Ort
Abs.	Absatz
a.F.	alte Fassung
AG	Die Aktiengesellschaft (Zeitschrift), Aktiengesellschaft, Amtsgericht
AGB	Allgemeine Geschäftsbedingungen
AktG	Aktiengesetz
allg.	allgemein
Alt.	Alternative
a.M.	andere Meinung
Anh.	Anhang
Arbeitnehmer-RL	Arbeitnehmer-Richtlinie
arg.	argumentum
BAG	Bundesarbeitsgericht
BauGB	Baugesetzbuch
BayObLG	Bayerisches Oberstes Landesgericht
BB	Der Betriebsberater
Begr. UmwG	Begründung Umwandlungsgesetz
Begr. RegE	Begründung Regierungsentwurf
Bet.	Beteiligung
BetäubungsmittelG	Betäubungsmittelgesetz
BetrVG	Betriebsverfassungsgesetz
BeurkG	Beurkundungsgesetz
BewG	Bewertungsgesetz
BFH	Bundesfinanzhof
BGB	Bürgerliches Gesetzbuch
BGBl.	Bundesgesetzblatt
BGH	Bundesgerichtshof
BGHZ	Entscheidungen des Bundesgerichtshofs in Zivilsachen
BMF	Bundesministerium der Finanzen
BNotO	Bundesnotarordnung
BR-Drs.	Drucksachen des Deutschen Bundesrates
BT-Drs.	Drucksachen des Deutschen Bundestages
BRRG	Rahmengesetz zur Vereinheitlichung des Beamtenrechts
BStBl.	Bundessteuerblatt
BVerfG	Bundesverfassungsgericht
bzw.	beziehungsweise
ca.	circa
d.h.	das heißt
DAI	Deutsches Anwalts-Institut
DB	Der Betrieb
DNotI	Deutsches Notarinstitut
DNotI-Report	Informationsdienst des Deutschen Notarinstituts
DNotZ	Deutsche Notarzeitschrift
DStR	Deutsches Steuerrecht
EFG	Entscheidungen der Finanzgerichte
eG	eingetragene Genossenschaft
EG	Europäische Gemeinschaft
EGAktG	Einführungsgesetz zum Aktiengesetz

EG-Richtlinie 77/187/EWG	Richtlinie zur Angleichung der Rechtsvorschriften der Mitgliedstaaten über die Wahrung von Ansprüchen der Arbeitnehmer beim Übergang von Unternehmen, Betrieben oder Betriebsteilen, ersetzt durch Richtlinie 2001/23/EG
EGV	Vertrag zur Gründung der Europäischen Gemeinschaft
EHUG	Gesetz über elektronische Handelsregister und Genossenschaftsregister sowie das Unternehmensregister
Einf.	Einführung
EinfUmwG	Einführungsgesetz zum Umwandlungsgesetz
Einl.	Einleitung
einschl.	einschließlich
eK	eingetragener Kaufmann
entspr.	entsprechend
ErbbauRG	Erbbaurechtsgesetz
EStG	Einkommensteuergesetz
EStG-E	Einkommensteuergesetz-Entwurf
etc.	et cetera
EU	Europäische Union
EuGH	Europäischer Gerichtshof
EU-RL	Europäische Richtlinie
6. EU-RL vom 17.12.1982	6. Spaltungsrichtlinie des Rates der Europäischen Gemeinschaft (82/891/EWG)
EuZW	Europäische Zeitschrift für Wirtschaftsrecht
e.V.	eingetragener Verein
EwiR	Entscheidungen zum Wirtschaftsrecht
EWIV	Europäische wirtschaftliche Interessenvereinigung
EWR	Europäischer Wirtschaftsraum
EWS	Europäisches Währungssystem
f., ff.	folgende
FGG	Gesetz über die Angelegenheiten der freiwilligen Gerichtsbarkeit
FinMin	Finanzministerium
FKVO	EG-Fusionskontrollverordnung vom 20.1.2004 (VO EG Nr. 139/2004)
Fn.	Fußnote
FS	Festschrift
GbR	Gesellschaft bürgerlichen Rechts
gem.	gemäß
Gen.	Genossenschaftliche Prüfungsverbände
GenG	Genossenschaftsgesetz (Gesetz betreffend die Erwerbs- und Wirtschaftsgenossenschaften)
GG	Grundgesetz
ggf.	gegebenenfalls
ggü.	gegenüber
gGmbH	gemeinnützige GmbH
GmbH	Gesellschaft mit beschränkter Haftung
GmbHG	Gesetz betreffend die Gesellschaften mit beschränkter Haftung
GmbHR	GmbH-Rundschau
GrdstVG	Grundstücksverkehrsgesetz
GrEStG	Grunderwerbsteuergesetz
GV	Gesellschafterversammlung
GVO	Grundstücksverkehrsordnung
GWB	Gesetz gegen Wettbewerbsbeschränkungen
GwG	Geldwäschegesetz
h.M.	herrschende Meinung
HGB	Handelsgesetzbuch

XVI

HK-UmwG	Heidelberger Kommentar zum Umwandlungsgesetz
HR	Handelsregister
HRV	Handelsregisterverfügung
HS	Halbsatz
HV	Hauptversammlung
i.d.R.	in der Regel
i.S.	im Sinne
i.V.m.	in Verbindung mit
IdW	Institut der Wirtschaftsprüfer
INF	Information über Steuer und Wirtschaft
InsO	Insolvenzordnung
IStR	Internationales Steuerrecht Zeitschrift für europäische und internationale Steuer- und Wirtschaftsberatung
jew.	jeweils
Kap.	Kapitel
KapErhG	Gesetz über die Kapitalerhöhung aus Gesellschaftsmitteln und über die Verschmelzung von Gesellschaften mit beschränkter Haftung
KG	Kammergericht, Kommanditgesellschaft
KGaA	Kommanditgesellschaft auf Aktien
KostO	Kostenordnung
KStG	Körperschaftsteuergesetz
LG	Landgericht
Lit.	Literatur
LJKG	Landesjustizkostengesetz des Landes Baden-Württemberg
max.	maximal
m.E.	meines Erachtens
MgVG	Gesetz über die Mitbestimmung der Arbeitnehmer bei einer grenzüberschreitenden Verschmelzung
m.w.N.	mit weiteren Nachweisen
mind.	mindestens
MittBayNot	Mitteilungen des Bayerischen Notarvereins
MittRhNotk	Mitteilung der Rheinischen Notarkammer
mögl.	möglich
MüKo	Münchener Kommentar zum BGB
MükoAktG	Münchener Kommentar zum AktG
MüKoGmbHG	Münchener Kommentar zum GmbHG
n.F.	neue Fassung
NJOZ	Neue Juristische Online Zeitschrift
NJW	Neue Juristische Wochenschrift
NJW-RR	NJW Rechtsprechungsreport Zivilrecht
NotBZ	Zeitschrift für die notarielle Beratungs- und Beurkundungspraxis
Nr.	Nummer
NZA	Neue Zeitschrift für Arbeits- und Sozialrecht
NZG	Neue Zeitschrift für Gesellschaftsrecht
OHG	Offene Handelsgesellschaft
OLG	Oberlandesgericht
PartG	Partnerschaftsgesellschaft
PhG	Persönlich haftender Gesellschafter

XVII

PPP	Public Private Partnership
PSV	Pensions-Sicherungs-Verein (Versicherungsverein auf Gegenseitigkeit)
RegE	Regierungsentwurf
RG	Reichsgericht
RGZ	Entscheidungen des Reichsgerichts in Zivilsachen
RL	Richtlinie
3. RL	3. Verschmelzungsrichtlinie des Rates der Europäischen Gemeinschaft (78/855/EWG)
Richtlinie 2001/23/EG vom 12.3.2001	Richtlinie zur Angleichung der Rechtsvorschriften der Mitgliedstaaten über die Wahrung von Ansprüchen der Arbeitnehmer beim Übergang von Unternehmen, Betrieben oder Betriebsteilen, ersetzt EG-Richtlinie 77/187/EWG
Rn.	Randnummer
RNotZ	Rheinische Notarzeitschrift
Rpfleger	Der Deutsche Rechtspfleger
RpflG	Rechtspflegergesetz
Rspr.	Rechtsprechung
S.	Satz
s.	siehe
s.a.	so auch
s.u.	siehe unten
SE	Societas Europaea = Europäische Aktiengesellschaft
SEAG	Gesetz zur Ausführung der Verordnung über das Statut der Europäischen Gesellschaft (SE) – SE-Ausführungsgesetz
SEBG	Gesetz über die Beteiligung der Arbeitnehmer in einer Europäischen Gesellschaft SE-Beteiligungsgesetz
SEStG	Gesetz über steuerliche Begleitmaßnahmen zur Einführung der Europäischen Gesellschaft und zur Änderung weiterer steuerlicher Maßnahmen
SE-VO	Verordnung zur Europäischen Aktiengesellschaft
sog.	so genannte
SpruchG	Spruchverfahrensgesetz
städt.	städtisch
str.	streitig
u.a.	unter anderem
u.E.	unseres Erachtens
UrhG	Urheberrechtsgesetz
UR.-Nr.	Urkundenrolle-Nummer
u.U.	unter Umständen
Überbl.	Überblick
UmwG	Umwandlungsgesetz
UmwG 1969	Umwandlungsgesetz 1969
UmwR	Umwandlungsrecht
UmwSt-Erl.	Umwandlungssteuererlass vom 31.12.2011
UmwStG	Umwandlungssteuergesetz
UntStFG	Unternehmenssteuerfortentwicklungsgesetz
UStG	Umsatzsteuergesetz
v.a.	vor allem
VAG	Gesetz über die Beaufsichtigung der privaten Versicherungsunternehmen und Bausparkassen (Versicherungsaufsichtsgesetz)
VerschmG	Verschmelzungsgesetz
vgl.	vergleiche
v.H.	von Hundert
Vorbem.	Vorbemerkung

VoV	Vertreter ohne Vertretungsmacht
VRL	Richtlinie 2005/56/EG vom 15.12.2005 über die Verschmelzung von Kapitalgesellschaften aus verschiedenen Mitgliedsstaaten
VVaG	Versicherungsverein auf Gegenseitigkeit
WEG	Wohnungseigentumsgesetz
WM	Wertpapier-Mitteilungen
WPg	Die Wirtschaftsprüfung
WpÜG	Wertpapiererwerbs- und Übernahmegesetz
z.B.	zum Beispiel
ZfIR	Zeitschrift für Immobilienrecht
ZIP	Zeitschrift für Wirtschaftsrecht
ZNotP	Zeitschrift für die NotarPraxis
zzgl.	zuzüglich

Literaturverzeichnis

Altenburg/Leister Der Widerspruch des Arbeitnehmers beim umwandlungsbedingten Betriebsübergang und seine Folgen, NZA 2005, 15 ff.

Altmeppen/Roth Gesetz betreffend die Gesellschaften mit beschränkter Haftung (GmbHG), 6. Auflage 2009

Armbürster/Preuß/Renner BeurkG/DONot, Beurkundungsgesetz und Dienstordnung für die Notarinnen und Notare, Kommentar, 5. Auflage 2008

Arndt/Lerch/Sandkühler Bundesnotarordnung, 6. Auflage 2008

Austmann Der verschmelzungsrechtliche Squeeze-out nach dem 3. UmwÄndG 2011, NZG 2011, 684 ff.

Ballreich Fallkommentar Umwandlungsrecht, 4. Auflage 2008

Baßler Gesellschafterwechsel bei Umwandlungen, GmbHR 2007, 1252 ff.

Baumbach/Hueck Beck'sche Kurzkommentar GmbHG, 19. Auflage 2010

Bayer 1000 Tage neues Umwandlungsrecht – eine Zwischenbilanz, ZIP 1997, 1613 ff.

Bayer/Schmidt Der Schutz der grenzüberschreitenden Verschmelzung durch die Niederlassungsfreiheit, ZIP 2006, 210 ff.

dies. Der Regierungsentwurf zur Änderung des Umwandlungsgesetzes, NZG 2006, 841 ff.

Begründung zum Regierungsentwurf UmwG BR-Drucksache 75/94

Beuthien Zur Grunderwerbsteuerneutralität von Umwandlungen, BB 2007, 133 ff.

Beuthien/Helios Die Umwandlung als transaktionslose Rechtsträgertransformation, NZG 2006, 369 ff.

BGH: Erfordernis grundbuchmäßiger Bezeichnung übertragener Grundstücke im Übernahmevertrag NZG 2008, 436 ff.

Blanke/Fedder Privatisierung 2. Auflage 2010

Blasche Welcher Zeitpunkt ist für die Beurteilung der Unzulässigkeit eines Downstream Mergers wegen des Übergangs von negativem Vermögen maßgeblich?, GWR 2010, 132 ff.

Blümich Einkommensteuergesetz, Körperschaftsteuergesetz, Gewerbesteuergesetz, Loseblatt-Kommentar, 2011

BMF Umwandlungssteuererlass Zweifels- und Auslegungsfragen zum UmwStG, BStBl. I 1998, 268, BStBl. II 2001, 543

Boecken Unternehmensumwandlungen und Arbeitsrecht, 2. Auflage, 2002

Böhringer Das neue GmbH-Recht in der Notarpraxis, BWNotZ 2008, 104

Boruttau/Klein Grunderwerbsteuergesetz, 17. Auflage 2011

Bossmann Arbeitsrechtliche Fragen bei der Umwandlung von Unternehmen, INF 1996, 431 ff.

Böttcher/Ries Formularpraxis des Handelsregisterrechts, 2. Auflage 2009

Bremer Blick nach Brüssel, NZG 2011, 695 ff.

Büchel Voreilige Eintragung von Verschmelzung oder Formwechsel und die Folgen, ZIP 2006, 2290 ff.

Bumiller/Winkler Freiwillige Gerichtsbarkeit, Kommentar, 7. Auflage, 1999

Bungert Grenzüberschreitende Verschmelzungsmobilität – Anmerkung zur SEVIC-Entscheidung des EuGH, BB 2006, 53 ff.

Bungert/Lange Bezeichnungserfordernisse des Grundbuchsrechts bei Abspaltungen von Dienstbarkeiten nach dem UmwG, DB 2009, 103 ff.

Bungert/Wettich Der neue verschmelzungsspezifische Squeeze-out nach § 62 Abs. 5 UmwG n. F., DB 2011, 1500 ff.

Bunnemann/Zirngibl Die Gesellschaft mit beschränkter Haftung in der Praxis, 2. Auflage 2011

Christ Gestaltungsüberlegungen zur Kapitalgesellschaft als „Vehikel" steuerfreier unentgeltlicher Vermögensübertragungen, ZEV 2011, 63 ff.

Christ Auswirkungen von unentgeltlichen Leistungen bei Kapitalgesellschaften auf Gesellschafter, Mitgesellschafter sowie nahe stehende Personen, ZEV 2011, 10 ff.

Clausnitzer Deutsches Firmenrecht versus Europäisches Gemeinschaftsrecht- Der Entwurf eines Gesetzes zum Internationalen Gesellschaftsrecht und aktuelle Rechtsprechung zur europakonformen Auslegung des Firmenrechts, DNotZ 2008, 484 ff.

Dehmer Umwandlungsgesetz, Umwandlungssteuerrecht, 2. Auflage 1998

Diekmann Die Nachgründung der Aktiengesellschaft, ZIP 1996, 2149 ff.

DNotI-Gutachten Gutachten des DNotI zum Umwandlungsrecht 1996/1997, Band IV, 1998

DNotI-Gutachten Report des DNotI 1999/2000, Oktober 1999

DNotI-Gutachten Report des DNotI 2010, Oktober

DNotI-Gutachten Report des DNotI 2000, Februar

Dörner WP-Handbuch der Unternehmensbesteuerung, (IDW Hrsg.), Ergänzungsband 1995, 2. Auflage 1995

Dorr/Stukenborg „Going to the Chapel": Grenzüberschreitende Ehen im Gesellschaftsrecht- Die ersten transnationalen Verschmelzungen nach dem UmwG (1994), DB 2003, 647 ff.

Dorsel Stellvertretung und Internationales Privatrecht, MittRhNotK 1997, 6 ff.

Drinhausen/Keinath Referentenentwurf eines Zweiten Gesetzes zur Änderung des Umwandlungsgesetzes – Erleichterung grenzüberschreitender Verschmelzungen für deutsche Kapitalgesellschaften?, BB 2006, 725 ff.

Drygala Anmerkung zum Urteil des OLG Zweibrücken vom 15.5.1995, ZIP 1995, 1251 ff.

Ebenroth/Boujong/Joost Handelsgesetzbuch, Band 1, 2008

Ege/C. Klett Aktuelle gesellschaftsrechtliche und steuerliche Aspekte von Anwachsungsmodellen-Zugleich Anmerkung zum Beschluss des OLG Hamm vom 24.6.2010, I-15 Wx 360/09, DStR 2010, 2463 ff.

Engelmeyer Die Informationsrechte des Betriebsrats und der Arbeitnehmer bei Strukturänderungen, DB 1996, 2542 ff.

Engl Formularbuch Umwandlungen, Gesellschaftsrecht-Steuerrecht, 2. Auflage 2008

Ensthaler/Füller/Schmidt Kommentar zum GmbH-Gesetz, 2. Auflage, 2010

EuGH: Verlegung des Sitzes einer Gesellschaft in einen anderen Mitgliedstaat als den Gründungsmitgliedstaat, IStR 2009, 59 ff.

Fabry/Augsten Unternehmen der Öffentlichen Hand, 2. Auflage 2010

Feddersen/Kiem Die Ausgliederung zwischen „Holzmüller" und neuem Umwandlungsrecht, ZIP 1994, 1078 ff.

Festschrift für Andreas Heldrich zum 70. Geburtstag, 2005

Finanzministerium Baden-Württemberg Erlass vom 19.12.1997 zum Übergang von Grundstücken bei Umwandlungen, Einbringungen und anderen Erwerbsvorgängen auf gesellschaftsvertraglicher Grundlage, BB 1998, 146 ff.

Flick Die Gesellschafterliste bei einer Verschmelzung mit Kapitalerhöhung, NZG 2010, 170 ff.

Förster/Wendland Einbringung von Unternehmensteilen in Kapitalgesellschaften – Auswirkungen des SEStEG auf Umwandlungsvorgänge, BB 2007, 631 ff.

Freitag/Riemschneider Die Unternehmergesellschaft- „GmbH light" als Konkurrenz für die Limited?, ZIP 2007, 1485 ff.

Frobenius „Cartesio": Partielle Wegzugsfreiheit für Gesellschaften in Europa, DStR 2009, 487 ff.

Fröll Die neue Teilbarkeit von Geschäftsanteilen – einfach (und) gut?, RNotZ 2008, 409 ff.

Ganske Berufsrelevante Regelungen für Wirtschaftsprüfer im neuen Umwandlungs-recht, WPg 1994, 157 ff.

Gasteyer Die Unternehmergesellschaft (haftungsbeschränkt) – Praktische Umsetzung des § 5a GmbHG aus anwaltlicher Sicht, NZG 2009, 1364 ff.

Gebert Das doppelte Teilbetriebserfordernis des § 15 UmwStG- Gemeinsam genutzte Betriebsimmobilien als Hindernis für die Steuerneutralität der Abspaltung?, DStR 2010, 1774 ff.

Geck Gestaltungsüberlegungen zur Übertragung von Anteilen an gewerblich geprägten Personengesellschaften gegen Versorgungsleistungen, DStR 2011, 962 ff.

Gelhausen/Heinz Handelsrechtliche Zweifelsfragen der Abwicklung von Ergebnisabführungsverträgen in Umwandlungsfällen, NZG 2005, 775 ff.

Germann Die Acht-Monats-Frist für die Einreichung der Schlußbilanz nach Verschmelzung und ihre Bedeutung für die Praxis, GmbHR 1999, 591 ff.

Gesetzesbegründung zum UmwG BT-Drucks. 12/6699 S. 82

Gesetzesbegründung zum UmwStG BT-Drucks. 12/6885 S. 14

Geyrhalter/Weber Die Schlussanträge des Generalanwalts in Sachen SEVIC-Systems AG, NZG 2005, 837 ff.

dies. Transnationale Verschmelzungen – im Spannungsfeld zwischen SEVIC Systems und der Verschmelzungsrichtlinie, DStR 2006, 146 ff.

Goette Neuere aktienrechtliche Rechtsprechung des II. Zivilsenats des Bundesgerichtshofes, DStR 2009, 2602 ff.

Goslar/Mense Der umwandlungsrechtliche Squeeze out als neues Gestaltungsmittel für die Praxis, GWR 2011, 275 ff.

Görk Anmerkung zum EuGH-Beschluss vom 21.3.2002, ZIP 2002, 663 ff.

Göthel Der verschmelzungsrechtliche Squeeze out, ZIP 2011, 1541 ff.

Götz Der vereinfachte aktienrechtliche Squeeze-out zur Finanzmarktstabilisierung, NZG 2010, 412 ff.

Grunderwerb und Umwandlung DAI Skript Gestaltungsvorschläge, insbesondere zur Grunderwerb- und Umsatzsteuer, Skript zum DAI-Seminar am 2.3.2001

Gutachtenpraxis des DNotI Formwechsel einer Eurpäischen Aktiengesellschaft in eine KGaA; Analogieverbot; abschließende Regelung in SE-VO; SE, DNotI – Report 2010, 184 ff.

Habersack/Schürnbrand Das Schicksal gebundener Ansprüche beim Formwechsel, NZG 2007, 81 ff.

Hachenburg Großkommentar zum GmbHG, 7. und 8. Auflage 1992/1997

Hagemann/Jakob/Ropohl/Viebrock Das neue Konzept der Verstrickung und Entstrickung sowie die Neufassung des Umwandlungssteuergesetzes, NWB-Sonderheft 1/2007 SEStEG.

Hausch Arbeitsrechtliche Pflichtangaben nach dem UmwG– Teil 1 –, RNotZ 2007, 328 ff.

Haritz/Menner Umwandlungssteuergesetz, 3. Auflage 2010

Haritz/von Wolff Internationalisierung des deutschen Umwandlungsrechts – Zum Entwurf eines Zweiten Gesetzes zur Änderung des Umwandlungsgesetzes, GmbHR 2006, 340 ff.

Haug/Zimmermann Die Amtshaftung des Notars, 3. Auflage 2011

Hausch Arbeitsrechtliche Pflichtangaben nach dem UmwG – Teil 1 -, RNotZ 2007, 308 ff.

Heckschen Die Entwicklung des Umwandlungsrechts aus Sicht der Rechtsprechung und Praxis, DB 1998, 1385 ff.

ders. Das Umwandlungsrecht unter Berücksichtigung registerrechtlicher Problembereiche, Rpfleger 1999, 357 ff.

ders. Grunderwerb und Umwandlung, Gestaltungsvorschläge, insbesondere zur Grunderwerb- u. Umsatzsteuer, Praktikertagung des DAI vom 2.3.2001, Skript

ders. Erste Erfahrungen mit der SE in der notariellen Praxis, DAI Skript zur 5. Gesellschaftsrechtlichen Jahresarbeitstagung vom 16. bis 17. März 2007, 145 ff.

ders. Die Reform des Umwandlungsrecht, DNotZ 2007, 444 ff.

ders. Umstrukturierung von Kapitalgesellschaften vor und während der Krise: Umwandlungsmaßnahmen vor dem Insolvenzeröffnungsantrag, DB 2005, 2283 ff.

ders. Die Pflicht zur Anteilsgewährung im Umwandlungsrecht, DB 2008, 1363 ff.

ders. Das MoMiG in der notariellen Praxis, 2009

ders. Die Umwandlung in der Krise und zur Bewältigung der Krise, ZInsO 2008, 824 ff.

ders. Die Novelle des Umwandlungsgesetzes- Erleichterungen für Verschmelzungen und Squeeze-out, NJW 2011, 2390 ff.

Heckschen/Gassen Der Verzicht auf Anteilsgewähr bei Umwandlungsvorgängen und Grenzen aus gesellschaftsrechtlicher Sicht, GWR 2010, 101 ff.

Heckschen/Simon Umwandlungsrecht – Gestaltungsschwerpunkte der Praxis, 2003

Heidelberger Kommentar zum UmwG 2008

Heinemann Die Unternehmergesellschaft als Zielgesellschaft von Formwechsel, Verschmelzung und Spaltung nach dem Umwandlungsgesetz, NZG 2008, 821 ff.

Hennrichs Die UG (haftungsbeschränkt)- Reichweite des Sacheinlageverbots und gesetzliche Rücklage, NZG 2009, 1161 ff.

Hennrichs/Pöschke/von der Laage/Klavina Die Niederlassungsfreiheit der Gesellschaften in Europa, WM 2010, 2008 ff.

Herrler Ermöglichung grenzüberschreitender Verschmelzungen von Kapitalgesellschaften durch Änderung des Umwandlungsgesetzes, EuZW 2007, 295 ff.

ders. Aktuelles zur Kapitalerhöhung bei der GmbH, DNotZ 2008, 903 ff.

ders. Neues aus Karlsruhe zur Gesellschafterliste, NZG 2011, 536 ff.

Heurung Fortführung und rückwirkende Begründung von Organschaftsverhältnissen in Umwandlungsfällen, BB 2011, 151 ff.

Hofmann Grunderwerbsteuergesetz-Kommentar, 9. Auflage 2010

Höger Ist die Spaltung von Kapitalgesellschaften zufriedenstellend geregelt?, StbJb 1994/1995, 225 ff.

Hohenstatt/Seibt Ausgliederung laufender Pensionsverbindlichkeiten: Eine arbeits- und umwandlungsrechtliche Betrachtung, ZIP 2006, 546 ff.

Hommelhoff Spaltung: Gläubigerschutz, in Lutter (Hrsg.), Kölner Umwandlungsrechtstage, S. 120 ff.

Hüffer Aktiengesetz, Becksche Kurzkommentare, 9. Auflage 2010

IdW HFA Institut der Wirtschaftsprüfer, Stellungnahme HFA 2/1997: Zweifelsfragen der Rechnungslegung bei Verschmelzungen, IDW-Fachnachrichten 1997, 175 ff.

Ising Beschränkte persönliche Dienstbarkeiten bei Umwandlungen, ZfIR 2010, 386 ff.

Jung/Der/Wartenberg Die schädliche Einlagenrückgewähr nach § 22 Abs. 1 S. 6 Nr. 3 UmwStG bei formwechselnder Umwandlung einer Personengesellschaft in eine Kapitalgesellschaft- ein Damoklesschwert des Umwandlungssteuerrechts?, BB 2010, 26 ff.

Kallmeyer Umwandlungsgesetz, Kommentar, 4. Auflage 2010

ders. Die GmbH & Co. KG im Umwandlungsrecht, GmbHR 2000, 418 ff.

ders. Grenzüberschreitende Verschmelzungen und Spaltungen nach SEVIC Systems und der EU-Verschmelzungsrichtlinie, AG 2006, 224 ff.

ders. Grenzüberschreitende Verschmelzungen und Spaltungen, ZIP 1996, 535 ff.

ders. Der Ein- und Austritt der Komplementär-GmbH & Co. KG bei Verschmelzung, Spaltung und Formwechsel nach dem UmwG 1995, GmbHR 1996, 80 ff.

ders. Der gemeinsame Verschmelzungsplan für grenzüberschreitende Verschmelzungen, AG 2007, 472 ff.

Keidel/Kuntze/Winkler Freiwillige Gerichtsbarkeit, Kommentar zum FGG, 15. Auflage 2003

Keidel/Winkler Beurkundungsgesetz Kommentar, 16. Auflage 2008 (jetzt fortgeführt von *Winkler*)

Kerschbaumer Praktische Probleme bei der Anwendung der GmbH-Gründungsvorschriften beim Formwechsel von der AG in die GmbH nach § 197, NZG 2011, 892 ff.

Kessler/Ortmann-Babel/Zipfel Unternehmensteuerreform 2008: Die geplanten Änderungen im Überblick, BB 2007, 523 ff.

Kiefner/Brügel Der umwandlungsrechtliche Squeeze-out-Verfahren, Einsatzmöglichkeiten, Rechtsschutzfragen, AG 2011, 527 ff.

Klass/Möller Umwandlungsprivileg für Konzerne bei der Grunderwerbsteuer- koordinierte Ländererlasse vom 1.12.2010, BB 2011, 407 ff.

Klein/Theusinger Beteiligungstransparenz ohne Beteiligungsrelevanz? Mitteilungspflichten bei Umfirmierungen und Umwandlungsmaßnahmen, NZG 2009, 250 ff.

Klein Grenzüberschreitende Verschmelzung von Kapitalgesellschaften, RNotZ 2007, 565 ff.

Klöckner Erfordernis der notariellen Beurkundung gem. § 311b Abs. 3 BGB beim Asset-Deal?, DB 2008, 1083 ff.

Knop Die Wegzugsfreiheit nach dem Cartesio- Urteil des EuGH, DZWIR 2009, 147 ff.

Kölner Kommentar zum AktG *Zöllner* (Hrsg.) 2. Auflage 1987 ff.

Kölner Kommentar zum UmwG, 2009

Körner Anmerkungen zum SEStEG-Entwurf vom 21.04.2006, IStR 2006, 469 ff.

Korintenberg/Lappe/Bengel/Reimann KostO-Kostenordnung Kommentar, 18. Auflage 2010

Kossmann/Heinrich Möglichkeiten der Umwandlung einer bestehenden SE, ZIP 2007, 164 ff.

Krafka/Willer Handbuch der Rechtspraxis, Registerrecht, 8. Auflage 2010

Krause/Kulpa Grenzüberschreitende Verschmelzungen – Vor dem Hintergrund der „SEVIC"-Entscheidung und der Reform des deutschen Umwandlungsrechts -, ZHR 171 (2007), 38 ff.

Kruse/Kruse Grenzüberschreitende Konzernverschmelzungen- Vorgaben und Vereinfachungen der §§ 122a ff. UmwG, BB 2010, 3035 ff.

Küperkoch Notarielle Mitteilungspflichten RNotZ 2002, 298 ff.

Leible/Hoffmann Grenzüberschreitende Verschmelzungen im Binnenmarkt nach „SEVIC", RIW 2006, 161 ff.

Leitzen Die Änderungen des Umwandlungsgesetzes durch das Dritte Gesetz zur Änderung des Umwandlungsrechts, DNotZ 2011, 526 ff.

ders. „All-Klauseln" und die Ausgliederung/Abspaltung von Grundstücken und Rechten an Grundstücken, ZNotP 2010, 91 ff.

Lemaitre/Schönherr Die Umwandlung von Kapitalgesellschaften in Personengesellschaften durch Verschmelzung und Formwechsel nach der Neufassung des UmwStG durch das SEStEG, GmbHR 2007, 173 ff.

Lepper Die Ausgliederung kommunaler Unternehmen in der notariellen Praxis, RNotZ 2006, 313 ff.

Leuering Die umwandlungsrechtliche Schlussbilanz, NJW-Spezial, 2010, 179 f.

Limmer Grenzüberschreitende Umwandlungen nach dem Sevic-Urteil des EuGH und den Neuregelungen des UmwG (Teil I), ZNotP 2007, 242 ff.

Limmer Handbuch der Unternehmensumwandlung, 3. Auflage 2007

ders. Grenzüberschreitende Umwandlungen nach dem SEVIC-Urteil des EuGH und den Neuregelungen des UmwG (Teil I), ZNotP 2007, 242 ff.

Louven Umsetzungen der Verschmelzungsrichtlinie – Anmerkungen aus der Praxis zum RegE eines Zweiten Gesetzes zur Änderung des UmwG vom 9.8.2006, ZIP 2006, 2021 ff.

Lörcher Aktienoptionen bei Strukturveränderungen der Arbeitgebergesellschaft, 2004

Lutter Umwandlungsgesetz, Kommentar, 4. Auflage 2009

Lutter/Hommelhoff GmbH-Gesetz – Kommentar, 15. Auflage 2000

Mayer D. Das Umwandlungsrecht als Instrumentarium der Unternehmensnachfolge, 25. Notartag Münster 1998, Sonderheft der DNotZ, 159 ff.

ders. Ausstrahlungswirkung des Umwandlungsgesetzes auf andere Strukturmaßnahmen (Delisting, Übernahme, Einzelübertragung), 2. Gesellschaftsrechtliche Jahresarbeitstagung des DAI vom 14./15.11.2003, Skript

ders. Grenzüberschreitende Verschmelzungen – Gestaltungsvarianten für die Praxis, 5. Gesellschaftsrechtliche Jahrestagung des DAI vom 16. bis 17. März 2007, 119 ff.

ders. Unternehmensnachfolge und Umwandlung, ZEV 2005, 325 ff.

Lwowski/Wunderlich Insolvenzanfechtung von Kapitalherabsetzungs- und Umwandlungsmaßnahmen, NZI 2008, 595 ff.

Mayer/Weiler Neuregelungen durch das Zweite Gesetz zur Änderung des Umwandlungsgesetzes (Teil I), DB 2007, 1235 ff.

Meissner/Bron Umwandlung einer Personengesellschaft in eine Kapitalgesellschaft- Gestaltungsempfehlungen und Fallstricke (Teil I und II), SteuK 2011, 47 ff.

Meister Die Auswirkungen des MoMiG auf das Umwandlungsrecht, NZG 2008, 767 ff.

Mertens Die stille Beteiligung an der GmbH und ihre Überleitung bei Umwandlungen in die AG, AG 2000, 32 ff.

Müller-Eising/Bert § 5 Abs. 3 UmwG: Eine Norm, eine Frist, drei Termine, DB 1996, 1398 ff.

Müller H.-F. Internationalisierung des deutschen Umwandlungsrechts: Die Regelung der grenzüberschreitenden Verschmelzung, ZIP 2007, 1081 ff.

Müller Die Zuleitung des Verschmelzungsvertrages an den Betriebsrat nach § 5 Abs. 3 Umwandlungsgesetz, DB 1997, 713 ff.

Münchener Kommentar zum BGB, 4. Auflage 2000 (MüKo)

Münchener Kommentar zum AktG, 2. Auflage 2006 (MükoAktG)

Münchener Kommentar zum GmbHG, 2010 (MüKoGmbHG)

Naraschewski Gläubigerschutz bei der Verschmelzung von GmbH, GmbHR 1998, 356 ff.

Nelißen B. Augen auf bei konzerninternen Verschmelzungen!, NZG, 2010, 1291 ff.

Neye Die Änderungen im Umwandlungsrecht nach den handels- und gesellschaftsrechtlichen Reformgesetzen in der 13. Legislaturperiode, DB 1998, 1649 ff.

ders. Neuigkeiten beim Umwandlungsrecht, NZG 2011, 681 ff.

Notarkasse München Streifzug durch die Kostenordnung, 8. Auflage, 2010

Oplustil/Schneider Zur Stellung der Europäischen Aktiengesellschaft im Umwandlungsrecht, NZG 2003, 13 ff.

Pahlke/Franz GrunderwerbsteuerG Kommentar, 4. Auflage 2010

Palandt BGB Kommentar, 66. Auflage 2007

Panzer/Gebert Leistungen zwischen zu spaltenden Rechtsträgern im Rückwirkungszeitraum – Wie weit reicht die Rückwirkungsfunktion?, DStR 2010, 520 ff.

Petrovicki LG München I: Für die Bekanntmachung für die leistenden Barabfindung gelten bei einem Formwechsel strenge Anforderungen, GWR, 2009, 426 ff.

Plewka Die Entwicklung des Steuerrechts, NJW 2011, 2562

Priester Gründungsrecht contra Identitätsproblem, FS Zöllner, 1999, S. 466

ders. Mitgliederwechsel im Umwandlungszeitpunkt, DB 1997, 560 ff.

Pyszka Umsatzsteuer bei Umwandlungen, DStR, 2011, 545 ff.

Randenborgh/Kallmeyer Pro und Contra: Beurkundung gesellschaftsrechtlicher Rechtsgeschäfte durch ausländische Notare?, GmbHR 1996, 908 ff.

Reinmann Nachfolgeplanung bei internationalen Verschmelzungen, ZEV, 2009, 586 ff.

Reithmann Zur Haftung des Notars-Wem gegenüber bliegen dem Notar Amtspflichten? DNotZ 1970, 9 ff.

Reul Grundrechte und Vertragsfreiheit im Gesellschaftsrecht, DNotZ 2007, 184 ff.

Ries Aktuelle Fragen der Praxis zur Gesellschafterliste, GWR 2011, 54 ff.

Rixen/Böttcher Erfahrungsbericht über die transnationale Verschmelzung, GmbHR 1993, 572 ff.

Rödder/Schumacher Das kommende SEStEG – Teil II: Das geplante neue Umwandlungssteuergesetz. Der Regierungsentwurf eines Gesetzes über steuerliche Begleitmaßnahmen zur Einführung der Europäischen Gesellschaft und zur Änderung weiterer steuerlicher Vorschriften, DStR 2006, 1525 ff.

Rogall Einbringungen ins Darlehenskonto von Personengesellschaften im Zusammenhang mit § 24 UmwStG, DB 2007, 1215 ff.

ders. Wesentliche Aspekte des neuen Umwandlungssteuererlasses, NZG 2011, 810 ff.

Rohs/Wedewer Kostenordnung-Kommentar, Loseblatt

Ropohl Grunderwerbsteuerneutrale Übertragung von sicherungsübereigneten Gebäuden auf fremdem Grund und Boden im Rahmen von Unternehmensumwandlungen, DB 2005, 972 ff.

Rowedder/Schmidt-Leithoff GmbHG Kommentar, 4. Auflage 2002

Rundschreiben der BNotK vom 19.11.2003 Anwendungsempfehlungen zum Geldwäschegesetz (GwG), ZNotP 2004, 98 ff.

Sagasser/Bula/Brünger Umwandlungen: Verschmelzung-Spaltung-Formwechsel-Vermögensübertragung, 4. Auflage 2011 (zitiert: *Sagasser*)

Schäfer Mehrheitserfordernisse bei Stimmrechtskonsortien- Besprechung des Urteils BGH NJW 2009, 669 „Schutzgemeinschaft II", ZGR, 2009, 768 ff.

Schaflitzl/Widmayer Die Besteuerung von Umwandlungen nach dem Regierungsentwurf des SEStEG, BB 2006, 36 ff.

Schaub Ausländische Handelsgeschäfte und deutsches Registerverfahren, NZG 2000, 953 ff.

Scheunemann Die Schlussbilanz bei der Verschmelzung von in einen Konzernabschluss einbezogenen Gesellschaften, DB 2006, 797 ff.

Schiessl/Tschesche Grunderwerbsteuerliche Privilegierungen bei Konzernumstrukturierungen, insbesondere nach § 1 Abs. 6 GrEStG, BB 2003, 1867 ff.

Schilling Großkommentar zum Aktiengesetz, 4. Auflage 1992-1999

Schlee Haftung des Notars für Grunderwerbsteuer?, ZNotP 1997, 52 ff.

Schlegelberger Schlegelberger/Geßler/Hefermehl, Handelsgesetzbuch: Kommentar, 5. Auflage, 1992 ff.

Schmidt Die Änderung der umwandlungsrechtlichen Informationspflichten durch das ARUG, NZG 2008, 734 ff.

Schmidt Gesetzliche Gestaltung und dogmatisches Konzept eines neuen Umwandlungsgesetzes, ZGR 1990, 580 ff.

ders. Volleinzahlungsgebot beim Formwechsel in die AG oder GmbH?, ZIP 1995, 1385 ff.

ders. „Schutzgemeinschaftsvertrag II": ein gesellschaftsrechtliches Lehrstück über Stimmrechtskonsortien, ZIP 2009, 737 ff.

Schmidtbleicher Verwaltungssitzverlegung deutscher Kapitalgesellschaften in Europa: „SEVIC" als Leitlinie für „Cartesio"? BB 2007, 613 ff.

Schmitt Auf- und Abspaltung von Kapitalgesellschaften- Anmerkungen zum Entwurf des Umwandlungssteuererlasses, DStR 2011, 1108

Schmitt/Hörtnagel/Stratz Umwandlungsgesetz, Umwandlungssteuergesetz, Kommentar, 4. Auflage 2005

Schöner/Stöber Grundbuchrecht, 14. Auflage 2008

Scholz Kommentar zum GmbHG, 10. Auflage 2010

Schulenburg/Brosius Die cooling-off Periode bei der Wahl von Aufsichtsratsmitgliedern börsennotierter Gesellschaften in der Umwandlung, BB 2010, 3039 ff.

Semler/Stengel Umwandlungsgesetz Kommentar, 4. Auflage 2011

Sethe/Winzer Der Umzug von Gesellschaften in Europa nach dem Cartesio- Urteil, WM 2009, 536 ff.

Siems SEVIC: Der letzte Mosaikstein im Internationalen Gesellschaftsrecht der EU?, EuZW 2006, 135 ff.

Simon/Hinrichs Unterrichtung der Arbeitnehmer und ihrer Vertretungen bei grenzüberschreitenden Verschmelzungen, NZA 2008, 391 ff.

Simon/Leuering Umwandlung von GmbH & Co. KGs – Ende des Treuhandmodells, NJW-Spezial 2005, 459 ff.

Simon/Merkelbach Das Dritte Gesetz zur Änderung des UmwG, DB 2011, 1317 ff.

Simon/Rubner Die Umsetzung der Richtlinie über grenzüberschreitende Verschmelzungen ins deutsche Recht, Der Konzern 2006, 835 ff.

Sistermann/Beutel Spaltung und Begründung von wirtschaftlichem Eigentum- Gestaltungsmöglichkeiten nach dem Entwurf des Umwandlungssteuer-Erlasses vom 2.5.2011, DStR 2011, 1162 ff.

Sommer/Treptow/Dietlmeier Haftung für Berufsfehler nach Umwandlung einer Freiberufler-GbR in eine Partnerschaftsgesellschaft, NJW 2011, 1551 ff.

Sonnenberger/Bauer Vorschlag des Deutschen Rates für Internationales Privatrecht für eine Regelung des Internationalen Gesellschaftsrechts auf europäischer/nationaler Ebene, RIW Beilage 1 zu Heft 4, 2006

Spahlinger/Wegen Deutsche Gesellschaften in grenzüberschreitenden Umwandlungen nach „SEVIC" und der Verschmelzungsrichtlinie in der Praxis, NZG 2006, 721 ff.

Spitzbart Die Europäische Aktiengesellschaft (Societas Europaea-SE) – Aufbau der SE und Gründung RNotZ 2006, 369 ff.

Stöber Die Auswirkungen einer Umwandlung nach dem Umwandlungsgesetz auf einen laufenden Zivilprozess, NZG 2006, 574 ff.

Tauchert-Nosko Verschmelzung und Spaltung von Kapitalgesellschaften in Deutschland und Frankreich, 1999

Tebben Die Reform der GmbH – das MoMiG in der notariellen Praxis, RNotZ 2008, 441

Tettinger Die Barzahlung gem. § 15 UmwG – Für mehr Gestaltungsfreiheit im Verschmelzungsrecht, NZG 2008, 93 ff.

Thoß Differenzhaftung bei der Kapitalerhöhung zur Durchführung einer Verschmelzung, NZG 2006, 376 ff.

Tiedtke Kostenrechtliche Behandlung von Umwandlungsvorgängen nach dem Umwandlungsgesetz (Teil I), ZNotP 2001, 226 ff.

Tillmann Die Verschmelzung von Schwestergesellschaften unter Beteiligung von GmbH und GmbH & Co. KG, GmbHR 2003, 740 ff.

Uhlenbruck/Hirte/Vallender Insolvenzordnung, Kommentar, 13. Auflage 2010

Umwandlungssteuererlass BMF Umwandlungssteuererlass 1998, BStBl. 1998 I, S. 268 ff. mit Ergänzung vom 16.8.2000, BStBl. 2000 I, S. 1253

Veil Die Unternehmergesellschaft nach dem Regierungsentwurf des MoMiG; Regelungsmodell und Praxistauglichkeit, GmbHR 2007, 1080 ff.

Vogel Geklärte, ungeklärte und neue Fragen im Problemkreis von Umwandlung und Organschaft, DB 2011, 1239 ff.

Vossius Gutgläubiger Erwerb von GmbH-Anteilen nach MoMiG, DB 2007, 2299 ff.

Wachter Die neue Drei-Klassengesellschaft im deutschen GmbH-Recht, GmbHR 2007, R209 ff.

Wälzholz Nebenleistungspflichten beim aufnehmenden Rechtsträger als Verschmelzunghindernis?, DStR 2006, 236 ff.

Wälzholz Das MoMiG kommt: Ein Überblick über die neuen Regelungen; Mehr Moblilität, Flexibilität und Gestaltungsfreiheit GmbHR 2008, 841 ff.

Weiler Grenzen des Verzichts auf die Anteilsgewährung im Umwandlungsrecht – Kritische Betrachtung der §§ 54 I 3 UmwG n.F. und mögliche Mechanismen zum Schutz von Minderheitsgesellschaften, NZG 2008, 527

ders. Heilung einer verfristeten Umwandlung durch Änderung des Umwandlungsstichtages, DNotZ 2007, 888 ff.

Wenglorz Die grenzüberschreitende „Heraus"-Verschmelzung einer deutschen Kapitalgesellschaft: Und es geht doch! BB 2004, 1061 ff.

Weiler Fehlerkorrektur im Umwandlungsrecht nach Ablauf der Acht-Monats-Frist des § 17 Abs. 2 Satz 4 UmwG, MittBayNot 2006, 377 ff.

Wicke/Menzel Der Amtsübergang bei Umstrukturierung des WEG-Verwalters, MittBayNot 2009, 203 ff.

Widmann/Mayer Umwandlungsrecht, Umwandlungsgesetz Umwandlungssteuergesetz, Kommentar, Loseblatt

Willemsen Umstrukturierung und Übertragung von Unternehmen – Arbeitsrechtliches Handbuch, 4. Auflage 2011

Wollenschläger/von Harbou Arbeitsrechtliche Fragen bei Privatisierungs- und Outsourcingmaßnahmen in öffentlichen Krankenhäusern, NZA 2005, 1081 ff.

Wollenweber/Ebert Ausgliederung von Pensionsverbindlichkeiten nach dem Umwandlungsgesetz, NZG 2006, 41 ff.

Zimmer/Naendrup Das Cartesio-Urteil des EuGH: Rück oder Fortschritt für das internationale Gesellschaftsrecht?, NJW 2009, 545 ff.

1. Kapitel
Einleitung

Seit Inkrafttreten des Umwandlungsgesetzes und des neugefassten Umwandlungs- **1**
steuergesetzes am 1.1.1995 ist die Bedeutung von Umwandlungsfällen im Notariat
immer mehr gestiegen. Insbesondere im Bereich von Umstrukturierungsmaßnahmen
in Konzernen oder Unternehmensgruppen hat sich das Umwandlungsrecht als wichtiges Gestaltungsinstrument durchgesetzt. Ein überwiegender Teil der Umwandlungsfälle ist steuerlich motiviert, bei welchen das Erzielen der steuerlich gewünschten Folgen für die Beteiligten im Regelfall auch das wesentliche Ziel ist.

Durch das **Zweite Gesetz zur Änderung des Umwandlungsgesetzes**, welches am **2**
25.4.2007 in Kraft getreten ist, wurden vorrangig die gesellschaftsrechtlichen Vorgaben der Verschmelzungsrichtlinie vom 15.12.2005 (VRL) sowie der SEVIC-Entscheidung des EUGH[1] in nationales Recht umgesetzt. Das Gesetz zur Umsetzung
der Regelungen über die Mitbestimmung der Arbeitnehmer bei einer Verschmelzung von Kapitalgesellschaften aus verschiedenen Mitgliedstaaten (**MgVG**) ist am
29.12.2006 in Kraft getreten. Die steuerrechtlichen Vorgaben der VRL wurden
mit dem Gesetz über steuerliche Begleitmaßnahmen zur Einführung der Europäischen Gesellschaft und zur Änderung weiterer steuerlicher Maßnahmen (**SEStG**),
welches am 13.12.2006 in Kraft getreten ist, in nationales Recht umgesetzt. In
Art. 6 SEStG ist eine vollständige **Neufassung des UmwStG** enthalten, welche
auch bei inländischen Umwandlungsvorgängen teilweise zu erheblichen Änderungen der steuerlichen Vorgaben führt. Das Zweite Gesetz zur Änderung des
Umwandlungsgesetzes beinhaltet jedoch auch noch weitere Änderungen des
Umwandlungsrechts für nationale Umwandlungsvorgänge, welche zum einen
Erleichterungen für konzerninterne Verschmelzungen bewirken sowie einige
Rechtsunsicherheiten des Umwandlungsrechts beseitigen.

Das Gesetz zur Modernisierung des GmbH-Rechts und zur Bekämpfung von Miss- **3**
bräuchen (**MoMiG**), welches am 1.11.2008 in Kraft getreten ist, hat zahlreiche Änderungen im GmbH-Recht bewirkt, die auch im Anwendungsbereich des Umwandlungsgesetzes zu berücksichtigen sind. Ebenso hat das Gesetz zur Modernisierung des
Bilanzrechts (**BilMoG**), welches am 29.5.2009 in Kraft getreten ist, Auswirkungen im
Bereich des Umwandlungsrechts. Die neuen Bilanzierungsregeln sind verpflichtend
für Geschäftsjahre ab dem 1.1.2010 anzuwenden. Das BilMoG ist als die weitrei-
chendste Reform der HGB-Bilanzierungsregeln seit fast drei Jahrzehnten anzusehen.
Am 31.12.2011 wurde der **Umwandlungssteuererlass** zum SEStG veröffentlicht, der
fünf Jahre nach Inkrafttreten des SEStG für mehr Gestaltungssicherheit im UmwStG
sorgen soll.

Durch das „**Dritte Gesetz zur Änderung des Umwandlungsgesetzes**", welches am **4**
15.7.2011 in Kraft getreten ist, wurden in erster Linie die Vorgaben der Änderungs-
richtlinie vom 16.9.2009 – 2009/109/EG – in nationales Recht umgesetzt. Die Ände-
rungsrichtlinie hat im Bereich des Umwandlungsrechts das Ziel, im Bereich der Ver-

---

1 *EuGH* DB 2005, 2804 ff.

schmelzung und Spaltung unter Beteiligung von Aktiengesellschaften, teilweise auch von Kommanditgesellschaften auf Aktien und von Gesellschaften mit beschränkter Haftung, Erleichterungen bei Berichtspflichten, Prüfungspflichten, Informationspflichten und Veröffentlichungspflichten zu erreichen. Der deutsche Gesetzgeber wollte zunächst bei der Umsetzung in nationales Recht teilweise die Erleichterungen auf alle Rechtsträger erstrecken, hat sich aber im Wesentlichen dann doch auf die Umsetzung in den Fällen der Beteiligung von Aktiengesellschaften und von Kommanditgesellschaften auf Aktien beschränkt. Zudem hat der Gesetzgeber auch noch weitere Änderungen des Umwandlungsgesetzes vorgenommen, so das Entfallen von Zustimmungspflichten der Anteilseigner bei bestimmten Fällen der Konzernverschmelzung sowie Änderungen zum Ausschluss von Minderheitsaktionären („,umwandlungsrechtliches Squeeze-out").

5 Da die steuerlichen Folgen einer Umwandlung für die Beteiligten meistens von vorrangiger Bedeutung sind, bedeutet dies für die beteiligten Berater und den beurkundenden und dann im Vollzug tätigen Notar, dass insbesondere die im Umwandlungsrecht und Umwandlungssteuerrecht vorgegebenen Fristen genau eingehalten werden müssen. Für den Notar bedeutet dies in erster Linie, dass er dafür Sorge tragen muss, dass der Umwandlungsfall zu einem bestimmten Termin vollzugsreif beim Registergericht vorliegen muss. Hier liegt eine hohe Endverantwortung des Notars, der gerade bei komplexeren Gestaltungen vor Einreichung der Anträge nochmals prüfen muss, dass für das Registergericht kein Zurückweisungsgrund für die gestellten Anträge gegeben ist, vgl. hierzu 2. Kap. Rn. 52.

6 Das UmwG hat zu einer kodifizierten Zusammenfassung und Systematisierung des Umwandlungsrechts geführt, welches zuvor in verschiedenen Gesetzen[2] mit jeweils unterschiedlichen systematischen Ansätzen, v.a. rechtsformspezifisch geregelt war. Die Rechtsprechung und Kommentierung zu der Rechtslage vor dem 1.1.1995 ist daher nur noch im Einzelfall, soweit der systematische Ansatz derselbe geblieben ist, auf das heutige UmwG übertragbar.

7 Obwohl das UmwG rund 300 verschiedene Umwandlungsmöglichkeiten bietet, vgl. Anhang, hat es die Umstrukturierungsmaßnahmen im Wege der Einzelrechtsnachfolge nicht vollständig verdrängt. Vielmehr gilt es in jedem Fall zu überdenken, ob ggf. eine entsprechende Gestaltung der Einzelübertragung im zivil-/gesellschaftsrechtlichen Bereich nicht auf schnellerem und kostengünstigerem Weg zu einem gleichwertigen steuerlichen, wirtschaftlichen und gesellschaftsrechtlichen Ergebnis führen könnte, vgl. auch die Gestaltungsüberlegungen im 7. Kap. des Handbuchs.

8 Ist eine Umwandlung nach dem UmwG durchzuführen, ist die passende Umwandlungsmöglichkeit aus der Vielzahl der Umwandlungsformen herauszufiltern. Dieser Vorgang wird durch die sog. „Baukasten-Technik"[3] des UmwG vereinfacht:[4]

---

2 UmwG 1969, AktG, KapErhG, GenG, VAG.
3 Vgl. Begründung zum RegE, BR-Drs. 75/94 (Abschn. IV; Begr. UmwG).
4 Vgl. *Widmann/Mayer* EinfUmwG Rn. 114.

- Zunächst ist zu ermitteln, welche der vier Umwandlungsarten (Verschmelzung, Spaltung, Vermögensübertragung, Formwechsel) angewandt werden soll; dies lässt sich anhand folgender Fragen ermitteln:
  - Wird das gesamte Vermögen eines Rechtsträgers durch die Umwandlung erfasst?
    - Wenn ja, soll eine Vermögensübertragung stattfinden, oder wechselt der Rechtsträger nur die Rechtsform[5] (sein „Rechtskleid")?
    - Was passiert mit dem umwandelnden Rechtsträger nach Wirksamwerden der Umwandlung?
    - Wer soll welche Gegenleistung für die im Wege der Umwandlung erfolgende Vermögensübertragung erhalten?
- Gelangt man über die erste Einordnung zu einer Verschmelzung, Spaltung oder Vermögensübertragung, muss geklärt werden, ob diese durch Übertragung des Vermögens auf einen schon bestehenden oder einen erst neu zu gründenden Rechtsträger erfolgen soll.
- Zuletzt muss die Rechtsform der am Umwandlungsvorgang beteiligten Rechtsträger nochmals im Hinblick auf die Zulässigkeit der gefundenen Umwandlungsform sowie der anzuwendenden Besonderen Vorschriften der jeweiligen Umwandlungsart hinterfragt werden.

Die Darstellung der einzelnen Umwandlungsarten erfolgt in diesem Handbuch in **9** Anlehnung an das Grundschema eines Umwandlungsvorgangs: Vorbereitungsphase-Beschlussphase-Vollzugsphase-Wirksamwerden und Wirkungen der Umwandlung. Dabei wurde das Augenmerk auf die Einführung in die Grundlagen des Umwandlungsrechts verbunden mit der Darstellung von Lösungsansätzen für praxisrelevante Fragen gerichtet, welche häufig ohne Vorliegen von Großkommentaren nur sehr zeitaufwendig zu lösen sind. Schon allein durch den kompakten Umfang stellt das Handbuch jedoch keinen Anspruch auf vollständige Darstellung aller im Umwandlungsrecht relevanten Probleme und Themenkreise. Hierzu gibt es bereits gute Komplettdarstellungen und Kommentare. Die Auswahl der behandelten Themen und Lösungsansätze erfolgte vielmehr im Hinblick auf die Relevanz v.a. in der notariellen Praxis im Bereich des Umwandlungsrechts.

Seit der zweiten Auflage dieses Handbuchs ist aufgrund der am 25.4.2007 in Kraft **10** getretenen, ins Umwandlungsgesetz neu eingefügten §§ 122a ff. UmwG im 3. Kapitel des Handbuchs ein neuer Abschnitt unter 3. Kap. Rn. 9 ff. zu **grenzüberschreitenden Verschmelzungen von Kapitalgesellschaften** aufgenommen worden.

Der Allgemeine Teil im 2. Kapitel soll neben den allgemeinen Grundsätzen des **11** UmwG die Verzahnung des Umwandlungsrechts mit anderen Rechtsgebieten sowie die notarspezifischen Themen aufzeigen. Die ausgewählten Themen betreffen insbesondere die wesentlichen Bereiche der dem Notar im Rahmen des § 17 BeurkG obliegenden Beratungs- und Belehrungspflichten.

Das Umwandlungsgesetz ist eng verzahnt mit dem Umwandlungssteuergesetz. Der **12** Notar kann im Regelfall nicht die Verantwortung dafür übernehmen, dass mit dem Umwandlungsvorgang die steuerlichen Ziele umgesetzt werden können. Der Notar muss jedoch die wichtigen Punkte kennen, durch welche steuerliche Hindernisse entstehen können, bzw. muss gegebenenfalls die Beteiligten auf zusätzlichen Beratungs-

---

5 Dann handelt es sich um einen Formwechsel.

bedarf aufmerksam machen. Ebenso muss die grunderwerbsteuerliche Beurteilung von Umwandlungsvorgängen vom Notar mitbedacht werden. Die Ausführungen zu steuerlichen Aspekten im nachfolgenden Handbuch beschränken sich auf die wichtigsten Hinweise zur Verzahnung mit dem UmwStG und dem GrEStG. Dabei wurde versucht, das Problembewusstsein an wichtigen Stellen zu wecken, ohne Anspruch auf abschließende Behandlung der einzelnen Themenbereiche zu stellen.

13 Umwandlungsfälle haben häufig hohe Geschäftswerte als Grundlage. Daher ist eine kostenrechtlich sinnvolle Gestaltung der Umwandlungsfälle nicht nur im Interesse der Beteiligten erforderlich, sondern wird auch der Verantwortung des Notars zur sachlich richtigen Behandlung des Beurkundungsauftrages unterstellt,[6] vgl. hierzu nachstehend 2. Kap. Rn. 58. Da es nur wenige gesammelte Darstellungen zum Kostenrecht bei Umwandlungsfällen gibt, wurde dieses Thema nachstehend unter 2. Kap. Rn. 57 ff. ausführlicher dargestellt. Auch für den beratenden Juristen und/oder Steuerberater ist es wichtig, die möglicherweise gebührenerhöhende Wirkung von Gestaltungsvarianten beurteilen zu können.

14 Die in diesem Handbuch verwendeten Musterlösungen wurden zum größten Teil unter Mitarbeit meiner Kolleginnen und Kollegen der Rechtsanwalts- und Notarkanzlei Menold Bezler Rechtsanwälte Partnerschaft, Stuttgart, entwickelt. Dadurch konnte den Lösungsansätzen ein breites Wissens- und Erfahrungsspektrum zugrunde gelegt werden. Die Musterlösungen bauen jeweils auf einem Fallbeispiel auf.

---

6 Hierzu differenzierend nach Eindeutigkeit des Beurkundungsauftrags *OLG Rostock* NotBZ 2003, 243 f.

2. Kapitel
Allgemeiner Teil des Umwandlungsrechtes

I. Grundsätze des Umwandlungsrechtes

Das Umwandlungsgesetz unterscheidet in § 1 UmwG zwischen der Verschmelzung, **1** der Spaltung (Aufspaltung, Abspaltung, Ausgliederung), der Vermögensübertragung und dem Formwechsel. Das Umwandlungsgesetz nimmt in § 1 Abs. 2 UmwG die Vorgabe eines gewissen **„numerus clausus" der Umwandlungsarten** für sich in Anspruch,[1] d.h., dass Umwandlungen i.S. einer Gesamtrechtsnachfolge oder Identitätswahrung außerhalb des Anwendungsbereichs des UmwG nur zulässig sind, wenn sie durch Bundes- oder Landesgesetz ausdrücklich gesetzlich vorgesehen sind (sog. **Analogieverbot**).

Das Umwandlungsrecht ist gem. § 1 Abs. 3 UmwG grundsätzlich zwingender Natur, **2** ergänzende Bestimmungen können von den Beteiligten jedoch getroffen werden, soweit die zwingenden Bestimmungen des Umwandlungsrechts nicht abschließend sind oder Schutzvorschriften des UmwR hierdurch noch verschärft werden. Ähnlich wie im Sachenrecht ist es gerade Aufgabe des Notars bei der Beurkundung von Umwandlungsfällen darauf hinzuwirken, dass allen zwingenden Erfordernissen des Umwandlungsrechts Rechnung getragen wird. Verschärft wird diese Aufgabe dadurch, dass im Zusammenspiel mit dem UmwStG teilweise keine Nachbesserungsmöglichkeit gegeben ist, damit die zumeist in erster Linie verfolgten steuerlichen Wirkungen des Umwandlungsvorgangs eintreten können, vgl. hierzu unten Rn. 78.

Das Umwandlungsgesetz regelt für jede Art der Umwandlung, welche Rechtsträger **3** an ihr beteiligt sein können, vgl. Anhang. Eine zusammenfassende Übersicht über die möglichen Umwandlungsarten ist in Rn. 5 enthalten. Bei Beteiligung unterschiedlicher Formen von Rechtsträgern an Verschmelzungen als übertragende bzw. übernehmende Rechtsträger spricht die Literatur von sog. **„Mischverschmelzungen"**.

Dabei ist zu berücksichtigen, dass andere „Umwandlungen" immer noch nach allgemeinen Regeln anderer Rechtsbereiche möglich sind. Dies sind im Wesentlichen:
- die **An- und Abwachsung** gem. § 738 BGB bei sämtlichen Personengesellschaften,
- der Übergang des Gesellschaftsvermögens auf den letzten Gesellschafter einer Personengesellschaft, soweit dieser durch Ausscheiden aller übrigen Gesellschafter eintritt (sog. **Anwachsungsmodell**),
- der **„Formwechsel" von OHG, KG und GbR** untereinander, der daher den allgemeinen Regeln des HGB unterliegt,
- der **„Formwechsel" von der Unternehmergesellschaft in die GmbH**, der allein dadurch herbeigeführt werden kann, dass das Stammkapital der Unternehmerge-

---

1 Ein aktuelles Beispiel aus der Rechtsprechung findet sich in der vielbeachteten Entscheidung des *OLG Hamm* vom 24.6.2010, NZG 2010, 1309 = ZIP 2010, 2205 = GmbHR 2010, 985 in welcher das OLG Hamm die Zulässigkeit einer Verschmelzung einer Komplementär-GmbH auf die Kommanditgesellschaft verneint hat, weil das Umwandlungsrecht bei der Verschmelzung voraussetzt, dass der übernehmende Rechtsträger fortbesteht und „die aus dem Gesetz folgenden Regelungsprinzipien einzuhalten sind".

sellschaft zumindest auf das gesetzliche Mindeststammkapital erhöht wird.[2] Die „Umwandlung" einer GmbH in eine Unternehmergesellschaft durch Kapitalherabsetzung bei gleichzeitiger Umfirmierung ist allerdings unzulässig.[3]

Der Vollständigkeit halber sei erwähnt, dass selbstverständlich alle Formen der Einzelrechtsnachfolge durch Einzelübertragung von Aktiva und Passiva (assets) oder von Gesellschaftsanteilen (shares) vom Umwandlungsrecht grundsätzlich unberührt bleiben.

4 In diesem Zusammenhang wird häufig die Anwendbarkeit der Schutzregeln des UmwG auf Vorgänge diskutiert, welche nicht dem Umwandlungsrecht unterliegen, aber zu strukturellen Veränderungen der Gesellschaft/des Unternehmens führen. Ausgangspunkt ist die **Holzmüller-Entscheidung**,[4] in deren Folge die Ausgliederung oder Abspaltung von wesentlichem Gesellschaftsvermögens oder eine wirtschaftliche Fusion, durch welche die Beteiligungsstruktur und die Beteiligungsquote der betroffenen Anteilsinhaber gravierend verändert wird oder die Aufnahme einer Gesellschaft, die das bisherige Erscheinungsbild des Ausgangsrechtsträgers dauerhaft und nachhaltig verändert,[5] als **Strukturentscheidung** anzusehen ist, welche zumindest bei einer Aktiengesellschaft einer Beschlussfassung der Anteilsinhaber mit qualifizierter Mehrheit bedarf.[6] Durch die Rechtsprechung wird hierzu immer wieder bestätigt, dass sowohl das beschlussvorbereitende Verfahren als auch der Minderheitenschutz nach Beschlussfassung durch analoge Anwendung der Vorschriften des Umwandlungsgesetzes zu gestalten ist.[7] Die dogmatischen Ansätze der Holzmüller-Entscheidung wurden in der Literatur sehr kontrovers diskutiert und kritisiert. Zum einen wird der Rechtfertigungsgrund für die Zuordnung einzelner, immer neu zu bestimmender Maßnahmen in den Zuständigkeitsbereich der Hauptversammlung hinterfragt, zum anderen wird die unsichere Rechtslage in Bezug auf Fragen der formellen Abwicklung und der inhaltlichen Reichweite des Zustimmungserfordernisses herausgestellt.[8] Durch die **„Gelatine"-Entscheidungen** des BGH wurden die ungeschriebenen Mitwirkungsbefugnisse der Hauptversammlung wesentlich konkretisiert.[9]

---

2 Eine Umwandlung nach UmwG ist nicht möglich, da die GmbH und die UG (haftungsbeschränkt) dieselbe Rechtsform darstellen, vgl. u.a. *Freitag/Riemenschneider* ZIP 2007, 1485, 1491, *Ernsthaler/ Füller/Schmidt* § 5a Rn. 18, Münchener Kommentar GmbHG § 5a Rn. 37, 50, *Altmeppen/Roth* § 5a Rn. 25, *Baumbach/Hueck* § 5a Rn. 17.

3 Vgl. *Zirngibl* in Bunnemann/Zirngibl, Die Gesellschaft mit beschränkter Haftung in der Praxis § 2 Rn. 29, *Ernsthaler/Füller/Schmidt* § 5a Rn. 3, Münchener Kommentar GmbHG § 5a Rn. 9, *Altmeppen/Roth* § 5a Rn. 29, *Baumbach/Hueck* § 5a Rn. 16.

4 *BGH* BGHZ 83, 122 = NJW 1982, 1703.

5 Vgl. *Lutter* UmwG Einl. Rn. 57 f.

6 Vgl. zu dieser Diskussion auch die Ausführungen im 7. Kap. Rn. 3, 4.

7 Vgl. zur Zulässigkeit des Spruchverfahrens in analoger Anwendung des UmwG *BGH* DNotZ 2003, 364; vgl. zur Informationspflicht des Vorstandes gegenüber den Anteilseignern bei Beschlussfassung über das gesamte Gesellschaftsvermögen einer Tochtergesellschaft *BGH* DNotI-Report 2001, 66.

8 Vgl. die ausführliche Darstellung der Problempunkte und des Meinungsstands in *Heckschen/Simon* § 4 Rn. 4 ff., der darauf hinweist, dass die Frage, ob und in welchem Umfang bei der verfahrensrechtlichen Vorbereitung und Durchführung der Hauptversammlungszustimmung Analogieschlüsse in Betracht kommen, nur im Einzelfall entschieden werden kann, a.a.O. Rn. 5.

9 *BGH* je vom 26.4.2004 – II ZR 154/02 und II 155/02 = NZG 2004, 571 ff. = ZIP 2004, 993 ff.; der BGH hat in diesen Entscheidungen klargestellt, dass auch nach „Holzmüller" Geschäftsführungsmaßnahmen Sache des Vorstands sind und nur in Ausnahmefällen, nämlich bei Berührung der Kernkompetenzen der Hauptversammlung, eine ungeschriebene Mitwirkungszuständigkeit der Hauptversammlung in Betracht kommt. Solche Strukturentscheidungen sind nur dann anzunehmen, wenn diese in ihren Auswirkungen einer Satzungsveränderung gleichkommen. Dies ist dann

(Fortsetzung der Fußnote 9 auf Folgeseite)

Die nachfolgende Tabelle soll eine zusammenfassende Übersicht über die **Umwand-** 5
lungsmöglichkeiten des UmwG in Verbindung mit der SE-VO bieten; dabei ist zu
beachten, dass die UG (haftungsbeschränkt) zwar unstrittig eine Unterform der
GmbH ist,[10] da die Vermögensübertragung im Zuge der Umwandlung jedoch als
Sacheinlage bzw. Sachgründung beim übernehmenden oder neuen Rechtsträger anzusehen ist, scheidet die UG (haftungsbeschränkt) als aufnehmender Rechtsträger teilweise aus.[11]

Umwandlungsform	Übertragende Rechtsträger	Übernehmende oder neue Rechtsträger	mit Vermö-gensüber-tragung	Ohne Ver-mögensü-bertragung
Verschmelzung in beliebiger Kombina-tion zulässig	OHG,[12] KG, Partner-schaft, GmbH, AG, KGaA, eG, e.V.,[13] wirtschaftl. Verein gem. § 22 BGB, Europäische Aktien-gesellschaft (SE)[14]	OHG, KG, Partner-schaft,[15] GmbH, AG, KGaA, eG, Europäi-sche Aktiengesell-schaft (SE),[16] UG (haftungsbeschränkt) nur in Fällen der Verschmelzung ohne Kapitalerhöhung oder mit einer Kapi-talerhöhung auf mind. 25 000 EUR[17]	X	

(Fortsetzung der Fußnote 9 von Vorseite)

der Fall, wenn mindestens 80 % des Geschäftsbetriebs veräußert werden sollen. Diese kann auch durch Maßnahmen bei Tochter-Gesellschaften gegeben sein.

10 Daher ist in der nachfolgenden Tabelle die UG nur dort ausdrücklich erwähnt, wo auf eine zur GmbH unterschiedliche Behandlung zu beachten ist.

11 Wegweisend hierzu *BGH* vom 19.4.2011 DStR 2011, 988 ff. = BB 2011, 1550 ff. = DNotI-Report 2011, 86 ff. = GmbHR 2011, 699 ff. = NJW 2011, 1881 ff. zur Zulässigkeit einer Sacheinlage bei der UG für eine den Betrag des Mindeststammkapitals erreichende Kapitalerhöhung und *BGH* vom 11.4.2011, NZG 2011, 666 ff. = DStR 2011, 1137 ff. = RNotZ 2011, 442 ff. = NJW 2011, 1883 ff. zur Unzulässigkeit einer Neugründung einer UG durch Abspaltung; s.a. *Heckschen* Anmerkung zum BGH-Urteil vom 19.4.2011, GWR 2011, 232.

12 Gem. § 1 Abs. 2 EWIV-Ausführungsgesetz sind auf die EWIV vorbehaltlich einer besonderen Regelung die Vorschriften über die OHG anzuwenden, so dass dieser alle Umwandlungsarten für die OHG offen stehen; h.M. u.a. *Lutter* § 3 Rn. 3 m.w.N., a.A. nur in *Widmann/Mayer* vor §§ 39 ff. Rn. 17.

13 Unter Beachtung der Einschränkung des § 99 Abs. 1 UmwG.

14 Nach der h.M. ist die Regelung in Art. 66 SE-VO nicht abschließend, so dass die Vorschriften des UmwG auf die SE anwendbar seien, soweit sich nicht Besonderheiten aus der SE-VO ergeben (so z.B. die zusätzliche Berücksichtigung der nach Art. 59 Abs. 1 SE-VO erforderlichen Stimmenmehrheit von 2/ 3 zu der in § 65 Abs. 1 S. 1 UmwG Mehrheit von mindestens ¾ des vertretenen Grundkapitals, s.a. *Lutter* § 3 Rn. 14 und § 122g Rn. 22); im Ergebnis so u.a. *Widmann/Mayer* § 20 Rn. 404 (*Vossius*) sowie Anh. 14 Rn. 520 (*Heckschen*), *Kallmeyer* Anh. Rn. 128 ff. *Lutter* § 120 Rn. 18, Kölner Kommentar § 3 Rn. 30, *Sem-ler/Stengel* Einl. C Rn. 57 ff., a.A. Münchener Kommentar AktG Art: 66 SE-VO Rn. 1 und 14.

15 Unter Beachtung der Einschränkung des § 45a UmwG.

16 Jedoch nur zur Aufnahme in bestehende SE; soweit durch die Verschmelzung eine SE neugegrün-det werden soll, sind die Regeln der Art. 2 Abs. 1, 17 Abs. 2b) SE-VO anzuwenden; somit ist eine Verschmelzung zur Neugründung einer SE unzulässig; vgl. hierzu insbesondere *Kossmann/Heinrich* ZIP 2007, 164, 168 sowie *Heckschen* in DAI Skript zur 5. Gesellschaftsrechtlichen Jahresarbeits-tagung vom 16.–17.3.2007, 145 ff., 219; s.a. im Ergebnis *Lutter* § 3 Rn 13, Kölner Kommentar § 3 Rn. 29, *Kallmeyer* § 122b Rn. 3, Anh: Rn. 131 f.

17 S.a. *Heckschen* Das MoMiG in der notariellen Praxis Rn. 241 f., *Widmann/Mayer* § 3 Rn. 16.3., *Hei-nemann* NZG 2008, 822 i.V.m. *BGH* vom 19.4.2011 a.a.O. mit Anmerkung *Heckschen* a.a.O.

Umwandlungsform	Übertragende Rechtsträger	Übernehmende oder neue Rechtsträger	mit Vermögensübertragung	Ohne Vermögensübertragung
Verschmelzung nur **auf** bestimmte Rechtsträger zulässig	Gen. Prüfungsverbände	Gen. Prüfungsverbände	X	
	VVaG	Versicherungs-AG oder VVaG		
Verschmelzung nur **von** bestimmten Rechtsträgern zulässig	e.V.[18]	e.V.	X	
	GmbH, AG, KGaA, Europäische Aktiengesellschaft (SE),[19] UG (haftungsbeschränkt)[20]	Natürliche Person (Alleingesellschafter)		
	rechtsfähiger Verein[21]	Gen. Prüfungsverbände		
Verschmelzung nur **unter** bestimmten Rechtsträgern zulässig (**grenzüberschreitend**[22])	Kapitalgesellschaften,[23] die nach dem Recht eines EU- bzw. EWR-Staates gegründet wurden und ihren satzungsmäßigen Sitz, ihre Hauptverwaltung oder ihre Hauptniederlassung in einem dieser Staaten haben, Europäische Aktiengesellschaft (SE)	Kapitalgesellschaften, die nach dem Recht eines EU- bzw. EWR-Staates gegründet wurden und ihren satzungsmäßigen Sitz, ihre Hauptverwaltung oder ihre Hauptniederlassung in einem dieser Staaten haben; **nicht:** Europäische Aktiengesellschaft (SE)	X	

18 Unter Beachtung der Einschränkung des § 45a UmwG.
19 S.a. Kölner Kommentar § 120 Rn. 18, *Lutter* § 120 Rn. 18, *Widmann/Mayer* Anhang 14 Rn. 528; str. ob in diesem Fall die Sperrfrist von zwei Jahren gem. Art. 66 SE-VO anzuwenden ist, dagegen Kölner Kommentar § 120 Rn. 18; für die Anwendung, da „generalisierungsfähige Wertung" *Lutter* § 120 Rn. 18.
20 S.a. *Heckschen* Das MoMiG in der notariellen Praxis Rn. 251f., *Lutter* § 120 Rn. 18, *Kallmeyer* § 3 Rn. 9, *Widmann/Mayer* § 120 Rn. 2.1.
21 Unter Beachtung der Einschränkung des § 105 S. 2 UmwG.
22 Unter Beachtung der Einschränkung des § 122b Abs. 2 UmwG.
23 Es müssen Kapitalgesellschaften i.S. des Art. 2 Nr. 1 VRL sein, d.h. Kapitalgesellschaften i.S. der Publizitätsrichtlinie; somit nicht Personenhandelsgesellschaften und gemäß der Entscheidung des deutschen Gesetzgebers auch nicht die Genossenschaften.

Umwandlungsform	Übertragende Rechtsträger	Übernehmende oder neue Rechtsträger	mit Vermögensübertragung	Ohne Vermögensübertragung
Spaltung (Details zu Einschränkungen der Spaltungsmöglichkeiten sind ergänzend aus **Tabelle 4. Kap. Rn. 13** zu entnehmen)	OHG, KG, Partnerschaft, GmbH, AG u. KGaA,[24] eG, e.V. und wirtschaftl. Verein gem. § 22 BGB,[25] -Europäische Aktiengesellschaft (SE),[26] UG (haftungsbeschränkt) soweit keine Kapitalherabsetzung erforderlich[27]	OHG, KG, Partnerschaft, GmbH, AG u. KGaA, eG, Europäische Aktiengesellschaft (SE),[28] UG (haftungsbeschränkt) nur in Fällen der Spaltung ohne Kapitalerhöhung, nicht zur Neugründung einer UG[29] und nicht bei Ausgliederung[30]	X	
	Gen. Prüfungsverband	a) Auf-/Abspaltung zur Aufnahme: Gen. Prüfungsverband		
		b) Ausgliederung: GmbH, AG, KGaA		

---

24 Unter Beachtung der Zwei-Jahres-Sperre nach Ersteintragung im Handelsregister gem. § 141 UmwG; **gilt nicht** bei Ausgliederung zur Neugründung.

25 Unter Beachtung der Einschränkung des § 149 Abs. 1 UmwG.

26 Nach h.M. kann die SE an Spaltungsvorgängen teilnehmen, so u.a. HK-UmwG/*Raible* § 124 Rn. 29, *Oplustil/Schneider* NZG 2003, 13, 17, *Vossius* ZIP 2005, 741, 748 f., *Kossmann/Heinrich* ZIP 2007, 167 f. m.w.N. *Lutter* § 124 Rn. 6; *Kallmeyer* Anhang Rn. 137, **a.A.** Münchener Kommentar AktG Art: 66 SE-VO Rn. 1 und 14.

27 S.a. *Heckschen* Das MoMiG in der notariellen Praxis Rn. 254 ff., *Meister* NZG 2008, 767, 768 (mit ausführlicher Begründung), *Wachter* GmbHR 2007, 209 f., *Lutter* § 124 Rn. 2; zur Vermeidung einer Kapitalherabsetzungspflicht durch Leistung barer Zuschüsse vgl. 4. Kap. Rn. 47.

28 Jedoch nur zur Aufnahme in bestehende SE; soweit durch die Spaltung eine SE neugegründet werden soll, sind die Regeln der Art. 2 SE-VO anzuwenden; somit ist eine Spaltung zur Neugründung einer SE unzulässig; vgl. hierzu *Widmann/Mayer* Anhang 14 Rn. 529, *Lutter* § 124 Rn. 7, Kölner Kommentar § 135 Rn. 45 sowie *Heckschen* in DAI Skript zur 5. Gesellschaftsrechtlichen Jahresarbeitstagung vom 16.–17.3.2007, 145 ff., 218 f. unter Hinweis darauf, dass teilweise gefordert wird, die Zweijahresfrist des Art. 66 SE-VO analog anzuwenden, s.a. im Ergebnis *Kallmeyer* Anhang Rn. 137, 130.

29 Vgl. *OLG Frankfurt a.M.* GWR 2010, 449 = NZG 2010, 1429, bestätigt durch *BGH* – II ZB 9/10 – vom 11.4.2011 = NJW 2011, 1883 ff. = DStR 2011, 1137 = NZG 2011, 666 ff., da unzulässige Sachgründung nach § 5a II 2 GmbHG mit Zustimmung der h.M. in Literatur; a.A. soweit ersichtlich nur *Hennrichs* NZG 2009, 1161, 1163 f.

30 Vgl. *Berninger* GWR 2011, 258 in seiner Anmerkung zu *BGH* a.a.O.: Das beabsichtigte Ziel einer Vermögensübertragung auf eine neue UG unter Vermeidung einer Einzelrechtsübertragung bei gleichzeitiger Anwendung des UmwG ist nur dadurch zu erreichen, dass vor der beabsichtigten Spaltung von den Gesellschaftern der GmbH oder der GmbH selbst zunächst eine UG bar gegründet und im zweiten Schritt auf diese UG dann zur Aufnahme abgespalten bzw. ausgegliedert wird, § 123 Abs. 2 Nr. 1, § 123 Abs. 3 Nr. 1 UmwG. Diese Gestaltung ist dann möglich, wenn das Stammkapital der aufnehmenden UG im Zuge der Abspaltung/Ausgliederung auf mindestens 25 000 EUR erhöht wird (vgl. *Berninger* GmbHR 2010, 63, 69 f.). Soweit bei einer Abspaltung/Ausgliederung zur Aufnahme das Stammkapital der aufnehmenden UG nicht auf den Mindestbetrag von 25 000 EUR erhöht wird, die Eintrittsstufe der „normalen GmbH" also nicht erreicht wird, steht einer solchen Maßnahme wiederum das Sacheinlageverbot des § 5a Abs. 2 S. 2 GmbHG entgegen.

Umwandlungsform	Übertragende Rechtsträger	Übernehmende oder neue Rechtsträger	mit Vermögensübertragung	Ohne Vermögensübertragung
	VVaG	a) Auf-/Abspaltung zur Aufnahme oder Neugründung: Versicherungs-AG oder VVaG b) Ausgliederung: GmbH oder AG (keine Übertragung von Versicherungsverträgen)		
Spaltung nur **von** bestimmten Rechtsträgern zulässig	e.V.	e.V.	X	
Spaltung nur als **Ausgliederung** zulässig	Einzelkaufmann (Einschränkungen des § 152 UmwG sind zu beachten)	a) zur Aufnahme: OHG, KG, GmbH, AG, KGaA, eG		
		b) zur Neugründung: GmbH, AG, KGaA		
	Stiftungen	a) zur Aufnahme: OHG, KG, GmbH, AG, KGaA	X	
		b) zur Neugründung: GmbH, AG, KGaA		
	Gebietskörperschaften oder Zusammenschlüsse von Gebietskörperschaften[31]	a) zur Aufnahme: OHG, KG, GmbH, AG, KGaA, eG		
		b) zur Neugründung: GmbH, AG, KGaA, eG		

---

31 Jeweils unter Beachtung der Einschränkung des § 168 letzter HS UmwG.

Umwandlungsform	Übertragende Rechtsträger	Übernehmende oder neue Rechtsträger	mit Vermögensübertragung	Ohne Vermögensübertragung
Formwechsel nur eingeschränkt zulässig in bestimmte Rechtsformen[32]	GmbH, AG, KGaA, SE (str.)[33]	GbR, OHG, KG, Partnerschaft, GmbH, AG, KGaA, eG		X
	OHG, KG, Partnerschaft	GmbH, AG, KGaA, eG		
	e.G.	GmbH, AG, KGaA		
	e.V.	GmbH, AG, KGaA, e.G.		
	VVaG (nur größerer)	AG		
	Körperschaft/Anstalten des öffentlichen Rechts	GmbH, AG, KGaA		
	Europäische Aktiengesellschaft (SE)[34]	AG		
	UG (haftungsbeschränkt)	GbR, OHG, KG, Partnerschaft, eG[35]		

---

32 Jeweils unter Beachtung der in den Besonderen Vorschriften des Formwechselrechts (§§ 214 ff. UmwG) geregelten Einschränkungen und allgemeinen Einschränkungen vgl. 5. Kap. Rn. 4.

33 Sehr strittig, daher größte Vorsicht bei der praktischen Umsetzung! Nach einer Meinung ist die Regelung in Art. 66 SE-VO nicht abschließend, so dass die Vorschriften des UmwG auf die SE anwendbar seien, soweit sich nicht Besonderheiten aus der SE-VO ergeben; im Ergebnis so u.a. *Kallmeyer* § 191 Rn. 6, *Oplustil/Schneider* NZG 2003, 13, 15, 16, *DNotI-Gutachten* DNotI-Report 2010, 184 ff., jetzt auch *Semler/Stengel* Einl. C Rn. 63 offen lassend *Lutter* vor 190 Rn. 31 m.w.N.; **a.A.** Münchener Kommentar AktG Art: 66 SE-VO Rn. 1 und 14; *Heckschen* weist zu Recht in DAI Skript zur 5. Gesellschaftsrechtlichen Jahresarbeitstagung vom 16. – 17. 3. 2007, 145 ff., 221 f. darauf hin, dass vor dem Hintergrund starker Bedenken und Gegenstimmen zur Zulässigkeit eines direkten Formwechsels einer SE in eine andere Rechtsform als der AG richtigerweise das Vorgehen mit dem zuständigen Registerrichter abgestimmt werden sollte, sowie dass im Fall des Formwechsels der SE in eine andere Rechtsform als die einer nationalen AG die Regelungen des Art. 66 SE-VO, insbesondere die Zweijahresfrist, analog heranzuziehen sind. So im Ergebnis auch *Kossmann/Heinrich* ZIP 2007, 168 m.w.N., *Kallmeyer* Anhang Rn. 133; ausführliche Kommentierung zu den Umwandlungsmöglichkeiten in *Widmann/Mayer* Anhang 14 Rn. 519 ff.

34 Das Verfahren dieser Umwandlung richtet sich nach Art. 66 SE-VO.

35 Der direkte Formwechsel einer UG in eine AG oder KGaA ist m.E. ausgeschlossen, da vor dem Formwechsel das Stammkapital auf über 25 000 EUR erhöht werden müsste und somit die UG zur GmbH erstarkt; s.a. *Heckschen* Das MoMiG in der notariellen Praxis Rn. 247, *Meister* NZG 2008, 768, *Heinemann* NZG 2008, 820.

Umwandlungsform	Übertragende Rechtsträger	Übernehmende oder neue Rechtsträger	mit Vermögensübertragung	Ohne Vermögensübertragung
Vermögensübertragung (Vollübertragung und Teilübertragung)	GmbH	Öffentliche Hand	X	
	AG, KGaA, Europäische Aktiengesellschaft (SE)[36]	Öffentliche Hand		
	Versicherungs-AG	VVaG, öffentlichrechtl. Versicherungsunternehmen		
	VVaG	Öffentlich-rechtliches Versicherungsunternehmen, Versicherungs-AG		
	öffentlich-rechtliches Versicherungsunternehmen	VVaG, Versicherungs-AG		

Strittig ist, ob eine **in Gründung befindliche Gesellschaft** beteiligter Rechtsträger sein kann. Eine Minderheitsmeinung vertritt unter Hinweis auf die Identität von Vor-Gesellschaft und Kapitalgesellschaft nach Eintragung, dass die Vor-Gesellschaft bereits einen Verband darstellt, der umwandlungsfähig ist.[37] Es ist m.E. der vermittelnden herrschenden Meinung beizutreten, dass die Gesellschaft zumindest eine logische Sekunde vor Wirksamwerden des Umwandlungsvorgangs entstanden sein muss, d.h. dass bei der Kapitalgesellschaft die Eintragung im Handelsregister erfolgt sein muss.[38] Hierfür kann der Zustimmungsbeschluss aufschiebend bedingt auf den Zeitpunkt der Entstehung der Kapitalgesellschaft abgegeben werden.[39] Die Gesellschaft in Gründung kann daher den Umwandlungsvertrag abschließen, die Umwandlungsbeschlüsse herbeiführen und die Handelsregisteranmeldung durchführen, muss aber für das Wirksamwerden der Umwandlung zuvor als Gesellschaft wirksam entstehen.[40]

6   Da § 1 UmwG von Rechtsträgern mit dem Sitz in Inland spricht, ging die überwiegende Meinung bis zum Vorliegen der SEVIC-Entscheidung des EuGH[41] davon aus, dass der Anwendungsbereich des UmwG auf inländische Umwandlungsvorgänge beschränkt ist. Bereits in der 1. Auflage dieses Handbuchs wurde jedoch darauf hingewiesen, dass durch das **Analogieverbot** eine **grenzüberschreitende Umwandlung** nicht automatisch ausgeschlossen ist. So wurden auch schon vor der SEVIC-Entscheidung Einzelfälle von grenzüberschreitenden Verschmelzungen in deutsche Handelsregister eingetragen.[42] Der Gesetzgeber hat die grenzüberschreitende Umwandlung gemäß amtlicher Begründung bewusst zunächst ausgeklammert.[43] Zu Recht verwiesen bereits Dorr/Stukenborg in ihren Ausführungen zu der ersten transnationalen Verschmelzung

---

36 S.a. *Kallmeyer* Anhang Rn. 138.

37 *K. Schmidt* ZGR 1990, 580 (592); *Bayer* ZIP 1997, 1613 (1614).

38 So im Ergebnis u.a. *Lutter* § 3 Rn. 5; *Widmann/Mayer* Vor §§ 46–59 Rn. 83.

39 Vgl. *Widmann/Mayer* § 120 Rn. 7.2 sowie a.a.O., *Lutter* a.a.O.

40 Ausführliche Erörterung des Themas bei *Heckschen/Simon* § 5 Rn. 96 ff.

41 *EuGH* DB 2005, 2804 ff.

42 Praxisberichte in *Dorr/Stukenborg* in DB 2003, 647 ff., *Rixen/Böttcher* in GmbHR 1993, 572 ff., *Wenglorz* in BB 2004, 1061.

43 Vgl. hierzu ausführlich zu den verschiedenen Interpretationsansätzen *Sagasser* § 2 Rn. 30 ff.

nach dem UmwG,[44] dass die in der Literatur häufig vertretene Ablehnung der Zulässigkeit transnationaler Umwandlungen spätestens dann nicht mehr haltbar sein wird, wenn der Entwurf einer Richtlinie Nr. 14 zur Verlegung des Gesellschaftssitzes innerhalb der EU vom 22.4.1997 einmal realisiert ist.

Mit der Verordnung zur europäischen Aktiengesellschaft, **Societas Europaea** (SE-VO), welche am 8.10.2004 in Kraft getreten ist, wurde ein wichtiger Schritt in diese Richtung gemacht. Danach wurde teilweise für grenzüberschreitende Verschmelzungen auch der Weg der Kettenverschmelzung unter Zwischenschaltung einer europäischen Aktiengesellschaft (SE) gewählt, um das wirtschaftliche Ergebnis einer grenzüberschreitenden Verschmelzung zu erreichen.

Mit der **SEVIC-Entscheidung** des EuGH vom 13.12.2005 hat dieser klargestellt, dass grenzüberschreitende Verschmelzungen Maßnahmen zur Ausübung der Niederlassungsfreiheit sind, welche gem. Art. 43, 48 EGV grundsätzlich für Gesellschaften mit Sitz in verschiedenen Mitgliedsstaaten zu schützen sind. Die generelle Verweigerung grenzüberschreitender Verschmelzungen in § 1 UmwG stelle daher eine unzulässige Beschränkung der Niederlassungsfreiheit dar. Der EuGH stellt aber auch klar, dass der nationale Gesetzgeber jedoch wegen zwingender Gründe des Allgemeinwohls die Zulässigkeit grenzüberschreitender Verschmelzungen unter bestimmten Umständen einschränken darf. Im Hinblick auf andere Umwandlungsarten führt der EuGH aus, dass auch diese den Zusammenarbeits- und Umgestaltungsbedürfnissen von Gesellschaften in verschiedenen Mitgliedsstaaten entsprechen und daher wichtige Modalitäten der Ausübung der Niederlassungsfreiheit darstellen. Der EuGH hatte im Rahmen des sog. **CARTESIO-Verfahrens**[45] zu entscheiden, ob die Niederlassungsfreiheit vom Wegzugstaat beschränkt werden darf. In der Literatur war es sehr strittig, ob die SEVIC-Entscheidung auch auf den Schutz der Niederlassungsfreiheit in Bezug auf die freie Wegzugmöglichkeit aus einem Staat innerhalb der EU hätte erstreckt werden können.[46] Mit der CARTESIO-Entscheidung hat der EuGH – für viele überraschend – jedem Mitgliedstaat zugestanden, es einer Gesellschaft seines nationalen Rechts nicht zu gestatten, diese Eigenschaft (Rechtsform) zu behalten, wenn sie sich durch die Verlegung ihres Sitzes in einen anderen Mitgliedstaat dort neu organisieren möchte. Nach einem obiter dictum des EuGH in der CARTESIO-Entscheidung ist jeder Mitgliedstaat jedoch verpflichtet, die Verlegung des Sitzes bei gleichzeitiger Umwandlung in eine Rechtsform des Zielstaats grundsätzlich zu dulden. Dies eröffnet eine Weiterentwicklung zur Zulässigkeit des grenzüberschreitenden Formwechsels, der jedoch vom EuGH klar davon abhängig gemacht wird, ob der Zuzug-Staat diesen zulässt.[47]

Mit der **Verschmelzungsrichtlinie vom 15.12.2005 (VRL)** über die Verschmelzung von Kapitalgesellschaften aus verschiedenen Mitgliedsstaaten wurde in Art. 19 VRL den Mitgliedsstaaten aufgegeben bis zum 31.12.2007 im nationalen Recht grenzüberschrei-

---

44 *Dorr/Stukenborg* in DB 2003, 647 ff., hier 647.

45 *EuGH* IStR 2009, 59 ff. – C-210/06 –, ZIP 2006.

46 Eine gute Übersicht zum Meinungsstand findet sich in *Limmer* ZNotP 2007, 244 f.; zu den Erwartungen an die CARTESIO Entscheidung im Vorfeld auch *Neye*; *Schmidtbleicher* BB 2007, 613; interessant dazu auch die Entscheidung des *Amtsgericht [Kantongerecht] Amsterdam* vom 29.1.2007, DB 2007, 677 ff. zur Zulässigkeit der „Hinausverschmelzung" einer niederländischen BV infolge SEVIC.

47 Gute Anmerkungen zur CARTESIO-Entscheidung finden sich bei *Zimmer/Naendrup* NJW 2009, 545 ff., *Frobenius* DStR 2009, 487 ff, *Sethe/Winzer* WM 2009, 536 ff.

tende Verschmelzungen zuzulassen, wenn das nationale Recht auch für innerstaatliche Gesellschaften Verschmelzungen zulässt.

Mit dem **Inkrafttreten der §§ 122a ff. UmwG** am 25.4.2007 hat der deutsche Gesetzgeber nur einen Teilaspekt der vorstehenden zwingenden europarechtlichen Vorgaben für grenzüberschreitende Umwandlungsvorgänge in nationales Recht umgesetzt. *Mayer*[48] weist zu Recht darauf hin, dass die Beschränkung des Anwendungsbereichs der §§ 122a ff. UmwG auf Kapitalgesellschaften zwar der VRL entspricht, wichtige Aspekte der SEVIC-Entscheidung des EuGH jedoch unberücksichtigt lässt. So beschränkt der EuGH die Niederlassungsfreiheit nicht auf Kapitalgesellschaften, so dass die Grundsätze der Entscheidung sinngemäß auch für die Verschmelzung von Personenhandelsgesellschaften und anderen Unternehmensträgern anzuwenden sein müssten. Auch die explizite Ausnahme von Spaltungsvorgängen gem. § 125 UmwG von grenzüberschreitenden Umwandlungsvorgängen sowie die Nichteinführung von Regelungen zum grenzüberschreitenden Formwechsel dürften gegen die Grundsätze der SEVIC-Entscheidung verstoßen.[49] *Heckschen*[50] weist darauf hin, dass der Gesetzgeber plant, für andere grenzüberschreitende Umwandlungen außerhalb der Verschmelzung die Grundlage durch eine Änderung des EGBGB zu legen. In diesen nicht normierten Fällen geht die primärrechtliche Niederlassungsfreiheit den Lücken der sekundärrechtlichen Regelungen vor.[51] Für die Praxis stellt sich aber in diesen Bereichen die schwierige Aufgabe ein Verfahren zu finden, das umsetzbar und eintragungsfähig ist. Man muss hier auf die Regeln zurückgreifen (s.a. die »Vereinigungstheorie«[52]), die auf der Grundlage der bisherigen Rechtslage entwickelt wurden.

Sehr instruktiv und in vielen Detailfragen weiterführend ist hierzu die Dissertation von *Martina Tauchert-Nosko* zur Verschmelzung und Spaltung von Kapitalgesellschaften in Deutschland und Frankreich. Sie führt unter anderem aus, dass in Frankreich und mehreren weiteren Ländern der Europäischen Gemeinschaft grenzüberschreitende Umwandlungen ausdrücklich oder stillschweigend zugelassen sind und somit bei der Untersuchung der Durchführbarkeit grenzüberschreitender Verschmelzungen und Spaltungen es mangels einer länderübergreifenden Regelung Aufgabe des Kollisionsrechtes ist, die Brücke zwischen den Rechtsordnungen zu schlagen.[53] Nach Untersuchung der kollisions- und materiell-rechtlichen Probleme wird bei Tauchert-Nosko deutlich, dass grenzüberschreitende Verschmelzungen und Spaltungen innerhalb der Europäischen Gemeinschaft nicht von vorneherein unüberwindbar sind, »*in ihren Wirkungen entsprechen sich Verschmelzung und Spaltung in den europäischen Rechtsordnungen aufgrund der zwingenden Richtlinienvorgaben in vielen Punkten. Die Mitgliederinteressen sind aufgrund der Rechtsangleichung weitgehend gewahrt oder kön-*

---

48 S. *D. Mayer* in DAI Skript zur 5. Gesellschaftsrechtlichen Jahresarbeitstagung vom 16.–17.3.2007, 119 ff., 133 f.
49 So im Ergebnis auch *Kallmeyer/Kappes* AG 2006, 224, 237; *Haritz/v. Wolff* GmbHR 2006, 340, 341; *Louven* ZIP 2006, 2021, 2023 f.; *Drinhausen/Keinath* BB 2006, 725, 732; *Kossmann/Heinrich* ZIP 2007, 164.
50 *Heckschen* DNotZ 2007, 453 unter Verweis auf den Vorschlag des Deutschen Rates für Internationales Privatrecht für eine Regelung des Internationalen Gesellschaftsrechts auf europäischer/nationaler Ebene, *Sonnenberg/Bauer* RIW-Beilage 1 zu Heft 4/2006, 1 ff.
51 Sehr gute Darstellung zur Thematik in *Herrler* EuZW 2007, 295 ff.
52 Ausführlich hierzu *Kindler* in Münchener Kommentar zum BGB, Bd. 11, 4. Auflage, 2006 Rn. 848 ff. m.w.N.; *Bayer/Schmidt* ZIP 2006, 210, 212; *Leible/Hoffmann* RIW 2006, 161; *Kallmeyer* ZIP 1996, 535 f., *Krause/Kulpa* ZHR 171 (2007), 50; *Limmer* ZNotP 2007, 246 f.
53 *Tauchert-Nosko* S. 265 m.w.N.

nen mittels Anpassung gewahrt werden, indem man einen einstimmigen Beschluss oder ein Sonderaustrittsrecht vorsieht. Etwas problematischer scheinen die Gläubigerinteresse, während die Rechte der Arbeitnehmer auf individueller Ebene durch die Arbeitnehmer-RL sichergestellt sind, auf Ebene der Mitbestimmung eventuell vertraglich gesichert werden können.«[54] Weitere Ansätze, insbesondere im Hinblick auf die analoge Anwendung der zwischenzeitlich erfolgten Kodifizierungen grenzüberschreitender Umwandlungsvorgänge, werden fortlaufend in der Literatur diskutiert.[55] Für die notarielle Praxis empfiehlt sich hier ganz besonders eine intensive und detaillierte Abstimmung mit den zuständigen Registergerichten.

Mit der Verordnung zur europäischen Aktiengesellschaft, **Societas Europaea (SE-VO)**, welche am 8.10.2004 in Kraft getreten ist, wurde ein wichtiger Schritt zur Schaffung **eines europäischen Gesellschaftsrechts** gemacht. Die SE bot als erste Rechtsform die Möglichkeit, innerhalb der Mitgliedstaaten der EU/des EWR grenzüberschreitende Umstrukturierungen vorzunehmen.[56] Diese Funktion der SE spiegelt sich auch in dem numerus clausus der Gründungsformen einer SE, nämlich der ausschließlichen Zulässigkeit der originären Gründung durch Verschmelzung (»grenzüberschreitend«), Art. 2 Abs. 1 SE-VO, Gründung einer Holding-SE, Art. 2 Abs. 2 SE-VO, oder Gründung einer Tochter-SE, Art. 2 Abs. 3 SE-VO, durch bestehende AGs, GmbHs oder SEs mit Mehrstaatenbezug oder durch Formwechsel einer AG in eine SE, Art. 2 Abs. 4 SE-VO.[57] Teilweise wurde nach Inkrafttreten der SE-VO für grenzüberschreitende Verschmelzungen auch der Weg der Kettenverschmelzung unter Zwischenschaltung einer europäischen Aktiengesellschaft (SE) gewählt, um das wirtschaftliche Ergebnis einer umfassenderen grenzüberschreitenden Verschmelzung zu erreichen.

Für dieses Handbuch sind die **zulässigen Umwandlungen unter Beteiligung einer SE** interessant. Zum einen sind das die in der Übersicht oben Rn. 5 aufgeführten Umwandlungsarten des UmwG, an welchen eine SE beteiligt werden kann. Zum anderen sind dies die in der SE-VO geregelten Verschmelzungsmöglichkeiten, Art. 17 SE-VO sowie der Formwechsel einer AG in eine SE gem. Art. 37 SE-VO sowie der Formwechsel einer SE in eine AG gem. Art. 66 SE-VO. Die SE-VO, in Kraft seit 8.10.2004, wird ergänzt durch das SE-Ausführungsgesetz (SEAG) sowie das SE-Beteiligungsgesetz (SEBG), welche beide am 29.12.2004 in Kraft getreten sind. Soweit die SE-VO (in erster Linie) sowie das SEAG sowie das SEBG (in zweiter Linie) keine speziellen Rechtsvorschriften enthalten, gelten in dritter Linie die nationalen Vorschriften zur Aktiengesellschaft und hier wiederum in erster Linie die Vorschriften des AktG und in zweiter Linie die übrigen auf die AG anwendbaren Vorschriften, so auch das UmwG.[58]

---

54 *Tauchert-Nosko* S. 274 f.
55 Vgl. *Bungert* BB 2006, 53 ff., *Geyrhalter/Weber* NZG 2005, 837 ff., *Siems* EuZW 2006, 135 ff., *Herrler* EuZW 2007, 295 ff.
56 Ein für die Praxis sehr instruktiver Beitrag findet sich bei *Heckschen* »Erste Erfahrungen mit der SE in der notariellen Praxis«, DAI-Skript zur 5. Gesellschaftsrechtlichen Jahresarbeitstagung vom 16.–17.3.2007 in Hamburg, S. 145 ff. sowie ausführliche Darstellung der Grundlagen zur SE bei *Spitzbart* »Die Europäische Aktiengesellschaft – Aufbau der SE und Gründung –«, RNotZ 2006, 369 ff.; ausführlich dazu *Widmann/Mayer* Anhang 14 Rn. 519 ff.
57 Details zu den einzelnen Gründungsformen bei *Spitzbart* a.a.O.
58 Vgl. *Spitzbart* a.a.O. 372 f., sehr gute Übersicht über die Bestimmung des anwendbaren Rechts in *Widmann/Mayer* Anhang 14 (Heckschen) Rn. 38 ff.

Aus dem vorstehend dargestellten Rangverhältnis resultierend wird die Zulässigkeit der **Beteiligung einer SE an Umwandlungsvorgängen nach dem UmwG** kontrovers diskutiert. Zum einen darf die SE gem. Art. 10 SE-VO nicht gegenüber nationalen AGs diskriminiert werden, zum anderen könnte aus der Rangfolge der Vorschriften für die SE geschlossen werden, dass die in der SE-VO vorgesehenen Umwandlungsarten für die SE abschließend sind.[59] Der Meinungsstand ist in den Fußnoten zu Rn. 5 dargestellt.

8 Mit der **Societas Cooperativa Europaea (SCE)** steht seit dem 18.8.2006 dem deutschen Rechtsverkehr eine weitere europäische Gesellschaftsform zur Verfügung.[60] Ähnlich wie bei der SE wird auch bei der SCE diskutiert, inwiefern diese sich an Umwandlungsvorgängen nach deutschem Recht beteiligen kann. Wenn Bereiche in der SCE-VO nicht oder nur teilweise geregelt sind, kommt das nationale Recht zur Anwendung. Nach h.M.[61] sind jedoch die in der SCE-VO zugelassenen Gründungsarten abschließend, somit kommen als Umwandlungsvorgänge zur Neugründung einer SCE lediglich die Verschmelzung gem. Art. 19–24 SCE-VO bzw. der Formwechsel gem. Art. 35 SCE-VO in Betracht. Gem. Art. 9 SCE-VO können jedoch wegen des Grundsatzes der Nichtdiskriminierung bestehende SCEs mit Sitz in Deutschland sich an nationalen wie auch grenzüberschreitenden Umwandlungen grundsätzlich in gleichem Umfang beteiligen wie eine Genossenschaft deutschen Rechts.[62]

9 Geplant ist die Einführung einer weiteren europäischen Gesellschaftsform, nämlich der Société privée européenne (SPE), auch als Europäische Privatgesellschaft (EPG) bezeichnet. Es handelt sich um die Schaffung einer europäischen Gesellschaftsform mit beschränkter Haftung, die vor allem kleinen und mittleren Unternehmen (KMU) die Tätigkeit auf dem EU-Binnenmarkt erleichtern soll. Es liegt auch bereits ein Vorschlag für eine Verordnung des Rates über das Statut der Europäischen Privatgesellschaft vor,[63] es ist derzeit aber noch nicht abzusehen, wann und mit welchem genauen Inhalt eine SPE auf den Weg gebracht wird. Hauptstreitpunkte sind die Festlegung des Mindesthaftkapitals, die Möglichkeit zur Aufspaltung von Satzungs- und Verwaltungssitz sowie die Festlegung der Schwellenwerte für die Arbeitnehmermitbestimmung.[64]

---

59 Sehr ausführlich zum Meinungsstand *Heckschen* a.a.O. 217 ff.; einen interessanten Überblick über die Schwierigkeiten in der praktischen Umsetzung der SE-VO gibt der Bericht der Kommission an das Europäische Parlament und den Rat über die Anwendung der SE-VO, abrufbar auf www.ec.europa.eu Dokument SEK (2010) 1391; Änderungen der SE-VO aufgrund dieses Berichts werden frühestens 2012 im Entwurf vorliegen.

60 Vgl. Verordnung (EG) Nr. 1435/2003 des Rates vom 22.7.2003 über das Statut der Europäischen Genossenschaft (SCE-VO) i.V.m. den deutschen Vorschriften zur Ausführung der SCE-VO, das SCE Ausführungsgesetz vom 18.8.2006 (SCE AG) sowie das SCE-Beteiligungsgesetz vom 26.5.2006 (SCE BG).

61 Vgl. *Widmann/Mayer* § 1 Rn. 69.7 ff., *Schmitt/Hörtnagl/Stratz* § 124 Rn. 17, *Kallmeyer* § 3 Rn. 13, *Lutter* § 3 Rn. 16.

62 Vgl. *Semler/Stengel* Einl. C Rn. 68, für Formwechsel *Schmitt/Hörtnagl/Stratz* § 124 Rn. 37, *Widmann/Mayer* § 1 Rn. 71.

63 Die EU-Kommission hatte am 25.6.2008 einen ersten Entwurf vorgelegt, den das EU-Parlament jedoch in vielen Punkten abgeändert hat und der im Rat der EU-Kommission mehrfach diskutiert wurde; der Stand des Verfahrens mit allen wichtigen Dokumenten ist abrufbar unter http://ec.europa.eu/prelex/detail_dossier_real.cfm?CL=de&DosId=197172.

64 S. hierzu auch *Bremer* NZG 2011, 695.

Bei der Arbeit mit Umwandlungsfällen ist es wichtig, die **Struktur des UmwG** zu **10** begreifen. Der „Allgemeine Teil" (Erstes Buch) des UmwG umfasst nur eine Vorschrift, nämlich den § 1 UmwG. Im Zweiten Buch „Verschmelzung" werden im Ersten Teil „Allgemeine Vorschriften" für die Verschmelzung aufgestellt, welche für die Gesamtvermögensübertragung grundlegend sind. Auf diese wird dann in den anderen Büchern des UmwG, welche die Gesamtvermögensübertragung ohne Identitätswahrung betreffen (Spaltung und Vermögensübertragung), in großem Umfang zurückverwiesen. Im Zweiten Teil des Zweiten Buchs, „Besondere Vorschriften", werden dann die Besonderheiten bei der Beteiligung verschiedener Rechtsträger an der Verschmelzung, jeweils untergliedert nach den unterschiedlichen Verschmelzungsarten, geregelt einschließlich der im 10. Abschnitt neu eingefügten grenzüberschreitenden Verschmelzung von Kapitalgesellschaften. Diese Gliederung wird im Dritten Buch „Spaltung" und im Vierten Buch „Vermögensübertragung" exakt nachgebildet. Im Fünften Buch „Formwechsel" ist die Gliederung ähnlich, jedoch ergeben sich Besonderheiten aus dem identitätswahrenden Charakter des Formwechsels. Für den Einsteiger in diese Materie empfiehlt es sich daher, zunächst in die allgemeinen Vorschriften zur Verschmelzung intensiv einzusteigen und sich dann jeweils die Abweichungen der allgemeinen Vorschriften der anderen Umwandlungsarten zu vergegenwärtigen. Die allgemeinen Vorschriften zum Formwechsel sollten separat im Anschluss erarbeitet werden. Erst dann empfiehlt sich der Einstieg in die Details der jeweiligen besonderen Vorschriften. Durch diesen stufenartigen Aufbau bietet das UmwG die Möglichkeit, dass sich sehr schnell die Besonderheiten der im konkreten Fall anzuwendenden Vorschriften unter Berücksichtigung der beteiligten Rechtsträger und der in Frage kommenden Umwandlungsart ermitteln lassen.[65]

Jeder, der mit Umwandlungsvorgängen befasst ist, muss sich die vom Gesetz vorgegebenen Formvorschriften vergegenwärtigen. Die Umwandlungsvorgänge bedürfen alle **11** der notariellen Beurkundung (§§ 6, 36, 125, 176, 177, 193 UmwG). Ausnahmen bestehen lediglich für wenige Beschlüsse (so z.B. Ausgliederungsbeschluss gem. § 169 UmwG bei einer Ausgliederung aus dem Vermögen einer Gebietskörperschaft). Eine häufig gestellte Frage ist, ob auch für **Vollmachten zu Umwandlungsvorgängen** eine Form zu beachten ist. Aus dem UmwG ist dazu nichts zu entnehmen. Es gilt daher der allgemeine Grundsatz des § 167 Abs. 2 BGB, dass die Vollmacht grundsätzlich nicht der Form des Hauptgeschäfts bedarf, daher formfrei erteilt werden kann. Zum Nachweis ist jedoch mindestens Schriftform empfehlenswert. Wird durch den Umwandlungsvorgang eine Neugründung bei einer AG, KGaA oder GmbH bewirkt, so bedarf die Vollmacht der notariellen Beglaubigung oder Beurkundung,[66] dies gilt sowohl für die Vollmacht zum Abschluss des Umwandlungsvertrages wie auch zur Stimmabgabe im Rahmen des betreffenden Umwandlungsbeschlusses.[67] Entgegen der in der ersten Auflage dieses Handbuchs vertretenen Auffassung bedarf die Vollmacht jedoch entgegen § 55 Abs. 1 GmbHG keiner besonderen Form, wenn bei einer übernehmenden GmbH eine Kapitalerhöhung zur Durchführung der Verschmelzung vorgenommen wird, da § 55 Abs. 1 S. 1 UmwG gerade die entsprechende Anwendung von § 55 Abs. 1 GmbHG ausnimmt und nach der herrschenden Meinung zwischenzeitlich auch eine analoge Anwendung wegen des damit verbundenen Schutzzwecks für die Voll-

---

65 Vgl. hierzu auch das Einordnungsschema 1. Kap. Rn. 8.
66 S.a. *Widmann/Mayer* § 135 Rn. 32.
67 *Widmann/Mayer* § 135 Rn. 27; s.a. *Heckschen* in Widmann/Mayer § 13 Rn. 112, **a.A.** für formwechselnde Umwandlung *Kallmeyer* § 193 Rn. 11 und *Lutter* § 193 Rn. 4.

macht abgelehnt wird.[68] Beim **Formwechsel** ist zu beachten, dass für die Vollmacht zur Abgabe von **Zustimmungserklärungen einzelner Anteilsinhaber**, deren Zustimmung nach den §§ 190 ff. UmwG zusätzlich zur Beschlussfassung für die Wirksamkeit des Umwandlungsbeschlusses erforderlich ist, teilweise die notarielle Beurkundung gefordert wird.[69] Neuerdings wird diese Meinung teilweise auch für die Vollmacht zur Abgabe von Zustimmungserklärungen einzelner Anteilsinhaber bei Verschmelzungen vertreten.[70] Die notarielle Beglaubigung ist auch für alle Vollmachten erforderlich, welche der Vornahme von Anmeldungen dienen (§ 12 Abs. 2 HGB). Hier ist jedoch zu beachten, dass bestimmte von den Vertretungsorganen gegenüber dem Registergericht abzugebende Versicherungen vertretungsfeindlich sind, so z.B. die Versicherung der Geschäftsführer über die Erbringung der Einlageleistung bei der Spaltung gem. § 135 UmwG i.V.m. § 8 Abs. 2 S. 1 HS 2 GmbHG.[71] Zur Frage der Zulässigkeit des Handelns eines Vertreters ohne Vertretungsmacht vgl. 3. Kap. Rn. 6.

12 Im Zuge der Vorbereitung eines Umwandlungsvorgangs muss immer geprüft werden, ob die Satzung/der Gesellschaftsvertrag der beteiligten Rechtsträger für den Abschluss solcher Verträge bzw. die Durchführung solcher Maßnahmen nicht besondere Mitwirkungspflichten oder ähnliches vorsehen, welche zu berücksichtigen sind. Nach Einfügung der Möglichkeiten zur elektronischen Kommunikation bei Verschmelzungen/Formwechsel unter Beteiligung von Aktiengesellschaften durch das Dritte Gesetz zur Änderung des UmwG in §§ 62 Abs. 3, 63 Abs. 3, 230 Abs. 2 UmwG muss insbesondere auch geprüft werden, ob nicht ggf. in der Satzung die Einwilligung zur elektronischen Kommunikation bereits enthalten ist.[72]

13 Eine wichtige Frage ist, wie und unter welchen Voraussetzungen Umwandlungsvorgänge **nachträglich geändert oder aufgehoben** werden können. Bei allen Umwandlungsarten ist nach Wirksamwerden des Umwandlungsvorganges durch Eintragung im Handelsregister eine Änderung oder Aufhebung nicht mehr möglich (so z.B. in §§ 20, 131, 202 UmwG). Einigkeit besteht, dass Änderungen des Umwandlungsvorgangs ebenfalls der notariellen Beurkundung bedürfen.[73] Bedarf der Umwandlungsvorgang eines Vertrages unter den beteiligten Rechtsträgern und der Zustimmungsbeschlüsse der Anteilsinhaber der beteiligten Rechtsträger, ist hinsichtlich der

---

68 S.a. *Widmann/Mayer* § 4 Rn. 41, *Lutter* § 6 Rn. 6 (*Drygalla* empfiehlt jedoch wegen des Nachweises ggü. dem Registergericht die Schriftform für die Vollmacht, darüber hinaus sogar die notarielle Beglaubigung), *Kallmeyer* § 6 Rn. 6, *Semler/Stengel* § 4 Rn. 9; **a.A.** *Heckschen* vertritt jedoch in *Widmann/Mayer* § 13 Rn. 108.1 weiterhin die Meinung, dass bei Verschmelzungen zur Aufnahme mit Kapitalerhöhung die Stimmrechtsvollmachten beim Ausgangsrechtsträger notariell zu beglaubigen sind.

69 So *Widmann/Mayer* § 193 Rn. 24 ff., der die notarielle Beurkundung für die Vollmacht fordert, da es im Hinblick auf deren Warnfunktion keinen Unterschied machen kann, ob die Zustimmungserklärung von dem Anteilsinhaber selbst vorab erteilt wird oder von diesem vorab eine Vollmacht erteilt wird; daher wird hier auch die notarielle beglaubigte Vollmacht nicht als ausreichend angesehen, welche in *Schmitt/Hörtnagl/Stratz* § 193 Rn. 8 gefordert wird; **a.A.** *Lutter* § 193 Rn. 22, der die Schriftform für ausreichend erachtet; s.a. HK-UmwG/*Quass* § 193 Rn. 30, *Kallmeyer* § 193 Rn. 20.

70 *Heckschen* in *Widmann/Mayer* § 13 Rn. 113 ff. mit ausführlicher Begründung; es wird jedoch die notarielle Unterschriftsbeglaubigung als ausreichend angesehen.

71 Vgl. *Widmann/Mayer* § 135 Rn. 61 sowie Formulierungsvorschlag in Muster 4. Kap. Rn. 66.

72 *Simon/Merkelbach* DB 2011, 1317.

73 Vgl. *Widmann/Mayer* § 4 Rn. 65, *Kallmeyer* § 4 Rn. 18, im Ergebnis auch *Lutter* § 4 Rn. 19, 20; HK-UmwG/*Maulbetsch* § 4 Rn. 47.

Erforderlichkeit von Zustimmungsbeschlüssen zur Änderung vor der Eintragung nach h.M.[74] zu unterscheiden, ob die Zustimmungsbeschlüsse bereits gefasst sind oder nur der Vertrag abgeschlossen wurde. **Nach** einem Zustimmungsbeschluss der Anteilsinhaber eines Rechtsträgers bedarf die Aufhebung oder Abänderung des Umwandlungsvertrages jeweils erneut der Zustimmung der Anteilsinhaber. Begründet wird dies damit, dass z.B. bei der Verschmelzung aus § 13 Abs. 1 UmwG die Wertung entnommen werden muss, dass die Anteilsinhaber endverantwortlich über die Umwandlung entscheiden.[75] Dass die Aufhebung der Änderung gleichgestellt wird, ist in der Literatur umstritten,[76] es empfiehlt sich jedoch die Zustimmungsbeschlüsse entsprechend den vorstehenden Regeln auch zur Aufhebung einzuholen.[77] Diese Regeln können auf die Änderung eines Spaltungsplans übertragen werden. Beim Formwechsel müssen m.E. in vollem Umfang die Regeln über die Aufhebung noch nicht vollzogener satzungsändernder Beschlüsse greifen,[78] ein formfreier Aufhebungsbeschluss ist daher zulässig.[79]

II. Zusammenspiel von UmwG und anderen Gesetzen

1. HGB, GmbHG, AktG und andere gesellschaftsspezifische Kodifikationen

Das UmwG lässt nicht für alle Umwandlungsarten alle Rechtsträger auf allen Seiten **14** zu. Es ergeben sich aber aus dem Umwandlungsgesetz ca. 300 verschiedene Umwandlungsmöglichkeiten, vgl. Anhang. Wann ein beteiligungsfähiger Rechtsträger der genannten Rechtsform vorhanden ist, beurteilt sich jedoch überwiegend aus der jeweiligen gesellschaftsspezifischen Kodifikation, vgl. zur Gesellschaft in Gründung oben Rn. 5.

Aus den gesellschaftsspezifischen Kodifikationen ergeben sich zahlreiche Besonder- **15** heiten, die den Umgang mit dem Umwandlungsgesetz erschweren. Zur Veranschaulichung des komplexen Zusammenspiels der Kodifikationen soll exemplarisch nachstehend eine kurze Auflistung von möglichen Fehlerquellen bei der **Beteiligung einer Aktiengesellschaft an einer Verschmelzung** erfolgen:[80]

- Ist der aufnehmende Rechtsträger noch nicht zwei Jahre im Handelsregister eingetragen, sind grundsätzlich gem. § 67 UmwG die Nachgründungsvorschrif-

---

74 Vgl. *Widmann/Mayer* § 4 Rn. 64, *Lutter* § 4 Rn. 19.

75 *Lutter* § 4 Rn. 19 m.w.N.; *Widmann/Mayer* § 4 UmwG Rn. 62, 64.

76 In *Widmann/Mayer* § 4 Rn. 62, 63 vertritt *Mayer* die Auffassung, dass vor Fassung der Zustimmungsbeschlüsse eine Umwandlung ohne Einhaltung der notariellen Form und ohne Zustimmungsbeschlüsse aufgehoben werden kann. In *Kallmeyer* § 4 Rn. 18 lehnt *Marsch-Barner* das Beurkundungserfordernis für die Aufhebung generell ab; s.a. *Lutter* § 4 Rn. 20.

77 Darstellung des Diskussionsstands in *Lutter* § 4 Rn. 20; unter Hinweis auf die nach h.M. vertretene Zulässigkeit der Wiederaufhebung satzungsändernder, aber noch nicht eingetragener Beschlüsse bei Kapitalgesellschaften durch Beschlüsse mit einfacher Mehrheit, wird für die Aufhebungsbeschlüsse diskutiert, dass ebenfalls die einfache Mehrheit ausreichen müsse; sehr str. **a.A.** *Widmann/Mayer* § 4 Rn. 62, der m.E. richtigerweise für die Aufhebung **nach** Zustimmung dieselben Form-, Mehrheits- und Informationserfordernisse fordert wie für den Neuabschluss; s.a. *Kallmeyer* § 4 Rn. 17, arg. „actus contrarius".

78 Vgl. vorstehende Fußnote.

79 *Widmann/Mayer* § 193 Rn. 57.

80 Vgl. *Heckschen* in „Grunderwerb und Umwandlung" DAI-Skript 2.3.2001, 185 ff.

ten zu beachten;[81] ein mangelhafter Nachgründungsbericht berechtigt zur Anfechtungsklage.[82]

- Es kann eine wegen Verstoßes gegen die Formvorschrift des § 37 UmwG anfechtbare Umgehung darstellen, wenn anstatt einer Verschmelzung zur Neugründung eine Verschmelzung zur Aufnahme auf eine kurz zuvor eingetragene Gesellschaft vorgenommen wird.[83]
- Bei Abfindung von Aktionären muss ggf. der Börsenkurs berücksichtigt werden.[84] Ein gesetzlich vorgeschriebenes Barabfindungsangebot ist in Einladung und Tagesordnung vollständig mit bekannt zu machen.[85]
- Beim Zustimmungsbeschluss der Aktionäre ist ein gemeinsamer Beschluss verschiedener Aktien-Gattungen nichtig, es sind getrennte Beschlüsse sowie ein Hauptversammlungsbeschluss erforderlich.[86]

16 Was unter der **Schlussbilanz i.S. des § 17 Abs. 2 UmwG** zu verstehen ist, ergibt sich durch den Verweis auf die Vorschriften über die Jahresbilanz und deren Prüfung (§ 17 Abs. 2 S. 2 UmwG).[87] Verwiesen wird damit auf die Vorschriften des Jahresabschlusses im HGB, soweit sie die Bilanz betreffen, also insbesondere die §§ 242–245, 246–251, 264–274a, 279–283 HGB.[88] Die Schlussbilanz ist somit von den Organen des übertragenden Rechtsträgers auf- und festzustellen, die für die Auf- und Feststellung des Jahresabschlusses zuständig sind.[89] Soweit eine Prüfungspflicht besteht, muss die Bilanz

---

81 Dabei muss jedoch die seit 18.1.2001 geltende Fassung des § 52 Abs. 1 AktG beachtet werden, nach welchem die Nachgründung sich nicht mehr auf Geschäfte mit außenstehenden Dritten erstreckt. Ebenso, dass gem. der seit 25.4.2007 geltenden Fassung des § 67 S. 2 UmwG die Nachgründungsvorschriften nicht anzuwenden sind, wenn die übernehmende AG ihre Rechtsform durch Formwechsel einer früheren GmbH erlangt hat, die zuvor bereits seit mindestens zwei Jahren im Handelsregister eingetragen war.

82 *Diekmann* ZIP 1996, 2149, 2152.

83 *OLG Stuttgart* DB 1997, 217 f.

84 *BVerfG* BVerfGE 100, 289 ff., *BVerfGE* 14, 263 ff.; wegweisend zur Berücksichtigung des Börsenwerts bei Abfindungen ist der Beschluss des *BGH* vom 19.7.2010 – II ZB 18/98 = DStR 2010, 1365 ff. = BB 2010, 1941 ff. = DNotZ 2011, 224 ff. = NJW 2010, 2657 ff. „Stollwerck", der sich sehr grundsätzlich mit der Ermittlung der Barabfindung bei einer Strukturmaßnahme auseinandersetzt; wesentlich ist, dass für die Berechnung grundsätzlich der nach Umsatz gewichtete Durchschnittskurs innerhalb einer dreimonatigen Referenzperiode vor der Bekanntmachung einer Strukturmaßnahme (nicht mehr: Tag der Hauptversammlung) maßgeblich ist (soweit der nach wie vor zu ermittelnde Ertragswert niedriger ist).

85 *LG Berlin* AG 1996, 231.

86 *LG Hannover* DB 1994, 1968 und *LG Hamburg* AG 1996, 281.

87 *Leuering* NJW-Spezial 2010, 719 weist darauf hin, dass für den Fall, dass die Schlussbilanz statt auf den Stichtag der Bilanz aus dem Jahresabschluss auf einen anderen Stichtag abstellt, eine Zwischenbilanz als Schlussbilanz zu erstellen ist, durch welche jedoch kein Rumpfgeschäftsjahr handelsrechtlich entsteht; nur aus steuerlicher Sicht wird ein Rumpfwirtschaftsjahr gebildet.

88 *Widmann/Mayer* § 24 Rn. 49. Bilanziert der übertragende Rechtsträger nach internationalen Rechnungslegungsstandards (insb. IFRS), muss für Umwandlungszwecke eine HGB-Bilanz erstellt werden, vgl. *Kallmeyer* § 17 Rn. 25.

89 Bei **Personenhandelsgesellschaft:** Aufstellung durch den geschäftsführenden Gesellschafter, soweit nicht hierdurch mittelbar über Ergebnisverwendung entschieden wird, welche wie die Feststellung grundsätzlich in die Zuständigkeit der Gesellschafter fällt. Bei **AG:** Aufstellung erfolgt durch den Vorstand; die Bilanz ist dann ggf. mit Prüfbericht dem Aufsichtsrat vorzulegen; dieser hat die Schlussbilanz zu prüfen und diesen Bericht dem Vorstand zuzuleiten; die Schlussbilanz gilt als festgestellt, wenn der Aufsichtsrat die Schlussbilanz billigt. Bei **GmbH:** Aufstellung erfolgt durch die

(Fortsetzung der Fußnote 89 auf Folgeseite)

unverzüglich nach Vorlage des Prüfungsberichts, im Übrigen nach erfolgter Aufstellung dem zuständigen Organ zur Feststellung vorgelegt werden. Bis zur Fassung des Feststellungsbeschlusses liegt eine Bilanz wohl noch nicht vor.[90] Von den Registergerichten unterschiedlich beurteilt wird die Frage, welche Anforderungen an die **Schlussbilanz einer in den Konzernabschluss einbezogenen Tochtergesellschaft in der Rechtsform der GmbH oder der GmbH & Co. KG** im Hinblick auf § 17 Abs. 2 S. 2 UmwG zu stellen sind, welche die Voraussetzungen des § 264 Abs. 3 HGB bzw. des § 264b HGB erfüllt. Einige Registergerichte vertreten die Auffassung, dass trotz der in § 264 Abs. 3 HGB bzw. des § 264b HGB vorgesehenen Erleichterungen, im Falle des § 17 Abs. 2 S. 2 UmwG die Schlussbilanz der Tochtergesellschaft selbständig geprüft und mit Anhang, Bestätigungsvermerk und Prüfungsbericht eingereicht werden muss.[91] Da § 17 Abs. 2 S. 2 UmwG nach ganz h.M. keine eigenständige Verpflichtung zur Erstellung einer Schlussbilanz für nicht bilanzierungspflichtige Rechtsträger begründet,[92] kann dies auch nicht für die ebenfalls in § 17 Abs. 2 S. 2 UmwG erwähnte Prüfung gelten; die Schlussbilanz ist daher nur dann zu prüfen, wenn auch die Jahresbilanz prüfungspflichtig ist oder wäre.[93] Es muss daher ausreichen, wenn der Einzelabschluss der Tochtergesellschaft unter Berücksichtigung der Erleichterungen des § 264 Abs. 3 HGB bzw. des § 264b HGB dem Registergericht als Schlussbilanz vorgelegt wird.[94] Wird die Bilanz nachträglich geändert, ist davon auszugehen, dass bis zum Vollzug der Umwandlung im Handelsregister die geänderte Bilanz dem Registergericht einzureichen ist. Nach Vollzug fehlt hierfür ein Rechtsschutz-/Informationsbedürfnis, da durch die Eintragung etwaige in der Bilanz vorhandene Mängel gem. § 20 UmwG unschädlich sind.[95]

Die Schlussbilanz muss unter Angabe des Datums unterzeichnet werden, und zwar **17**
- bei Personenhandelsgesellschaften gem. § 245 S. 1 HGB von **allen** persönlich haftenden Gesellschaftern;
- bei einer AG gem. § 91 Abs. 1 AktG von **allen** Vorstandsmitgliedern;
- bei einer GmbH gem. § 41 GmbHG von **sämtlichen** Geschäftsführern.

Mit dem Euro-Einführungsgesetz vom 9.6.1998 wurde mit § 318 Abs. 2 UmwG eine **18** Bestimmung zur **Erforderlichkeit von Euroumstellungen** im Rahmen von Umwandlungsvorgängen aufgenommen. Der Gesetzgeber hat sich auf die Fälle beschränkt, in welchen aufnehmender oder durch die Umwandlung entstehender Rechtsträger eine Kapitalgesellschaft ist oder ein Rechtsträger in eine Kapitalgesellschaft formgewech-

---

(Fortsetzung der Fußnote 89 von Vorseite)

Geschäftsführer, Feststellung erfolgt ggf. mit Prüfbericht durch die Gesellschafterversammlung. Bei **Gebietskörperschaften:** Die Auf- und Feststellung des Jahresabschlusses erfolgt nach der maßgebenden Eigenbetriebsverordnung bzw. Eigenbetriebsgesetz ansonsten nach der jeweiligen Gemeindeordnung. Regelmäßig ist der Gemeinderat zuständig; vgl. *Widmann/Mayer* § 24 Rn. 61; teilweise wird von einer Mindermeinung vertreten, dass die Schlussbilanz gar nicht der Feststellung bedarf, da es hierfür einer besonderen gesetzlichen Anordnung im Umwandlungsgesetz bedurft hätte, vgl. *Leuering* NJW-Spezial 2010, 719 m.w.N.

90 Vgl. hierzu Gutachten Nr. 13 S. 91 ff. in *DNotI-Gutachten* m.w.N. sowie *Widmann/Mayer* § 24 Rn. 49–56.
91 S. hierzu die gute Darstellung von *Scheunemann* DB 2006, 797 ff. m.w.N.
92 So u.a. *Lutter* § 17 Rn. 5, *Widmann/Mayer* § 24 Rn. 34, *Schmitt/Hörtnagl/Stratz* § 17 Rn. 17.
93 So u.a. *Widmann/Mayer* § 24 Rn 143, *Schmitt/Hörtnagl/Stratz* § 17 Rn. 20.
94 So im Ergebnis auch *Scheunemann* a.a.O.
95 So im Ergebnis wohl *Widmann/Mayer* § 24 Rn. 149.

selt wird. Für alle übrigen Rechtsträger, also insbesondere auch für eine übertragende Kapitalgesellschaft, welche ihr Kapital im Rahmen einer Spaltung herabsetzen muss, gelten ausschließlich die entsprechenden Euroumstellungsregeln der jeweils rechtsformspezifischen Vorschriften, so z.B. § 86 Abs. 1 S. 4 GmbHG. § 318 Abs. 2 UmwG ist auch keine eigenständige Umstellungsnorm; sie muss immer im Zusammenhang mit den jeweiligen rechtsformspezifischen Euroumstellungsvorschriften, so §§ 1–4 EGAktG und § 86 GmbHG, gelesen werden. Seit dem 1.1.2002 dürfen Kapitalmaßnahmen gem. § 3 Abs. 5 EGAktG bzw. § 86 Abs. 1 S. 4 GmbHG bei Altgesellschaften nur eingetragen werden, wenn gleichzeitig das Grund- bzw. Stammkapital auf Euro umgestellt und die Nennbeträge (auch der Geschäftsanteile/Aktien) den neuen Vorgaben entsprechend angepasst werden. Bei Umwandlungsvorgängen ist dabei die Kapitalerhöhung zur Glättung der Anteile strikt von der Kapitalerhöhung zur Durchführung der Umwandlung zu unterscheiden,[96] vgl. hierzu auch 3. Kap Rn. 37. Auch über ein Jahrzehnt nach dem Euro-Einführungsgesetz gibt es noch zahlreiche Gesellschaften mit nicht umgestellten Grund- bzw. Stammkapital.

19 Beim Formwechsel wurden die Auswirkungen von § 318 Abs. 2 S. 2 i.V.m. § 247 Abs. 1 UmwG kontrovers diskutiert.[97] Die Kontinuität des Nennkapitals beim Formwechsel von Kapitalgesellschaften untereinander schließt die Umstellung auf Euro zwingend aus, so dass entweder zwingend beim Ausgangsrechtsträger eine Euroumstellung vor dem Formwechsel erfolgen müsste oder der Kontinuitätsgrundsatz für Zwecke der Euroumstellung eingeschränkt anzuwenden ist.[98] Da sich die Durchbrechung des Kontinuitätsprinzips nicht durchgesetzt hat, kann in der Praxis nur empfohlen werden, beim Ausgangsrechtsträger eine Euroumstellung durchzuführen und den Formwechsel durch die Wirksamkeit der zur Euroumstellung erforderlichen Kapitalmaßnahme aufschiebend zu bedingen.[99] Bei Formwechselfällen, in denen der Kontinuitätsgrundsatz nicht gilt, kann direkt das Kapital des Zielrechtsträgers unter Berücksichtigung der Grundsätze der Kapitalaufbringung in Euro festgesetzt werden, vgl. Muster 5. Kap. Rn. 53.

20 Durch das MoMiG wurde das GmbHG durchgreifend geändert. Für Vorgänge nach dem Umwandlungsgesetz sind folgende Änderungen besonders zu beachten:
- Es wurde die UG (haftungsbeschränkt) als Unterform der GmbH in § 5a GmbHG geschaffen, die mit gewissen Einschränkungen ebenfalls an Umwandlungsvorgängen beteiligt werden kann, vgl. hierzu 2. Kap. Rn. 5.
- In Bezug auf die Geschäftsanteile hat das MoMiG zahlreiche Änderungen gebracht; bei Umwandlungsfällen von besonderer Relevanz ist:
  - Die Einheitlichkeit der Beteiligung eines Gesellschafters gem. dem Grundsatz des § 5 Abs. 2 GmbHG a.F. wurde aufgegeben, so dass sowohl bei der Gründung einer GmbH als auch bei einer Kapitalerhöhung/einem Umwandlungsvorgang[100] von einem Gesellschafter mehrere Geschäftsanteile übernommen werden können.

---

96 S.a. *Widmann/Mayer* § 318 Rn. 17.
97 Vgl. zum Meinungsstreit *Widmann/Mayer* § 318 Rn. 38 ff.
98 Für Einschränkung des Kontinuitätsgrundsatzes *Lutter* § 247 Rn. 5 m.w.N.; die durch die Umrechnung des Nennkapitals entstehende Rechnungsdifferenz ist nach dieser Meinung in einem Abgrenzungsposten aus Kapitalumstellung auszuweisen.
99 So im Ergebnis auch *Widmann/Mayer* § 318 Rn. 52.
100 H.M. vgl. u.a. *Lutter* § 55 Rn. 24, § 46 Rn. 12 und *Kallmeyer* § 46 Rn. 2

– Die Teilung von Geschäftsanteilen ist sowohl durch die Streichung von § 17 GmbHG als auch durch die Neuregelung des § 5 Abs. 2 S. 1 GmbHG (Geschäftsanteile müssen auf volle Euro lauten) erheblich erleichtert, so dass im Umwandlungsrecht Themen zum Ausgleich von Spitzenbeträgen an Bedeutung verloren haben.

– Durch die neue Bedeutung der im Handelsregister aufgenommenen Gesellschafterliste (Legitimationswirkung und Gutglaubenswirkung) gem. § 16 Abs. 1 und 3 GmbHG sollten auch Umstrukturierungsmaßnahmen immer auf einem Stand der Beteiligungsverhältnisse an der GmbH aufbauen, welcher der letzten im Handelsregister aufgenommenen Gesellschafterliste entspricht (ggf. muss diese im Vorfeld der Beurkundung noch aktualisiert werden).

2. Bestimmungen des BGB

Gerade bei Umwandlungsvorgängen, welche nicht konzernintern erfolgen, sondern bei welchen die beteiligten Rechtsträger fremde Dritte sind, liegt in der interessengerechten Verknüpfung der zwingenden Vorgaben des UmwG mit den Gestaltungsmöglichkeiten des Schuldrechts des BGB eine sehr wichtige Aufgabe des Notars. Hierbei stellt sich insbesondere die Herausforderung, durchsetzbare Ansprüche gegen den Vertragspartner und/oder einen wirtschaftlich Beteiligten unter Berücksichtigung derjenigen Rechtslage zu schaffen, die sich nach Wirksamwerden des Umwandlungsvorgangs ergibt. So kann es z.B. eine sehr schwierig zu lösende Frage sein, wer die Erfüllung von Ansprüchen wegen Schlechtleistung oder Garantien übernimmt, wenn der Vertragspartner nach Wirksamwerden des Umwandlungsvorgangs nicht mehr vorhanden ist, z.B. bei der Verschmelzung. Es besteht zwar die Fiktion des Fortbestehens des übertragenden Rechtsträgers für bestimmte Ansprüche gem. § 25 Abs. 2 UmwG, die Wirkungen und die Durchsetzbarkeit sind jedoch für die Beteiligten häufig nicht ausreichend; vgl. hierzu die Übersicht in 3. Kap. Rn. 60. Denkbar sind insbesondere selbständige Garantien von einzelnen Anteilsinhabern oder Bürgschaften Dritter. Jedes Instrument des Schuldrechts muss dahingehend überprüft werden, ob es nicht besondere Schranken durch die zwingenden Folgen des UmwR hat; ausführlicher zu Gestaltungsinstrumenten des Schuldrechts bei der Spaltung im 4. Kap. Rn. 29. **21**

Ein sehr praxisrelevantes Thema sind dabei Fragen der Gestaltung, welche die Zulässigkeit von Bedingungen/Befristungen und Rücktrittsrechten betreffen. Die Umwandlungsvorgänge bedürfen, insbesondere wenn sie nicht konzernintern erfolgen, einer langen Vorbereitung und der Beteiligung verschiedenster Personenkreise. Da sie ein wichtiges Instrument unternehmerischen Handelns sind, ist es aber durchaus möglich, dass ein Umwandlungsvorgang für die beteiligten Rechtsträger nur dann Sinn macht, wenn dieser bis zu einem bestimmten Zeitpunkt durchgeführt ist (mögl. Gründe: Wahrung der Acht-Monats-Frist, wirtschaftliche Umsetzung aus anderen Gründen, z.B. finanzierungstechnischer Art, bis zu einem bestimmten Zeitpunkt zwingend etc.). Dabei sind jedoch wichtige Einschränkungen, die sich aus dem Umwandlungsrecht ergeben, zu beachten. **22**

Bei **aufschiebenden Bedingungen** muss die Bedingung vor Eintragung im Register eingetreten und der Eintritt dem Registergericht nachgewiesen sein. Dies ergibt sich zwingend aus den Bestimmungen der §§ 20 Abs. 2, 131 Abs. 2, 202 Abs. 2 UmwG, wonach eine Rückgängigmachung des Umwandlungsvorganges ausgeschlossen ist. **23**

Strittig ist, ob der Nachweis des Eintritts der Bedingung gegenüber dem Registergericht innerhalb der Acht-Monats-Frist (bei Verschmelzung gem. § 17 Abs. 2 UmwG)
erfolgen muss. In Anlehnung an den von *Heckschen*[101] ausführlich dargestellten Meinungsstreit muss derzeit wohl davon ausgegangen werden, dass die erforderliche
Erklärung über den Eintritt der Bedingung dem Registergericht nachgereicht werden
kann, die Bedingung selbst aber bis zum Ablauf der Frist bereits eingetreten sein
muss, da zu diesem Zeitpunkt dem Registergericht grundsätzlich eintragungsfähige
Unterlagen vorliegen müssen, vgl. hierzu auch 3. Kap. Rn. 4. Eine Ausnahme ist dann
gegeben, wenn der Eintritt der Bedingung von einem Registervollzug abhängig ist. In
diesem Fall muss es wohl als ausreichend angesehen werden, dass dem Registergericht
der Vollzug innerhalb der Acht-Monats-Frist möglich war oder nur wegen der fehlenden Negativerklärung gem. §§ 16 Abs. 2, 198 Abs. 3 UmwG bzw. eines noch ausstehen-
den Beschlusses gem. §§ 16 Abs. 3, 198 Abs. 3 UmwG nicht möglich ist. Zu dem Sonderfall der Verkettung verschiedener Umwandlungsfälle vgl. unten Rn. 26.

24 Bei **auflösenden Bedingungen** wird die Zulässigkeit noch kontroverser diskutiert,
jedoch ist bei einer Bejahung der Zulässigkeit einhellige Meinung, dass das Registergericht durch die Anmeldung in die Lage versetzt werden muss, den Ausfall der
Bedingung prüfen zu können. Bei einer auflösenden Bedingung muss daher in der
Anmeldung eine Versicherung über den Nichteintritt der auflösenden Bedingung enthalten sein. Wichtig ist, dass die Registeranmeldung selbst als Verfahrenshandlung
nicht bedingt sein darf.[102]

25 Die Zulässigkeit der **Vereinbarung von Rücktrittsrechten** ist unstreitig, jedoch ist
ein Rücktrittsrecht wegen der starken Wirkung der Umwandlungsvorgänge gem.
§§ 20 Abs. 3, 131 Abs. 2, 202 Abs. 3 UmwG zeitlich nur eingeschränkt gestaltbar.
Ein gesetzliches Beispiel für ein mögliches Kündigungsrecht gibt § 7 UmwG. Ein
vertragliches Rücktrittsrecht darf sich nicht auf den Zeitraum nach Wirksamwerden des Umwandlungsvorganges beziehen,[103] da das Gesetz von der Unzulässigkeit einer Rückgängigmachung eines bereits wirksam gewordenen Umwandlungsvorgangs ausgeht. In Betracht kommen auch gesetzliche Rücktrittsrechte aus den
allgemeinen schuldrechtlichen Bestimmungen des BGB. Da jedoch hier das synal-
lagmatische Verhältnis sich bei beiden Vertragsparteien auf die Herbeiführung
des Umwandlungsvorganges und nicht etwa auf die Übertragung des Vermögens
oder die Gewährung von Anteilen bezieht, stellt sich das zeitliche Problem nicht,
da mit Wirksamwerden des Umwandlungsvorgangs der Erfolg eingetreten ist.[104]
Weiter ist bis zur Eintragung der Verschmelzung eine **Kündigung aus wichtigem
Grund** wegen Wegfalls der Geschäftsgrundlage denkbar, wenn das Festhalten an
dem Vertrag für den kündigenden Vertragspartner unzumutbar ist, z.B. das
Umtauschverhältnis auf unrichtiger Basis ermittelt wurde.[105] Eine sehr interessante Diskussion besteht, ob die Ausübung des vertraglich vereinbarten oder des
gesetzlich gegebenen Rücktrittsrechts ein Akt des Vertretungsorgans des betroffenen Rechtsträgers ist, welchen er allein ausübt, oder ob dieser Gestaltungsakt,

---

101 *Heckschen* in Widmann/Mayer § 7 Rn. 18 ff. m.w.N.
102 U.a. *BayObLG* DNotZ 1993, 197; *Heckschen* a.a.O. Rn. 25.
103 S.a. *Heckschen* in Widmann/Mayer § 7 Rn. 33; HK-UmwG/*Maulbetsch* § 7 Rn. 24.
104 *Heckschen* in Widmann/Mayer § 7 Rn. 34.
105 Vgl. *BGH* ZIP 1995, 276 zum Anteilserwerb; *Lutter* § 4 Rn. 31 m.w.N.

welcher die Wirksamkeit des Umwandlungsvorgangs betrifft, der Zustimmung der Anteilsinhaber bedarf, wie der Umwandlungsvorgang an sich. Eine sehr ausführliche Darstellung des Meinungsstreits gibt wiederum *Heckschen*,[106] welcher zu dem m.E. richtigen Schluss kommt, dass die Anteilsinhaber der Ausübung des Gestaltungsrechts dann zustimmen müssen, wenn dieses **nach** dem Zustimmungsbeschluss der Anteilsinhaber zum Umwandlungsvorgang selbst ausgeübt wird, da es sonst zu einer unzulässigen Zuständigkeitsverlagerung käme.[107] Die h.M. ist derzeit aber wohl noch für eine entsprechende Anwendung der Rechtsprechung zur Kündigung von Unternehmensverträgen und lehnt daher eine Zustimmungspflicht der Anteilsinhaber ab.[108]

Die **Verkettung unterschiedlicher Umwandlungsvorgänge** hintereinander ist insbe-   **26** sondere bei Konzernumstrukturierungen ein wichtiges Instrument der Gestaltung. Die Nacheinanderschaltung erfolgt i.d.R. durch aufschiebende Bedingung der nachfolgenden Umwandlungsvorgänge durch das Wirksamwerden des vorangegangenen Vorgangs. Durch die Frist des § 17 Abs. 2 UmwG kann meistens nur so die fristgerechte Einreichung aller gewollter Umwandlungsvorgänge erreicht werden. Zur Fristwahrung ist es nach h.M. erforderlich, aber auch ausreichend, dass alle Essentialia der einzelnen Umwandlungsvorgänge fristgerecht eingereicht wurden. Da dann im Anschluss der Eintritt der Bedingungen ausschließlich durch den Registervollzug erfolgt und somit der Bedingungseintritt nicht von den Beteiligten beeinflusst werden kann, wird es als unschädlich angesehen, wenn der Bedingungseintritt durch Registereintragung erst nach Fristablauf erfolgt.[109] Es gibt zur Verkettung von Umwandlungsfällen keine gesetzlichen Regelungen, bei der Gestaltung sind jedoch einige wichtige Problembereiche zu beachten, welche häufige Fehlerquellen in der Praxis darstellen:

- Eine wichtige Frage ist, wer an den jeweiligen **Beschlussfassungen** mitzuwirken hat. Grundsätzlich gilt, dass es für die Wirksamkeit und Rechtmäßigkeit der gefassten Beschlüsse hinsichtlich der zu beteiligenden Anteilsinhaber allein auf die im Zeitpunkt der Beschlussfassung der Gesellschaft angehörigen Anteilsinhaber ankommt. Eine Beteiligung der (erst nach Eintritt der Bedingung) künftigen Anteilsinhaber ist grundsätzlich nicht erforderlich. Da es jedoch unter verschiedenen Aspekten Treuepflichten geben kann,[110] welche nach Zustimmung zum ersten Umwandlungsvorgang den Anteilsinhabern des übernehmenden Rechtsträgers aus diesem Umwandlungsvorgang gegenüber den Anteilsinhabern des übertragenden Rechtsträgers obliegen,[111] empfiehlt es sich, die künftigen Gesellschafter der Beschlussfas-

---

106 *Heckschen* in Widmann/Mayer § 7 Rn. 42 ff. m.w.N.
107 *Heckschen* in Widmann/Mayer § 7 Rn. 47 f.
108 So z.B. *Lutter* § 4 Rn. 30, *Schmitt/Hörtnagl/Stratz* § 7 Rn. 11, *Semler/Stengel* § 7 Rn. 10.
109 U.a. *Widmann/Mayer* § 5 Rn. 235.7.
110 Denkbar ist z.B. eine Treuepflicht, die daraus resultiert, dass Minderheitsgesellschafter des übertragenden Rechtsträgers aus dem ersten Umwandlungsvorgang bei Durchführung des zweiten Umwandlungsvorgangs ihre Sperrminorität verlieren würden; so auch *Sagasser* § 9 Rn. 379.
111 Der Umfang der Treuepflichten ist bisher wenig geklärt, darauf weist auch *Simon* in Heckschen/ Simon § 5 Rn. 106 hin, der auch bei bedingt hintereinander geschalteten Umwandlungsvorgängen ebenfalls ein Stimmrecht der Anteilsinhaber, welche aus dem vorgelagerten Umwandlungsfall vor dessen Wirksamwerden ihr Stimmrecht ableiten würden, ablehnt; **a.A.** *Mayer* in Widmann/Mayer § 5 Rn. 235.6.

sung bereits zustimmen zu lassen[112] oder den weiteren geplanten Umwandlungsvorgang bereits im ersten Umwandlungsvertrag zu dokumentieren.

- Auch im Hinblick auf die **formellen Voraussetzungen der Beschlussfassung** ist auf die Anforderungen im Zeitpunkt der Beschlussfassung abzustellen. Dies kann insbesondere bei einem Formwechsel innerhalb der Kette relevant sein, da sich hierdurch die Rechtsform des Rechtsträgers ändert. So sind z.B. bei einer in der Kette enthaltenen formwechselnden Umwandlung von einer AG in eine GmbH auch für die Beschlussfassung zu einer dem Formwechsel nachfolgenden Umwandlung die AG-spezifischen Vorschriften zur Vorbereitung und Durchführung der Beschlussfassung zu beachten, falls die Beschlussfassung vor Wirksamwerden des Formwechsels erfolgt; z.B. wären bei einer nachgelagerten Verschmelzung die §§ 60 ff. UmwG anzuwenden, insbesondere wäre somit auch ein Verschmelzungsbericht und eine Verschmelzungsprüfung obligatorisch.[113]

- Hingegen wird für die **materiell-rechtlichen Regelungen**, welche für die Voraussetzungen des Wirksamwerdens der nachgelagerten Umwandlung maßgeblich sind, vertreten, dass für die nachgelagerte Umwandlung im Vorgriff die Vorschriften des Zielrechtsträgers aus vorgelagerten Umwandlungen (insbesondere beim vorgelagerten Formwechsel) gelten sollen, wenn tatsächlich sichergestellt ist, dass die vorgelagerte Umwandlung vor der nachgelagerten Umwandlung wirksam wird.[114] Somit wären beim vorstehend reflektierten Fall des vorgelagerten Formwechsels von einer AG in eine GmbH mit nachgelagerter Verschmelzung keine Sonderbeschlüsse nach § 65 Abs. 2 UmwG erforderlich und keine Einreichung eines Entwurfs zum Registergericht gem. § 61 UmwG erforderlich.[115] Jedoch müssen bei der vorgelagerten Umwandlung die materiell-rechtlichen Voraussetzungen bis zur Handelsregistereintragung gegeben sein.[116]

- Die Gesellschafterversammlung an sich darf nicht bedingt abgehalten werden, sondern nur die „unbedingt abgehaltene" Gesellschafterversammlung kann inhaltlich durch das Wirksamwerden anderer Umwandlungsvorgänge **bedingte Beschlüsse** fassen[117] oder unbedingt einer bedingten Umwandlung zustimmen.

- Eine Registeranmeldung darf selbst nicht bedingt abgegeben werden, aber es kann die **unbedingte Anmeldung** eines bedingten Umwandlungsvorgangs erfolgen. Nach h.M. sollte eine Bedingung des angemeldeten Umwandlungsvorgangs in der Registeranmeldung wiedergegeben werden.[118]

---

112 Dies insbesondere auch im Hinblick auf die in der vorstehenden Fußnote dargestellte **a.A.** in *Widmann/Mayer* a.a.O., welcher jedoch bei Publikumsgesellschaften den Hinweis auf die nachfolgende Umwandlung im vorgeschalteten Umwandlungsvorgang für ausreichend ansieht, so dass dann die Mitwirkung der im Zeitpunkt der Beschlussfassung wirksam beteiligten Anteilsinhaber ohne die künftigen Anteilsinhaber ausreicht.

113 *Heckschen/Simon* § 5 Rn. 103.

114 *Heckschen/Simon* § 5 Rn. 86 f., der es für unerheblich hält, ob diese Sicherstellung durch die Vereinbarung entsprechender aufschiebender Bedingungen oder durch eine tatsächliche Steuerung der Handelsregistereintragungen erfolgt.

115 *Heckschen/Simon* § 5 Rn. 102 f.

116 Z.B. muss bei einem vorgelagerten up-stream-merger die Mutter/Tochter Konstellation bis zur Eintragung vorliegen, vgl. *Lutter* § 5 Rn. 103 m.w.N.

117 Die Bedingung wird von der h.M. für zulässig angesehen, da das Registergericht eindeutig anhand des Handelsregisters (ggf. auch eines anderen Registergerichts) überprüfen kann, ob die Wirksamkeit eingetreten ist; vgl. u.a. *Widmann/Mayer* § 5 Rn. 235.5 unter Verweis auf *Scholz/Priester* GmbHG § 53 Rn. 188 m.w.N.

118 U.a. *Widmann/Mayer* § 5 Rn. 235.5.

- Wichtige Fragstellungen ergeben sich bei Kettenumwandlungen auch im Hinblick auf die **handelsbilanzielle und steuerliche Rückwirkungsfiktion** der einzelnen Umwandlungsvorgänge und die aufzustellenden Schlussbilanzen.
  - **Handelsbilanziell** bedeutet der Umwandlungsstichtag den Wechsel der Rechnungslegung i.S. einer Ergebnisabgrenzung. Da nach h.M. der Umwandlungsstichtag (zumindest bei Buchwertverknüpfung) untrennbar mit dem Stichtag der Schlussbilanz gem. § 17 Abs. 2 UmwG verbunden ist, da die Schlussbilanz auf den Stichtag unmittelbar vor dem Umwandlungsstichtag aufzustellen ist, ergibt sich bei Kettenumwandlungen häufig die Notwendigkeit, alle Umwandlungsvorgänge auf denselben Stichtag zu beziehen, da der Stichtag der Schlussbilanz identisch ist. Eine Festlegung der Reihenfolge beim jeweiligen Umwandlungsstichtag (z.B. 0:00 h, 0:01 h, 0:02 h) ist hierbei nicht erforderlich, da der Wechsel der Rechnungslegung sich nur schuldrechtlich auf den Umwandlungsstichtag zurückbezieht.[119] Bei der Erstellung der Schlussbilanzen ist zu beachten, dass die nachgelagerten Umwandlungsvorgänge als Geschäftsvorfall anzusehen sind, der nach dem Stichtag als für Rechnung der Übernehmerin vorgenommen gilt; d.h. diese finden sich in der Schlussbilanz des übertragenden Rechtsträgers der nachfolgenden Umwandlung nicht wieder.[120]
  - Für die Schlussbilanz ist zu beachten, dass nach zwischenzeitlich h.M. die **übernehmende** Gesellschaft am Stichtag der Schlussbilanz weder bereits existent gewesen sein muss noch in der Rechtsform bestanden haben muss, welcher dem Umwandlungsvorgang zugrunde gelegt wird.[121] Beim **übertragenden** Rechtsträger ist zu unterscheiden, ob dieser zum Stichtag der Schlussbilanz als Rechtssubjekt bestand, das buchführungs- und bilanzierungspflichtig war oder freiwillige Abschlüsse erstellt hat, oder ob der übertragende Rechtsträger zum Stichtag der Schlussbilanz noch gar nicht existent war. Im ersteren Fall ist die Aufstellung der Schlussbilanz unproblematisch, auch wenn die Rechtsform sich bis zur Durchführung des Umwandlungsvorgangs (z.B. durch einen vorgeschalteten Umwandlungsvorgang) noch geändert hat. Die Aufstellung einer Schlussbilanz durch einen im Zeitpunkt des Bilanzstichtags noch nicht existenten Rechtsträger wird häufig abgelehnt, da der übertragende Rechtsträger zu diesem Zeitpunkt noch gar nicht buchführungsfähig war.[122] Nach m.E. richtiger Meinung wird jedoch zunehmend die Rückbeziehung auf einen Stichtag für zulässig angesehen, in welchem der übertragende Rechtsträger handelsrechtlich noch nicht existiert hat,[123] da auch die steuerliche Rückwirkungsfiktion keinen gesellschaftsrechtlich bereits existenten Rechtsträger am Rückwirkungsstichtag voraussetzt.[124]

---

119 So im Ergebnis und mit ausführlicher Darstellung des Meinungsstreits *Heckschen/Simon* § 5 Rn. 146.

120 *Heckschen/Simon* § 5 Rn. 152 m.w.N.

121 Vgl. UmwSt-Erl Rn. 2.11; *Widmann/Mayer* § 5 Rn. 235.8.

122 So *Heckschen/Simon* § 5 Rn. 159 ff. mit guter Darstellung der Gründe.

123 So *Widmann/Mayer* § 5 Rn. 235.8.1, DNotI-Gutachten Nr. 11092 vom 10.12.2002.

124 Vgl. hierzu ausführlich *FG Köln* vom 10.6.2010 BeckRS 2010, 26030179, welches ausdrücklich feststellt, dass die umwandlungsrechtliche Rückwirkungsfiktion zu einer für steuerliche Zwecke fingierten Existenz einer selbständigen Kapitalgesellschaft führt, der alle ertragsteuerlich relevanten Vorgänge ab dem Umwandlungsstichtag unabhängig von ihrer zivilrechtlichen Existenz zugeordnet werden müssen; s.a. UmwSt-Erl Rn. 2.0925 ff. (nur für übernehmenden Rechtsträger); zur Besonderheit bei der Anwendung des § 45 AO bei Spaltungen, vgl. 4. Kap. Rn. 27 Fn. 113.

- Hinsichtlich der **steuerlichen Rückwirkung** ist eine Reihenfolge bei Kettenumwandlungen erforderlich, da dies für die Einkommensermittlung der beteiligten Rechtsträger maßgeblich ist.[125] Es wird diskutiert, ob bei Kettenumwandlungen auf denselben Rückwirkungsstichtag den beteiligten Rechtsträgern ein Bestimmungsrecht für die juristische Reihenfolge der einzelnen Vorgänge zusteht[126] oder ob allein die Reihenfolge der Handelsregistereintragungen maßgeblich ist.[127] Im Hinblick auf den noch nicht entschiedenen Meinungsstreit sollte der Notar und der beratende Anwalt darauf bedacht sein, dass durch bedingte Umwandlungsverträge, -beschlüsse und entspr. Anmeldungen die Abfolge des zivilrechtlichen Wirksamwerdens der beabsichtigten steuerlichen Reihenfolge entspricht.

27 Vielfach diskutiert wird die Anwendbarkeit der **Regeln des allgemeinen Schuldrechts und des Allgemeinen Teils des BGB** auf die umwandlungsrechtlichen Vorgänge. So ist gerade bei den Spaltungsvorgängen die Frage der Genauigkeit der Bezeichnung der zu übertragenden Vermögensgegenstände eine sehr praxisrelevante Fragestellung, da teilweise sehr große Sachgesamtheiten übertragen werden. Die von der Literatur schon lange überwiegend vertretene Meinung, dass die Spaltungsverträge nach den allgemeinen Grundsätzen der §§ 133, 157 BGB ausgelegt werden müssen[128] und keine überhöhten Anforderungen an die Einzelbezeichnung gestellt werden dürfen, wurde auch vom BGH[129] bestätigt. Damit wurde die Zulässigkeit sogenannter „All-Klauseln" bestätigt, in welchen bei der Übertragung auf die Zugehörigkeit aller zu einem bestimmten Bereich gehörender Gegenstände abgestellt wird. Zu berücksichtigen ist jedoch, dass das Bestimmtheitserfordernis aus anderen Bereichen berücksichtigt werden muss, z.B. bei dinglichen Erklärungen zu unbeweglichem Vermögen, so insbesondere § 28 S. 1 GBO.[130]

---

125 *Hörtnagl* vertritt in *Schmitt/Hörtnagl/Stratz* UmwG, UmwStG § 2 UmwStG Rn. 33, dass ein zeitgleicher steuerlicher Vollzug möglich ist und bei identischen Stichtagen auch zwingend ist; dies ist m.E. abzulehnen, da die steuerliche Wirkung nicht von der Reihenfolge des Wirksamwerdens des Umwandlungsvorgangs abweichen darf, vgl. auch *Klingberg* in Blümich EStG – KStG – GewStG § 2 UmwStG Rn. 25.

126 So *Widmann/Mayer* § 2 UmwStG Rn. 241, § 20 UmwStG Rn. 640; ebenso *Heckschen/Simon* § 5 Rn. 164.

127 M.E. befinden sich hier die Eckpunkte der vertretenen Positionen; die in *Heckschen/Simon* § 5 Rn. 163 unter Bezugnahme auf *Sagasser* § 9 Rn. 379 dargestellte vermeintliche Position der alleinigen Maßgeblichkeit der Handelsregisteranmeldungen halte ich bei *Sagasser* für nicht vertreten; der Eingang der Registeranmeldung hat außer für die Einhaltung der Acht-Monats-Frist des § 17 Abs. 2 UmwG keine der Eintragung im Register übergeordnete Wirkung und ist gerade bei der gesammelten Einreichung der Umwandlungsunterlagen einer Kettenumwandlung vielmehr nicht feststellbar oder bei verschiedenen Registergerichten häufig vom Zufall oder seit Inkrafttreten des EHUG von der Leistungsfähigkeit der IT abhängig. Die Ergebnisse wären zufällig.

128 U.a. *Widmann/Mayer* § 126 Rn. 22.

129 *BGH* ZNotP 2004, 65 f.

130 In seinem Urteil vom 25.1.2008 – *BGH* MittBayNot 2008, 307 ff. = BWNotZ 2008, 89 ff. = DNotZ 2008, 468 ff. = NZG 2008, 436 ff. – hat der BGH sehr dezidiert zu dem Verhältnis zwischen Vertragsauslegung und der Anwendungspflicht des § 28 S. 1 GBO nach § 126 Abs. 2 S. 2 Stellung genommen und grundsätzlich die ordnungsgemäße Bezeichnung zur Voraussetzung für den Eigentumsübergang an Grundstücken/dinglichen Rechten an unbeweglichem Vermögen erklärt. Lockerungen wurden lediglich für Teilflächen zugelassen. Somit erscheint der Beschluss der *OLG Schleswig* DNotI-Report 2010, 8 ff. vom 1.10.2009 mit dem Inhalt, dass die eindeutige Bestimmbarkeit durch eine All-Klausel auch für dingliche Rechte an unbeweglichem Vermögen ausreichend sei,

(Fortsetzung der Fußnote 130 auf Folgeseite)

Bei der Anwendung der §§ 133, 157 BGB ist bei Umwandlungsverträgen die besondere **28** Rechtsnatur zu berücksichtigen. Da der Umwandlungsvertrag nicht nur unmittelbar für die abschließenden Rechtsträger Rechtswirkungen entfaltet, sondern auch für die Anteilsinhaber/Gesellschafter, kann bei einer Auslegung nicht allein auf den „Empfängerhorizont" der Vertretungsorgane der beteiligten Rechtsträger abgestellt werden, sondern ist das objektive Verständnis eines Dritten entscheidend.[131] Die von Rechtsprechung und Literatur entwickelten Grundsätze für die Auslegung von Satzungen können herangezogen werden. Eine Besonderheit ergibt sich bei Spaltungsvorgängen hinsichtlich der Bestimmung der übertragenen Vermögenswerte.[132] Wurde ein Vermögensgegenstand bei dem Spaltungsvorgang nicht erwähnt, ist zunächst nach den vorstehenden Kriterien durch Auslegung zu ermitteln, ob sich der abgespaltene Vermögensteil auf den fehlenden Vermögensgegenstand bezieht. Da durch die Spaltung die partielle Gesamtrechtsnachfolge eintritt, muss jedoch wegen der zu fordernden Publizität des Übertragungsvorgangs ein Anhaltspunkt für die Auslegung im Wortlaut des Spaltungsvertrages enthalten sein. Für Rechte an unbeweglichem Vermögen ist zudem § 28 S. 1 GBO zu beachten, was der BGH – mit Ausnahme von Teilflächen – zur Wirksamkeitsvoraussetzung für den Eigentumsübergang infolge Spaltung erklärt hat.[133] Es empfiehlt sich daher, sowohl eine generelle Unterordnungsklausel in den Spaltungsvertrag aufzunehmen (z.B. an die Zugehörigkeit zu einem bestimmten Teilbetrieb geknüpft) als auch die Aufnahme einer Surrogationsklausel für eintretende Veränderungen bei Vermögensgegenständen zwischen Abschluss des Spaltungsvertrages und Wirksamwerden der Spaltung; vgl. die Vorschläge in Muster 4. Kap. Rn. 64. Möglicherweise empfiehlt sich auch die Aufnahme einer Leistungsbestimmungsklausel i.S.v. § 315 BGB, für den Fall, dass ein Vermögensgegenstand nicht zuordenbar ist.

Ein für die notarielle Beurkundungspraxis sehr wichtiges Thema ist, wann bei minder- **29** jährigen Beteiligten bei Umwandlungsvorgängen die **Bestellung eines Ergänzungspflegers** und/oder die familiengerichtliche Genehmigung erforderlich ist. Die Literatur zu diesem Thema ist nicht sehr ergiebig und Rechtsprechung gibt es nur zu Teilaspekten. Bezüglich der Frage der Anwendbarkeit der Beschränkungen des § 181 BGB auf Umwandlungsvorgänge gibt es bisher keine Rechtsprechung. In der Literatur wird dieses Thema nur teilweise diskutiert; danach hat sich folgende h.M. herausgebildet:

Zustimmungsbeschlüsse zu Umwandlungen sind als Grundlagenbeschlüsse mit vertragsändernder Wirkung den formellen Satzungsänderungen gleichzustellen, auch wenn mit ihnen keine Satzungsänderung verbunden ist. Dies hat zur Folge, dass § 181 BGB auf diese Beschlüsse anzuwenden ist.[134] Dies wird auch zum Umwandlungsbeschluss gem. § 193 UmwG von der h.M.[135] vertreten.

(Fortsetzung der Fußnote 130 von Vorseite)

    da ansonsten die Wirksamkeit der Übertragung durch Spaltung zu formalistisch beurteilt würde, zu weitreichend; unseres Erachtens ist der Hinweis in *DNotI-Report* a.a.O. 8 zutreffend, dass anzunehmen ist, dass der BGH dieser Rechtsprechung gemäß seinem Urteil vom 25.1.2008 nicht uneingeschränkt folgen wird.

131 Vgl. *Lutter* § 5 Rn. 4 m.w.N., § 126 Rn. 14; zu allgemein hingegen *Widmann/Mayer* in § 126 Rn. 22.
132 Sehr ausführlich und instruktiv hierzu *Teichmann* in Lutter § 131 Rn. 82 ff.
133 *BGH* MittBayNot 2008, 307 ff. = BWNotZ 2008, 89 ff. = DNotZ 2008, 468 ff. = NZG 2008, 436 ff., zur Folgerungen aus dem BGH-Urteil für die Bezeichnung von Dienstbarkeiten *Bungert/Lange* DB 2009, 103 ff. und *Ising* ZfIR 2010, 386 ff.
134 *Limmer* Handbuch Unternehmensumwandlung Rn. 219 m.w.N., *Dehmer* UmwG § 13 Rn. 23.
135 *Kallmeyer* § 193 Rn. 12 f., HK-UmwG/*Quass* § 193 Rn. 14, *Lutter* § 233 Rn. 40 ff.

30 Hinsichtlich der **Genehmigungsbedürftigkeit durch das Familiengericht** wird in der Literatur teilweise bei den Umwandlungsvorgängen selbst, soweit diese nicht zur Neugründung erfolgen, vertreten, dass weder § 1822 Nr. 3 noch § 1822 Nr. 10 BGB zutreffen, und somit für die Beschlussfassung keine Genehmigung erforderlich ist.[136] Eine Ausnahme gilt aber wohl für den Zustimmungsbeschluss der übertragenden Gesellschaft, wenn den Minderjährigen bei der übernehmenden Gesellschaft eine persönliche Haftung für fremde Verbindlichkeiten treffen kann,[137] § 1822 Nr. 10 BGB. So ist im Hinblick auf die im Zuge der Verschmelzung drohende Ausfallhaftung gem. § 24 GmbHG eine Genehmigung erforderlich, wenn die übernehmende Gesellschaft eine GmbH ist, bei welcher noch nicht sämtliche Einlagen geleistet sind,[138] letztlich also im Anwendungsbereich des § 51 Abs. 1 UmwG.[139] Weiter ist zu beachten, dass der Zustimmungsbeschluss zur Verschmelzung zur Neugründung jedenfalls dann der Genehmigung gem. § 1822 Nr. 3 BGB bedarf, wenn der Zweck der durch die Verschmelzung errichteten GmbH auf den Betrieb eines Erwerbsgeschäftes gerichtet ist.[140] Bei den anderen Umwandlungsarten werden diese Argumentationen entsprechend übertragen.[141] Bei der Ausgliederung eines einzelkaufmännischen Unternehmens aus dem Vermögen eines Minderjährigen ergibt sich folgender Meinungsstand:[142] Erfolgt die Ausgliederung zur Neugründung auf eine GmbH, ist gem. § 1822 Nr. 3, § 1643 Abs. 1 BGB eine familiengerichtliche Genehmigung erforderlich.[143] Gleiches gilt für die Ausgliederung zur Aufnahme durch eine Personenhandelsgesellschaft, und zwar auch bei Beteiligung als Kommanditist.[144] Genehmigungsbedürftig wäre auch die Gründung einer GmbH durch Einbringung des einzelkaufmännischen Unternehmens als Sacheinlage.[145] In Zweifelsfällen sollte auf jeden Fall eine Negativbescheinigung des Familiengerichtes eingeholt werden.[146] Liegt eine Genehmigungsbedürftigkeit vor, ist auf jeden Fall zu beachten, dass bei einseitigen Rechtsgeschäften § 1831 BGB gilt, mit der Folge, dass eine **vorherige** Genehmigung durch das Familiengericht erforderlich ist, da ohne das Vorliegen der Genehmigung die einseitige Erklärung unwirksam ist. Unter diese einseitigen Erklärungen fallen die im Umwandlungsrecht teilweise vorgesehenen Verzichtserklärungen und Zustimmungserklärungen der Gesellschafter. Bei den Beschlussfassungen gilt die Stimmabgabe als eine besondere

---

136 So *Dehmer* UmwG § 1 Rn. 24, *Lutter* UmwG § 50 Rn. 11; abweichend hierzu: *Widmann/Mayer* § 13 Rn. 139, der den Zustimmungsbeschluss beim übertragenden Rechtsträger im Hinblick auf § 1822 Nr. 3 BGB als genehmigungsbedürftig ansieht, da durch diesen die Auflösung der Gesellschaft bzw. eine grundlegende Änderung des Gesellschaftsvertrages bewirkt werde.

137 *Widmann/Mayer* § 13 Rn. 139 m.w.N.; *Lutter* UmwG § 50 Rn. 11.

138 So sinngemäß *BGH* BGHZ 107, 23, 25 ff.

139 *Lutter* UmwG § 50 Rn. 11.

140 *Lutter* UmwG § 59 Rn. 4.

141 So führt *Kallmeyer* zur formwechselnden Umwandlung in § 193 Rn. 13 aus, dass bei einem Formwechsel in eine KG die Genehmigung des Familiengerichts wegen des gleichzeitig mit Beschluss erfolgenden Abschlusses des Gesellschaftsvertrages erforderlich ist, der Beschluss wäre im Übrigen qualitativ als satzungsändernd einzustufen und somit genehmigungsfrei (str.); **a.A.** *Widmann/Mayer* § 193 Rn. 22, der wegen der typischerweise mit der Änderung der Rechtsform verbundenen Änderung in der Qualität der mitgliedschaftlichen Position die familiengerichtliche Genehmigung immer dann gem. § 1822 Nr. 3 BGB für erforderlich hält, wenn die Zustimmung und/oder die zustimmende Abstimmung des Minderjährigen für den Formwechsel erforderlich ist.

142 Vgl. *DNotI-Report* 2002, 153 ff.

143 Vgl. *Widmann/Mayer* § 152 Rn. 84; *Schmitt/Hörtnagl/Stratz* § 152 UmwG Rn. 32.

144 Vgl. *Widmann/Mayer* § 152 UmwG Rn. 84; *Schmitt/Hörtnagl/Stratz* § 152 UmwG Rn. 32.

145 Vgl. dazu MüKo BGB § 1822 Rn. 25.

146 Sehr instruktiv hierzu Gutachten Nr. 4 S. 21 ff. in Gutachten des *DNotI* Band IV.

Art des mehrseitigen Rechtsgeschäftes, als Sozialakt der körperschaftlichen Willensbildung.[147] Auf die Beschlussfassung ist daher § 1829 BGB anzuwenden, d.h. nachträgliche Genehmigung durch das Familiengericht ist möglich, der Beschluss ist solange schwebend unwirksam.

Für die Vertragsbeteiligten einer Umwandlung ist es wichtig zu prüfen, ob durch den **31** Eintritt der Wirkungen des Umwandlungsvorgangs Änderungen in übergegangenen und/oder bestehenden Verträgen eintreten können. Exemplarisch sei an dieser Stelle auf sog. **„Change-of-control-Klauseln"** hingewiesen, welche in Dauerschuldverhältnissen zu dem Zwecke aufgenommen werden, dass eine oder beide Vertragsparteien Kündigungs-, Rücktritts- oder sonstige Lösungsrechte vom Vertrag haben sollen, falls bei einer Vertragspartei die Mehrheitsbeteiligung sich ändert. Die bei solchen Klauseln erforderliche Definition der Änderung der Mehrheitsbeteiligung wird i.d.R. auch auf einen Umwandlungsvorgang bezogen, durch welchen ein außenstehender Dritter über 50 % der Anteile erlangt. Solche Klauseln sind häufig in Miet-, Erbbaurechts- und Vertriebsverträgen zu finden. Im kaufmännischen Geschäftsverkehr muss man davon ausgehen, dass auch eine in AGB enthaltene change-of-control-Klausel in der Regel wirksam ist.[148] Die Ausübung der Rechte aus dieser Klausel unterliegt jedoch im Hinblick auf das Schikaneverbot und den Grundsatz von Treu und Glauben einer richterlichen Kontrolle. Die Ausübung muss darin begründet sein, dass die Umwandlung in die Belange des Berechtigten eingreift.[149] Wegen der möglichen Auswirkung von Umwandlungsvorgängen auf Unternehmensverträge vgl. 3. Kap. Rn. 52, 4. Kap. Rn. 52, 5. Kap. Rn. 35.

Durch § 324 UmwG, welcher am 23.3.2002 nochmals neu gefasst wurde, wird aus- **32** drücklich im UmwG festgestellt, dass **§ 613a Abs. 1, 4–6 BGB** durch die Eintragung einer Verschmelzung, Spaltung oder Vermögensübertragung unberührt bleibt. Der Wortlaut des § 613a BGB hatte durch den Bezug auf die Übertragung eines Betriebes „durch Rechtsgeschäft" Raum für Diskussion gelassen, ob § 613a BGB auch auf Fälle der Universalsukzession anwendbar ist. Der Gesetzgeber hat die Anwendbarkeit in Übereinstimmung mit der EG-Richtlinie 77/187/EWG bei der Abfassung von § 324 UmwG unterstellt. Dies wurde durch die Rechtsprechung auch alsbald bestätigt.[150] § 324 UmwG enthält eine Rechtsgrundverweisung. Die Umwandlung ist nicht der gegenüber dem Betriebsübergang speziellere Tatbestand. Deshalb muss auch in Umwandlungsfällen eigenständig geprüft werden, ob ein Betriebs(teil)-übergang vorliegt. Ein Betrieb oder Betriebsteil kann u.U. schon vor Eintritt der Wirkung einer Umwandlung durch Rechtsgeschäft (z.B. Verpachtung oder Nutzungsüberlassung) auf den übernehmenden Rechtsträger übergegangen sein.[151] Beim Formwechsel wird die Anwendbarkeit des § 613a BGB einhellig abgelehnt, da es beim Formwechsel am Betriebsinhaberwechsel fehlt.[152] Daher ist der Formwechsel in § 324 UmwG auch nicht erwähnt.

---

147 S. hierzu u.a. *Palandt* Vorbem. v. § 709 Rn. 13 i.V.m. Überbl. v. § 104 Rn. 12.

148 *Widmann/Mayer* § 21 Rn. 31.

149 *Widmann/Mayer* § 21 Rn. 32.

150 *BAG* ZIP 2000, 1630 und *BAG* NZA 2008, 815 ff. = DB 2008, 1578 ff. = ZIP 2008, 1286 ff.; in letzterem wird jedoch ausgeführt, dass das Widerspruchsrecht nach § 613a BGB nicht gegeben ist, wenn der übertragende Rechtsträger erlischt.

151 *BAG* ZIP 2000, 1630; *Willemsen* G Rn. 151.

152 *Lutter* § 202 Rn. 25, *Kallmeyer* § 202 Rn. 27, *Widmann/Mayer* § 202 UmwG Rn. 53 ff.; HK-UmwG/ *Kierstein* § 202 Rn. 7.

33 Bei den Spaltungsvorgängen stellt sich im Zusammenhang mit § 613a BGB die Frage, inwieweit eine **Zuordnung der Arbeitsverhältnisse zum übertragenen Unternehmensteil** gem. § 126 Abs. 1 Nr. 9 UmwG vorgenommen werden kann. Es ist nunmehr einhellige Meinung, dass bei Übertragung von Betrieben oder Betriebsteilen durch Spaltung § 613a BGB als zwingende Vorschrift des BGB vorrangig ist, d.h. eine Zuordnung der Arbeitsverhältnisse für die an der Umwandlung beteiligten Rechtsträger grundsätzlich nicht disponibel ist.[153] Wird dagegen verstoßen ist die Spaltung nach Eintragung trotzdem wirksam (§ 131 Abs. 2 UmwG), es bestehen jedoch Ansprüche des fehlerhaft zugeordneten Arbeitnehmers gem. § 615 BGB. Ob eine Zuordnung nach objektiven Kriterien zutreffend vorgenommen worden ist, unterliegt in vollem Umfang der gerichtlichen Nachprüfung. Lediglich für den Sonderfall, dass anlässlich einer Verschmelzung, Spaltung oder Vermögensübertragung ein Interessenausgleich über eine Betriebsänderung i.S.d. §§ 111 ff. BetrVG zustande kommt, in dem diejenigen Arbeitnehmer namentlich bezeichnet sind, die nach der Umwandlung einem bestimmten Betrieb oder Betriebsteil zugeordnet werden, kann die Zuordnung der Arbeitnehmer durch das Gericht nur auf grobe Fehlerhaftigkeit überprüft werden (§ 324 Abs. 2 UmwG). In Fällen, in denen einzelne Arbeitnehmer nach objektiven Kriterien nicht eindeutig bestimmten Betrieben oder Betriebsteilen zugeordnet werden können (z.B. ein Springer, der in mehreren Betriebsteilen eingesetzt worden ist), wird eine im Umwandlungsvertrag durch namentliche Bezeichnung vorgenommene Zuordnung nach sachlichen Kriterien für zulässig gehalten.[154] Wird bei einer Spaltung der Tatbestand des § 613a BGB ausnahmsweise einmal nicht erfüllt und werden Arbeitsverhältnisse von den am Spaltungsvorgang beteiligten Rechtsträgern frei zugeordnet, ist strittig, ob die Arbeitnehmer das Recht haben, dem Übergang ihrer Arbeitsverhältnisse zu widersprechen. Bei einer durch Landesgesetz angeordneten Überleitung von Arbeitsverhältnissen von einer öffentlich-rechtlichen Gebietskörperschaft auf eine neue rechtsfähige Anstalt des öffentlichen Rechts hatte das BAG ein Widerspruchsrecht der betroffenen Arbeitnehmer verneint.[155] Das BVerfG hat darin jedoch eine Verletzung des Grundrechts der Arbeitnehmer auf freie Wahl des Arbeitsplatzes nach Art. 12 Abs. 1 GG gesehen.[156] Die verfassungsrechtliche Verankerung des Widerspruchsrechts spricht dafür, es auch in Fällen der Gesamtrechtsnachfolge außerhalb des Anwendungsbereichs des § 613a BGB zu gewähren.

34 Die Folge des **Widerspruchs eines Arbeitnehmers gem. § 613a BGB** ist, dass das Arbeitsverhältnis zum übertragenden Rechtsträger bestehen bleibt. Wird der Widerspruch erst nach dem Zeitpunkt des Betriebsübergangs aber noch innerhalb der Monatsfrist nach § 613a Abs. 6 BGB erklärt, wirkt er auf den Zeitpunkt des Betriebsübergangs zurück. Ob der bisherige Inhaber des übergegangenen Betriebs oder

---

153 Jew. m.w.N.: *Kallmeyer* § 324 Rn. 19; *Widmann/Mayer* § 323 Rn. 20.1., der darauf hinweist, dass eine abweichende Zuordnung mit Zustimmung des dem Schutz des § 613a BGB unterfallenden Arbeitnehmers zulässig ist, § 613 S. 2 BGB.

154 So *Lutter* § 323 Rn. 29; *Kallmeyer* § 323 Rn. 54 ff. stellt den Meinungsstand ausführlich dar und weist zu Recht darauf hin, dass diese Zuordnung sich nicht außerhalb des Anwendungsbereichs des § 613a BGB vollzieht, soweit die Zuordenbarkeit des Arbeitnehmers schwerpunktmäßig zu einem Betrieb oder Betriebsteil erfüllt ist. Die Zuordnung ist an die Wertungen des § 613a BGB gebunden. Dem Spaltungs- oder Übernahmevertrag kann in diesen Fällen jedoch eine quasi-konstitutive Bedeutung zukommen.

155 *BAG* 18.12.2008 – 8 AZR 660/07 = BAGE 129, 93 = MDR 2009, 756 = NZA 2009, 391; *BAG* 19.3.2009 – 8 AZR 699/07.

156 *BVerfG* 25.1.2001, NJW 2011, 1427 = DÖV 2011, 409 = NZA 2011, 400.

Betriebsteils das zurückbleibende Arbeitsverhältnis betriebsbedingt kündigen kann, richtet sich nach den allgemeinen Grundsätzen des Kündigungsschutzrechts.[157] Wird ein Betriebsteil ausgegliedert, kann sich ein widersprechender Arbeitnehmer im Restbetrieb des übertragenden Rechtsträgers in vollem Umfang auf die Grundsätze der Sozialauswahl nach § 1 Abs. 3 KSchG berufen. Auf einen sachlichen Grund für die Erklärung des Widerspruchs kommt es dabei nicht an.[158] Bei Umwandlungsvorgängen, durch welche der übertragende Rechtsträger erlischt, besteht zwar kein Widerspruchsrecht nach § 613a Abs. 6 BGB, jedoch ein Recht des Arbeitnehmers, sein Arbeitsverhältnis aus wichtigem Grund fristlos zu kündigen (§ 626 Abs. 1 BGB)[159]

Als eine Kuriosität kann die Vorschrift des § 323 Abs. 2 UmwG angesehen werden. Sie **35** bestimmt, dass im Falle der **Zuordnung von Arbeitsverhältnissen im Rahmen des Interessenausgleichs** gem. § 112 BetrVG die Zuordnung des Arbeitnehmers durch das Arbeitsgericht nur auf grobe Fehlerhaftigkeit überprüft werden kann. Da jedoch ein Interessenausgleich eine rein schuldrechtliche Vereinbarung zwischen Arbeitgeber und Betriebsrat ist, die keine „dingliche" oder normative Wirkung für den Übergang des Arbeitsverhältnisses hat, wird durch § 323 Abs. 2 UmwG die Wirkung des Interessenausgleichs im Umwandlungsfall erheblich gesteigert.[160] Durch die nach herrschender Meinung vorrangige Anwendung von § 613a BGB ist aber der Anwendungsbereich des § 323 Abs. 2 UmwG auf die nicht durch § 613a BGB eindeutig zuordenbaren Arbeitsverhältnisse eingeschränkt, vgl. hierzu auch 4. Kap. Rn. 26 ff. Eine hierzu parallele Vorschrift ist in § 125 InsO enthalten.

Als gesichert kann wohl angesehen werden, dass selbst dann, wenn § 613a BGB keine **36** direkte Anwendung findet, die individualvertraglichen Rechte und Pflichten sowohl bei arbeitsrechtlichem als auch bei umwandlungsrechtlichem Übergang von Arbeitsverhältnissen vollständig auf den übernehmenden Rechtsträger übergehen. Eine Änderung der Arbeitsverträge im Hinblick auf inkorporierte Tarifnormen unterliegt grundsätzlich einer einjährigen Sperre nach § 613a Abs. 1 S. 2 BGB.[161]

3. Arbeitnehmerbeteiligung

Umwandlungsfälle können in unterschiedlicher Hinsicht Auswirkungen auf die **37** Arbeitnehmer des Unternehmens haben. Zu den individualarbeitsrechtlichen Folgen vgl. vorstehend Rn. 32 ff. Bei den **kollektivarbeitsrechtlichen Wirkungen** sind verschiedene Ansatzpunkte gegeben. Zum einen sieht das Umwandlungsgesetz selbst in §§ 5 Abs. 3, 126 Abs. 3, 194 Abs. 2 UmwG die Beteiligung der Betriebsräte vor. Zum anderen bestehen betriebsverfassungsrechtliche Informations- und Beteiligungspflichten sowie Übergangsmandate der Betriebsräte nach dem BetrVG, vgl. unten Rn. 43, 44. Darüber hinaus ist die mögliche Auswirkung eines Umwandlungsfalles auf den **mitbestimmungsrechtlichen Status** des Unternehmens zu prüfen (vgl. §§ 325, 203 UmwG).

---

157 Vgl. *BAG* NZA 2003, 430, betriebsbedingte Kündigung ist berechtigt, wenn eine Weiterbeschäftigung des Arbeitnehmers wegen des spaltungsbedingten Betriebsübergangs ausgeschlossen ist und eine andere Weiterbeschäftigungsmöglichkeit nicht besteht.

158 *BAG* 31.5.2007 – 2 AZR 276/06 = NJW 2007, 2653 = DB 2007, 1932 = BB 2007, 2188.

159 *BAG* 21.2.2008 – 8 AZR 157/07 = ZIP 2008, 1296 = MDR 2008, 1045 = BB 2008, 1739 = NZA 2008, 815 = DB 2008, 1578.

160 So im Ergebnis auch *Kallmeyer* § 324 Rn. 61 m.w.N.

161 S.a. *Sagasser* § 6 Rn. 21.

38 Die **Zuleitungspflicht an den Betriebsrat** gem. §§ 5 Abs. 3, 126 Abs. 3, 194 Abs. 2 UmwG muss bei der Abwicklung eines Umwandlungsfalles, insbesondere auch vom beurkundenden Notar, strikt beachtet werden. Die Zuleitung muss jeweils einen Monat vor Beurkundung der Gesellschafterversammlung des betreffenden Rechtsträgers über die Zustimmung zum Umwandlungsvorgang erfolgt sein.[162] Es ist nunmehr wohl herrschende Meinung, dass der Betriebsrat auf die Einhaltung dieser Monatsfrist, **nicht aber** auf die Zuleitung an sich verzichten kann.[163] Zu Recht weist *Sagasser/Schmidt* jedoch darauf hin, dass eine vorherige Abklärung mit dem zuständigen Registergericht sinnvoll ist.[164] Durch die Zuleitung soll der Betriebsrat insbesondere in die Lage versetzt werden, die betriebsverfassungsrechtlichen Beteiligungsrechte rechtzeitig und sachgerecht auszuüben.[165] Ein Mitgestaltungs- oder Widerspruchsrecht besteht jedoch nicht. Zuzuleiten ist der Umwandlungsvertrag oder -plan. Erfolgt die Umwandlung zur Neugründung, hat die Zuleitung einschließlich der Satzung oder des Statuts des neuen Rechtsträgers zu erfolgen. Sonstige Anlagen, insbesondere bei Spaltungsvorgängen zur näheren Bezeichnung des Spaltungsgegenstandes, sind dem Betriebsrat insoweit zuzuleiten, als der Inhalt dieser Anlagen „Ausstrahlungswirkungen" auf die Rechte der Arbeitnehmer hat.[166] Unabhängig von der Frage, wann ein geänderter Entwurf dem Betriebsrat nochmals zugeleitet werden muss, muss bei der Erstzuleitung des Entwurfes darauf geachtet werden, dass dieser nicht nur hinsichtlich der Angaben nach § 5 Abs. 1 Nr. 9 UmwG vollständig ist, sondern dass er auch die übrigen Anforderungen des § 5 Abs. 1 UmwG an den Mindestinhalt des Verschmelzungsvertrages bezogen auf die konkret geplante Verschmelzung erfüllt.[167] Trotz dieses Vollständigkeitsgebotes hat sich zu Recht die herrschende Meinung herausgebildet, dass bei **nachträglichen Änderungen des Entwurfes** eine erneute Zuleitung nur dann zu erfolgen hat, wenn diese Änderungen Auswirkungen, es genügen jedoch „Ausstrahlungswirkungen", auf die Rechte der Arbeitnehmer und ihrer Vertretungen gemäß den Angaben nach § 5 Abs. 1 Nr. 9 UmwG haben.[168] Bei umfangreicheren Änderungen sollte, auch wenn eine Zuleitungspflicht inhaltlich nach den vorstehenden Überlegungen verneint werden könnte, dem Betriebsrat der geänderte Entwurf

---

162 Zu den Einzelheiten der Fristberechnung vgl. Muster 3. Kap. Rn. 66 Fn. 351; eine Ausnahme gilt nur in den Fällen, in denen nach dem Dritten Gesetz zur Änderung des UmwG keine Gesellschafterversammlung mehr erforderlich ist, vgl. § 62 Abs. 4 und 5 UmwG; hier ist die Verpflichtung zur Zuleitung unmittelbar nach Abschluss des Verschmelzungsvertrages – nach h.M. ist die Bekanntmachung im elektronischen Bundesanzeiger gem. § 62 Abs. 3 UmwG maßgeblich – gegeben, vgl. *Simon/Merkelbach* DB 2011, 1317 ff., 1320; *Leitzen* DNotZ 2011, 527 ff., 536 weist richtigerweise darauf hin, dass dadurch nicht eine Pflicht zur Veröffentlichung an dem auf die Beurkundung folgenden Tag besteht, sondern dass die Gesellschaft in der Wahl des Bekanntmachungsdatums frei ist.

163 So HK-UmwG/*Maulbetsch* § 5 Rn. 200, *Widmann/Mayer* UmwR § 5 Rn. 259, 266 (der jedoch für eine Zulassung des Verzichts auf die Zuleitung an sich plädiert m.w.N.), *Kallmeyer* § 5 Rn. 77; zur Zulässigkeit des Verzichts auf die Einhaltung der Frist: *LG Stuttgart* GmbHR 2000, 622.

164 *Sagasser* § 6 Rn. 60.

165 BT-Drs. 12/6699; BR-Drs. 75/94; *Widmann/Mayer* § 5 Rn. 250.

166 *Widmann/Mayer* § 5 Rn. 251.

167 Zu Recht weist *K.J. Müller* DB 1997, 714 darauf hin, dass nicht die Zuleitung von Standardformulierungen zusammen mit den konkreten Angaben zu § 5 Abs. 1 Nr. 9 UmwG ausreichend sein kann; als maßgeblich ist wohl anzusehen, dass auch hinsichtlich der Angaben nach § 5 Abs. 1 Nr. 1-8 UmwG die Grundkonzeption im zugeleiteten Entwurf zutreffend ausgestaltet sein muss.

168 *Widmann/Mayer* § 5 Rn. 261; *K. J. Müller* DB 1997, 713 ff.; *Schmitt/Hörtnagl/Stratz* UmwG § 5 Rn. 96, 98.

unter dessen Verzicht auf die Einhaltung der Zuleitungsfrist erneut vorsorglich zuge-leitet werden.[169] Die Umwandlungsbeschlüsse der beteiligten Rechtsträger unterliegen **nicht** der Zuleitungspflicht.

Eine immer wieder schwierig zu klärende Frage ist, welchen Betriebsräten die Unter-lagen gem. UmwG zuzuleiten sind. Hierüber besteht in der Literatur keine vollstän-dige Einigkeit. **Welcher Betriebsrat** zuständig ist, ergibt sich aus den allgemeinen arbeitsrechtlichen Bestimmungen. Besteht für ein Unternehmen ein Gesamtbetriebs-rat, müssen diesem alle Umwandlungsvorhaben zugeleitet werden, da diese aus ihrer Natur heraus unternehmensbezogen sind.[170] Besteht ein Konzernbetriebsrat, ist umstritten, ob die Zuleitung an diesen ausreicht und/oder ergänzend notwendig ist.[171] Aufgrund des derzeitigen Meinungsstandes muss davon ausgegangen werden, dass die Monatsfrist der §§ 5 Abs. 3, 126 Abs. 3 UmwG in Gang gesetzt wird, wenn die Zulei-tung bei dem Betriebsrat des betreffenden Rechtsträgers, somit bei dem Einzel- bzw. Gesamtbetriebsrat, erfolgt ist. Aufgrund des bestehenden Meinungsstreits empfiehlt sich aber auch die ergänzende Zuleitung an den Konzernbetriebsrat. *Widmann/Mayer* empfiehlt zudem unter Bezugnahme auf weitere Literaturstellen auch bei Vorhanden-sein eines Gesamtbetriebsrats im Interesse der Rechtssicherheit die Zuleitung an die Betriebsräte der einzelnen Betriebe.[172] Empfangszuständig ist der Vorsitzende des Betriebsverfassungsorgans, im Fall seiner Verhinderung dessen Stellvertreter (§ 26 Abs. 2 S. 2, § 51 Abs. 1, § 59 Abs. 1 BetrVG). Sind sowohl der Betriebsratsvorsitzende als auch sein Stellvertreter verhindert und hat der Betriebsrat versäumt, für diesen Fall Vorkehrungen zu treffen, kann die Zuleitung grundsätzlich gegenüber jedem Betriebsratsmitglied erfolgen.[173] **39**

Besteht **kein Betriebsrat**, entfällt die Zuleitungspflicht. Es gibt keine ersatzweise Zuleitungspflicht an die betroffenen Arbeitnehmer. Gegenüber dem Registergericht muss das Nichtbestehen eines Betriebsrates glaubhaft gemacht werden. Dies erfolgt in der Regel durch Erklärung der beteiligten Rechtsträger und Gesellschafter in den Urkunden sowie einfache Versicherung der Anmeldenden in der betreffenden Regis-teranmeldung. Die teilweise in den Formularbüchern erwähnte eidesstattliche Versi-cherung der Anmeldenden wird nach gängiger Praxis der Registergerichte nur in ext-remen Ausnahmefällen gefordert. Unterbleibt die Zuleitung oder ist sie verspätet, liegt ein Anmeldungshindernis vor (Folgerung aus §§ 125 S. 1, 17 Abs. 1 UmwG). **40**

Ebenfalls, aber nicht ausschließlich, haben die Vorschriften der §§ 125 S. 1, 61 S. 1, 122d S. 1 UmwG die rechtzeitige Information der Arbeitnehmer als Hintergrund. Durch sie ist geregelt, dass bei Beteiligung von Aktiengesellschaften als Rechtsträger von Umwandlungsvorgängen (Verschmelzung, Spaltung) sowie bei grenzüberschrei-tenden Verschmelzungen die Entwürfe des Umwandlungsvertrages bzw. des Ver-schmelzungsplans einen Monat vor dem Hauptversammlungstermin, der die Zustim- **41**

---

169 *Semler/Stengel* UmwG § 5 Rn. 147; diese Auffassung wird unterstützt vom *OLG Naumburg* GmbHR 2003, 1433.
170 So *Willemsen* C Rn. 357.
171 **Für** die Zuständigkeit des Konzernbetriebsrates *Widmann/Mayer* Einf. Umwandlungsgesetz Rn. 202; **gegen** die Zuständigkeit des Konzernbetriebsrates *Kallmeyer* § 5 Rn. 76; *Willemsen* a.a.O.; *Semler/Stengel* § 5 Rn. 142, wenn einer der beteiligten Rechtsträger ein abhängiges Konzernunter-nehmen ist; jedoch wird dort die Zuständigkeit des Konzernbetriebsrats bejaht, wenn die Konzern-mutter als übertragender Rechtsträger beteiligt ist.
172 *Widmann/Mayer* § 5 Rn. 255.
173 HK-UmwG/*Maulbetsch* § 5 Rn. 197, *Widmann/Mayer* § 5 Rn. 258 m.w.N.

mung zum Umwandlungsvorgang auf der Tagesordnung hat, beim Handelsregister eingereicht sein müssen. Bejaht man diesen weiteren Schutzzweck der §§ 61, 122d UmwG, steht dies auch einer Verzichtbarkeit der Zuleitung der Entwürfe durch alle Aktionäre entgegen, welche teilweise diskutiert wird.[174]

42 Das **Gesetz über die Mitbestimmung der Arbeitnehmer bei einer grenzüberschreitenden Verschmelzung (MgVG)** ist am 29.12.2006 in Kraft getreten und regelt alle Fragen der Arbeitnehmerbeteiligung bei grenzüberschreitenden Verschmelzungen. Die Arbeitnehmerbeteiligung ist in einigen – jedoch nicht in allen – Punkten den Mitbestimmungsregelungen bei der Gründung einer Europäischen Aktiengesellschaft (SE),[175] in Deutschland im **SE-Beteiligungsgesetz (SEBG)** umgesetzt, nachgebildet. Mitbestimmung i.S. des MgVG ist ausschließlich die »Unternehmensmitbestimmung«, d.h. also **die Beteiligung der Arbeitnehmer im Aufsichts- oder Verwaltungsorgan des Unternehmens**, nicht etwa die Bildung eines international zusammengesetzten Betriebsratsgremiums. Grundsätzlich finden gem. § 4 MgVG die Mitbestimmungsregelungen des Staates Anwendung, in welchem der übernehmende Rechtsträger seinen Satzungssitz hat. Diese Regel wird jedoch für bestimmte Arbeitnehmergruppen dann durchbrochen, wenn das anzuwendende Mitbestimmungsrecht nicht den gleichen Umfang an Mitbestimmung vorsieht, wie sie bei den übertragenden Rechtsträgern bestand (§ 5 Abs. 2 MgVG), oder Betriebe des übernehmenden Rechtsträgers sich in einem anderen Mitgliedsstaat befinden (§ 5 Abs. 3 MgVG), oder bei einem der beteiligten Rechtsträger in den sechs Monaten vor der Veröffentlichung des Verschmelzungsplans durchschnittlich mehr als 500 Arbeitnehmer beschäftigt waren und diese Gesellschaft gem. den Vorgaben des § 2 Abs. 7 MgVG mitbestimmt war (§ 5 Abs. 1 MgVG). In diesen Fällen soll zunächst eine einvernehmliche Verhandlungslösung zwischen den beteiligten Rechtsträgern und den Arbeitnehmern gem. §§ 6 ff. MgVG gefunden werden. Hierzu ist ein **Besonderes Verhandlungsgremium (BVG) der Arbeitnehmerseite** zu bilden. Scheitern die Verhandlungen oder erklären die Organe der beteiligten Rechtsträger, dass sie auf die Verhandlungen verzichten, gilt die gesetzliche Auffangregelung in den §§ 23 ff. MgVG. Gilt die Auffangregelung, bemisst sich die Zahl der Arbeitnehmervertreter im Aufsichts- oder Verwaltungsorgan der aus der grenzüberschreitenden Verschmelzung hervorgehenden Gesellschaft nach dem höchsten Anteil an Arbeitnehmervertretern, der in den Organen der beteiligten Gesellschaften vor der Eintragung der aus der grenzüberschreitenden Verschmelzung hervorgehenden Gesellschaft bestanden hat (§ 24 Abs. 1 S. 2 MgVG). Die Entscheidung zur Anwendung des »scharfen« Mitbestimmungsrechts kann für die Organe der beteiligten Rechtsträger insbesondere im Hinblick darauf sinnvoll sein, dass nach § 21 MgVG das Verhandlungsverfahren bis zu einem Jahr andauern kann. Die Auffangregelung und somit auch die Möglichkeit zum Verzicht auf die Durchführung der Verhandlungen besteht jedoch nur, wenn mindestens ein Drittel der Arbeitnehmer der an der Verschmelzung beteiligten Rechtsträger einer Mitbestimmungsregelung unterliegen, § 23 Abs. 1 S. 2 Nr. 1 MgVG. Bei einer nachfolgenden innerstaatlichen Verschmelzung richtet sich die **Mitbestimmung der Arbeitnehmer** grundsätzlich nach den

---

174 So im Ergebnis auch *Widmann/Mayer* § 61 Rn. 7 f., der darauf hinweist, dass jedoch die Einhaltung einer **angemessenen** Frist für die Zuleitung ausschließlich dem Interesse der Aktionäre dient und somit es ausreicht, wenn bei einer Vollversammlung irgendwann vor der Hauptversammlung der Entwurf eingereicht wird; **a.A.** zur Veröffentlichung nach § 122d UmwG bei *H.-F. Müller* ZIP 2007, 1084, der auf den weiteren Schutzzweck für Arbeitnehmer und Gläubiger hinweist.

175 SE-VO Abl. EG Nr. L 294/1 mit ergänzender Richtlinie 2001/86/EG-Abl. EG Nr. L 294/22.

nationalen Regelungen (§ 30 Abs. 1 S. 1 MgVG). Ist aber zuvor durch die grenzüberschreitende Verschmelzung ein »scharfes« Mitbestimmungsrecht importiert worden, kann das »scharfe« Mitbestimmungsrecht erst nach Ablauf von drei Jahren durch ein schwächeres nationales Mitbestimmungsrecht abgelöst werden (§ 30 Abs. 1 S. 2 MgVG). Gem. Art. 16 Abs. 4c VRL können Staaten mit monistischer Unternehmensverfassung in der Umsetzung der Richtlinie in nationales Recht vorsehen, dass die Zahl der Arbeitnehmer im Aufsichts- oder Verwaltungsorgan des übernehmenden Rechtsträgers auf eine Drittelbeteiligung beschränkt wird.

Unabhängig von der Zuleitungspflicht nach dem Umwandlungsgesetz – in manchen Fällen sogar noch früher als die Unterrichtung nach dem Umwandlungsgesetz – haben **Informationen nach dem BetrVG** zu erfolgen, um die im BetrVG verankerten Konsultationsverfahren einzuleiten (z.B. § 111 BetrVG). Hier sind insbesondere die Information nach § 80 Abs. 2 BetrVG, die Information und Beratung im Wirtschaftsausschuss nach § 106 BetrVG sowie Unterrichtung, Beratung und Verhandlung über Interessenausgleich und Sozialplan anlässlich einer Betriebsänderung nach §§ 111 ff. BetrVG zu nennen. **43**

Wichtige Fragen ergeben sich auch hinsichtlich des **Restmandates bzw. Übergangsmandates von Betriebsräten** nach erfolgten Umwandlungsvorgängen sowie von **mitbestimmungsrechtlichen Folgen** bei Spaltungsvorgängen (insbesondere durch die Änderung der Mitarbeiterzahl).[176] Nachstehend soll auf die Fragen nur insoweit eingegangen werden, als sie für den Notar von Bedeutung sind. Das Übergangs- und Restmandat bei Betriebsübergang richtet sich nunmehr nach den §§ 21a, 21b BetrVG, nachdem § 321 UmwG in Umsetzung des Artikels 6 der Richtlinie 2001/23/EG vom 12.3.2001 aufgehoben wurde. Durch das Übergangsmandat soll die Kontinuität der betrieblichen Interessenvertretung bei Spaltungen von Betrieben oder Zusammenführungen von Betrieben oder Betriebsteilen gesichert werden. § 21a BetrVG knüpft an die betriebsorganisatorische Spaltung oder Zusammenführung von Betrieben oder Betriebsteilen an, die von den umwandlungsrechtlichen Vorgängen einer Spaltung oder Verschmelzung von Rechtsträgern streng zu unterscheiden ist. Eine Betriebsspaltung oder –zusammenführung kann auch unter dem Dach eines einzigen Rechtsträgers stattfinden. Ein Übergangsmandat nach § 21a BetrVG setzt also nicht zwingend einen Umwandlungsvorgang voraus. § 21a Abs. 3 BetrVG stellt lediglich klar, dass ein Übergangsmandat auch dann – aber nicht nur – besteht, wenn die Spaltung oder Zusammenführung von Betrieben oder Betriebsteilen im Zusammenhang mit einer Umwandlung nach dem Umwandlungsgesetz erfolgt. Betriebsspaltungen oder –zusammenführungen, bei denen es sich um unmittelbare oder mittelbare Folgen eines Umwandlungsvorgangs handelt, sind in dem Umwandlungsvertrag anzugeben.[177] Das Übergangsmandat besteht bis zur Wahl eines neuen Betriebsrats in den durch Spaltung oder Zusammenführung entstandenen Betrieben, längstens jedoch für sechs Monate nach Wirksamwerden der Spaltung oder Zusammenführung, § 21a Abs. 1 S. 3 BetrVG. Durch Tarifvertrag oder Betriebsvereinbarung kann das Übergangsmandat um weitere sechs Monate verlängert werden. § 21a BetrVG greift nicht bei Übergang eines gesamten Betriebes, wenn dessen Identität beim übernehmenden Rechtsträger erhalten bleibt; in diesem Fall behält der Betriebsrat sein Vollmandat. Ein Übergangsmandat greift auch dann nicht, wenn ein Betrieb oder Betriebsteil in einen größeren **44**

---

176 Ausführlich *Willemsen* D und F; eine gute Übersicht zu den relevanten Fragen bietet zudem *Boecken* in „Unternehmensumwandlungen und Arbeitsrecht" Rn. 355 ff.

177 Vgl. hierzu ausführlich *Widmann/Mayer* Vor §§ 321 ff. Rn. 38.

Betrieb eingegliedert wird, der seine Identität behält und selbst bereits über einen Betriebsrat verfügt (§ 21a Abs. 1 S. 1 letzter HS BetrVG); in diesem Fall erstreckt sich das Mandat des Betriebsrats des aufnehmenden Betriebs auf den eingegliederten Betrieb oder Betriebsteil. Ein Übergangsmandat greift jedoch dann, wenn der Betrieb oder Betriebsteil mit einem weiteren Betrieb oder Betriebsteil zu einem neuen Betrieb zusammengefasst wird, § 21a Abs. 2 BetrVG. Zu beachten ist, dass die Wahrnehmung von Belangen durch den Betriebsrat ausgeschlossen ist, wenn der übergehende Betriebsteil nicht über die Größenvoraussetzung des § 1 BetrVG (mindestens fünf wahlberechtigte Arbeitnehmer, von denen drei wählbar sind) verfügt, § 21a Abs. 1 S. 1 BetrVG.[178] Das Übergangsmandat bezieht sich nur auf den Betriebsrat, nicht auf den Gesamtbetriebsrat, den Wirtschaftsausschuss oder den Sprecherausschuss.[179] Gem. § 21b BetrVG gilt bei Umwandlungsfällen, in welchen der übertragende Rechtsträger erlischt oder ein Betrieb infolge der Übertragung untergeht, ein Restmandat für den Betriebsrat, dessen Inhalt und Dauer sich nach den mit der Übertragung verbundenen Mitwirkungs- und Mitbestimmungsrechten regelt (z.B. Aufstellung und Abwicklung eines Sozialplans). Das Restmandat ist gegenüber dem Übergangsmandat subsidiär.

45 Ein praxisrelevantes Thema ist auch die Frage der **Weitergeltung von Normen aus Betriebsvereinbarungen und Tarifverträgen.** Die Regelung in § 613a Abs. 1 S. 2 BGB, ist eine bloße Auffangregelung, die bei einem Betriebs(teil)übergang nur dann zum Zuge kommt, sofern die Normen aus Betriebsvereinbarungen oder Tarifverträgen nach dem Übergang nicht mehr auf originärer kollektivrechtlicher Grundlage fortgelten können. Betriebsvereinbarungen gelten unverändert kollektivrechtlich weiter, wenn ein Betrieb als Ganzes übergeht. Das Gleiche gilt für Normen aus Gesamtbetriebsvereinbarungen, wenn ein Unternehmen einen einzigen Betrieb auf einen anderen Rechtsträger ausgliedert. Die Normen der Gesamtbetriebsvereinbarung gelten dann als Betriebsvereinbarung weiter.[180] Selbst bei der Ausgliederung eines bislang unselbstständigen Betriebsteils gelten Betriebsvereinbarungsnormen kollektivrechtlich weiter, wenn der Betriebsteil nach dem Übergang als eigenständiger Betrieb geführt wird.[181] Der praktische Unterschied der originären kollektivrechtlichen Fortgeltung zur Auffangregelung des § 613a Abs. 1 S. 2 BGB ist evident: Normen einer originär fortgeltenden Betriebs- oder Gesamtbetriebsvereinbarung gelten nach dem Übergang auch für neu eingestellte Arbeitnehmer; die Auffangregelung des § 613a Abs. 1 S. 2 BGB schützt hingegen nur die im Zeitpunkt des Übergangs bereits beschäftigten Arbeitnehmer. Dieser Unterschied kann insbesondere bei Vereinbarungen über betriebliche Sozialleistungen (z.B. einer betrieblichen Altersversorgung) erhebliche wirtschaftliche Bedeutung haben. Der Geltungsbereich des § 613a Abs. 1 S. 2 BGB beschränkt sich hinsichtlich der Normen aus Betriebs- und Gesamtbetriebsvereinbarungen somit auf Fälle, in denen ein Betrieb oder Betriebsteil nach dem Übergang nicht als eigenständiger Betrieb fortgeführt, sondern in einen anderen Betrieb eingegliedert wird. Selbst in solchen Eingliederungsfällen gelten die beim übertragenden Rechtsträger einschlägigen Normen dann nicht weiter, sofern sie mit beim aufnehmenden Rechtsträger bereits bestehenden Betriebsvereinbarungen oder Tarifverträgen inhaltlich kollidieren (§ 613a Abs. 1 S. 3 BGB).

---

178 Vgl. *Widmann/Mayer* Vor §§ 321 ff. Rn. 43.
179 *Widmann/Mayer* Vor §§ 321 ff. Rn. 50.
180 *BAG* ZIP 2003, 1059 ff. = DB 2003, 1281 ff.
181 *BAG* DB 2003, 1281 ff.

Bei **Verbandstarifverträgen** ist der übernehmende Rechtsträger, der nicht in demsel- **46** ben Arbeitgeberverband Mitglied ist, nicht kollektivrechtlich an diesen gebunden. Die Mitgliedschaft in einem Arbeitgeberverband ist nicht übertragbar (§ 38 S. 1 BGB) und geht auch bei einem Umwandlungsvorgang nicht auf den übernehmenden Rechtsträ- ger über.[182] Eine kollektivrechtliche Tarifgebundenheit des übernehmenden Rechts- trägers an den Verbandstarifvertrag besteht deshalb nur, wenn der übernehmende Rechtsträger selbst Mitglied des tarifschließenden Arbeitgeberverbands geworden ist (§ 3 Abs. 1 TVG) oder der Verbandstarifvertrag allgemeinverbindlich ist (§ 5 Abs. 4 TVG). Ist der übernehmende Rechtsträger nicht an den beim übertragenden Rechts- träger einschlägigen Tarifvertrag gebunden, kommt die Auffangregelung des § 613a Abs. 1 S. 2 BGB zum Zuge. Gehört der übernehmende Rechtsträger einem anderen Arbeitgeberverband an, so gilt der mit diesem geschlossene Tarifvertrag gem. § 613a Abs. 1 S. 3 BGB für die übergegangenen Arbeitnehmer des übertragenden Rechtsträ- gers nur dann, wenn eine beiderseitige Tarifbindung (aufgrund Mitgliedschaft der Arbeitnehmer bei der am Tarifvertrag beteiligten Gewerkschaft oder Allgemeinver- bindlichkeit des Tarifvertrags) besteht.[183] Die einseitige Gebundenheit des überneh- menden Rechtsträgers an einen anderen Tarifvertrag genügt nicht, um einen Tarif- wechsel herbeizuführen. Zudem können die Individualarbeitsverträge Bezugnahmen auf die vom übertragenden Rechtsträger einschlägigen Tarifverträge enthalten. Solche Bezugnahmeklauseln gehören zu den individualrechtlichen Regelungen, in die der übernehmende Rechtsträger nach § 613a Abs. 1 S. 1 BGB eintritt und die ggf. als güns- tigere Regelung der Anwendung eines beim übernehmenden Rechtsträger einschlägi- gen schlechteren Tarifvertrags vorgehen können (§ 4 Abs. 3 TVG). Normen eines beim übertragenden Rechtsträger geltenden Tarifvertrags können nicht durch Normen von beim übernehmenden Rechtsträger geltenden Betriebsvereinbarungen abgelöst wer- den. § 613a Abs. 1 S. 3 BGB begründet nicht die Möglichkeit einer solchen „Über- kreuzablösung".[184]

Eine Verschmelzung führt bei einem **Firmentarifvertrag** dazu, dass der übernehmende **47** Rechtsträger aufgrund der in § 20 Abs. 1 Nr. 1 angeordneten Universalsukzession in die Stellung des übertragenden Rechtsträgers als Tarifvertragspartei eintritt.[185] Noch nicht abschließend geklärt ist die Frage, ob die kollektivrechtliche Bindung an einen Haustarifvertrag auch im Falle einer Ausgliederung auf den übernehmenden Rechts- träger übergehen kann. Da bei der Ausgliederung der übertragende Rechtsträger wei- ter existiert, bleibt grundsätzlich auch dessen Bindung an den selbst abgeschlossenen Haustarifvertrag bestehen. Eine Doppelung der Tarifbindung ist nicht möglich. Denk- bar erscheint eine ausdrückliche Zuweisung der Tarifgebundenheit im Spaltungs- plan[186] Entfällt die kollektivrechtliche Geltung des Firmentarifvertrages, kommt die Auffangregelung des § 613a Abs. 1 S. 2–4 BGB zum Zuge.

Folgender Fragenkatalog sollte zur arbeitsrechtlichen Vorbereitung eines Umwand- **48** lungsvorgangs zumindest abgeklärt werden:

- Welche arbeitsrechtlichen Betriebe werden bei der einzelnen Gesellschaft geführt?
- Wie viele Arbeitnehmer sind bei der einzelnen Gesellschaft beschäftigt?

---

182 *BAG* NZA 1998, 1346.
183 *BAG* BB 2001, 1847; *BAG* 9.4.2008, – 4 AZR 164/07 = NZA 2008, 1432.
184 *BAG* 13.11.2007 – 3 AZR 191/06 = ZIP 2008, 890 = NZA 2008, 600 = MDR 2008, 752.
185 Vgl. u.a. *BAG* DB 1999, 290.
186 *Willemsen* E Rn. 111.

- Welche Arbeitnehmervertretungen bestehen (Betriebsräte auf betrieblicher Ebene, Gesamtbetriebsrat und Wirtschaftsausschuss auf Unternehmensebene, Konzernbetriebsrat)?
- Ist mit der gesellschaftsrechtlichen Umstrukturierung eine Änderung der betrieblichen Struktur geplant?
- Welche Gesellschaften sind in welcher Weise tarifgebunden? (Welche aktuellen Mitgliedschaften bestehen in Arbeitgeberverbänden? Gibt es frühere Mitgliedschaften, wann wurden diese ggf. beendet? Gelten allgemeinverbindliche Tarifverträge, Firmentarifverträge oder Ergänzungstarifverträge?)
- Zwischen welchen Gesellschaften bestehen Beherrschungsverträge?

4. Kartellrecht

49 Bei Umwandlungsvorgängen müssen die **kartellrechtlichen Vorgaben** hinsichtlich deren Zulässigkeit beachtet werden. Umwandlungen können der deutschen Zusammenschlusskontrolle gem. §§ 35 ff. GWB[187] oder der europäischen Fusionskontrolle nach der FKVO[188] unterliegen. Vor Freigabe eines Zusammenschlusses durch die Kartellbehörden darf ein Umwandlungsvorgang nicht vollzogen werden (sog. **Vollzugsverbot**, § 41 Abs. 1 S. 1 GWB). Der Verstoß gegen das Vollzugsverbot führt nach § 41 Abs. 1 S. 2 GWB zur (schwebenden) Unwirksamkeit des Umwandlungsvorgangs; zusätzlich können von den Kartellbehörden Bußgelder verhängt werden. Dabei handelt es sich nicht um ein rein theoretisches Risiko. Verstöße gegen das kartellrechtliche Vollzugsverbot werden von den Kartellbehörden nämlich regelmäßig geahndet. Eine bereits vollzogene, aber unzulässige Umwandlung kann im Extremfall nach § 41 Abs. 3 S. 1 GWB wieder aufzulösen sein. Die zivilrechtliche Unwirksamkeitsfolge eines Verstoßes gegen das Vollzugsverbot gilt nach § 41 Abs. 1 S. 3 GWB allerdings nicht für Verträge über die Umwandlung, Eingliederung oder Gründung eines Unternehmens und für Unternehmensverträge i.S. der §§ 291 und 292 AktG, sobald sie durch Eintragung in das Handels- oder Genossenschaftsregister rechtswirksam geworden sind. Bei kartellrechtlich relevanten Umwandlungsvorgängen ist deshalb eine aufschiebende Bedingung zu vereinbaren, durch welche dieser erst mit kartellrechtlicher Zulässigkeit (i.d.R. durch Genehmigung) wirksam wird.[189] Bis zum Bedingungseintritt sollte ausdrücklich die **Fortführung der Geschäftsführung durch die bisherige Geschäftsleitung** der übertragenden Gesellschaft vorgesehen werden,[190] um nicht mit dem Vorwurf eines Verstoßes gegen das Vollzugsverbot konfrontiert zu werden.

---

187 Als Zusammenschluss bezeichnet § 37 Abs. 1 Nr. 1 GWB den Erwerb des Vermögens eines anderen Unternehmens ganz oder zu einem wesentlichen Teil (sog. „Vermögenserwerb"); darüber hinaus bezeichnet § 37 Abs. 1 Nr. 3 GWB als Zusammenschluss den Erwerb von Anteilen an einem Unternehmen, wenn die Anteile allein oder zusammen mit sonstigen, dem Unternehmen bereits gehörenden Anteilen 50 % oder 25 % des Kapitals oder der Stimmrechte des anderen Unternehmens erreichen (sog. „Anteilserwerb").

188 In die **ausschließliche** Zuständigkeit der EU-Kommission fallen Zusammenschlüsse von gemeinschaftsweiter Bedeutung, die dann gegeben ist, wenn bestimmte Vorgaben im Hinblick auf die (gemeinsamen) weltweiten bzw. gemeinschaftsweiten Umsätze erfüllt sind. Details hierzu in *Sagasser* § 7 Rn. 62 ff.

189 *Lutter* § 5 Rn. 98; HK-UmwG/*Maulbetsch* § 5 Rn. 167; *Widmann/Mayer* § 126 Rn. 344 schlägt folgende Formulierung vor: *Die Verschmelzung erfolgt aufschiebend bedingt dadurch, dass das Bundeskartellamt den Unternehmenszusammenschluss freigibt oder dieser durch wirksamen Fristablauf als freigegeben gilt (§ 40 Abs. 2 GWB).*

190 *Sagasser* (3. Aufl.) G Rn. 93.

Ist die FKVO nicht anwendbar (etwa weil die Umsatzschwellen nicht erreicht **50** werden) und kommt auch eine Verweisung eines Zusammenschlusses an die EU-Kommission nicht in Betracht, ist die fusionskontrollrechtliche Zulässigkeit eines Zusammenschlusses ggf. nach **verschiedenen nationalen Fusionskontrollordnungen** zu beurteilen. Das anwendbare Recht kann in einem solchen Fall nur für jedes Land gesondert bestimmt werden. Ein Zusammenschluss kann somit in einem Land, in dem keiner der beteiligten Rechtsträger seinen Sitz hat, allein aufgrund des Erreichens der dortigen Umsatz- und/oder Marktanteilsschwellen anzumelden sein. Die parallele Durchführung von mehreren Fusionskontrollverfahren in verschiedenen Ländern (sog. multi-jurisdictional filing) ist mit einem erheblichen organisatorischen, zeitlichen und finanziellen Aufwand verbunden und muss sorgfältig vorbereitet und koordiniert werden.

5. Verfahrensvorschriften des Beurkundungsgesetzes (BeurkG)

Für die notarielle Beurkundung ergeben sich bei Umwandlungsfällen einige Beson- **51** derheiten, die aus dem UmwG und aus den Besonderheiten des jeweiligen Gesellschaftsrechts resultieren. Es ist zu beachten, dass für die Gestaltung des Beurkundungsverfahrens kostenrechtliche Aspekte berücksichtigt werden müssen, was bei Umwandlungsfällen, die häufig hohe Geschäftswerte zugrunde liegen haben, von erheblicher Bedeutung sein kann, vgl. hierzu die Ausführungen in Rn. 57 ff.

Der Notar hat dafür Sorge zu tragen, dass die Registeranmeldungen mit allen erfor- **52** derlichen **Unterlagen fristwahrend beim Registergericht** eingereicht werden; dies gehört zu seinen Amtspflichten nach § 53 BeurkG. Außerdem ist er gerade bei Umwandlungsvorgängen in der Regel von allen Beteiligten mit der Einreichungs- und Vollzugstätigkeit als eine sonstige Betreuung i.S. von § 24 BNotO beauftragt, weshalb für diese Tätigkeit auch nicht im Verhältnis zu anderen an der Umwandlung Beteiligten die Subsidiaritätsklausel greift, § 19 Abs. 1 S. 2 HS 2 BNotO.[191] Für die fristwahrende Einreichung gilt nach der wohl h.M. in Literatur und Rechtsprechung folgender Grundsatz:

• Alle Unterlagen, welche das Registergericht durch Zwischenverfügung nachfordern kann, können ohne die Fristwahrung zu schädigen nachgereicht werden.[192] Einigkeit besteht, dass auf jeden Fall der Umwandlungsvertrag, -plan und die erforderlichen Zustimmungsbeschlüsse der Anteilsinhaber, wenn auch ggf. fehlerhaft, eingereicht sein müssen.

---

191 Vgl. *Arndt/Lerch/Sandkühler* 4. Aufl., § 24 BNotO, Rn. 10; *Haug* Die Amtshaftung des Notars 3. Aufl., Rn. 208 f., 628 ff.

192 *OLG Schleswig* DNotZ 2007, 957 ff. und *OLG Zweibrücken* RNotZ 2002, 516, welche die Möglichkeit der Nachreichung der Bilanz, ohne die Fristwahrung zu schädigen, bejaht unter Hinweis auf *LG Frankfurt/Main* DB 1998, 410 = MittRhNotK 1998, 289 (gemäß LG Frankfurt ist erforderlich, dass Nachreichung kurzfristig erfolgt und die vorzulegende Bilanz zum Zeitpunkt der Anmeldung bereits erstellt war und hätte vorgelegt werden können); *Kallmeyer* § 17 Rn. 8 f.; *Heckschen* DB 1998, 1385, 1393; teilweise **a.A.** *AG Duisburg* GmbHR 1996, 372, falls die Behebung von Eintragungshindernissen nicht zeitnah erfolgt (im entschiedenen Fall ein Jahr!); sehr weitgehend **a.A.** *LG Dresden* DB 1997, 88; zu weitgehend zur Fristwahrung durch Einreichung der Anmeldung per Fax durch den Notar mit anschließender (nicht fristgemäßer) Nachreichung der formgerechten Anmeldung *OLG Jena* NZG 2003, 43 ff. a.A. u.a. *OLG Schleswig* DNotZ 2007, 957 ff.; sehr ausführlich zur gesamten Thematik *Weiler* MittBayNot 2006, 377 ff. und DNotZ 2007, 889 ff.

- Werden Unterlagen vom Registergericht durch Zwischenverfügung nachgefordert, welche durch ihr Fehlen zu einer Zurückweisung des Antrags hätten führen müssen, ist die Fristwahrung **nicht** erfüllt, auch wenn die Umwandlung in Folge vollzogen wird.[193]

Der Notar hat bei Umwandlungsvorgängen ggf. auch Anzeigepflichten gegenüber dem Finanzamt zu erfüllen. Dies betrifft insbesondere die Anzeigepflicht nach § 54 EStDV und die Anzeigepflicht nach §§ 18, 17 Abs. 3 GrEStG. Zu beachten ist, dass der Notar bei diesen Anzeigepflichten ausschließlich im öffentlichen Interesse handelt und daher weder dem Fiskus gegenüber für entgangene Grunderwerbsteuer noch den Beteiligten gegenüber für etwaige Säumniszuschläge wegen verspäteter Anzeige haftet.[194]

53 Das Umwandlungsgesetz sieht an verschiedenen Stellen vor, dass dem Umwandlungsbeschluss der Anteilsinhaber der beteiligten Rechtsträger der **Vertrag oder sein Entwurf als Anlage** beizufügen ist (§ 13 Abs. 3 S. 2 UmwG, § 125 UmwG). Es reicht daher nicht aus, dass auf den bereits beurkundeten Vertrag gem. § 13a BeurkG verwiesen wird. Wird jedoch der Vertrag in derselben Urkunde mitbeurkundet, kann auf den Abschnitt der Urkunde, welcher den Vertrag enthält, verwiesen werden.

54 Neben den Umwandlungsbeschlüssen der Anteilsinhaber der beteiligten Rechtsträger sind auch teilweise **Zustimmungserklärungen und/oder Verzichtserklärungen der einzelnen Anteilsinhaber** erforderlich, welche ebenfalls der notariellen Beurkundung bedürfen (so bei der Verschmelzung in § 13 Abs. 3 S. 1 UmwG und § 16 Abs. 2 S. 2 UmwG). Da diese Erklärungen der Anteilsinhaber in der Regel zumindest überwiegend in der Gesellschafterversammlung abgegeben werden, ist zu beachten, dass es sich bei der Beurkundung dieser Erklärungen um die Beurkundung von Willenserklärungen nach §§ 8 ff. BeurkG handelt. Bei der Protokollierung einer Hauptversammlung einer Aktiengesellschaft gem. §§ 36 ff. BeurkG müsste daher eine separate Urkunde über die Zustimmungs- und Verzichtserklärungen aufgenommen werden. Zu den kostenrechtlichen Folgen vgl. nachstehend Rn. 58. Bei kleineren Aktiengesellschaften kann überlegt werden, auch die Hauptversammlung gem. §§ 8 ff. BeurkG zu protokollieren. Eine Vermischung der beiden Protokollierungsarten wird zwischenzeitlich als zulässig angesehen. Für das Verfahren gelten dann, soweit die Vorschriften der §§ 36 ff. BeurkG und der §§ 8 ff. BeurkG widersprüchlich sind, jeweils die strengeren Vorschriften.[195] Wird ein Hauptversammlungsbeschluss nach den §§ 8 ff. BeurkG beurkundet, müssen zugleich die Anforderungen des § 130 AktG erfüllt sein.[196]

55 Wird die **Schlussbilanz mitbeurkundet** und somit dem Umwandlungsvertrag als Anlage beigefügt, ist zu beachten, dass die gemäß den Bestimmungen des UmwG als Anlage zur Anmeldung einzureichende Schlussbilanz (§ 17 Abs. 2 UmwG, § 125

---

193 Strittig; im Ergebnis ebenso *Kallmeyer* a.a.O., da er auf die Behebbarkeit der Mängel abstellt.
194 Vgl. *BGH* DNotZ 1979, 228 ff. *OLG München* ZNotP 1997, 73, welches insbesondere darauf abstellt, dass die Amtspflichten im öffentlichen Interesse keine Drittgerichtetheit entfalten; interessante Anmerkungen dazu *Schlee* ZNotP 1997, 52 f.; der Notar kann sich jedoch bei unterlassener Anzeige in Ausnahmefällen der leichtfertigen Steuerverkürzung gem. § 378 AO schuldig machen, vgl. *FG Bremen* EFG 1993, 540; ausführlich zur gesamten Thematik *Küperkoch* RNotZ 2002, 298 ff., 300 ff., *Reithmann* DNotZ 1970, 9 ff.
195 Vgl. *Widmann/Mayer* § 13 Rn. 222 m.w.N.; im Ergebnis auch *Keidel/Winkler* Vor § 36 Rn. 16 ff.
196 Vgl. *Preuß* in Armbrüster/Preuß/Renner BeurkG DONot § 36 Rn. 7 m.w.N.

UmwG) gemäß den Vorschriften zum Jahresabschluss von allen Geschäftsführern unterschrieben sein muss. Eine Unterzeichnung durch Bevollmächtigte ist, anders als beim Umwandlungsvorgang selbst, nicht zulässig. Strittig ist, was für die fristwahrende Einreichung der Anmeldung beim Registergericht ausreichend ist.[197] Wird bei der Beurkundung die angehängte Bilanz lediglich gem. §§ 9 oder 14 BeurkG mitbeurkundet, ohne dass diese zuvor von den erforderlichen Personen unterschrieben wurde und leisten diese Personen auch bei der Beurkundung (z.B. da sie nicht anwesend sind und den Umwandlungsvorgang nicht unterschreiben müssen) ihre Unterschrift nicht, muss ggf. eine gesonderte Bilanz mit eingereicht werden, die den Unterschriftserfordernissen entspricht.

Immer wieder wird kontrovers diskutiert, ob Umwandlungsvorgänge auch **im Ausland** **56** **beurkundet** werden dürfen. Der Gesetzgeber hat in § 6 UmwG die Beurkundung durch den deutschen Notar nicht explizit erwähnt. Verlangt man für gesellschaftsrechtliche Vorgänge im Umwandlungsrecht aufgrund ihrer Einordnung als statusrechtliche Geschäfte die Einhaltung des nach dem Personalstatut maßgeblichen Geschäftsrechts, schließt sich bei deutschen Gesellschaften die Frage an, wann eine ausländische Beurkundung gleichwertig zu einer deutschen Beurkundung ist.[198] Bei der vorliegenden höchstrichterlichen Rechtsprechung zu Auslandsbeurkundungen wird darauf abgestellt, dass eine Anerkennung nur erfolgen kann, wenn die ausländische Beurkundung der deutschen, insbesondere im Hinblick auf die Haftung des Notars und den tragenden Grundsätzen der Beurkundung (z.B. Verlesung), gleichwertig ist.[199] Zum anderen muss die Prüfungs- und Belehrungsfunktion der notariellen Beurkundung in ausreichendem Maße gewährleistet sein. Durch die Komplexität des Umwandlungsrechtes sowie der besonderen Schwierigkeit des numerus clausus der Umwandlungsarten, vgl. Rn. 1, wird wohl an letzterer Anforderung die Auslandsbeurkundung bei Umwandlungsvorgängen scheitern. So wird teilweise vertreten, dass die letztere Funktion der Beurkundung beim Umwandlungsvertrag nicht so essentiell sei, da dieser nur inter partes wirke, in vollem Umfang jedoch bei den Zustimmungsbeschlüssen zum Tragen käme.[200] Diese Meinung ist wohl abzulehnen, da eine Änderungsmöglichkeit für den Umwandlungsvertrag für die Gesellschafterversammlung der beteiligten Rechtsträger ja nicht besteht.[201] Vielmehr schließt sich die Praxis aus Gründen der Rechtssicherheit immer stärker der Meinung an, dass für die Beurkundung von Verfassungsakten deutscher Gesellschaften, auch wegen des damit verbundenen besonderen öffentlichen Interesses durch deren Eintragung im Handelsregister, eine ausländische Beurkundung der deutschen nicht gleichwertig sein kann.[202] Die vom Gesetzgeber und vom BGH geforderte und beabsichtigte materielle Richtigkeitsgewähr, die zumindest bei Strukturbeschlüssen durch die Beurkundung erzielt werden

---

197 Vgl. oben Rn. 52 Fn. 192.
198 *Heckschen* in Widmann/Mayer § 6 Rn. 62 f.
199 Vgl. hierzu *BGH* BGHZ 80, 76/78; *OLG München* GmbHR 1998,46 = DB 1998, 125.
200 *Van Randenborgh/Kallmeyer* GmbHR 1996, 908/911.
201 So mit guten Argumenten *Heckschen* in Widmann/Mayer § 6 Rn. 63 sowie im Ergebnis auch in Bezug auf die grenzüberschreitende Verschmelzung *Krause/Kulpa* ZHR 171 (2007) 58 f.
202 Hierzu ausführlich *Heckschen* in Widmann/Mayer § 6 Rn. 65 ff. m.w.N., u.a. *BGH* DB 1988, 2623/ 2626 f. = BGHZ 105, 324/338, *OLG Hamburg* NJW-RR 1993, 1317 sowie mit Darstellung der teilweise gegensätzlichen OLG-Rspr., im Ergebnis auch zustimmend *Armbrüster* in Armbrüster/ Preuß/Renner BeurkG DONot § 1 Rn. 67.

soll, ist nicht disponibel.[203] Richtigerweise wird seit **Inkrafttreten des EHUG** am 1.1.2007[204] darauf hingewiesen, dass das deutsche Registersystem durch den Übermittlungszwang sämtlicher einzureichenden Unterlagen beim Registergericht in elektronischer Form das zweistufige Verfahren der materiellen Prüfung durch den deutschen Notar und der anschließenden Gegenkontrolle und Eintragung durch das Registergericht deutlich verstärkt wurde.[205] Der ausländische Notar wird im Zweifel weder über die ausreichenden materiellen Kenntnisse noch über die technischen Voraussetzungen für die Übermittlung an das Registergericht verfügen.[206] Sehr instruktiv hierzu sind die Ausführungen zur Beurkundung bei den ersten vollzogenen transnationalen Umwandlungsvorgängen von *Dorr/Stukenborg*.[207]

6. Kostenordnung

57   Die Kostenordnung (KostO) muss bei der Gestaltung von Umwandlungsfällen unbedingt mitbedacht werden, da sich hieraus ganz wesentliche Gebührenunterschiede ergeben können. Zum einen muss bei den Gebühren unterschieden werden, ob es sich um eine Verschmelzung oder Spaltung **durch Aufnahme** oder um eine Verschmelzung oder Spaltung **durch Neugründung** oder einen **Formwechsel** handelt. Weiter muss überlegt werden, ob ggf. zur Gebührenreduzierung die Beschlussfassungen der Anteilsinhaber der beteiligten Rechtsträger zu dem Umwandlungsvorgang zusammen mit dem Umwandlungsvorgang selbst bzw. in einem Vorgang protokolliert werden können.

58   Für die Geschäftswertermittlung gelten folgende Grundsätze:
- Die am häufigsten maßgebliche Grundlage für die Ermittlung des Geschäftswertes ist die für den Umwandlungsvorgang aufzustellende Schlussbilanz des übertragenden Rechtsträgers, dabei ist grundsätzlich von der **Aktivsumme der Bilanz**, gem. § 18 Abs. 3 KostO ohne Abzug der Schulden, auszugehen.[208] Der Notar muss jedoch die Bilanzposten darauf überprüfen, ob für diese gem. KostO eine abweichende Bewertung vorzunehmen ist. Da eine solche Prüfung teilweise kaum leistbar ist, halte ich die von der Notarkasse München vorgeschlagene Überprüfungscheckliste für sinnvoll:[209]
  - Grundstücke und Gebäude sind gem. § 19 Abs. 2 KostO mit dem gemeinen Wert (Verkehrswert) anzusetzen. Der Notar hat somit zu überprüfen, ob die Grundstücke und/oder die Gebäude mit einem geringeren Wert als dem Verkehrswert in der Bilanz enthalten sind. Ein etwaiger Mehrwert ist hinzuzurechnen.

---

203 *Heckschen* in Widmann/Mayer § 6 Rn. 73; unter Berücksichtigung dieser Rechtsauffassung wird es schwierig sein, ein Registergericht zu überzeugen, dass es auch eine im Ausland beurkundete Umwandlung einträgt, da in Verbindung mit der umfassenden Heilungs- und Bestandsschutzwirkung der Registereintragung und dem fehlenden Spruchrichterprivileg ein beträchtliches Haftungsrisiko für das Registergericht entstehen könnte.

204 *EHUG* vom 10.11.2006, BGBl. I 2006, 2553.

205 S. *Heckschen* in DAI Skript zur 5. Gesellschaftsrechtlichen Jahresarbeitstagung vom 16.–17.3.2007, 205; sowie *ders.* in DNotZ 2007, 457 f.

206 Kritisch sieht dies jedoch *OLG Düsseldorf* vom 2.3.2011, BB 2011, 785 ff. = NJW-Spezial 2011, 208; dort ist zur Erstellung der Gesellschafterliste nach § 40 Abs. 2 GmbHG entschieden, dass diese auch von einem ausländischen Notar erstellt und über einen deutschen Notar als Boten eingereicht werden kann.

207 *Dorr/Stukenborg* DB 2003, 647 ff., hier 651 und 653.

208 *BayObLG* MittBayNot 1997, 252.

209 Vgl. *Notarkasse München* Streifzug KostO Rn. 975 ff.

- Der Posten „angefangene, noch nicht abgerechnete Arbeiten" auf der Aktivseite ist in Höhe der „enthaltenen Anzahlungen" zu saldieren, wenn diese Positionen einer Wertberichtigung gleichkommen.[210]
- Verlustvorträge auf der Aktivseite sind abzuziehen;[211] mit dem Bilanzrichtliniengesetz ist der Posten „Wertberichtigungen" weggefallen, vorher waren diese zumeist als Wertberichtigungen auf Forderungen immer abzuziehen; nicht abzuziehen sind jedoch die Rechnungsabgrenzungsposten.
- Der Aktivposten „nicht durch Eigenkapital gedeckter Fehlbetrag" ist ebenfalls in Abzug zu bringen. Es handelt sich hierbei um ein Minuskapital (§ 268 Abs. 3 HGB), also um eine Kapitalunterdeckung.[212]
- Konzernverpflichtungen sind nicht abzuziehen; so auch, wenn bei einer Kettenumwandlung Forderungen, welche die übertragende Gesellschaft gegen die aufnehmende Gesellschaft hat, in Wegfall geraten.[213]

- Ist der Umwandlungsvorgang ein Vertrag (insbesondere Verschmelzung und Spaltung zur Aufnahme) so ist dieser kostenrechtlich i.d.R. ein **Austauschvertrag**, so dass ermittelt werden muss, ob der Wert des Aktivvermögens des übertragenden Rechtsträgers oder der Wert der gewährten Anteile oder Mitgliedschaften am übernehmenden Rechtsträger, ggf. zzgl. einer baren Zuzahlung, höher ist. Gem. § 39 Abs. 2 KostO ist dann der höhere Wert als Geschäftswert maßgeblich. Zu beachten ist jedoch, dass bei Ausgliederung/Abspaltung von Teilbetrieben lediglich der in der Spaltungsbilanz für den betreffenden Teilbetrieb ausgewiesene Betrag als Aktivvermögen angesetzt werden kann.[214]
- Für Umwandlungsvorgänge gilt **der Höchstwert des § 39 Abs. 4 KostO** in Höhe von 5 000 000 EUR. Bei der Anwendung des Höchstwertes muss bei Umwandlungsvorgängen geprüft werden, ob dieser nur einmal oder ggf. mehrfach in Ansatz kommt. Bei Verschmelzung mehrerer Rechtsträger auf denselben übernehmenden Rechtsträger und Abspaltung mehrerer Vermögensteile des übertragenden Rechtsträgers auf mehrere bestehende oder neu gegründete Rechtsträger muss nach der wohl herrschenden Meinung dahingehend unterschieden werden, ob die Verschmelzungen/Abspaltungen jeweils rechtlich unabhängig voneinander sind und somit getrennt wirksam und vollzogen werden sollen[215] (= mehrfacher Ansatz des Höchstwerts). Bei der Aufspaltung bewirkt das Wirksamwerden der Aufspaltung das Erlöschen des übertragenden Rechtsträgers, d.h. bei der Aufspaltung handelt es sich, unabhängig von der Anzahl der übernehmenden Rechtsträger immer um einen einheitlichen Vorgang (= Begrenzung auf einfachen Ansatz des Höchstbetrags). Ohne Zweifel sind Kettenumwandlungen immer gegenstandsverschieden.
- Für die **Zustimmungsbeschlüsse der beteiligten Rechtsträger** gilt dieselbe Geschäftswertermittlung, § 41c Abs. 2 KostO. Zusätzlich hinzuzurechnen sind gegenstandsverschiedene Beschlussgegenstände, wie z.B. der Kapitalerhöhungsbeschluss zur Durchführung des Umwandlungsvorgangs. Zu beachten ist jedoch, dass hier vor Erreichen des Geschäftswertes nach § 39 Abs. 4 KostO bereits die **Gebührendeckelung des § 47 KostO** auf höchstens 5 000 EUR greift. Werden mehrere Zustim-

---

210 *LG Zweibrücken* MittBayNot 1979, 39; *Korintenberg* § 39 Rn. 60 und § 18 Rn. 11.
211 *Korintenberg* § 39 Rn. 60.
212 Vgl. *Notarkasse München* Streifzug KostO Rn. 978.
213 S. *Korintenberg* § 18 Rn. 11 m. Hinweis auf *OLG Düsseldorf* ZNotP 1998, 471.
214 *LG München I* LSK 1997, 310500.
215 Vgl. *Notarkasse München* Streifzug KostO Rn. 1077 ff.; *Korintenberg* § 39 Rn. 145 m.w.N.

mungsbeschlüsse zu ein und demselben Umwandlungsvorgang in einer Urkunde zusammengefasst, liegt Gegenstandsgleichheit der Beschlüsse nach § 44 Abs. 1 KostO vor, die Geschäftswerte dürfen daher nicht addiert werden.[216] Bei Aufnahme der Zustimmungsbeschlüsse in getrennter Urkunde kann unrichtige Sachbehandlung nach § 16 KostO vorliegen, wenn kein sachlich rechtfertigender Grund hierfür gegeben ist. Ein sachlicher Grund ist nicht schon dann gegeben, wenn Anteilsinhaber und gesetzliche Vertreter der Gesellschaft personenverschieden sind.[217] Werden mehrere Zustimmungsbeschlüsse zu rechtlich selbständigen Umwandlungsvorgängen in einer Urkunde beurkundet, müssen die Werte gem. § 44 Abs. 2a KostO addiert werden. Zu beachten ist jedoch, dass die h.M. die Höchstgebühr des § 47 KostO auf die Urkunde insgesamt bezieht.[218] In Bezug auf § 16 KostO stellt jedoch nach h.M. die getrennte Beurkundung von Zustimmungsbeschlüssen zu rechtlich selbständigen Umwandlungsvorgängen keine unrichtige Sachbehandlung durch den beurkundenden Notar dar.[219]

- Der Geschäftswert für die nach dem Umwandlungsgesetz teilweise erforderlichen **Zustimmungserklärungen der Anteilsinhaber** ist nach § 40 Abs. 2 S. 2 KostO zu bestimmen. Für den Geschäftswert ist danach der Anteil an dem Wert des für den Umwandlungsvorgang zugrunde gelegten Geschäftswerts anzusetzen, welcher der Höhe der Beteiligung des zustimmenden Anteilsinhabers am beteiligten Rechtsträger entspricht. Für den in Bezug genommenen Ausgangsgeschäftswert gilt hier auch der Höchstwert von 5 000 000 EUR des § 39 Abs. 4 KostO. Für die Zustimmungserklärung eines Anteilsinhabers, die nur zum Schutz einer besonderen mitgliedschaftlichen Position erforderlich ist, wird vertreten, dass der Wert der betroffenen Sonderrechte als Geschäftswert zugrunde zu legen ist.[220]

- Der Geschäftswert für die möglichen **Verzichtserklärungen der Anteilsinhaber** nach dem UmwG muss nach wohl h.M. gem. § 30 Abs. 1 KostO bestimmt werden.[221] Etwa 10 % des nach § 40 Abs. 2 KostO für die Zustimmungserklärung festzusetzenden Geschäftswertes dürften wohl angemessen sein. Es muss bei hohen Werten jedoch nach überwiegender Meinung eine Kontrolle stattfinden, so dass der angesetzte Teilwert zu einer Gebühr für die Verzichtserklärungen führt, die in einem angemessenen Verhältnis zu der Gebühr für den Umwandlungsvorgang an sich steht.[222] Häufig werden die Verzichtserklärungen mit den Zustimmungserklärungen zusammen beurkundet und sind dann gem. § 44 Abs. 1 KostO gegenstandsgleich und daher nicht zu addieren.

- Werden die **Zustimmungs- und/oder Verzichtserklärungen der Anteilsinhaber mit dem Zustimmungsbeschluss mit beurkundet**, findet § 44 KostO keine Anwendung, da hier die Beurkundung eines Beschlusses und die Beurkundung von rechtsgeschäftlichen Erklärungen zusammentreffen. Es kann daher keine Gegenstandsgleichheit im kostenrechtlichen Sinne vorliegen, so dass die Gebühren immer gesondert angesetzt werden müssen. Wird hingegen in derselben Urkunde der Umwandlungsvertrag mit beurkundet, liegt hinsichtlich dieses Teils der Urkunde

---

216 Vgl. *Notarkasse München* Streifzug KostO Rn. 1082 ff. m.w.N.
217 Vgl. *Rohs/Wedewer* § 44 Rn. 6u1 m.w.N.
218 *Tiedtke* ZNotP 2001, 228.
219 *Tiedtke* a.a.O.
220 Vgl. *Notarkasse München* Streifzug KostO Rn. 1140.
221 Vgl. *Notarkasse München* Streifzug KostO Rn. 1094.
222 Vgl. *Notarkasse München* Streifzug KostO Rn. 1138; *Tiedtke* ZNotP 2001, 260 f.

Gegenstandsgleichheit nach § 44 Abs. 1 KostO mit den Zustimmungs- und Verzichtserklärungen vor, so dass diese dann nicht gesondert angesetzt werden.[223]

- Bei den **Registeranmeldungen** ist zu beachten, dass sowohl beim übertragenden wie auch beim übernehmenden Rechtsträger hinsichtlich des Umwandlungsvorganges eine Anmeldung ohne bestimmten Geldwert vorliegt, so dass der Geschäftswert gem. § 41a Abs. 4 Nr. 1–4 KostO zu bestimmen ist. Gegenstandsverschiedene Anmeldungen müssen hinzugerechnet werden, z.B. die Kapitalerhöhung zur Durchführung des Umwandlungsvorganges. Wird durch den Umwandlungsvorgang ein neuer Rechtsträger gegründet, finden die allgemeinen Vorschriften zur Bestimmung des Geschäftswertes bei der Erstanmeldung des § 41a Abs. 1–3 KostO Anwendung. Bei einem eingetragenen Verein bzw. einer eG erfolgt die Geschäftswertbestimmung nach § 29 i.V.m. § 30 Abs. 2 KostO. Der Höchstwert für die Registeranmeldung beträgt gem. § 39 Abs. 4 KostO, auch wenn mehrere Anmeldungen enthalten sind, 500 000 EUR.

Beim Gebührenansatz ist zu unterscheiden zwischen den Umwandlungsvorgängen **59** durch Aufnahme und den Umwandlungsvorgängen durch Neugründung. Bei der **Verschmelzung** (Verschmelzung und Vermögensübertragung bei Vollübertragung sowie bei der grenzüberschreitenden Verschmelzung[224]) erfolgt sowohl die Aufnahme als auch die Neugründung durch Vertrag bzw. gemeinsamen Verschmelzungsplan zwischen den beteiligten Rechtsträgern und löst daher eine doppelte Gebühr gem. § 36 Abs. 2 KostO aus. Bei der **Spaltung** (Spaltung, Ausgliederung, Vermögensübertragung bei Teilübertragung) muss unterschieden werden zwischen der Spaltung durch Aufnahme und der Spaltung durch Neugründung. Die Spaltung durch Aufnahme erfolgt durch Vertrag zwischen den beteiligten Rechtsträgern und löst daher ebenfalls eine doppelte Gebühr gem. § 36 Abs. 2 KostO aus. Bei der Spaltung durch Neugründung tritt anstelle des Vertrages die einseitige Erklärung des Spaltungsplanes, welche eine einfache Gebühr gem. § 36 Abs. 1 KostO auslöst. Dabei ist zu beachten, dass die ggf. enthaltene Gründungssatzung des neuen Rechtsträgers gegenstandsgleich mit der Spaltung ist.[225]

Beim **Formwechsel** liegt ein Umwandlungsbeschluss dem Umwandlungsvorgang **60** zugrunde, so dass zwar die Höchstwertbestimmung des § 39 Abs. 4 KostO auch auf den Formwechsel anzuwenden wäre, aber zuvor schon die Höchstgebührenvorschrift des § 47 KostO greift. Nach § 47 KostO ist eine doppelte Gebühr anzusetzen, maximal jedoch eine Gebühr in Höhe von 5 000 EUR. Die Feststellung der Satzung des neuen Rechtsträgers ist in dem nach dem UmwG geforderten Umfang Teil des Umwandlungsbeschlusses und daher nicht zusätzlich zu bewerten.[226] Bei einer identitätswahrenden grenzüberschreitenden Sitzverlegung einer Europäischen Aktiengesellschaft (SE) nach Art. 8 SE-VO liegt ein dem Formwechselbeschluss vergleichbarer Beschluss vor, so dass der gesamte Vorgang entsprechend den vorstehenden Ausführungen zum Formwechsel kostenrechtlich zu behandeln ist.[227]

Die **Zustimmungs- und/oder Verzichtserklärungen** unterliegen als einseitige Erklärun- **61** gen dem Gebührensatz nach § 36 Abs. 1 KostO (volle Gebühr). Zur Anwendung des

---

223 Vgl. *Notarkasse München* Streifzug KostO Rn. 1089 m.w.N.
224 Vgl. *Notarkasse München* Streifzug KostO Rn. 1156.
225 *Korintenberg* § 39 Rn. 79 m.w.N.
226 Vgl. hierzu auch die geänderte Fassung von § 234 Nr. 3 UmwG seit 25.4.2007.
227 Vgl. *Notarkasse München* Streifzug KostO Rn. 1157.

§ 44 KostO vgl. oben Rn. 58. Teilweise wird vertreten, dass für die Zustimmungserklärung eines nicht erschienenen Gesellschafters eine gebührenrechtliche Einordnung als „Nachgenehmigung", somit als Vollmacht oder Vollmachtsbestätigung zur Stimmabgabe anzusehen ist, so dass zum einen die Wertbegrenzung nach § 41 Abs. 4 KostO in Höhe von 500 000 EUR wie auch der Gebührensatz nach § 38 Abs. 2 Nr. 1 und 4 KostO (halbe Gebühr) in Betracht kommt;[228] dies sollte mit dem zuständigen Kostenrevisor abgeklärt werden.

62 Beim **Formwechsel** stellt sich noch das besondere kostenrechtliche Problem in Bezug auf die Tätigkeit des Notars bei **Erstellung der Satzung des neuen Rechtsträgers**. Da der Formwechsel häufig eine Tätigkeit des Notars nach §§ 36 ff. BeurkG für die Beurkundung des Beschlusses auslöst, findet § 17 BeurkG auf diese Tätigkeit keine Anwendung, so dass keine besonderen Prüfungs- und Belehrungspflichten des Notars bestehen, welche dann mit der Beurkundungsgebühr mitabgegolten wären. Für die zusätzlich zu erhebenden Gebühren haben sich folgende Grundsätze entwickelt:

- Fertigt der Notar auf Antrag der Beteiligten im Vorfeld der Beschlussfassung den Entwurf der Satzung, ohne mit dem Entwurf des Formwechselbeschlusses beauftragt zu sein, handelt es sich um einen eigenständigen Auftrag ohne Beurkundungsauftrag, da der Antrag auf Beurkundung sich lediglich auf die Beurkundung des Formwechselbeschlusses, nicht aber auf Beurkundung der Satzung erstreckt.[229] Es entsteht daher eine doppelte Gebühr gem. § 145 Abs. 1 S. 1 i.V.m. § 36 Abs. 2 KostO, welche nicht auf die Beschlussgebühr angerechnet werden kann.
- Überprüft der Notar lediglich einen ihm vorgelegten Entwurf einer Satzung und ergänzt oder korrigiert diesen in einzelnen Punkten, ohne dass dadurch ein grundsätzlich neuer Entwurf entsteht, ist hierfür eine volle Gebühr gem. § 145 Abs. 1 S. 2 KostO anzusetzen. Führt die Überprüfung zu keinen Ergänzungen oder Änderungen, fällt die Gebühr ebenfalls an.
- Beschränkt sich die Tätigkeit des Notars darauf, ohne den Entwurf insgesamt zu überprüfen, einzelne Hinweise für die Gestaltung der Satzung zu geben, erhält er hierfür eine halbe Gebühr gem. § 147 Abs. 2 KostO aus einem nach § 30 Abs. 1 KostO zu schätzenden Teilwert.

63 Sind im Zuge des Umwandlungsvorganges Berichtigungen im Grundbuch und/oder im Handelsregister erforderlich, gelten im Falle des Tätigwerdens des Notars in Bezug auf die **Berichtigungsanträge** folgende Grundsätze:

- Bei allen Umwandlungsarten, außer beim Formwechsel, ist als Geschäftswert der volle Verkehrswert des Grundbesitzes gem. § 19 Abs. 2 KostO anzusetzen, da ein Eigentumswechsel auf einen neuen Rechtsträger vorliegt. Da beim Formwechsel der Rechtsträger bestehen bleibt, ist der Geschäftswert hier nach § 30 Abs. 1 KostO zu bestimmen, wobei nach h.M. wohl 10–30 % des Verkehrwertes des Grundbesitzes angemessen sind.[230] Für den Grundbuchberichtigungsantrag gilt nach h.M. die Obergrenze nach § 39 Abs. 4 KostO in Höhe von 5 000 000 EUR, da dieser zur Durchführung des Umwandlungsvorganges dient.[231]

---

228 Vgl. *Notarkasse München* Streifzug KostO Rn. 1141 f.
229 Vgl. *Notarkasse München* Streifzug KostO Rn. 1149.
230 *BayObLG* MittBayNot 1995, 325, vgl. *Notarkasse München* Streifzug KostO Rn. 1153 f. m.w.N.
231 Vgl. *Notarkasse München* Streifzug KostO Rn. 1013 m.w.N.

- Ist für die Berichtigung des Handelsregisters oder des Partnerschaftsregisters eine Registeranmeldung erforderlich, liegt bei allen Umwandlungsarten, außer beim Formwechsel, eine Anmeldung ohne bestimmten Geldwert vor, welche gem. den Vorschriften des § 41a Abs. 1, 4 oder 6 und § 41b KostO zu bewerten ist. Beim Formwechsel handelt es sich wegen der Identität des Rechtsträgers um eine Anmeldung ohne wirtschaftliche Bedeutung i.S. des § 41a Abs. 6 KostO, der Geschäftswert beträgt somit immer 3 000 EUR.
- Für den Grundbuchberichtigungsantrag ist die halbe Gebühr nach § 38 Abs. 2 Nr. 5a KostO, für die Registeranmeldung die halbe Gebühr nach § 38 Abs. 2 Nr. 7 KostO anzusetzen, jedoch kann bei Mitbeurkundung in der Umwandlungsurkunde Gegenstandsgleichheit gem. § 44 KostO gegeben sein. Hier finden dieselben Grundsätze wie bei den Zustimmungserklärungen Anwendung, vgl. oben Rn. 58.

Verlangt ein Gläubiger nach einer Verschmelzung, Spaltung oder Ausgliederung die **64** Umschreibung einer Vollstreckungsklausel, handelt es sich um eine Umschreibung einer Vollstreckungsklausel mit Prüfung der Rechtsnachfolge nach § 727 ZPO, so dass für diese Umschreibung eine halbe Gebühr nach § 133 KostO zu erheben ist und zwar aus dem vollen Nennbetrag der Forderung, für welche die Klauselumschreibung erfolgt.[232]

Bei einem Formwechsel hingegen handelt es sich wegen der Identität des Rechtsträgers vor und nach dem Umwandlungsvorgang um eine bloße Berichtigung der Vollstreckungsklausel, so dass weder eine Gebühr nach § 133 KostO noch eine Gebühr nach § 147 Abs. 2 KostO anfällt.[233]

Für die Eintragungen im Handelsregister werden die Gebühren nach der Handelsre- **65** gistergebührenverordnung (HRegGebV)[234] erhoben. Die seit 1.1.2011 geltenden Gebühren für Umwandlungsvorgänge sind in Anhang V dieses Handbuchs abgedruckt. Gem. § 2a HRegGebV stehen Umwandlungen und Verschmelzungen nach dem Recht der Europäischen Union gebührenrechtlich den Umwandlungen nach dem Umwandlungsgesetz gleich. Wird eine Anmeldung zurückgenommen, bevor die Eintragung erfolgt oder die Anmeldung zurückgewiesen worden ist, sind 120 % der für die Eintragung bestimmten Gebühren gem. § 3 HRegGebV zu erheben. Wird eine Anmeldung zurückgewiesen, sind gem. § 4 HRegGebV 170 % der für die Eintragung bestimmten Gebühren zu erheben.

Ein besonderes Problem stellt sich bei der **Erhebung der Gebühren** für Umwand- **66** lungsvorgänge nach der Kostenordnung **durch verbeamtete Notare** dadurch, dass durch den Zufluss dieser Gebühren beim Staat, wenn auch nur teilweise zur Bestreitung öffentlicher Kosten, indirekte Steuern oder Abgaben gegeben sein können, die wiederum unter das Verbot der gesellschaftssteuerähnlichen Abgaben nach Art. 10

---

232 Vgl. *Notarkasse München* Streifzug KostO Rn. 1999 m.w.N.; zu beachten ist, dass der Notar diese Gebühr immer nur einmal pro umgeschriebener Klausel ansetzen darf, auch wenn er bei der Klauselumschreibung mehrere Rechtsnachfolgen prüft und berücksichtigt, vgl. *KG* JurBüro 1990, 426 = DNotZ 1980, 771 f. = Rpfleger 1980, 123.
233 *Notarkasse München* Streifzug KostO Rn. 1999 m.w.N., *KG* DNotZ 1979, 437 ff., *BayObLG* DNotZ 1979, 55 ff.; das *OLG Düsseldorf* DNotZ 1990, 678 hat jedoch bei einer nachträglichen Namensberichtigung in einer Vollstreckungsklausel dem Notar eine halbe Gebühr gem. § 147 Abs. 2 KostO aus einem nach § 30 Abs. 1 KostO nach freiem Ermessen zu bestimmenden Wert (im entschiedenen Fall 1/10 der Werte der berichtigten Klauseln) zuerkannt.
234 Verordnung über Gebühren in Handels-, Partnerschafts- und Genossenschaftsregistersachen vom 30.9.2004, zuletzt geändert am 29.11.2010, BGBl. I, 1731.

lit. c) der Richtlinie 69/335[235] (**Gesellschaftssteuer-Richtlinie**) fallen können. Aufgrund der Rechtsprechung des EuGH zur europäischen Gesellschaftsteuer-Richtlinie[236] wurde das für die Gebührenerhebung der Notare im Landesdienst im Land Baden-Württemberg maßgebliche Landesjustizkostengesetz vom 15.1.1993 durch Gesetz vom 28.7.2005[237] rückwirkend auf den 1.6.2002 dahingehend geändert, dass nach § 11 Abs. 1 LJKG die Staatskasse grundsätzlich nicht mehr als 15 % der Gebühren erhalten darf, welche nach der KostO für Beurkundungen im gesellschaftsrechtlichen Bereich von den beamteten Notaren erhoben werden. Diese Änderung wurde nunmehr vom EuGH[238] als nicht ausreichend beurteilt. Nach dieser Entscheidung sind die Gebühren nach der KostO für Gesellschaftssachen, welche nach dem Wert des zugrunde liegenden wirtschaftlichen Vorgangs bestimmt werden und ohne Obergrenze proportional zu diesem Wert steigen, keine Abgaben mit Gebührencharakter. Hierzu bedarf es nach dem EuGH einer aufwandsbezogenen Berechnung der Gebührenhöhe.[239] Die Erhebung der Gebühren nach der KostO durch beamtete Notare verstößt daher nach Auffassung des EuGH gegen die Gesellschaftsteuer-Richtlinie. Das Justizministerium Baden-Württemberg hat darauf mit Erlass vom 23.8.2007 verfügt, dass den Notaren im Landesdienst in Fällen, die der Gesellschaftsteuer-Richtlinie unterfallen, die gesamten Gebühren verbleiben. Das OLG Karlsruhe hat jedoch am 20.12.2010[240] entschieden, dass der Erlass des Justizministeriums Baden-Württemberg nicht geeignet ist, den von den Notaren im Landesdienst erhobenen Gebühren die Eigenschaft als „Steuer" im Sinne der Richtlinie zu nehmen. Zulässig seien daher allein aufwandsbezogene Gebühren. In der Praxis wird wohl wie in den Jahren 2001–2005 von der Erhebung der vollen Kosten mit einem Vorläufigkeitsvermerk zum Kostenansatz umfassend Gebrauch gemacht werden. Sowohl für die betroffenen Notare als auch für den Rechtsverkehr ist diese offene Rechtslage unbefriedigend.

7. Geldwäschegesetz (GwG)

67 Das Gesetz zur Ergänzung der Bekämpfung der Geldwäsche und der Terrorismusfinanzierung (Geldwäschebekämpfungsergänzungsgesetz)[241] ist am 21.8.2008 in Kraft getreten; das GwG wurde insgesamt neu gefasst. Die 98. Vertreterversammlung der Bundesnotarkammer hat am 1.5.2009 Anwendungsempfehlungen zum neu gefassten GwG[242] beschlossen. Wie bereits zum alten GwG im Rundschreiben der BNotK vom 19.11.2003[243] ausführlich erörtert, wurden die Pflichten der Notare zur **Identifizierung von Mandanten und zur Meldung von Verdachtsfällen im Zusammenhang mit dem Geldwäschebekämpfungsgesetz** wesentlich erweitert. Bei der Neufassung des GwG wurde in Teilbereichen ein risikoorientierter Ansatz eingeführt, so dass insbesondere auf der Ebene der allgemeinen Sorgfaltspflichten Bereiche definiert wurden, die zwin-

---

235 Richtlinie 69/335/EWG des Rates vom 17.7.1969 betreffend die indirekten Steuern auf die Ansammlung von Kapital (ABl. EG Nr. L 249, S. 25) in der durch die Richtlinie 85/303/EWG des Rates vom 10.6.1985 (ABl. EG Nr. L 156, S. 23) geänderten Fassung.
236 *EuGH* ZIP 2002, 663 ff.
237 GBl. Nr. 12 vom 5.8.2005, 580.
238 *EuGH* vom 28.6.2007, C-466/03 (Albert Reiss Beteiligungsgesellschaft mbH).
239 Vgl. auch Anm. *Görk* zum EuGH Beschluss ZIP 2002, 667 ff. sowie *EuGH* vom 28.6.2007, a.a.O., Rn. 63 ff.
240 *OLG Karlsruhe* ZIP 2011, 279 ff. = NZG 2011, 194 ff.
241 BGBl I. 2008, 1690 ff.
242 Abrufbar unter www.dnoti.de/Arbeitshilfen/Berufsrecht.
243 Abrufbar unter www.bnotk.de – unter BNotKService/Merkblätter und Empfehlungen.

gend zu erfüllen sind, während andere Bereiche je nach Lage des Einzelfalls risiko-
adäquat gehandhabt werden können. Nachfolgend einige wichtige Zitate aus den
Anwendungsempfehlungen, welche für die Anwendung des GwG auf Umwandlungsfälle wichtig sind:

- Der grundsätzliche Anwendungsbereich des Geldwäschegesetzes wird für die
  Notare durch § 2 Abs. 1 Nr. 7 GwG festgelegt.
- Dem Anwendungsbereich des Geldwäschegesetzes unterliegen daher im Grundsatz
  alle Tätigkeiten des Notars, soweit er bzgl. des Inhalts des Rechtsgeschäftes berät
  oder belehrt. Hingegen löst eine Beglaubigung ohne Entwurfstätigkeit keine Pflichten nach dem GwG aus.
- Nach dem Katalog des § 2 Abs. 1 Nr. 7 GwG unterliegen die Notare bei folgenden
  Gegenständen grundsätzlich den allgemeinen Sorgfaltspflichten: [...] b) Kauf und
  Verkauf von Gewerbebetrieben, bei Anteilsabtretungen zumindest dann, wenn
  durch die konkrete Abtretung sich die einfache Mehrheit im Unternehmen verändert [...] e) Sämtliche Vorgänge, bei denen der Notar an der Gründung von Gesellschaften beteiligt ist, d.h. Beurkundung des Gesellschaftsvertrages im Zusammenhang mit der Gründung der Gesellschaft, Registeranmeldungen zur erstmaligen
  Eintragung der Gesellschaft in das zuständige Register, Umwandlungsvorgänge, die
  zum Entstehen eines neuen Rechtsträgers führen; Umwandlungsvorgänge, die nicht
  zum Entstehen eines neuen Rechtsträgers führen, sind kritisch daraufhin zu
  beleuchten, ob es sich hierbei nicht wirtschaftlich um einen Vorgang handelt, der
  als Erwerb eines Gewerbebetriebes anzusehen ist.
- Vollmachten sind immer dann unter § 2 Abs. 1 Nr. 7 GwG zu subsumieren, wenn sie
  die dort genannten Gegenstände unmittelbar betreffen, also z.B. Vollmachten zur
  Veräußerung bestimmter Grundstücke. [...] Allgemeine Vollmachten, wie General-
  und Vorsorgevollmachten, die bloß geeignet sind, entsprechende Geschäfte abzuschließen, unterliegen hingegen nicht dem Anwendungsbereich des GwG, da in diesen Fällen die Tätigkeit des Notars gerade nicht in der Mitwirkung an der Planung
  und Durchführung der Kataloggeschäfte besteht. Die allgemeinen Sorgfaltspflichten sind jedoch dann einzuhalten, wenn bei Beurkundung der General- und Vorsor-
  gevollmacht für den Notar erkennbar bereits der konkrete Gebrauch für einen der
  Katalogfälle des § 2 Abs. 1 Nr. 7 GwG beabsichtigt ist.
- [...] liegt ein Katalogfall nach § 2 Abs. 1 Nr. 7 GwG vor und hat der Notar in Bezug
  auf einen solchen Bereich eine Entwurfs-, Beratungs- oder Vollzugstätigkeit übernommen, so liegt nach der Auslegung [der Anwendungsempfehlungen] bereits die
  Begründung einer Geschäftsbeziehung nach § 3 Abs. 2 S. 1 Nr. 1 GwG vor.
- Auch wenn kein Katalogfall des § 2 Abs. 1 Nr. 7 GwG vorliegt, wird dem Notar
  empfohlen, bei Verdacht einer Straftat nach § 261 StGB [...] stets die allgemeinen
  Sorgfaltspflichten zu erfüllen.
- Die allgemeinen Sorgfaltspflichten sind in § 3 Abs. 1 Nr. 1–4 GwG definiert und
  umfassen die Identifizierung des „Vertragspartners", die Information über den
  Zweck der Geschäftsbeziehung, die Identifizierung des wirtschaftlich Berechtigten
  und die kontinuierliche Überwachung von Geschäftsbeziehungen.
- Zu identifizieren ist daher stets der formell Beteiligte, in Vertretungsfällen also der
  vor dem Notar erschienene Vertreter. Eine Identifizierungspflicht auch des Vertretenen besteht dagegen nach § 3 Abs. 1 Nr. 1 GwG nicht. Gleichwohl müssen
  bestimmte Angaben über den Vertretenen erhoben werden, wenn dieser die
  Voraussetzungen des wirtschaftlich Berechtigten gem. § 1 Abs. 6 S. 1 GwG erfüllt.

Dies wird jedoch durch das Beurkundungsverfahren in der Regel ohnehin sichergestellt. Die Feststellung der Identität und die Überprüfung der Identität erfolgt
gem. § 4 Abs. 3 und 4 GwG.
• § 3 Abs. 1 Nr. 3 GwG verlangt, dass der Notar abklärt, ob der Vertragspartner für
einen wirtschaftlich Berechtigten gem. § 1 Abs. 6 S. 1 GwG handelt. Liegt ein wirtschaftlich Berechtigter vor, so hat die Feststellung der Identität nach § 4 Abs. 5 S. 1
GWG zu erfolgen.

Zu den weiteren Einzelheiten über Art, Umfang und Durchführung der allgemeinen
Sorgfaltspflichten und Anzeigepflichten nach dem GwG vgl. die Anwendungsempfehlungen.[244] Zur Handhabung des risikoorientierten Ansatzes ist zu beachten, dass
die Aufsichtsbehörde vom Notar gem. § 3 Abs. 4 S. 2 GwG eine Darlegung verlangen kann, dass der Umfang der von ihm getroffenen Maßnahmen im Hinblick auf
die Risiken der Geldwäsche und der Terrorismusfinanzierung als angemessen anzusehen ist.

8. Registerrecht

68 Im Hinblick auf die Heilungs- und Bestandsschutzvorschriften des UmwG, z.B. § 20
Abs. 1 Nr. 4, Abs. 2 UmwG, werden Inhaltsmängel weitestgehend durch Eintragung
des Umwandlungsvorgangs im Register geheilt (zu den Besonderheiten vgl. unten
Rn. 95). Das Registergericht muss von Amts wegen den Umwandlungsvorgang auf
offensichtliche Inhaltsmängel prüfen und bei deren Vorliegen die Eintragung verweigern.[245] Da etwaige Schadensersatzansprüche von der Heilung unberührt bleiben,
kann sich bei der Eintragung eines mangelhaften Umwandlungsvorgangs auch ein
Amtshaftungsanspruch wegen Verletzung der Registerpflichten ergeben; das Spruchrichterprivileg des § 839 Abs. 2 BGB greift hier nicht.[246]

69 Die **Prüfungspflicht des Registergerichts**, welche gem. der sich aus den §§ 380, 26
FamFG ergebenden Pflicht eine unrichtige Eintragung im Handelsregister verhindern
soll, umfasst folgende Bereiche:[247]
• die sachliche und örtliche Zuständigkeit,
• die Eintragungsfähigkeit und somit
  – die formelle Prüfung der Einhaltung eines ordnungsgemäßen Verfahrens, insbe-
    sondere
    – die Beteiligtenfähigkeit,
    – die Verfahrensfähigkeit,
    – die ordnungsgemäße Vertretung,
    – die Anmeldeverpflichtung,
    – den Inhalt der Anmeldung, insbesondere im Hinblick auf Vollständigkeit der
      Angaben und Erklärungen sowie Zulässigkeit/Eintragungsfähigkeit der bean-
      tragten Handelsregistereintragungen,
    – die Form und Vollständigkeit der vorgelegten Unterlagen,

---

244 Durch *EuGH* Urteil vom 26.6.2007 – C-305/05 – wurde für die Mitteilungspflichten von Anwäl-
ten die Zumutbarkeit und Rechtmäßigkeit bestätigt.
245 Vgl. *Lutter* § 5 Rn. 113 f. m.w.N., *Kallmeyer* § 5 Rn. 63.
246 Vgl. *Lutter* § 5 Rn. 116 m.w.N.; Müko § 839 Rn. 326; zur Staatshaftung bei Eintragung einer
Umwandlung vor Ablauf der Anfechtungsfrist *BGH* ZIP 2006, 2312 ff. mit ausführlicher Besprechung von *Büchel* ZIP 2006, 2290 ff.
247 Vgl. *Böttcher/Ries* Rn. 172 ff.

– die materielle Prüfung der angemeldeten Tatsachen auf ihre Schlüssigkeit und Glaubwürdigkeit; bei Beteiligung Minderjähriger hat das Registergericht von Amts wegen die ordnungsgemäße Vertretung und die Erforderlichkeit einer familiengerichtlichen Genehmigung zu prüfen.

Für die **Entscheidungen des Registergerichts** gelten folgende Grundsätze:[248]

- Liegen alle Eintragungsvoraussetzungen vor, hat das Registergericht die Eintragung zu vollziehen, §§ 25, 27 HRV.
- Liegt ein nicht behebbares Eintragungshindernis vor, ist die Anmeldung zurückzuweisen, § 26 S. 1 HRV.
- Liegt ein sonstiges behebbares Hindernis vor, ist eine Zwischenverfügung zu erlassen, § 26 S. 2 HRV.
- Kommt jemand der Behebung eines Hindernisses nicht nach, für welches eine Anmeldepflicht besteht, muss er mittels Androhungsverfügung dazu aufgefordert werden, § 14 HGB.

Am 1.1.2007 ist das **»Gesetz über elektronische Handelsregister und Genossen-** **70** **schaftsregister sowie das Unternehmensregister« (EHUG)**[249] in Kraft getreten. Das EHUG brachte insbesondere die Umstellung auf elektronisch geführte Register und deutliche Verschärfungen im Bereich der Unternehmenspublizität. Seit dem 1.1.2007 wird das **Handelsregister in elektronischer Form** geführt. Dem entsprechend müssen seither sämtliche Anmeldungen und Einreichungen zum Handelsregister zwingend in elektronischer Form erfolgen. Anmeldungen zur Eintragung sind elektronisch in öffentlich beglaubigter Form nebst einem vom Notar elektronisch vorzunehmenden Entwurf für die Registereintragung einzureichen und setzen daher auch für die Einreichung selbst die Mitwirkung eines Notars voraus. Die Arbeit des Registergerichts kann sich somit auf die erforderliche inhaltliche Kontrolle anhand der elektronisch übermittelten Dokumente beschränken. Das EHUG beseitigte zudem das Erfordernis der Namenszeichnung. Die §§ 12, 13d, 14, 29, 53, 108, 148 HGB, §§ 37, 81, 266 AktG, §§ 8, 39, 67 GmbHG wurden entsprechend geändert. Letztlich erfordert dieses System, welches vor allem auch die Schnelligkeit des Eintragungsverfahrens steigern soll, die rechtlich differenzierte Ausgestaltung der den Handelsregistereintragungen zugrunde liegenden Vorgänge durch den Notar als anerkanntem Registerrechtskundigen nebst der elektronischen Aufarbeitung der Registerunterlagen durch den Notar. Ein ausländischer Notar wird diesen Anforderungen nicht mehr gerecht werden können, vgl. hierzu auch oben Rn. 56. Ebenfalls zum 1.1.2007 wurde ein elektronisches Unternehmensregister eingeführt, das künftig als zentrale bundesweite Datenbank die veröffentlichungspflichtigen Unternehmensdaten zusammenfasst. Das **Unternehmensregister** enthält vor allem alle Handelsregistereintragungen und eingereichten Dokumente, offenzulegende Unterlagen (§ 325 HGB), insbesondere Jahresabschlüsse sowie veröffentlichungspflichtige gesellschaftsrechtliche Bekanntmachungen. Das Unternehmensregister kann unter der Internetadresse www.unternehmensregister.de von jedermann eingesehen werden.

---

248 Vgl. *Böttcher/Ries* Rn. 180 ff.
249 Gesetz v. 10.11.2006, BGBl. I, 2553.

9. Umwandlungssteuergesetz

71 Entgegen der Namensgleichheit ist der **Regelungsbereich des UmwG und des UmwStG** nicht identisch. Das UmwStG regelt vielmehr die meisten, aber nicht alle Vorgänge des UmwG, beinhaltet darüber hinaus aber noch weitere Regelungen für Umstrukturierungen im Wege des Anteilstausches oder der Einbringung. Grundsätzliche Fragestellung des UmwStG ist, wann eine Unternehmensumstrukturierung steuerneutral möglich ist und mit welcher Rückwirkung. So heißt es in der Gesetzesbegründung, BT-Drs. 12/6885, S. 14 zum UmwStG vom 28.10.1994, dass es Ziel des UmwStG ist, betriebswirtschaftlich erwünschte Umstrukturierungen, die im Rahmen des UmwG handelsrechtlich möglich sind, nicht durch steuerliche Folgen zu behindern, soweit dem nicht spezifische Belange des Steuerrechts entgegenstehen. Gleiches gilt für die grenzüberschreitende Umstrukturierung, wobei die Gesetzesbegründung bereits darauf abstellt, dass die Beseitigung steuerlicher Hemmnisse nicht dazu führen darf, dass das deutsche Steueraufkommen gefährdet wird.[250] Dem UmwStG liegt dabei eher eine rechtsformbezogene Struktur zugrunde.

72 Durch das **Gesetz über steuerliche Begleitmaßnahmen zur Einführung der Europäischen Gesellschaft und zur Änderung weiterer steuerlicher Maßnahmen (SEStG)**, welches am 13.12.2006 in Kraft getreten ist, wurde in dessen Artikel 6 das UmwStG vollständig neu gefasst. Diese Neufassung hat auch erhebliche Auswirkungen auf nationale Umwandlungsvorgänge. So wurde insbesondere eingeführt, dass **eingebrachtes Vermögen stets mit dem gemeinen Wert anzusetzen** ist, soweit nicht unter bestimmten Voraussetzungen der Ansatz eines geringeren Wertes beantragt wurde, damit wegen des nunmehr europaweiten Anwendungsbereichs des UmwStG die Besteuerung der stillen Reserven des übertragenden Rechtsträgers sichergestellt werden kann.[251] Der Ansatz eines abweichenden Wertes ist daher insbesondere dann unzulässig, wenn das deutsche Besteuerungsrecht an dem eingebrachten Vermögen bzw. dem Rechtsträger beschränkt wird. Gem. § 27 Abs. 1 UmwStG ist das neue UmwStG erstmals auf Vorgänge anzuwenden, bei denen die Anmeldung zu dem für die Wirksamkeit des jeweiligen Vorgangs maßgeblichen öffentlichen Register nach dem 12.12.2006 erfolgt ist. Für Einbringungen, deren Wirksamkeit keine Eintragung in ein öffentliches Register voraussetzt, sind die Neuregelungen anzuwenden, wenn das wirtschaftliche Eigentum an den eingebrachten Wirtschaftsgütern nach dem 12.12.2006 übergegangen ist.

73 Das UmwStG hat vier sachliche **Anwendungsbereiche**:
1. Umwandlungsfälle nach dem UmwG, jedoch nur für bestimmte Rechtsträger als Beteiligte des Umwandlungsvorganges,
2. Einbringung eines Betriebes, Teilbetriebes oder eines Mitunternehmeranteils in eine Kapitalgesellschaft oder Genossenschaft gegen Gewährung von Anteilen,[252] auch soweit diese nach dem UmwG erfolgt,
3. Einbringung eines Betriebes, Teilbetriebes oder eines Mitunternehmeranteils in eine Personengesellschaft, auch soweit diese nach dem UmwG erfolgt,
4. Formwechsel einer Personenhandelsgesellschaft in eine Kapitalgesellschaft oder Genossenschaft.

---

250 BT-Drs. 16/2710 vom 25.9.2006, S. 25.
251 Vgl. Gesetzesbegründung BT-Drs. 16/2710, 27.
252 Ausreichend ist es dabei, einen Kapitalerhöhungsbeschluss zu fassen und das aufzubringende Vermögen in bar zu leisten sowie das im Wege der Verschmelzung übergehende Unternehmen ausschließlich als Agio in die Kapitalrücklage einzubringen, vgl. *BFH* vom 7.4.2010, BStBl. II 2010, 1094, *Plewka* NJW 2011, 2562 ff.

Zu den **wichtigsten Umstrukturierungsmöglichkeiten des UmwG**, welche im Um- **74** wandlungssteuergesetz erfasst sind, soll die nachstehende Tabelle eine Übersicht geben:

Übertragender Rechtsträger	Aufnehmender/ neuer Rechtsträger	Umwandlungs-art[253]	§§ des UmwStG n.F.	§§ des UmwStG a.F.
Kapitalgesellschaft	Personengesellschaft	Verschmelzung	3 ff., 18	3 ff., 18
		Aufspaltung	16, 18	16, 18
		Abspaltung	16, 18	16, 18
		Ausgliederung	24	24
		Formwechsel	3 ff., 18	14, 18
Kapitalgesellschaft	Kapitalgesellschaft	Verschmelzung	11 ff., 19	11 ff., 19
		Aufspaltung	15, 19	15, 19
		Abspaltung	15, 19	15, 19
		Ausgliederung	20 ff.	20 ff.[254]
		Formwechsel	–	–
Personengesellschaft	Kapitalgesellschaft/ Genossenschaft	Verschmelzung	20 ff.	20 ff.
		Aufspaltung	20 ff.	20 ff.
		Abspaltung	20 ff.	20 ff.
		Ausgliederung	20 ff.	20 ff.
		Formwechsel	25	25
Personengesellschaft	Personengesellschaft	Verschmelzung	24	24
		Aufspaltung	24	24
		Abspaltung	24	24
		Ausgliederung	24	24
		Formwechsel	–	–

---

253 Dabei ist zu beachten, dass die vom UmwStG erfassten Vorgänge nicht auf EU und EWR Sachverhalte beschränkt sind; ausländische Vorgänge müssen jedoch, soweit das UmwStG Anwendung finden soll, vergleichbar mit den entsprechenden deutschen Vorgängen sein. Dabei sollte es bei der Beurteilung der Vergleichbarkeit auf das **Ergebnis** des Umwandlungsvorgangs ankommen und nicht auf die zur Anwendung kommende Rechtstechnik; vgl. hierzu *Rödder/Schumacher* DStR 2006, 1525 f. und die Genese der Gesetzgebung. Nach Tz. 01.24 UmwSt-Erl reicht dies jedoch nicht aus. Vielmehr sind für die Beurteilung des ausländischen Vorgangs die beteiligten Rechtsträger, die Rechtsnatur bzw. Rechtsfolgen des Umwandlungsvorgangs (Strukturmerkmale) und sonstige Vergleichskriterien zu prüfen. Beispielsweise fallen daher ausländische Vorgänge, bei denen eine bare Zuzahlung von mehr als 10 % vorgesehen ist (auch wenn dies nach dem ausländischen Umwandlungsrecht zulässig ist) nicht unter das UmwStG und können daher nicht steuerneutral erfolgen (Tz. 01.40 UmwSt-Erl).

254 Es kann auch ein Anteilstausch nach § 21 UmwG vorliegen.

Dabei ist zu beachten, dass durch die Neufassung von § 1 UmwStG teilweise **neue sachliche und personelle Anforderungen an die beteiligten Rechtsträger**, insbesondere im Hinblick auf grenzüberschreitende Vorgänge, aufgestellt wurden. In § 1 Abs. 2 und Abs. 4 UmwG ist jeweils der Anwendungsbereich des Zweiten bis Fünften Teils bzw. des Sechsten bis Achten Teils des UmwStG durch die Aufstellung solcher sachlichen und personellen Anforderungen an die beteiligten Rechtsträger eingeschränkt. Dabei ist zu beachten, dass in § 1 Abs. 4 S. 2 UmwStG für den Anwendungsbereich des § 24 UmwStG die zusätzlichen Anforderungen für nicht anwendbar erklärt werden, so dass hier auch unter Beteiligung von Personengesellschaften, die in Drittstaaten ansässig (nicht EU/EWR-ansässig) sind, Vorgänge nach § 24 UmwStG zu Buchwerten möglich sind.

75 Für den im Umwandlungsrecht tätigen Notar ist es wichtig, bestimmte Anforderungen des UmwStG zu kennen, welche ergänzend zu den gem. UmwG gegebenen Erfordernissen dafür entscheidend sein können, ob für die Beteiligten ein Umwandlungsvorgang überhaupt sinnvoll ist. Entscheidend ist dabei die Frage der **Steuerneutralität des Umwandlungsvorgangs sowie der Möglichkeit zur weiteren Nutzung von Verlustvorträgen**. Gerade in diesem Bereich hatte die Neufassung des UmwStG erhebliche Änderungen gebracht. So gilt es, folgendes zu beachten:

- Im UmwStG ist der **Regelfall nicht die Buchwertfortführung**. Vielmehr sind die übergehenden Wirtschaftsgüter in der Schlussbilanz des übertragenden Rechtsträgers bzw. der Bilanz des übernehmenden Rechtsträgers mit dem **gemeinen Wert**[255] anzusetzen (vgl. §§ 3, 11, 15, je Abs. 1, 16, 20 Abs. 2, 21 Abs. 1, 24 Abs. 2 UmwStG).
- Nach § 15 Abs. 3 UmwStG geht ein **Verlustvortrag** bei einer Aufspaltung insgesamt unter. Bei einer Abspaltung geht ein Verlustvortrag der übertragenden Körperschaft in dem Verhältnis unter, in dem bei Zugrundelegung des gemeinen Werts das Vermögen auf eine andere Körperschaft übergeht. Nach der bis zum Inkrafttreten des SEStEG geltenden Rechtslage gem. § 15 Abs. 4 UmwStG a.F. ging hingegen bei der Aufspaltung, Abspaltung und Teilübertragung auf eine andere Körperschaft ein verbleibender Verlustvortrag anteilig auf die einzelnen übernehmenden Körperschaften über.
- Das UmwG (§§ 123 ff. UmwG) ermöglicht generell die Abspaltung von einzelnen Vermögensgegenständen aus dem Vermögen des übertragenden Rechtsträgers. Das UmwStG setzt für die Steuerneutralität des Umwandlungsvorganges jedoch grundsätzlich voraus, dass es sich bei den zu übertragenden Vermögensgegenständen um einen **Teilbetrieb** handelt (so §§ 15, 16 und §§ 20 ff. UmwG). Zu beachten ist dabei, dass für die Definition des Teilbetriebes i.S. des UmwStG teilweise Abweichungen zur Definition des Teilbetriebes i.S. des EStG oder UStG bestehen.[256] Weiter ist zu beachten, dass die Teilbetriebsvoraussetzungen bereits zum steuerlichen Übertra-

---

255 In diesen Fällen findet nicht nur eine Aufstockung der bilanzierten Wirtschaftsgüter, sondern auch der Ansatz von nicht bilanzierten originären immateriellen Wirtschaftsgütern mit dem gemeinen Wert statt. Pensionsrückstellungen werden jedoch mit dem Teilwert nach § 6a EStG angesetzt. Die Ermittlung des gemeinen Werts hat dabei nicht bezogen auf jedes einzelne übergehende Wirtschaftsgut, sondern bezogen auf die Gesamtheit der übergehenden aktiven und passiven Wirtschaftsgüter zu erfolgen (Bewertung der Sachgesamtheit) (vgl. Tz. 03.07 UmwSt-Erl).

256 Vgl. Tz. 15.02 des UmwSt-Erl. Entscheidend für die Beurteilung, ob ein Teilbetrieb vorliegt, ist demnach eine funktionale Betrachtungsweise (mit Verweis auf *BFH* Urteil vom 7.4.2010, I R 96/08, BStBl. II 2011, 467).

gungsstichtag vorliegen müssen[257] und das UmwStG daneben Definitionen zu sog. **»fiktiven Teilbetrieben«** gibt, d.h. zur Behandlung von Mitunternehmeranteilen oder Unternehmensbeteiligungen an Kapitalgesellschaften als Teilbetrieb (z.B. § 15 Abs. 1 S. 3 UmwStG). Betriebsvermögen, welches aufgrund der funktionalen Betrachtungsweise nicht zwingend einem Teilbetrieb zuzuordnen ist, ist im Grundsatz nach wirtschaftlichen Zusammenhängen den Teilbetrieben zuzuordnen. Soweit eine solche Zuordnung nicht möglich ist, kann es beliebig einem Teilbetrieb zugeordnet werden.[258]

- Obwohl § 26 UmwStG a.F. (Verhinderung von Missbräuchen) ersatzlos entfallen ist, enthält das UmwStG an zahlreichen weiteren Stellen **Missbrauchsregelungen**, welche verhindern sollen, dass das Umwandlungsrecht zur steuerneutralen Veräußerung einzelner Wirtschaftsgüter an Dritte aus und auf Körperschaften oder Personengesellschaften missbraucht wird. I. S. des UmwStG gelten auch Vorgänge, bei denen im Wege der partiellen Gesamtrechtsnachfolge Unternehmensteile auf eine Kapital- oder Personengesellschaft übertragen werden, als Einbringungsvorgänge. Auch bezüglich der Missbrauchsregelungen zu solchen Einbringungsvorgängen wurde die Systematik des UmwStG durch das SEStEG grundlegend geändert. Das bisherige System der **einbringungsgeborenen Anteile** (u.a. § 21 UmwStG a.F.) mit einer nachträglich eintretenden Gewinnversteuerung bei schädlicher Verwendung der Anteile wurde durch ein System der nachträglichen rückwirkenden Besteuerung des zugrunde liegenden Einbringungsvorgangs bei einer schädlichen Verwendung (Siebtelungsregelung) innerhalb einer siebenjährigen Sperrfrist gem. § 22 UmwStG ersetzt. Infolge der Rückwirkung kommt es nach neuem Recht zu einer entsprechenden Höherbewertung des eingebrachten Vermögens bei der übernehmenden Kapitalgesellschaft gem. § 23 UmwStG; mit diesem System (u.a. Feststellung eines Einbringungsgewinns I und eines Einbringungsgewinns II) soll auch die bisherige unsystematische doppelte Besteuerung stiller Reserven auf Anteilseigner- und Gesellschaftsebene vermieden werden. Zu beachten ist in diesem Zusammenhang, dass einbringungsgeborene Anteile fortbestehen können. Gem. § 20 Abs. 3 S. 4 UmwStG unterliegen einbringungsgeborene Anteile dann weiterhin den bis zum Inkrafttreten des SEStEG geltenden Regelungen, wenn sie als Teil eines Betriebsvermögens eingebracht wurden. Dies gilt gem. § 21 Abs. 2 S. 6 UmwStG in Fällen des Anteilstauschs entsprechend. Vgl. hierzu auch die besonderen Anwendungsvorschriften in § 27 Abs. 3 UmwStG für die bereits bestehenden einbringungsgeborenen Anteile. Weitere Missbrauchstatbestände finden sich in § 15 Abs. 2 UmwStG, welche durch das SEStEG nahezu unverändert geblieben sind. § 15 Abs. 2 UmwStG beinhaltet für Spaltungen drei Fristen, die in die Vergangenheit und in die Zukunft beachtet werden müssen, damit eine Übertragung zu Buchwerten zulässig ist und bleibt.

Es ist sicherlich nicht für jeden Notar oder Berater leistbar, alle Feinheiten des UmwStG zu kennen. Es muss jedoch jedem im Umwandlungsrecht tätigen Berater die Komplexität des Zusammenspiels von UmwG und UmwStG sowie weiteren Steuergesetzen bekannt sein.

---

257 Vgl. Tz. 15.03 des UmwSt-Erl. Somit stellt ein Teilbetrieb im Aufbau keinen Teilbetrieb im Sinne des § 15 UmwStG dar. Eine Grundlage im UmwStG lässt sich für diese Ansicht jedoch nicht finden. Die Regelung stößt im Schrifttum auch überwiegend auf Ablehnung, vgl. *Kessler/Philipp* DStR 2011, 1065; *Schmitt* DStR 2011, 1108, *Rogall* NZG 2011, 810.
258 Vgl. Tz. 15.09 des UmwSt-Erl-E.

76 Ein weiteres sehr schwieriges und i.d.R. nur von einem Angehörigen der steuerberatenden Berufe abzudeckendes Problemfeld ergibt sich aus dem sehr komplizierten **Zusammenspiel der Vorschriften des EStG und des UmwStG**, insbesondere im Bereich der Personengesellschaften und damit vorwiegend im Anwendungsbereich des § 24 UmwStG.[259] So enthält § 16 Abs. 3 und § 6 Abs. 3–7 EStG sehr komplexe Regelungen hinsichtlich der Übertragung von Betrieben, Teilbetrieben, Mitunternehmeranteilen und einzelnen Wirtschaftsgütern durch einen Mitunternehmer. Auch diese Vorschriften können erfolgsneutrale Übertragungen ermöglichen, weichen inhaltlich jedoch von § 24 UmwStG ab. Das Zusammenspiel dieser Vorschriften untereinander ist teilweise sehr strittig und schwierig.[260] Drei Punkte sollen hier exemplarisch hervorgehoben werden:

- Es ist sehr wichtig zu beachten, dass bei Neubeteiligungen oder Beteiligungserhöhungen (unmittelbar und mittelbar!!) von Kapitalgesellschaften an Personengesellschaften durch einen Umwandlungsvorgang oder bei einem Formwechsel von einer Personengesellschaft in eine Kapitalgesellschaft ein nachträglicher Wegfall der Steuerneutralität ausgelöst werden kann, falls in die betroffene Personengesellschaft ein Wirtschaftsgut gem. § 6 Abs. 5 EStG steuerneutral bis zu sieben Jahre zuvor eingebracht wurde, § 6 Abs. 5 S. 6 EStG.
- Soweit die Anwendung des § 24 UmwStG durch die Vorschriften des EStG verdrängt wird, ist eine steuerlich rückwirkende Gestaltung nicht möglich.
- Gemäß der vom Bundestag am 25.5.2007 beschlossenen **Unternehmensteuerreform 2008**, die am 1.1.2008 in Kraft getreten ist, wurde bei der Besteuerung von **Personenunternehmen** eine **Thesaurierungsbegünstigung** eingeführt. Der auf nicht entnommene laufende Gewinne anzuwendende ermäßigte Steuersatz gem. § 34a Abs. 1 S. 1 EStG beträgt 28,25 %. Aufgrund der Berücksichtigung von weiteren Berechnungsfaktoren, wie etwa der Gewerbesteuer ergibt sich eine Thesaurierungsbelastung zwischen 29,77 und 31,80 %.[261] Werden die ermäßigt besteuerten Gewinne später entnommen, erfolgt eine Nachversteuerung mit einem Abgeltungssteuersatz in Höhe von 25 % zzgl. Solidaritätszuschlag gem. § 34a EStG. Auch die Übertragung oder Überführung eines Wirtschaftsgutes zum Buchwert gem. § 6 Abs. 5 S. 1–3 EStG führt unter weiteren Voraussetzungen zu einer Nachversteuerung, es sei denn, der Steuerpflichtige beantragt, den nachversteuerungspflichtigen Betrag i.H. des Buchwerts des übertragenen Wirtschaftsguts auf den anderen Betrieb oder Mitunternehmeranteil zu übertragen. Im Fall der Einbringung in eine Kapitalgesellschaft gem. § 20 UmwStG ist gem. § 34a Abs. 6 Ziff. 2 EStG eine Nachversteuerung durchzuführen; in Härtefällen kann jedoch eine Stundung der durch die Nachversteuerung geschuldeten Einkommensteuer von höchstens zehn Jahren beantragt werden. Im Fall der Einbringung in eine Personengesellschaft nach § 24 UmwStG geht der nachversteuerungspflichtige Betrag für den eingebrachten Mitunternehmeranteil oder Betrieb auf den neuen Mitunternehmeranteil gem. § 34a Abs. 7 S. 2 EStG über.

Aber auch bei **Kapitalgesellschaften** kann auf der Gesellschafterebene das **Zusammenwirken von UmwStG und EStG** für die Gestaltung wichtig sein. So kann es bei einer Verschmelzung zweier Kapitalgesellschaften für den Gesellschafter, der die

---

259 Auch bei Beteiligungen an Kapitalgesellschaften ist das Zusammenspiel mit dem EStG wichtig, so beispielsweise in § 17 Abs. 6 EStG.
260 Vgl. hierzu exemplarisch u.a. *Widmann/Mayer* § 24 UmwStG Rn. 13–18.3 und Grüne Blätter vor § 24 UmwStG Rn. 1–24; *Engl* C. 2 Rn. 21 ff.
261 Berechnungen und Erläuterungen s. *Kessler/Ortmann-Babel/Zipfel* BB 2007, 526 f.

Beteiligung im Privatvermögen hält, entscheidend für eine Besteuerung eines Beteiligungsverkaufs nach Wirksamwerden der Verschmelzung nach § 23 EStG sein, ob der Anteil an der übernehmenden Gesellschaft ein Anteil i.S. des § 17 EStG ist. Wurde im Zuge der Verschmelzung ein Antrag auf Buchwertfortführung gem. § 13 Abs. 2 S. 1 UmwStG gestellt, tritt der Anteil des Gesellschafters an der übernehmenden Kapitalgesellschaft in jeder Beziehung steuerlich an die Stelle des Anteils am übertragenden Rechtsträger. War der Gesellschafter daher am Ausgangsrechtsträger mit einem Anteil von mindestens 1 % beteiligt, setzt sich auch diese steuerliche Qualifikation nach § 17 EStG am Anteil an der übernehmenden Kapitalgesellschaft fort, selbst wenn der Anteil kleiner als 1 % ist. Dies kann in der Summe zu einer erheblichen Steuermehrbelastung führen.

Eine wichtige Frage bei Umwandlungsvorgängen ist auch die **Bewertung der Vermögensübertragung in der Handels- und Steuerbilanz** der beteiligten Rechtsträger. Die damit verbundenen Fragen können vom beurkundenden Notar nicht vollständig in den Zuständigkeitsbereich der steuerberatenden Berufe verwiesen werden, da sich aus ihnen zum einen die Zulässigkeit einzelner Bestimmungen in den zu schließenden Verträgen wie auch Auswirkungen auf die im Zusammenhang mit der Umwandlung zu treffenden Kapitalmaßnahmen ergeben können. Für die Handelsbilanz sind die Vorschriften des UmwG, für die Steuerbilanz die Vorschriften des UmwStG maßgeblich. Mit Inkrafttreten des SEStEG wurde der **Maßgeblichkeitsgrundsatz im UmwStG** jedoch **vollständig aufgegeben**. Sowohl bei der Verschmelzung, der Spaltung als auch dem Anteilstausch ist für den steuerlichen Wertansatz der Ansatz in der Handelsbilanz der aufnehmenden Kapitalgesellschaft ohne Bedeutung. Für die Zulässigkeit des Wertansatzes in der Steuerbilanz gelten ausschließlich die Vorgaben des UmwStG.[262] Dies gilt insbesondere auch dann, wenn kein handelsrechtlicher Zwang zur Höherbewertung besteht. Die sich aus einem Auseinanderfallen der Wertansätze ggf. ergebenden bilanzierungstechnischen Schwierigkeiten bei der Handelsbilanz der aufnehmenden Kapitalgesellschaft nach HGB oder nach IFRS werden derzeit noch diskutiert.[263] Auch bei der **Einbringung in eine Personengesellschaft** ist es nach § 24 UmwStG unter bestimmten Voraussetzungen möglich, das eingebrachte Vermögen mit dem Buchwert anzusetzen. **Bilanziell** ist die **Buchwertfortführung auf zwei Weisen** möglich. Zum einen kann in der Hauptbilanz der gemeine Wert angesetzt werden; in einer negativen Ergänzungsbilanz wird dann die Korrektur zu Buchwerten durch den Ausweis eines Minderkapitals korrigiert. Zum anderen kann in der Hauptbilanz der Ansatz der Buchwerte erfolgen; die Kapitalkonten werden im Verhältnis der wirklichen Werte aufgeteilt, Korrekturen erfolgen durch positive und negative Ergänzungsbilanzen für die Gesellschafter. Die Fortentwicklung der Ergänzungsbilanzen muss dann so erfolgen, dass im Ergebnis nur solche Gewinnauswirkungen entstehen, die sich insgesamt bei Buchwertfortführung ergeben, gleichgültig wie diese technisch erfolgt.[264] Zu beachten ist, dass der **Formwechsel eine Sonderstellung** einnimmt, da bei diesem der Rechtsträger nicht wechselt (§ 202 Abs. 1 Nr. 1 UmwG). Handelsrechtlich ist daher hier eine gesonderte Bewertung nicht erforderlich und auch nicht zulässig, da weder eine Schlussbilanz noch eine Eröffnungsbilanz errichtet werden muss. Steuerlich kann sich jedoch durch den Formwechsel die Steuerpflicht des beteiligten Rechtsträgers ändern. Daher beinhaltet das UmwStG ver-

77

---

262 Vgl. Gesetzesbegründung BT-Drs. 16/2710, 43.

263 Vgl. u.a. *Förster/Wendland* BB 2007, 633.

264 Vgl. hierzu *Schmitt/Hörtnagl/Stratz* § 24 UmwStG Rn. 217 ff.; sehr verständliche Darstellung der verschiedenen Möglichkeiten der bilanziellen Behandlung in *Rogall* DB 2007, 1215 ff.

schiedene Vorschriften zur Steuerbilanz beim Formwechsel (§§ 3, 9 UmwStG) sowie zur Ermittlung des Übernahmeergebnisses für die Gesellschafter (§§ 4–10 UmwStG), welches dann gem. § 4 Abs. 7 UmwStG zu versteuern ist.

78 An verschiedenen Stellen des UmwG ist geregelt, dass dem Umwandlungsvorgang nur eine Schlussbilanz zugrunde gelegt werden darf, welche auf einen höchstens acht Monate vor der Anmeldung liegenden Stichtag aufgestellt worden ist (§ 17 Abs. 2 S. 4 UmwG für die Verschmelzung, § 125 UmwG für alle Spaltungsarten). Für die Steuerbilanz ist in den §§ 9 S. 3, 20 Abs. 6, 24 Abs. 4 und 25 S. 1 UmwStG auch jeweils eine Acht-Monats-Frist enthalten. Der Stichtag der handelsrechtlichen Schlussbilanz entspricht der logischen Sekunde vor dem **Umwandlungsstichtag**, da diese insbesondere für die Abgrenzung der Vermögensübertragung erforderlich ist. Ist Umwandlungsstichtag der 1.1.2011, muss die Schlussbilanz auf den 31.12.2010 erstellt werden. Dies gilt zumindest in allen Fällen dann zwingend, wenn der übernehmende Rechtsträger als Anschaffungskosten die in der Schlussbilanz des übertragenden Rechtsträgers ausgewiesenen Werte wählt (sog. Buchwertverknüpfung). Für die Prüfungspflicht der Schlussbilanz gelten die handelsrechtlichen Vorschriften über die Prüfung des Jahresabschlusses entsprechend.[265] Wird die Schlussbilanz auf einen anderen Stichtag als den letzten ordentlichen Bilanzstichtag aufgestellt, so handelt es sich um eine Zwischenbilanz, für welche die Regeln des Jahresabschlusses entsprechend anzuwenden sind. Diese muss jedoch weder bekannt gemacht (§ 17 Abs. 2 S. 3 UmwG) noch festgestellt, noch von einem etwaigen Aufsichtsrat geprüft werden.[266] Zwar sind nach Rn. 02.01 des Entwurfs des Umwandlungssteuererlasses der steuerliche Übertragungsstichtag und der handelsrechtliche Übertragungsstichtag nicht identisch. Jedoch ist gem. § 2 Abs. 1 S. 1 UmwStG der steuerliche Übertragungsstichtag identisch mit dem Stichtag für die handelsrechtliche Schlussbilanz.[267]

79 Zu beachten ist, dass das UmwG beim **Formwechsel** keinen Umwandlungsstichtag und keine Schlussbilanz vorsieht. Allein maßgeblich für die Wirkungen des Formwechsels ist der Zeitpunkt der Handelsregistereintragung gem. § 202 Abs. 1 UmwG. Steuerlich ist jedoch gem. § 9 S. 2 UmwStG beim Formwechsel von einer Kapitalgesellschaft oder einer Genossenschaft in eine Personengesellschaft sowie gem. § 25 S. 2 UmwStG beim Formwechsel von einer Personengesellschaft in eine Kapitalgesellschaft eine eigene **steuerliche Rückwirkungsregelung** gegeben, welche wiederum an die Acht-Monats-Frist vor der Anmeldung des Formwechsels zum Handelsregister anknüpft. Somit ist in diesen Fällen auch eine Steuerbilanz als Schlussbilanz und eine Eröffnungsbilanz aufzustellen. Beim Formwechsel von einer Personengesellschaft in eine Personengesellschaft und von einer Kapitalgesellschaft in eine Kapitalgesellschaft fehlt eine gesetzliche Regelung zur Rückwirkung, da diese wegen der Identitätswahrung ohnehin steuerneutral sind, so dass auch eine Steuerbilanz nicht aufzustellen ist.

---

265 Es ist lediglich die Schlussbilanz ggf. mit einem Bestätigungsvermerk, nicht jedoch ein vollständiger Jahresabschluss einzureichen; teilweise wird vertreten, dass jedoch die sog. Wahlpflichtangaben, welche entweder in der Bilanz oder im Anhang aufgeführt werden können, bei Nichteinreichung des Jahresabschlusses in die Bilanz aufgenommen werden müssen; so *Engl* A.1. Rn. 68 unter Verweis auf *IdW* HFA 2/1997 Tz. 112; *Kallmeyer* § 17 Rn. 18; **a.A.** *Lutter* § 17 Rn. 5, *LG Stuttgart* DNotZ 1996, 701, 702, es reicht Bilanz ohne Angaben aus dem Anhang.

266 Str. so *IDW* Stellungnahme HFA2/1997, IDW Fachnachrichten 1997, S. 175–177, **a.A.** *Winkemann* in DAI Skript zur Tagung „Umwandlungsrecht und Umwandlungssteuerrecht vom 15.–16.1.2007, 20 f.

267 **A.A.** *Widmann/Mayer* § 2 UmwStG Rn. 7 m.w.N.

Bei allen vorgenannten steuerlichen Rückwirkungsfiktionen ist zu beachten, dass **80** diese nur für Zwecke der Ertragsteuern gelten. Andere Steuerarten, insbesondere die Grunderwerbsteuer, Umsatzsteuer[268] und Schenkung- und Erbschaftsteuer sind hiervon nicht erfasst. Für diese Steuerarten ist der Umwandlungsvorgang erst im Zeitpunkt seines zivilrechtlichen Wirksamwerdens zu beachten. In dieser Hinsicht bringt auch der sogleich kurz dargestellte Umwandlungssteuererlass Neuerungen für die Anerkennung einer steuerlichen Organschaft.[269] Da die Organschaft eine finanzielle Eingliederung von Beginn des Jahres verlangt, soll das nach Auffassung der Finanzverwaltung in Situationen, bei denen der Organträger an der übernehmenden Gesellschaft erst infolge des Umwandlungsvorgangs diese Voraussetzung geschaffen, der Anerkennung der Organschaft entgegenstehen.[270]

10. Umwandlungssteuererlass

Zu den **Zweifels- und Auslegungsfragen des Umwandlungssteuergesetzes** hat das **81** Bundesministerium der Finanzen am 25.3.1998 einen Erlass herausgegeben, der im Bundessteuerblatt 1998 I, S. 268 ff. abgedruckt ist. Da mit Einführung des SEStEG und der Neufassung des UmwStG weitreichende Änderungen verbunden waren, war auch bereits seit langem mit dem Erlass eines neuen Umwandlungssteuererlasses gerechnet worden. Am 31.12.2011 hat das Bundesfinanzministerium endlich den Umwandlungssteuererlass veröffentlicht.

Folgende Zitate aus dem Entwurf des Umwandlungssteuererlasses, die im Wesentli- **82** chen der alten Fassung entsprechen, sind für das Grundverständnis u.E. wichtig:

01.01 Die Vorschriften des UmwStG regeln ausschließlich die steuerlichen Folgen der Umwandlungen (§§ 3–19 UmwStG) und Einbringungen (§§ 20–25 UmwStG) für die Körperschaft-, Einkommen- und Gewerbesteuer. Steuerliche Folgen für andere Steuerarten (z.B. die Umsatz-, die Grunderwerb- oder die Erbschaftsteuer) regelt das UmwStG nicht.

02.01 Der steuerliche Übertragungsstichtag i.S. des § 2 Abs. 1 UmwStG und der handelsrechtliche Umwandlungsstichtag sind nicht identisch.

02.02 Der handelsrechtliche Umwandlungsstichtag ist der Zeitpunkt, von dem an die Handlungen des übertragenden Rechtsträgers als für Rechnung des übernehmenden Rechtsträgers vorgenommen gelten. Der übertragende Rechtsträger hat auf den Schluss des Tages, der dem Umwandlungsstichtag vorangeht, eine Schlussbilanz aufzustellen (§ 17 Abs. 2 UmwG). Der steuerliche Übertragungsstichtag ist der Tag, auf den der übertragende Rechtsträger die handelsrechtliche Schlussbilanz aufzustellen hat.

02.03 Nach § 17 Abs. 2 UmwG darf das Registergericht die Verschmelzung nur eintragen, wenn die Bilanz auf einen höchstens acht Monate vor der Anmeldung liegenden Stichtag aufgestellt worden ist. Die Vorschrift gilt für die Aufspaltung und die Abspaltung (§ 125 UmwG) sowie die Vermögensübertragung (§§ 176, 177 UmwG) entsprechend.

---

268 *Pyszka* weist in DStR 2011, 545 ff. zu Recht darauf hin, dass der Fokus zu häufig auf den ertragsteuerlichen Fragestellungen liegt und die Umsatzsteuer außen vor bleibt. Dabei liegt bei einem Umwandlungsvorgang außerhalb eines umsatzsteuerlichen Organkreises grundsätzlich ein steuerbarer Umsatz vor. Ausnahmen ergeben sich lediglich, sofern man zu einer Geschäftsveräußerung im Ganzen gem. § 1a UStG kommt.

269 Die Finanzverwaltung steht damit teilweise im Widerspruch zu der jüngsten Rechtsprechung des *BFH* Urteil v. 28.7.2010, BB 2010, 2951.

270 Vgl. *Heurung/Engel* BB 2011, 151 ff.; *Vogel* DB 2011, 1239 ff.; UmwSt-Erl. Tz. Org. 03.

Steuerlich sind das Einkommen und das Vermögen der übertragenden Körperschaft sowie des übernehmenden Rechtsträgers so zu ermitteln, als ob das Vermögen der übertragenden Körperschaft mit Ablauf des steuerlichen Übertragungsstichtags ganz oder teilweise auf den übernehmenden Rechtsträger übergegangen wäre (§ 2 Abs. 1 UmwStG). Weitergehende Wirkungen entfaltet die Rückwirkungsfiktion nicht. Sie gilt insbesondere nicht für die Anteilseigner der übertragenden Körperschaft, sofern dieser nicht gleichzeitig übernehmender Rechtsträger ist. Sie gilt auch nicht für die Rechtsbeziehungen gegenüber Rechtsträgern, an denen die übertragende Körperschaft beteiligt ist, oder gegenüber sonstigen Dritten.

Anders als für den Rückbezug nach § 20 Abs. 6 UmwStG besteht für die Anwendung des § 2 UmwStG kein Wahlrecht.

Ist übernehmender Rechtsträger eine Personengesellschaft, gilt die steuerliche Rückwirkungsfiktion auch für das Einkommen und das Vermögen der Gesellschafter (§ 2 Abs. 2 UmwStG).

02.04 Der Übertragungsgewinn oder -verlust entsteht stets mit Ablauf des steuerlichen Übertragungsstichtags. Dies gilt nach § 2 Abs. 1 i.V.m. § 4 Abs. 1, § 5 Abs. 1–3 UmwStG auch für das Übernahmeergebnis i.S.d. § 4 Abs. 4–6 UmwStG sowie nach § 2 Abs. 2 UmwStG für die Einnahmen i.S.des § 7 UmwStG i.V.m. § 20 Abs. 1 Nr. 1 EStG. Die Besteuerung des Übertragungsgewinns oder -verlusts, des Übernahmeergebnisses i.S.d. § 4 Abs. 4–6 UmwStG sowie der Einnahmen i.S.d. § 20 Abs. 1 Nr. 1 EStG erfolgt in dem Veranlagungszeitraum, in dem das Wirtschaftsjahr endet, in das der steuerliche Übertragungsstichtag fällt.

02.05 Mangels eines handelsrechtlichen Übertragungsvorgangs enthält § 9 UmwStG für den Formwechsel eine eigenständige steuerliche Rückwirkungsregelung.

02.06 Nach § 9 S. 3 UmwStG können die steuerliche Schlussbilanz sowie die steuerliche Eröffnungsbilanz für einen Stichtag aufgestellt werden, der höchstens acht Monate vor der Anmeldung des Formwechsels zur Eintragung in das zuständige Register liegt. Das Einkommen und das Vermögen der Kapitalgesellschaft bzw. der Personengesellschaft sowie der Gesellschafter der Personengesellschaft sind so zu ermitteln, als ob das Vermögen der Kapitalgesellschaft mit Ablauf dieses Stichtags auf die Personengesellschaft übergegangen wäre. Randnr. 02.03 und 02.04 gelten entsprechend.

02.07 Bei ausländischen Umwandlungen gelten die Randnr. 02.01 bis 02.06 entsprechend. Der handelsrechtliche Umwandlungsstichtag kann z.B. bei einer Verschmelzung regelmäßig dem Verschmelzungsvertrag/-plan entnommen werden.

02.08 Für den Formwechsel einer ausländischen Kapitalgesellschaft in eine ausländische Personengesellschaft gilt ebenfalls die steuerliche Rückwirkungsfiktion des § 9 UmwStG. Der maßgebende Rückbeziehungszeitraum ergibt sich aus § 9 S. 3 UmwStG.

02.09 § 2 UmwStG enthält eine Ausnahme von dem allgemeinen Grundsatz, dass Rechtsvorgänge mit steuerlicher Wirkung nicht rückbezogen werden können.

02.10 Der übertragende Rechtsträger besteht zivilrechtlich in der Zeit zwischen dem steuerlichen Übertragungsstichtag und der Eintragung der Umwandlung in das Handelsregister oder das jeweils im Ausland zuständige öffentliche Register (Rückwirkungszeitraum) fort. Steuerlich werden dem übertragenden Rechtsträger jedoch – soweit die Rückwirkungsfiktion vorbehaltlich des § 2 Abs. 3 UmwStG greift – kein Einkommen und kein Vermögen mehr zugerechnet.

02.11 Die steuerlichen Rückwirkungsfiktionen in § 2 Abs. 1 und § 9 Abs. 3 UmwStG setzen nicht voraus, dass der übernehmende Rechtsträger zum steuerlichen Übertragungsstichtag bereits zivilrechtlich besteht. So ist z.B. eine rückwirkende Verschmelzung zur Aufnahme möglich, auch wenn die aufnehmende Gesellschaft am steuerlichen Übertragungsstichtag zivilrechtlich noch nicht besteht. Die Steuerpflicht eines neu gegründeten übernehmenden Rechtsträgers beginnt unabhängig von der zivilrechtlichen Entstehung mit Ablauf des steuerlichen Übertragungsstichtag.

02.12 Bei Übertragung des Vermögens auf eine Personengesellschaft gelten die Rückwirkungsfiktionen in § 2 Abs. 1 und § 9 Abs. 3 UmwStG auch für deren Gesellschafter (§ 2 Abs. 2 UmwStG). Ist der Gesellschafter wiederum eine Personengesellschaft ist insoweit auf die dahinterstehenden Gesellschafter abzustellen.

2.13 Ab dem handelsrechtlichen Übertragungsstichtag gelten die Handlungen des übertragenden Rechtsträgers als für Rechnung das übernehmenden Rechtsträgers vorgenommen.

2.14 Für das Vorliegen eines Teilbetriebs kommt es auf die Verhältnisse zum steuerlichen Übertragungsstichtag an.

11. Grunderwerbsteuergesetz

Durch das Gesetz zur Beschleunigung des Wirtschaftswachstums vom 22.12.2009 ist **83** mit dem neu eingeführten § 6a GrEStG eine lang ersehnte Befreiungsregelung für Fälle der Umwandlung im Konzern eingeführt worden.[271] Im Übrigen gibt es **im GrEStG aber keine Sondervorschriften für Umwandlungsvorgänge**.[272] Vielmehr fällt im Falle der Vermögensübertragung grundsätzlich Grunderwerbsteuer an. Es gilt daher durch entsprechende Gestaltung den Anfall von Grunderwerbsteuer möglichst zu vermeiden oder zumindest auf ein notwendiges Maß zu reduzieren. Die zum 1.1.2011 in vielen Bundesländern erhöhten Grunderwerbsteuersätze tragen ihr Übriges dazu bei.[273]

Die grunderwerbsteuerliche Behandlung von Umwandlungsvorgängen wurde durch koordinierte Erlasse der Finanzverwaltungen erläutert.[274] Aus den Erlassen ergeben sich folgende wichtige Folgerungen:

- Die **Grunderwerbsteuer als Verkehrssteuer** kommt nur bei den Umwandlungsvorgängen in Betracht, bei welchen der Rechtsträger wechselt. Beim Formwechsel kann daher wegen der Identitätswahrung keine Grunderwerbsteuer anfallen. Die in den §§ 9 und 25 UmwStG aufgestellte Fiktion des Rechtsträgerwechsels beim Formwechsel zwischen Kapital- und Personengesellschaft gilt ausschließlich für die Ertragsteuern und nicht für die Grunderwerbsteuer.[275] Dies gilt auch für den Wechsel der Rechtsform im Personengesellschaftsrecht nach HGB, insbesondere bei den Umwandlungen der GbR in eine vermögensverwaltende GmbH & Co KG, nicht jedoch in den Fällen der Anwachsung oder Abwachsung durch Ein- oder Austritt

---

271 Vgl. hierzu Rn. 91.
272 Die Befreiungsregel des § 4 Nr. 8 GrEStG hat nur in der Zeit vom 1.1.2004–31.12.2006 gegolten.
273 Eine Übersicht zu den ab dem 1.1.2011 geltenden Grunderwerbsteuersätzen findet sich in DNotI-Report 2011, 22. Zum 5.11.2011 ist auch in Baden-Württemberg der Grunderwerbsteuersatz von 3,5 % auf 5 % erhöht worden.
274 So z.B. *FinMin Baden-Württemberg* v. 19.12.1997, BB 1998, 146.
275 Vgl. *Widmann/Mayer* Anhang 12 Rn. 12 m.w.N.

von Gesellschaftern einer Personengesellschaft, was im Ergebnis auch zu einem Rechtsformwechsel führen kann.

- Bei den vermögensübertragenden Umwandlungsarten des UmwG ist der Umwandlungsvorgang gem. § 1 Abs. 1 Nr. 3 GrEStG grunderwerbsteuerpflichtig, soweit hierdurch an inländischen Grundstücken ein Rechtsträgerwechsel stattfindet. Da der Umwandlung kein Rechtsgeschäft vorangeht, das den Anspruch auf Übereignung begründet, ist im Erlass jeweils der für die Entstehung der Steuer **maßgebliche Zeitpunkt** angegeben.
- Die im UmwStG ermöglichte **Rückwirkung** auf einen steuerlichen Übertragungsstichtag findet im Grunderwerbsteuerbereich keine Anwendung.
- Für die **Bewertung** gilt nach § 8 Abs. 2 GrEStG der nach § 138 Abs. 2 und 3 BewG zu ermittelnde Bedarfswert. Dabei ist zu beachten, dass für den Umfang des übertragenen Grundbesitzes die zivilrechtliche Zuordnung zum übertragenden Rechtsträger bzw. zum übertragenen Vermögen im Zeitpunkt der Entstehung der Steuer und nicht die grunderwerbsteuerliche Zuordnung des Grundbesitzes maßgeblich ist.[276] So gehört grunderwerbsteuerrechtlich ein Grundstück bereits zum Vermögen einer Gesellschaft, wenn sie einen Übereignungsanspruch aufgrund Verpflichtungsgeschäft in Bezug auf dieses erworben hat und es ihr aufgelassen wurde,[277] zivilrechtlich hat sie zu diesem Zeitpunkt jedoch nur ein Anwartschaftsrecht und noch nicht das Volleigentum. Teilweise wird vertreten, dass Grundstücke, welche noch im Eigentum der übertragenden Gesellschaft stehen, welche jedoch dem für den Umwandlungsvorgang maßgeblichen Zeitpunkt der Entstehung der Grunderwerbsteuer bereits an einen Dritten verkauft sind, mit einem Wert i.H.v. 0 EUR (entspr. der Rechtslage vor dem 31.12.1996) anzusetzen sind oder dass zumindest ein Anspruch auf Billigkeitserlass der Grunderwerbsteuer für dieses Grundstück besteht.[278] Fehlt zu dem Veräußerungsvorgang in dem für die Entstehung der Grunderwerbsteuer maßgeblichen Zeitpunkt noch eine erforderliche Genehmigung, ist die Grunderwerbsteuer insoweit vorläufig festzusetzen.

84 Im Rahmen einer Umwandlung ist zudem zu beachten, ob mittelbar nicht ein grunderwerbsteuerpflichtiger Vorgang ausgelöst wird. In erster Linie kommt eine grunderwerbsteuerpflichtige **Anteilsvereinigung gem. § 1 Abs. 3 GrEStG** in Betracht, insbesondere bei konzerninternen Umwandlungsvorgängen.[279] Weiter kann sich eine Grunderwerbsteuerpflicht aus **§ 1 Abs. 2a GrEStG durch die Veränderungen im Gesellschafterbestand** einer grundbesitzenden Personengesellschaft von mindestens 95 % ergeben. Des Weiteren kann eine Grunderwerbsteuerpflicht aus einer **Anteilsreduzierung gem. § 5 Abs. 3 GrEStG** (nach vorherigem steuerbegünstigtem Übergang auf eine Gesamthand) in Betracht kommen. Es ist zu beachten, dass seit dem 1.1.2000 sämtliche Anteilsreduzierungen innerhalb der Fünfjahresfrist Grunderwerbsteuer auslösen, unabhängig von der damit verbundenen Absicht. In engem Zusammenhang steht hiermit die **Grunderwerbsteuerpflicht gem. §§ 6 Abs. 3 und 4, 7 Abs. 3 GrEStG.**

---

276 *BFH* BStBl. II 1994, 866.

277 *Hofmann* GrunderwerbsteuerG § 1 Rn. 145 f.

278 Vgl. *Widmann/Mayer* Anh. 12 Rn. 57 m.w.N.; die Finanzverwaltung wendet nunmehr den Billigkeitserlass an, vgl. *FinMin Baden-Württemberg* v. 16.9.2003, 3 S – 4500/71, StEK § 1 GrEStG Nr. 165.

279 Sofern nicht die Befreiung nach § 6a GrEStG eingreift.

Grunderwerbsteuerpflichtig gem. **§ 1 Abs. 3 GrEStG** sind Vorgänge, durch die **85**

- unmittelbar oder mittelbar mindestens 95 % der Anteile an einer grundbesitzenden Personen- oder Kapitalgesellschaft übertragen werden oder
- eine Vereinigung mittelbar oder unmittelbar von mindestens 95 % der Anteile an einer grundbesitzenden Personen- oder Kapitalgesellschaft in der Hand eines Gesellschafters bewirkt wird.

Dabei ist zu beachten, dass bei der Frage, ob Grundbesitz zum Vermögen der Gesellschaft gehört, hier nicht die zivilrechtlichen Kriterien, sondern allein die grunderwerbsteuerlichen Gesichtspunkte maßgeblich sind.[280] Hält z.B. die Gesellschaft, deren Anteile von der Übertragung betroffen sind, ihrerseits alle bzw. mindestens 95 % der Anteile an einer anderen grundbesitzenden Gesellschaft, so gehören auch die vermittels derartiger grunderwerbsteuerlicher Zuordnung betroffenen Grundstücke der anderen Gesellschaft zu ihrem Vermögen.[281] Bei der Zurechnung mittelbarer Anteilsvereinigungen, kann man davon ausgehen, dass eine Beteiligung von 100 % bzw. zu mindestens 95 % der beherrschenden Hand zugerechnet werden muss.[282]

Bei der Grunderwerbsteuerpflicht gem. § 1 Abs. 3 GrEStG ist zu beachten, dass ggf. **86** auch die Vergünstigungsvorschrift des § 1 Abs. 6 S. 2 GrEStG greifen kann, sofern der übernehmende Rechtsträger vor dem grunderwerbsteuerpflichtigen Umwandlungsvorgang Anteile am übertragenden Rechtsträger – grunderwerbsteuerpflichtig – in seiner Hand vereinigt hatte. § 1 Abs. 6 S. 2 GrEStG setzt jedoch voraus, dass auf der Erwerberseite derselbe Rechtsträger (ggf. auch nach Formwechsel) beteiligt ist und dass dasselbe Grundstück betroffen ist (sog. **Erwerber- und Grundstücksidentität**).[283] Für Grundstücke, welche vom übertragenden Rechtsträger **nach** der Anteilsvereinigung erworben wurden, wird daher die volle Grunderwerbsteuer erhoben.[284]

Nach **§ 1 Abs. 2a GrEStG** unterfällt der unmittelbare und mittelbare Anteilsübergang an **87** einer grundbesitzenden Personengesellschaft in Höhe von insgesamt mindestens 95 % innerhalb eines Zeitraums von fünf Jahren der Grunderwerbsteuer. Beim unmittelbaren Anteilsübergang unterscheidet sich der Gesellschafterbestand der Personengesellschaft nach Anteilsübergang zivilrechtlich von demjenigen vor dem Anteilsübergang.[285] Bei dem mittelbaren Anteilsübergang werden folgende Tatbestände unterschieden:

- Veränderung der Beteiligungsverhältnisse bei einer als Gesellschafterin beteiligten Kapitalgesellschaft zu mindestens 95 %;
- Änderung des Gesellschafterbestands einer an der Personengesellschaft beteiligten Personengesellschaft;
- Anteilsübergang bei Treuhandverhältnissen.

Bei der Gestaltung von Umwandlungsvorgängen muss daher beachtet werden, dass bereits zurückliegende Veränderungen im Gesellschafterbestand einer Personengesellschaft in den letzten fünf Jahren zusammen mit dem Umwandlungsvorgang zu einer Grunderwerbsteuerpflicht führen können.

---

280 *Hofmann* GrunderwerbsteuerG § 1 Rn. 145; *Pahlke/Franz* § 1 Rn. 325; *Widmann/Mayer* Anh. 12 Rn. 14 und 186.
281 *BFH* BStBl. II 1988, 550 m.w.N.
282 *Hofmann* GrunderwerbsteuerG § 1 Rn. 149.
283 Vgl. *Widmann/Mayer* Anh. 12 Rn. 59 m.w.N.
284 Mit anschaulichen Beispielen zu möglichen Vergünstigungen bei Konzernumwandlungen vgl. *Schiessl/Tschesche* BB 2003, 1867 ff.
285 *Hofmann* GrunderwerbsteuerG § 1 Rn. 114.

88 **Für Personengesellschaften** gilt nach dem Wortlaut des § 1 Abs. 3 S. 1 GrEStG die vorrangige Anwendung von § 1 Abs. 2a GrEStG vor der Besteuerung nach § 1 Abs. 3 GrEStG. Dabei ist zu beachten, dass eine Besteuerung nach § 1 Abs. 3 GrEStG auch dann ausgeschlossen ist, wenn gem. § 1 Abs. 2a S. 3 GrEStG eine Steuer nicht erhoben wurde. Greift § 1 Abs. 2a GrEStG aber nicht, weil die Fünfjahresfrist abgelaufen ist, tritt ggf. eine Steuerpflicht nach § 1 Abs. 3 GrEStG ein.[286]

89 Nach dem seit 1.1.2003 geltenden **§ 5 Abs. 3 GrEStG** entfällt eine Steuervergünstigung nach § 5 Abs. 1 und 2 GrEStG immer dann, wenn der Umwandlungsvorgang innerhalb von fünf Jahren nach Verwirklichung des Steuertatbestandes für den steuervergünstigten Ausgangsfall zu einer Anteilsreduzierung führt. Interessant ist hier v. a., dass in diesem Fall auch der Formwechsel Grunderwerbsteuer auslösen kann. Hat nämlich ein Gesellschafter einer Personengesellschaft auf diese ein Grundstück übertragen und wird innerhalb der Frist des § 5 Abs. 3 GrEStG die Gesellschaft in eine Kapitalgesellschaft umgewandelt, so bewirkt die Umwandlung, dass die gesamthänderische Beteiligung des Gesellschafters und damit auch die Vergünstigung im nachhinein entfällt.[287] Dies gilt entsprechend für die Anwendungsbereiche der **§§ 6 Abs. 3 und 4, 7 Abs. 3 GrEStG**. Für alle vorgenannten Vorschriften gilt, dass die Gesamtrechtsnachfolge nach UmwG nicht der Gesamtrechtsnachfolge auf den Tod einer natürlichen Person gleichzustellen ist, sondern im Sinne dieser Vorschriften als rechtsgeschäftlicher Vorgang anzusehen ist.[288]

90 Bei der Gestaltung von Umwandlungsvorgängen muss daher darauf geachtet werden, dass zur Vermeidung von Grunderwerbsteuer der übertragende Rechtsträger möglichst wenig Grundbesitz im Vermögen hat. Damit wenig Grundbesitz „bewegt" wird, kann die Kombination verschiedener Umwandlungsarten sinnvoll sein, z. B. statt einer Aufspaltung Kombination einer Verschmelzung (up-stream-merger) mit einer Abspaltung. Bei Gestaltungsüberlegungen muss genau ermittelt werden, in welchen Gesellschaften Grundbesitz gehalten wird, wann und wie er erworben wurde und wie sich der Gesellschafterbestand an den grundbesitzenden Gesellschaften innerhalb der letzten fünf Jahre mittelbar oder unmittelbar verändert hat. Eine Gestaltungsvariante kann sein, bei übertragenden Umwandlungen den gesamten Grundbesitz **vor** dem Umwandlungsvorgang auf eine Personengesellschaft (vorzugsweise eine GbR) zu übertragen.[289] An dieser Personengesellschaft sollte die übertragende Rechtsträgerin mit einer hohen Quote und die Gesellschafter des übertragenden Rechtsträgers beteiligt sind. Sowohl bei der Festlegung der Anteile wie auch bei der Entscheidung, ob eine solche Lösung im Einzelfall (auf Dauer) sinnvoll ist, sind die Gefahren einer nachträglichen Grunderwerbsteuerpflicht der §§ 1 Abs. 2a, Abs. 3, 5 und 6 GrEStG zu beachten.[290]

91 Das Wachstumsbeschleunigungsgesetz unternimmt den Versuch, durch die Einführung des § 6a GrEStG **konzerninterne Umwandlungsvorgänge** nun auch grunderwerbsteuerlich zu erleichtern. Der Regelungsbereich ist allerdings sehr eng, so dass die

---

286 Vgl. ausführlich: Gleichlautender Erlass betr. Anwendung des § 1 Abs. 2a GrEStG vom 25.2.2010, BStBl. I, 245 (Oberste Finanzbehörden der Länder).
287 *Pahlke/Franz* § 5 Rn. 28; s. a. *FG Nürnberg* von 9.11.2006 – IV 428/2004.
288 U. a. *BFH* BStBl. II 1997, 296 (298, 299).
289 So *Widmann/Mayer* Anh. 12 Rn. 43 m. w. N.
290 Vgl. zu dieser Gestaltungsüberlegung und deren langfristigen Auswirkungen ausführlich *Widmann/Mayer* Anh. 12 Rn. 44 ff.

Vorschrift in der Praxis bislang nur selten zur Anwendung gelangt.[291] Mit koordinierten Ländererlassen vom 1.12.2010 haben die Finanzbehörden nun zu der Neuregelung Stellung genommen und einige offene Fragen geklärt. Jedoch werden längst nicht alle Zweifelsfragen beseitigt, so dass aufgrund der verbliebenen Rechtsunsicherheit auch künftig nur eingeschränkt von der Befreiungsregelung Gebrauch gemacht werden wird.

Technisch handelt es sich bei § 6a GrEStG um eine Befreiungsregelung, die nur eingreift, wenn die folgenden Voraussetzungen vorliegen: **92**

- es liegt eine Umwandlung nach § 1 Abs. 1 Nr. 1–3 UmwG vor, die zu einem steuerbaren Vorgang nach § 1 Abs. 1 Nr. 3, Abs. 2a oder 3 GrEStG führt;
- an der Umwandlung sind ein herrschendes Unternehmen und ein oder mehrere von einem herrschenden Unternehmen abhängige Gesellschaften (insbesondere Upstream- und Downstream-Merger unter Beteiligung des herrschenden Unternehmens) oder ausschließlich mehrere von einem herrschenden Unternehmen abhängige Gesellschaften (insbesondere Sidestep-Merger, aber auch Upstream- und Downstream-Merger im Teilkonzern) beteiligt;
- die Beteiligung von mindestens 95 % an der abhängigen Gesellschaft muss in den fünf Jahren vor der Umwandlung ununterbrochen bestanden haben und in den fünf Jahren nach der Umwandlung ununterbrochen fortbestehen; die Vorbehaltensfrist gilt nicht, wenn der umzuwandelnde Rechtsträger durch eine Umwandlung zur Neugründung innerhalb des Konzerns entstanden ist.[292]

Insbesondere die Vor- und Nachbehaltensfrist wird dazu führen, dass wohl auch künftig nur eingeschränkt von der Befreiungsregelung Gebrauch gemacht werden wird. Praktische Anwendungsfälle wird es nur selten geben.

Teilweise wird auch ganz grundsätzlich in Frage gestellt, ob die Unterscheidung **93** der Grunderwerbsteuerpflicht danach, ob durch die Umwandlung zivilrechtlich ein Rechtsträgerwechsel stattfinde oder nicht, ausgewogen ist. Als Hauptargument wird angeführt, dass auch bei der Verschmelzung zur Aufnahme es wirtschaftlich zu keinem vollständigen Nutzerwechsel kommt, da das Vermögen des übertragenden Rechtsträgers vor und nach der Verschmelzung wirtschaftlich dessen Mitgliedern zugeordnet bleibt. Es treten ggf. nur die Mitglieder des aufnehmenden Rechtsträgers hinzu. Die Mitglieder des übertragenden Rechtsträgers werden mittelbar wirtschaftlich mehrmals mit Grunderwerbsteuer für dasselbe Grundstück belastet. Der BFH[293] hat hierzu jedoch sehr detailliert entschieden, dass die Besteuerung gem. § 1 Abs. 1 Nr. 3 S. 1 GrEStG nicht gegen den Gleichheitssatz (Art. 3 Abs. 1 GG) verstößt und somit **die grunderwerbsteuerliche Gleichbehandlung von Gütertransaktionen** durch die unterschiedliche Besteuerung von Verschmelzungs- und Formwechselvorgängen verfassungsrechtlich nicht verletzt ist.

---

291 Vgl. *Klass/Möller* BB 2011, 407 ff.

292 Tz. 4 der gleichlautenden Ländererlasse vom 1.12.2010 zur Anwendung von § 6a GrEtG, BStBl. I 2010, 1321.

293 *BFH* – II R 32/06 – vom 9.4.2008 DStRE 2008, 1152 = LSK 2008, 400258; Vorinstanz: *FG Hessen* vom 16.3.2006, EFG 2006, 1091.

12. Gesetz über den Wertpapierhandel

94 Das Gesetz über den Wertpapierhandel (WpHG) regelt für bestimmte Änderungen bei den Beteiligungsquoten/Stimmrechten an einer inländischen börsennotierten Gesellschaft Mitteilungspflichten gegenüber dem Emittenten und der Bundesanstalt für Finanzdienstleistungsaufsicht (BaFin). Die Verletzung dieser Meldepflicht durch Unterlassung oder durch eine unzureichende Mitteilung ist scharf sanktioniert. Gem. § 28 S. 1 WpHG kann dies zum (auch längerfristigen) Ruhen der Stimmrechte und unter Umständen zum Verlust der Dividendenrechte führen.

Auch durch Maßnahmen nach dem UmwG kann eine solche Mitteilungspflicht ausgelöst werden, da sich durch den Umwandlungsvorgang Änderungen in der Beteiligungsstruktur ergeben können.[294]

III. Wirkung von Fehlern im Umwandlungsverfahren

95 Bei möglichen Fehlern im Umwandlungsverfahren muss unterschieden werden zwischen Fehlern, welche geheilt werden können, Fehlern, die durch den Bestandsschutz der Umwandlungseintragung keine (volle) Wirkung mehr entfalten können, und Fehlern, die trotz Eintragung des Umwandlungsvorgangs auf diesen durchschlagen.[295] Die Heilungswirkung erfasst jedoch nur die Wirkungen der Gesamtrechtsnachfolge, andere Rechtsfolgen (z.B. das Ausscheiden eines Gesellschafters uno acto) sind nicht erfasst.[296] Die nachfolgende Tabelle soll über die wichtigsten diesbezüglichen Regelungen des Umwandlungsrechts eine Übersicht bieten:

Verfahrensschritt, der mit Mangel behaftet ist	Art des Mangels	Rechtsfolge des Mangels	a) Rechtsmittel b) Heilungsmöglichkeit/ Bestandsschutz
Verschmelzungs- vertrag	Formfehler; auch Nichtbeurkundung von Nebenabreden und Nachträgen.	Nichtigkeit gem. § 125 BGB	a) Nichtigkeitsklage oder Klage gegen die Wirksamkeit des Verschmelzungsbeschlusses gem. §§ 14 UmwG unter Wahrung der Monatsfrist. b) Heilung nach § 20 Abs. 1 Nr. 4 UmwG durch Eintragung,[297] bei außerhalb der Urkunde getroffenen Abreden jedoch nur, soweit diese den Anteilsinhabern zur Entscheidung vorgelegen haben.[298]

---

294 Eine gute Übersicht zu dieser Thematik findet sich in *Klein/Theusinger* NZG 2009, 250 ff.

295 Da § 20 Abs. 2 UmwG eine umfassende Heilungswirkung der Eintragung normiert, zeichnet sich unter Berücksichtigung des Nichtannahme-Beschlusses des *BVerfG* vom 13.10.2004, DB 2005, 1373 f. ab, dass Ausnahmen von der Heilungswirkung nicht auf eine zu umfassende und damit verfassungswidrige Heilungswirkung des § 20 Abs. 2 UmwG gestützt werden können.

296 Vgl. *Widmann/Mayer* § 20 Rn. 395 m.w.N., *Lutter* § 39 Rn. 19.

297 Dabei gelten dieselben Grundsätze wie etwa bei § 311b Abs. 1 S. 2 BGB oder § 15 Abs. 4 S. 2 GmbHG; vgl. *Lutter* § 5 Rn. 111.

298 Vgl. *Widmann/Mayer* § 20 Rn. 369.

Verfahrensschritt, der mit Mangel behaftet ist	Art des Mangels	Rechtsfolge des Mangels	a) Rechtsmittel b) Heilungsmöglichkeit/ Bestandsschutz
	Abschlussmängel	Anfechtbarkeit der Willenserklärungen	a) Anfechtung nach den §§ 119 f., 123 BGB innerhalb der Fristen der §§ 121, 124 BGB (nicht §§ 241 ff. AktG) b) Sehr str. ist der Umfang des Bestandsschutzes nach § 20 Abs. 2 UmwG durch Eintragung in Bezug auf Anfechtbarkeit.[299]
	Inhaltsmängel, insbesondere Fehlen notwendiger Angaben.	Fehlen der Angaben nach § 5 Abs. 1 Nr. 1–3 UmwG bewirkt Nichtigkeit des Vertrages wegen Fehlen von essentialia des Vertrages und somit der Nichtigkeit der Verschmelzung insgesamt.	a) Nichtigkeitsklage nach allg. Grundsätzen; sehr str., vgl hierzu auch 3. Kap. Rn. 14. b) **keine** Heilungswirkung nach § 20 Abs. 2 UmwG durch Eintragung (sehr str.).[300]
		Fehlen der Angaben nach § 5 Abs. 1 Nr. 9 UmwG bewirkt lediglich Vollzugshindernis, da das Registergericht im öffentl. Interesse die Vollständigkeit zu kontrollieren hat.	a) keine Anfechtungsmöglichkeit für Anteilsinhaber (str.[301]) und Arbeitnehmervertretungen (h.M.[302]). b) Bestandsschutz nach § 20 Abs. 2 UmwG durch Eintragung.

---

299 *Lutter* § 5 Rn. 112, vertritt die Auffassung, dass nach Eintragung der Verschmelzung im Register die Anfechtung gegenüber dem übernehmenden Rechtsträger weiter möglich bleibt, der übertragende Rechtsträger kann aber wegen seines Untergangs nicht mehr anfechten; bei Anfechtung durch den übernehmenden Rechtsträger ist wegen des Untergangs des übertragenden Rechtsträgers diesem ein besonderer Vertreter analog § 26 Abs. 1 UmwG als Empfänger der Anfechtungserklärung zu bestellen; s.a. *Widmann/Mayer* § 4 Rn. 72; **a.A.** *Dehmer* § 20 UmwG Rn. 99 ff., der die Auffassung vertritt, dass nach Eintragung der Verschmelzung wegen § 20 Abs. 2 UmwG eine Anfechtung des Verschmelzungsvertrages und eine Berufung auf dessen Nichtigkeit generell ausscheidet.

300 So *Lutter* § 5 Rn. 114 m.w.N.; **a.A.** *Widmann/Mayer* § 4 Rn. 70, der auch bei Nichtigkeit des Vertrages wegen fehlender essentialia die Heilungswirkung des § 20 Abs. 2 UmwG bejaht; s.a. *OLG Frankfurt* ZIP 2003, 1607; *BayObLG* MittBayNot 2000, 121 f. mit Anmerkung *Mayer*; grundsätzlich scheidet nach *BGH* vom 29.6.2001, ZIP 2001, 2006 ff. eine Anwendung von § 20 Abs. 2 UmwG aus, wenn der Mangel der Umwandlung so gravierend ist, dass diese nichtig ist.

301 Ein Anfechtungsrecht der Anteilsinhaber verneint *Lutter* § 5 Rn. 114 zu § 5 Abs. 1 Nr. 9; nicht explizit zum Anfechtungsrecht der Anteilsinhaber; HK-UmwG/*Maulbetsch* § 5 Rn. 150, *Widmann/ Mayer* § 5 Rn. 203 m.w.N., **a.A.** *Engelmeyer* DB 1996, 2542, 2544, *Drygala* ZIP 1996, 1365, 1367 f.

302 *Lutter* § 5 Rn. 114; HK-UmwG/*Maulbetsch* § 5 Rn. 150, *Widmann/Mayer* § 5 Rn. 203 m.w.N., *OLG Naumburg* DB 1997, 466.

Verfahrensschritt, der mit Mangel behaftet ist	Art des Mangels	Rechtsfolge des Mangels	a) Rechtsmittel b) Heilungsmöglichkeit/ Bestandsschutz
		Fehlen übriger Angaben nach § 5 UmwG bewirkt nur Anfechtbarkeit der Zustimmungsbeschlüsse.[303]	a) Klage gegen die Wirksamkeit des Zustimmungsbeschlusses gem. § 14 UmwG unter Wahrung der Monatsfrist. b) Bestandsschutz nach § 20 Abs. 2 UmwG durch Eintragung.
Verschmelzungsbeschluss, Spaltungsbeschluss, Formwechselbeschluss (Umwandlungsbeschluss)	Formelle Mängel	Anfechtbarkeit oder Nichtigkeit vgl. Fn 318	a) Klage gegen die Wirksamkeit des Beschlusses gem. §§ 14 bzw. 195 UmwG unter Wahrung der Monatsfrist.[304] b) Heilung nach § 20 Abs. 1 Nr. 4, § 131 Abs. 1 Nr. 4 oder § 202 Abs. 1 Nr. 3 UmwG durch Eintragung
	Stimmabgabemängel	Anfechtbarkeit	a) Anfechtung der Stimmabgabe gem. §§ 119 f., 123 BGB innerhalb der Fristen der §§ 121, 124 BGB zugleich aber auch unter Beachtung der Frist der §§ 14 Abs. 1, 195 Abs. 1 UmwG (str.[305]); wäre ohne die angefochtene Stimme nicht die erforderliche Mehrheit erreicht worden, kommt auch der Verschmelzungsvertrag zu Fall.[306] b) Bestandsschutz nach §§ 20 Abs. 2, 131 Abs. 2 oder 202 Abs. 3 UmwG durch Eintragung.

---

303 *Lutter* § 5 Rn. 114, *Widmann/Mayer* § 4 Rn. 74; bei Personengesellschaften und Vereinen wird teilweise vertreten, dass die fehlerhaften Beschlüsse immer nichtig sind, so *BGH* BGHZ 59, 369, 372, *BGH* NJW 1988, 411; dann muss jedoch die diesbezügliche Feststellungsklage gem. § 256 ZPO ebenfalls gem. § 14 UmwG fristgerecht erhoben werden.

304 Zu beachten sind die durch UMAG vom 22.9.2005 eingetretenen Änderungen im Anfechtungsrecht der AG und KGaA; vgl. hierzu *Widmann/Mayer* § 8 Rn. 69.1.

305 Für die Anwendbarkeit des § 14 UmwG für alle Arten der Klagen, mit denen die Rechtswidrigkeit der Beschlüsse oder des Vertrages gerügt wird, HK-UmwG/*Maulbetsch* § 14 Rn. 1, *Lutter* § 14 Rn. 5, differenzierend *Widmann/Mayer* § 14 Rn. 18; gem. *OLG Stuttgart* ZIP 2004, 1145 ff. kann auch nach erfolgter Eintragung im Handelsregister ein Rechtsschutzbedürfnis für eine Anfechtungs- oder Nichtigkeitsklage bestehen. So hat auch das *KG* mit Urteil vom 17.9.2009, GWR 2010, 34 ff. = BeckRS 2009, 88979 einen Ausgliederungsbeschluss wegen treuwidriger Ausübung der Mehrheitsmacht eines Mehrheitsaktionärs für anfechtbar erklärt.

306 *Lutter* § 5 Rn. 112.

Verfahrensschritt, der mit Mangel behaftet ist	Art des Mangels	Rechtsfolge des Mangels	a) Rechtsmittel b) Heilungsmöglichkeit/ Bestandsschutz
	Materieller Beschlussmangel; hierzu gehört auch, wenn dem Zustimmungsbeschluss kein ordnungsgemäßer Verschmelzungsvertrag, Spaltungsvertrag zugrunde lag;[307] jedoch gesetzlich ausgeschlossen gem. §§ 14 Abs. 2, 195 Abs. 2 UmwG ist die Anfechtung des Beschlusses des übertragenden	Anfechtbarkeit	e) Klage gegen die Wirksamkeit des Beschlusses gem. §§ 14 bzw. 195 UmwG unter Wahrung der Monatsfrist. f) Bestandsschutz nach §§ 20 Abs. 2, 131 Abs. 2 oder 202 Abs. 3 UmwG durch Eintragung.
	Rechtsträgers durch dessen Anteilsinhaber wegen Unangemessenheit des Umtauschverhältnisses oder der Gegenleistung, vgl. hierzu das Spruchverfahren Rn. 96.[308]		
	Verstoß gegen das Kapitalerhöhungsverbot des § 54 Abs. 1 S. 1 Nr. 1 UmwG.	Nichtigkeit entsprechend § 241 Nr. 3 AktG.[309]	a) Klage gegen die Wirksamkeit des Zustimmungsbeschlusses gem. § 14 UmwG unter Wahrung der Monatsfrist.

---

307 *Lutter* § 5 Rn. 115 unter Verweis auf *BGH* BGHZ 82, 188 zu § 361 AktG a.F.

308 Ist die Verschmelzung mit einem Squeeze-out gem. § 62 Abs. 5 UmwG verbunden, bleiben die Rechtsbehelfe von Minderheitsaktionären unberührt; eine Anfechtungsklage gegen den Squeeze-out-Beschluss löst eine Registersperre aus, die von der Gesellschaft mit einem Freigabeverfahren gem. § 62 Abs. 5 UmwG, §§ 327e Abs. 2, 319 Abs. 5 und 6 AktG überwunden werden kann; über den Verweis in § 62 Abs. 5 UmwG auf die §§ 327a ff. AktG finden die Bestandschutzregelungen des AktG Anwendung, so dass eine Rückgängigmachung des Squeeze-out wie auch der Verschmelzung nach Vollzug ausgeschlossen ist; zu Einzelheiten vgl. *Kiefner/Brügel* AG 2011, 525 ff.

309 *Widmann/Mayer* § 54 Rn. 72 f., *Lutter* § 54 Rn. 43, aber ohne Erwähnung des § 241 Nr. 3 AktG.

Verfahrensschritt, der mit Mangel behaftet ist	Art des Mangels	Rechtsfolge des Mangels	a) Rechtsmittel b) Heilungsmöglichkeit/ Bestandsschutz
			b) Bestandsschutz nach § 20 Abs. 2 UmwG durch Eintragung. Die übernehmende Gesellschaft erwirbt eigene Anteile aus der Kapitalerhöhung (str.[310]), für welche jedoch wohl entspr. § 71c AktG eine unverzügl. Veräußerungspflicht besteht.
	Verstoß gegen das Kapitalerhöhungs-verbot des § 54 Abs. 1 S. 1 Nr. 2 und 3 UmwG.	Anfechtbarkeit des Verschmelzungsbe-schlusses.	Wie vorstehend
	Verstoß gegen die Stückelungs- und Teilungsvorschrif-ten des § 54 Abs. 3 UmwG und gegen § 54 Abs. 4 UmwG (bare Zuzahlung).	Entsprechende Bestimmung des Verschmelzungs-vertrages ist nich-tig; Anfechtbarkeit des hierauf bezoge-nen Verschmel-zungsbeschlusses.	a) Klage gegen die Wirksam-keit des Zustimmungsbe-schlusses gem. § 14 UmwG unter Wahrung der Monatsfrist. b) Bestandsschutz nach § 20 Abs. 2 UmwG durch Ein-tragung; bei den baren Zuzahlungen ist jedoch davon auszugehen, dass diese nicht an die Gesell-schafter geleistet werden dürfen, ansonsten ist von einer verdeckten Gewinn-ausschüttung an die betrof-fenen Gesellschafter auszu-gehen.[311]
	Verstoß gegen die gem. § 35 UmwG erforderliche Bezeichnung unbe-kannter Aktionäre.	Entsprechende Bestimmung des Verschmelzungs-vertrages/Umwand-lungsbeschlusses ist nichtig; Anfecht-barkeit des hierauf bezogenen Beschlusses.	a) Klage gegen die Wirksam-keit des Beschlusses gem. §§ 14 bzw. 195 UmwG unter Wahrung der Monatsfrist. b) Bestandsschutz nach §§ 20 Abs. 2, 131 Abs. 2 oder 202 Abs. 3 UmwG durch Ein-tragung.

---

310 Bejahend *Widmann/Mayer* a.a.O.; im Ergebnis bejahend, aber mit Zweifeln am Ergebnis *Lutter* § 54 Rn. 43.
311 *Widmann/Mayer* § 54 Rn. 77; *Lutter* ist in § 54 Rn. 4 der Auffassung, dass in diesem Fall jeder Anteilsinhaber des übertragenden Rechtsträgers gem. § 56 UmwG, § 9 GmbHG die seiner Beteili-gung am übertragenden Rechtsträger entsprechende quotale Differenz zwischen dem Nominalbe-trag der gewährten Anteile zzgl. der baren Zuzahlung einerseits und dem Wert des Vermögens des übertragenden Rechtsträgers andererseits schuldet.

Verfahrensschritt, der mit Mangel behaftet ist	Art des Mangels	Rechtsfolge des Mangels	a) Rechtsmittel b) Heilungsmöglichkeit/ Bestandsschutz
Zustimmungserfordernis gem. § 128 UmwG	Fehlen/nicht wirksame Abgabe von Zustimmungserklärungen einzelner Anteilsinhaber.	Der Spaltungsbeschluss und der Spaltungsvertrag/ Spaltungsplan sind schwebend unwirksam.	a) Klage gegen die Wirksamkeit des Zustimmungsbeschlusses gem. § 14 UmwG unter Wahrung der Monatsfrist.[312]
			b) Heilung nach § 131 Abs. 1 Nr. 4 UmwG bei Formmängeln, Bestandsschutz nach § 131 Abs. 2 UmwG bei sonstigen Mängeln durch Eintragung.
Spaltungsbericht	Fehlerhafter Spaltungsbericht, z.B. durch verfehlte Zusammenfassung nach § 127 Abs. 1 2. HS UmwG.	Führt bei Kapitalgesellschaften i.d.R. zur Anfechtbarkeit des Spaltungsbeschlusses, vorausgesetzt der Beschluss beruht (auch) auf dem Berichtsmangel; bei Personenhandelsgesellschaften ist die Nichtigkeit des Spaltungsbeschlusses gegeben, welche jedoch nach Fristablauf des § 14 UmwG nicht mehr geltend gemacht werden kann.	a) Klage gegen die Wirksamkeit des Zustimmungsbeschlusses gem. § 14 UmwG unter Wahrung der Monatsfrist. b) Bestandsschutz nach § 131 Abs. 2 UmwG durch Eintragung.
Bezeichnung/Übertragung des Spaltungsgegenstandes	Verstoß gegen § 132 UmwG; Nichtbeachtung von Übertragungshindernissen bzw. Übertragungsbeschränkungen. **Zu beachten**: § 132 UmwG gilt seit dem 25. April 2007 nicht mehr!	Hat auf die Wirksamkeit des Spaltungsvertrages/ Spaltungsplans keine Auswirkungen; führt zu einer Einschränkung des Vermögensübergangs im Wege der partiellen Gesamtrechtsnachfolge, vgl. 4. Kap. Rn. 26.	a) – b) keine Heilungsmöglichkeit

---

312 **A.A.** *Widmann/Mayer* § 128 Rn. 26, der wegen der fehlenden Wirksamkeit des Spaltungsvertrags/ Spaltungsplans die Monatsfrist für nicht relevant erachtet; wie hier *Kallmeyer* § 14 Rn. 1, 6, *Lutter* § 14 Rn. 1, 4, *Schmitt/Hörtnagl/Stratz* § 14 Rn. 1, 3 f.

Verfahrensschritt, der mit Mangel behaftet ist	Art des Mangels	Rechtsfolge des Mangels	a) Rechtsmittel b) Heilungsmöglichkeit/ Bestandsschutz
Ausgliederung (Eintragung)	Eintragung der Ausgliederung aus dem Unternehmen des Einzelkaufmanns, trotz Überschuldung, entgegen § 152 S. 2 UmwG.	Bei Ausgliederung zur Neugründung evtl. Insolvenzgrund für neue Gesellschaft gegeben, § 19 Abs. 2 InsO.	a) Nichtigkeitsklage wegen Verstoß gegen § 160 Abs. 2 UmwG ist nicht möglich.[313] b) Wirksamkeit der Ausgliederung gem. § 131 Abs. 2 UmwG.
Formwechsel, Unterrichtung der Gesellschafter gem. § 216 UmwG	Die Gesellschafter sind nicht rechtzeitig oder nicht vollständig gem. § 216 UmwG unterrichtet worden.	Der Beschluss ist unwirksam.[314]	a) Nichtigkeitsklage nach allg. Grundsätzen. b) Bestandsschutz gem. § 202 Abs. 3 UmwG.[315]
Formwechsel (Eintragung)	Eintragung eines Formwechsels in analoger Anwendung der Vorschriften des UmwG für einen nicht formwechselfähigen Rechtsträger unter Verstoß gegen das Analogieverbot des § 1 Abs. 2 UmwG;	Rückabwicklung/ Löschung unter Berücksichtigung der allg. gesellschaftsrechtl. Grundsätze für Rückabwicklungen von Gesellschaftsgründungen.[316]	Kein Bestandsschutz gem. § 202 Abs. 3 UmwG.[317]
Formwechsel (Eintragung)	Eintragung einer gegen den Identitätsgrundsatz verstoßenden formwechselnden Umwandlung (soweit diese überhaupt unzulässig ist, vgl. hierzu 5. Kap. Rn. 4).	Beitritt oder Ausscheiden des betr. Gesellschafters unwirksam.	Bestandsschutz nach § 202 Abs. 3 UmwG.

96 Ein besonderes Verfahren der Freiwilligen Gerichtsbarkeit ist in dem Gesetz über das gesellschaftsrechtliche Spruchverfahren (SpruchG) geregelt. Das Spruchverfahrensgesetz hat für Verfahren, in denen ein Antrag auf gerichtliche Entscheidung seit dem 1.9.2003 gestellt worden ist, die früheren Regelungen in § 306 AktG und §§ 305 ff. UmwG abgelöst. Das Verfahren betrifft u.a. die Umwandlungsvorgänge, in welchen es zu einem Tausch der Anteile oder zu einem Wechsel der Mitglied-

---

313 *Widmann/Mayer* § 160 Rn. 16.
314 *Sagasser* (3. Aufl.) R 87; *Kallmeyer* § 216 Rn. 10.
315 Str. *Lutter* § 216 Rn. 10, *Semler/Stengel* § 216 Rn. 30; **a.A.** *Kallmeyer* a.a.O.
316 *Lutter* § 202 Rn. 58 i.V.m. § 190 Rn. 11, jedoch mit dem Hinweis, dass bei grenzüberschreitendem Formwechsel eine analoge Anwendung geboten sein kann und damit auch § 202 Abs. 3 greift.
317 Str. *Lutter* § 202 Rn. 57, *Semler/Stengel* § 202 Rn. 37; **a.A.** *Widmann/Mayer* § 20 Rn. 393.

schaft kommen kann. Im Einzelnen können die Anteilsinhaber im **Spruchverfahren** folgende Mängel im Umwandlungsvorgang geltend machen:[318]

- das Umtauschverhältnis bei Verschmelzungen gem. § 15 UmwG sowie Auf- und Abspaltungen gem. §§ 125, 15 UmwG ist zu niedrig bemessen;
- die anzubietende Barabfindung bei einer Verschmelzung, Auf- oder Abspaltung gem. §§ 29, 125 UmwG sei zu niedrig bemessen oder nicht oder nicht ordnungsgemäß gem. §§ 24, 125 UmwG angeboten worden;
- die Gegenleistung im Falle einer Vermögensübertragung sei nicht oder zu niedrig gem. §§ 176–181, 184, 186 UmwG festgesetzt worden;
- die anzubietende Barabfindung im Falle einer Vermögensübertragung sei zu niedrig bemessen oder die Barabfindung nicht oder nicht ordnungsgemäß gem. §§ 176–181, 184, 186 UmwG angeboten worden;
- bei einem Formwechsel sei der neue Anteil zu niedrig bemessen oder die Mitgliedschaft stelle keinen ausreichenden Gegenwert für die Anteile oder die Mitgliedschaft bei dem formwechselnden Rechtsträger gem. § 196 UmwG dar;[319]
- die anzubietende Barabfindung im Falle des Formwechsels sei zu niedrig bemessen oder die Barabfindung sei nicht oder nicht ordnungsgemäß gem. § 212 UmwG angeboten worden.[320]

Das Spruchverfahren (1. Instanz = Landgericht, Beschwerdeinstanz = Oberlandesgericht) ist der ausschließliche Rechtsbehelf zur Überprüfung der Angemessenheit des Gegenwerts für die Beteiligung und der Barabfindung. Gem. den §§ 14 Abs. 2, 32, 176–181, 184, 186, 195 Abs. 2, 210 122h Abs. 1 UmwG ist im Anwendungsbereich des *Spruchverfahrens* ausgeschlossen, dass eine Klage gegen die Wirksamkeit des der Umwandlungsmaßnahme zugrunde liegenden Beschlusses auf den Gegenstand des Spruchverfahrens gestützt wird.[321]

Bei **grenzüberschreitenden Verschmelzungen** gem. den §§ 122a ff. UmwG findet das **97** Spruchverfahren nur Anwendung in folgenden Fällen:

- In Bezug auf die Kontrolle und Änderung des Umtauschverhältnisses
  - für die **Anteilsinhaber eines inländischen übertragenden Rechtsträgers**, wenn die Rechtsordnung des EU/EWR-Staates der anderen an der Verschmelzung beteiligten Gesellschaften ein solches Verfahren nicht kennt **und** die Anteilsinhaber dieser Gesellschaften der Anwendung der §§ 14 Abs. 2 und 15 UmwG ausdrücklich zugestimmt haben, vgl. § 122h Abs. 1 UmwG;
  - für die **Anteilsinhaber eines inländischen übertragenden Rechtsträgers**, wenn die Rechtsordnung des EU/EWR-Staates der anderen an der Verschmelzung beteiligten Gesellschaften ein solches Verfahren kennt;

---

318 Vgl. Aufstellung in *Lutter* SpruchG Anh. I § 1 Rn. 5.
319 Sehr instruktiv zu der Unterscheidung der Geltendmachung einer baren Zuzahlung nach § 196 UmwG zu der Überprüfung eines unzureichenden Barabfindungsangebots nach § 207 UmwG, *OLG Stuttgart* vom 19.3.2008, NZG 2008, 670 = LSK 2008, 290646.
320 Zu beachten ist aber, dass das *LG München I* in seinem Urteil vom 24.9.2009, BeckRS 2009, 28053 = GWR 2009, 426 ausdrücklich klargestellt hat, dass für Aktionäre, die sich gegen eine mangelhafte Information im Vorfeld zur Hauptversammlung wenden, auch wenn sich diese auf die Höhe des zu zahlenden Barabfindungsangebots bezieht, nicht auf das Spruchverfahren verwiesen werden müssen, sondern allgemein über eine Anfechtungsklage gegen den Umwandlungsbeschluss vorgehen können.
321 Vgl. hierzu auch *OLG Schleswig* vom 2.4.2009 – 5 U 15/08 – BeckRS 2009, 25571 und *BGH* vom 18.12.2000 *BGHZ* 146,179 = DNotZ 2001, 877 = NJW 2001, 1425.

- für die **Anteilsinhaber eines ausländischen übertragenden Rechtsträgers**, wenn die Rechtsordnung des EU/EWR-Staates dieser beteiligten Gesellschaften ein solches Verfahren kennt **und** die Zuständigkeit der deutschen Gerichte international gegeben ist; vgl. § 122h Abs. 2 UmwG.
- In Bezug auf die Kontrolle und Änderung der Barabfindung für einen ausscheidenden Gesellschafter
  - für die **Anteilsinhaber eines inländischen übertragenden Rechtsträgers**, wenn die Rechtsordnung des EU/EWR-Staates der anderen an der Verschmelzung beteiligten Gesellschaften ein Verfahren zur Abfindung von Minderheitsgesellschaftern nicht kennt **und** die Anteilsinhaber dieser Gesellschaften der Anwendung der §§ 32 und 34 UmwG ausdrücklich zugestimmt haben, vgl. § 122i Abs. 2 S. 1 UmwG;
  - für die **Anteilsinhaber eines inländischen übertragenden Rechtsträgers**, wenn die Rechtsordnung des EU/EWR-Staates der anderen an der Verschmelzung beteiligten Gesellschaften ein Verfahren zur Abfindung von Minderheitsgesellschaftern kennt;
  - für die **Anteilsinhaber eines ausländischen übertragenden Rechtsträgers**, wenn die Rechtsordnung des EU/EWR-Staates dieser beteiligten Gesellschaften ein Verfahren zur Abfindung von Minderheitsgesellschaftern kennt **und** die Zuständigkeit der deutschen Gerichte international gegeben ist; vgl. § 122i Abs. 2 S. 2 UmwG.

Soweit das Spruchverfahren keine Anwendung findet, können die Anteilsinhaber nur wegen des zu niedrigen Umtauschverhältnisses oder des zu niedrigen Barabfindungsangebots den Verschmelzungsbeschluss anfechten, was zur Registersperre führt, vgl. hierzu nachfolgend 3. Kap. Rn. 46.

3. Kapitel
Verschmelzung

I. Die Verschmelzung – ein Überblick

Bei der Verschmelzung ist, wie bereits dargestellt, zwischen der **Verschmelzung zur Auf-** **1** **nahme** (§ 2 Nr. 1 UmwG) und der **Verschmelzung zur Neugründung** (§ 2 Nr. 2 UmwG) zu unterscheiden. In der Praxis ergibt sich darüber hinaus die Unterscheidung zwischen **konzerninternen Verschmelzungen** und **Verschmelzungen mit unterschiedlichem Gesellschafterkreis**. Kennzeichen der Verschmelzung ist die Gesamtrechtsnachfolge des übernehmenden Rechtsträgers in die Rechtsposition des übertragenden Rechtsträgers unter Auflösung des übertragenden Rechtsträgers ohne Liquidation, die Anteilsgewähr als Gegenleistung und die Möglichkeit der grundsätzlichen Durchsetzbarkeit aufgrund eines Mehrheitsbeschlusses[1] (zu beachten sind die im UmwG abweichend geregelten Einstimmigkeitserfordernisse bei Personengesellschaften gem. § 43 UmwG und in § 51 UmwG, vgl. hierzu auch die Übersicht unten Rn. 34). Die Verschmelzung zur Aufnahme ist der gesetzlich geregelte Grundfall auf dem dann die Regelungen zur Verschmelzung zur Neugründung aufbauen. Aus verschiedenen Gründen entspricht das auch den Fallgestaltungen in der Praxis, da die Verschmelzung zur Neugründung zusätzliche Probleme beinhaltet, so beispielhaft

- durch die Neugründung müssen zusätzlich zu den Vorschriften des Umwandlungsrechts in vollem Umfang die rechtsformspezifischen Gründungsvorschriften beachtet werden, wobei die übertragenden Rechtsträger als Gründungsgesellschafter anzusehen sind (§ 36 Abs. 2 S. 2 UmwG). Vorteil ist jedoch, dass die Satzung, der Gesellschaftsvertrag in vollem Umfang neu gestaltet werden kann;
- durch die Neugründung muss zwar keine zusätzliche Kapitalerhöhungsmaßnahme durchgeführt werden, was zusätzlichen Aufwand sparen kann, es sind jedoch die nachfolgenden möglichen steuerlichen und kostenrechtlichen Mehrbelastungen zu beachten;
- der Vorteil der Neugründung, dass eine Klage gegen das Umtauschverhältnis das Verfahren an sich nicht berührt, wird häufig dadurch kompensiert, dass die Neugründung zu erheblichen steuerlichen und kostenrechtlichen Mehrbelastungen führen kann, so insbesondere im Grunderwerbsteuerrecht[2] und im Notargebührenrecht.[3]

Bei den konzerninternen Verschmelzungen zur Aufnahme sind die **Kapitalerhöhungsver-** **2** **bote und -gebote** der §§ 54 und 68 UmwG für Kapitalgesellschaften zu beachten. Dem Gesetz eindeutig zu entnehmen ist, dass bei einer Verschmelzung der Tochter- auf die Muttergesellschaft (up-stream-merger) das UmwG eine Kapitalerhöhung bei der Muttergesellschaft verbietet (§ 54 Abs. 1 S. 1 Nr. 1 und 68 Abs. 1 S. 1 Nr. 1 UmwG). Wird dagegen die Mutter- auf die Tochtergesellschaft verschmolzen (down-stream-merger), ist eine Kapitalerhöhung zwar nicht erforderlich, aber zulässig, soweit die Einlage/der Ausgabebe-

---

1 Vorausgesetzt die Minderheitsgesellschafter überschreiten nicht 25 % des stimmberechtigten Kapitals und den Minderheitsgesellschaftern stehen auch sonst keine Sonderrechte zu, die eine gesonderte Zustimmung erfordern; vgl. *Sagasser* § 8 Rn. 26 m.w.N.
2 Vgl. 2. Kap. Rn. 90 und 7. Kap. Rn. 7.
3 Vgl. vorstehend 2. Kap. Rn. 57 ff.

trag bereits vollständig geleistet ist (§ 54 Abs. 1 S. 2 Nr. 2 und § 68 Abs. 1 S. 2 Nr. 2 UmwG). Sind die Einlagen/die Ausgabebeträge noch nicht vollständig geleistet, greift wiederum das Kapitalerhöhungsverbot des § 54 Abs. 1 S. 1 Nr. 3 bzw. § 68 Abs. 1 S. 1 Nr. 3 UmwG. Heftig umstritten war früher die Kapitalerhöhungspflicht bei Schwestergesellschaften (sidestep-merger). Der Gesetzgeber hat nunmehr bei Verschmelzungen unter Beteiligung einer GmbH bzw. AG oder KGaA als aufnehmendem Rechtsträger in den §§ 54 Abs. 1 S. 3 bzw. 68 Abs. 1 S. 3 UmwG die Möglichkeit eröffnet, dass die **Anteilsinhaber des übertragenden Rechtsträgers** durch notariell beurkundete Erklärung **auf die Anteilsgewährung verzichten** können.[4] Haben alle Anteilsinhaber des übertragenden Rechtsträgers verzichtet, muss keine Anteilsgewährung erfolgen. Zu beachten ist, dass diese Verzichtsmöglichkeit nicht für **übernehmende Rechtsträger anderer Rechtsform** gilt, so insbesondere nicht für Personenhandelsgesellschaften. Bei diesen muss man nach der bisherigen Rechtsprechung[5] und der gesetzgeberischen Begründung davon ausgehen, dass die **übernehmende Schwestergesellschaft zur Durchführung der Verschmelzung ihr Kapital erhöhen muss**. Dies wurde in der Literatur bereits vor Änderung der §§ 54, 68 UmwG teilweise für alle Gesellschaftsformen abgelehnt, da der Gläubigerschutz als Argument der die Kapitalerhöhungspflicht befürwortenden Rechtsprechung nicht tragfähig sei, da dieser bereits durch Erhöhung um Minimalbeträge Rechnung getragen wird.[6] Teilweise wurde zur Steigerung des über § 22 UmwG hinausgehenden Gläubigerschutzes eine entsprechende Anwendung von § 225 Abs. 2 AktG erwogen.[7] Zu Recht wird m.E. jedoch im Gutachten des DNotI zur Anteilsgewährungspflicht bei Personengesellschaften[8] darauf hingewiesen, dass die Diskussion um die Anteilsgewährungspflicht aus dem Recht der Kapitalgesellschaften kommt und auch die Stellungnahme des Gesetzgebers zu § 54 UmwG somit zur Verschmelzung von Schwester-GmbHs erfolgte.[9] Die Kapitalerhöhungspflicht bei Verschmelzung von zwei Schwester-Personengesellschaften sollte daher weiter kritisch geprüft werden.[10] So ist auch zwischenzeitlich ganz überwiegende Meinung in der Literatur,[11] dass an der Anteilsgewährpflicht als umwandlungsrechtlichem Grundsatz nicht mehr festgehalten werden muss. Es ist jedoch abzuwarten, wie die Registergerichte an der

---

4 Die Einführung der Verzichtsmöglichkeit wird überwiegend begrüßt, vgl. nur *Winter* in Lutter, § 5 Rn. 54; kritisch dagegen bei Beteiligung von Minderheitsgesellschaftern am übernehmenden Rechtsträger *Widmann/Mayer* § 5 Rn. 44; *Mayer/Simon* DB 2007, 1235, 123, so auch *Weiler* NZG 2008, 527 ff., weil zu befürchten ist, dass infolge fehlender Registerkontrolle ein überschuldeter Vermögensträger verschmolzen wird; vgl zum Verzicht auf die Anteilsgewähr aus gesellschafts- und steuerrechtlicher Sicht auch *Heckschen/Gassen* GWR 2010, 101 ff.

5 *OLG Frankfurt/Main* ZIP 1998, 1191; *KG* DB 1998, 2511 = MittBayNot 1999, 306 ff., *OLG Hamm* NZG 2004, 1005; **a.A.** *LG München I* MittRhNotK 1998, 287 = NJW-RR 1999, 398 = GmbHR 1999, 35 = BB 1998, 2331 = WM 1999, 1683.

6 Vgl. *Lutter* § 54 Rn. 21; *Heckschen/Simon* § 3 Rn. 29 ff.; **a.A.** jedoch *Widmann/Mayer* § 5 Rn. 45.

7 *Lutter* § 54 Rn. 21, *Naraschewski* GmbHR 1998, 356, 360, ablehnend *Widmann/Mayer* § 5 Rn. 54, welcher allenfalls bei Verschmelzung zweier GmbHs die Verwendungsbindungen des § 58b GmbHG und bei Verschmelzung einer AG auf eine Kapitalgesellschaft § 225 Abs. 2 AktG möglicherweise für entsprechend anwendbar hält; bei diesen wäre jedoch nunmehr die Möglichkeit zum Verzicht auf die Anteilsgewährung gegeben.

8 *DNotI* Gutachten Band IV, S. 128 f.

9 BR-Drs. 75/94 zu § 54 UmwG.

10 Sehr interessante Denkansätze zur Verschmelzung von Schwestergesellschaften unter Beteiligung von GmbH und GmbH und Co. KG finden sich bei *Tillmann* GmbHR 2003, 740 ff.

11 Gute Übersicht zum Meinungsstand in *Heckschen* GWR 2010, 101 ff.

Anteilsgewährungspflicht bei Verschmelzung von Schwestergesellschaften festhalten,[12] soweit nicht eine Verzichtsmöglichkeit explizit vom Gesetz vorgesehen ist und diese ausgeübt wurde. Überdies kann eine Anteilsgewährung aus steuerlichen Erwägungen heraus notwendig sein, da bei der Verschmelzung einer Personengesellschaft auf eine Kapitalgesellschaft der Anwendungsbereich von §§ 20 ff. UmwStG nur eröffnet ist, wenn den Anteilsinhabern des übertragenden Rechtsträgers im Zuge der Verschmelzung Anteile gewährt werden.[13]

Auch im Falle der Beteiligung einer UG (haftungsbeschränkt) als übernehmendem Rechtsträger sind die zwingenden Vorgaben nach § 5a GmbHG zu beachten. War bisher noch streitig, ob die **UG (haftungsbeschränkt)** überhaupt an einer Verschmelzung als übernehmender Rechtsträger beteiligt sein kann, wenn hierzu ihr Stammkapital zu erhöhen ist, so ist diese Frage zwischenzeitlich (wenn auch nur mittelbar) durch den Bundesgerichtshof geklärt worden.[14] Zu beachten ist in diesen Fallkonstellationen also, dass das Stammkapital der UG (haftungsbeschränkt) im Zuge der Verschmelzung auf mindestens 25 000 EUR erhöht wird oder eine Kapitalerhöhung beispielsweise aufgrund eines Verbots oder eines Verzichts der Anteilsinhaber des übertragenden Rechtsträgers insgesamt unterbleibt.

Das Kapitalerhöhungsgebot bei Kapitalgesellschaften kann ein Problem der **Kapitalaufbringung** darstellen, wenn bei der Verschmelzung ein **Krisenunternehmen** auf ein „gesundes" Unternehmen verschmolzen wird. Bei Verschmelzungsvorhaben, bei denen Kapitalaufbringungsgrundsätze im Rahmen einer zwingend nach dem UmwG vorgeschriebenen Kapitalerhöhung zu beachten sind, bleibt nur der Ausweg, dass alle Anteilsinhaber des übertragenden Rechtsträgers auf die Anteilsgewährung verzichten (vgl. §§ 54 Abs. 1, 68 Abs. 1 UmwG[15]) oder die Überschuldung durch eine sanierende Kapitalherabsetzung mit anschließender Kapitalerhöhung (vgl. §§ 58a ff. GmbHG) oder durch die Zahlung eines verlorenen Zuschusses der Gesellschafter beseitigt wird. Das Problem kann auch dadurch gelöst werden, dass das Kapitalerhöhungsgebot umgangen wird, indem ein Umwandlungsansatz gewählt wird, bei welchem Kapitalerhöhungen verboten bzw. nicht erforderlich sind (§§ 54, 68 UmwG). So kann insbesondere bei Schwestergesellschaften die Beteiligungsstruktur durch vorausgeschaltete Abtretung in ein Mutter-Tochter-Verhältnis geändert werden, um anschließend ohne Kapitalerhöhung eine Mutter-Tochter-Verschmelzung durchzuführen.[16] Jedoch kann auch in

3

---

12 Die Entscheidung des LG München a.a.O. stellt eine Ausnahme dar; bei Schwestergesellschaften ergibt sich, soweit keine Verzichtsmöglichkeit auf die Anteilsgewährung gem. Gesetz besteht, somit lediglich die Erleichterung, dass nach wohl h.M. ein Austrittsrecht gem. § 29 UmwG nicht besteht, wenn die auslösende Verfügungsbeschränkung bei beiden Gesellschaften absolut identisch ausgestaltet ist, vgl. *Lutter* § 29 Rn. 7, *Kallmeyer* § 29 Rn. 10.

13 So nach Tz. E 20.10 des UmwSt-Erl, wobei es hiernach ausreicht, dass die Sacheinlage als Agio eingebracht wird, mit Verweis auf *BFH* Urteil vom 7.4.2010, I R 55/09, BStBl. II 2010, 1094.

14 *BGH* NJW 2011, 1881.

15 *Mayer/Weiler* DB 2007, 1238 f. weisen daher kritisch darauf hin, dass durch die Einführung der Verzichtsmöglichkeit für die Anteilsgewährpflicht eine Möglichkeit geschaffen wurde, die Registerkontrolle im Hinblick auf das übertragene Vermögen auszuschalten. Dadurch ist auch der Schutz etwaiger Minderheitsgesellschafter beim übernehmenden Rechtsträger erheblich gefährdet, wenn negatives Vermögen übertragen wird, da deren Verzichtserklärung nicht erforderlich ist.

16 Vgl. *Heckschen/Simon* H Rn. 93.

einer solchen Konstellation die Verschmelzung bereits wegen Verstoßes gegen das Gebot der Kapitalerhaltung beim übernehmenden Rechtsträger unzulässig sein.[17]

4 Die zeitliche Abwicklung einer Verschmelzung ist in der Regel überwiegend bestimmt durch den steuerlich angestrebten **Verschmelzungsstichtag**, der sich aus den Verhandlungen und Zielsetzungen der an der Verschmelzung beteiligten Rechtsträger ergibt. Dieser bestimmt über § 17 Abs. 2 S. 4 UmwG den Stichtag, zu welchem die Registeranmeldung mit allen für den Vollzug erforderlichen Unterlagen eingereicht sein muss[18] (= Stichtag der Bilanz längstens acht Monate vor Eingang der Anmeldung beim Registergericht). Aufgabe der Beteiligten, aller Berater und des Notars ist es somit, in der zur Verfügung stehenden Zeit alle erforderlichen Schritte zu vollziehen, die bis zur Einreichung der Unterlagen erforderlich sind. Dies sind bei inländischen Verschmelzungen

- die Erstellung und ggf. Prüfung der Schlussbilanz, § 17 Abs. 2 UmwG;[19]
- die Unternehmensbewertung (soweit erforderlich); sie dient u.a. der Festlegung des Umtauschverhältnisses für die Gesellschaftsbeteiligungen[20] sowie etwa erforderlicher Abfindungsangebote, § 5 Abs. 1 Nr. 3 UmwG;
- Festlegung der rechtlichen und wirtschaftlichen Eckdaten und ggf. auf dieser Grundlage Information des Betriebsrates und des Wirtschaftsausschusses, da die im BetrVG vorgesehene Beratungsmöglichkeit häufig eine frühere Unterrichtung erfordert als die Zuleitung an den Betriebsrat gem. § 5 Abs. 3 UmwG; denkbar sind die Information nach § 80 Abs. 2 BetrVG, die Information und Beratung im Wirtschaftsausschuss nach § 106 BetrVG sowie Unterrichtung, Interessenausgleich und Sozialplan nach §§ 111 ff. BetrVG;
- die Erstellung des Verschmelzungsvertrages ggf. bei Neugründung mit der neuen Satzung/dem neuen Gesellschaftsvertrag (verbindlicher Entwurf);
- bei Aktiengesellschaften hat gem. § 61 UmwG die Einreichung des Entwurfs beim Registergericht zu erfolgen;
- die Zuleitung des Entwurfs an den Betriebsrat gem. § 5 Abs. 3 UmwG;
- ggf. Anmeldung des Verschmelzungsvorhabens an die zuständige(n) Kartellbehörde(n);
- der Verschmelzungsbericht gem. § 8 UmwG;
- ggf. die Erstellung eines Nachgründungsberichts gem. § 67 UmwG i.V.m. § 52 Abs. 3 AktG, sofern die übernehmende Aktiengesellschaft nicht bereits seit mindestens zwei Jahren im Handelsregister eingetragen ist;[21]
- die Verschmelzungsprüfung gem. §§ 9–12 UmwG;
- ggf. die Durchführung einer Nachgründungsprüfung gem. § 67 UmwG i.V.m. § 52 Abs. 4 AktG;

---

17 Problematisch etwa beim down-stream-merger zur Durchführung eines sog. Debt-Push-Down nach einer mit überwiegend Fremdkapital finanzierten Transaktion, vgl. *Blasche* GWR 2010, 132 m.w.N; siehe auch Rn. 88.

18 Zum Nachreichen von Unterlagen vgl. 2. Kap. Rn. 52.

19 Hinsichtlich der formalen Erfordernisse an die Schlussbilanz vgl. 2. Kap. Rn. 16 f.

20 Zur Angemessenheit des Umtauschverhältnisses unter Heranziehung des Börsenkurses vgl. *BVerfG* NJW 2011, 2497 ff. sowie *OLG Stuttgart* NZG 2011, 30 ff.

21 Im Falle einer wirtschaftlichen Neugründung der Aktiengesellschaft beginnt die Zwei-Jahres-Frist allerdings erst mit der Eintragung der die wirtschaftliche Neugründung begründenden Satzungsänderung, vgl. *AG Memmingen* MittBayNot 2007, 147.

- in aufsichtsratspflichtigen Gesellschaften hat der Aufsichtsrat über die Beschlussempfehlung an die Anteilseignerversammlung zu entscheiden;
- die Vorbereitung der Kapitalerhöhung; diese muss bei den Kapitalgesellschaften gem. §§ 53, 66 UmwG vor der Verschmelzung im Handelsregister eingetragen werden;
- die Ladung der Anteilsinhaber oder bei Aktiengesellschaften ggf. öffentliche Bekanntmachung nach § 62 Abs. 3 UmwG; bei förmlicher Ladung mit allen Unterlagen, insbesondere Beschlussvorlage, Bericht und Prüfungsbericht, soweit die Bekanntmachung nicht durch Auslegung in den Geschäftsräumen der Gesellschaft ersetzt wird, so z.B. bei Aktiengesellschaft gem. § 63 Abs. 3 UmwG[22] bzw. deren Zugänglichmachung gem. § 62 Abs. 3 S. 7 UmwG;
- ggf. Auslegung der drei letzten Jahresbilanzen in den Geschäftsräumen der Gesellschaft, so z.B. bei Aktiengesellschaft gem. § 63 UmwG bzw. deren Zugänglichmachung gem. § 63 Abs. 4 UmwG;
- ggf. die Erstellung und Auslegung eines Zwischenabschlusses gem. § 63 Abs. 1 Nr. 3 UmwG bzw. des Halbjahresberichts gem. § 63 Abs. 2 UmwG i.V.m. § 37w WpHG sowie die Auslegung in den Geschäftsräumen der Gesellschaft bzw. deren Zugänglichmachung gem. § 63 Abs. 4 UmwG;
- die notarielle Beurkundung des Verschmelzungsvertrages, der Zustimmungsbeschlüsse und des Kapitalerhöhungsbeschlusses; bei Mehrheitsbeschluss ggf. gesonderte Zustimmung einzelner Anteilseigner/Gesellschafter;
- die Vornahme der Registeranmeldung (notarielle Beglaubigung und Einreichung beim Registergericht mit den erforderlichen Unterlagen gem. §§ 16, 17 UmwG).

Während und nach der **Vollzugsphase** beim Registergericht können sich noch folgende Verfahrensschritte ergeben: **5**

- Registersperre und Unbedenklichkeitsverfahren gem. § 16 Abs. 2 und 3 UmwG.
- Erledigung von Zwischenverfügungen des Registergerichts.
- Annahmefrist für Abfindungsangebote gem. § 31 UmwG.
- Gläubigerschutz gem. §§ 22, 23 und 25 UmwG.
- Spruchverfahren gem. SpruchG.

Ein sehr wichtiges Thema ist die **Vertretung der beteiligten Rechtsträger**. Dies ist kein **6** umwandlungsspezifisches Problem, aber insbesondere durch die einzuhaltenden Fristen kann eine Nachgenehmigung problematisch sein.[23] Es wird jedoch vertreten, dass eine formlose Genehmigung des Handelns des vollmachtlosen Vertreters beim Verschmelzungsvertrag durch die Vertretungsorgane möglich ist, die auch konkludent erfolgen kann, etwa durch die Einberufung der Anteilseignerversammlung und die Vorlage des Verschmelzungsvertrages oder seines Entwurfs zur Abstimmung.[24] Die konkludente Genehmigung ist jedoch ausgeschlossen, wenn diese formbedürftig ist; für die Genehmigung gelten dieselben Regeln zur Formbedürftigkeit wie bei der Voll-

---

22 *Mayer/Weiler* DB 2007, 1237 weisen zu Recht darauf hin, dass durch die Neuregelung in den §§ 44 und 48 UmwG bei Beteiligung von Personenhandelsgesellschaften oder GmbHs an Verschmelzungen die Ausschlussfrist für das Verlangen nach einer Verschmelzungsprüfung durch den Zugang der Unterlagen ausgelöst wird. Es ist wohl entspr. der Frist des § 51 Abs. 1 S. 2 GmbHG auf den unter normalen Umständen zu erwartenden Zugang abzustellen.
23 *Lutter* § 6 Rn. 6 vertritt jedoch die Auffassung, dass die volle Rückwirkung bei Nachgenehmigung gegeben sei; so im Ergebnis auch *Kallmeyer* § 6 Rn. 6.
24 So *Lutter* § 4 Rn. 10; HK-UmwG/*Maulbetsch* § 4 Rn. 17.

macht.[25] Zu beachten ist, dass bei den einseitigen Zustimmungs- und Verzichtserklärungen der Anteilsinhaber, welche teilweise im UmwG vorgesehen sind, sowie bei der Umwandlung zur Neugründung einer Einpersonenkapitalgesellschaft die §§ 174, 180 BGB gelten, wonach ein Handeln ohne Vertretungsmacht mit Nachgenehmigung unzulässig ist; die Abgabe dieser Erklärungen bei Stellvertretung ist nur durch einen Bevollmächtigten möglich. Problematisch ist dies auch im Hinblick auf die Stimmabgabe in der Gesellschafterversammlung. Hier wird teilweise vertreten, dass die Stimmabgabe bei Kapitalgesellschaften durch den vollmachtlosen Vertreter ebenfalls unwirksam ist.[26] U.E. richtig ist jedoch die Auffassung, dass bei den Beschlussfassungen die Stimmabgabe als eine besondere Art des mehrseitigen Rechtsgeschäftes gilt, als Sozialakt der körperschaftlichen Willensbildung, vgl. oben 2. Kap. Rn. 29 m.w.N., der auch der nachträglichen Genehmigung und somit dem Handeln eines Vertreters ohne Vertretungsmacht zugänglich ist.[27]

7 Ein **Prokurist** kann nur im Rahmen der unechten Gesamtvertretung zusammen mit einem Geschäftsführer oder Vorstand an einer Verschmelzung mitwirken, nicht aber als Einzelprokurist oder zusammen mit einem weiteren Prokuristen, da die gesellschaftsrechtlichen Wirkungen des Verschmelzungsvertrages nicht zu den Geschäften gehören, die der Betrieb eines Handelsgewerbes gem. § 49 HGB mit sich bringt,[28] sog. Grundlagengeschäft. Bei **Beteiligung ausländischer Gesellschaften** sei auf den ausführlichen Aufsatz von *Dr. Christoph Dorsel* verwiesen;[29] zusammenfassend führt dieser aus, dass der rechtsgeschäftliche Vertreter seine Vertretungsbefugnis durch Vorlage einer Vollmacht nachweist. Bei Vollmachten, die im Ausland erteilt werden und der notariellen Beglaubigung oder Beurkundung bedürfen,[30] ist zu prüfen, ob eine Legalisation oder Apostille erforderlich ist. Vertretungsorgane von Gesellschaften weisen ihre Vertretungsbefugnisse in der Regel durch Handelsregisterauszüge nach.[31] Schwierigkeiten ergeben sich hier im Verkehr mit Ländern, die kein dem deutschen Recht entsprechendes Handelsregister kennen. Hier richten sich die Anforderungen für den Nachweis der Vertretungsberechtigung nach den Vorgaben des Sitzrechtes der vertretenen Gesellschaft. In den USA ist es üblich, dass der secretary der Gesellschaft bestätigt, wer die Gesellschaft wirksam vertreten kann. Eine solche Bestätigung ist zu beglaubigen und durch Zusatz einer Apostille zu legalisieren; die Apostille wird in den meisten Bundesstaaten von einem Secretary of State erteilt. Die auch für den Nachweis der Vertretungsbefugnis gebräuchlichen Bestätigungen durch ausländische Notare sind teilweise nur eingeschränkt verwendbar, da die Verantwortung des Notars für die Bescheinigung und die Qualifikation des Notars sehr unterschiedlich ausgeprägt ist.[32]

---

25 *Lutter* § 6 Rn. 6; vgl. zu der Formbedürftigkeit der Vollmacht oben 2. Kap. Rn. 11; zur Möglichkeit der Genehmigung des vollmachtlos handelnden Vertreters vgl. *OLG München* NZG 2010, 1427.

26 So *Lutter* für den Beschluss zur Durchführung eines Formwechsels bei der Kapitalgesellschaft in § 233 Rn. 88 unter Verweis auf *Rowedder* § 47 Rn. 69 und *Lutter/Hommelhoff* § 47 Rn. 25.

27 S.a. *Kallmeyer* § 193 Rn. 11, *Widmann/Mayer* § 193 Rn. 29; differenzierend nach Rechtsform, s.a. *Lutter* § 13 Rn. 9: VoV zulässig bei GmbH, nicht zulässig bei AG. Zur Möglichkeit der Genehmigung vollmachtlosen Handelns bei der Einmann-GmbH siehe auch *OLG Frankfurt* GmbHR 2003, 415 und *OLG München* NZG 2010, 1427.

28 Vgl. *Lutter* § 4 Rn. 8 m.w.N., *Widmann/Mayer* § 4 Rn. 39.

29 *Dorsel* MittRhNotK 1997, 6 ff., sehr gute Übersicht in *Widmann/Mayer* § 13 Rn. 105.38.

30 Zum Formerfordernis von Vollmachten vgl. vorstehend 2. Kap. Rn. 11.

31 Eine gute Übersicht zur Notwendigkeit der Legalisierung und ggf. einer Apostille von gerichtlichen oder notariellen Urkunden findet sich bei *Ebenroth/Boujong* HGB, Anh. zu § 12, Rn. 53 ff.

32 Vgl. *Dorsel* MittRhNotK 1997, 6 ff.

Gem. § 3 Abs. 3 UmwG ist eine Verschmelzung auch möglich, wenn als **übertragender** 8
Rechtsträger eine Gesellschaft mitwirkt, welche **bereits aufgelöst** ist, vorausgesetzt,
dass ihre Fortsetzung noch beschlossen werden könnte. Ein separater Fortsetzungsbeschluss wird nach h.M. nicht für erforderlich gehalten, da dieser im Verschmelzungsbeschluss selbst enthalten ist.[33] Liegt jedoch noch ein zusätzlicher besonderer Auflösungsgrund vor, wie z.B. Insolvenz, muss dieser Grund **vor** der Verschmelzung beseitigt werden. Ein Fortsetzungsbeschluss ist bei Insolvenzeröffnung nach dem GmbHG
und dem AktG erst dann zulässig, wenn das Insolvenzverfahren eingestellt oder ein
Insolvenzplan bestätigt wurde.[34] Zu beachten ist ferner, dass gem. Art. 3 Abs. 2 der
3. RL weitere Voraussetzung ist, dass beim übertragenden Rechtsträger noch nicht mit
der Verteilung des Vermögens begonnen sein darf. Da damit das Verbot der Einlagenrückgewähr gegen Umgehung geschützt werden soll, kann die Verschmelzungsfähigkeit auch nicht durch Rückgewähr der betreffenden Leistung wiederhergestellt werden.[35] Eine entsprechende Anwendung des § 3 Abs. 3 UmwG auf den übernehmenden
Rechtsträger wird von der h.M. ausgeschlossen.[36]

Durch die **Einfügung der §§ 122a ff. UmwG** mit Wirkung zum 25.4.2007 hat der 9
Gesetzgeber in Umsetzung der Verschmelzungsrichtlinie vom 15.12.2005 (VRL) die
grenzüberschreitende Verschmelzung von Kapitalgesellschaften erstmals gesetzlich
geregelt.[37] Damit ist der deutsche Gesetzgeber zwar als erster der Pflicht zur Umsetzung der VRL in nationales Recht nachgekommen, jedoch hat er noch nicht in allen
Bereichen das UmwG nach den Vorgaben der SEVIC-Entscheidung des EuGH vom
13.12.2005 angepasst, vgl. hierzu oben 2. Kap. Rn. 6.[38] Sofern man aufgrund der
SEVIC-Entscheidung des EuGH zur Umsetzung eines noch nicht im UmwG geregelten grenzüberschreitenden Umwandlungsvorgangs gelangt, sollte man in Ergänzung
der oben im 2. Kap. Rn. 6 aufgeführten Regeln auch die in den §§ 122a ff. UmwG nie-
dergelegten Verfahrensgrundsätze berücksichtigen. Bei der grenzüberschreitenden
Verschmelzung unterscheiden sich die einzelnen **Verfahrensschritte** von den oben im
3. Kap. Rn. 4 f. für die inländische Verschmelzung dargestellten in einigen wichtigen
Punkten, weshalb nachfolgend die Verfahrensschritte gem. den §§ 122a ff. UmwG
separat dargestellt werden. Diese sind

* die **Bildung eines Besonderen Verhandlungsgremium (BVG) der Arbeitnehmerseite** gem. MgVG und Durchführung des Verfahrens zum Finden einer einvernehm-

---

33 *Lutter* § 3 Rn. 17 m.w.N.
34 *Heckschen/Simon* H Rn. 87.
35 Vgl. *Lutter* § 3 Rn. 19 m.w. N.
36 Vgl. *Lutter* § 3 Rn. 23 m.w.N. insbesondere auch auf Begr. RegE BT-Drs. 12/6699, S. 82; s.a. *Heck-
schen/Simon* H Rn. 86.
37 Die Definition der grenzüberschreitenden Verschmelzung des § 122a Abs. 1 UmwG erfasst lediglich
die Fälle der Verschmelzung unter Beteiligung von Rechtsträgern (Kapitalgesellschaften ohne
Genossenschaften) mit dem Sitz im Inland, bei der zusätzlich mindestens eine der beteiligten Kapitalgesellschaften dem Recht eines anderen Mitgliedsstaats der EU oder des EWR unterliegt;
erfasst sind daher **nicht** Verschmelzungsvorgänge unter Beteiligung von Gesellschaften, die dem
Recht eines Drittlandes unterliegen und auch nicht die ausschließliche Verschmelzung von EU/
EWR-Gesellschaften ohne Beteiligung einer inländischen Gesellschaft.
38 Einen umfassenden (kollisionsrechtlichen) Lösungsansatz für alle nicht von § 122a ff. UmwG
erfassten grenzüberschreitenden Umwandlungen könnte das künftige Internationale Gesellschaftsrecht in § 10a EGBGB in der Fassung des Referentenentwurfs vom Januar 2008 liefern. Es bleibt
aber abzuwarten, ob und ggf. in welcher Form die im Entwurf vorliegenden Regelungen tatsächlich
kodifiziert werden.

lichen Verhandlungslösung zwischen den beteiligten Rechtsträgern und den Arbeitnehmern gem. §§ 6 ff. MgVG,[39] falls die Voraussetzungen der §§ 5 Abs. 2 und 3 MgVG vorliegen oder bei einem der beteiligten Rechtsträger in den sechs Monaten vor der Veröffentlichung des Verschmelzungsplans durchschnittlich mehr als 500 Arbeitnehmer beschäftigt waren und diese Gesellschaft gem. den Vorgaben des § 2 Abs. 7 MgVG mitbestimmt war, vgl. oben 2. Kap. Rn. 42;

- die **Erstellung und ggf. Prüfung der Schlussbilanz**, § 17 Abs. 2 UmwG i.V.m. § 122c Abs. 2 Ziff. 12 UmwG;
- die Durchführung der **Unternehmensbewertung** (soweit erforderlich); sie dient u.a. der Festlegung des Umtauschverhältnisses für die Gesellschaftsbeteiligungen sowie der insbesondere gem. § 122i UmwG bei ausländischem übernehmendem Rechtsträger erforderlichen Abfindungsangebote;
- die **Festlegung der rechtlichen und wirtschaftlichen Eckdaten** und ggf. auf dieser Grundlage Information des Betriebsrates und des Wirtschaftsausschusses, da die im BetrVG vorgesehene Beratungsmöglichkeit häufig eine frühere Unterrichtung erfordert als die Zuleitung an den Betriebsrat gem. § 5 Abs. 3 UmwG; denkbar sind die Information nach § 80 Abs. 2 BetrVG, die Information und Beratung im Wirtschaftsausschuss nach § 106 BetrVG sowie Unterrichtung, Interessenausgleich und Sozialplan nach §§ 111 ff. BetrVG; die Besonderheiten des MgVG sind ebenfalls zu beachten, vgl. oben 2. Kap. Rn. 42;
- die **Aufstellung des gemeinsamen Verschmelzungsplans**[40] durch die Vertretungsorgane der beteiligten Rechtsträger, §§ 122c UmwG;
- die **Einreichung des verbindlichen Entwurfs des Verschmelzungsplans beim Handelsregister** des/der beteiligten deutschen Rechtsträger(s) spätestens einen Monat vor Beschlussfassung über die Zustimmung zur Verschmelzung; das Handelsregister hat die Einreichung des Entwurfs sowie die Angaben gem. § 122d Ziff. 1–4 UmwG für jede der beteiligten inländischen Gesellschaften gesondert bekannt zu machen;[41]
- die **Zuleitung des Entwurfs an den Betriebsrat** gem. §§ 122a Abs. 2, 5 Abs. 3 UmwG;
- ggf. **Anmeldung** des Verschmelzungsvorhabens **an die zuständige Kartellbehörde**;
- der (zwingend erforderliche) **Verschmelzungsbericht** gem. §§ 122e, 8 UmwG, welcher den Anteilsinhabern, dem zuständigen Betriebsrat, ersatzweise den Arbeitnehmern (!) ebenfalls spätestens einen Monat vor Beschlussfassung über die Zustimmung zur Verschmelzung durch Auslegung in den Geschäftsräumen der Gesellschaft zugänglich gemacht werden muss;[42]

---

39 Bei der Planung des Verschmelzungsvorgangs ist zu beachten, dass dieses Verfahren gem. § 21 MgVG bis zu einem Jahr dauern kann.

40 Da der Verschmelzungsvertrag auch beim deutschen Handelsregister eingereicht werden muss, hat die Abfassung des Entwurfs zumindest auch in deutscher Sprache zu erfolgen; vgl. § 184 GVG.

41 Zur Möglichkeit des Verzichts auf die Einhaltung der Monatsfrist des § 122d S. 1 UmwG siehe *Semler/Stengel* § 122d Rn. 12, *Simon/Rubner* Kölner Kommentar zum UmwG § 122d Rn. 27, a.A. *Widmann/Mayer* § 122d Rn. 30.

42 Sind Arbeitnehmer nicht vorhanden, so können die Anteilseigner auf die Einhaltung der Monatsfrist verzichten, vgl. *Simon/Rubner* in Kölner Kommentar zum UmwG, § 122e Rn. 11, nicht jedoch auf den Verschmelzungsbericht selbst, vgl. *Sagasser* § 13, Rn. 116; *Simon/Rubner* in Kölner Kommentar UmwG § 122e Rn. 12 ff.; **a.A.** *Semler/Stengel* § 122e Rn. 13; *Sandhaus* NZG 2009, 41, die für eine teleologische Reduktion der Regelung plädieren.

- die **Verschmelzungsprüfung** gem. §§ 122f, 9–12 UmwG,[43] welche spätestens einen Monat vor Beschlussfassung über die Zustimmung zur Verschmelzung vorliegen muss;
- in aufsichtsratspflichtigen Gesellschaften hat der **Aufsichtsrat** über die Beschlussempfehlung an die Anteilseignerversammlung zu entscheiden;
- die **Vorbereitung der Kapitalerhöhung**, soweit der inländische Rechtsträger aufnehmender Rechtsträger ist und eine Kapitalerhöhung erforderlich ist; diese muss gem. §§ 53, 66 UmwG vor der Verschmelzung im Handelsregister eingetragen werden;
- die **Ladung der Anteilsinhaber**; bei förmlicher Ladung mit allen Unterlagen, insbesondere Beschlussvorlage, Bericht und Prüfungsbericht, soweit die Bekanntmachung nicht durch Auslegung in den Geschäftsräumen der Gesellschaft ersetzt wird, so z.B. bei Aktiengesellschaften gem. § 63 UmwG bzw. beim Verschmelzungsbericht gem. §§ 122e, 63 UmwG; für die beteiligten Rechtsträger unterliegen die Anforderungen an die Vorbereitung und Durchführung der jeweiligen Gesellschafterversammlung, welche über die Zustimmung zur Verschmelzung beschließen soll, den jeweiligen, für nationale Verschmelzungen geltenden Erfordernissen;
- die **Auslegung der drei letzten Jahresbilanzen** in den Geschäftsräumen der Gesellschaft gem. §§ 49, 63 UmwG;
- die **notarielle Beurkundung**[44] **des Verschmelzungsplans, der Zustimmungsbeschlüsse und ggf. des Kapitalerhöhungsbeschlusses**; bei Mehrheitsbeschluss ggf. gesonderte Zustimmung einzelner Anteilsinhaber; gem. § 122g UmwG können die Anteilsinhaber ihre Zustimmung davon abhängig machen, dass die Art und Weise der Arbeitnehmermitbestimmung beim übernehmenden Rechtsträger ausdrücklich von ihnen bestätigt wird;
- ggf. **Sicherheitsleistung an die Gläubiger** der Gesellschaft gem. § 122j UmwG, soweit der übertragende Rechtsträger eine inländische Kapitalgesellschaft ist und der Gläubiger spätestens innerhalb von zwei Monaten, nachdem der Verschmelzungsplan oder sein Entwurf bekannt gemacht worden ist, ordnungsgemäß Sicherheitsleistung verlangt hat;
- die **Vornahme der Registeranmeldung** (notarielle Beglaubigung und Einreichung beim zuständigen Registergericht mit den Versicherungen gem. § 122k Abs. 1 und § 16 Abs. 2 UmwG sowie den erforderlichen Unterlagen gem. §§ 16, 17 bzw. 122k, l UmwG).

Während und nach der **Vollzugsphase** beim Registergericht können sich noch folgende Verfahrensschritte ergeben:

- Beim **inländischen übertragenden Rechtsträger** hat das Registergericht die Voraussetzungen der Verschmelzung für die inländische Gesellschaft gem. § 122k Abs. 2 S. 1 UmwG zu prüfen und erteilt bei positivem Prüfungsergebnis eine **Verschmelzungsbescheinigung zur Vorlage beim Register des übernehmenden Rechtsträgers**; mit dieser Verschmelzungsbescheinigung kann innerhalb von sechs Monaten nach ihrer Ausstellung die Eintragung der Verschmelzung im Register der übernehmen-

---

43 Entgegen Art. 8 Abs. 2 VRL ist im UmwG keine Prüferbestellung durch eine ausländische Behörde vorgesehen.

44 Es ist davon auszugehen, dass bei Beteiligung eines deutschen Rechtsträgers die Beurkundung durch den deutschen Notar zu erfolgen hat, vgl. oben 2. Kap. Rn. 56 m.w.N.; soweit die ausländische Rechtsordnung eine andere Form vorsieht, ist gem. § 122c Abs. 4 UmwG trotzdem die notarielle Beurkundung des Verschmelzungsplans durchzuführen; ausführlich zum Beurkundungserfordernis m.w.N. HK-UmwG/*Becker* § 122c Rn. 44 ff.

den Gesellschaft beantragt werden. Erst aufgrund der Mitteilung über das Wirksamwerden der Verschmelzung durch das Register des übernehmenden Rechtsträgers darf und muss die Wirksamkeit der Verschmelzung im Register des übertragenden Rechtsträgers vermerkt werden.

- Beim **inländischen übernehmenden Rechtsträger** müssen zunächst von den Registern der übertragenden Rechtsträger die Verschmelzungsbescheinigungen (Legaldefinition in § 122k Abs. 2 S. 1 UmwG) eingeholt werden. Erst dann kann die Anmeldung zum Register des übernehmenden Rechtsträgers erfolgen.
- **Registersperre und Unbedenklichkeitsverfahren** gem. § 17 Abs. 2 und 3 UmwG, soweit diese nicht gem. § 122l Abs. 1 S. 3 2. HS UmwG ausgeschlossen sind.
- **Erledigung von Zwischenverfügungen** des Registergerichts.
- **Annahmefrist für Abfindungsangebote** gem. § 31 UmwG.
- Gläubigerschutz gem. §§ 22, 23 und 25 UmwG, jedoch nur für **Gläubiger eines inländischen übernehmenden Rechtsträgers** (zum übertragenden inländischen Rechtsträger vgl. die vorstehenden Ausführungen zu § 122j UmwG).
- **Spruchverfahren** gem. SpruchG, soweit dieses gem. § 122h, i UmwG Anwendung findet, vgl. hierzu oben 2. Kap. Rn. 97.

II. Die Erstellung des Verschmelzungsvertrages

10 Bei der Erstellung des Verschmelzungsvertrages sind sowohl die allgemeinen Bestimmungen des UmwG für die Verschmelzung in den §§ 2–38 UmwG als auch die jeweils rechtsformspezifischen Vorschriften des Umwandlungsrechtes zu beachten.[45] Die Sondervorschriften für Personengesellschaften sind in den §§ 39–45 UmwG enthalten; für die Partnerschaftsgesellschaften wurden mit Wirkung vom 1.8.1998 die §§ 45a–45e UmwG ins Gesetz aufgenommen. Die Sondervorschriften für Kapitalgesellschaften finden sich für die GmbH in den §§ 46–59 UmwG und für die AG in den §§ 60–77 UmwG sowie für die grenzüberschreitende Verschmelzung mit Wirkung vom 25.4.2007 in den §§ 122a–122l UmwG. In diesen Sondervorschriften wird jeweils zwischen der Verschmelzung durch Aufnahme und der Verschmelzung durch Neugründung unterschieden, da für den ersten Fall besonders die Kapitalerhöhungsvorschriften und für den letzten Fall die Gründungsvorschriften zu berücksichtigen sind. Weitere Sondervorschriften finden sich für die KGaA,[46] die Genossenschaften,[47] rechtsfähigen Vereine,[48] genossenschaftlichen Prüfungsverbände,[49] Versicherungsvereine auf Gegenseitigkeit[50] und für die Verschmelzung auf den Alleingesellschafter.[51]

11 Bei der Erstellung des Verschmelzungsvertragsentwurfes ist in erster Linie der **zwingende Mindestinhalt des Verschmelzungsvertrages** gem. § 5 Abs. 1 UmwG zu beachten. Ergänzend hierzu müssen ggf. die **rechtsformspezifischen zusätzlichen Mindestangaben** berücksichtigt werden, vgl. hierzu Rn. 13. Die Literatur vertritt die Meinung,

---

45 Zu den zulässigen Verschmelzungsrechtsträgern vgl. die Aufstellung 2. Kap. Rn. 5.
46 § 78 UmwG.
47 §§ 79–98 UmwG.
48 §§ 99–104a UmwG.
49 §§ 105–108 UmwG.
50 §§ 109–119 UmwG.
51 §§ 120–122 UmwG.

dass Angaben zum Mindestinhalt nicht gemacht werden müssen, soweit diese im Einzelfall wegen Gegenstandslosigkeit entbehrlich sind[52] (gesetzliches Beispiel in § 5 Abs. 2 UmwG). Da jedoch eine Dokumentation insbesondere gegenüber dem Registergericht sinnvoll ist, dass diese Angabe nicht einfach vergessen wurde, empfiehlt sich die klarstellende Aufnahme eines Hinweises auf die Gegenstandslosigkeit in den Verschmelzungsvertrag.

Zu den einzelnen Punkten des § 5 Abs. 1 UmwG werden nachstehend nur insoweit Ausführungen gemacht, als sich die einzelnen Punkte nicht aus dem Gesetz selbst ergeben und soweit sie praxisrelevant erscheinen. Im Übrigen sei hinsichtlich der Mindestangaben auf die in diesem Handbuch enthaltenen Musterlösungen verwiesen. **12**

- **§ 5 Abs. 1 Nr. 1 UmwG**: Zur Angabe von Name/Firma und Sitz der beteiligten Rechtsträger ist anzumerken, dass die Begründung eines Doppelsitzes im Zuge der Verschmelzung grundsätzlich nicht zulässig ist; es gelten hier dieselben hohen Anforderungen an Ausnahmefälle wie bei sonstiger Begründung eines Doppelsitzes.[53] Zur Beteiligung ausländischer Gesellschaften vgl. 2. Kap. Rn. 6.
- **§ 5 Abs. 1 Nr. 2 UmwG**: Die Angaben zur **Vermögensübertragung im Ganzen und zur Anteilsgewährung** beziehen sich auf den Kern des Verschmelzungsrechtes; bei der Vermögensübertragung können zum einen keine Einzelgegenstände von der Übertragung ausgenommen werden, zum anderen kann auf die Gewährung von Anteilen oder Mitgliedschaften am übernehmenden Rechtsträger nur sehr eingeschränkt verzichtet werden, vgl. oben zur Kapitalerhöhungspflicht Rn. 2. Bei der Gewährung der Anteile ist bei den **Personengesellschaften** zu beachten, dass durch den Grundsatz der Einheitlichkeit der Beteiligung eines Gesellschafters einem Gesellschafter, der bereits an der übernehmenden Gesellschaft beteiligt ist, kein zusätzlicher Anteil gewährt werden darf;[54] der Anteil des betroffenen Gesellschafters darf jedoch erhöht werden. Da das Gesetz bei den Personengesellschaften Art und Umfang der Anteilsgewährung nicht regelt, hat sich hier in der Literatur die Meinung durchgesetzt, dass bei den Personengesellschaften eine relativ große Freiheit bei der Festsetzung der Anteile an der neuen Gesellschaft besteht; sowohl bei der Frage, ob die Anteilsgewährung durch Erhöhung des Kapitalkontos oder des Privatkontos (str.) erfolgen soll, oder ob die Haftsumme überhaupt erhöht werden muss, kann man mit der h.M. in der Literatur davon ausgehen, dass bei Einigkeit der Gesellschafter, diese bei der Festsetzung der Beteiligungsrechte an der übernehmenden Personengesellschaft frei sind.[55] Es gilt jedoch die

---

52 *Lutter* § 5 Rn. 3.
53 Vgl hierzu mit zahlreichen Hinweisen *Lutter* § 5 Rn. 7.
54 Vgl. u.a. *Widmann/Mayer* vor §§ 39 ff. UmwG Rn. 75.
55 Vgl. hierzu die ausführliche Darstellung in DNotI-Gutachten, S. 126 ff. m.w.N.; es ist jedoch zu beachten, dass die Buchung der Erhöhung auf Privatkonto nur von einem Teil der Literatur und Rspr. als ausreichend angesehen wird; bejahend *Widmann/Mayer* § 5 Rn. 24.2., *LG Saarbrücken* DNotI-Report 1999, 163; ablehnend *Heckschen/Simon* § 3 Rn. 42, im Ergebnis wohl auch *Lutter* § 40 Rn. 13 ff.; da die Buchung auf Privatkonto keinen Einfluss auf die Kapitalbeteiligung des Gesellschafters hat, ist der Ablehnung der Erhöhung auf Privatkonto zuzustimmen. Weiter ist zu beachten, dass nach Auffassung der Finanzverwaltung § 24 UmwStG nicht anwendbar ist, wenn die **Gegenleistung nur in einer Erhöhung des Darlehenskontos** oder eines sonstigen, nicht das Maß der Beteiligung widerspiegelnden **Privatkontos des Mitunternehmers** besteht; zulässig ist die Einstellung in ein gesamthänderisch gebundenes Rücklagenkonto, da dieses Eigenkapitalcharakter hat, vgl. *BFH* Urteil vom 25.4.2006, BStBl. II 2006, 851.

Einschränkung, dass eine Anteilsgewährung erfolgen[56] und deren Art und Weise im Verschmelzungsvertrag genau definiert werden muss. Hierzu gehört insbesondere auch die Angabe über die künftige Stellung des Gesellschafters als persönlich haftender Gesellschafter oder als Kommanditist. Bei den **Kapitalgesellschaften** ist es ebenfalls unerlässlich, über Art bzw. Gattung der gewährten Anteile bzw. Mitgliedschaften detaillierte Angaben zu machen. Werden in einer **einheitlichen Verschmelzung mehrere** auf einen übernehmenden Rechtsträger verschmolzen, reicht es zwar aus, wenn ein einheitlicher neuer Anteil an die Gesellschafter gewährt wird,[57] die an mehreren übertragenden Rechtsträgern beteiligt waren; der Verschmelzungsvertrag muss jedoch jeweils gesondert den Nennbetrag ausweisen, der von diesem einheitlichen Anteil als Gegenleistung für die Beteiligung an dem jeweiligen übertragenden Rechtsträger gewährt wurde.[58] So ergibt sich nach h.M. aus § 29 Abs. 1 S. 2 UmwG, dass die Gewährung von vinkulierten Anteilen nur dann als gleichwertig angesehen werden kann, wenn auch beim übertragenden Rechtsträger eine gleichartige Vinkulierung bestanden hat.[59] Gerade bei der Aktiengesellschaft stellt sich hinsichtlich der Gleichwertigkeit der gewährten Anteile das Problem, ob und inwieweit Namens- statt Inhaberaktien[60] oder Vorzugs- statt Stammaktien[61] zugeteilt werden dürfen. Durch die Änderung des § 29 Abs. 1 S. 1 UmwG hat der Gesetzgeber die bisher strittige Frage entschieden, dass im **Fall des »kalten Delistings«**, d.h. des Verlusts der Börsennotierung durch Verschmelzung auf eine nicht börsennotierte Aktiengesellschaft die Aktionäre Anspruch auf Angebot einer angemessenen Barabfindung gegen Ausscheiden haben. Nicht voll eingezahlte Anteile bleiben, soweit möglich, erhalten. D.h. sofern die Rechtsform des übernehmenden Rechtsträgers es zulässt (z.B. nicht möglich bei der OHG), erhält der Gesellschafter ebenfalls nicht voll eingezahlte Anteile am übernehmenden Rechtsträger.[62] Die Einlageforderungen gehen als Forderung auf den übernehmenden Rechtsträger über. Ob die zum Formwechsel zwischenzeitlich gefestigte Rechtsprechung des BGH,[63] wonach im Zuge des Formwechsels ein Beitritt eines neuen Gesellschafters möglich ist, auch auf die Verschmelzung übertragbar ist, ist streitig.[64] Grundsätzlich gilt nach wie vor, dass Personen, welche nicht am Vermögen des übertragenden Rechtsträgers beteiligt waren, im Zuge der Verschmelzung keine Anteile am übernehmenden Rechtsträger gewährt werden dür-

---

56 Vgl. hierzu unten Rn. 36 ff.
57 *LG Frankfurt/Main* GmbHR 2005, 940.
58 *OLG Frankfurt/Main* DNotZ 1999, 154 ff., *LG Frankfurt/Main* GmbHR 2005, 940.
59 *Lutter* § 5 Rn. 12 m.w.N., *Sagasser* § 9 Rn. 77.
60 Gleichwertigkeit bejahend *Lutter* § 5 Rn. 13 m.w.N.; *Kallmeyer* § 5 Rn. 13.
61 Gleichwertigkeit ist nicht gewahrt, wenn durch die Gewährung der (stimmrechtslosen) Vorzugs-aktien die bisherige vermögens- und herrschaftsmäßige Stellung des Gesellschafters beeinträchtigt wird; jedoch hat er sich dem Gleichbehandlungsgebot aller Gesellschafter bei der neuen Gesellschaft unterzuordnen; d.h. wenn der übernehmende Rechtsträger einen Bestand von 50 % Stamm- und 50 % Vorzugsaktion besitzt, ist es gerechtfertigt, dass der neue Gesellschafter (des übertragenden Rechtsträgers) anstelle seiner Stammaktien ebenfalls 50 % Stamm- und 50 % Vorzugsaktien erhält; vgl. *Lutter* § 5 Rn. 14 m.w.N.
62 *Lutter* § 5 Rn. 16 m.w.N.
63 *BGH* NJW 1999, 2522 und *BGH* NZG 2005, 722.
64 Dafür *Heckschen* DB 2008, 1367; dagegen *Widmann/Mayer* § 5 Rn. 24.5.

fen. Dies gilt sowohl für Dritte als auch für den nicht am Vermögen der Gesellschaft beteiligten Komplementär einer KG.[65]

• **§ 5 Abs. 1 Nr. 3 UmwG**: Die Angabe des **Umtauschverhältnisses** und etwaiger **Zuzahlungen**[66] ist bei Verschmelzungsvorgängen außerhalb des Konzerns für die Beteiligten häufig der schwierigste Teil des Verschmelzungsvertrages, da durch das Umtauschverhältnis Leistung und Gegenleistung der beteiligten Rechtsträger bewertet wird. Besteht keine Einigkeit, muss das Umtauschverhältnis so bestimmt werden, dass das Verhältnis des inneren Wertes der umzutauschenden Anteile zu dem inneren Wert der als Gegenleistung zu gewährenden Anteile zu ermitteln ist, d.h. dieses hängt insgesamt von der Bewertung des Unternehmens ab.[67] Dabei ist jedoch für das angemessene Umtauschverhältnis entscheidend, dass nicht die jeweiligen absoluten Unternehmenswerte exakt berechnet wurden, sondern es ist allein die richtige relative Ermittlung der Unternehmenswerte maßgebend.[68] Entscheidend ist daher die Anwendung derselben Bewertungsmethoden bei beiden Rechtsträgern, soweit nicht besondere Umstände für die Vergleichbarkeit der Ergebnisse eine abweichende Bewertungsmethode rechtfertigen (z.B. Ertragswertmethode, da ertragreiches Unternehmen ohne Anlagekapital).[69] Der Verschmelzungsvertrag muss über die Bewertung selbst nichts ausführen, da diese nur die Ermittlung des Umtauschverhältnisses betrifft; der Verschmelzungsbericht nach § 8 UmwG muss hierzu jedoch Erläuterungen enthalten. Der Bewertungsstichtag kann von den beteiligten Rechtsträgern frei bestimmt werden, er muss jedoch einheitlich für die beteiligten Rechtsträger festgelegt werden.[70] Zu den einzelnen Bewertungsmethoden und -fragen muss mangels gesetzlicher Vorschriften auf die umfangreichen Kommentierungen in der Literatur verwiesen werden.[71] Da **offene Einlageverpflichtungen** bei Kapitalgesellschaften als Forderungen bestehen bleiben, s. vorstehende Erläuterungen zu Nr. 2, dürfen diese bei der Bewertung des Vermögens eines übertragenden Rechtsträgers nicht von deren Kapital in Abzug gebracht werden. In den Fällen, bei welchen eine Gewährung von nicht voll einbezahlten Anteilen durch den übernehmenden Rechtsträger nicht möglich ist, z.B. OHG als übernehmender Rechtsträger, muss der Gesellschafter entweder die ausstehende Einlage vor der Verschmelzung erbringen oder einen Abschlag beim Umtausch hinnehmen.[72] Weitere Besonderheiten bei der Mischverschmel-

---

65 Der phG muss daher vor der Verschmelzung entweder ausscheiden oder einen Kapitalanteil treuhänderisch erwerben, vgl. Musterlösung unten Rn. 79 ff.; das automatische Ausscheiden mit Wirksamwerden der Verschmelzung, welches *Kallmeyer* § 5 Rn. 5 und *Semler/Stengel* § 5 Rn. 16 fordern, ist dogmatisch im Hinblick auf die Anteilsgewährpflicht bedenklich. Wie hier *Widmann/Mayer* § 5 Rn. 24.3 und 24.7; sehr gute Darstellung in *Priester* DB 1997, 560 ff., der einige Gedanken der BGH-Rechtsprechung zum Formwechsel bereits berücksichtigt, vgl. hierzu unten 5. Kap. Rn. 3.

66 Bei den Zuzahlungen ist die Begrenzung auf 10 % des Gesamtnennbetrags der zu gewährenden Anteile bei der GmbH (§ 54 Abs. 4 UmwG), der AG (§ 68 Abs. 3 UmwG), der KGaA (§ 78 UmwG) und der eG (§ 87 Abs. 2 UmwG) zu beachten.

67 *Lutter* § 5 Rn. 12.

68 *Lutter* § 5 Rn. 21; *Sagasser* weist in § 9 Rn. 79 zu Recht darauf hin, dass die nur relative Unternehmensbewertung für die Festsetzung angemessener Barabfindungen nicht ausreicht. Hierzu wird der absolute Unternehmenswert des übertragenden Rechtsträgers benötigt.

69 Vgl. *Lutter* § 5 Rn. 22.

70 Vgl. *Lutter* § 5 Rn. 24.

71 S. hierzu ausführlich *Lutter* § 5 Rn. 25 ff.; *Sagasser* § 9 Rn. 84 ff.

72 *Lutter* § 5 Rn. 16, die Verschmelzung auf eine OHG ist jedenfalls trotz offener Einlageforderung möglich.

zung sind die ggf. qualitativ zu bewertende „Unterschiedlichkeit der übertragenen und gewährten Anteile"[73] sowie die im Verschmelzungsvertrag zu berücksichtigende Problematik, dass bei Personengesellschaften im Hinblick auf §§ 120–122 HGB bei Angabe des Umtauschverhältnisses genau bestimmt werden muss, in welcher Höhe welche Kapitalkonten den beitretenden Gesellschaftern zugeordnet werden.[74]

- **§ 5 Abs. 1 Nr. 4 UmwG:** Die notwendigen Angaben umfassen zum einen die **Modalitäten des Erwerbs der neuen Anteile** und eine Bestimmung über die Tragung der mit dem Anteilstausch/-erwerb verbundenen Kosten und ggf. deren Höhe.[75] Bei Kapitalgesellschaften muss angegeben werden, ob die zu gewährenden Anteile durch Übertragung eigener Anteile des übernehmenden Rechtsträgers (wegen §§ 71 ff. AktG und § 33 GmbHG jedoch der Ausnahmefall) oder durch eine Kapitalerhöhung geschaffen werden (Regelfall). In diesem Zusammenhang muss bei AGs oder KGaAs als übernehmendem Rechtsträger im Verschmelzungsvertrag bestimmt werden, wer als Treuhänder gem. §§ 71 Abs. 1, 73, 78 UmwG bestellt wird (genaue Bezeichnung des Treuhänders ist erforderlich), damit dieser für die Gesellschafter des übertragenden Rechtsträgers die Aktien und ggf. die baren Zuzahlungen in Empfang nehmen kann. Auch wenn der Verschmelzungsvertrag bereits den detaillierten Auftrag an den Treuhänder enthält (was nicht zu den notwendigen Angaben zählt!) muss ein gesonderter Treuhandvertrag mit dem Treuhänder geschlossen werden.[76] Wichtig und häufig wenig beachtet ist die Pflicht zur Aufnahme von Angaben zum **Wegfall besonderer Rechtspositionen** einzelner Gesellschafter des übertragenden Rechtsträgers durch die Verschmelzung gem. §§ 13 Abs. 2, 50 Abs. 2 UmwG in den Verschmelzungsvertrag und die Beachtung der sich daraus ergebenden besonderen Zustimmungspflichten. Bei Mischverschmelzungen sind im Verschmelzungsvertrag auch die durch die andere Gesellschaftsform des übernehmenden Rechtsträgers entstehenden Rechtsverluste des Anteilsinhabers zu erläutern, so z.B. der Verlust von Weisungsbefugnissen gegenüber der Geschäftsführung.[77]
- **§ 5 Abs. 1 Nr. 5 UmwG:** Der **Zeitpunkt der Gewinnbeteiligung** muss im Verschmelzungsvertrag enthalten sein, da er von den beteiligten Rechtsträgern frei bestimmt werden kann. Er kann auch als Gestaltungsinstrument im Hinblick auf das Umtauschverhältnis genutzt werden, wenn durch das festgelegte Umtauschverhältnis die Anteilsinhaber des übertragenden Rechtsträgers entweder benachteiligt oder bevorzugt werden. Bei der Wahl des Zeitpunktes ist zu berücksichtigen, dass die Wirksamkeit der Verschmelzung vom Vollzug im Handelsregister abhängig ist. So wird bei absehbaren Schwierigkeiten im Vollzug, z.B. durch Anfechtungsklagen, zur Vereinbarung eines variablen Stichtages in Abhängigkeit vom Vollzug geraten.[78]

---

73 Z.B. das ggf. entstehende zusätzliche Haftungsrisiko des Komplementärs bei Verschmelzung von GmbH auf KG; hierfür gibt es nur Bewertungsab- und -aufschläge, die im Einzelfall zu ermitteln sind, vgl. *Sagasser* § 9 Rn. 140 m.w.N.
74 Vgl. *Sagasser* § 9 Rn. 140.
75 *Lutter* weist in Fn. 3 zu § 5 Rn. 40 zu Recht darauf hin, dass der Erwerb in der Regel für die Anteilsinhaber kostenfrei ist.
76 H.M. vgl. u.a. *Lutter* § 5 Rn. 41.
77 Vgl. *Sagasser* § 9 Rn. 148 f.
78 Vgl. *Lutter* § 5 Rn. 44; *Sagasser* § 9 Rn. 152.

- **§ 5 Abs. 1 Nr. 6 UmwG:** Der **Verschmelzungsstichtag** muss ebenfalls im Verschmelzungsvertrag enthalten sein, da er, wie der Zeitpunkt der Gewinnbeteiligung, von den beteiligten Rechtsträgern frei bestimmt werden kann. Da der Verschmelzungsstichtag den Stichtag für den Wechsel der Rechnungslegung regelt, ist er auch für die handelsrechtliche Gewinnermittlung maßgeblich. Häufig wird daher eine Koppelung des Zeitpunkts der Gewinnbeteiligung mit dem Verschmelzungsstichtag angeraten sein. Dies ist jedoch nicht zwingend erforderlich. Über § 2 Abs. 1 UmwStG wird für den steuerlichen Übertragungsstichtag an den Verschmelzungsstichtag zwingend angeknüpft.[79] Es ist jedoch zu beachten, dass durch die gewählte Formulierung in § 2 Abs. 1 UmwStG der Verschmelzungsstichtag immer einen Tag nach dem Bilanzstichtag für die Schlussbilanz des übertragenden Rechtsträgers liegen muss.[80] Zu diesem Bilanzstichtag ist wiederum die Frist des § 17 Abs. 2 UmwG zu beachten, so dass diese Bilanz im Zeitpunkt des Zugangs der Anmeldung beim Registergericht nicht älter als acht Monate sein darf. Der Hinweis, dass der Stichtag auch nach Abschluss des Verschmelzungsvertrages und der Zustimmungsbeschlüsse liegen könne, dient mehr der Vollständigkeit, da diese zeitliche Abfolge praktisch kaum vorkommt.[81] Auch im Hinblick auf den Verschmelzungsstichtag werden teilweise Lösungsansätze mit variablen Stichtagsregelungen vorgeschlagen. Dies kann besonders dann sinnvoll sein, wenn mit einer Fristüberschreitung des § 17 Abs. 2 UmwG gerechnet werden muss,[82] um nicht eine Abänderung des Vertrages und damit auch einen erneuten Zustimmungsbeschluss erforderlich zu machen.

- **§ 5 Abs. 1 Nr. 7 UmwG:** Die Angabe von **Sonderrechten oder besonderen Maßnahmen**, die **in Bezug auf einzelne Anteilseigner** oder an einzelne Inhaber von Sonderrechten i.S. des § 23 UmwG[83] gewährt werden, müssen im Verschmelzungsvertrag aufgeführt sein. Dabei ist wichtig, dass es nicht darauf ankommt, dass diese Rechte anlässlich der Verschmelzung gewährt wurden. Anzugeben sind vielmehr sämtliche Sonderrechte.[84] Die Angabepflicht umfasst jede Form gesellschaftsrechtlicher Sonderrechte oder sonstiger gegenüber dem neuen Rechtsträger eingeräumter schuldrechtlicher Sondervorteile, dabei kann die Sonderstellung sowohl in vermögensrechtlicher[85] als auch mitverwaltungsrechtlicher[86] Hinsicht bestehen. Nicht erfasst werden hingegen zwischen den Anteilsinhabern vereinbarte schuldrechtliche Sonderstellungen (shareholders' agreement) wie z.B. Options- oder Stimmrechtsverein-

---

79 Bei grenzüberschreitenden Verschmelzungen kann jedoch gem. § 2 Abs. 3 UmwStG ggf. ein anderer steuerlicher Übertragungsstichtag maßgeblich sein.

80 Vgl. hierzu 2. Kap. Rn. 78.

81 Insbesondere kommt die Umwandlung mit einem in der Zukunft liegenden Stichtag nur deshalb selten vor, weil die Registeranmeldung, der die auf den Verschmelzungsstichtag zu erstellende Schlussbilanz des übertragenden Rechtsträgers beizufügen ist, erst erfolgen kann, wenn diese vorliegt.

82 Vgl. *Lutter* § 5 Rn. 43.

83 *Sagasser* weist darauf hin, dass als Inhaber besonderer Rechte über § 23 UmwG hinaus auch Optionsberechtigte anzusehen sind, die im Wege isolierter Optionsrechte gem. § 192 Abs. 2 Nr. 3 AktG (naked warrants) Aktienoptionen erhalten haben, da diese in gleicher Weise zu behandeln sind wie durch Wandelschuldverschreibung unterfütterte Optionsrechte; *Sagasser* § 9 Rn. 158, s.a. *Lörcher* S. 133 f.

84 HK-UmwG/*Maulbetsch* § 5 Rn. 105 m.w.N.

85 So z.B. Vorzugsrechte auf Gewinn- oder Liquidationserlös, Optionsrechte auf Aktien, Wandelschuldverschreibungen.

86 So z.B. Sonderstimmrechte (sofern diese zulässig sind, § 12 Abs. 2 AktG); Bestellungs- und Entsendungsrechte oder Vorerwerbsrechte.

barungen.[87] Werden keine Sonderrechte gewährt, bedarf es auch keiner Angaben im Verschmelzungsvertrag, auch keiner Negativerklärung.[88]

- **§ 5 Abs. 1 Nr. 8 UmwG**: Alle **Vorteile**, die den in Nr. 8 genannten **Vertretungsorganen, Aufsichtsorganen oder Abschluss- und Verschmelzungsprüfern** gewährt werden, müssen im Verschmelzungsvertrag aufgeführt sein, damit eine eventuelle Gefährdung von deren Objektivität erkennbar wird. Auch Mitglieder von fakultativen satzungsmäßigen Organen, welche echte Überwachungsfunktionen ausüben (z.B. überwachender Beirat), unterliegen der Offenlegungspflicht.[89] Umfasst werden auch Vergünstigungen jeder Art, wobei übliche Honorare für erbrachte Leistungen (z.B. übliches Prüfungshonorar) nicht als Vorteil anzusehen sind. Denkbar sind z.B. Abfindungszahlungen an ausscheidende Organe oder Prüfungsgesellschaften, und Zusagen zu Organfunktionen bei der übernehmenden Gesellschaft, auch wenn die Organbestellung weder im Verschmelzungsvertrag noch im Zustimmungsbeschluss des übernehmenden Rechtsträgers rechtlich verbindlich erfolgt oder erfolgen kann (z.B. Vorstandbestellung bei der AG).[90] Einer Negativerklärung zur Gewährung von Vorteilen bedarf es wie bei den Sonderrechten dann nicht, sofern solche nicht gewährt werden.[88]

- **§ 5 Abs. 1 Nr. 9 UmwG**: Über Art und Umfang der gem. Nr. 9 zu machenden Angaben über die **Folgen der Verschmelzung für die Arbeitnehmer** besteht nach wie vor Unklarheit. Die Bestimmung ist in engem Zusammenhang zu sehen mit § 5 Abs. 3 UmwG, nämlich der Zuleitungspflicht an den Betriebsrat. Der Gesetzgeber hatte zum Ziel die durch die Verschmelzung eintretenden individual- und kollektivarbeitsrechtlichen Änderungen in den Verschmelzungsvertrag aufzunehmen, da hierdurch insbesondere den Arbeitnehmervertretungen frühzeitig Informationen über die Verschmelzung und die durch sie bewirkten Folgen für die Arbeitnehmer zur Verfügung gestellt werden.[91] Unstrittig ist, dass die **unmittelbaren** Folgen für die Arbeitnehmer in den Verschmelzungsvertrag aufgenommen werden müssen.[92] Sehr umstritten ist jedoch, ob und ggf. auch in welchem Umfang **mittelbare** Folgen für die Arbeitnehmer ebenfalls anzugeben sind. Zu Recht wird von der überwiegenden Meinung in der Literatur die Angabe der mittelbaren Folgen verneint, da das Umwandlungsrecht kein Mitbestimmungs- und Mitsprecherecht für die Arbeitnehmer schafft und für die weitergehenden Informationen die Systematik des BetrVG völlig ausreichend ist,[93] vgl. hierzu 2. Kap. Rn. 43. Zu den unmittelbaren und damit erläuterungspflichtigen Folgen gehören insbesondere der Übergang von Arbeitsverhältnissen (§ 613a BGB, vgl. hierzu 2. Kap. Rn. 32 ff.), die Fortgeltung oder Beendigung von Betriebsvereinbarungen (vgl. hierzu 2. Kap. Rn. 45), die Auswirkungen

---

87 *Lutter* § 5 Rn. 49; zu der besonderen Behandlung von Aktienoptionen vgl. vorstehend Fn. 83.
88 So *OLG Frankfurt/Main* Beschluss vom 4.4.2011, 20 W 466/10.
89 *Lutter* § 5 Rn. 51, *Kallmeyer* § 5 Rn. 45; HK-UmwG/*Maulbetsch* § 5 Rn. 114.
90 Zu der Problematik der stillschweigenden Organbestellung im Zustimmungsbeschluss sehr differenzierend *Lutter* § 5 Rn. 53.
91 BR-Drs. 75/94 v. 4.2.1994.
92 *Lutter* § 5 Rn. 56 m.w.N.; vgl. auch 2. Kap. Rn. 37 ff.
93 Vgl. hierzu ausführlich *Lutter* § 5 Rn. 69 ff., der auch auf die notwendige Geheimhaltung unternehmerischer Planungen abstellt; ebenso *Widmann/Mayer* § 5 Rn. 187 ff., *Kallmeyer* § 5 Rn. 51. Der Gegenansicht ist jedoch einzuräumen, dass nach dem Gesetzeswortlaut nicht nur die Folgen der Verschmelzung für die Arbeitnehmer und deren Vertretungen zu den Pflichtangaben gehören, sondern auch die *„insoweit vorgesehenen Maßnahmen"*. Insoweit wird also eine über die bloße Verschmelzung hinausgehende unternehmerische Planung angesprochen.

der Verschmelzung auf Tarifverträge und Fragen der Tarifbindung (vgl. hierzu 2. Kap. Rn. 46 f.), qualitative oder quantitative Veränderungen des Betriebsrates und der Arbeitnehmervertretungen im Aufsichtsrat (vgl. hierzu 2. Kap. Rn. 44) wie auch freiwillige Maßnahmen des übernehmenden Rechtsträgers, um etwaige durch die Verschmelzung eintretende Nachteile für die Arbeitnehmer abzumildern (z.B. freiwillige Beibehaltung eines mitbestimmten Aufsichtsrats).[94]

Außer den in § 5 Abs. 1 UmwG genannten **Mindestangaben** gibt es an weiteren Stellen **13** des Umwandlungsgesetzes **für bestimmte Sonderfälle und rechtsformspezifisch** weitere zwingende Vorschriften zum Inhalt des Verschmelzungsvertrages:

- Bei **Mischverschmelzungen**, der Verschmelzung einer börsennotierten AG auf eine nicht börsennotierte AG oder bei **abweichenden Vinkulierungsvorschriften** (vertraglicher oder gesetzlicher Art) für die Anteile an dem übernehmenden Rechtsträger muss der Verschmelzungsvertrag nach § 29 UmwG ein konkretes und angemessenes Barabfindungsangebot mit dem Angebot der Übernahme der Anteile des ausscheidungswilligen Anteilsinhabers bzw. mit einem befristeten Austrittsrecht enthalten; in diesem Fall ist auf die Annahmefrist des § 31 UmwG hinzuweisen.[95] Auf das Abfindungsangebot können die Anteilsinhaber durch notariell beurkundete[96] Erklärung analog § 30 Abs. 2 UmwG verzichten. Allein die Zustimmung aller Anteilsinhaber zur Verschmelzung bedeutet jedoch noch keinen Verzicht; nach strenger, aber wohl richtiger Meinung selbst dann, wenn alle Anteilsinhaber keinen Widerspruch erklärt haben.[97]
- Bei einer **Personengesellschaft** als übernehmender Rechtsträger sind die Angaben über Art und Umfang (Angabe der Einlage) der Haftung der Anteilsinhaber des übertragenden Rechtsträgers in der übernehmenden Gesellschaft gem. § 40 Abs. 1 UmwG zwingend.
- Bei einer **Partnerschaftsgesellschaft** als übernehmender Rechtsträger sind Name und Vorname sowie Wohnort jedes neuen Anteilsinhabers sowie der in der übernehmenden Partnerschaftsgesellschaft ausgeübte Beruf gem. § 45b UmwG anzugeben.
- Bei der **GmbH** als übernehmender Rechtsträger ist der Nennbetrag der Geschäftsanteile der Anteilsinhaber des übertragenden Rechtsträgers, welche die übernehmende Gesellschaft zu gewähren hat, gem. § 46 Abs. 1 UmwG anzugeben; Gleiches gilt für abweichende Rechte und Pflichten, mit denen ggf. diese zu gewährenden Geschäftsanteile gegenüber den bisherigen Anteilsinhabern an der übernehmenden Gesellschaft ausgestattet werden, gem. § 46 Abs. 2 UmwG, sowie die genauen Bestimmungen zu den zu übernehmenden Anteilen, falls die zu gewährenden Anteile nicht durch Kapitalerhöhung neu geschaffen werden, sondern bereits vorhanden sind, gem. § 46 Abs. 3 UmwG.
- Bei der **AG/KGaA** gibt es zum einen die Regelung des § 35 UmwG, welche die Art und Weise der Bezeichnung unbekannter Aktionäre regelt, für den Fall, dass die Benennung der Anteilsinhaber für den übernehmenden Rechtsträger gesetzlich vorgeschrieben ist (z.B. gem. § 40 UmwG bei einer Personenhandelsgesellschaft als

---

94 Vgl. *Lutter* § 5 Rn. 78.
95 *Lutter* § 5 Rn. 81 m.w.N.
96 Str. vgl. hierzu unten Rn. 60.
97 *Lutter* § 5 Rn. 81 und im Ergebnis auch *Kallmeyer* § 29 Rn. 17, sind außenstehende Anteilsinhaber nicht vorhanden (z.B. bei der Verschmelzung einer 100 %-Tochter auf ihre Muttergesellschaft) entfällt jedoch die Pflicht zur Aufnahme eines Abfindungsangebots, *Lutter* § 5 Rn. 82.

übernehmender Rechtsträger). Zum anderen ist für den Fall, dass die AG/KGaA übernehmender Rechtsträger ist, gem. §§ 71 Abs. 1, 72 und 78 UmwG die Bestellung eines Treuhänders durch den übertragenden Rechtsträger erforderlich, damit die Bereithaltung der Aktien und baren Zuzahlungen sichergestellt ist.

- Bei **Genossenschaften** wird der zwingende Inhalt zu § 5 Abs. 1 Nr. 3 UmwG (Umtauschverhältnis) durch § 80 Abs. 1 UmwG modifiziert; darüber hinaus erfordert § 80 Abs. 2 UmwG die Aufnahme des Stichtages der Schlussbilanz für jede übertragende Genossenschaft im Verschmelzungsvertrag.

- Bei der **Verschmelzung zur Neugründung** hat nach § 37 UmwG der Verschmelzungsvertrag den Gesellschaftsvertrag, die Satzung oder den Partnerschaftsvertrag des neuen Rechtsträgers zu enthalten oder festzustellen. Außerdem müssen die allgemeinen Gründungsvorschriften für die Rechtsform des neuen Rechtsträgers beachtet werden, soweit sich aus dem UmwG nicht ausdrücklich etwas Abweichendes ergibt. Dies sind z.B. die Bestellung der Vertretungsorgane, die Besonderheiten bei Festsetzungen über Sondervorteile oder Gründungsaufwand, die Sacheinlagevorschriften u.a. Gem. § 75 Abs. 2 UmwG braucht jedoch ein Gründungsbericht und eine Gründungsprüfung bei der AG nicht zu erfolgen, soweit übertragender Rechtsträger eine Kapitalgesellschaft oder eine eingetragene Genossenschaft ist. Entsprechende Befreiung gilt bei der GmbH gem. § 58 Abs. 2 UmwG für den Sachgründungsbericht.

- Bei der **grenzüberschreitenden Verschmelzung von Kapitalgesellschaften**[98] wird der Verschmelzungsvertrag durch den **Verschmelzungsplan** gem. § 122c UmwG ersetzt. Für diesen gelten die in § 122c Abs. 2 UmwG geregelten Mindestangaben. Diese unterscheiden sich von den in § 5 Abs. 1 UmwG genannten Mindestangaben in folgenden wichtigen Punkten:
  - **§ 122c Abs. 2 Nr. 4 UmwG**: Die voraussichtlichen **Auswirkungen der Verschmelzung auf die Beschäftigung** beinhalten nicht dieselben Angaben, wie diese in § 5 Abs. 1 Nr. 9 UmwG gefordert werden. Vielmehr ist diese Formulierung weniger umfassend und beinhaltet nicht die Darstellung der Auswirkungen auf die Arbeitnehmervertretungen und eventuelle insoweit vorgesehene Maßnahmen.[99] U.E. sind vielmehr die beschäftigungsbezogenen Informationen in den Verschmelzungsplan aufzunehmen, die für die Anteilsinhaber relevant sind.[100]
  - **§ 122c Abs. 2 Nr. 9 UmwG**: Dem Verschmelzungsplan ist immer die **Satzung** des übernehmenden Rechtsträgers beizufügen, unabhängig davon, ob die Verschmelzung zur Aufnahme oder zur Neugründung erfolgt.
  - **§ 122c Abs. 2 Nr. 10 UmwG**: Der Verschmelzungsplan muss nicht nur das Verfahren über die Beteiligung der Arbeitnehmer, sondern auch die **Festlegung der Mitbestimmungsrechte für die Zeit nach Wirksamwerden der Verschmelzung** beinhalten. Dabei sind die Besonderheiten des Gesetzes zur Umsetzung der Regelungen über die Mitbestimmung der Arbeitnehmer bei einer Verschmelzung von Kapitalgesellschaften aus verschiedenen Mitgliedstaaten (MgVG), welches am 29.12.2006 in Kraft getreten ist, zu berücksichtigen, vgl. hierzu oben 2. Kap. Rn. 42.

---

98 Eine verständliche Einführung zum Verfahrensablauf bietet *Klein* RNotZ 2007, 565 ff.
99 S.a. *Heckschen* DNotZ 2007, 456 m.w.N.; abweichend *Widmann/Mayer* § 122c Rn. 98.
100 S.a. *Limmer* ZNotP 2007, 253 f. m.w.N.; *Hausch* weist in RNotZ 2007, 328 darauf hin, dass durch die Übereinstimmung mit der Formulierung in § 2 Abs. 2 S. 1, Abs. 3 S. 1 SGB III Angaben zu eventuellen Einstellungen aufgenommen werden sollten; zu eng jedoch *Simon/Rubner* Der Konzern 2007, 835 ff.

- **§ 122c Abs. 2 Nr. 11 UmwG**: Die im Verschmelzungsplan geforderten Angaben zur **Bewertung des Aktiv- und Passivvermögens** des übertragenden Rechtsträgers sollen sicherstellen, dass aus dem Verschmelzungsplan ersichtlich ist, zu welchen handelsrechtlichen Werten (Buchwert, Teilwert, gemeiner Wert) die Übertragung des Vermögens im Wege der Verschmelzung erfolgt.
- **§ 122c Abs. 2 Nr. 12 UmwG**: Der **Stichtag** der für die Verschmelzung zugrunde gelegten Bilanzen muss im Verschmelzungsplan ergänzend zum Verschmelzungsstichtag angegeben werden, da es gem. § 2 Abs. 3 UmwStG bei grenzüberschreitenden Verschmelzungen möglich ist, dass der Bilanzstichtag nicht gem. § 2 Abs. 1 UmwStG vom Verschmelzungsstichtag abgeleitet wird.

Zu beachten ist, dass die Vorschriften des UmwG kollisionsrechtlich nach der **Vereinigungstheorie**, vgl. oben 2. Kap. Rn. 6, nur auf inländische Gesellschaften anzuwenden sind. Für die beteiligten ausländischen Rechtsträger gilt deren jeweiliges Heimatrecht, welches nach Umsetzung der VRL jedoch weitgehend harmonisiert sein dürfte.[101] Weiter ist zu beachten, dass gem. Art. 4 Abs. 1 Nr. 1 lit.a VRL **aktive und passive Beschränkungen der Verschmelzungsfähigkeit**, welche die anzuwendende ausländische Rechtsordnung vorgibt, zu beachten sind. Teilweise werden Zweifel an der richtlinienkonformen Gestaltung des § 122c UmwG insoweit erhoben, als der Verschmelzungsplan nach Art. 5 VRL als »gemeinsamer Verschmelzungsplan« definiert ist und somit nicht der Anwendung der Vereinigungstheorie zugänglich sein könne, da bei einem gemeinsamen Verschmelzungsplan als einheitlichem Rechtsakt nur ein einziges Recht auf diesen Anwendung finden kann. Von Vertretern dieser Meinung wird vorgeschlagen, § 122c Abs. 2 UmwG richtlinienkonform dahingehend auszulegen, dass diese Vorschrift einerseits im Falle der Herausverschmelzung auf die übertragende deutsche Gesellschaft keine Anwendung findet, andererseits im Falle der Hineinverschmelzung hingegen diese Vorschrift sowohl auf die aufnehmende deutsche Gesellschaft als auch auf die ausländischen übertragenden Gesellschaften angewandt wird. Diese Abgrenzung wird dann auch auf die Formvorschrift des § 122c Abs. 4 UmwG angewandt.[102] Die Vertreter der anderen, derzeit in der Literatur eindeutig herrschenden Meinung argumentieren, dass der deutsche Gesetzgeber in Konformität mit der VRL und abweichend von der SE-VO keinen gleichlautenden, sondern nur einen gemeinsamen Verschmelzungsplan für die beteiligten Rechtsträger gefordert hat. Damit handelt es sich bei seiner Aufstellung auch nicht um einen einheitlichen Rechtsakt, so dass die Vereinigungstheorie anwendbar bleibt und somit § 122c UmwG bei allen Arten der in den §§ 122a ff. UmwG geregelten grenzüberschreitenden Verschmelzungen auf den inländischen Rechtsträger anwendbar bleibt.[103] Dieser letzteren Auffassung ist auch vollumfänglich zuzustimmen; eine sehr ausführliche und detaillierte Betrachtung zum Verschmelzungsplan enthält *Limmer* ZNotP 2007, 242 ff.

Die **Folgen fehlender Mindestangaben** gem. § 5 Abs. 1 UmwG können nicht einheit- **14** lich beantwortet werden. Fehlen die Angaben nach § 5 Abs. 1 Nr. 1–3 UmwG, ist es strittig, ob der Verschmelzungsvertrag nichtig ist und auch nicht durch eine Eintragung im Handelsregister gem. § 20 Abs. 2 UmwG mit Bestandsschutz ausgestattet wer-

---

101 S.a. *Herrler* EuZW 2007, 296.
102 So z.B. *Kallmeyer* AG 2007, 472 ff. mit sehr ausführlicher Begründung.
103 Vgl. u.a. *Heckschen* DNotZ 2007, 458.

den kann.[104] Damit ist die gesamte Verschmelzung nichtig. Fehlen andere Mindestangaben, ist der Verschmelzungsvertrag unvollständig und somit der darauf beruhende Gesellschafterbeschluss fehlerhaft und anfechtbar, vgl. zu den Details oben 2. Kap. Rn. 95. Die Eintragung einer solchermaßen fehlerhaften Verschmelzung genießt jedoch unstreitig gem. § 20 Abs. 2 UmwG Bestandsschutz. Eine Sonderstellung nehmen die Angaben nach Nr. 9 hinsichtlich der Folgen für die Arbeitnehmer ein, da diese nur berichtenden Charakter haben; insoweit sind nur Wissenserklärungen und nicht der rechtsgeschäftliche Inhalt des Verschmelzungsvertrags betroffen. Strittig ist, ob die Gesellschafter wegen Fehlens dieser Angaben ein Anfechtungsrecht haben,[105] ein Anfechtungsrecht der Arbeitnehmervertretungen scheidet jedoch nach h.M. aus.[106] Der Gesetzgeber hat den Arbeitnehmervertretungen keinen Rechtsbehelf im registerrechtlichen Verfahren eingeräumt. Den Arbeitnehmervertretungen bleibt daher nur die Möglichkeit, beim Registergericht eine Gegendarstellung einzureichen und auf eine Unvollständigkeit oder Unrichtigkeit der Angaben hinzuweisen. Das Registergericht muss jedoch das Fehlen aller Angaben beanstanden, da es einen unvollständigen Verschmelzungsvertrag nicht vollziehen darf. Strittig ist jedoch, ob das Registergericht wegen Fehlens der Angaben nach Nr. 9 die Eintragung der Verschmelzung ablehnen darf.[107] Fehlen im Verschmelzungsvertrag jedwede Angaben über die Folgen für die Arbeitnehmer und ihre Vertretungen sowie die insoweit vorgesehenen Maßnahmen, oder sind wesentliche Teilbereiche offensichtlich nicht abgedeckt, hat das Registergericht die Eintragung abzulehnen. Das Gleiche gilt, wenn sich die Angaben in einer Bezugnahme auf gesetzliche Bestimmungen oder Wiedergabe des Gesetzeswortlauts erschöpfen.[108] Gegen eine über die formelle Prüfung hinausgehende materielle Prüfung der Pflichtangaben spricht, dass dem Registergericht regelmäßig schon die erforderliche Sachverhaltskenntnis fehlt, um die häufig sehr komplexen arbeitsrechtlichen Zusammenhänge in eigener Zuständigkeit prüfen zu können. Wegen weiterer Fehler des Verschmelzungsvertrages vgl. 2. Kap. Rn. 95.

15 Da es sich bei den vorstehend aufgeführten Angaben um Mindestangaben handelt, enthalten Verschmelzungsverträge sehr häufig **weitere Bestimmungen**, die **im Zusammenhang mit der Verschmelzung** zwischen den Vertragsbeteiligten getroffen werden. Sie sind zulässig, soweit sie nicht in die besonderen Regeln des UmwG eingreifen,[109] vgl. z.B. zur eingeschränkten Möglichkeit von Rücktritts-/Kündigungsregelungen oben 2. Kap. Rn. 25. Sie müssen jedoch mit in den Verschmelzungsvertrag aufgenommen und beurkundet werden, da die Formbedürftigkeit sich auch auf alle Nebenabreden erstreckt, die nach dem Willen mindestens einer der Parteien mit dem Verschmelzungsvertrag ein „untrennbares Ganzes" darstellen.[110] Nach wohl herrschender Meinung können im Hinblick auf den Umfang der Beurkundungspflicht (auch im Hin-

---

104 So *Lutter* § 5 Rn. 114 m.w.N.; **a.A.** *Widmann/Mayer* § 4 Rn. 70, der auch bei Nichtigkeit des Vertrages wegen fehlender essentialia der Heilungswirkung des § 20 Abs. 2 UmwG bejaht; s.a. *OLG Frankfurt* ZIP 2003, 1607; *BayObLG* MittBayNot 2000, 121 f. mit Anmerkung *Mayer*.
105 Nach wohl richtiger Meinung stellt das Fehlen der Angaben nach Nr. 9 einen Anfechtungsgrund für den Anteilsinhaber i.S.d. § 243 AktG dar, jedoch wird i.d.R. die Anfechtungsklage wegen fehlender Kausalität für das Beschlussergebnis scheitern, vgl. *Sagasser* § 9 Rn. 164–166.
106 *OLG Naumburg* DB 1997, 466, vgl. auch oben 2. Kap. Rn. 95 m.w.N.
107 Für Ablehnungsrecht *Lutter* § 5 Rn. 107, dagegen *Widmann/Mayer* § 5 Rn. 205 ff. mit ausführlicher Darstellung des Meinungsstands.
108 *OLG Düsseldorf* ZIP 1998, 1190.
109 Interessant zur Unzulässigkeit von Zuzahlungen über 10 % *Heckschen* GWR 2010, 101 ff.
110 *BGH* BGHZ 82, 188, 195.

blick auf Vorverträge) die Regeln des § 311b Abs. 1 BGB herangezogen werden.[111] Werden Nebenabreden nicht beurkundet, kann eine Heilung bei Eintragung gem. § 20 Abs. 1 Nr. 4 UmwG eintreten.[112] Es ist jedoch im Einzelfall zu ermitteln, mit welchem Inhalt die Verschmelzung nun durchgeführt werden soll, da maßgeblicher Inhalt immer der Inhalt des Verschmelzungsvertrages sein muss, welcher der Beschlussfassung der Anteilsinhaber zugrunde gelegen hat.[113] Lagen unterschiedliche Fassungen vor, muss im Wege der ergänzenden Vertragsauslegung ein Interessenausgleich gefunden werden.[114] Dabei ist jedoch zu beachten, dass der Zeitpunkt des Eintritts der Verschmelzungsfolgen nicht der Dispositionsfreiheit der Vertragsbeteiligten unterliegt, so dass z.B. aufschiebende Bedingungen immer als eingetreten fingiert werden müssen.[115]

Zu **nachträglichen Änderungen des Verschmelzungsvertrages** und zu der Zustimmungspflicht durch die Anteilsinhaber vergleiche 2. Kap. Rn. 13 und zur erneuten Zuleitung an den Betriebsrat vergleiche 2. Kap. Rn. 38. **16**

III. Der Verschmelzungsbericht

Da der Verschmelzungsvertrag allein nicht ausreichend ist, um den Anteilsinhabern **17** eine Entscheidungsgrundlage über die Verschmelzung bieten zu können, sieht das Gesetz in § 8 UmwG vor, dass die Vertretungsorgane der beteiligten Rechtsträger jeweils oder gemeinsam einen schriftlichen Verschmelzungsbericht anfertigen, welcher die Anteilsinhaber in die Lage versetzen soll, eine **Plausibilitätskontrolle** vornehmen zu können, ohne den Vorgang in allen Einzelheiten kennen zu müssen.[116] Bei der grenzüberschreitenden Verschmelzung dient der Verschmelzungsbericht auch der Information des zuständigen Betriebsrats, ersatzweise den Arbeitnehmern der beteiligten Rechtsträger. Das Gesetz konkretisiert nicht näher den genauen Mindestinhalt des Verschmelzungsberichtes. Das ist problematisch, da eine nachträgliche Ergänzung eines unvollständigen Berichtes in der Gesellschafterversammlung nicht mehr möglich ist;[117] vielmehr ist der auf der Grundlage eines unvollständigen Berichts gefasste Verschmelzungsbeschluss bei Kapitalgesellschaften anfechtbar und bei Personengesellschaften nichtig, es kann Klage nach § 14 UmwG erhoben werden.[118] Das Registergericht muss jedoch auch bei einem fehlerhaften Bericht eintragen, sofern keine Anfechtungsklage oder Klage nach § 14 UmwG erhoben ist.

---

111 Vgl. *Lutter* § 6 Rn. 3 m.w.N., *Widmann/Mayer* § 6 Rn. 14; HK-UmwG/*Maulbetsch* § 6 Rn. 5.

112 *Lutter* § 5 Rn. 116 m.w.N.

113 Strittig, wie hier *Lutter* § 20 Rn. 68; *Widmann/Mayer* § 20 Rn. 369; **a.A.** *Hachenburg* § 77 Anh. II i.V.m. § 21 Rn. 2 VerschmG.

114 *Lutter* § 20 Rn. 82 m.w.N.

115 Zwischenzeitlich h.M. so u.a. *Lutter* § 20 Rn. 82; *Kallmeyer* § 20 Rn. 40.

116 *OLG Hamm* DB 1988, 1842, 1843; *OLG Karlsruhe* WM 1989, 1134, 1138; HK-UmwG/*Schäffler* § 8 Rn. 16.

117 *Widmann/Mayer* § 8 Rn. 73 m.w.N.: Da der Verschmelzungsbericht der Vorabinformation der Anteilsinhaber dient, ist es mit seinem Sinn und Zweck nicht vereinbar, Fehler im Rahmen der Zustimmungsbeschlüsse durch entsprechende erweiterte Erläuterungen heilen zu können.

118 *Lutter* § 8 Rn. 57 f. mit ausführlicher Darstellung des Meinungsstands in Bezug auf die Rspr. zum Formwechsel des *BGH* GmbHR 2001, 200 und GmbHR 2001, 247 und der daraus entstandenen Diskussion zum Ausschluss einer Anfechtungsklage bei fehlerhafter Erläuterung des Umtauschverhältnisses bzw. des Abfindungsangebotes durch ausschließliche Verweisung auf das Spruchverfahren.

18 Bisher haben sich folgende Grundsätze für die Erstellung des Verschmelzungsberichtes in Literatur und Rechtsprechung entwickelt:

- Im Verschmelzungsbericht zu erläutern sind die **rechtlichen und wirtschaftlichen Gründe**, die für die Durchführung der Verschmelzung sprechen. Hierzu gehört die wirtschaftliche Ausgangslage der beteiligten Rechtsträger, die wirtschaftlichen Auswirkungen der Verschmelzung, eine Prognose für die langfristigen wirtschaftlichen Folgen einschließlich der Abwägung der Vor- und Nachteile. Bei grenzüberschreitenden Verschmelzungen ist gem. § 122e S. 1 UmwG eine Erläuterung zu den Auswirkungen der Verschmelzung auf die Gläubiger und Arbeitnehmer der beteiligten Rechtsträger aufzunehmen.
- Des Weiteren muss der Verschmelzungsvertrag erläutert werden, um ihn verständlich zu machen. Diese **Erläuterung** ähnelt der notariellen Belehrungspflicht.
- Weiter ist das **Umtauschverhältnis** plausibel **offen zu legen**, hierzu gehören insbesondere die angewandte Bewertungsmethode, die wichtigsten Zahlen einschließlich der Berechnungsmethoden für die prognostizierten Jahresergebnisse sowie der Stichtag, welcher der Berechnung des Umtauschverhältnisses zugrunde gelegt wurde. Unsicherheiten und Risiken bei den zugrunde gelegten Bewertungsmethoden und/oder Prognosen müssen erläutert werden. Nach § 8 Abs. 1 S. 2 1. HS UmwG ist auf besondere Schwierigkeiten bei der Bewertung hinzuweisen.
- Existiert kein Umtauschverhältnis, wie z.B. bei der Genossenschaft, sind die **Mitgliedschaften** am übernehmenden Rechtsträger zu **erläutern**.[119]
- Erläuterungspflichtig sind Änderungen der Beteiligungsstruktur und Satzungsbesonderheiten, die eine **Veränderung der Rechtsposition des Anteilsinhabers** bewirken. Erläuterungsbedürftig sind daher gravierende Abweichungen vom gesetzlichen Normalstatut, die beim übertragenden Rechtsträger nicht bestanden.[120]
- Gem. § 8 Abs. 1 S. 3 UmwG sind die **wesentlichen Angaben zu verbundenen Unternehmen** zu machen; dies umfasst alle Angelegenheiten, die im Hinblick auf die Verschmelzung wesentlich sind, also insbesondere Unternehmensverträge, wobei auch die etwaige Auswirkung der Verschmelzung auf diese dargestellt werden muss.

Die noch im Regierungsentwurf zum 3. UmwÄndG enthaltene Regelung in einem neuen § 8 Abs. 3 UmwG mit der Einführung einer auf alle Umwandlungsvorgänge anzuwendenden erweiterten Unterrichtungspflicht ist nun auf Fälle unter Beteiligung einer Aktiengesellschaft beschränkt worden. Der Rechtsausschuss hatte sich dagegen entschieden, einer solchen allgemeinen Regelung zuzustimmen. Stattdessen findet sich nun eine erweiterte Unterrichtungspflicht in § 64 Abs. 1 S. 1 UmwG,[121] die auch bei der Verschmelzung einer 100 %-Tochtergesellschaft notwendig ist. Der Vorstand muss nunmehr über jede wesentliche Veränderung im Vermögen der Gesellschaft unterrichten. Eine wesentliche Abweichung wird dabei angenommen, sofern in der Zwischenzeit Schwankungen von mindestens 5–10 % des Vermögens eingetre-

---

119 So richtig *Lutter* § 8 Rn. 29 f.; HK-UmwG/*Schäffler* § 8 Rn. 39; eine generelle, zusätzlich zum Umtauschverhältnis vorzunehmende Erörterung der Rechtsstellung im aufnehmenden Rechtsträger ist abzulehnen.
120 *Lutter* § 8 Rn. 36.
121 Vgl. *Neye/Kraft* NZG 2011, 681, 683.

ten sind.[122] Auf die Unterrichtung kann wie auch auf den Verschmelzungsbericht selbst verzichtet werden.[123]

Da der Verschmelzungsbericht eine **Wissenserklärung** darstellt, ist eine Stellvertre- **19** tung bei der Abgabe nach h.M. unzulässig.[124] Nach h.M. ist der Verschmelzungsbericht von allen Organmitgliedern zu unterschreiben.[125] Die Vertretungsorgane sind zu allen Angelegenheiten, die zum Verschmelzungsbericht gehören, den Anteilseignern gegenüber gem. § 8 Abs. 1 S. 4 UmwG auskunftspflichtig. Die Nichtaufnahme einzelner Tatsachen aus Geheimhaltungsgründen in den Bericht ist gem. § 8 Abs. 2 UmwG nur im begründeten Einzelfall zulässig, auf das (mündliche) Auskunftsrecht muss sich dies aber nicht zwingend durchschlagen. So wird z.B. bei der GmbH vertreten, dass im Hinblick auf § 49 Abs. 3 UmwG der GmbH-Gesellschafter auch hinsichtlich der im Bericht aus Geheimhaltungsgründen nicht aufgenommenen Tatsachen einen Auskunftsanspruch hat.[126]

Sehr häufig wird von der Möglichkeit des **Verzichts auf den Verschmelzungsbericht** **20** gem. § 8 Abs. 3 UmwG, welcher notariell beurkundet werden muss, Gebrauch gemacht. Der Verzicht muss aber bezogen auf den konkreten Umwandlungsvorgang abgegeben werden (ein Vorab-Verzicht auf Umwandlungsberichte in der Satzung ist unzulässig),[127] daher muss der Anteilsinhaber auch über die geplante Maßnahme bei Abgabe des Verzichts hinreichend informiert sein (z.B. durch den Entwurf des Verschmelzungsvertrages). Zu beachten ist, dass bei der grenzüberschreitenden Verschmelzung gem. § 122e UmwG ein Verzicht auf den Verschmelzungsbericht nicht zulässig ist.[128]

Ein Verschmelzungsbericht ist **nicht erforderlich** bei **21**

- Mutter-Tochter-Verschmelzungen (up-stream-merger) gem. § 8 Abs. 3 UmwG; dies gilt jedoch nicht bei grenzüberschreitenden Verschmelzungen, da § 122e S. 3 UmwG die Anwendung von § 8 Abs. 3 UmwG insgesamt ausschließt.
- Personengesellschaften und Partnerschaftsgesellschaften, bei denen jeder Gesellschafter zur Geschäftsführung berechtigt ist, gem. §§ 41, 45c UmwG; die analoge Anwendung dieser Vorschrift auf personalistisch geführte GmbHs ist strittig.[129]

---

122 *Simon/Merkelbach* DB 2011, 1317 mit Verweis auf *OLG München* AG 2007, 701.

123 Zu Recht weist jedoch *Leitzen* in DNotZ 2011, 526 ff. darauf hin, dass die Regelung fehl platziert ist, da der Verzicht außerhalb der Hauptversammlung (in notariell beurkundeter Form) zu erklären ist, und zwar durch alle Aktionäre.

124 *Lutter* § 8 Rn. 7 m.w.N., *Widmann/Mayer* § 8 Rn. 14; HK-UmwG/*Schäffler* § 8 Rn. 8.

125 HK-UmwG/*Schäffler* § 8 Rn. 8, s.a. *Widmann/Mayer* § 8 Rn. 14 mit ausführlicher Darstellung des Meinungsstands; vgl. aber auch *BGH* DNotZ 2008, 143, der die Frage zwar ausdrücklich offen lässt, jedoch eine klare Tendenz dahingehend zu erkennen gibt, dass eine Unterzeichnung in vertretungsberechtigter Zahl ausreichend ist.

126 *Lutter* § 8 Rn. 47, *Widmann/Mayer* § 8 Rn. 49 f.

127 *Lutter* § 8 Rn. 52.

128 Gleichwohl wird in der Literatur trotz des insoweit eindeutigen Wortlauts über eine Verzichtsmöglichkeit diskutiert, sofern sowohl die Anteilsinhaber als auch die Arbeitnehmer den Verzicht erklären oder sofern keine Arbeitnehmer vorhanden sind, vgl. *Klein* RNotZ 2007, 565, 592; *Kruse/Kruse* BB 2010, 3035, 3036 jeweils m.w.N. Insoweit ist jedoch Vorsicht geboten, da sich eine registerrechtliche Praxis bisher nicht etabliert hat.

129 Dafür *Lutter* § 8 Rn. 54, *Widmann/Mayer* § 8 Rn. 53; dagegen *H. Schmidt* in Lutter § 41 Rn. 3 unter Hinweis auf *Bayer* in ZIP 1997, 1620.

IV. Die Verschmelzungsprüfung

22 Die Verschmelzungsprüfung ist für jeden Rechtsträger im Umwandlungsgesetz gesondert geregelt und die Erforderlichkeit ist für jeden an der Verschmelzung beteiligten Rechtsträger gesondert zu beurteilen. Eine **Pflicht zur Verschmelzungsprüfung**, auf welche in § 9 Abs. 1 UmwG abgestellt wird, ergibt sich aus folgenden Vorschriften:[130]

Beteiligte Rechtsträger	Verschmelzungs-Prüfungspflicht	Verzicht möglich?	Verschmelzung durch Aufnahme	Verschmelzung durch Neugründung
AG	Ja	Ja, notariell beurkundet	§ 60 Abs. 1 UmwG und § 122f UmwG	§§ 73, 60 Abs. 1 UmwG und § 122f UmwG
KGaA	Ja	Ja, notariell beurkundet	§§ 78, 60 Abs. 1 UmwG und § 122f UmwG	§§ 78, 73, 60 Abs. 1 UmwG und § 122f UmwG
GmbH/UG (haftungsbeschränkt)	bei inländischer Verschmelzung: auf Verlangen eines Gesellschafters	Erfolgt nur auf Antrag	§ 48 UmwG	§ 48 UmwG
	bei grenzüberschreitender Verschmelzung: Ja	Ja, notariell beurkundet	§ 122f UmwG	§ 122f UmwG
Personengesellschaft einschl. Partnerschaftsgesellschaft	Auf Verlangen eines Gesellschafters, falls im Gesellschaftsvertrag eine Mehrheitsentscheidung der Gesellschafter vorgesehen ist	Erfolgt nur auf Antrag	§§ 44, 43 Abs. 2 UmwG	§§ 44, 43 Abs. 2 UmwG
Genossenschaft	Prüfungsgutachten des Prüfungsverbands; kann für mehrere beteiligte Genossenschaften auch gemeinsam erstattet werden.	Nein, Pflichtprüfung	§ 81 Abs. 1 UmwG	§ 81 Abs. 1 UmwG
Rechtsfähiger wirtschaftlicher Verein	Ja[131]	Ja, notariell beurkundet	§ 100 S. 1 UmwG	§ 100 S. 1 UmwG
Eingetragener Verein	Auf Verlangen von mind. 10 % der Mitglieder[131]	Erfolgt nur auf Antrag	§ 100 S. 2 UmwG	§ 100 S. 2 UmwG

---

130 *Sagasser* § 9 Rn 233; *Dörner* in WP-Handbuch 2008 Bd. II Teil D Rn. 17.
131 Str., ob Prüfungspflicht entfällt, wenn die Satzung des Vereins für die Verschmelzung Einstimmigkeit verlangt; bejahend *Lutter* § 100 Rn. 4 f. m.w.N. sowie *Schmitt/Hörtnagl/Stratz* § 100 Rn. 1.

Beteiligte Rechtsträger	Verschmelzungs-Prüfungspflicht	Verzicht möglich?	Verschmelzung durch Aufnahme	Verschmelzung durch Neugründung
VVaG	Nein	–	Keine Spezialnorm, § 9 Abs. 1 UmwG	Keine Spezialnorm, § 9 Abs. 1 UmwG
Kapitalgesellschaft, die mit Vermögen des Alleingesellschafters (natürl. Person) verschmolzen wird	Nein	–	§ 121	–
Unabhängig von Rechtsform der beteiligten Rechtsträger bei Barabfindungsangebot gem. § 29 UmwG im Verschmelzungsvertrag	Ja	Ja, notariell beurkundet	§§ 30, 29 UmwG	–
Unabhängig von Rechtsform der beteiligten Rechtsträger bei Aufnahme einer 100 %-Tochtergesellschaft gem. § 9 Abs. 2 (gilt nicht für Verschmelzung von Schwestergesellschaften)	Nein	–	–	–

Für die **Bestellung des Verschmelzungsprüfers** sieht das Gesetz vor, dass diese weder **23** durch die jeweiligen Vertretungsorgane noch durch die Anteilseigner wie bei der Jahresabschlussprüfung erfolgt. Vielmehr erfolgt die Bestellung des Verschmelzungsprüfers durch das Landgericht, in dessen Bezirk einer der übertragenden Rechtsträger seinen Sitz hat, gem. § 10 Abs. 1 und 2 UmwG auf Antrag der jeweiligen Vertretungsorgane. Die Vertretungsorgane der beteiligten Rechtsträger können gem. § 10 Abs. 1 S. 2 UmwG durch einen **gemeinsamen Antrag** die Bestellung eines **gemeinsamen Verschmelzungsprüfers** für alle beteiligten Rechtsträger beantragen. Das Gericht ist an den Antrag, wie auch an einen ggf. durch die Antragsteller vorgeschlagenen Prüfer, nicht gebunden.[132] Auf das Verfahren sind die Vorschriften des FamFG anzuwenden, für welches die Besonderheiten des § 10 Abs. 4–5 UmwG gelten, insbesondere in Bezug auf die Beschwerde. Die im UmwG vorgesehene **zwingende Bestellung des Verschmelzungsprüfers durch das Gericht** soll auch dazu beitragen, dass in einem etwaigen Spruchverfahren die Einholung eines Obergutachters unterbleiben kann,

---

132 So im Ergebnis *Schmitt/Hörtnagl/Stratz* § 10 Rn. 8, *Widmann/Mayer* §10 Rn. 4 und 11.5; HK-UmwG/*Ries* § 10 Rn. 5.

ohne dass dadurch die Einholung eines Gutachtens im Spruchverfahren ausgeschlossen ist.[133] Da entgegen Art. 8 Abs. 2 VRL im UmwG keine Prüferbestellung durch eine ausländische Behörde vorgesehen ist, wird bei grenzüberschreitenden Verschmelzungen für die Vertretungsorgane die Möglichkeit bestehen, einen Antrag auf gemeinsame Prüfung bei jeder zuständigen Behörde eines Staats zu stellen, dessen Recht eine der sich verschmelzenden oder aus der Verschmelzung hervorgehenden Gesellschaften unterliegt.[134]

24 Für die **Auswahl des Prüfers** verweist § 11 Abs. 1 UmwG u.a. auf § 319 Abs. 1 HGB. Somit können zum Prüfer von Aktiengesellschaften, von VVaGs (§ 330 Abs. 3 HGB), Vereinen sowie großen GmbHs nur Wirtschaftsprüfer oder Wirtschaftsprüfungsgesellschaften, zum Prüfer von mittelgroßen und kleinen GmbHs und Personengesellschaften auch vereidigte Buchprüfer oder Buchprüfungsgesellschaften bestellt werden. Die in § 319 Abs. 2 und 3 HGB genannten Ausschlussgründe sind bei der Bestellung zu beachten. Jedoch ist nach h.M. kein Ausschlussgrund gegeben, wenn der Prüfer zugleich Abschlussprüfer bei einem der beteiligten Rechtsträger ist,[135] dies ist jedoch einzelfallbezogen vom Gericht zu prüfen.[136]

25 **Gegenstand des Prüfungsberichtes** ist gem. § 9 Abs. 1 UmwG der Verschmelzungsvertrag bzw. sein Entwurf. Er muss daraufhin geprüft werden, ob er **materiell und formell vollständig** und **sachlich richtig** ist. Dabei ist auf die Mindestangaben nach § 5 Abs. 1 UmwG i.V.m. den rechtsformspezifischen Besonderheiten (vgl. oben Rn. 13) abzustellen. Gem. § 12 Abs. 2 UmwG hat der Prüfer zu der Angemessenheit des Umtauschverhältnisses und eventueller Zuzahlungen Stellung zu nehmen, insbesondere hat er sich über die Methode, nach welcher das Umtauschverhältnis ermittelt wurde, und über die Angemessenheit der Methode zu äußern. Inhaltlich hat der Verschmelzungsprüfer jedoch nicht eine Neubewertung vorzunehmen, sondern lediglich zu prüfen und darzulegen, ob die angewendeten Methoden der Unternehmensbewertung sowie die getroffenen Prognose- und Wertungsentscheidungen vertretbar waren und den Regeln einer ordnungsgemäßen Unternehmensbewertung entsprachen.[137] Das abschließende Testat des Prüfers hat sich auf die Angemessenheit des vorgesehenen Umtauschverhältnisses, ggf. die Höhe der baren Zuzahlungen oder die Angemessenheit der Mitgliedschaft bei dem übernehmenden Rechtsträger als Gegenwert zu beziehen. Nach wohl h.M. hat der Verschmelzungsprüfer nicht eine Beurteilung des wirksamen Zustandekommens des Verschmelzungsvertrages vorzunehmen.[138] Gleichwohl hat der Verschmelzungsprüfer eine Redepflicht, die entsprechend den zu der Gründungsprüfung nach §§ 33, 34 AktG entwickelten Grundsätzen, ihn insbesondere dazu

---

133 So bereits zum alten Recht bei freiwillig beantragter gerichtlicher Bestellung des Prüfers *LG Frankfurt* AG 2004, 392, 393; ausführlich ebenfalls *Lutter* § 10 Rn. 17 ff.

134 So *Schmitt/Hörtnagl/Stratz* § 122 f. Rn. 3; *H.-F. Müller* ZIP 2007, 1085 mit dem Hinweis, dass für die Qualifikation der Prüfer als auch für den Inhalt der Prüfung ausschließlich das Recht des gewählten Staates gilt; im Ergebnis auch *Bayer/Schmidt* NZG 2006, 842 f.

135 *Lutter* § 11 Rn. 5 m.w.N.; ausgeschlossen ist jedoch derjenige, der bei der Ermittlung des Umtauschverhältnisses mitgewirkt hat.

136 *Schmitt/Hörtnagl/Stratz* § 11 Rn. 3 unter Verweis auf die Hinweise in *BGH* DB 2003, 383, wobei sich in der Praxis das Problem durch die Änderung von § 10 UmwG wohl nicht mehr stellt, da nunmehr das Gericht den Verschmelzungsprüfer bestellt und entsprechend vom Abschlussprüfer der beteiligten Gesellschaften absehen kann.

137 Vgl. *OLG Stuttgart* NZG 2010, 388 ff. zum parallel zu behandelnden Fall der Prüfung der Angemessenheit im Falle eines aktienrechtlichen Squeeze-out.

138 *Sagasser* § 9 Rn. 259.

verpflichtet, Hinweise und Warnungen in den Prüfungsbericht aufzunehmen, falls er bei der Prüfung Risiken erkennt, welche die Zweckmäßigkeit/Wirtschaftlichkeit der Verschmelzung in Frage stellen.[139] Die Verschmelzungsprüfung ist aber in erster Linie Rechtmäßigkeits-, nicht Zweckmäßigkeitskontrolle.[140]

Bei der **Verzichtsmöglichkeit** gem. § 12 Abs. 3 UmwG ist zu beachten, dass diese sich **26** lediglich auf die **schriftliche Erstattung des Prüfungsberichtes** an die Anteilsinhaber bezieht. Da die Verzichtserklärungen notariell beurkundet werden müssten, wird teilweise vorgeschlagen in den Fällen, in welchen keine Pflichtprüfung zu erfolgen hat, bei ausreichender Information der Anteilsinhaber durch die mündliche Erörterung des Verschmelzungsprüfers den Antrag auf Prüfung zurücknehmen zu lassen.[141] Ebenso ist im Einzelfall zu prüfen, ob nicht gegenüber den Vertretungsorganen der beteiligten Rechtsträger als Auftraggeber, trotz Verzicht der Anteilsinhaber auf den schriftlichen Bericht, weiterhin die Verpflichtung zur Erstellung eines schriftlichen Prüfungsberichtes besteht.[142]

V. Der Verschmelzungsbeschluss

§ 13 UmwG stellt die Wirksamkeit des Verschmelzungsvertrages unter die Bedingung **27** der **zustimmenden Beschlussfassung** der Anteilsinhaber der beteiligten Rechtsträger **in einer Versammlung**. Eine Abstimmung im Umlaufverfahren ist somit ausgeschlossen. Ebenso fehlt es an einem Versammlungsbeschluss, wenn in der Versammlung die erforderliche Mehrheit nicht erreicht wurde, auch wenn im Nachhinein nicht erschienene Anteilsinhaber zustimmen und damit die erforderliche Mehrheit erreicht würde.[143] § 13 UmwG findet bei allen Verschmelzungsformen Anwendung, mit Ausnahme des § 62 UmwG (zur Fallkonstellation s. die nachfolgende grafische Darstellung) sowie des § 122g Abs. 2 UmwG bei einer grenzüberschreitenden Verschmelzung einer Tochter- auf die Muttergesellschaft.

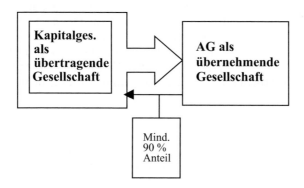

---

139 *Sagasser* § 9 Rn. 262–264 m.w.N.; *Kallmeyer* UmwG § 9 Rn. 21.
140 Vgl. *Schmitt/Hörtnagl/Stratz* § 9 Rn. 5; *Lutter* § 9 Rn. 12 m.w.N.
141 *Lutter* § 12 Rn. 13; *Kallmeyer* § 12 Rn. 16.
142 *Sagasser* § 9 Rn. 293 f.
143 *Lutter* § 13 Rn. 10 mit ausführlicher Begründung und m.w.N.; wegen der erforderlichen Mehrheiten vgl. unten Rn. 34.

Das 3. Gesetz zur Änderung des UmwG hat insbesondere in dieser Fallkonstellation sowie in Konstellationen bei einer Verschmelzung von 100 %-Tochterkapitalgesellschaften auf eine Aktiengesellschaft weitreichende Neuerungen gebracht. So bedarf es gem. § 62 Abs. 4 UmwG nunmehr grundsätzlich **keines Verschmelzungsbeschlusses der übertragenden Kapitalgesellschaft**, wenn sich **sämtliche Anteile** der übertragenden Kapitalgesellschaft **in der Hand**[144] der übernehmenden Aktiengesellschaft befinden. Das bringt erhebliche Erleichterungen und Kostenersparnisse für typische Fallkonstellationen innerhalb eines Konzerns mit sich. Zu beachten ist jedoch, dass ein Verschmelzungsbeschluss stets nur dann entbehrlich ist, wenn die aufnehmende Gesellschaft eine Aktiengesellschaft ist. Fraglich ist allerdings, zu welchem **Zeitpunkt der Anteilsbesitz** bestehen muss. Insoweit wird empfohlen, dass der Anteilsbesitz bereits bei formeller Einleitung des Verschmelzungsverfahrens bestanden haben muss.[145] Jedenfalls muss der Anteilsbesitz im Zeitpunkt der Eintragung der Verschmelzung noch bestanden haben. Klargestellt ist in § 62 Abs. 4 S. 4 UmwG nun auch, dass der beurkundete Verschmelzungsvertrag dem Betriebsrat zugeleitet werden muss und die Registeranmeldung erst nach Ablauf eines Monats eingereicht werden kann. Die Möglichkeit des Verzichts auf die Einhaltung der Monatsfrist bleibt aber unverändert erhalten.[146]

28 Eines Verschmelzungsbeschlusses bedarf es im Übrigen auch nicht, sofern die übernehmende Aktiengesellschaft **mindestens 90 % der Aktien einer übertragenden Aktiengesellschaft** in der Hand hat und die Hauptversammlung der übertragenden Aktiengesellschaft innerhalb von drei Monaten nach Abschluss des Verschmelzungsvertrags einen Beschluss nach § 327a AktG fasst (sog. „**verschmelzungsrechtlicher Squeeze-out**"). Im Gegensatz zum aktien- und übernahmerechtlichen Squeeze-out genügt hier bereits ein Anteilsbesitz von 90 % an der übertragenden Aktiengesellschaft. In der Praxis wird der verschmelzungsrechtliche Squeeze-out daher künftig wohl eine gewichtige Rolle spielen, mehr als die daneben bestehen bleibenden aktien- und übernahmerechtlichen Squeeze-outs.[147]

Das Verfahren des verschmelzungsrechtlichen Squeeze-out durchläuft dabei mehrere Stufen bis zu seiner vollständigen Wirksamkeit. Unklar ist, ob zu Beginn ein Übertragungsverlangen des Hauptaktionärs an den Vorstand des Tochterunternehmens stehen muss; zwar verweist § 62 Abs. 5 UmwG auf § 327a Abs. 1 S. 1 AktG. Jedoch heißt es nur, dass ein Beschluss nach § 327a Abs. 1 S. 1 AktG innerhalb von drei Monaten nach Abschluss des Verschmelzungsvertrags gefasst werden kann. Da

---

144 Eine Zurechnung von Anteilen, wie beispielsweise in § 327a AktG mit Verweis auf § 16 Abs. 4 AktG vorgesehen, scheidet aufgrund des eindeutigen Wortlauts der Regelung, wonach sich die Anteile „in der Hand" der übernehmenden Aktiengesellschaft befinden müssen, aus, vgl. *Heckschen* NJW 2011, 2390; *Austmann* NZG 2011, 684 ff.

145 *Heckschen* NJW 2011, 2390 mit Verweis auf *BGH* NZG 2011, 669, welcher im Falle des aktienrechtlichen Squeeze-out den maßgebenden Zeitpunkt für das Vorliegen des 95 %-Anteilsbesitzes an den Zugang des Verlangens beim Vorstand der Gesellschaft knüpft. Zu Recht wendet *Göthel* in ZIP 2011, 1541 jedoch ein, dass ein Verlangen nach dem UmwG nicht vorgesehen ist und daher für den Anteilsbesitz auch nicht auf diesen Zeitpunkt abgestellt werden kann.

146 *Heckschen* NJW 2011, 2390, 2391 m.w.N.

147 Zum Missbrauch des verschmelzungsrechtlichen Squeeze-out vgl. bereits *Austmann* NZG 2011, 684, 690, *Heckschen* NJW 2011, 2390, 2392 f.; *Goslar/Mense* GWR 2011, 275 ff.

der Verschmelzungsvertrag den Squeeze-out ohnehin regeln muss, erscheint ein förmliches Verlangen im Vorfeld des Abschlusses des Verschmelzungsvertrags m.E. nicht geboten.[148] Das Verfahren beginnt daher mit der Erstellung eines Verschmelzungsvertrags. Neben den üblichen Angaben muss der Entwurf auch den im Zusammenhang mit der Verschmelzung erfolgenden Squeeze-out darstellen. Der wirksame Squeeze-out ist dabei Bedingung für die Wirksamkeit der Verschmelzung. Das sollte im Verschmelzungsvertrag durch eine aufschiebende Bedingung zum Ausdruck gebracht werden.[149] Da der Squeeze-out gleichzeitig mit der Verschmelzung wirksam wird, handelt es sich um eine Upstream-Verschmelzung einer 100 %-Tochtergesellschaft. Damit finden sowohl § 5 Abs. 2 als auch § 8 Abs. 3 sowie § 9 Abs. 2 UmwG Anwendung. Sodann ist die für den Squeeze-out notwendige Hauptversammlung bei der übertragenden Aktiengesellschaft vorzubereiten. Spätestens bis zu dieser Hauptversammlung muss der Verschmelzungsvertrag notariell beurkundet sein. Die Hauptversammlung darf aber auch nicht später als drei Monate nach Abschluss des Verschmelzungsvertrags stattfinden. Auf die zeitlichen Restriktionen ist daher (auch weil die Einberufungsfristen hierbei zu beachten sind) genau zu achten. Es bedarf daher eines genügenden Vorlaufs, um alle notwendigen Maßnahmen innerhalb der zu beachtenden Fristen durchführen zu können. Im Rahmen der Hauptversammlung, die über den Squeeze-out beschließt, sind endlich die Berichte gem. § 327c AktG zu erstatten. Wie bereits dargestellt, ist bei der übertragenden Aktiengesellschaft, da es sich – unter Berücksichtigung des Squeeze-out – um die Verschmelzung einer 100 %-Tochtergesellschaft handelt, kein Verschmelzungsbeschluss mehr notwendig.

Es bedarf nach wie vor auch keines Verschmelzungsbeschlusses der **aufnehmenden** Aktiengesellschaft, es sei denn, dies wird von einer 5 %-igen Mehrheit der Aktionäre verlangt (§ 62 Abs. 2 UmwG).

Mit der Übertragung der **Entscheidungshoheit über eine Verschmelzung** auf die **29** Anteilsinhaber hat der Gesetzgeber den Schutz der Anteilsinhaber im Auge gehabt, da es sich hier für alle beteiligten Rechtsträger um eine Grundlagenentscheidung von erheblicher Tragweite handelt (vgl. hierzu auch die Ausstrahlungswirkung des UmwG oben 2. Kap. Rn. 4). Eine Satzungsbestimmung, welche die Übertragung dieser Entscheidungshoheit auf andere Organe vorsieht oder die Entscheidung der Anteilsinhaber von der Zustimmung anderer Organe abhängig macht, ist daher unwirksam.[150] Sieht die Satzung hingegen für einzelne Anteilsinhaber besondere Individualrechte in Bezug auf Anteilsübertragungen vor, ist gem. § 13 Abs. 2 UmwG deren Zustimmung zur Wirksamkeit der Verschmelzung ebenfalls erforderlich.

Für die **Vorbereitung und Durchführung der Versammlung** der Anteilsinhaber **30** sind die allgemeinen rechtsformspezifischen Vorschriften sowie die im UmwG ebenfalls rechtsformabhängigen Sonderbestimmungen zu beachten. Strittig ist, ob

---

148 *Austmann* NZG 2011, 684, 689; *Bungert/Wettich* DB 2011, 1500, 1501 empfiehlt jedoch aus Gründen der noch bestehenden Rechtsunsicherheit, ein solches förmliches Übertragungsverlangen zu stellen. Zugleich geht *Bungert/Wettich* auf etwa notwendige Ad-hoc-Mitteilungen ein, die spätestens in diesem Zeitpunkt dann zu erfolgen haben.
149 *Austmann* NZG 2011, 684, 687.
150 HK-UmwG/*Maulbetsch* § 13 Rn. 8; *Lutter* § 13 Rn. 4 m.w.N.

generell bei allen beteiligten Rechtsträgern die allgemeinen Vorschriften zu beachten sind, die für Versammlungen gelten, welche über Satzungsänderungen beschließen sollen. Bei dem übertragenden Rechtsträger wird teilweise darauf hingewiesen, dass bei diesem durch die Verschmelzung die Satzung des aufnehmenden Rechtsträgers gilt und somit eine „faktische Satzungsänderung" eintrete und die Vorschriften über die Satzungsänderung somit eingehalten werden müssen.[151] Nach a.A. müssen die Vorschriften über die Satzungsänderung nur eingehalten werden, wenn durch die Verschmelzung die Satzung des übernehmenden Rechtsträgers geändert wird.[152] Auch für die Verschmelzung gelten die Grundsätze der Vollversammlung, so dass bei Erscheinen bzw. Vertretung aller Anteilsinhaber mit deren Zustimmung unter Verzicht auf alle Formen und Fristen der Einberufung die Beschlussfassung erfolgen kann. Zu beachten ist jedoch, dass die im UmwG ausdrücklich geforderten Zustimmungs- und Verzichtserklärungen von den betreffenden Anteilsinhabern auch bei Einstimmigkeit abgegeben und beurkundet werden müssen (z.B. der Verzicht auf das Klagerecht gem. § 16 Abs. 2 S. 2 UmwG).

31 Nachstehende Übersicht dient der Darstellung der **Besonderen Vorschriften** für die in der Praxis am häufigsten vorkommenden Rechtsträger, die für die Ladung und Vorbereitung der Versammlung der Anteilsinhaber für den Verschmelzungsbeschluss gelten; die allgemeinen rechtsformspezifischen Vorschriften sind **zusätzlich** zu beachten:

---

151 *Lutter* § 13 Rn. 5; vgl. die Zusammenstellung des Meinungsstands in der Tabelle Rn. 34.
152 *Sagasser* § 9 Rn. 299.

Beteiligte Rechtsträger	Verschmelzung als Tagesordnungspunkt bei der Ladung	Übersendung d. Verschmelzungsvertrages und d. Verschmelzungsberichts	Auslegung von Unterlagen in den Geschäftsräumen	Anspruch der Anteilsinhaber auf Abschriften
AG, KGaA	Ja, unter Angabe des genauen Wortlautes des zu fassenden Beschlusses[153] bzw. des wesentlichen Inhalts des Verschmelzungsvertrages,[154] § 124 Abs. 2 S. 2 AktG;	Ja, jedoch nur Verschmelzungsvertrag bzw. -entwurf, jedoch hat die Übersendung nicht an die Aktionäre, sondern gem. § 61 UmwG an das Handelsregister vor Einberufung der Hauptversammlung zu erfolgen; erfolgt keine Einberufung muss der Verschmelzungsvertrag zu Beginn der Hauptversammlung eingereicht sein.[155]	Ja, Auslegung des Verschmelzungsvertrages und des -berichts, des Verschmelzungsprüfungsberichtes sowie der drei letzten Jahresabschlüsse nebst Lageberichten **aller** beteiligten Rechtsträger sowie ggf. eine Zwischenbilanz gem. § 63 Abs. 1,[156] wobei die Auslegung und Übersendung von Abschriften durch eine Zugänglichmachung der Unterlagen im Internet ersetzt werden kann, § 63 Abs. 4 UmwG.[157] Darüber hinaus müssen keine Abschriften per Post übersendet werden, sofern der Aktionär mit der Übersendung mittels elektronischer Kommunikation einverstanden ist, § 63 Abs. 3 S. 2 UmwG.	Jeder Aktionär hat Anspruch auf unverzügliche und kostenlose Übersendung einer Abschrift der ausgelegten Unterlagen gem. § 63 Abs. 3 UmwG; Verstoß kann die Anfechtbarkeit des Verschmelzungsbeschlusses zur Folge haben, wenn Unzumutbarkeit der Einsichtnahme für den Aktionär gegeben ist.[158] Sind die Unterlagen jedoch im Internet zugänglich gemacht worden, so scheidet ein Anspruch auf Übersendung aus, § 63 Abs. 4 UmwG.

---

153 Falls die Anwendung der Satzungsänderungsanforderungen bejaht wird, vgl. oben Rn. 30.

154 Str., ob die Zugänglichmachung durch Auslegung des Verschmelzungsvertrages allein ausreicht; ablehnend *LG Hanau* DB 1995, 2515 f., differenzierend *Lutter* § 13 Rn. 5 und *Widmann/Mayer* § 13 Rn. 20.14 m.w.N.; im Ergebnis muss man wohl zumindest von der Veröffentlichungspflicht der Angaben nach § 5 UmwG ausgehen.

155 *Lutter* § 61 Rn. 2 (2. Aufl.); *Widmann/Mayer* § 61 Rn. 7.1. *Semler/Stengel* § 61 Rn. 15; **a.A.** jetzt *Lutter* (3. Aufl.) § 61 Rn. 2, der für das Entfallen der Einreichungspflicht ist, wenn die Hauptversammlung ohne Einberufung erfolgt.

156 Die Auslegung von Jahresabschlüssen und Lageberichten muss nicht erfolgen, sofern diese im Zeitpunkt der Einberufung der Hauptversammlung noch nicht fertiggestellt sind und nicht fertiggestellt sein mussten. Sie sind dann aber während der Hauptversammlung selbst auszulegen, vgl. *Widmann/Mayer* § 13 Rn. 20.8. m.w.N.

157 Zweifel an der Europarechtmäßigkeit der Regelung äußert *Schmidt* in NZG 2008, 734 ff.

158 Anfechtbarkeit ist im Detail sehr str. vgl. u.a. *Lutter* § 64 Rn. 10 und *Widmann/Mayer* § 63 Rn. 35 und § 13 Rn. 20.1.1.

Beteiligte Rechtsträger	Verschmelzung als Tagesordnungspunkt bei der Ladung	Übersendung d. Verschmelzungsvertrages und d. Verschmelzungsberichts	Auslegung von Unterlagen in den Geschäftsräumen	Anspruch der Anteilsinhaber auf Abschriften
GmbH/UG (haftungsbeschränkt)	Ja, unter Angabe des Gegenstands des zu fassenden Beschlusses, § 51 GmbHG i.V.m. § 49 Abs. 1 UmwG; der Verschmelzungsbeschluss als Tagesordnungspunkt kann **nicht** gem. § 51 Abs. 4 GmbHG nachgeschoben werden.[159]	Ja, der Verschmelzungsvertrag bzw. sein Entwurf und der Verschmelzungsbericht sind spätestens mit der Ladung zur Gesellschafterversammlung den Gesellschaftern zu übersenden, § 47 UmwG.	Ja, Auslegung der drei letzten Jahresabschlüsse nebst Lageberichten **aller** beteiligten Rechtsträger von der Einberufung an, § 49 Abs. 2 UmwG.	Nach h.M. besteht kein Recht des Gesellschafters auf Übersendung der ausgelegten Unterlagen; er kann jedoch auf eigene Kosten Fotokopien anfertigen.[160]
Personengesellschaften	Da gesetzliche Regelungen zur Einberufung fehlen, ist eine ausreichende Übersendungsfrist b. Personengesellschaften nicht unbedingt gewährleistet; sollte die Einladungsfrist so kurz sein, dass eine Auswertung der übersandten Unterlagen für die Gesellschafter nicht mehr möglich ist, kann der Beschluss gem. § 14 Abs. 1 UmwG angreifbar sein.	Ja, der Verschmelzungsvertrag bzw. sein Entwurf und der Verschmelzungsbericht sind spätestens mit der Ladung zur Gesellschafterversammlung den nicht zur Vertretung berechtigten Gesellschaftern zu übersenden, § 42 UmwG.	Nein	Im Gesetz sind keine besonderen Regelungen über die Auskunftserteilung vor und in der Gesellschafterversammlung bei Personengesellschaften enthalten; dieser Auskunftsanspruch muss aber nach allg. Rechtsgrundsätzen bejaht werden und erstreckt sich auch auf die wesentlichen Angelegenheiten der anderen beteiligten Rechtsträger.[161]

---

159 *Lutter* § 49 Rn. 4, *Schmitt/Hörtnagl/Stratz* § 49 Rn. 4.
160 *Lutter* § 49 Rn. 7; *Widmann/Mayer* § 49 Rn. 16.1 m.w.N.; **a.A.** *Schmitt/Hörtnagl/Stratz* § 49 Rn. 6.
161 *Lutter* § 42 Rn. 12.

Beteiligte Rechtsträger	Verschmelzung als Tagesordnungspunkt bei der Ladung	Übersendung d. Verschmelzungsvertrages und d. Verschmelzungsberichts	Auslegung von Unterlagen in den Geschäftsräumen	Anspruch der Anteilsinhaber auf Abschriften
Unabhängig von der Rechtsform				Jeder Anteilsinhaber hat auf eigene Kosten nach Beschlussfassung Anspruch auf unverzügliche Erteilung einer Abschrift der Niederschrift des Beschlusses einschließlich des als Anlage zum Beschluss gehörenden Verschmelzungsvertrages oder -entwurfes gegenüber der Gesellschaft, § 13 Abs. 3 S. 3 UmwG.

Der Verschmelzungsbeschluss kann sich auf den **Verschmelzungsvertragsentwurf oder** **32** den **abgeschlossenen Verschmelzungsvertrag** beziehen. Da bei einer Beschlussfassung aufgrund des Entwurfes eine Bindungswirkung gegenüber dem Vertragspartner erst mit Abschluss des späteren Vertrages eintritt, eine Bindungswirkung nach innen jedoch für die Vertreter des betreffenden Rechtsträgers sofort eintritt, muss eine wörtliche und nicht nur inhaltliche Übereinstimmung des Entwurfs mit dem endgültigen Vertrag gegeben sein, um die Entscheidungshoheit der Anteilsinhaber zu wahren.[162] Dies macht die Zustimmung zum Entwurf schlicht unpraktikabel. Wird dem bereits geschlossenen Verschmelzungsvertrag zugestimmt, tritt die Bindungswirkung nach innen und außen unmittelbar mit wirksamer Beschlussfassung ein. Das Gesetz sieht für die Überprüfbarkeit des Inhalts des der Beschlussfassung zugrunde liegenden Vertrages die Beifügung des Vertrages oder Entwurfs als Anlage zum Beschluss vor; zur Beurkundungstechnik und den zu beachtenden Kostenfolgen bei Zusammenbeurkundung von Verschmelzungsvertrag und Verschmelzungsbeschlüssen vgl. 2. Kap. Rn. 58 ff. Die Reihenfolge der Verschmelzungsbeschlüsse ist nicht von Bedeutung.

Gem. § 122g Abs. 1 UmwG können die Anteilsinhaber bei einer grenzüberschreiten- **33** den Verschmelzung ihre **Zustimmung unter den Vorbehalt** stellen, **dass die Art und Weise der Mitbestimmung der Arbeitnehmer des übernehmenden Rechtsträgers ausdrücklich von ihnen bestätigt wird.** Für diesen Bestätigungsbeschluss gelten dieselben

---

162 Es ist str., ob der Vertrag bei Abweichung nichtig ist oder durch nachträgliche Zustimmung der Anteilsinhaber wirksam werden kann, vgl. *Lutter* § 13 Rn. 19, welcher die letztere Auffassung vertritt; so im Ergebnis auch *Widmann/Mayer* § 13 Rn. 61 ff., der jedoch darauf hinweist, dass das gesamte Verfahren der Vorabinformation entspr. der Rechtsform des betroffenen Rechtsträgers für den weiteren Zustimmungsbeschluss eingehalten werden muss.

Anforderungen wie für die Zustimmung zur Verschmelzung selbst, jedoch kann bei der Beschlussfassung über den Vorbehalt bestimmt werden, dass ein geringeres Quorum für die Bestätigung ausreichend ist.[163] Strittig ist, ob die Bestätigung auf ein anderes Organ übertragen werden kann; dies ist mit einer überwiegenden Meinung in der Literatur wohl abzulehnen, da dies gegen die zwingende Zuständigkeit der Gesellschafter für Grundlagenentscheidungen verstoßen würde.[164]

34 Für die erforderlichen Mehrheiten gibt es keine allgemeine Regelung im UmwG, vielmehr finden sich wieder rechtsformspezifische Bestimmungen im UmwG, welche in Einklang mit den allgemeinen rechtsformspezifischen Vorschriften zu bringen sind. Nachfolgend eine Übersicht über die erforderlichen Mehrheiten bei den in der Praxis am häufigsten vorkommenden Rechtsträgern sowie die weiteren Zustimmungserfordernisse:

Beteiligte Rechtsträger	Mehrheitserfordernis für Verschmelzungsbeschluss	Abweichende Satzungs-/Gesellschaftsvertragsregelung möglich	Weitere Zustimmungserfordernisse
AG	Grundsätzlich qualifizierte Mehrheit von drei Viertel des bei der Beschlussfassung vertretenen Grundkapitals, § 65 Abs. 1 S 1 UmwG; bei verschiedenen Aktiengattungen zusätzlich Sonderbeschluss der stimmberechtigten Aktionäre jeder Gattung erforderlich, § 65 Abs. 2 UmwG.[165]	Ja, jedoch nur Erhöhung der erforderlichen Mehrheiten zulässig, § 65 Abs. 1 S. 2 UmwG; eine in der Satzung vorgesehene Vergrößerung der Mehrheit für Satzungsänderungen ohne ausdrückliche Erwähnung der Umwandlung führt ebenfalls nach h.M. zu einer Vergrößerung der erforderlichen Mehrheit.[166]	• Zustimmung der Aktionäre einer übertragenden AG erforderlich, deren Geschäftsanteil an der übernehmenden GmbH im Nennbetrag vom Aktiennennbetrag höher abweicht als durch die Teilbarkeits- und Mindestnennbetragsvorschriften des § 46 Abs. 1 S. 3 UmwG gerechtfertigt, § 51 Abs. 2 UmwG. • Zustimmung der bei der Beschlussfassung anwesenden Aktionäre einer übertragenden AG im Fall des § 51 Abs. 1 S. 1 (s.u. bei GmbH).

---

163 *H.-F. Müller* ZIP 2007, 1085 m.w.N.

164 Ausführlich zum Meinungsstand *H.-F. Müller* a.a.O.

165 Zu den – bereits aus erbschaftsteuerlichen Gründen in der Praxis stark zunehmenden – Schutzgemeinschaften bzw. Poolverträgen zwischen einzelnen Aktionären hat der BGH mit der „Otto"-Entscheidung *BGH* BGHZ 2007, 283 ff. = ZIP 2007, 475 ff. und mit der „Schutzgemeinschaftsvertrag II"-Entscheidung, *BGH* BGHZ 2009, 13 ff. = ZIP 2009, 216 ff. wichtige Feststellungen zu der Zulässigkeit von Mehrheitsentscheidungen auf der (schuldrechtlichen) Schutzgemeinschaftsebene getroffen, gerade auch in Fällen, in denen auf kooperationsrechtlicher Ebene der AG eine qualifizierte Mehrheit erforderlich ist. Es muss jedoch im Einzelfall auf einer zweiten Ebene eine Prüfung durchgeführt werden, ob der Mehrheitsbeschluss der Schutzgemeinschaft nicht ggf. wegen Verstoßes gegen die gesellschaftsrechtliche Treuepflicht unwirksam ist; interessante Ausführungen zur Durchführung dieser Prüfung in *Goette* DStR 2009, 2602 ff. (2603), *Schmidt* ZIP 2009, 737 ff., *Schäfer* ZGR 2009, 768 ff.

166 *Lutter* § 13 Rn. 21 m.w.N. unter Verweis auf die faktische Satzungsänderung durch Verschmelzung bzw. Verschmelzung als Grundlagenentscheidung, *Widmann/Mayer* § 13 Rn. 70 ff. differenzierend; **a.A.** *Sagasser* § 9 Rn. 299 m.w.N.

Beteiligte Rechtsträger	Mehrheitserfordernis für Verschmelzungsbeschluss	Abweichende Satzungs-/Gesellschaftsvertragsregelung möglich	Weitere Zustimmungserfordernisse
KGaA	Der Verschmelzungsbeschluss der Kommanditaktionäre, für welchen die Ausführungen oben zur AG gelten, bedarf der Zustimmung der persönlich haftenden Gesellschafter, § 78 S. 3 UmwG.	Die Satzung kann eine Mehrheitsentscheidung der persönlich haftenden Gesellschafter vorsehen, § 78 S. 3, 2. HS UmwG.	• Zustimmung der Kommanditaktionäre einer übertragenden KGaA erforderlich, deren Geschäftsanteil an der übernehmenden GmbH im Nennbetrag vom Aktiennennbetrag höher abweicht als durch die Teilbarkeits- und Mindestnennbetragsvorschriften des § 46 Abs. 1 S. 3 UmwG gerechtfertigt, § 51 Abs. 2 UmwG. • Zustimmung der bei der Beschlussfassung anwesenden Kommanditaktionäre einer übertragenden KGaA im Fall des § 51 Abs. 1 S. 1 (s. u. bei GmbH).
GmbH/UG (haftungsbeschränkt)	Grundsätzlich qualifizierte Mehrheit von drei Viertel der abgegebenen Stimmen, § 50 Abs. 1 S. 1 UmwG.	Ja, jedoch nur Vergrößerung der erforderlichen Mehrheiten zulässig, § 50 Abs. 1 S. 2 UmwG; eine in der Satzung vorgesehene Vergrößerung der Mehrheit für Satzungsänderungen ohne ausdrückliche Erwähnung der Umwandlung führt ebenfalls nach h.M. zu einer Vergrößerung der erforderlichen Mehrheit.	• Zustimmung der Gesellschafter der übertragenden GmbH erforderlich, deren Minderheitenrechte oder Sonderrechte in Bezug auf die Geschäftsführung beeinträchtigt werden, § 50 Abs. 2 GmbHG; • Zustimmung der Anteilsinhaber, deren Haftungsrisiko durch nicht voll geleistete Einlagen bei der übernehmenden Gesellschaft (S. 1, 2) oder bei der übertragenden Gesellschaft (S. 3) entsteht, § 51 Abs. 1 GmbHG.

Beteiligte Rechtsträger	Mehrheitserfordernis für Verschmelzungsbeschluss	Abweichende Satzungs-/Gesellschaftsvertragsregelung möglich	Weitere Zustimmungserfordernisse
			• Zustimmung der Aktionäre einer übertragenden AG erforderlich, deren Geschäftsanteil an der übernehmenden GmbH im Nennbetrag vom Aktienbetrag höher abweicht als durch die Teilbarkeitsvorschriften des § 46 Abs.1 S. 3 UmwG gerechtfertigt, § 51 Abs. 2 UmwG.
Personengesellschaften	Grundsätzlich müssen dem Verschmelzungsbeschluss alle an der Gesellschafterversammlung teilnehmenden und alle nicht erschienenen Gesellschafter zustimmen, § 43 Abs. 1 UmwG. Erforderlich ist auch die Zustimmung derjenigen Gesellschafter, deren Stimmrecht im Gesellschaftsvertrag ausgeschlossen ist.[167]	Ja, jedoch darf die erforderliche Mehrheit nach Gesellschaftsvertrag die Untergrenze von ¾ der abgegebenen Stimmen nicht unterschreiten, § 43 Abs. 2 S. 2 UmwG; sieht der Gesellschaftsvertrag für Vertragsänderungen besondere Erfordernisse vor, gelten diese i. Zw. auch für die Verschmelzung.[168] Für den persönlich haftenden Gesellschafter besteht ein besonderes Widerspruchsrecht sowohl beim übertragenden wie auch beim übernehmenden Rechtsträger mit dem Anspruch auf Wechsel in die Kommanditistenstellung, § 43 Abs. 2 S. 3 UmwG.	• Zustimmung der Gesellschafter einer übertragenden Personengesellschaft gem. § 40 Abs. 2 S. 2 UmwG, wenn sie bisher für die Verbindlichkeiten der Gesellschaft nicht als Gesamtschuldner persönlich unbeschränkt hafteten und in der übernehmenden oder der neu zu gründenden Personengesellschaft nicht die Stellung eines Kommanditisten erhalten.

---

167 *Lutter* § 43 Rn. 11, *Widmann/Mayer* § 43 Rn. 81.
168 *Lutter* § 43 Rn. 25.

Beteiligte Rechtsträger	Mehrheitserfordernis für Verschmelzungsbeschluss	Abweichende Satzungs-/Gesellschaftsvertragsregelung möglich	Weitere Zustimmungserfordernisse
Unabhängig von der Rechtsform			• Falls bestimmten Anteilsinhaber als gesellschaftsrechtliches Sonderrecht zusteht, dass Anteilsübertragungen nur mit ihrer Zustimmung wirksam werden, müssen diese Gesellschafter der Verschmelzung dieses Rechtsträgers zustimmen, § 13 Abs. 2 UmwG; gilt nicht wenn Übertragung von der Zustimmung des Rechtsträgers abhängig ist oder wenn ein Minderheitsgesellschafter durch erhöhte Mehrheitserfordernisse die Übertragung des Anteils hätte blockieren können.[169] • Str. ist, ob die Zustimmung der Anteilsinhaber des übertragenden Rechtsträgers erforderlich ist, wenn die Satzung/der Gesellschaftsvertrag des neuen Rechtsträgers erhöhte Leistungspflichten der Anteilsinhaber (Wettbewerbsverbot oder Nachschusspflicht) vorsieht.

---

169 *Lutter* § 13 Rn. 25.

Beteiligte Rechtsträger	Mehrheitserfordernis für Verschmelzungsbeschluss	Abweichende Satzungs-/Gesellschaftsvertragsregelung möglich	Weitere Zustimmungserfordernisse
			Mit der wohl h.M.[170] ist die entspr. Anwendung von § 13 Abs. 2 UmwG zu bejahen, somit ist die Zustimmung der betroffenen Anteilsinhaber zu fordern. Eine entspr. Anwendung von § 29 UmwG ist abzulehnen, da der Entzug von Sonderrechten der Leistungsvermehrung näher steht als der Anteilsvinkulierung und das Austrittsrecht keinen angemessenen Schutz darstellt.

35 Bei den Verschmelzungsbeschlüssen, die durch Mehrheitsbeschluss gefasst werden können, unterliegt die Mehrheit, der die Entscheidung über die Verschmelzung vom Gesetz zugewiesen ist, einer erhöhten **Treuebindung**. In Fortführung der Rechtsprechung des BGH zum Formwechsel[171] gilt, dass die aus betriebswirtschaftlichen, rechtlichen oder sonstigen Gründen beschlossene Umwandlung von der Mehrheit nicht dazu benutzt werden darf, weitere, nicht durch die Umwandlung bedingte Veränderungen der bestehenden Gesellschaftsstruktur durchzusetzen.[172] Dies kann insbesondere im Fall der Verschmelzung auf eine 100 %-Tochter des Mehrheitsgesellschafters gegeben sein oder bei beeinträchtigender Änderung der Satzung des aufnehmenden Rechtsträgers im Vorfeld der Verschmelzung.[173] Außerdem kann durch entsprechende Anwendung der Holzmüller-Entscheidung[174] die Verschmelzung einer Tochtergesellschaft dazu führen, dass zumindest bei der AG-Muttergesellschaft die Hauptversammlung der Maßnahme zustimmen muss. Zu den Voraussetzungen vgl. die Ausführungen zu den „Gelatine"-Entscheidungen des BGH oben 2. Kap. Rn. 4.[175]

36 Bei der Verschmelzung auf einen bestehenden Rechtsträger muss die Gewährung der Anteile an die Anteilsinhaber des übertragenden Rechtsträgers sichergestellt werden **(Anteilsgewährpflicht)**. Bei einer Kapitalgesellschaft müssen diese Anteile i.d.R. erst durch Kapitalerhöhung geschaffen werden. Diese verschmelzungsbedingten vereinfachten Kapitalerhöhungen sind für die GmbH in den §§ 53–55 UmwG und für die AG in den §§ 66–69 UmwG geregelt; zu den Details der Erleichterungen vgl. unten Rn. 38. In der Regel wird der Kapitalerhöhungsbeschluss zusammen mit dem Verschmelzungsbeschluss gefasst, das ist jedoch nicht zwingend erforderlich.

---

170 Vgl. zum Meinungsstand *Lutter* § 13 Rn. 30 m.w.N.; *Widmann/Mayer* § 13 Rn. 185 lehnt im Ergebnis die analoge Anwendung von § 13 Abs. 2 UmwG ab.
171 *BGH* BGHZ 85, 350, 360.
172 Interessanter Beitrag zum Mehrheitsbeschluss und dem Inhalt des Gesellschaftsvertrags des übernehmenden Rechtsträgers *Wälzholz* DStR 2006, 236 ff.
173 Vgl. *Lutter* § 13 Rn. 39.
174 *BGH* BGHZ 83, 122.
175 *BGH* NZG 2004, 571 = ZIP 2004, 993.

Es gibt gegenseitige **Abhängigkeiten der Kapitalerhöhung und der Verschmelzung,** **37** die auf die zeitliche Abfolge und inhaltliche Gestaltung erheblichen Einfluss haben:

- Die zur Durchführung der Verschmelzung erforderliche **Kapitalerhöhung** ist **Wirksamkeitsvoraussetzung für den Verschmelzungsvertrag;**[176] sie muss daher vor der Anmeldung der Verschmelzung beschlossen sein[177] und ist **vor** der Verschmelzung in das Handelsregister einzutragen, §§ 53, 66 UmwG.
- Die **Wirksamkeit der Verschmelzung** wiederum ist **Bedingung für die Wirksamkeit der Kapitalerhöhung,**[178] da für diese wegen des zugrunde liegenden Verschmelzungsvorgangs auch besondere Regeln gelten; die Nichtigkeit der Verschmelzung bewirkt somit grundsätzlich die Nichtigkeit der Kapitalerhöhung, wie auch die Heilungs-/Bestandsschutzwirkung des § 20 Abs. 2 UmwG sich auf die verschmelzungsbedingte Kapitalerhöhung erstreckt.[179] Ein zeitlich vor der Wirksamkeit des Verschmelzungsvertrages – gefasster Kapitalerhöhungsbeschluss wird nach h.M. per se wirkungslos, falls die Verschmelzung scheitert.[180] So wird die Anwendung von § 189 AktG auf die verschmelzungsbedingte Kapitalerhöhung abgelehnt; die Mitgliedschaftsrechte entstehen erst mit Eintragung der Verschmelzung.[181] Weiter wird die Anwendbarkeit von § 187 Abs. 2 AktG gem. § 69 Abs. 1 S. 1 UmwG dahingehend interpretiert, dass der Verschmelzungsvertrag, der ja den Anteilsinhabern des übertragenden Rechtsträgers Aktien verspricht, erst wirksam werden kann, wenn eine etwa erforderliche Kapitalerhöhung wirksam geworden ist, und dass im Umkehrschluss aus dem Verschmelzungsvertrag nicht auf Fassung eines Kapitalerhöhungsbeschlusses geklagt werden kann.[182]
- Da die **Kapitalerhöhung zur Durchführung der Verschmelzung** teilweise besonderen Erleichterungen unterliegt, muss sie **auf diese beschränkt** sein; daher darf der Nennbetrag der verschmelzungsdurchführenden Kapitalerhöhung den Gesamtnennbetrag der den Anteilsinhabern des übertragenden Rechtsträgers zu gewährenden Anteile nicht übersteigen.[183] Soll z.B. zur Durchführung einer glättenden Euroumstellung eine Aufstockung aller Anteile erfolgen, muss eine ordentliche Kapitalerhöhung nach den allgemeinen Vorschriften durchgeführt werden, welche aber mit der Verschmelzungskapitalerhöhung gekoppelt werden kann. Wegen der oben dargestellten Wirksamkeitsverknüpfungen empfiehlt es sich jedoch, bei ordentlichen Kapitalerhöhungsmaßnahmen mit eigener wirtschaftlicher Bedeutung diese nicht in einem einheitlichen Beschluss mit der Verschmelzungskapitalerhöhung zu fassen.

Folgende **Vereinfachungen** ergeben sich aus der eingeschränkten Verweisung des **38** UmwG auf die Kapitalerhöhungsvorschriften des GmbHG und des AktG für die verschmelzungsbedingte Kapitalerhöhung. Aufgrund der jüngsten Entscheidung des

---

176 *Lutter* § 55 Rn. 3 m.w.N.; *Widmann/Mayer* § 55 Rn. 108 f.
177 *Widmann/Mayer* § 55 Rn. 40.
178 *Lutter* § 55 Rn. 3.
179 *Lutter* § 55 Rn. 3; dies gilt nach h.M. sowohl für die durch die Nichtigkeit des Verschmelzungsvertrages verursachte Nichtigkeit wie auch für den Fall, dass der Kapitalerhöhungsbeschluss nach allgemeinen Regeln nichtig oder anfechtbar ist.
180 *Lutter* § 55 Rn. 4; *Kallmeyer* § 53 Rn. 19; *Widmann/Mayer* § 55 Rn. 114.
181 *Lutter* § 69 Rn. 19; *Widmann/Mayer* § 69 Rn. 43.
182 *Lutter* § 69 Rn. 17; *Schmitt/Hörtnagl/Stratz* § 69 Rn. 10.
183 *Lutter* § 55 Rn. 5 m.w.N.; gute mathematische Formeln zur Berechnung der zulässigen Kapitalerhöhung in *Schmitt/Hörtnagl/Stratz* § 55 Rn. 19 ff.

Bundesgerichtshofs dürfte es nunmehr unstreitig sein, dass eine UG (haftungsbeschränkt) grundsätzlich auch als aufnehmender Rechtsträger fungieren kann. Sofern eine (Sach-)Kapitalerhöhung durchgeführt wird, muss jedoch aufgrund des Sachgründungsverbots die Kapitalerhöhung dazu führen, dass nach der Verschmelzung ein Stammkapital von mindestens 25.000 EUR vorliegt;[184] die Beschränkungen des § 5a GmbHG entfallen danach:

GmbH §§ 53–55 UmwG	AktG §§ 66–69 UmwG
Durch die Verweisung auf den Verschmelzungsvertrag (diese sollte daher aber auch im Beschluss enthalten sein), wird für den Kapitalerhöhungsbeschluss der Gegenstand der Sacheinlage ausreichend bezeichnet (keine näheren Festsetzungen gem. § 56 Abs. 1 GmbHG im Beschluss erforderlich).[185]	Durch die Verweisung auf den Verschmelzungsvertrag (diese muss aber auch im Beschluss und in der Bekanntmachung enthalten sein), wird für den Kapitalerhöhungsbeschluss der Gegenstand der Sacheinlage ausreichend bezeichnet i.S. des § 183 Abs. 1 AktG.
Es bedarf keiner Übernahmeerklärung der Anteilsinhaber des übertragenden Rechtsträgers gem. §§ 55 Abs. 1, 57 Abs. 3 Nr. 1 GmbHG, da durch das Umtauschverhältnis im Verschmelzungsvertrag, dem durch die Gesellschafter des übertragenden Rechtsträgers zugestimmt wurde, die zu übernehmenden Anteile und die Übernehmer bereits festgelegt sind, § 55 Abs. 1 S. 1 UmwG.	Eine Zeichnung der neuen Aktien gem. § 185 AktG ist nicht erforderlich, § 69 Abs. 1 S. 1 UmwG; die Aktien sind durch den Verschmelzungsbeschluss der Anteilsinhaber des übertragenden Rechtsträgers gezeichnet.
Da die Einlagenleistung durch den im Zuge der Verschmelzung stattfindenden Vermögensübergang ersetzt wird, entfällt die Anwendung der Vorschriften in Bezug auf die Einlagenleistung § 56a GmbHG, Versicherung der Geschäftsführer betreffend Einlageleistung und die freie Verfügbarkeit § 57 Abs. 2 GmbHG.	§ 182 Abs. 4 AktG ist nicht anzuwenden, da noch offene Einlagen nicht die Verschmelzung hindern sollen, § 69 Abs. 1 S. 1 UmwG. Auch bei der Verwendung von Genehmigtem Kapital zur Durchführung der verschmelzungsbedingten Kapitalerhöhung ist § 203 Abs. 3 AktG ausgeschlossen, d.h. die Beitreibung von ausstehenden Einlagen muss nicht zuvor erfolgen, § 69 Abs. 1 S. 3 UmwG. Diesbezüglich entfallen auch die Angaben in der Anmeldung gem. §§ 184 Abs. 2, 203 Abs. 3 S. 4 AktG.
Für die Stückelung der durch die Kapitalerhöhung zu schaffenden Anteile sind durch das MoMiG die Sondervorschriften des § 55 Abs. 1 S. 2 UmwG ersatzlos gestrichen worden. Auch für die im Zuge einer Verschmelzung durchgeführte Kapitalerhöhung gilt daher, dass die neu geschaffenen Geschäftsanteile auf volle EUR lauten müssen.[186]	Für die AG gilt § 8 Abs. 2 AktG: Mindestnennbetrag 1 EUR.

---

184 *BGH* NJW 2011, 1881 mit Anmerkung *Heckschen* in GWR 2011, 232.
185 *Lutter* § 55 Rn. 9; *Kallmeyer* § 55 Rn. 2.
186 *Lutter* § 55 Rn. 23.

GmbH §§ 53–55 UmwG	AktG §§ 66–69 UmwG
Da nach § 55 UmwG die Kapitalerhöhung nur zur Gewährung der neuen Anteile an die Anteilsinhaber des übertragenden Rechtsträgers dienen kann, ist ein Bezugsrechtsausschluss für die Anteilsinhaber des übernehmenden Rechtsträgers zwingende Folge. Ob hierdurch der Verschmelzungsbeschluss der übernehmenden Gesellschaft bei Mehrheitsbeschluss einer zusätzlichen sachlichen Rechtfertigung bedarf, ist strittig.[187]	Ein Bezugsrecht der Aktionäre ist ausgeschlossen, da die Aktien nur für die Anteilsinhaber des übertragenden Rechtsträgers bereitzustellen sind. Dies billigen die Aktionäre des übernehmenden Rechtsträgers mit dem Verschmelzungsbeschluss. Wegen der infolge teilweise geforderten sachlichen Rechtfertigung für den Verschmelzungsbeschluss vgl. Ausführungen nebenstehend zur GmbH. Wegen des fehlenden Bezugsrechts ist auch die Anwendbarkeit des § 187 Abs. 1 AktG ausgeschlossen.
Der Anmeldung der Kapitalerhöhung sind der Verschmelzungsvertrag und die Zustimmungsbeschlüsse jeweils in notariell beglaubigter Form oder in Ausfertigung beizufügen. Diese ersetzen jedoch nur die Übernahmeerklärung und (rein faktisch nicht de lege lata) die Einbringungsverträge. Die Übernehmerliste muss separat vorgelegt werden, § 55 Abs. 2 UmwG i.V.m. § 57 Abs. 3 Nr. 2 GmbHG. Auch die Anmeldungspflicht durch alle Geschäftsführer gem. § 78 GmbHG wird durch das UmwG nicht geändert, § 16 Abs. 1 UmwG greift hier nicht.	Der Anmeldung der Kapitalerhöhung sind der Verschmelzungsvertrag und die Zustimmungsbeschlüsse jeweils in notariell beglaubigter Form oder in Ausfertigung beizufügen, § 69 Abs. 2 UmwG. Diese ersetzen jedoch nur die Zeichnungsscheine und (rein faktisch nicht de lege lata) die Einbringungsverträge. Die Berechnung der Kosten sowie eine etwa erforderliche staatliche Genehmigung muss separat vorgelegt werden, § 69 Abs. 2 UmwG i.V.m. § 188 Abs. 3 Nr. 3 AktG. Auch die Anmeldungspflicht durch den Vorstand und den Vorsitzenden des Aufsichtsrats gem. § 188 Abs. 1 AktG wird durch das UmwG nicht geändert, § 16 Abs. 1 UmwG greift hier nicht.

---

187 Vgl. zum Meinungsstand u.a. *Lutter* § 13 Rn. 31 ff., der im Ergebnis die Meinung vertritt, dass der Verschmelzungsbeschluss keiner materiellen Beschlusskontrolle unterliegen darf (§ 55 Rn. 37) mit Ausnahme bei der abhängigkeitsbegründenden Verschmelzung (erstmalige Begründung der Mitgliedschaft an einer abhängigen Gesellschaft, § 55 Rn. 38) sowie der Kontrolle der bei Verschmelzung zu unterstellenden erhöhten Treubindung der Mehrheitsgesellschafter (§ 55 Rn. 39).

GmbH §§ 53–55 UmwG	AktG §§ 66–69 UmwG
Hinsichtlich der Werthaltigkeitsprüfung, welche das Registergericht gem. §§ 57a, 9c S. 2 GmbHG durchzuführen hat, gelten keine grundsätzlichen Besonderheiten, jedoch wird i.d.R. bei prüfungspflichtigen übertragenden Rechtsträgern die Vorlage der Schlussbilanz gem. § 17 Abs. 2 UmwG als ausreichend angesehen, wenn das in dieser ausgewiesene Reinvermögen des übertragenden Rechtsträgers den Gesamtnennbetrag der neu zu gewährenden Geschäftsanteile (zzgl. etwaiger barer Zuzahlungen) deckt. Eine Prüfung der nicht testierten Bilanz durch unabhängige Prüfer kann das Registergericht nur dann verlangen, wenn Anhaltspunkte für die fehlende Werthaltigkeit des Unternehmens vorliegen.[188] Strittig ist die Erforderlichkeit eines Sachkapitalerhöhungsberichts wie diese teilweise bei der normalen Sachkapitalerhöhung[189] gefordert wird. M.E. ist es richtig, dass zumindest in den Fällen, in denen bei einer Umwandlung zur Neugründung kein Sachgründungsbericht verlangt werden könnte,[190] auch ein Sachkapitalerhöhungsbericht bei Verschmelzung zur Aufnahme nicht eingereicht werden muss. Das Registergericht ist jedoch berechtigt, im Rahmen der Werthaltigkeitsprüfung die Nachreichung eines solchen im Einzelfall zu verlangen.[191]	Eine Prüfung gem. § 183 Abs. 3 AktG findet gem. § 69 Abs. 1 UmwG nur in folgenden Fällen statt: • Übertragender Rechtsträger ist eine Personengesellschaft, eine Partnerschaftsgesellschaft oder ein rechtsfähiger Verein; • Wenn Vermögensgegenstände in der Schlussbilanz des übertragenden Rechtsträgers höher bewertet worden sind als in dessen letzter Jahresbilanz[192] bzw. wenn die in der Schlussbilanz angesetzten Werte nicht als Anschaffungskosten in der Bilanz der übernehmenden AG angesetzt werden; sofern die in der Schlussbilanz angesetzten Werte als Anschaffungskosten fortgeführt werden sollen, ist dies gegenüber dem Registergericht zu erklären[193] oder in den Verschmelzungsvertrag aufzunehmen.[194] • Das Registergericht hat Zweifel, ob der Wert der Sacheinlage (= wahrer Wert des Vermögens des übertragenden Rechtsträgers) den geringsten Ausgabebetrag der dafür zu gewährenden Aktien erreicht. Hiermit soll eine Unterpari-Emission vermieden werden. Werden mehrere Rechtsträger gleichzeitig verschmolzen, so reicht es aus, wenn bei Zusammenrechnung aller übertragenen Vermögenswerte der geringste Ausgabebetrag abgedeckt ist. Die Erleichterungen gelten auch bei Verwendung von genehmigtem Kapital, § 69 Abs. 1 S. 2 UmwG, sowie bei einer bedingten Kapitalerhöhung.[195]

---

188 *OLG Düsseldorf* WM 1995, 1840 f.; *Lutter* § 55 Rn. 29.

189 So *OLG Stuttgart* BB 1982, 397 m.w.N.; wird von einem großen Teil des Schrifttums abgelehnt, so u.a. *Widmann/Mayer* § 55 Rn. 58 ff., aber von den Registergerichten sehr häufig angewandt.

190 So in § 58 Abs. 2 UmwG, s.a. *Widmann/Mayer* § 55 Rn. 52 m.w.N.

191 S.a. *Widmann/Mayer* § 55 Rn. 57 mit ausführlichen Erläuterungen zum Vorliegen der Erforderlichkeit.

192 Das bedeutet, wenn die Schlussbilanz der Jahresbilanz entspricht, muss die Bewertung mit der vorhergehenden Jahresbilanz verglichen werden, so *Lutter* § 69 Rn. 10; *Widmann/Mayer* § 69 Rn. 26.

193 So *Lutter* § 69 Rn. 10.

194 So *Widmann/Mayer* § 69 Rn. 30; *Kallmeyer* § 69 Rn. 9.

195 H.M. vgl. *Lutter* § 69 Rn. 23 f. m.w.N.

Nachfolgend werden einige **Regeln zur Kapitalerhöhung bei der GmbH und der AG**   **39** aufgeführt, welche für die Gestaltung von verschmelzungsbedingten Kapitalerhöhungen zulässig und wichtig sind:

GmbH §§ 53–55 UmwG i.V.m. §§ 23 ff. GmbHG	AktG §§ 66–69 UmwG
Die gesonderte Festsetzung eines den Stammkapitalerhöhungsbetrag übersteigenden Wertes des Unternehmens des übertragenden Rechtsträgers als Agio im Kapitalerhöhungsbeschluss ist entbehrlich;[196] dieser Differenzbetrag ist unabhängig vom Beschluss in die Kapitalrücklage des übernehmenden Rechtsträgers gem. § 272 Abs. 2 Nr. 1 HGB einzustellen.	Die Anwendung des § 182 Abs. 3 AktG bereitet bei der verschmelzungsbedingten Kapitalerhöhung insofern Schwierigkeiten, als diese der Schaffung einer bestimmten Stückzahl von Aktien, nicht aber der Kapitalbeschaffung dient. Wird ein Agio festgesetzt, was jedoch nach wohl h.M. nicht erforderlich ist,[197] ist nach § 272 Abs. 2 Nr. 1 HGB eine entsprechende Kapitalrücklage zu bilden.
Es ist zulässig das Stammkapital bis zu einem bestimmten Höchstbetrag zu erhöhen und den endgültigen Betrag der Erhöhung im Beschluss an den für die Durchführung der Verschmelzung benötigten Betrag zu knüpfen.[198] Die endgültige Festsetzung des Kapitalerhöhungsbetrages wird durch Anmeldung und Eintragung bewirkt. Dies kann dann erforderlich sein, wenn der übernehmende Rechtsträger den Anteilsinhabern des übertragenden Rechtsträgers im Vorfeld zur Verschmelzung Angebote zur Übernahme der Anteile gemacht hat und somit bis zur Registeranmeldung noch Änderungen der Anteilsinhaber und insoweit auch ein Entfallen des Anteilstauschs eintreten kann. Über den veränderten Stand der Anteilsinhaber des übertragenden Rechtsträgers muss in diesem Fall eine Gesellschafterliste eingereicht werden. Auch ein genehmigtes Kapital gem. § 55a GmbHG kann zur Durchführung einer Verschmelzung genutzt werden. Grundsätzlich gelten dieselben Erleichterungen.	Auch ein genehmigtes Kapital gem. §§ 202 ff. AktG sowie eine bedingte Kapitalerhöhung gem. §§ 192 ff. AktG kann zur Durchführung einer Verschmelzung genutzt werden. Grundsätzlich gelten für sie dieselben Erleichterungen, vgl. die Aufstellung in Rn. 38.

---

196 *Lutter* § 55 Rn. 7; *Scholz* GmbHG § 56 Rn. 77 i.V.m. § 55 Rn. 27.
197 *Lutter* § 69 Rn. 6, *Widmann/Mayer* § 69 Rn. 18; **a.A.** *Dehmer* § 69 Rn. 21, *Schmitt/Hörtnagl/Stratz*
 § 69 Rn. 21.
198 *Lutter* § 55 Rn. 8; *Widmann/Mayer* § 55 Rn. 32.

GmbH §§ 53–55 UmwG i.V.m. §§ 23 ff. GmbHG	AktG §§ 66–69 UmwG
Es gilt das Gebot der realen Kapitalaufbringung und das Verbot der Unterpari-Emission, d.h. der Gesamtnennbetrag der Kapitalerhöhung (zzgl. etwaiger barer Zuzahlungen[199]) darf den (wahren[200]) Wert des Vermögens des übertragenden Rechtsträgers nicht übersteigen **und** der Nennbetrag des/der Geschäftsanteile(s), die dem Anteilsinhaber eines übertragenden Rechtsträgers gewährt werden (zzgl. etwaiger barer Zuzahlungen) muss durch den auf diesen Anteilsinhaber entfallenden anteiligen (wahren) Wert des Vermögens des übertragenden	Gilt entspr. auch für AktG mit den Besonderheiten des § 69 Abs. 1 UmwG zur Prüfung der Sacheinlage, vgl. die Aufstellung oben Rn. 38.
Rechtsträgers gedeckt sein.[201] Maßgeblicher Bewertungsstichtag ist der Tag der Eintragung der Verschmelzung in das Handelsregister der übernehmenden GmbH.[202] Ein vermögensloser oder gar überschuldeter Rechtsträger kann daher höchstens bei einer Mehrfachverschmelzung[203] (durch Saldierung des Gesamtvermögens aller übertragenden Rechtsträger) ohne vorherige Kapitalzufuhr an einer Verschmelzung gegen Kapitalerhöhung beteiligt sein.	

---

199 Für die Grenze der baren Zuzahlungen gilt § 54 Abs. 4 UmwG vgl. *Widmann/Mayer* § 55 Rn. 47 f.; *Lutter* § 54 Rn. 34, h.M.

200 Betreibt der übertragende Rechtsträger ein Unternehmen, ist nach den allgemeinen Unternehmensbewertungsgrundsätzen grundsätzlich der Ertragswert zuzüglich des Verkehrswerts des nicht betriebsnotwendigen Vermögens maßgeblich, nicht der Substanzwert (Nettovermögen unter Einschluss der stillen Reserven und des Firmenwerts) *Widmann/Mayer* § 55 Rn. 64; vgl. zum Meinungsstand *Lutter* § 55 Rn. 11 unter Verweis u.a. auf *BGH* ZIP 1998, 2151 f.

201 *Lutter* § 55 Rn. 10.

202 *Lutter* § 55 Rn. 10; *Widmann/Mayer* § 55 Rn. 71 f.

203 Str. für Zulässigkeit *Lutter* § 55 Rn. 10; *Heckschen* DB 1998, 1385, 1387, 1389; *Widmann/Mayer* § 5 Rn. 56.13; **a.A.** *OLG Frankfurt* ZIP 1998, 1191 = DB 1998, 917 = NJW-RR 1999, 185.

GmbH §§ 53–55 UmwG i.V.m. §§ 23 ff. GmbHG	AktG §§ 66–69 UmwG
Die Anteilsinhaber des übertragenden Rechtsträgers trifft die Differenzhaftung gem. §§ 56 Abs. 2, 9 GmbHG, falls der Wert des Unternehmens des übertragenden Rechtsträgers den Gesamtnominalbetrag der dessen Anteilsinhabern gewährten neuen (= durch Kapitalerhöhung) Geschäftsanteile (zzgl. etwaiger barer Zuzahlungen) unterschreitet.[204] Die Anteilsinhaber haften nicht als Gesamtschuldner, sondern lediglich pro rata ihrer Beteiligung, berechnet nach der Beteiligung am Gesamtnennbetrag aller (= durch Kapitalerhöhung und ggf. durch Übertragung vorhandener Anteile) anlässlich der Verschmelzung (mit diesem Rechtsträger) gewährten Anteile.[205] Unberührt bleibt eine etwaige Ausfallhaftung gem. § 24 GmbHG.	Durch neueste Rechtsprechung des BGH[206]7 ist nunmehr geklärt, dass eine verschuldensunabhängige Differenz- oder Unterbilanzhaftung der Anteilsinhaber des übertragenden Rechtsträgers wegen der Nichtanwendbarkeit von § 188 Abs. 2 AktG und § 36a Abs. 2 S. 3 AktG nicht greift.[207] Sofern schuldhaft weniger als der geringste Ausgabebetrag (zzgl. etwaiger barer Zuzahlungen) aufgebracht wird, lässt sich eine Haftung auf eine Verletzung der aus der Mitgliedschaft folgenden Pflichten stützen.[208] Die Anteilsinhaber des übernehmenden Rechtsträgers sind durch ihr Anfechtungsrecht bzgl. des Verschmelzungsbeschlusses geschützt.

Zu den Kapitalerhöhungsverboten und -geboten vgl. oben Rn. 2. Der Gesetzgeber hat **40** bei **Verschmelzungen unter Beteiligung einer GmbH bzw. AG oder KGaA als aufnehmender Rechtsträger** in den §§ 54 Abs. 1 bzw. 68 Abs. 1 UmwG die Möglichkeit eingeräumt, dass die Anteilsinhaber des übertragenden Rechtsträgers durch notarielle Erklärung **auf die Anteilsgewährung verzichten** können. Haben alle Anteilsinhaber des übertragenden Rechtsträgers verzichtet, muss keine Anteilsgewährung erfolgen. Zu beachten ist, dass diese Verzichtsmöglichkeit nicht auf konzerninterne Verschmelzungsvorgänge beschränkt ist und dass sie nicht für übernehmende Rechtsträger anderer Rechtsform gilt, so insbesondere nicht für Personenhandelsgesellschaften. Insbesondere im Hinblick auf die Rechtsprechung zu Sanierungsverschmelzungen[209] kann durch den Verzicht auf eine Anteilsgewährung die Prüfung der Vermögensübertragung durch das Registergericht ausgeschaltet werden.[210]

---

204 Ganz h.M. s. u.a. *Lutter* § 55 Rn. 12; *Widmann/Mayer* § 55 Rn. 80 ff.
205 Detailliert hierzu *Lutter* § 55 Rn. 15 f.
206 *BGH* vom 12.3.2007, II ZR 302/05, DB 2007, 1241.
207 S.a. bereits bisher *Lutter* § 69 Rn. 27; *Kallmeyer* § 69 Rn. 18; *Widmann/Mayer* § 69 Rn. 12 lehnt die Anwendung von §§ 188 Abs. 2 S. 1, 36 a Abs. 2 S. 3 AktG ebenfalls ab; **a.A.** *Thoß* NZG 2006, 376 ff.
208 *Lutter* § 69 Rn. 26, dies hat der *BGH* a.a.O. ausdrücklich offen gelassen.
209 Gem. *OLG Stuttgart* ZIP 2005, 2066 f., *LG Leipzig* DB 2006, 885 steht dem Registergericht bei einer Verschmelzung auf eine Kapitalgesellschaft ohne Anteilsgewährung bzw. auf eine Personenhandelsgesellschaft auch bei erkennbarer insolvenzrechtlich relevanter Überschuldung des übertragenden Rechtsträgers kein Prüfungsrecht, auch nicht im Hinblick auf eine durch die Verschmelzung ggf. ausgelöste Überschuldung des übernehmenden Rechtsträgers, zu, da die Eintragung der Verschmelzung nur in den Fällen der im 7. und 8. Abschnitt des UmwG explizit geregelten Sonderfällen (z.B. § 152 S. 2 UmwG) bei Überschuldung des übertragenden Rechtsträgers unzulässig wäre.
210 Kritisch hierzu *Mayer/Weiler* DB 2007, 1238 f., die zu Recht darauf hinweisen, dass Minderheitsgesellschafter des aufnehmenden Rechtsträgers (bei Verschmelzung von Nichtschwestergesellschaften) nicht geschützt werden, wenn insbesondere überschuldete Kapitalgesellschaften als übertragende Rechtsträger unter Verzicht auf die Gewährung von Anteilen verschmolzen werden. Dieser Schutz wäre dann gewährleistet gewesen, wenn die Gesellschafter aller beteiligten Rechtsträger dem Verzicht auf die Gewährung von Anteilen hätten zustimmen müssen. Entsprechenden Anregungen (s. insbesondere auch Stellungnahme des Bundesrates vom 22.9.2006, BT-Drs. 16/2919, 23 f.) ist der Gesetzgeber aber nicht gefolgt.

VI. Die Registeranmeldung

41 Die Registeranmeldung selbst muss in **öffentlich beglaubigter Form** erfolgen (§§ 12 HGB, 157 GenG).[211] Die Anmeldung hat durch die Vertretungsorgane der beteiligten Rechtsträger zu erfolgen, d.h. es reicht die Anmeldung durch die durch Gesetz und Satzung festgelegte vertretungsberechtigte Personenzahl.[212] Prokuristen könne die Anmeldung nicht erklären, soweit sie nicht durch Gesellschaftsvertrag oder durch notarielle Vollmacht hierzu besonders ermächtigt sind.[213] Zu beachten ist die gesetzliche Vollmacht gem. § 16 Abs. 1 S. 2 UmwG, durch welche das Vertretungsorgan des übernehmenden Rechtsträgers zur Vornahme der Anmeldung beim übertragenden Rechtsträger berechtigt (aber nicht verpflichtet) ist. Bei der grenzüberschreitenden Verschmelzung ist jedoch zu beachten, dass § 122k Abs. 1 S. 2 UmwG keinen Verweis auf § 16 Abs. 1 UmwG enthält, so dass in diesen Fällen die gesetzliche Vollmacht des § 16 Abs. 1 S. 2 UmwG nicht besteht. Bei Kapitalmaßnahmen beim übernehmenden Rechtsträger in der Rechtsform der GmbH oder AG ist jedoch zu beachten, dass wegen dieser **alle** Vertretungsorgane die Anmeldung beim übernehmenden Rechtsträger vornehmen müssen, vgl. die Übersicht oben Rn. 38.

42 Der Registeranmeldung, die gem. § 16 Abs. 1 UmwG sowohl beim übertragenden wie auch beim übernehmenden Rechtsträger zu erfolgen hat, sind gem. § 17 UmwG sowie weiteren rechtsformspezifischen Vorschriften zahlreiche **Unterlagen beizufügen**. Weiter hat die Registeranmeldung neben der Anmeldung der Verschmelzung auch verschiedene **umwandlungsspezifische Erklärungen der anmeldenden Vertretungsorgane** zu enthalten. Die nachfolgende Tabelle bietet hierzu eine Übersicht.

	Personenges.	GmbH/ UG	AG/ KGaA	Genossensch. eG	Verein	VvaG	Natürl. Pers.
	Zusätzliche Erklärungen in d. Anmeldung						
Erklärung über Nichtvorliegen einer Klage gegen die Wirksamkeit des Verschmelzungsbeschlusses gem. § 16 Abs. 2 UmwG[214]	X	X	X	X	X	X	X

---

211 Zu den Änderungen infolge Einführung des elektronischen Handelsregisters vgl. oben 2. Kap. Rn. 70.

212 Unstrittig; z.B. *Lutter* § 16 Rn. 2 m.w.N.; teilweise wird von Registergerichten vertreten, dass § 16 UmwG nur für die Anmeldung des Verschmelzungsvorgangs als solchen, jedoch nicht für die Anmeldung der durch die Verschmelzung eintretenden Rechtsfolgen gilt, so dass diesbezüglich auf die allgemeinen Regeln, insbesondere des HGB bei Anmeldungen zu Personengesellschaften zurückzugreifen sei; dies ist abzulehnen, da nach zutreffender h.M. § 16 Abs. 1 UmwG lex specialis zu den allgemeinen Regeln darstellt.

213 Vgl. *Lutter* § 16 Rn. 2.

214 Gem. *BGH* DNotZ 2007, 54 ff., kann diese Negativerklärung wirksam erst nach Ablauf der Frist für die Erhebung einer Klage gegen den Umwandlungsbeschluss abgegeben werden, sofern die klageberechtigten Anteilsinhaber nicht auf die Klage verzichtet haben. Aus den Gründen lässt sich ablesen, dass eine Nachreichung der Negativerklärung zulässig ist, so dass entsprechend der bisher h.M. zur Fristwahrung im Hinblick auf eine etwa gewollte Rückwirkung der Umwandlung zunächst die Anmeldung ohne die Negativerklärung eingereicht werden kann.

	Personen- ges.	GmbH/ UG	AG/ KGaA	Genos- sensch. eG	Verein	VvaG	Natürl. Pers.
Erklärung über das Bestehen/Nichtbestehen eines Betriebsrates[215]	X	X	X	X	X	X	X
Erklärung gem. § 52 S. 2 UmwG über die Individualzustimmungen der Gesellschafter gem. § 51 Abs. 1 S. 3 UmwG		X					
Erklärung des Vorstands nach § 62 Abs. 3 S. 6 UmwG i.F. der Verschmelzung nach § 62 Abs. 1 UmwG			X				
Ist die Verschmelzung bedingt, so hat sich der Anmeldende über den Bedingungseintritt zu erklären[216]	X	X	X	X	X	X	X
Bei einer grenzüberschreitenden Verschmelzung mit inländischem übertragenden Rechtsträger haben die Mitglieder des Vertretungsorgans gem. § 122k Abs. 1 S. 3 UmwG eine Versicherung abzugeben, dass allen Gläubigern gem. § 122j UmwG eine angemessene Sicherheit geleistet wurde		X	X				
	Anlagen zur Anmeldung beim übertragenden und beim übernehmenden Rechtsträger						
Verschmelzungsvertrag/Verschmelzungsplan	X	X	X	X	X	X	X
Niederschriften d. Verschmelzungsbeschlüsse	X	X	X	X	X	X	X

---

215 Teilweise wird hier die Abgabe einer eidesstattlichen Versicherung verlangt (*AG Duisburg* GmbHR 1996, 372), welche sich aber zu Recht in der Praxis und in der Literatur nicht durchgesetzt hat (*Kallmeyer* § 5 Rn. 79, *Lutter* § 5 Rn. 110).
216 So richtig *Lutter* § 16 Rn. 4.

	Personenges.	GmbH/UG	AG/KGaA	Genossensch. eG	Verein	VvaG	Natürl. Pers.
Weitere Zustimmungserklärungen[217]	X	X	X	X	X	X	X
Verschmelzungsbericht oder entsprechende Verzichtserklärungen	X	X §122e UmwG ist zu beachten	X §122e UmwG ist zu beachten	X	X	X	_[218]
Verschmelzungsprüfungsbericht oder (außer bei eG) entsprechende Verzichtserklärungen	X	X	X	X §86 UmwG ist zu beachten	X	X	_[219]
Nachweis der Vertragszuleitung an Betriebsrat, soweit vorhanden	X	X	X	X	X	X	X
Staatl. Genehmigung, soweit zur Wirksamkeit der Verschmelzung erforderl.	X	X	X	X	X	X	X
Anfechtungsverzicht, soweit vorhanden	X	X	X	X	X	X	X
	Anlagen zur Anmeldung beim betreffenden Rechtsträger						
Schlussbilanz des übertragenden Rechtsträgers	X	X	X	X	X §104 Abs. 2 UmwG ist zu beachten	X	_[220]
Treuhändererklärung, §71 Abs. 1 S. 2 UmwG	X	X	X				

---

217 Zu deren Erforderlichkeit vgl. oben die Übersicht Rn. 34.
218 Ein Verschmelzungsbericht ist nicht erforderlich, da die natürliche Person nur im Falle der §§ 120 ff. UmwG beteiligter Rechtsträger sein kann (§ 3 Abs. 2 Nr. 2 UmwG) und damit ein Fall des § 8 Abs. 3 S. 1 2. Alt. UmwG vorliegt = der übernehmende Rechtsträger hält alle Anteile am übertragenden Rechtsträger; vgl. u.a. *Lutter* § 121 Rn. 7.
219 Eine Verschmelzungsprüfung ist nicht erforderlich, da die natürliche Person nur im Falle der §§ 120 ff. UmwG beteiligter Rechtsträger sein kann (§ 3 Abs. 2 Nr. 2 UmwG) und damit ein Fall des § 9 Abs. 2 UmwG vorliegt = der übernehmende Rechtsträger hält alle Anteile am übertragenden Rechtsträger; vgl. u.a. *Lutter* § 121 Rn. 8.
220 Eine natürliche Person kann nicht übertragender Rechtsträger sein (§ 3 Abs. 2 Nr. 2 UmwG).

	Personen- ges.	GmbH/ UG	AG/ KGaA	Genos- sensch. eG	Verein	VvaG	Natürl. Pers.
Vollständiger Wort- laut des Gesell- schaftsvertrages/ Satzung des überneh- menden Rechtsträ- gers § 54 Abs. 1 S. 2 GmbHG, § 181 Abs. 1 S. 2 AktG, soweit Kapitalmaßnahme erforderl.		X	X				
Wegen der besonde- ren Anlagen zur Kapitalerhöhung vgl. die vorstehende Auf- stellung Rn. 38[221]		X	X				
Nachweis der Bekanntmachung nach § 62 Abs. 3 S. 4 UmwG i.F. der Ver- schmelzung nach § 62 Abs. 1 UmwG			X				
Belege über die Ein- berufung der Haupt- versammlung gem. § 130 AktG			X				
Bei einer grenzüber- schreitenden Ver- schmelzung mit inländischem über- nehmenden Rechts- träger • Verschmelzungs- bescheinigungen aller übertragen- den Rechtsträger • Ggf. Vereinbarung über die Beteili- gung der Arbeit- nehmer		X	X				

221 Mit dem 3. UmwÄndG wurde auch § 52 Abs. 2 UmwG aufgehoben und damit die seit dem MoMiG bestehende Unklarheit über das Verhältnis zu § 40 GmbHG beseitigt. Nun ist klar, dass der beurkundende Notar die Gesellschafterliste unterzeichnen muss; um dies mit der notwendigen Sorgfalt tun zu können, muss er zunächst die Eintragung der Verschmelzung abwarten und erst dann die Liste beim Registergericht einreichen. Eine berichtigte Gesellschafterliste ist daher nicht mehr Gegenstand der Registeranmeldung. Die Liste kann auch nicht bereits vorab mit der Regis- teranmeldung eingereicht werden, da der Notar ansonsten seinen Prüfungspflichten nicht mehr nachkommen kann, vgl. die ausführliche Darstellung des Meinungsstands unten in Fn. 369 zu Rn. 71.

43 Die **beizufügenden Unterlagen** sind, soweit es sich um notarielle Urkunden handelt, in beglaubigter Abschrift oder Ausfertigung, jeweils in elektronischer Form, vorzulegen. Die übrigen Unterlagen sind in Urschrift oder Abschrift, ebenfalls elektronisch signiert, beizufügen. Etwa erforderliche staatliche Genehmigungsurkunden sind im Original oder in beglaubigter Abschrift in elektronischer Form vorzulegen.[222, 223]

44 Sehr umstritten ist, welche **Auswirkungen das Fehlen bestimmter Unterlagen** im Zeitpunkt des Eingangs der Anmeldung beim Registergericht in Bezug auf die Fristwahrung gem. § 17 Abs. 2 UmwG hat. Nach der wohl herrschenden Meinung in der Literatur kommt es für die fristwahrende Anmeldung allein auf die Einreichung der Anmeldung nebst Verschmelzungsvertrag und Verschmelzungsbeschlüssen an.[224] Teilweise wird vertreten, dass auch die Schlussbilanz fristgerecht mit eingereicht sein muss.[225] Ein Teil der Rechtsprechung lehnt die fristwahrende Nachreichung von Unterlagen ganz ab.[226] Zur Frage der Zulässigkeit und Wirkung von Zwischenverfügung und Zurückweisung vgl. oben 2. Kap. Rn. 52 und nachstehend Rn. 47.

VII. Die Registereintragung

45 Das Eintragungsverfahren ist ein Verfahren der Freiwilligen Gerichtsbarkeit, in welchem die **funktionelle Zuständigkeit** für das Eintragungsverfahren, soweit Kapitalgesellschaften betroffen sind, beim Richter und sonst beim Rechtspfleger liegt, § 17 Nr. 1 lit. c) RPflG.

46 Das Registergericht hat vor Eintragung der Verschmelzung die Vollständigkeit und Ordnungsmäßigkeit der Anmeldung und der Verschmelzung zu prüfen.[227] Die **Prüfungspflicht** bezieht sich auf folgende Punkte:
- Die **Vollständigkeit der Eintragungsunterlagen**, insbesondere der vorzulegenden Anlagen zur Registeranmeldung, vgl. oben Rn. 42.
- Das **Nichtvorliegen** der nach dem UmwG **besonderen Eintragungshindernisse**, wie § 17 Abs. 2 UmwG (Bilanz nicht älter als acht Monate), §§ 53, 66 UmwG (Voreintragung einer zur Durchführung der Verschmelzung erforderlichen Kapitalerhöhung), § 71 Abs. 1 UmwG (Vorliegen des Erklärung des Treuhänders bei der AG).

---

222 Für die Forderung, dass die Genehmigung im Original vorgelegt werden muss (z.B. *Lutter* § 17 Rn. 3) fehlt jede Rechtfertigung, da an den Besitz der Genehmigungsurkunde i.d.R. keine Rechtswirkungen geknüpft sind.

223 Eine gute Übersicht bei Beteiligung ausländischer Gesellschaften über die einzuhaltenden Formvorschriften gibt *Schaub* NZG 2000, 953 ff.

224 *Lutter* § 17 Rn. 6; *Widmann/Mayer* § 24 Rn. 68; *Kallmeyer* § 17 Rn. 8; *OLG Jena* NZG 2003, 43 ff.

225 *Germann* GmbHR 1999, 591, 593; **a.A.** *LG Frankfurt* GmbHR 1998, 379 ff.; *Heckschen* Rpfleger 1999, 357; 363.

226 *KG* NJW-RR 1999, 186, 187 f.; *LG Dresden* NotBZ 1997, 138; *AG Duisburg* GmbHR 1996, 372; *OLG Hamm* GmbHR 2004, 1533 ff.

227 Zur allgemeinen Prüfungspflicht des Registergerichts vgl. oben 2. Kap. Rn. 69.

- Die **materielle Prüfungspflicht**, welche sich im Umkehrschluss aus § 398 FamFG zumindest auf die Wirksamkeit des Verschmelzungsvertrags und der gefassten Beschlüsse bezieht.[228] Das Prüfungsrecht erstreckt sich keinesfalls auf wirtschaftliche Aspekte, insbesondere nicht auf die Prüfung der Angemessenheit des Umtauschverhältnisses.
- Bei einer für die Durchführung der Verschmelzung erforderlichen Kapitalerhöhung bei einer GmbH oder AG muss das Registergericht hinsichtlich der **Kapitalaufbringung** Prüfungsrechte haben. Das Registergericht muss überzeugt sein, dass der Nettowert der aufgenommenen Gesellschaft mindestens dem Betrag der Kapitalerhöhung entspricht. Grundsätzlich geht die h.M. davon aus, dass die Schlussbilanz der übertragenden Gesellschaft in den Normalfällen der Buchwertfortführung ausreicht. Bestehen allerdings Zweifel des Registergerichts hinsichtlich der Werthaltigkeit, kann es die Eintragung ablehnen.[229]
- Hinsichtlich der **Klageerhebung gegen die Wirksamkeit der Verschmelzungsbeschlüsse** sieht § 16 Abs. 2 und 3 UmwG eine spezielle Prüfungspflicht vor: ohne Vorliegen einer Negativerklärung der Anmelder darf das Registergericht nicht eintragen,[230] es sei denn, es liegt ein Beschluss gem. § 16 Abs. 3 UmwG vor.

Für das Registergericht stehen folgende **Entscheidungsmöglichkeiten** offen: **47**

- Hält das Registergericht den Verschmelzungsvorgang für nicht eintragungsfähig, kann es den Eintragungsantrag **zurückweisen**, selbst wenn noch ein schwebendes prozessuales Verfahren anhängig ist.
- Insbesondere im Falle des § 16 Abs. 2 und 3 UmwG kann das Registergericht gem. §§ 21, 381 S. 1 FamFG das Eintragungsverfahren **vorläufig aussetzen** bis eine prozessuale Entscheidung oder ein Unbedenklichkeitsbeschluss vorliegt.
- Durch **Zwischenverfügung** kann das Registergericht alles beanstanden, was durch Nachreichung von Unterlagen oder zusätzlicher Erklärungen behoben werden kann; das Registergericht ist in diesen Fällen auch an die Beanstandung durch Zwischenverfügung gebunden, da an den Zeitpunkt des Eingangs der Anmeldung, insbesondere durch § 17 Abs. 2 UmwG erhebliche Rechtsfolgen geknüpft sind; vgl. hierzu auch oben 2. Kap. Rn. 52. Die Zwischenverfügung ist mit der Beschwerde anfechtbar, § 382 Abs. 4 S. 2 FamFG.

An die Entscheidung eines Prozessgerichts in Bezug auf die Wirksamkeit der gefassten Beschlüsse ist das Registergericht nur gebunden als der Anfechtungs- bzw. Nichtigkeitsklage stattgegeben wird, mit der Folge, dass eine Zurückweisung zu erfolgen hat.[231] Ansonsten besteht die eigene Prüfungspflicht des Registergerichts weiter.

---

228 Im Einzelnen sehr streitig: für eine umfassende Rechtmäßigkeitsprüfung m.E. zu Recht u.a. *Grunewald* in Lutter § 20 Rn. 6, und im Ergebnis auch *Widmann/Mayer* § 19 Rn. 16 ff., da eine Löschung eingetragener Verschmelzungen gem. § 20 Abs. 2 UmwG ausscheidet; **a.A.** die wohl h.M. *Krafka/Willer* Rn. 162 m.w.N., *BayObLG* Rpfleger 1997, 25, *Sagasser* § 9 Rn. 328, welcher die Prüfung auf die Nichtigkeit einschränkt m.w.N.

229 Die Beibringung von Werthaltigkeitsgutachten kann das Registergericht hingegen wohl nicht verlangen; vielmehr kann es die Eintragung ablehnen, wenn es Zweifel an der Werthaltigkeit der Sacheinlagen, sprich des Unternehmens, hat.

230 Diese Negativerklärung kann erst nach Ablauf der Frist für die Erhebung einer Klage gegen den Umwandlungsbeschluss abgegeben werden, vgl. oben Fn. 214 m.w.N.

231 *Lutter* § 16 Rn. 6 mit dem Hinweis, dass nach h.M. die Bindung nur besteht, soweit die prozessuale Entscheidung inter-omnes-Wirkung entfaltet oder Gestaltungswirkung hat.

48 Gegen eine zurückweisende Entscheidung ist die **Beschwerde gem. §§ 58 Abs. 1, 63 Abs. 1 FamFG** innerhalb eines Monats zulässig. Grundsätzlich ist auch die Eintragungsverfügung, jedoch nicht mehr die vollzogene Eintragung selbst der Beschwerde zugänglich. Da die Registereintragung mit öffentlichem Glauben versehen ist, kann diese nicht mehr im Beschwerdeweg geändert werden. Da § 20 Abs. 2 UmwG auch die nachträgliche Löschung der Eintragung ausschließt, ist eine Rückgängigmachung der vollzogenen Verschmelzung nicht mehr möglich.[232] Denkbar sind allein Schadenersatzansprüche übergangener Anteilsinhaber dahin, künftig am Erfolg des übernehmenden Rechtsträgers umfassender teilzuhaben, als dies nach dem mangelbehafteten Verschmelzungsvertrag vorgesehen war.[233]

49 Für die **Reihenfolge der Eintragungen** gilt Folgendes:

- zunächst muss eine etwa zur Durchführung der Verschmelzung erforderliche **Kapitalerhöhung bei der übernehmenden GmbH oder AG** eingetragen werden, §§ 53, 66 UmwG;
- danach wird die **Verschmelzung im Register des übertragenden Rechtsträgers** eingetragen mit dem Vermerk, dass sie erst mit Eintragung im Register des übernehmenden Rechtsträgers wirksam wird, sofern die Eintragungen in den Registern aller beteiligten Rechtsträger nicht am selben Tag erfolgen, § 19 Abs. 1 UmwG;
- danach wird die **Verschmelzung im Register des übernehmenden Rechtsträgers** eingetragen; es erfolgen von Amts wegen Mitteilungen an das Register des übertragenden Rechtsträgers von der Eintragung, § 19 Abs. 2 S. 1 UmwG;
- beim **Register des übertragenden Rechtsträgers** wird das **Datum der Eintragung im Register des übernehmenden Rechtsträgers von Amts wegen vermerkt** und anschließend werden alle Unterlagen an das Registergericht des übernehmenden Rechtsträgers abgegeben, § 19 Abs. 2 S. 2 UmwG;
- die **Bekanntmachungen** durch die Registergerichte gem. § 19 Abs. 3 UmwG erfolgen jeweils getrennt.

Bei einer Verschmelzung mit gleichzeitigem Squeeze-out nach § 62 Abs. 5 UmwG ergeben sich auch bei der Registereintragung nochmals Besonderheiten. So ist der Squeeze-out mit dem Vermerk einzutragen, dass er erst mit Eintragung der Verschmelzung im Register der übernehmenden Aktiengesellschaft wirksam wird, § 62 Abs. 5 S. 7 UmwG und damit rechtstechnisch wie bei § 19 Abs. 1 S. 2 UmwG.

Eine genaue Überprüfung der Eintragungsnachrichten ist dringend zu empfehlen, da manche Registergerichte mit komplexen Umwandlungsfällen immer noch überfordert sind.

50 Die **Rechtsfolgen der Eintragung** der Verschmelzung sind in § 20 UmwG geregelt. Maßgeblich ist die Eintragung in das Register des übernehmenden Rechtsträgers, § 20 Abs. 1 S. 1 UmwG. Es wird auf das Datum der Eintragung, nicht der Bekanntmachung abgestellt. Der Zeitpunkt des Wirksamwerdens der Verschmelzung unterliegt nicht der Disposition der Vertragsbeteiligten, ein abweichend vereinbarter Zeitpunkt kann nur schuldrechtliche Wirkung entfalten.[234]

---

232 Vgl. *Lutter* § 16 Rn. 7.
233 *Schmitt/Hörtnagl/Stratz* § 20 Rn. 127.
234 HK-UmwG/*Schäffler* § 20 Rn. 2; s.a. *Lutter* § 20 Rn. 5.

Bei einer **grenzüberschreitenden Verschmelzung**[235] von **Kapitalgesellschaften** gem. **51**
§§ 122a ff. UmwG ist für den **Registervollzug** Folgendes zu beachten:

- Bei dem **übertragenden inländischen Rechtsträger** ist gem. § 122k Abs. 1 UmwG die Verschmelzung bei dem für diesen Rechtsträger zuständigen inländischen Registergericht zur Eintragung anzumelden.[236] Für die Eintragung gilt dann folgendes Procedere:
  - Das **deutsche Registergericht prüft die Voraussetzungen der Verschmelzung** für den übertragenden Rechtsträger und erteilt bei positivem Ergebnis der Prüfung eine Verschmelzungsbescheinigung, vgl. § 122k Abs. 2 UmwG. Als **Verschmelzungsbescheinigung** gilt die Nachricht über die Eintragung der Verschmelzung im Register, welche mit dem Vermerk zu versehen ist, dass die grenzüberschreitende Verschmelzung nach Maßgabe des Rechts des ausländischen übernehmenden Rechtsträgers wirksam wird, vgl. § 122k Abs. 2 S. 2, 3 UmwG.
  - Die Verschmelzungsbescheinigung muss vom übertragenden Rechtsträger **innerhalb von sechs Monaten** nach ihrer Ausstellung beim Register des übernehmenden ausländischen Rechtsträgers vorgelegt werden, vgl. § 122k Abs. 3 UmwG.
  - Nach Eingang einer Mitteilung des Registers des ausländischen übernehmenden Rechtsträgers über das Wirksamwerden der Verschmelzung ist beim **Register des übertragenden Rechtsträgers** das **Datum des Wirksamwerdens der Verschmelzung von Amts wegen zu vermerken** und anschließend werden alle elektronisch verwahrten Unterlagen an das Register des übernehmenden Rechtsträgers abgegeben, § 122k Abs. 4 UmwG.
- Bei einem **übernehmenden inländischen Rechtsträger** ist die Verschmelzung gem. § 122l Abs. 1 UmwG bei dem für diesen Rechtsträger zuständigen inländischen Registergericht unter Vorlage der Verschmelzungsbescheinigung aller übertragenden Rechtsträger anzumelden. Für die Prüfung der Verschmelzung durch das Registergericht gelten folgende Besonderheiten:
  - Die vorgelegten **Verschmelzungsbescheinigungen** der übertragenden Rechtsträger dürfen **nicht älter als sechs Monate** sein, vgl. § 122l Abs. 1 S. 3 UmwG.
  - Die **Prüfung der Eintragungsvoraussetzungen** bezieht sich ausschließlich auf den übernehmenden Rechtsträger, für die übertragenden Rechtsträger entfaltet die jeweilige Verschmelzungsbescheinigung Bindungswirkung. Gem. § 122l Abs. 2 UmwG bezieht sich die Prüfung neben der erforderlichen Prüfung des Inhalts des Verschmelzungsplans nach den allgemeinen Regeln entsprechend Rn. 46 auf die Zustimmung zum gemeinsamen, gleichlautenden Verschmelzungsplan sowie ggf. den Abschluss einer Mitbestimmungsvereinbarung.
  - Nach erfolgter positiver Prüfung wird die **Verschmelzung im Register des übernehmenden Rechtsträgers** eingetragen; es erfolgen von Amts wegen Mitteilungen von der Eintragung an die Register der übertragenden Rechtsträger, bei welchen diese ihre Unterlagen zu hinterlegen hatten, vgl. § 122l Abs. 3 UmwG; die

---

235 Es bleibt abzuwarten, ob der Richtlinienvorschlag der Europäischen Kommission vom 24.2.2011 tatsächlich umgesetzt wird. Er verspricht zumindest manchen Bürokratieabbau und damit einhergehend eine Beschleunigung des Verfahrens sowie erhöhte Rechtssicherheit. Eine Umsetzung wird aktuell für das Jahr 2013 erwartet.

236 Dabei ist zu beachten, dass der übernehmende Rechtsträger wegen fehlender Verweisung auf § 16 Abs. 1 UmwG keine gesetzliche Vollmacht zur Anmeldung für den übertragenden Rechtsträger hat.

Verschmelzung wird wirksam mit Eintragung im Handelsregister des übernehmenden Rechtsträgers, da sich dies nach § 20 Abs. 1 UmwG richtet, vgl. § 122a Abs. 2 UmwG.[237]

52 Hinsichtlich der in § 20 Abs. 1 Nr. 1–3 UmwG aufgeführten Rechtsfolgen ist u.a. Folgendes zu beachten:

- Durch die in Nr. 1 normierte **Gesamtrechtsnachfolge** ist es nicht möglich, einzelne Vermögensgegenstände von der Verschmelzung auszunehmen, ohne diese vor Wirksamwerden der Verschmelzung dinglich aus dem Vermögen des übertragenden Rechtsträgers herauszunehmen. Schuldrechtliche Verpflichtungen zur Aussonderung einzelner Vermögensgegenstände sind jedoch möglich und gehen im Wege der Gesamtrechtsnachfolge auf den übernehmenden Rechtsträger über.[238] Durch die Gesamtrechtsnachfolge sind ggf. Register, Grundbücher zu berichtigen bzw. Titel umzuschreiben.
- Die in den Sondervorschriften zur Gesamtrechtsnachfolge bei Nießbrauchsrechten (§ 1059a Abs. 1 Nr. 1, Abs. 2 BGB), beschränkten persönlichen Dienstbarkeiten (§ 1092 Abs. 2 BGB) und dinglichen Vorkaufsrechten (§ 1098 Abs. 3 BGB) jeweils grundsätzlich geltende Gesamtrechtsnachfolge kann nach diesen Vorschriften ausdrücklich ausgeschlossen werden, § 1059a Abs. 1 Nr. 1 2. HS BGB. Sollte ein solcher **Ausschluss der Gesamtrechtsnachfolge** gewünscht sein, muss dieser im Verschmelzungsvertrag selbst vereinbart werden,[239] § 5 Abs. 1 Nr. 2 UmwG. Der Ausschluss der Gesamtrechtsnachfolge kann jedoch auch bereits bei Bestellung des betreffenden Rechts ausgeschlossen worden sein.[240]
- Ein gutgläubiger Erwerb durch den übernehmenden Rechtsträger ist ausgeschlossen, da durch die Gesamtrechtsnachfolge der Übernehmer das Vermögen so erwirbt, wie es im Zeitpunkt des Übergangs ist.[241] Im Übrigen fehlt es an dem für den gutgläubigen Erwerb nach allgemeinen Grundsätzen notwendigen rechtsgeschäftlichen Erwerb des betreffenden Gegenstands, da das Vermögen aufgrund Gesamtrechtsnachfolge übergeht.
- Die Gesamtrechtsnachfolge erfasst zwar auch im **Ausland befindliches Vermögen**, jedoch kann es sein, dass die Rechtsordnung des ausländischen Staates die Gesamtrechtsnachfolge nicht anerkennt.[242] Dann sollte eine zusätzliche Einzelrechtsübertragung nach dem ausländischen Recht vorgenommen werden, welche in ihrer Wirksamkeit von der Verschmelzung ggf. abhängig gemacht wird. Nach Wirksamwerden der Verschmelzung ist dies nicht mehr möglich, da der übertragende Rechtsträger dann erloschen ist.[243]

---

237 Teilweise wird kritisiert, dass der Gesetzgeber bei der Umsetzung der VRL in nationales Recht vernachlässigt habe, das in Art. 10, 11 VRL vorgesehene zweistufige Prüfungsverfahren für den Registervollzug durchgängig umzusetzen, da bei der Verschmelzung auf eine inländische Gesellschaft das inländische Registergericht keine Verschmelzungsbescheinigung ausstellt; m.E. ist es jedoch richtig, das in § 122k UmwG vorgesehene Verfahren als ein Verfahren anzusehen, bei welchem die Zweistufigkeit der Prüfung nach VRL nicht aufgegeben, sondern vielmehr nur einer einheitlichen Zuständigkeit, nämlich der des Registergerichts des übernehmenden Rechtsträgers, zugeordnet wurde; so m.w.N. *H.-F. Müller* ZIP 2007, 1088.

238 *Lutter* § 20 Rn. 9.

239 *Lutter* § 20 Rn. 14; *Kallmeyer* § 20 Rn. 6.

240 Für die Zulässigkeit eines solchen Ausschlusses *Staudinger* § 1059a Rn. 7; MüKo § 1059a Rn. 7.

241 *Lutter* § 20 Rn. 10; *Widmann/Mayer* § 20 Rn. 27 f.

242 Innerhalb der EU dürfte dies aufgrund des durch die Verschmelzungsrichtlinie RL 78/855/EWG harmonisierten Rechts zu keinen Schwierigkeiten führen, vgl. *Sagasser* § 9 Rn. 337 .

243 *Lutter* § 20 Rn. 11; *Kallmeyer* § 20 Rn. 5.

- Bei **Beteiligungen an anderen Rechtsträgern** gilt es zu ermitteln, ob ein Übergang der Gesellschafterstellung im Wege der Gesamtrechtsnachfolge durch Verschmelzung zulässig ist. Dabei können die Regelungen zum Tod eines Gesellschafters im Gesellschaftsvertrag zwar Anhaltspunkte liefern, eine automatische Gleichsetzung dieser Gesamtrechtsnachfolgen ist jedoch nicht sachgerecht, da diese sich in Bezug auf das auslösende Ereignis wesentlich unterscheiden.[244] Folgende Meinungen haben sich rechtsformbezogen herausgebildet:
  - Bei der **Kapitalgesellschaft** ist eine Verhinderung der Gesamtrechtsnachfolge, ebenso wenig wie beim Tod deines Gesellschafters, nicht möglich; denkbar ist jedoch die Vereinbarung eines Ausschlussrechts, welches sich auch aus der Auslegung der Satzung ergeben kann.[245]
  - Bei der **GbR** muss durch Auslegung des Gesellschaftsvertrages ermittelt werden, ob die Gesamtrechtsnachfolge in die Gesellschafterstellung zulässig ist. Maßgeblich ist das zu ermittelnde Interesse der Mitgesellschafter an der Zusammensetzung des Gesellschafterkreises. Auch wenn eine Kapitalgesellschaft Mitgesellschafter ist, kann es für die übrigen GbR-Gesellschafter von Interesse sein, welche Personen Gesellschafter der Kapitalgesellschaft sind.[246] Lässt sich eine Auslegung zu dieser Frage nicht ermitteln, wird man über eine entsprechende Anwendung von § 727 Abs. 1 BGB zur Auflösung der Gesellschaft durch die Gesamtrechtsnachfolge kommen müssen.[247]
  - Bei der **OHG** und der Rechtsnachfolge in die **Komplementärstellung** bei der KG ist wiederum der Gesellschaftsvertrag auszulegen; vgl. vorstehende Ausführungen zur GbR. Lässt sich eine Auslegung zu dieser Frage nicht ermitteln, wird in entsprechender Anwendung der §§ 131 Abs. 3 Nr. 1, 161 Abs. 2 HGB vom Ausscheiden des übernehmenden Rechtsträgers ausgegangen werden müssen.[248]
  - Bei der **Kommanditistenstellung** und der **Beteiligung als Stiller Gesellschafter** ist die Gesamtrechtsnachfolge ohne weiteres möglich, soweit der Gesellschaftsvertrag nichts anderes vereinbart, entsprechend §§ 177, 234 Abs. 2 HGB. Zur Auslegung des Gesellschaftsvertrages vgl. die Ausführungen zur GbR. Zu beachten ist, dass der Stille Gesellschafter als Inhaber eines Sonderrechts i.S. des § 23 UmwG anzusehen ist.
- Mit der Eintragung der Verschmelzung **endet die Organstellung** und somit auch die Vertretungsmacht der Komplementäre, Geschäftsführer, Vorstands- und Aufsichtsratsmitglieder des übertragenden Rechtsträgers. Die Anstellungsverträge dauern aber fort, sofern nicht der Anstellungsvertrag durch eine Vereinbarung an die Fortdauer der Organstellung gebunden ist.[249] Nach Eintragung der Verschmelzung können die ehemaligen organschaftlichen Vertreter nicht mehr entlastet werden. Die Entlastung kann durch die Anteilsinhaberversammlung des übernehmenden Rechtsträgers nicht erteilt werden[250](str.).

---

244 *Lutter* § 20 Rn. 17 ff. m.w.N.
245 *Lutter* § 20 Rn. 17.
246 *Lutter* § 20 Rn. 18.
247 *RG* RGZ 123, 289, 294; 150, 289, 291; HK-UmwG/*Schäffler* § 20 Rn. 15; kritisch hierzu *Lutter* § 20 Rn. 18.
248 *Lutter* § 20 Rn. 19; *Schmitt/Hörtnagl/Stratz* § 20 Rn. 64.
249 *Lutter* § 20 Rn. 28; *Kallmeyer* § 20 Rn. 15.
250 So *Lutter* § 20 Rn. 29; **a.A.** *Kallmeyer* § 20 Rn. 17; *Widmann/Mayer* § 20 Rn. 330.

- Nach wohl h.M. gilt die zweijährige cooling-off Periode für Aufsichtsratsmitgliedern bei börsennotierten Gesellschaften gem. § 100 Abs. 2 S. 1 Nr. 4 AktG auch für die Leitungs- und Geschäftsführungsorgane aller beteiligten Rechtsträger.[251]
- **Erteilte Prokuren erlöschen** nach h.M.[252] durch Eintragung der Verschmelzung, ihr Erlöschen muss daher auch nicht separat angemeldet werden. Soll jedoch die Prokura beim übernehmenden Rechtsträger „fortbestehen" muss diese neu erteilt und angemeldet werden.
- Zum Schicksal von **Unternehmensverträgen** haben sich folgende Meinungen herausgebildet:
  - **Beim übertragenden Rechtsträger** wird danach unterschieden, ob er abhängiges oder herrschendes Unternehmen ist. Ist er **abhängiges Unternehmen** erlischt der Unternehmensvertrag mit Eintragung der Verschmelzung.[253] [254] Dies gilt jedoch nicht für Betriebspacht- und Betriebsüberlassungsverträge sowie betriebsbezogene Teilgewinnabführungsverträge und Gewinngemeinschaften.[255] Im Falle des Erlöschens des Unternehmensvertrages kann in der Durchführung der Verschmelzung eine Verletzung des Unternehmensvertrages liegen.[256] Ist der **übertragende Rechtsträger herrschendes Unternehmen** besteht der Unternehmensvertrag fort, ohne dass die Anteilsinhaberversammlung des abhängigen Unternehmens der Verschmelzung zustimmen muss, § 295 AktG findet keine Anwendung.[257] Der Schutz der Vertragspartner ist durch § 22 UmwG gewahrt. Der Vertrag kann aber u.U. nach § 297 Abs. 1 AktG gekündigt werden.[258]
  - **Beim übernehmenden Rechtsträger** bestehen die von diesem geschlossenen Unternehmensverträge fort.[259] Ist der **übernehmende Rechtsträger abhängiges Unternehmen**, kann jedoch für das herrschende Unternehmen ein Kündigungsrecht bestehen, da durch die Verlustausgleichspflicht infolge der Verschmelzung ein erhöhtes Risiko bestehen kann.[260]
  - **Unternehmensverträge, die zwischen den beteiligten Rechtsträgern bestanden**, erlöschen, weil sie gegenstandslos geworden sind, ausgenommen dann, wenn auch noch dritte Unternehmen am Unternehmensvertrag beteiligt sind. Ein in dem

---

251 Eine gute Darstellung zu diesem Thema findet sich in *Schulenburg/Brosius* BB 2010, 3039 ff. m.w.N.

252 So *Kallmeyer* § 20 Rn. 24; *Widmann/Mayer* § 20 Rn. 304; **a.A.** *Lutter* § 20 Rn. 26.

253 H.M. *Lutter* § 20 Rn. 36; *Kallmeyer* § 20 Rn. 21; *Widmann/Mayer* § 20 Rn. 290; interessante Erläuterungen zur handelsrechtlichen Abwicklung, insbesondere zur Frage der Rückwirkung in *Gelhausen/Heinz* NZG 2005, 775 ff.

254 Eine Fortführung der steuerlichen Organschaft mit dem übernehmenden Rechtsträger ist dabei nur möglich, wenn bereits zu Beginn des Geschäftsjahres, in dem die Verschmelzung wirksam wird, die finanzielle Eingliederung bei dem übernehmenden Rechtsträger bestanden hat. Die steuerliche Rückwirkung erfasst nach Auffassung der Finanzverwaltung nicht diese Voraussetzung, vgl. hierzu oben 2. Kap. Rn. 80.

255 Begrenzung des Unternehmensvertrages ist hier möglich; vgl. *Lutter* § 20 Rn. 36 m.w.N.

256 *Lutter* § 20 Rn. 36.

257 *Lutter* § 20 Rn. 37 unter Verweis u.a. auf *LG Bonn* GmbHR 1996, 774; *OLG Karlsruhe* ZIP 1991, 101, 104; *LG Mannheim* ZIP 1990, 379, 381.

258 *LG Bonn* GmbHR 1996, 774, 776 ggf. besteht auch eine Pflicht zu einem erneuten Abfindungsangebot seitens des übernehmenden Rechtsträgers; *Lutter* § 20 Rn. 37; *Kallmeyer* § 20 Rn. 20.

259 H.M. *Lutter* § 20 Rn. 35; *Kallmeyer* § 20 Rn. 19.

260 *Lutter* § 20 Rn. 35; *Schmitt/Hörtnagl/Stratz* § 20 Rn. 59 mit dem Hinweis, dass die Kündigung jedoch nur ex nunc wirkt.

Unternehmensvertrag enthaltenes Angebot auf Abfindung besteht fort und wird nicht mit dem Umtauschangebot aus dem Verschmelzungsvertrag verrechnet.[261]

- Zu dem Übergang der Rechtsverhältnisse gegenüber **Anteilsinhabern des übertragenden Rechtsträgers** haben sich u.a. folgende wichtigen Meinungen herausgebildet:
  - Eine **noch offene Einlageschuld** geht auf den übernehmenden Rechtsträger über.[262] Die Anteilsinhaber des übertragenden Rechtsträgers haften für die Erfüllung der noch offenen Einlage wie vor der Verschmelzung. Für die Anteilsinhaber des übernehmenden Rechtsträgers wird im Umkehrschluss aus § 51 UmwG angenommen, dass auch bei der GmbH die Anteilsinhaber des übernehmenden Rechtsträgers für die noch offene Einlagenschuld der Anteilsinhaber des übertragenden Rechtsträgers gem. § 24 GmbHG haften.[263] Der übernehmende Rechtsträger kann jedoch einen Verzicht auf die Einlageforderung erklären, da mit einer solchen Verzichtserklärung nicht gegen die Kapitalerbringungsvorschriften verstoßen wird, da für den übernehmenden Rechtsträger diese nur bezüglich der Einlageforderungen gegenüber den eigenen Anteilsinhabern gilt.[264]
  - **Bestehen Eigenkapitalersatzansprüche** des übertragenden Rechtsträgers gegenüber seinen Anteilsinhabern, gehen diese Ansprüche im Wege der Gesamtrechtsnachfolge auf den übernehmenden Rechtsträger über, unabhängig davon, inwieweit der übernehmende Rechtsträger nach Durchführung der Verschmelzung noch eine Unterbilanz ausweist[265] bzw., ob die Rechtsform des übernehmenden Rechtsträgers überhaupt Eigenkapitalersatzregeln kennt.[266]
  - **Nebenverpflichtungen**, welche die Anteilsinhaber des übertragenden Rechtsträgers treffen, gehen zwar auf den übernehmenden Rechtsträger im Wege der Gesamtrechtsnachfolge über, da die Nebenverpflichtungen jedoch in der Satzung/dem Gesellschaftsvertrag des übernehmenden Rechtsträgers für ihren Fortbestand niedergelegt sein müssen, erlöschen die Nebenverpflichtungen, wenn sie nicht entsprechend aufgenommen werden.[267] Ihr Fortbestand als normale schuldrechtliche Verpflichtung wäre zwar möglich, ist aber in der Regel wegen der dann fehlenden zwingenden Verknüpfung der Nebenverpflichtung mit der Gesellschafterbeteiligung nicht gewollt.[268]
- Zu dem Übergang der Rechtsverhältnisse gegenüber **Anteilsinhabern des übernehmenden Rechtsträgers** haben sich u.a. folgende wichtigen Meinungen herausgebildet:
  - **Eine noch offene Einlageschuld**, die dem übernehmenden Rechtsträger gegenüber seinen Anteilsinhabern zusteht, bleibt durch die Verschmelzung unberührt. Auch die Anteilsinhaber des übertragenden Rechtsträgers haften durch ihr Hinzutreten für die Erfüllung der noch offenen Einlage gem. § 24 GmbHG i.V.m. § 51 Abs. 1 UmwG, falls der übernehmende Rechtsträger eine GmbH ist.[269]

---

261 *Lutter* § 20 Rn. 40.
262 *Lutter* § 20 Rn. 42; teilweise wird für eine offene Pflichteinlage des Kommanditisten eine andere Meinung vertreten, so *Widmann/Mayer* § 20 Rn. 231.
263 Kritisch, aber im Ergebnis bejahend *Lutter* § 20 Rn. 43 ff.; hierfür spricht auch § 52 S. 2 UmwG.
264 *Lutter* § 20 Rn. 43 mit dem Hinweis, dass dem Schutz der Gläubiger § 22 UmwG Rechnung trägt.
265 *Lutter* § 20 Rn. 46, *BGHZ* 144, 336, 340, **a.A.** *Widmann/Mayer* § 20 Rn. 226.
266 *Lutter* § 20 Rn. 46, *K. Schmidt* in Schlegelberger, HGB § 172a Rn. 54, *Widmann/Mayer* § 20 Rn. 226; offen gelassen *BGH* NJW 1990, 3145, 3147.
267 *Lutter* § 20 Rn. 48; *Kallmeyer* § 20 Rn. 8.
268 *Lutter* § 20 Rn. 43; unter Verweis auf *RG* RGZ 136, 313 ff. wird in der Kommentierung häufig auf die ggf. erforderliche Anpassung nach den Regeln des Wegfalls der Geschäftsgrundlage verwiesen.
269 *Lutter* § 20 Rn. 42.

- – Bestehen **Eigenkapitalersatzansprüche** des übernehmenden Rechtsträgers gegenüber seinen Anteilsinhabern, so bleiben diese Ansprüche durch die Verschmelzung unberührt. Die Ansprüche entfallen auch nicht, wenn keine Unterbilanz mehr vorliegt.[270]
- – **Nebenverpflichtungen**, welche die Anteilsinhaber des übernehmenden Rechtsträgers treffen, sind für die Anteilsinhaber des übertragenden Rechtsträgers nur insoweit bindend, als diese Nebenverpflichtungen allgemein für alle Gesellschafter gelten sollen. Sofern diese nicht akzeptabel sind, kann sich der Anteilsinhaber auf das sogenannte allgemeine Austrittsrecht in analoger Anwendung des § 29 UmwG berufen,[271] vgl. hierzu auch unten Rn. 60. Bei Nebenverpflichtungen in der Satzung/dem Gesellschaftsvertrag des übernehmenden Rechtsträgers empfiehlt sich daher eine ausdrückliche Regelung über deren Geltung für die Anteilsinhaber des übertragenden Rechtsträgers.

- Grundsätzlich bietet eine Verschmelzung keinen Grund zur **Kündigung oder Vertragsanpassung laufender vertraglicher Beziehungen** des übertragenden Rechtsträgers. Im Normalfall sichert § 22 UmwG, welcher nur eine Sicherheitsleistung vorsieht, nach dem Willen des Gesetzgebers ausreichend das Gläubigerinteresse, so dass die Hürde für die Kündigung aus wichtigem Grund noch höher ist.[272] Diese hohe Hürde gilt, mit Ausnahme der Spezialvorschrift des § 21 UmwG, grundsätzlich auch für die Anwendung der Regeln über den Wegfall der Geschäftsgrundlage auf die durch Verschmelzung übergehenden Rechtsverhältnisse.[273] Die Vorschrift des § 21 UmwG, welche nur für **beiderseits** noch nicht vollständig erfüllte Abnahme-, Lieferungs- oder ähnliche Verträge gilt, bricht teilweise mit dem Grundsatz der Gesamtrechtsnachfolge; die Vorschrift ist jedoch nach h.M. so zu lesen, dass sie lediglich die allgemeinen Regeln des Wegfalls der Geschäftsgrundlage für bestimmte Fälle kodifiziert.[274]
- Beim „down-stream-merger" auf eine GmbH entsteht wegen des nach h.M. geltenden Direkterwerbs der Anteile der übertragenden Gesellschaft an der übernehmenden Gesellschaft durch die Anteilsinhaber der übertragenden Gesellschaft die Problematik, was mit **Rechten Dritter an den Anteilen** passiert. Eine Meinung in der Literatur vertritt die Ansicht, dass generell, sofern für die alten Anteile keine neuen ausgegeben werden, die Rechte Dritter entfallen.[275] Eine andere m.E. richtige Meinung in der Literatur stellt den Direkterwerb der Anteile beim down-stream-merger einer Neuausgabe von Anteilen gleich mit der Folge, dass analog § 20 Abs. 1 Nr. 3 S. 2 UmwG Rechte Dritter an den Anteilen bestehen bleiben und zwar unabhängig davon, ob sie an den Anteilen an der übertragenden oder an den Anteilen an der übernehmenden Gesellschaft bestanden haben.[276]
- Da nunmehr bei Kapitalgesellschaften auf die Gewährung von Anteilen verzichtet werden kann, §§ 54 Abs. 1 S. 3, 68 Abs. 1 S. 3 UmwG, ist zu beachten, dass nach ganz h.M. die Rechte Dritter an Anteilen am übertragenden Rechtsträger mit Wirksamwerden der Verschmelzung entfallen.

---

270 *Lutter* § 20 Rn. 45 unter Verweis auf *BGH* BGHZ 144, 336, 340, **a.A.** *Widmann/Mayer* § 20 Rn. 226.
271 *Lutter* § 20 Rn. 47.
272 *Lutter* § 20 Rn. 50 ff.
273 *Lutter* § 20 Rn. 53.
274 *Lutter* § 21 Rn. 9; *Kallmeyer* § 21 Rn. 8, *Widmann/Mayer* § 21 Rn. 2.
275 Vgl. *Lutter* § 20 Rn. 65; *Kallmeyer* § 20 Rn. 31, der Dritte hat dann evtl. Schadenersatzansprüche.
276 *Widmann/Mayer* § 5 Rn. 40.2.

Gem. § 24 UmwG besteht **für die handelsrechtliche Bilanz das Wahlrecht auf Ansatz-** **53**
und Bewertungsebene (s. hierzu auch Rn. 54) für die Jahresbilanz des übernehmenden
Rechtsträgers. § 24 UmwG gewährt ein **Wahlrecht** zwischen dem Ansatz der übernommenen Aktiva und Passiva mit den Buchwerten der Schlussbilanz des übertragenden
Rechtsträgers (**Buchwertverknüpfung**) oder mit einem anderen als Anschaffungskosten zulässigen Wert.[277] Zuständig für die Ausübung des Wahlrechts ist das Organ
des übernehmenden Rechtsträgers, dem die Feststellung des auf die Verschmelzung
folgenden Jahresabschlusses obliegt.[278] Das Wahlrecht muss jedoch für jeden übertragenden Rechtsträger einheitlich für alle Aktiva und Passiva ausgeübt werden. Das
Wahlrecht kann, aber muss nicht im Verschmelzungsvertrag geregelt werden. Bei Aufnahme von Regelungen zum Wahlrecht in den Verschmelzungsvertrag liegt in der
Zustimmung zur Verschmelzung wohl die Wahlrechtsausübung.

Das UmwStG ist heranzuziehen, wenn die Frage zu beantworten ist, wie der Über- **54**
gang des Vermögens des übertragenden Rechtsträgers mit allen Aktiven und Passiven
in der **steuerlichen Bilanz des übernehmenden Rechtsträgers** darzustellen ist. Zu
unterscheiden ist dabei zwischen der **Ansatzebene** (welche Positionen sind anzusetzen?) und der **Bewertungsebene** (mit welchen Werten sind die auszuweisenden Positionen anzusetzen?). Dabei wird zwischen dem Ansatz der übernommenen Aktiva und
Passiva mit den Buchwerten der Schlussbilanz des übertragenden Rechtsträgers
(**Buchwertverknüpfung**) und dem Ansatz mit einem anderen als Anschaffungskosten
zulässigen Wert (**Zwischenwerte, gemeiner Wert**) unterschieden. Die steuerrechtlichen Vorgaben der VRL wurden mit dem Gesetz über steuerliche Begleitmaßnahmen
zur Einführung der Europäischen Gesellschaft und zur Änderung weiterer steuerlicher Maßnahmen (SEStG) in nationales Recht umgesetzt. Durch die Gefahr, dass bei
grenzüberschreitenden Umwandlungsvorgängen Wirtschaftsgüter aus der inländischen Steuerverhaftung ausscheiden oder in diese eintreten könnten, hat der Gesetzgeber nunmehr im UmwStG den Ansatz gewählt, dass **alle vom UmwStG erfassten**
Umwandlungen auf allen betroffenen Ebenen (übertragender Rechtsträger, übernehmender Rechtsträger, Anteilsinhaber) **im Grundsatz zum gemeinen Wert** abzuwickeln
sind und **nur unter bestimmten Voraussetzungen und auf Antrag**[279] ein Ansatz zu
Buchwerten oder Zwischenwerten[280] vorgenommen werden kann. In diesem Zusammenhang hat der Gesetzgeber auch den bisherigen **Grundsatz der Maßgeblichkeit der**
Handelsbilanz für die steuerliche Übertragungsbilanz aufgegeben, da die umwand-

---

277 Die Art der Gegenleistung bei der Verschmelzung bestimmt die Anschaffungskosten i.S. des § 24
UmwG; dies sind also entweder die Anschaffungskosten einer bereits gehaltenen Beteiligung am
übertragenden Rechtsträger, der Ausgabebetrag der neuen Anteile bei der Kapitalerhöhung zur
Durchführung der Verschmelzung oder der Buchwert der bei der Verschmelzung an die Gesellschafter des übertragenden Rechtsträgers ausgereichten eigenen Anteile.

278 HK-UmwG/*Maulbetsch* § 24 Rn. 74; *Lutter* § 24 Rn. 78 ff.; dies sind bei der GmbH, der *KG* und
den sonstigen Personengesellschaften die Gesellschafter, bei der AG Vorstand und Aufsichtsrat; in
der 3. Aufl. jedoch mit dem Hinweis, dass richtigerweise die Kompetenz immer den Gesellschaftern zustehen sollte, dies ist jedoch nicht h.M.

279 Der Antrag muss dabei spätestens mit Einreichung der steuerlichen Schlussbilanz gestellt werden,
wobei bereits in der Einreichung der steuerlichen Schlussbilanz mit den darin ausgewiesenen
Buchwerten ein entsprechender Antrag liegen kann.

280 Der Zwischenwert liegt zwischen dem Buchwert und dem gemeinen Wert; der sich durch den
Ansatz des Zwischenwertes ergebende Gesamtaufstockungsbetrag ist im Verhältnis der stillen
Reserven auf die einzelnen Wirtschaftsgüter zu verteilen. Liegt der Buchwert über dem gemeinen
Wert der Sachgesamtheit, kann höchstens der gemeine Wert angesetzt werden.

lungssteuerrechtlichen Bewertungswahlrechte unabhängig von der Handelsbilanz ausgeübt werden können.[281] Das Wahlrecht muss jedoch für jeden übertragenden Rechtsträger einheitlich für alle Aktiva und Passiva ausgeübt werden, in den Fällen der Verschmelzung auf eine Personengesellschaft müssen jedoch die Voraussetzungen bezogen auf jeden Gesellschafter der Personengesellschaft gesondert geprüft werden.[282] Daher können auch bei einer Verschmelzung die Ansätze in Handels- und Steuerbilanz nunmehr auseinanderfallen.

55 Die Wahl der Wertansätze wirkt sich zum einen aus auf das bilanzielle Verhältnis von gewährten Anteilen zum Wert des übertragenen Vermögens (möglicher **Verschmelzungsverlust oder -gewinn**) zum anderen auf die Bemessungsgrundlage der künftigen Abschreibungen und somit auch auf künftige Ergebnisse selbst aus. Ist das eingebuchte Vermögen höher als die gewährten Anteile, entsteht bei dem übernehmenden Rechtsträger ein Verschmelzungsgewinn, ist es niedriger, entsteht ein Verschmelzungsverlust. **Ertragsteuerliche Auswirkungen** sind immer **auf der Ebene des übertragenden Rechtsträgers, des übernehmenden Rechtsträgers und der Anteilsinhaber der beteiligten Rechtsträger** zu prüfen. So kann es zum Beispiel bei einer Verschmelzung von Kapitalgesellschaften aufgrund des Wegfalls der Übertragungsmöglichkeit von steuerlichen Verlustvorträgen (§ 12 Abs. 3 S. 2 UmwStG a.F.) im Einzelfall sinnvoll sein, auch bei Erfüllung der Voraussetzungen für die steuerliche Buchwertfortführung die gemeinen Werte in der Schlussbilanz des übertragenden Rechtsträgers anzusetzen, da somit das AfA-Volumen für den übernehmenden Rechtsträger erhöht werden kann (**sog. Step-Up**). Ein Übernahmegewinn bei der übernehmenden Gesellschaft ist gem. § 12 Abs. 2 S. 1 UmwStG grundsätzlich steuerfrei, soweit der übernehmende Rechtsträger nicht am übertragenden Rechtsträger beteiligt ist.[283] Damit erfolgt jedoch auf der Ebene des übertragenden Rechtsträgers eine Realisierung der stillen Reserven.[284] Die Anteilsinhaber haben jedoch selbst wiederum die Möglichkeit gem. § 13 Abs. 2 UmwStG unter bestimmten Voraussetzungen durch einen Antrag auf Ansatz ihrer neuen Beteiligung mit dem Buchwert der untergehenden Beteiligung am übertragenden Rechtsträger die Realisierung auf der Ebene der Anteilsinhaber zu vermeiden. Zu beachten ist jedoch, dass durch die Antragstellung nach § 13 Abs. 2 S. 2 UmwStG steuerrechtliche Besonderheiten hinsichtlich des Anteils am übertragenden Rechtsträger (z.B. einbringungsgeborener Anteil, wesentliche Beteiligung nach § 17 EStG) sich als Eigenschaften des Anteils am übernehmenden Rechtsträger fortsetzen.

---

281 S. Gesetzesbegründung BT-Drs. 16/2710, 37.

282 S. Gesetzesbegründung BT-Drs. 16/2710, 37; hieraus ergibt sich, dass, soweit die Voraussetzungen des § 3 Abs. 2 UmwStG nur bei einzelnen Gesellschaftern erfüllt sind, anteilig auch der Buchwert oder ein Zwischenwert der Wirtschaftsgüter angesetzt werden kann und im Übrigen anteilig der gemeine Wert anzusetzen ist; vgl. u.a. *Schaflitzl/Widmayer* BB-Special 8/2006, 40; der Mischansatz muss jedoch dann für alle Wirtschaftsgüter einheitlich beantragt werden, vgl. *Lemaitre/Schönherr* in GmbHR 2007, 173 ff.

283 Soweit Beteiligung gegeben ist, kommt es gem. § 12 Abs. 2 S. 2 UmwStG im Ergebnis zu einer Besteuerung von 5 % des Übernahmegewinns; dies ist nicht VRL-konform, soweit die in der VRL vorgesehene Mindestbeteiligungsquote (derzeit 15 %, ab 2009 10 %) gegeben ist und daher der Übernahmegewinn gem. VRL steuerfrei bleiben müsste.

284 *Hagemann/Jakob/Ropohl/Viebrock* NWB-Sonderheft 1/2007 SEStG, 26 weisen darauf hin, dass der bei der Aufstockung auf den gemeinen Wert entstehende Gewinn der Mindestbesteuerung gem. § 10d Abs. 2 S. 1 EStG unterliegt und zu beachten ist, dass die körperschaft- und gewerbesteuerlichen Verlustvorträge nicht identisch sind, so dass durch eine Aufstockung ggf. ein Gewinn entsteht, der einer Besteuerung mit Gewerbesteuer unterliegt, da insoweit kein nutzbarer Verlust mehr vorliegt.

§ 24 UmwG bezieht sich auf die Handelsbilanz des übernehmenden Rechtsträgers. **56** Die Rechtsnorm ist rechtsformunabhängig. Liegt der **Buchwert des übertragenen Vermögens unter dem Beteiligungsansatz** in den Büchern der übernehmenden Gesellschaft (Verschmelzung ohne Kapitalmaßnahme) oder dem Ausgabebetrag der von ihr gewährten Anteile, würde bei Buchwertfortführung ein Verschmelzungsverlust entstehen, weshalb nach wohl h.M. eine entsprechende Aufstockung nicht generell für erforderlich gehalten werden muss, sondern das handelsrechtliche Wahlrecht nach § 24 UmwG nur dann eingeschränkt wird, wenn wegen des hohen Verschmelzungsverlustes das künftige Ausschüttungsvolumen erheblich beeinträchtigt wird und somit insbesondere Minderheitsgesellschafter geschützt werden müssen.[285]

Erfolgt die Verschmelzung auf eine Kapitalgesellschaft gegen Gewährung von Gesellschaftsrechten, muss deren Ausgabebetrag, zumindest deren Nennwert, in jedem Fall durch das Nettovermögen des übertragenden Rechtsträgers gedeckt sein. Strittig ist, ob dieser **Kapitalaufbringungsgrundsatz zu einer Einschränkung des Wahlrechts** zur Buchwertfortführung führt. Die Einschränkung des Wahlrechts wird teilweise bejaht unter Verweis darauf, dass auch eine bloß nominelle Unterpariemission nicht zulässig sei.[286] Richtigerweise muss jedoch nicht zwingend eine Wertaufstockung erfolgen. Es muss vielmehr genügen, dass dem Registergericht nachgewiesen werden kann, dass die Kapitalaufbringung durch den realen Wert des eingebrachten Vermögens erfüllt ist.[287]

Beim down-stream-merger besteht Meinungsstreit, ob ein Wahlrecht nach § 24 UmwG **57** überhaupt besteht[288] oder ob zwingend die Zeitwerte[289] oder die übernommenen Verbindlichkeiten als alleiniger Maßstab[290] anzusetzen sind. Eine besondere Problematik kann sich beim **down-stream-merger** ergeben, wenn das zu Zeitwerten bewertete **Vermögen der übertragenden Muttergesellschaft** abzüglich der ausgekehrten Anteile an der Tochtergesellschaft **negativ** ist.[291] Durch den down-stream-merger besteht dann bei einer aufnehmenden Kapitalgesellschaft die Gefahr einer verbotenen Einlagenrückgewähr gem. §§ 62 AktG, 31 GmbHG.[292] Die Einlagenrückgewähr entsteht dann, wenn durch die übergehenden Verbindlichkeiten der Muttergesellschaft das Eigenkapital der aufnehmenden Tochtergesellschaft verringert wird, ohne dass dies ausreichende stille Reserven im Aktivvermögen der Muttergesellschaft abgefangen werden kann. Eine Durchführung des down-stream-mergers kann dann nur erfolgen, wenn die Anteilsinhaber der Muttergesellschaft der aufnehmenden Tochtergesellschaft eine Gegenleistung für die Übernahme der Verbindlichkeiten gewähren, welche die entstehende Unterbilanz ausgleicht,[293] oder nur ein Teil der Anteile an der Muttergesellschaft an die Anteilsinhaber der Tochtergesellschaft übergehen und die übrigen Anteile zu Anteilen der aufnehmenden Tochtergesellschaft werden.[294]

---

285 *Lutter* § 24 Rn. 86, *Kallmeyer* § 24 Rn. 44, *Schmitt/Hörtnagl/Stratz* § 24 Rn. 92.
286 So *Sagasser* § 10 Rn. 142–147; *Kallmeyer* § 24 Rn. 13.
287 *Lutter* § 24 Rn. 88, 89; ausführlich: *Widmann/Mayer* § 24 Rn. 288; *Sagasser* § 10 Rn. 244 f, *Schmitt/Hörtnagl/Stratz* § 24 Rn. 74.
288 Dafür *Lutter* § 24 Rn. 61, *Kallmeyer* § 24 Rn. 34.
289 So *Schmitt/Hörtnagl/Stratz* § 24 Rn. 31 ff. mit ausführlicher Begründung.
290 So *Semler/Stengel* § 24 Rn. 50.
291 Ergibt sich z.B., wenn die Beteiligung der Muttergesellschaft an der Tochtergesellschaft fremdfinanziert war und die Muttergesellschaft neben der Beteiligung an der Tochter keine weiteren Vermögensgegenstände besitzt; hierzu ausführlich *Sagasser* § 10 Rn. 178.
292 Vgl. hierzu auch unten Erläuterungen zur Musterlösung Rn. 89.
293 Vgl. *Sagasser* § 10 Rn. 178.
294 Vgl. *Widmann/Mayer* § 5 Rn. 40.1.

58 Das UmwStG unterscheidet hinsichtlich der anzuwendenden Bilanzierungsregeln nach der Rechtsform des übernehmenden Rechtsträgers. **Zuständig für die Antragstellung bei Ausübung des steuerrechtlichen Bewertungswahlrechts gegenüber dem Finanzamt** sind nach derzeit herrschender Auffassung zu den neuen, diesbezüglich nicht eindeutigen Gesetzesformulierungen

- bei der **Verschmelzung einer Kapitalgesellschaft auf eine Personengesellschaft** gem. § 3 Abs. 2 S. 2 UmwStG der übertragende Rechtsträger; sollte der Antrag erst nach Wirksamwerden der Verschmelzung gestellt werden, geht das Recht auf Antragstellung gem. § 20 Abs. 1 Nr. 1 UmwG auf den übernehmenden Rechtsträger über;
- bei der **Verschmelzung von Kapitalgesellschaften untereinander** gem. §§ 11 Abs. 2, 3 und 3 Abs. 2 S. 2 UmwStG der übertragende Rechtsträger; sollte der Antrag erst nach Wirksamwerden der Verschmelzung gestellt werden, geht das Recht auf Antragstellung gem. § 20 Abs. 1 Nr. 1 UmwG auf den übernehmenden Rechtsträger über;
- bei der **Verschmelzung von einer Personengesellschaft auf eine Kapitalgesellschaft** gem. § 20 Abs. 2 S. 2 UmwStG der übernehmende Rechtsträger;[295]
- bei der **Verschmelzung von Personengesellschaften untereinander** gem. §§ 22 Abs. 2 S. 2 UmwStG der übernehmende Rechtsträger.

59 Bei **grenzüberschreitenden Verschmelzungen** ist zu beachten, dass die Anwendbarkeit des UmwStG nur dann gegeben ist, wenn

- die **übertragenden und die übernehmenden Rechtsträger** nach den Rechtsvorschriften eines **Mitgliedsstaates der EU oder der EWR** gegründet wurde **und** sich der Sitz und Ort der Geschäftsleitung innerhalb des Hoheitsgebiets eines dieser Staaten befindet, vgl. § 1 Abs. 2 Nr. 1 UmwStG (bei Beteiligung natürlicher Personen ist § 1 Abs. 2 Nr. 2 UmwStG zu beachten); bei Personengesellschaften müssen zusätzlich die Gesellschafter im EU/EWR-Raum ansässig sein, vgl. § 1 Abs. 4 Nr. 2 UmwStG;
- die Verschmelzung nach dem UmwG erfolgt oder das Ergebnis einer Verschmelzung nach ausländischem Recht mit dem Ergebnis einer **Verschmelzung nach deutschem Recht vergleichbar** ist, vgl. § 1 Abs. 1 S. 1 Nr. 1 und Abs. 3 Nr. 1 UmwStG.[296]

Das UmwStG gilt auch für vergleichbare Vorschriften in den Verordnungen der EU, derzeit lediglich enthalten in der SE-VO.

Auf die **Verschmelzung von Körperschaften aus Drittstaaten** findet jedoch § 12 Abs. 2 KStG Anwendung. Danach sind die übergehenden Wirtschaftsgüter mit dem Buchwert anzusetzen, wenn u.a.

- das Vermögen durch einen Vorgang übertragen wird, der einer Verschmelzung i.S. des § 2 UmwG vergleichbar ist,
- die Umwandlung auf eine andere Körperschaft desselben ausländischen Staates erfolgt.[297]

---

295 In diesem Fall ist derzeit strittig, ob das Wahlrecht einheitlich ausgeübt werden muss oder nach der Falllage beim einzelnen übertragenden Mitunternehmer unterschiedlich ausgeübt werden kann; letzteres vertritt *Rödder/Schumacher* DStR 2006, 1536, **a.A.** *Rieger* DAI-Skript zur Tagung Umwandlungsrecht und Umwandlungssteuerrecht vom 15.–16.1.2007, 100.

296 Gem. der Gesetzesbegründung (vgl. BT-Drs. 16/2710, 35 f.) umfasst die Vergleichbarkeitsprüfung sowohl die Rechtsfolgen des Umwandlungsvorgangs (z.B. Auflösung ohne Abwicklung, Gesamtrechtsnachfolge) als auch die beteiligten Rechtsträger (Typenvergleich). Zu berücksichtigen sind auch Regelungen zu baren Zuzahlungen. Vgl. im Einzelnen auch die Tz. 02.07 ff. des UmwStE-E (oben 2. Kap. Rn. 82).

297 Vgl. *Schaflitzl/Widmayer* BB-Special 8/2006, 49 mit dem Hinweis, dass für den Buchwertansatz zusätzlich die Voraussetzungen des § 11 Abs. 2 Nr. 1–3 UmwStG erfüllt sein müssen.

Der **Gläubigerschutz und die möglichen Schadenersatzansprüche** der beteiligten **60**
Rechtsträger und ihrer Anteilsinhaber sind teilweise in den §§ 22 ff. UmwG geregelt.
Es soll hier keine detaillierte Kommentierung dieser einzelnen Vorschriften vorge-
nommen werden; vielmehr soll die nachstehende Übersicht einen Überblick über den
Schutzzweck der einzelnen relevanten Normen bieten:

§ UmwG	Normzweck	Besonderheiten
§ 22 UmwG	Da die Gläubiger des übertragenden Rechtsträgers ihren ursprünglichen Schuldner verlieren, der durch den über-nehmenden Rechtsträger ersetzt wird, und somit auch in Konkurrenz mit den bisherigen Gläubigern des übernehmen-den Rechtsträgers treten, besteht für diese unter den Voraussetzungen des § 22 UmwG ein Anspruch auf Sicherheitsleis-tung. Derselbe Sicherungsanspruch steht den Gläubigern des übernehmenden Rechtsträgers zu, da für diesen ebenfalls neue konkurrierende Gläubiger hinzutre-ten und das Haftungsrisiko steigen kann, wenn das Aktivvermögen des übertra-genden Rechtsträgers dessen Schulden nicht abdeckt.	Sicherheit kann immer nur verlangt werden, wenn der Anspruch noch nicht fällig ist und somit i.S. von § 22 Abs. 1 S. 1 UmwG noch nicht Befriedigung verlangt werden kann. Sehr strittig ist, inwieweit befristete und bedingte, auch auflösend oder aufschiebend bedingte Ansprüche zur Sicherheitsleistung berechtigen.[298] Es muss wohl davon ausgegangen werden können, dass auch Forderungen, die später als fünf Jahre nach Wirksamwerden der Verschmel-zung fällig werden, einen Anspruch auf Sicherheitsleistung – begründen kön-nen.[299]
§ 23 UmwG	Die Norm gilt für die Inhaber von Rechten in einem übertragenden Rechtsträger, die kein Stimmrecht gewähren. Ziel der Vorschrift ist der Verwässerungsschutz entspr. § 347a AktG, so dass davon auszugehen ist, dass der Schutz nicht über die in § 23 UmwG aufgeführten Sonderrechte hinausgeht,[300] insbesondere sind keine Vorzugs- oder Zustimmungsrechte von der Norm erfasst.[301]	Den Inhabern von Sonderrechten i.S. von § 23 UmwG steht kein Siche-rungsrecht gem. § 22 UmwG zu.[302] Von dem Grundsatz, dass dem Sonderrechts-inhaber am übernehmenden Rechtsträ-ger Rechte gleicher Art zu gewähren sind, muss eine Ausnahme gemacht wer-den, wenn dies aufgrund der Rechts-form des übernehmenden Rechtsträgers nicht möglich ist;[303] es muss dann eine wirtschaftlich vergleichbare Sicherung geschaffen werden oder es muss der nicht realisierbaren Sicherung durch ein entsprechendes Umtausch- bzw. Bezugs-recht Rechnung getragen werden. In diesen Fällen greift dann wegen der Mischverschmelzung auch der beson-dere Schutz des § 29 UmwG.

---

298 Zum Meinungsstand s. *Lutter* § 22 Rn. 7; für einen sehr umfassenden Sicherungsanspruch Lutter a.a.O.; *Kallmeyer* § 22 Rn. 3 HK-UmwG/*Maulbetsch* § 22 Rn. 10; *Widmann/Mayer* § 22 Rn. 20; ein-schränkend *Schmitt/Hörtnagl/Stratz* Rn. 22 Rn. 7, welcher aufschiebend bedingte Ansprüche aus-nehmen will.

299 So *BGH* ZIP 1996, 705; *Lutter* § 22 Rn. 7.

300 *Lutter* § 23 Rn. 25, es muss sich um Vermögensrechte handeln.

301 Wohl h.M. vgl. *Lutter* § 23 Rn. 2; *Kallmeyer* § 23 Rn. 2; *Widmann/Mayer* § 23 Rn. 10; eine sehr inte-ressante Untersuchung des Themas, inwieweit Aktienoptionen als Sonderrecht eingeordnet wer-den können, gibt *Lörcher* in „Aktienoptionen bei Strukturveränderungen der Arbeitgebergesell-schaft", 124 ff.

302 *Lutter* § 22 Rn. 6.

303 So z.B. bei Wandelschuldverschreibungen einer AG, welche auf eine GmbH verschmolzen wird.

§ UmwG	Normzweck	Besonderheiten
§ 25 UmwG	Durch diese Norm sollen der übertragende Rechtsträger, seine Anteilsinhaber bzw. dessen Gläubiger gegen schädigendes Verhalten der Organmitglieder des **übertragenden** Rechtsträgers im Zuge der Verschmelzung geschützt werden. Die nach Abs. 2 im Gesetz enthaltene Fiktion des Fortbestehens des übertragenden Rechtsträgers gilt darüber hinaus auch für sonstige Ansprüche gegen den übertragenden Rechtsträger aus der Verschmelzung, also insbesondere auch für Ansprüche des übernehmenden Rechtsträgers aus dem Verschmelzungsvertrag.	Ansprüche Dritter gegen den übertragenden Rechtsträger werden von Abs. 2 S. 1 nicht erfasst.[304] Die Fiktion des Fortbestehens hilft häufig nicht bei der Durchsetzbarkeit der Ansprüche, da der übertragende Rechtsträger aufgrund der Gesamtrechtsnachfolge häufig nicht leisten kann, hier sind insbesondere die Möglichkeiten zur Aufrechnung, sowie der Anmeldung von Ansprüchen gem. § 26 Abs. 2 UmwG zu beachten.[305]
§ 26 UmwG	Durch diese Norm wird die Durchführung der Durchsetzung der Ansprüche nach § 25 UmwG geregelt und ermöglicht.	Die Antragsberechtigung für die Bestellung des besonderen Vertreters ist im Gesetz sehr eingeschränkt geregelt und wird auch nicht durch Rspr. oder Literatur ausgeweitet. So ist das Antragsrecht auch nicht für sich abtretbar und geht auch nicht als Nebenrecht mit der Abtretung des Anspruchs auf den neuen Gläubiger über.[306]
§ 27 UmwG	Die Norm regelt lediglich die Verjährungsfrist und den Beginn derselben für Schadenersatzansprüche gegen Mitglieder des Vertretungsorgans und des Aufsichtsorgans des **übernehmenden** Rechtsträgers, beinhaltet jedoch keine eigenständige Anspruchsgrundlage. § 27 UmwG betrifft nur Schadenersatzansprüche aufgrund der Verschmelzung und greift auch für deliktische Ansprüche.[307]	Str. ist, ob die Verjährung des § 27 UmwG auch für Personenhandelsgesellschaften und den Verein gilt, da für diese eine Verjährungsfrist von 3 Jahren nach § 195 BGB gelten würde. Um Diskrepanzen in der Haftung von Leitungsorganen der unterschiedlichen Rechtsträger zu vermeiden, wird von einer m.E. richtigen Meinung in der Literatur vertreten, für die Verjährungsfrist und für den Beginn der Verjährung § 27 UmwG anzuwenden.[308]

---

304 *Lutter* § 25 Rn. 28.
305 Vgl. hierzu *Lutter* § 25 Rn. 26.
306 Vgl. *Lutter* § 26 Rn. 7; *Widmann/Mayer* § 70 Rn. 9.
307 Wohl h.M. nach neuem Verjährungsrecht vgl. *Lutter* § 27 Rn. 4; *Kallmeyer* § 27 Rn. 4, im Ergebnis **a.A.** *Schmitt/Hörtnagl/Stratz* § 27 Rn. 12, es gilt die dreijährige Verjährung des § 195 BGB.
308 So *Lutter* § 27 Rn. 3; *Kallmeyer* § 27 Rn. 4; *Widmann/Mayer* § 27 Rn. 1.

§ UmwG	Normzweck	Besonderheiten
§ 29 UmwG	Die Norm gewährt ein Austrittsrecht gegen Barabfindung für den Fall der Mischverschmelzung[309] oder bei der Verschmelzung einer börsennotierten AG auf eine nicht börsennotierte AG oder für den Fall des Bestehens von Verfügungsbeschränkungen für die Anteile am übernehmenden Rechtsträger. Letzteres ist nach h.M. auch dann gegeben, wenn bereits an den Anteilen am übertragenden Rechtsträger Verfügungsbeschränkungen bestanden haben.[310] Das Austrittsrecht setzt voraus, dass der Anteilsinhaber sowohl gegen die Verschmelzung gestimmt hat, als auch gegen den Verschmelzungsbeschluss Widerspruch zur Niederschrift (des Notars) erklärt hat, allein eine ablehnende Stimmabgabe reicht nicht aus.[311] Immer dann, wenn der Anteilsinhaber aufgrund von Umständen, die in der Sphäre des Rechtsträgers ihren Grund haben, am Widerspruch gehindert ist, kann er auch ohne Vorliegen des Widerspruchs das Abfindungsangebot annehmen.[312] Das Abfindungsangebot muss im Verschmelzungsvertrag enthalten sein, vgl. hierzu vorstehend Rn. 13. Das Angebot ist gerichtet auf den Erwerb der Anteile des ausscheidenden Anteilsinhabers durch den übernehmenden Rechtsträger gegen eine angemessene, genau zu bestimmende Barabfindung; dies kann mit den besonderen Kapitalerhaltungsregeln bei Kapitalgesellschaften kollidieren ("Erwerb eigener Anteile"), vgl. nachstehend Ausführungen zu § 31 UmwG. Das Gesetz setzt somit voraus, dass der Anteilsinhaber an der Verschmelzung zunächst teilnimmt und Anteilsinhaber am übernehmenden Rechtsträger wird.	Für Genossen und Mitglieder gemeinnütziger Vereine besteht das Austrittsrecht nach § 29 UmwG gem. §§ 90 Abs. 1, 104a UmwG nicht. Strittig ist, ob nur derjenige Widerspruch erklären kann, der gegen den Verschmelzungsbeschluss gestimmt hat. Dies ist wohl grundsätzlich zu bejahen, soweit nicht der Anteilsinhaber durch seine gesellschafterliche Treuepflicht (nicht aber bei Vorliegen eines Stimmbindungsvertrages) zu einer zustimmenden Stimmabgabe verpflichtet ist.[313] Obwohl im Gesetz nicht ausdrücklich geregelt, können die Anteilsinhaber des übertragenden Rechtsträgers nach allg. Meinung auf ein Barabfindungsangebot verzichten. Ob diese Verzichtserklärungen notariell beurkundet werden müssen, ist strittig,[314] aber wohl zu bejahen. Eine analoge Anwendung von § 29 UmwG auf andere mit dem Anteil am übernehmenden Rechtsträger verbundene Lasten als Verfügungsbeschränkungen wird nach h.M. abgelehnt.[315] Es kann jedoch ein allgemeines gesellschaftsrechtliches Austrittsrecht bestehen, wenn der Gesellschafter bei Begründung seiner Mitgliedschaft beim übertragenden Rechtsträger nicht mit den sich aus der Verschmelzung ergebenden Belastungen beim übernehmenden Rechtsträger rechnen musste. Dieses Austrittsrecht ist jedoch rechtsformspezifisch zu beurteilen und führt zumeist zu einem Ausscheiden des Gesellschafters aus dem übertragenden Rechtsträger vor Durchführung der Verschmelzung, vgl. auch die Erleichterung des § 33 UmwG.

---

309 Zur Definition vgl. oben 2. Kap. Rn. 3.
310 *Lutter* § 29 Rn. 6; *Kallmeyer* § 29 Rn. 9; *Widmann/Mayer* § 29 Rn. 18.
311 *Lutter* § 29 Rn. 11; *Kallmeyer* § 29 Rn. 11.
312 Und zwar über die Fälle des § 29 Abs. 2 UmwG hinausgehend, so *Lutter* § 29 Rn. 15; *Schmitt/Hörtnagl/Stratz* § 29 Rn. 17.
313 *Lutter* § 29 Rn. 10; **a.A.** *Kallmeyer* § 29 Rn. 13.
314 Ablehnend *Lutter* § 29 Rn. 18; für notarielles Formerfordernis *Widmann/Mayer* § 29 Rn. 53.
315 *Lutter* § 29 Rn. 31 m.w.N.

§ UmwG	Normzweck	Besonderheiten
§§ 30–34 UmwG	Diese Normen dienen der Durchführung des Austrittsrechts gem. § 29 UmwG. Für die Bestimmung des Barabfindungsangebots gelten dieselben Grundsätze wie für die Ermittlung des Unternehmenswertes zur Festlegung des Umtauschverhältnisses, jedoch ist der Stichtag für die Barabfindung der Tag der Beschlussfassung über die Verschmelzung. Die Annahmefrist des § 31 UmwG ist eine Ausschlussfrist. Eine besondere Form für die Annahme des Barabfindungsangebotes ist nicht vorgesehen. Der Austritt bzw. die Übertragung der Anteile erfolgt in Vollzug des Angebotes Zug um Zug gegen Zahlung der Abfindung. Bei der AG als übernehmender Rechtsträger ist in § 29 Abs. 1 S. 2 UmwG die Anwendung des § 71 Abs. 4 S. 2 AktG insoweit ausgeschlossen, woraus zu folgern ist, dass auch ein Verstoß gegen § 57 Abs. 1 S. 1 AktG nicht vorliegt, so dass dem ausscheidenden Aktionär keine Haftung aufgrund des Erhalts der Abfindung gem. § 62 Abs. 1 S. 1 AktG droht.[316] Wird bei der GmbH dem Austrittswilligen eine Abfindung angeboten, die aus gebundenem Vermögen erbracht werden soll, so ist dies wegen der drohenden Haftung des Gesellschafters gem. §§ 30 Abs. 1, 31 Abs. 1 GmbHG keine ordnungsgemäße Erfüllung der Abnahmepflicht. Dem Gesellschafter steht, wenn weder die GmbH noch sonst jemand, z.B. die Mitgesellschafter, die Abfindung ordnungsgemäß leisten, ein Auflösungsrecht zu.[317]	Hat ein Anteilsinhaber mehrere Anteile am übertragenden Rechtsträger, kann er das Abfindungsangebot auch nur bezüglich eines Teils der Anteile, selbst wenn er am übernehmenden Rechtsträger nur einen Anteil erhalten hat, erklären (str.).[318] Ggf. hat eine entsprechende Anpassung des Anteils am übernehmenden Rechtsträger zu erfolgen. Zu beachten ist das Haftungsrisiko des ausscheidenden Anteilsinhabers, welches durch seine Gesellschafterstellung am übernehmenden Rechtsträger bis zum Zeitpunkt seines Ausscheidens entstehen kann; dies kann auch einen wichtigen Grund für das allgemeine Austrittsrecht des ausscheidewilligen Anteilsinhabers beim übertragenden Rechtsträger vor Durchführung der Verschmelzung darstellen.[319] Ebenso erleichtert § 33 UmwG das Ausscheiden aus der Gesellschaft und zwar sowohl beim übertragenden wie auch beim übernehmenden Rechtsträger innerhalb der dort bestimmten Frist. Es ist mit der wohl h.M. davon auszugehen, dass die Verfügungsbeschränkungen nur für den Anteilsinhaber entfallen, welcher einen Widerspruch entsprechend den Regeln des § 29 UmwG erklärt hat.[320] § 33 UmwG setzt eine grundsätzliche Übertragbarkeit des Anteils voraus; es entfallen nur Verfügungsbeschränkungen nicht aber Formerfordernisse oder schuldrechtliche Vereinbarungen, wie Vorkaufsrechte.

61 Bei einer **grenzüberschreitenden Verschmelzung von Kapitalgesellschaften** gem. §§ 122a ff. UmwG verweist zwar § 122a Abs. 2 UmwG auf die oben dargestellten Schutzvorschriften für inländische Verschmelzungen der §§ 22 ff. UmwG, jedoch finden sich in den §§ 122h–122j UmwG **Sonderregelungen in Bezug auf den Schutz von Minderheitsgesellschaftern und Gläubigern**. Im deutschen Umwandlungsrecht werden die Minderheitsgesellschafter gegen ein benachteiligendes Umtauschverhältnis bzw.

---

316 *Lutter* § 31 Rn. 8 i.V.m. § 29 Rn. 24 ff.
317 *Lutter* § 31 Rn. 8; *Kallmeyer* § 31 Rn. 7.
318 *Lutter* § 31 Rn. 4; *Kallmeyer* § 29 Rn. 19; **a.A.** *Widmann/Mayer* § 29 Rn. 52, § 31 Rn. 6, der die Möglichkeit der teilweisen Annahme für disponibel hält.
319 *Lutter* § 31 Rn. 11.
320 *Lutter* § 33 Rn. 5; *Kallmeyer* § 33 Rn. 5; *Widmann/Mayer* § 33 Rn. 6.

gegen eine zu geringe Barabfindung durch das Spruchverfahren geschützt,[321] in welchem sie die Verbesserung ihrer Rechtsposition ggf. durchsetzen können. Da dieses Verfahren offen steht, ist in beiden Fällen die Anfechtungsklage gem. §§ 15, 32 UmwG ausgeschlossen. Da die meisten Staaten ein dem deutschen Recht ähnliches Spruchverfahren nicht kennen, ist bei grenzüberschreitenden Verschmelzungen die **Anwendbarkeit des Spruchverfahrens eingeschränkt**, vgl. hierzu auch ausführlich oben 2. Kap. Rn. 97:

- Das **Spruchverfahren zur Verbesserung des Umtauschverhältnisses** nach § 15 UmwG kann gem. § 122h Abs. 1 UmwG von den **Anteilsinhabern einer inländischen übertragenden Gesellschaft** nur dann eingeleitet werden, wenn entweder das Recht der beteiligten ausländischen Gesellschaften ein solches Verfahren ebenfalls vorsieht oder die Anteilsinhaber der beteiligten Gesellschaften, deren Recht ein solches Verfahren nicht kennt, der Anwendung des Spruchverfahrens ausdrücklich zustimmen. Für die Anteilsinhaber eines ausländischen übertragenden Rechtsträgers steht das Spruchverfahren gem. § 122h Abs. 2 UmwG nur offen, wenn ihr Recht ein solches Verfahren kennt und ein deutsches Gericht international zuständig ist.[322]
- Das Spruchverfahren zur Überprüfung der Angemessenheit der Barabfindung kann gem. § 122i Abs. 2 UmwG unter denselben Voraussetzungen stattfinden, wie diese vorstehend zu § 122h Abs. 1 und 2 UmwG dargestellt wurden. Bei dem Abfindungsangebot ist jedoch zu beachten, dass gem. § 122i Abs. 1 UmwG abweichend von § 29 UmwG die übertragende (inländische) Gesellschaft das Abfindungsangebot abgeben muss, falls die übernehmende oder neue Gesellschaft nicht dem deutschen Recht unterliegt. Erst mit dem Wirksamwerden der Verschmelzung geht der durch sie begründete Anspruch im Wege der Gesamtrechtsnachfolge auf die übernehmende/neue Gesellschaft über.[323]
- Für die nicht antragsberechtigten Anteilsinhaber der an einer grenzüberschreitenden Verschmelzung beteiligten Anteilsinhaber, kann auf Antrag gem. § 6c SpruchG ein gemeinsamer Vertreter zur Wahrung der Interessen dieser Anteilsinhaber beim Spruchverfahren bestellt werden.
- Liegen die Voraussetzungen für ein Spruchverfahren jeweils nicht vor, kann eine **Anfechtung des Verschmelzungsbeschlusses** auch auf die Unangemessenheit des Umtauschverhältnisses oder des Abfindungsangebots gestützt werden.

---

321 Vgl. jedoch *OLG Stuttgart* Beschluss vom 14.10.2010, 20 W 16/06, wonach eine Korrektur des von den beteiligten Rechtsträgern festgelegten Umtauschverhältnisses dann einer inhaltlichen Überprüfung entzogen ist, wenn das Umtauschverhältnis in einer marktkonformen Verhandlung ermittelt und das Vertretungsorgan des übertragenden Rechtsträgers hierbei die Sorgfalt eines ordentlichen und gewissenhaften Geschäftsführers hat walten lassen.

322 Die Internationale Zuständigkeit bestimmt sich im Verhältnis zu anderen EU-Mitgliedsstaaten nach den Regelungen der Europäischen Gerichtsstands- und Vollstreckungsverordnung (Verordnung (EG) Nr. 44/2001 vom 22.12.2000 (EuGVVO), veröffentlicht in ABl. EG 2001, Nr. L 12, S. 1) bzw. im Verhältnis zu Dänemark nach den Regelungen des Europäischen Gerichtsstands- und Vollstreckungsübereinkommens (EuGVÜ) vom 27.9.1968 (BGBl. II 1972, 774) in der Fassung des 4. Beitrittsübereinkommens vom 29.11.1996 (BGBl. II 1998, 1412); vgl. hierzu *Drinhausen/Keinath* BB 2006, 731; *H.-F. Müller* weist in ZIP 2007, 1086 darauf hin, dass die internationale Zuständigkeit gem. Art. 60 i.V.m. Art. 2 EuGVVO oder durch eine Gerichtsstandsvereinbarung begründet sein kann.

323 Vgl. *H.-F. Müller* ZIP 2007, 1086.

Bei den allgemeinen Regeln des Umwandlungsrechts zum Gläubigerschutz gem. § 22 UmwG sieht § 122j UmwG Besonderheiten vor, falls auf die übertragende Gesellschaft nicht aber auf die übernehmende oder neue Gesellschaft deutsches Recht anzuwenden ist. Gläubiger haben in diesem Fall für ihre Forderungen, die vor oder binnen 15 Tagen nach Bekanntmachung des Verschmelzungsplans entstanden sind und soweit sie nicht Befriedigung verlangen können, einen **Anspruch auf Sicherheitsleistung**, falls sie **innerhalb von zwei Monaten nach Bekanntmachung des Plans** ihren Anspruch dem Grunde und der Höhe nach schriftlich anmelden und zugleich glaubhaft machen, dass durch die Verschmelzung die Erfüllung ihrer Forderung nicht gefährdet wird. Gem. § 122k UmwG muss das Vertretungsorgan der übertragenden inländischen Gesellschaft bei der Anmeldung der Verschmelzung versichern (höchstpersönlich, da strafbewehrt gem. § 314a UmwG), dass allen berechtigten Gläubigern eine angemessene Sicherheit gewährt wurde. Der nachgeordnete Schutz des § 22 UmwG wird somit zeitlich vorverlagert.[324]

62 Eine Besonderheit hinsichtlich des **Anteilserwerbes** wird beim **down-stream-merger** diskutiert. Der down-stream-merger ist im Gesetz nicht extra geregelt. Diskutiert wird jedoch, wie sich der Erwerb der Anteile bei diesem vollzieht, da die Anteile an dem übernehmenden Rechtsträger, welche zum Vermögen des übertragenden Rechtsträgers gehören, durch die Verschmelzung auf die Anteilsinhaber des übertragenden Rechtsträgers übergehen und somit von der Gesamtrechtsnachfolge quasi ausgenommen sind. Es wird daher teilweise vertreten, dass ein Durchgangserwerb dieser Anteile beim übernehmenden Rechtsträger stattfinden müsse. Die h.M.[325] geht von dem Direkterwerb der Anteile durch die Anteilsinhaber des übertragenden Rechtsträgers aus, da eine Gläubigerbeeinträchtigung nicht gegeben ist, vgl. hierzu auch unten Rn. 87 f.

VIII. Musterlösungen

63 In den nachfolgenden Musterlösungen sollen verschiedene, praktisch häufig auftretende Verschmelzungsvorgänge dargestellt und mit Anmerkungen (in den Fußnoten) erläutert werden. Durch die gewählte Zusammenstellung soll erreicht werden, dass im Rahmen der Lösungsansätze für verschiedene rechtsformspezifische Umwandlungsfälle jeweils Besonderheiten dargestellt werden, welche dann auf ähnlich gelagerte Fälle übertragbar sind.

1. Verschmelzung einer GmbH auf eine bestehende GmbH mit Kapitalerhöhung (nicht Mutter-Tochter)

64 Dieser in der Praxis am häufigsten vorkommende „Grundfall der Verschmelzung" gilt als Grundkonzept sowohl für die Verschmelzung von GmbHs mit unterschiedlichen Gesellschaften als auch für die Verschmelzung von Schwestergesellschaften, soweit nicht gem. § 54 Abs. 1 S. 2 UmwG alle Anteilsinhaber des übertragenden Rechtsträgers auf die Gewährung von Geschäftsanteilen verzichtet haben.[326] Da häufig im Zuge

---

324 *Drinhausen/Keinath* BB 2006, 732 weisen darauf hin, dass diese zeitliche Vorverlagerung des Gläubigerschutzes auf Dauer nur dann richtlinienkonform sein dürfte, wenn der Gesetzgeber auch für inländische Verschmelzungen die Möglichkeit der Sicherheitsleistung vor Eintragung der Verschmelzung eröffnet; **a.A.** *H.-F. Müller* ZIP 2007, 1087.

325 *Lutter* § 20 Rn. 57; *Kallmeyer* § 20 Rn. 29.

326 Zur Erforderlichkeit von Kapitalmaßnahmen bei Verschmelzung von Schwestergesellschaften vgl. vorstehend Rn. 2.

einer Umwandlungsmaßnahme noch die Umstellung auf EUR vorgenommen werden muss, da sonst die Registersperre des § 86 Abs. 1 S. 4 GmbHG greift, wurde eine solche bei der übernehmenden Gesellschaft vorgesehen.

Den nachfolgenden Mustern liegt folgende Fallkonstellation zugrunde:

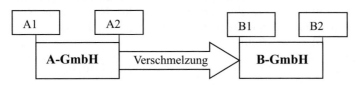

a) Verschmelzungsvertrag

Verschmelzungsvertrag: **65**

Geschehen zu ...
am ...

Vor mir, dem

Notar ...

erscheinen heute:

1. Herr/Frau ...

2. Herr/Frau ...

Der Erschienene Ziffer 1 handelt als einzelvertretungsberechtigter Geschäftsführer für die A-GmbH mit dem Sitz in <...>.

Der Erschienene Ziffer 2 handelt als einzelvertretungsberechtigter Geschäftsführer für die B-GmbH mit dem Sitz in <...>.

Der beurkundende Notar bescheinigt die Vertretungsbefugnis wie folgt: <...>[327]

Die Erschienenen haben sich ausgewiesen durch Vorlage <...>. Nach Befragung der Erschienenen wird festgestellt, dass eine Vorbefassung im Sinne von § 3 Abs. 1 Nr. 7 BeurkG nicht vorliegt.

Die Erschienenen erklären mit der Bitte um Beurkundung:

A. Darstellung der rechtlichen Verhältnisse

I. Beteiligte Rechtsträger

1. An der im Handelsregister des Amtsgerichts <...> unter HRB <...> eingetragenen Gesellschaft mit beschränkter Haftung unter der Firma

A-GmbH

mit dem Sitz in <...>

– nachstehend auch „**übertragende Gesellschaft**" genannt –

ist Herr A1 mit einem Geschäftsanteil mit der lfd. Nr. <...> im Nennbetrag von EUR <...> und Herr A2 mit einem Geschäftsanteil mit der lfd. Nr. <...> im Nennbetrag von EUR <...> beteiligt.

---

327 Der Nachweis der Vertretungsberechtigung muss nur dann in der Form des § 12 HGB dem Registergericht nachgewiesen werden, wenn die beteiligten Rechtsträger bei unterschiedlichen Registergerichten geführt werden.

2. An der im Handelsregister des Amtsgerichts <...> unter HRB <...> eingetragenen Gesellschaft mit beschränkter Haftung unter der Firma

BGmbH

mit dem Sitz in <...>

– nachstehend auch „**übernehmende Gesellschaft**" genannt –

ist Herr B1 mit einem Geschäftsanteil mit der lfd. Nr. <...> im Nennbetrag von DM <...> und Herr B2 mit einem Geschäftsanteil mit der lfd. Nr. <...> im Nennbetrag von DM <...> beteiligt.

II. Beteiligungen an Gesellschaften mit beschränkter Haftung, Grundbesitz

Die A-GmbH hält keine Beteiligungen an inländischen Gesellschaften mit beschränkter Haftung.[328] Die A-GmbH hat keinen Grundbesitz.

B. Vorbemerkung

Die A-GmbH soll auf die B-GmbH verschmolzen werden. Zu diesem Zweck schließen die betroffenen Beteiligten den nachfolgenden Vertrag und fassen die nachfolgenden Beschlüsse.

C. VERSCHMELZUNGSVERTRAG

zwischen der

A-GmbH

mit dem Sitz in <...>

– **übertragende Gesellschaft** –

und der

B-GmbH

mit dem Sitz in <...>

– **übernehmende Gesellschaft** –

§ 1

Vermögensübertragung, Verschmelzungsstichtag

(1) Die übertragende Gesellschaft überträgt ihr Vermögen als Ganzes unter Auflösung ohne Abwicklung im Wege der Verschmelzung durch Aufnahme nach §§ 4 ff. des Umwandlungsgesetzes (UmwG) auf die übernehmende Gesellschaft gegen Gewährung von Geschäftsanteilen der übernehmenden Gesellschaft an die Gesellschafter der übertragenden Gesellschaft.

Es wird festgestellt, dass die übertragende Gesellschaft nicht aufgelöst ist.[329]

---

328 Vgl. *OLG Hamm* NZG 2010, 113 mit Anmerkung *Herrler/Barth* EWiR 2010, 251 und *Ries* NZG 2010, 135.

329 Diese Feststellung erfolgt im Hinblick auf § 3 Abs. 3 UmwG; eine Fortsetzung einer bereits aufgelösten Gesellschaft könnte **nicht** beschlossen werden, wenn diese wegen Überschuldung ausgeschlossen ist, vgl. *BayObLG* DB 1998, 711, oder wenn mit der Verteilung des Vermögens bereits begonnen worden ist, so h.M. *Lutter* § 3 Rn. 15 und die Erläuterung oben Rn. 8. Dieses Hindernis kann auch nicht durch Rückgewähr der betreffenden Leistungen nachträglich wieder beseitigt werden. Liegt ein besonderer Auflösungsgrund vor, muss dieser **vor** der Verschmelzung beseitigt werden, z.B. im Falle eines Insolvenzverfahrens. Dem Registergericht steht jedoch kein Prüfungsrecht zu, ob beim übertragenden Rechtsträger durch eine rechnerische Überschuldung Insolvenzantragspflicht gegeben wäre, vgl. unten 3. Kap. Rn. 96.

(2) Die Vermögensübertragung erfolgt im Innenverhältnis mit Wirkung vom 1. Januar[330] <...>, 0.00 Uhr (Verschmelzungsstichtag). Von diesem Zeitpunkt an gelten alle Handlungen der übertragenden Gesellschaft als für Rechnung der übernehmenden Gesellschaft vorgenommen.

(3) Der Verschmelzung wird die Schlussbilanz der übertragenden Gesellschaft zum 31. Dezember <...> zugrunde gelegt.

§2
Gewährung von Gesellschaftsrechten

(1) Die übernehmende Gesellschaft gewährt den Gesellschaftern der übertragenden Gesellschaft als Gegenleistung für die Vermögensübertragung Geschäftsanteile der übernehmenden Gesellschaft. Das Umtauschverhältnis wird wie folgt festgelegt:

a) der Gesellschafter A1 erhält für seinen Geschäftsanteil mit der lfd. Nr. <...>[331] an der übertragenden Gesellschaft im Nennbetrag von .... EUR einen Geschäftsanteil an der übernehmenden Gesellschaft mit der lfd. Nr. <...> im Nennbetrag von EUR.[332]

b) der Gesellschafter A2 erhält für seinen Geschäftsanteil mit der lfd. Nr. <...> an der übertragenden Gesellschaft im Nennbetrag von .... EUR einen Geschäftsanteil an der übernehmenden Gesellschaft mit der lfd. Nr. <...> im Nennbetrag von EUR.

---

330 Zur Stichtagsproblematik vgl. oben Rn. 12; der 1. Januar ist der in der Praxis am häufigsten gewählte Stichtag, da damit die Schlussbilanz zum 31.12. des Vorjahres zugrunde gelegt werden kann, vgl. 2. Kap. Rn. 78.

331 Zu der Frage, wer die erstmalige Vergabe der lfd. Nummern nach MoMiG für die Gesellschafterliste im Fall einer späteren Änderung vorgibt, finden sich in der Literatur unterschiedliche Auffassungen. Weder das GmbHG noch die Handelsregisterverordnung enthalten hierzu eine Regelung. Nach *Tebben* RNotZ 2008, 441, 456 überlässt das Gesetz die Nummerierung wohl demjenigen, der die Gesellschafterliste einzureichen hat; ebenso *Herrler* NZG 2011, 536 ff.; *Böhringer* BWNotZ 2008, 104, 111 ist dagegen der Meinung, dass bei Altgesellschaften die Nummerierung anlässlich einer Satzungsänderung oder Kapitalerhöhung von den Gesellschaftern vorgenommen werden könnte. Erfolgt dies nicht, vertritt er die Auffassung, dass die Nummerierung durch den Notar zu erfolgen hat. Für die Zuständigkeit der Gesellschafterversammlung für die Nummerierung spricht, dass diese als oberstes Organ bereits gem. § 46 Nr. 4 GmbHG für die Teilung und Zusammenlegung von Geschäftsanteilen zuständig ist, vgl. hierzu auch ausführlicher *Förl* RNotZ 2008, 409, 413. M.E. sollte im Rahmen einer Gesellschafterversammlung anlässlich der Nummernvergabe eine Beschlussfassung herbeigeführt werden. Der beurkundende Notar sollte vor Beurkundung der Verschmelzung darauf achten, dass beim übertragenden Rechtsträger eine aktualisierte Nummerierung der Geschäftsanteile nebst Aufnahme der Gesellschafterliste im Handelsregister erfolgt ist, da nur so vermieden werden kann, dass die Beschlüsse gegebenenfalls wegen fehlerhafter Ladung bzw. Nichtmitwirkung von Gesellschaftern nichtig bzw. fehlerhaft sind; s. insbesondere zur Schwierigkeit bei „vor MoMiG" – Listen Stellungnahme der BNotK vom 25.7.2011 i.V.m. der Stellungnahme des DNotI vom 14.7.2011 (nicht veröffentlicht), in welcher die BNotK dazu rät, die Beurkundung von Gesellschafterbeschlüssen grundsätzlich nur auf der Grundlage einer nach Inkrafttreten des MoMiG erstellten Gesellschafterliste vorzunehmen. Hierbei wird zu bedenken gegeben, dass es dem Notar mit Blick auf das Werbeverbot des § 29 Abs. 1 BNotO untersagt ist, aktiv an etwaige GmbH-Geschäftsführer – unabhängig von einer anstehenden Beurkundung – zwecks Einreichung einer aktuellen Liste heranzutreten. Ferner sollte auch nicht der Eindruck erweckt werden, dass eine Amtspflicht der Notare dahin besteht, GmbHs zur Einreichung neuer Listen anzuhalten.

332 Mit Inkrafttreten des MoMiG sind die früheren Stückelungs-, Teilbarkeitsregelungen entfallen, so dass der Nennbetrag der neuen Geschäftsanteile lediglich auf volle EUR lauten muss.

Sämtliche vorgenannten Geschäftsanteile werden durch eine Erhöhung des Stammkapitals der übernehmenden Gesellschaft von EUR <...>[333] um EUR <...> auf EUR <...>[334] geschaffen; Abweichungen im Sinne von § 46 Abs. 2 UmwG sind nicht vorgesehen.

(2) Die übernehmende Gesellschaft leistet keine baren Zuzahlungen.[335]

(3) Die neuen Geschäftsanteile gewähren erstmals Anspruch auf einen Anteil am Bilanzgewinn des am Verschmelzungsstichtag beginnenden Geschäftsjahres; Besonderheiten in Bezug auf diesen Anspruch sind nicht vereinbart.[336] Der Gewinn der übertragenden Gesellschaft für das am Verschmelzungsstichtag abgelaufene

---

333 Besteht Gesellschafteridentität (Schwestergesellschaften), kann die Euroumstellung auch im Zuge der zur Durchführung der Verschmelzung erforderlichen Kapitalerhöhung erfolgen; andernfalls muss hier von dem Euro-Stammkapitalbetrag ausgegangen werden, welcher sich nach Durchführung der Euroumstellung und Glättung ergibt. Wird bei Schwestergesellschaften die Kapitalerhöhung zur Durchführung der Verschmelzung in einem Zug mit der Euroumstellung durchgeführt, empfiehlt es sich die Glättung durch eine geringe Barkapitalerhöhung (Aufstockung der bisherigen Geschäftsanteile) und die Verschmelzungskapitalerhöhung durch Gewährung neuer Anteile durchzuführen, damit bei künftigen Veränderungen die durch die Verschmelzung gebildeten Anteile ohne Schwierigkeiten unterscheidbar bleiben. Es ist jedoch zu beachten, dass die Barkapitalerhöhung nicht den Erleichterungen des § 55 UmwG unterliegt. *Lutter* § 55 Rn. 5 und *Widmann/Mayer* § 55 Rn. 11, 115 ff. raten daher von der Zusammenfassung der Kapitalerhöhungen in einem einheitlichen Beschluss ab.

334 Nach h.M. kann der Betrag der Kapitalerhöhung nach freiem Ermessen festgelegt werden, es muss daher insbesondere nicht das Stammkapital der übertragenden Gesellschaft durch die Kapitalerhöhung abgebildet sein, vgl. hierzu ausführlich *Widmann/Mayer* § 5 Rn. 47 ff. Es gilt jedoch das Gebot der realen Kapitalaufbringung sowie das Verbot der Unterpari-Emission, so dass der Gesamtnennbetrag der Kapitalerhöhung durch den Wert des Vermögens des übertragenden Rechtsträgers gedeckt sein muss **und** der Nennbetrag des jeweils gewährten Geschäftsanteils an die Gesellschafter der übertragenden Gesellschaft durch den auf diese jeweils entfallenden anteiligen Vermögenswert an der übertragenden Gesellschaft gedeckt sein muss, vgl. *Lutter* § 55 Rn. 10, *Widmann/Mayer* § 55 Rn. 60; *Kallmeyer* § 55 Rn. 3.

335 Die Möglichkeit der Leistung von baren Zuzahlungen durch die übernehmende Gesellschaft soll nach h.M. für alle Arten der Durchführung der Verschmelzung gelten; die Stellung der GmbH-spezifischen Regelung in § 54 Abs. 4 UmwG ist nicht dahingehend zu verstehen, dass bare Zuzahlungen nur bei Verschmelzungen ohne Kapitalerhöhung zulässig sind (h.M. vgl. *Lutter* § 54 Rn. 30 m.w.N.). So ist die bare Zuzahlung insbesondere zur Ermöglichung eines Wertausgleichs für Spitzenbeträge an die Gesellschafter des übertragenden Rechtsträgers erforderlich, wobei mit Inkrafttreten von MoMiG die früheren Stückelungs- und Teilbarkeitsregeln entfallen sind. Das Gesetz beschränkt in § 54 Abs. 4 UmwG die baren Zuzahlungen auf 10 % der Gesamtnennbeträge (ohne Berücksichtigung eines etwaigen Agios) aller von der übernehmenden Gesellschaft gewährten Anteile. Bare Zuzahlungen müssen gem. § 5 I Nr. 3 UmwG in den Verschmelzungsvertrag aufgenommen werden. Steuerlich ist zu beachten, dass soweit bare Zuzahlungen geleistet werden, eine Gegenleistung gewährt wird, die nicht in Gesellschaftsrechten besteht und daher nicht unter §§ 11 ff. UmwStG fällt.

336 Der Zeitpunkt des Gewinnbezugsrechts kann im Verschmelzungsvertrag frei vereinbart werden, die Vereinbarungen müssen jedoch zwingend gem. § 5 Abs. 1 Nr. 5 UmwG im Verschmelzungsvertrag enthalten sein. Üblich ist es, das Gewinnbezugsrecht ab dem Anfang des Geschäftsjahres beginnen zu lassen, welches dem Stichtag der letzten Jahresbilanz des übertragenden Rechtsträgers folgt. Wird hiervon erheblich abgewichen, muss dies bei der Bestimmung des Umtauschverhältnisses berücksichtigt werden; vgl. *Lutter* § 5 Rn. 41. Eine Gewinnberechtigung für ein früheres Geschäftsjahr kann nur dann für den Beginn vorgesehen werden, wenn über den Gewinn dieses Geschäftsjahrs noch kein Gewinnverwendungsbeschluss gefasst wurde; vgl. *Kallmeyer* § 5 Rn. 28.

Geschäftsjahr steht noch deren Gesellschaftern zu, soweit er nicht zur Verlustabdeckung zu verwenden oder in Rücklage einzustellen ist. Einen etwaigen Verlust der übertragenden Gesellschaft haben deren Gesellschafter nicht auszugleichen.[337]

§ 3
Euroumstellung, Kapitalerhöhung

Die B-GmbH wird zur Vorbereitung der Durchführung der Verschmelzung ihr Stammkapital zunächst von DM <...> auf EUR <...> umstellen und anschließend ihr Stammkapital durch eine Barkapitalerhöhung von EUR <...> um EUR <...> auf EUR <...> auf einen zulässigen Euro-Betrag glätten.

§ 4
Sonderrechte und -vorteile

Der Geschäftsführer der A-GmbH, Herr AGF, wird bei der übernehmenden Gesellschaft mit Wirksamwerden der Verschmelzung zum einzelvertretungsberechtigten und von den Beschränkungen des § 181 BGB befreiten Geschäftsführer bestellt.[338] Besonderheiten zum Geschäftsführerdienstvertrag sind nicht vereinbart, dieser besteht bei der übernehmenden Gesellschaft unverändert fort.

Rechte oder Maßnahmen nach § 5 Absatz 1 Nr. 7 UmwG sowie sonstige besondere Vorteile nach § 5 Absatz 1 Nr. 8 UmwG werden nicht gewährt und sind nicht vorgesehen.

§ 5
Folgen der Verschmelzung für die Arbeitnehmer und ihre Vertretungen sowie insoweit vorgesehene Maßnahmen

(1) Der Betrieb der übertragenden Gesellschaft wird nach der Verschmelzung als weiterer Betrieb der übernehmenden Gesellschaft unverändert fortgeführt.

(2) Infolge der Verschmelzung tritt die übernehmende Gesellschaft in die Rechte und Pflichten aus den Arbeitsverhältnissen der Arbeitnehmer der übertragenden Gesellschaft im Zeitpunkt des Wirksamwerdens der Verschmelzung nach § 613a

---

337 Zur Möglichkeit der Aufnahme eines variablen Stichtags vgl. oben Rn. 12.

338 Die Zusage von Organfunktionen im Verschmelzungsvertrag ist nur dann verbindlich, wenn die Gesellschafter des übernehmenden Rechtsträgers für die Organbestellung zuständig sind. Die geplante Einräumung von Organfunktionen ist jedoch nach h.M. in Erfüllung der Offenlegungspflicht selbst dann in den Verschmelzungsvertrag aufzunehmen, wenn diese wegen der fehlenden Zuständigkeit der Gesellschafter des übernehmenden Rechtsträgers nicht verbindlich sind; vgl. *Schmitt/Hörtnagel/Stratz* § 5 Rn. 74 f., *Lutter* § 5 Rn. 53, *Kallmeyer* § 5 Rn. 44.

BGB ein.[339] Diese Arbeitsverhältnisse können von keinem Beteiligten wegen der Verschmelzung gekündigt werden. Dem Arbeitnehmer steht jedoch hinsichtlich des Übergangs seines Arbeitsverhältnisses ein Widerspruchsrecht zu.

(3) Die Vertretungen der Arbeitnehmer bleiben unverändert im Amt. Soweit Arbeitnehmer bei der übertragenden Gesellschaft Prokura, Handlungsvollmacht oder eine andere Vertretungsbefugnis haben, wird ihnen diese bei der übernehmenden Gesellschaft in gleicher Weise erteilt.

(4) Die übernehmende Gesellschaft gehört demselben Arbeitgeberverband an wie die übernehmende Gesellschaft. Die tarifvertraglichen Regelungen gelten daher nach Wirksamwerden der Verschmelzung unverändert weiter für alle Arbeitsverhältnisse.[340]

(5) Mitbestimmungsrechtliche Änderungen ergeben sich nicht, da auch nach Wirksamwerden der Verschmelzung bei der übernehmenden Gesellschaft die gesetzlichen Voraussetzungen für die Mitbestimmung der Arbeitnehmer nicht gegeben sind. Weitere Maßnahmen sind nicht vorgesehen.

§ 6

Firma der übernehmenden Gesellschaft

Die übernehmende Gesellschaft wird die Firma der übertragenden Gesellschaft ohne Beifügung eines das Nachfolgeverhältnis andeutenden Zusatzes fortführen; die Firma der übernehmenden Gesellschaft lautet deshalb künftig:

A-GmbH

---

339 Nach inzwischen h.M. in der Literatur und gem. *OLG Düsseldorf* ZIP 1998, 1190 = WM 1998, 1822 = DB 1998, 1399, reicht die bloße Verweisung auf § 613a BGB nicht, es sind vielmehr die individual- und kollektivarbeitsrechtlichen Folgen der Verschmelzung umfassend darzulegen. Ob darüber hinaus auch die wirtschaftlichen und sozialen Folgen und die nach der Verschmelzung beabsichtigten, aber nicht durch die Verschmelzung unmittelbar ausgelösten Maßnahmen im Arbeitnehmerbereich in den Verschmelzungsvertrag als „insoweit vorgesehene Maßnahmen" aufzunehmen sind, ist strittig; zum Meinungsstand ausführlich *Widmann/Mayer* § 5 Rn. 183 und *Lutter* § 5 Rn. 69 ff. (im Ergebnis ablehnend) jeweils m.w.N.; nach Einführung des § 613a Abs. 5 BGB (ab 1.4.2002) wird immer häufiger empfohlen, vorsorglich auch insoweit Angaben zu machen; vgl. *Engl* A.3 Rn. 159 ff. M.E. dürfen jedoch die Anforderungen an die **zwingenden** Angaben im Verschmelzungsvertrag nicht ausufern. Da die Angaben zu den Folgen der Verschmelzung für die Arbeitnehmer und ihre Vertretungen nur begleitend zu den insoweit ebenfalls geltenden viel stärkeren Informationspflichten des Arbeitgebers nach dem Betriebsverfassungsgesetz sowie dem BGB (§ 613a BGB) heranzuziehen sind, und die Arbeitnehmer und ihre Vertretungen im Verschmelzungsverfahren keinerlei Mitsprache- oder Klagerecht haben, führt eine zu starke Ausweitung der notwendigen Angaben zu einer Überfrachtung des Verschmelzungsvertrages ohne Nutzen für die direkt und indirekt Beteiligten. M.E. nimmt gerade die im § 613a Abs. 5 BGB eingeführte Informationspflicht noch mehr die Notwendigkeit der Aufnahme dieser Folgen in den Verschmelzungsvertrag, da der Informationsweg nunmehr auch gesetzlich geregelt ist. Da diesbezüglich jedoch noch große Rechtsunsicherheit besteht, empfiehlt es sich, bei großen Umwandlungsvorgängen einen Interessenausgleich mit dem Betriebsrat vor Abschluss des Verschmelzungsvertrages abzuschließen, da im Anschluss an diesen im Verschmelzungsvertrag in vollem Umfang wegen der Folgen auf den Interessenausgleich verwiesen werden kann. Eine ausführliche Darstellung der Thematik findet sich in dem Aufsatz von *Hausch* RNotZ 2007, 308 ff. und RNotZ 2007, 396 ff.

340 Zu den Auswirkungen bei unterschiedlichen Arbeitnehmerverbänden vgl. oben 2. Kap. Rn. 45.

§ 7

Abfindungsangebot[341]

Die übernehmende Gesellschaft bietet jedem Gesellschafter, der gegen den Verschmelzungsbeschluss der übertragenden Gesellschaft Widerspruch zur Niederschrift erklärt oder nach § 29 Absatz 2 UmwG einem widersprechenden Gesellschafter gleichgestellt ist, den Erwerb seiner Beteiligung gegen Bezahlung einer Barabfindung in Höhe von <...> % des Nennbetrags seines Geschäftsanteils an der übertragenden Gesellschaft an.[342]

§ 8

Auswirkungen steuerlicher Veranlagungen

Führen steuerliche Veranlagungen bei der übertragenden Gesellschaft zu einer Änderung steuerlicher Wertansätze für Zeiträume bis zum Verschmelzungsstichtag, so hat dies keinen Einfluss auf das Umtauschverhältnis.[343] Ein etwaiges Mehr- oder Wenigerergebnis steht der übernehmenden Gesellschaft zu.

§ 9

Kosten und Steuern

(1) Die durch die Verschmelzung und ihren Vollzug entstehenden Kosten und Steuern einschließlich Grunderwerbsteuer trägt – auch wenn die Verschmelzung nicht zustande kommt – die übernehmende Gesellschaft.

(2) Die übertragende Gesellschaft wird in ihrer Schlussbilanz die übergehenden Wirtschaftsgüter mit den sich nach den allgemeinen Gewinnermittlungsvorschriften ergebenden Werten (Buchwerten) ansetzen. Die übernehmende Gesellschaft wird die handels- und steuerrechtlichen Buchwerte des auf sie übergehenden Vermögens der übertragenden Gesellschaft fortführen.[344]

§ 10

Wirksamkeit des Verschmelzungsvertrags

Dieser Verschmelzungsvertrag wird – ausgenommen der Regelung in § 9 Abs. 1 – nur wirksam, wenn die Gesellschafter der übertragenden und der übernehmenden Gesellschaft ihm durch Beschluss (Verschmelzungsbeschluss) zustimmen.

---

341 Das Abfindungsangebot muss im vorliegenden Fall der Verschmelzung zweier GmbHs nur aufgenommen werden, wenn die Geschäftsanteile bei der übernehmenden Gesellschaft einer Vinkulierung unterworfen sind, zu den Einzelheiten vgl. oben Rn. 13. Bei einer Verschmelzung von Schwester-GmbHs vgl. die Erläuterungen oben Fn. zum 3. Kap. Rn. 1.

342 Bei einem Übernahmeangebot durch die übernehmende GmbH ist zu prüfen, ob die Übernahme unter Berücksichtigung des § 33 Abs. 3 GmbHG durchgeführt werden könnte; sonst muss eine Barabfindung gegen Ausscheiden des Gesellschafters angeboten werden.

343 Da die Anteilsgewährung mit Durchführung der Verschmelzung abgeschlossen ist, hat der Ausgleich in anderer Weise zu erfolgen.

344 Zu beachten ist, dass die Buchwertverknüpfung in der Steuerbilanz nur noch auf besonderen Antrag und unter bestimmten Voraussetzungen zulässig ist, vgl. oben 3. Kap. Rn. 54 und Rn. 58.

Der Verschmelzungsvertrag ist aufschiebend bedingt durch das Wirksamwerden der Kapitalerhöhung zur Durchführung der Euroumstellung gem. § 3.[345]

§ 11

Salvatorische Klausel

Sollten einzelne Bestimmungen dieses Verschmelzungsvertrags unwirksam sein oder werden, so wird dadurch die Gültigkeit des übrigen Verschmelzungsvertrags nicht berührt. Die weggefallene Bestimmung ist durch eine Regelung zu ersetzen, die dem wirtschaftlichen Zweck der weggefallenen Bestimmung möglichst nahe kommt.

§ 12

Schlussbestimmungen

(1) Die übertragende Gesellschaft hat keinen Grundbesitz.

(2) Der beurkundende Notar hat die nach dem Beurkundungsgesetz vorgeschriebenen Belehrungen erteilt. Er hat insbesondere darauf hingewiesen, dass mit der Eintragung der Verschmelzung in das Handelsregister der übernehmenden Gesellschaft

a) das Vermögen der übertragenden Gesellschaft einschließlich der Verbindlichkeiten kraft Gesetzes auf die übernehmende Gesellschaft übergeht,

b) die übertragende Gesellschaft erlischt,

c) die Gesellschafter der übertragenden Gesellschaft Gesellschafter der übernehmenden Gesellschaft werden bzw. zusätzliche Geschäftsanteile an dieser erwerben; hierzu wird festgestellt, dass kein Tatbestand im Sinne von § 20 Absatz 1 Nr. 3 Satz 1 zweiter HS UmwG vorliegt,

d) Mängel der Verschmelzung die Wirkungen der Eintragung unberührt lassen.

Ferner hat der beurkundende Notar über die Fristen zur Annahme des Abfindungsangebots nach § 31 UmwG belehrt.[346]

---

345 Häufig wird in Formularbüchern und in der Praxis mit der Bestimmung der Reihenfolge von Eintragungen durch die Reihenfolge der Anmeldung oder eine Reihenfolgenbestimmung innerhalb einer einheitlichen Anmeldung operiert; im Hinblick auf die Unwägbarkeiten, welche sich bei einer solchen Vorgehensweise ergeben können, wird in den in diesem Handbuch aufgenommenen Musterlösungen ausschließlich mit Bedingungen gearbeitet, sobald verschiedene Vorgänge hintereinander geschaltet sind und aufeinander aufbauen. Insbesondere bei Kettenverschmelzungen mit Rückwirkung auf denselben Stichtag ist im Hinblick auf die Erforderlichkeit, dass gesellschaftsrechtlich, handelsbilanziell und steuerbilanziell die Abfolge genau und durchgängig bestimmt sein muss, die Aufnahme von Bedingungen in der Praxis dringend zu empfehlen; so im Ergebnis wohl auch *Heckschen/Simon* § 5 Rn. 164; vgl. auch oben 2. Kap. Rn. 26; zur Zulässigkeit der Kettenverschmelzung und zur Bezeichnung der beteiligten Rechtsträger vgl. *OLG Hamm* NZG 2006, 914 ff. Zu beachten ist aber auch, dass bei einer Kettenverschmelzung möglicherweise Probleme mit der Anerkennung der Verschmelzungsbeschlüsse einhergehen, da die Legitimationswirkung des § 16 Abs. 1 GmbHG nicht unmittelbar eingreift. Auf die Heilungswirkung des § 16 Abs. 1 S. 2 GmbHG sollte man in diesen Fällen nicht uneingeschränkt vertrauen, da die Anwendbarkeit auf andere Rechtserwerbe als die Anteilsabtretung umstritten ist und die Gesellschafterliste für den ersten Schritt erst nach der Eintragung der ersten Verschmelzung in das Handelsregister aufgenommen werden kann. Es empfiehlt sich daher, die Kettenverschmelzung zuvor mit dem Registergericht abzustimmen.

346 Dieser Hinweis auf § 31 UmwG wird bei Aufnahme eines Abfindungsangebots in den Verschmelzungsvertrag als notwendig angesehen; vgl. *Lutter* § 5 Rn. 81; *Sagasser* § 10 Rn. 175.

Die vorstehende Niederschrift wurde vom Notar vorgelesen, von den Erschienenen genehmigt und wie folgt eigenhändig unterschrieben:

b) Verschmelzungsbeschluss bei der übertragenden GmbH

Verschmelzungsbeschluss: **66**

Geschehen zu
am

Vor mir, dem
Notar

erscheinen heute:

1. A1

2. A2

Die Erschienenen haben sich ausgewiesen durch Vorlage <...>. Nach Befragung der Erschienenen wird festgestellt, dass eine Vorbefassung im Sinne von § 3 Abs. 1 Nr. 7 BeurkG nicht vorliegt. Sie erklären mit der Bitte um notarielle Beurkundung:

I. Vorbemerkung

An der A-GmbH mit dem Sitz in <...> sind als Gesellschafter mit den nachstehenden Geschäftsanteilen beteiligt:

a) A1 mit einem Geschäftsanteil mit der lfd. Nr. <...>
   im Nennbetrag von EUR

b) A2 mit einem Geschäftsanteil mit der lfd. Nr. <...>
   im Nennbetrag von EUR

Stammkapital **EUR**

Es ist somit das gesamte Stammkapital von EUR <...> vertreten.

Das Stammkapital der Gesellschaft ist voll einbezahlt.[347]

Der letzte Jahresabschluss der Gesellschaft zum 31. Dezember <...> wurde festgestellt.[348]

---

347 Zu den Folgen, falls eine Volleinzahlung nicht gegeben ist, vgl. oben Rn. 52.

348 Diese Angabe wird zum einen aufgenommen, damit die Auslegungspflicht des § 49 Abs. 2 UmwG, soweit diese die Jahresabschlüsse der übertragenden Gesellschaft betrifft, somit inhaltlich bestimmt werden kann; zum anderen ist für die gem. § 17 Abs. 2 UmwG vorzulegende Schlussbilanz Voraussetzung, dass zu dieser ein Feststellungsbeschluss erfolgt ist, vgl. oben 2. Kap. Rn. 16; teilweise wird daher auch vorgeschlagen, in den Verschmelzungsbeschluss vorsorglich mit aufzunehmen, dass die Schlussbilanz festgestellt wird; vgl. *Widmann/Mayer* § 24 Rn. 57.

II. Gesellschafterversammlung

Unter Verzicht auf die Einhaltung aller durch Gesetz oder Gesellschaftsvertrag vorgeschriebenen Formen und Fristen halten die Erschienenen eine

Gesellschafterversammlung

der

A-GmbH
mit dem Sitz in <...>

ab. Die Gesellschafter fassen e i n s t i m m i g[349] folgenden

V e r s c h m e l z u n g s b e s c h l u s s :

Dem Verschmelzungsvertrag vom <...> zwischen der

A-GmbH
mit dem Sitz in <...>
– übertragende Gesellschaft –

und der

B-GmbH
mit dem Sitz in <...>
– übernehmende Gesellschaft –

wird zugestimmt. Eine beglaubigte Abschrift des Verschmelzungsvertrags vom <...>
(UR-Nr. <...> des Notars <...> in <...>) ist dieser Niederschrift als *Anlage* beigefügt,[350] auf diesen wird verwiesen.

Nach Hinweis des Notars auf die Bedeutung der Verweisung erklären die Beteiligten, dass ihnen der Inhalt des Verschmelzungsvertrags bekannt ist und dass sie auf das Vorlesen des Verschmelzungsvertrags verzichten.

III. Verzichtserklärungen

Nach entsprechender Belehrung durch den beurkundenden Notar verzichten sämtliche Gesellschafter auf

1. die Übersendung des Entwurfs des Verschmelzungsvertrags nach § 47 UmwG;
2. die Einhaltung der Verpflichtungen zur Ankündigung, Auslegung und Auskunftserteilung nach § 49 UmwG;
3. die Erstattung eines Verschmelzungsberichts nach § 8 Absatz 3 UmwG;
4. die Prüfung des Verschmelzungsvertrags durch Verschmelzungsprüfer nach § 9 Absatz 3 und § 48 UmwG;
5. eine Klage gegen die Wirksamkeit des Verschmelzungsbeschlusses nach § 16 Absatz 2 Satz 2 UmwG.

---

349 Zu den Mehrheitserfordernissen vgl. oben Rn. 34.
350 § 13 Abs. 3 S. 2 UmwG enthält die Beifügungspflicht für den Verschmelzungsvertrag bzw. dessen Entwurf; werden Verschmelzungsvertrag und die zu fassenden Verschmelzungsbeschlüsse in einer Urkunde beurkundet, was aus Kostengründen geboten sein kann, vgl. hierzu B Rn. 64 f., kann anstelle des Beifügens als Anlage auf den entsprechenden Abschnitt der Urkunde verwiesen werden. Unterbleibt versehentlich die Beifügung des Vertrages, ist der gefasste Beschluss trotzdem wirksam, wenn anders nachgewiesen werden kann, dass sich der Beschluss auf den Vertrag bzw. dessen Entwurf bezieht; vgl. *Lutter* § 13 Rn. 14; *Kallmeyer* § 13 Rn. 39; diese halten daher auch die Beifügung einer unbeglaubigten Abschrift für ausreichend; **a.A.** *Widmann/Mayer* § 13 Rn. 226, welchem in Hinblick auf § 13a BeurkG zuzustimmen ist.

IV. Widerspruch

Es wird festgestellt, dass kein Gesellschafter Widerspruch nach § 29 Absatz 1 UmwG erklärt hat und kein Fall des § 29 Absatz 2 UmwG vorliegt, so dass eine Barabfindung nicht zu leisten ist.

V. Betriebsratzuleitung

Es wird festgestellt, dass der Entwurf des Verschmelzungsvertrags dem Betriebsrat der übertragenden Gesellschaft am <...> und somit unter Einhaltung der Monatsfrist des § 5 Absatz 3 UmwG zugeleitet worden ist.[351]

VI. Schlussbestimmungen

(1) Die Kosten dieser Niederschrift und ihres Vollzugs trägt die übernehmende Gesellschaft.

(2) Es wird gebeten, von dieser Niederschrift zu erteilen:

a) für die Amtsgerichte – Registergerichte – <...> und <...>
je eine elektronisch beglaubigte Abschrift,

b) für jede der beteiligten Gesellschaften
<...> beglaubigte Abschriften,

c) diejenigen beglaubigten Abschriften, deren Erteilung gesetzlich vorgeschrieben ist oder die zum Vollzug dieser Niederschrift erforderlich sind.

(3) Der beurkundende Notar hat die nach dem Beurkundungsgesetz vorgeschriebenen Belehrungen erteilt. Er hat insbesondere darauf hingewiesen, dass mit der Eintragung der Verschmelzung in das Handelsregister der übernehmenden Gesellschaft

a) das Vermögen der übertragenden Gesellschaft einschließlich der Verbindlichkeiten kraft Gesetzes auf die übernehmende Gesellschaft übergeht,

b) die übertragende Gesellschaft erlischt,

c) die Gesellschafter der übertragenden Gesellschaft Gesellschafter der übernehmenden Gesellschaft werden bzw. zusätzliche Geschäftsanteile an dieser erwerben; hierzu wird festgestellt, dass kein Tatbestand im Sinne von § 20 Absatz 1 Nr. 3 Satz 1 2. HS UmwG vorliegt,

d) Mängel der Verschmelzung die Wirkungen der Eintragung unberührt lassen.

Ferner hat der beurkundende Notar über die Fristen zur Annahme des Abfindungsangebots nach § 31 UmwG belehrt.

Die vorstehende Niederschrift wurde vom Notar vorgelesen, von den Erschienenen genehmigt und wie folgt eigenhändig unterschrieben:

---

351 Für die Einhaltung der Frist ist dringend zu beachten, dass diese eine „Rückwärtsfrist" ist, welche nach §§ 187 ff. BGB zu berechnen ist (Einzelheiten sind strittig) und somit nach m.E. richtiger Auffassung die Zuleitung spätestens an dem Tag des Vormonats bewirkt sein muss, „der seiner Zahl nach dem Tag **vor** der Versammlung entspricht"; vgl. *Müller-Eising/Bert* DB 1996, 1398, 1400 und *Schmitt/Hörtnagel/Stratz* § 5 Rn. 104, d.h. bei Zuleitung am 9.7. kann die Gesellschafterversammlung am 10.8. beurkundet werden. Zu der Möglichkeit des Verzichts des Betriebsrates auf die Einhaltung der Monatsfrist vgl. oben 2. Kap. Rn. 38.

c) Verschmelzungs- und Kapitalerhöhungsbeschluss bei der übernehmenden GmbH

67   Verschmelzungs- und Kapitalerhöhungsbeschluss

Geschehen zu

am

Vor mir, dem

Notar
erscheinen heute:

1. B1

2. B2

Die Erschienenen haben sich ausgewiesen durch Vorlage <...>. Nach Befragung der Erschienenen wird festgestellt, dass eine Vorbefassung im Sinne von § 3 Abs. 1 Nr. 7 BeurkG nicht vorliegt. Sie erklären mit der Bitte um notarielle Beurkundung:

I. Vorbemerkung

An der B-GmbH mit dem Sitz in <...> sind als Gesellschafter mit den nachstehenden Geschäftsanteilen beteiligt:

a) B1 mit einem Geschäftsanteil mit der lfd. Nr. <...>
im Nennbetrag von   DM

b) B2 mit einem Geschäftsanteil mit der lfd. Nr. <...>
im Nennbetrag von   DM

Stammkapital   **DM**

Es ist somit das gesamte Stammkapital der Gesellschaft von DM <...> vertreten.

Das Stammkapital der Gesellschaft ist voll einbezahlt.[352]

II. Gesellschafterversammlung

Unter Verzicht auf die Einhaltung aller durch Gesetz oder Gesellschaftsvertrag vorgeschriebenen Formen und Fristen halten die Erschienenen eine

Gesellschafterversammlung

der

B-GmbH
mit dem Sitz in <...>

ab. Die Gesellschafter fassen e i n s t i m m i g folgende

B e s c h l ü s s e :

1. Verschmelzungsbeschluss

Dem Verschmelzungsvertrag vom <...> zwischen der

A-GmbH
mit dem Sitz in <...>
– übertragende Gesellschaft –

---

352 Wegen der Haftungsfragen und den Zustimmungserfordernissen, falls das Stammkapital nicht vollständig einbezahlt ist, vgl. oben 2. Kap. Rn. 3.

und der

B-GmbH
mit dem Sitz in <...>
– übernehmende Gesellschaft –

wird zugestimmt. Eine beglaubigte Abschrift des Verschmelzungsvertrags vom <...> (UR-Nr. <...> des Notars <...> in <...>) ist dieser Niederschrift als *Anlage* beigefügt,[353] auf diesen wird verwiesen.

Nach Hinweis des Notars auf die Bedeutung der Verweisung erklären die Beteiligten, dass ihnen der Inhalt des Verschmelzungsvertrags bekannt ist und dass sie auf das Vorlesen des Verschmelzungsvertrags verzichten.

2. Kapitalerhöhung[354]

Die Geschäftsanteile sowie das Stammkapital der Gesellschaft in Höhe von DM <...> werden gemäß dem amtlichen Umrechnungskurs (EUR 1,00 = DM 1,95583) von DM auf EUR umgestellt und beträgt somit gerundet EUR <...> (i.W. EUR <...>). Das Stammkapital der Gesellschaft wird von EUR <...> um EUR <...> auf

EUR <...>
(i. W. EUR <...>)

erhöht.

Die Kapitalerhöhung erfolgt auf zwei Arten:

a) zum einen werden die bisherigen Geschäftsanteile der Gesellschafter wie folgt aufgestockt:
   aa) der Geschäftsanteil von B1 mit der lfd. Nr. <...> im Nennbetrag von EUR <...> auf EUR <...>;
   bb) der Geschäftsanteil von B2 mit der lfd. Nr. <...> im Nennbetrag von EUR <...> auf EUR <...>;
b) zum anderen wird ein neuer Geschäftsanteil mit der lfd. Nr. <...> im Nennbetrag von EUR <...> und ein weiterer Geschäftsanteil mit der lfd. Nr. <...> im Nennbetrag von EUR <...> ausgegeben.

Die Einzahlungen auf die Aufstockung der bisherigen Geschäftsanteile mit den lfd. Nrn. <... und ...> sind in bar und sofort zu erbringen. Die neu ausgegebenen

---

353 § 13 Abs. 3 S. 2 UmwG enthält die Beifügungspflicht für den Verschmelzungsvertrag bzw. dessen Entwurf; werden Verschmelzungsvertrag und die zu fassenden Verschmelzungsbeschlüsse in einer Urkunde beurkundet, was aus Kostengründen geboten sein kann, vgl. hierzu B Rn. 64 f., kann anstelle des Beifügens als Anlage auf den entsprechenden Abschnitt der Urkunde verwiesen werden. Unterbleibt versehentlich die Beifügung des Vertrages, ist der gefasste Beschluss trotzdem wirksam, wenn anders nachgewiesen werden kann, dass sich der Beschluss auf den Vertrag bzw. dessen Entwurf bezieht; vgl. *Lutter* § 13 Rn. 14; *Kallmeyer* § 13 Rn. 39; diese halten daher auch die Beifügung einer unbeglaubigten Abschrift für ausreichend; **a.A.** *Widmann/Mayer* § 13 Rn. 226, welchem in Hinblick auf § 13a BeurkG zuzustimmen ist.

354 Zu den gesetzlichen Erleichterungen für die Kapitalerhöhung zur Durchführung der Verschmelzung vgl. oben Rn. 38; da die Glättungskapitalerhöhung eine Barkapitalerhöhung sein muss, welche nach den normalen Regel der Kapitalerhöhung bei GmbHs erfolgt, wird teilweise empfohlen die Kapitalerhöhungen für die Euroumstellung und für die Durchführung der Verschmelzung zu trennen. Bei klarer Abgrenzung im Beschluss lässt sich jedoch auch die Zusammenfassung praktisch gut umsetzen. Zu beachten ist jedoch, dass die Heilungs-/Bestandsschutzwirkung des § 20 Abs. 2 UmwG sich ggf. nicht auf die Glättungskapitalerhöhung erstreckt; vgl. oben Rn. 37.

Geschäftsanteile mit den lfd. Nrn. <... und ...> werden als Gegenleistung dafür gewährt, dass die übertragende Gesellschaft ihr Vermögen als Ganzes unter Auflösung ohne Abwicklung im Wege der Verschmelzung durch Aufnahme auf die übernehmende Gesellschaft überträgt.[355] Bare Zuzahlungen werden von der übernehmenden Gesellschaft nicht geleistet.

Zur Übernahme werden zugelassen:

a) der Gesellschafter B1 mit einem Aufstockungsbetrag in Höhe von <...> EUR auf seinen bisherigen Geschäftsanteil mit der lfd. Nr. <...> im Nennbetrag von EUR <...>;

b) der Gesellschafter B2 mit einem Aufstockungsbetrag in Höhe von <...> EUR auf seinen bisherigen Geschäftsanteil mit der lfd. Nr. <...> im Nennbetrag von EUR <...>;

c) der Gesellschafter A1 der übertragenden Gesellschaft zur Übernahme der auf das erhöhte Stammkapital zu leistenden Einlage von EUR <...> aus der Ausgabe des neuen Geschäftsanteils mit der lfd. Nr. <...> im Nennbetrag von EUR <...>;

d) der Gesellschafter A2 der übertragenden Gesellschaft zur Übernahme der auf das erhöhte Stammkapital zu leistenden Einlage von EUR <...> aus der Ausgabe des neuen Geschäftsanteils mit der lfd. Nr. <...> im Nennbetrag von EUR <...>.

Die neuen Geschäftsanteile gewähren erstmals Anspruch auf einen Anteil am Bilanzgewinn des am Verschmelzungsstichtag beginnenden Geschäftsjahres.

3. Änderung des Gesellschaftsvertrags

a) § <...> des Gesellschaftsvertrags erhält folgende Neufassung:
„§ <...>
Stammkapital
Das Stammkapital der Gesellschaft beträgt
EUR <...> (EUR)."

b) Die Gesellschaft führt die Firma der übertragenden Gesellschaft ohne Beifügung eines das Nachfolgeverhältnis andeutenden Zusatzes fort; § <...> Absatz 1 des Gesellschaftsvertrags erhält deshalb folgende Neufassung:
„(1) Die Firma der Gesellschaft lautet: A-GmbH"

4. Geschäftsführerbestellung

Herr AGF, geboren am <...>, wohnhaft in <...>

wird zum weiteren einzelvertretungsberechtigten, von den Beschränkungen des § 181 BGB befreiten Geschäftsführer bestellt.

Die Beschlüsse Ziffer 1, 3 und 4 sind jeweils aufschiebend bedingt durch die Wirksamkeit der in Ziffer 2 beschlossenen Euroumstellung nebst Kapitalerhöhung gefasst.

---

355 Die gesonderte Festsetzung eines den Stammkapitalerhöhungsbetrag übersteigenden Wertes des Unternehmens des übertragenden Rechtsträgers als Agio im Kapitalerhöhungsbeschluss ist entbehrlich; dieser Differenzbetrag ist unabhängig vom Beschluss in die Kapitalrücklage des übernehmenden Rechtsträgers gem. § 272 Abs. 2 Nr. 1 HGB einzustellen.

III. Verzichtserklärungen

Nach entsprechender Belehrung durch den beurkundenden Notar verzichten sämtliche Gesellschafter auf

1. die Übersendung des Entwurfs des Verschmelzungsvertrags nach § 47 UmwG;
2. die Einhaltung der Verpflichtungen zur Ankündigung, Auslegung und Auskunftserteilung nach § 49 UmwG;
3. die Erstattung eines Verschmelzungsberichts nach § 8 Abs. 3 UmwG;
4. die Prüfung des Verschmelzungsvertrags durch Verschmelzungsprüfer nach § 9 Abs. 3 und § 48 UmwG;
5. eine Klage gegen die Wirksamkeit des Verschmelzungsbeschlusses nach § 16 Abs. 2 S. 2 UmwG.

IV. Betriebsratszuleitung

Es wird festgestellt, dass der Entwurf des Verschmelzungsvertrags dem Betriebsrat der übernehmenden Gesellschaft am <...> und somit unter Einhaltung der Monatsfrist des § 5 Abs. 3 UmwG zugeleitet worden ist.[356]

V. Übernahmeerklärungen[357]

Der Gesellschafter B1 erklärt die Übernahme eines Aufstockungsbetrages in Höhe von EUR <...> auf seinen bisherigen Geschäftsanteil mit der lfd. Nr. <...> im Nennbetrag von <...> und der Gesellschafter B2 erklärt die Übernahme eines Aufstockungsbetrages in Höhe von EUR <...> auf seinen bisherigen Geschäftsanteil mit der lfd. Nr. <...> im Nennbetrag von <...> an der B-GmbH zu den im Kapitalerhöhungsbeschluss nach Abschnitt II Ziffer 2 genannten Bedingungen.

VI. Schlussbestimmungen

[entspricht Muster Rn. 66]

Die vorstehende Niederschrift wurde vom Notar vorgelesen, von den Erschienenen genehmigt und wie folgt eigenhändig unterschrieben:

d) Anmeldung zum Handelsregister der übertragenden GmbH

68

Handelsregisteranmeldung A-GmbH:
Amtsgericht
– Registergericht –

A-GmbH mit dem Sitz in <...>
– HRB <...> –

Zur Eintragung in das Handelsregister wird angemeldet:

Aufgrund des Verschmelzungsvertrags vom <...> und der Verschmelzungsbeschlüsse vom <...> wurde die A-GmbH mit dem Sitz in <...> (übertragende Gesellschaft) unter Auflösung ohne Abwicklung mit der B-GmbH mit dem Sitz in <...> (übernehmende Gesellschaft) verschmolzen im Wege der Aufnahme durch Übertra-

---

356 Wegen der Zuleitung an den Betriebsrat vgl. oben 2. Kap. Rn. 38 und Fn. 352 zu Muster Rn. 150.
357 Da die Kapitalerhöhung zur Euroumstellung nicht den Erleichterungen der Verschmelzungskapitalerhöhung unterliegt, ist die Übernahmeerklärung der Gesellschafter erforderlich, § 55 Abs. 1 GmbHG; da die Rundungsbeträge in der Regel nicht hoch sind, wirkt sich eine Aufnahme derselben in die notarielle Urkunde nicht wesentlich kostenerhöhend aus und ist daher i.d.R. – vertretbar.

gung des Vermögens der übertragenden Gesellschaft als Ganzes auf die übernehmende Gesellschaft gegen Gewährung von Geschäftsanteilen der übernehmenden Gesellschaft an die Gesellschafter der übertragenden Gesellschaft.

Es wird erklärt, dass alle Gesellschafter der übertragenden sowie der übernehmenden Gesellschaft durch notariell beurkundete Verzichtserklärungen in den Urkunden über die Fassung des jeweiligen Verschmelzungsbeschlusses auf die Klage gegen dessen Wirksamkeit verzichtet haben.[358]

Die inländische Geschäftsanschrift der Gesellschaft lautet unverändert: <...>.

Beigefügt sind:

a) eine elektronisch beglaubigte Abschrift des Verschmelzungsvertrags vom <...>,
b) eine elektronisch beglaubigte Abschrift der Niederschrift über den Verschmelzungsbeschluss der Gesellschafter der übertragenden Gesellschaft vom <...> mit den Verzichtserklärungen nach § 8 Absatz 3 und § 9 Absatz 3 UmwG,
c) eine elektronisch beglaubigte Abschrift der Niederschrift über die Beschlüsse der Gesellschafter der übernehmenden Gesellschaft vom <...> betreffend die Euroumstellung, Verschmelzung, Kapitalerhöhung, Firmenänderung und Geschäftsführerbestellung mit den Verzichtserklärungen nach § 8 Absatz 3 und § 9 Absatz 3 UmwG,
d) ein Nachweis über die rechtzeitige Zuleitung des Entwurfs des Verschmelzungsvertrags an die Betriebsräte der übertragenden und der übernehmenden Gesellschaft,
e) die Schlussbilanz[359] der übertragenden Gesellschaft zum 31. Dezember <...>.[360]

<...> , den

Der einzelvertretungsberechtigte
Geschäftsführer:[361]

....

Unterschriftsbeglaubigung:

---

358 Diese Erklärung ist gem. § 16 Abs. 2 UmwG erforderlich, damit der Vollzug im Register ohne weitere Nachweise gem. § 16 Abs. 3 UmwG und ohne Abwarten der Klagefrist des § 14 Abs. 1 UmwG erfolgen kann; sind beim übertragenden bzw. übernehmenden Rechtsträger die Stammeinlagen noch nicht vollständig geleistet, müssen auch die Erklärungen nach § 51 Abs. 1 UmwG aufgenommen werden.
359 Die Schlussbilanz muss gem. § 41 GmbHG von sämtlichen Geschäftsführern unter Angabe des Datums unterzeichnet werden; die Unterzeichnung kann nach wohl h.M. erst nach Feststellung der Bilanz durch die Gesellschafterversammlung erfolgen, vgl. oben Fn. zu Muster Rn. 66; auch von den Vertretern der strengen Meinung zur fristwahrenden Einreichungspflicht der Schlussbilanz selbst beim Register des übertragenden Rechtsträgers, s. nachstehende Fn., wird jedoch die Nachreichung der Unterschriften auf der Bilanz, auch nach Ablauf der Acht-Monats-Frist für zulässig angesehen, vgl. DNotI-Gutachten Nr. 13, S. 95.
360 Das Beifügen der Schlussbilanz ist gem. § 17 Abs. 2 UmwG nur beim übertragenden Rechtsträger erforderlich; fehlt die Bilanz, ist sie durch Zwischenverfügung nachzufordern; wegen der Fristwahrung gem. § 17 Abs. 2 S. 4 UmwG besteht jedoch Meinungsstreit darüber, ob bei Nachreichen der Schlussbilanz **nach** Verstreichen der Acht-Monats-Frist des § 17 Abs. 2 S. 4 UmwG eine Heilung des Verstoßes möglich ist (so *Lutter* § 18 Rn. 7, zumindest dann, wenn die Bilanz zum Zeitpunkt der Anmeldung bereits erstellt war und hätte vorgelegt werden können, so *Widmann/Mayer* § 17 Rn. 96 m.w.N.) oder die Verschmelzung dann endgültig unwirksam ist (so DNotI-Gutachten Nr. 12, S. 88 f. und Nr. 36, S. 256 ff.); vgl. hierzu auch 2. Kap. Rn. 52.
361 Auch das Vertretungsorgan des übernehmenden Rechtsträgers kann gem. § 16 Abs. 1 S. 2 UmwG die Anmeldung zum Register des übertragenden Rechtsträgers vornehmen.

e) Anmeldung zum Handelsregister der übernehmenden GmbH

Handelsregisteranmeldung B-GmbH **69**
Amtsgericht
– Registergericht –

B-GmbH mit dem Sitz in <...>
– HRB <...> –

Zur Eintragung in das Handelsregister wird angemeldet:

1. Aufgrund des Verschmelzungsvertrags vom <...> und der Verschmelzungsbe-schlüsse vom <...> wurde die A-GmbH mit dem Sitz in <...> (übertragende Gesellschaft) unter Auflösung ohne Abwicklung mit der B-GmbH mit dem Sitz in <...> (übernehmende Gesellschaft) verschmolzen im Wege der Aufnahme durch Übertragung des Vermögens der übertragenden Gesellschaft als Ganzes auf die übernehmende Gesellschaft gegen Gewährung von Geschäftsanteilen der übernehmenden Gesellschaft an die Gesellschafter der übertragenden Gesell-schaft.

2. Zur Glättung des Stammkapitals und zur Durchführung der Verschmelzung wurde durch Gesellschafterbeschluss vom <...> das Stammkapital der Gesell-schaft (übernehmende Gesellschaft) sowie die Geschäftsanteile der Gesellschaf-ter zuerst gemäß dem amtlichen Umrechnungskurs (EUR 1,00 = DM 1,95583) von DM auf EUR umgestellt, so dass das Stammkapital EUR <...> (= DM <...>) betrug, und sodann um EUR <...> auf EUR <...> erhöht. § <...> des Gesell-schaftsvertrags (Stammkapital) wurde entsprechend geändert.
Die Kapitalerhöhung erfolgte hierbei in Höhe von EUR <...> im Wege der Bar-kapitalerhöhung durch Aufstockung der bisherigen Geschäftsanteile mit der lfd. Nr. <...> im Nennbetrag von EUR <...> auf EUR <...> und mit der lfd. Nr. <...> im Nennbetrag von EUR <...> auf EUR <...>.
Weiterhin erfolgte in Höhe von EUR <...> die Kapitalerhöhung zur Durchfüh-rung der Verschmelzung durch Ausgabe zweier neuer Geschäftsanteile mit der lfd. Nr. <...> im Nennbetrag von EUR <...> und mit der lfd. Nr. <...> im Nenn-betrag von EUR <...>..

3. Die übernehmende Gesellschaft führt die Firma der übertragenden Gesellschaft ohne Beifügung eines das Nachfolgeverhältnis andeutenden Zusatzes fort; die Firma der übernehmenden Gesellschaft lautet deshalb künftig:
A-GmbH
§ <...> Absatz 1 des Gesellschaftsvertrags (Firma) wurde entsprechend geändert.

4. Zum weiteren Geschäftsführer der Gesellschaft wurde bestellt:
Herr AGF, geboren am <...>, wohnhaft in <...>.
Der bestellte Geschäftsführer ist einzelvertretungsberechtigt und von den Beschränkungen des § 181 BGB befreit.
Der neu bestellte Geschäftsführer, Herr AGF versichert, dass er
aa) nicht aufgrund eines gerichtlichen Urteils oder einer vollziehbaren Entschei-dung einer Verwaltungsbehörde einen Beruf, einen Berufszweig, ein Gewerbe oder einen Gewerbezweig nicht ausüben darf,
bb) nie, weder im Inland noch im Ausland, wegen einer Straftat verurteilt wurde,[362]

---

362 Vgl. BGH Beschluss vom 17.5.2010 = ZIP 2010, 1337 = DNotZ 2010, 930 = BB 2010, 2203.

und dass der Geschäftsführer vom beglaubigenden Notar über seine unbeschränkte Auskunftspflicht gegenüber dem Registergericht belehrt worden ist.

5. Zum Prokuristen der Gesellschaft wurde bestellt:[363]
Herr APPA
Der bestellte Prokurist ist einzelvertretungsberechtigt.

Die inländische Geschäftsanschrift der Gesellschaft lautet unverändert: <...>.

Beigefügt sind:[364]

a) eine elektronisch beglaubigte Abschrift des Verschmelzungsvertrags vom <...>,
b) eine elektronisch beglaubigte Abschrift der Niederschrift über die Beschlüsse der Gesellschafter der übernehmenden Gesellschaft vom <...> betreffend die Euroumstellung, Verschmelzung, Kapitalerhöhung,[365] Firmenänderung und Geschäftsführerbestellung mit den Verzichtserklärungen nach § 8 Abs. 3 und § 9 Abs. 3 UmwG,
c) eine elektronisch beglaubigte Abschrift der Niederschrift über den Verschmelzungsbeschluss der Gesellschafter der übertragenden Gesellschaft vom <...> mit den Verzichtserklärungen nach § 8 Abs. 3 und § 9 Abs. 3 UmwG,
d) eine elektronisch beglaubigte Abschrift der Übernahmeerklärung der Gesellschafter zur Kapitalerhöhung Ziffer 2 (in Abschnitt V der Urkunde lit.b),
e) die Liste der Übernehmer für die Kapitalerhöhung Ziffer 2,[366]
f) ein vollständiger Wortlaut des Gesellschaftsvertrags in der geänderten Fassung mit der Bescheinigung des Notars nach § 54 Abs. 1 S. 2 GmbH-Gesetz,
ein Nachweis über die rechtzeitige Zuleitung des Entwurfs des Verschmelzungsvertrags an die Betriebsräte der übertragenden und der übernehmenden Gesellschaft.

Zu den im Zuge der Kapitalerhöhung bar zu zahlenden Aufstockungsbeträgen versichern die unterzeichnenden Geschäftsführer, dass diese in voller Höhe von den Gesellschaftern B1 und B2 erbracht wurden und sich endgültig für Zwecke der

---

363 In Erfüllung der Regelung in § 5 Abs. 3 des Verschmelzungsvertrages müssen in der Anmeldung die Prokuren, welche bei der übertragenden Gesellschaft bestehen, bei der übernehmenden Gesellschaft angemeldet werden.

364 Für die Kapitalerhöhung zur Durchführung der Verschmelzung gelten in Bezug auf die Anmeldung folgende Erleichterungen: Es bedarf keiner Übernahmeerklärung der Anteilsinhaber des übertragenden Rechtsträgers gem. §§ 55 Abs. 1, 57 Abs. 3 Nr. 1 GmbHG, da durch das Umtauschverhältnis im Verschmelzungsvertrag, dem durch die Gesellschafter des übertragenden Rechtsträgers zugestimmt wurde, die zu übernehmenden Anteile und die Übernehmer bereits festgelegt sind, § 55 Abs. 1 S. 1 UmwG. Da die Einlagenleistung durch den im Zuge der Verschmelzung stattfindenden Vermögensübergang ersetzt wird, entfällt die Anwendung der Vorschriften in Bezug auf die Einlagenleistung § 56a GmbHG, Versicherung der Geschäftsführer betreffend Einlageleistung und die freie Verfügbarkeit § 57 Abs. 2 GmbHG.

365 Hinsichtlich der Werthaltigkeitsprüfung, welche das Registergericht gem. §§ 57a, 9c GmbHG durchzuführen hat, gelten keine grundsätzlichen Besonderheiten, jedoch wird i.d.R. bei prüfungspflichtigen übertragenden Rechtsträgern die Vorlage der Schlussbilanz gem. § 17 Abs. 2 UmwG als ausreichend angesehen, wenn das in dieser ausgewiesene Reinvermögen des übertragenden Rechtsträgers den Gesamtnennbetrag der neu zu gewährenden Geschäftsanteile (zzgl. etwaiger barer Zuzahlungen) deckt. Eine Prüfung der nicht testierten Bilanz durch unabhängige Prüfer kann das Registergericht nur dann verlangen, wenn Anhaltspunkte für die fehlende Werthaltigkeit des Unternehmens vorliegen.

366 Der Verschmelzungsvertrag nebst Verschmelzungsbeschlüssen ersetzt die Übernahmeerklärung und (rein faktisch, jedoch nicht de lege lata) die Einbringungsverträge. Die Übernehmerliste muss jedoch separat vorgelegt werden, § 55 Abs. 2 UmwG i.V.m. § 57 Abs. 3 Nr. 2 GmbHG.

Gesellschaft zur freien Verfügung der Geschäftsführer befinden und nicht an die Einleger zurückbezahlt wurden.

Es wird erklärt, dass alle Gesellschafter der übertragenden und der übernehmenden Gesellschaft durch notariell beurkundete Verzichtserklärungen in den Urkunden über die Fassung des jeweiligen Verschmelzungsbeschlusses auf die Klage gegen dessen Wirksamkeit verzichtet haben.[367]

Die Geschäftsführer beantragen, zunächst die Kapitalerhöhung und die Änderungen des Gesellschaftsvertrags (Anmeldung Ziffer 2 und 3) einzutragen.

<...>, den

Die Geschäftsführer der
übernehmenden Gesellschaft:[368]

....

Unterschriftsbeglaubigung:

f) Gesellschafter- und Übernehmerliste für die übernehmende GmbH

Übernehmerliste (Anlage e) zur Handelsregisteranmeldung: **70**

B-GmbH
mit dem Sitz in <...>
Amtsgericht <...>, HRB <...>

Liste der Übernehmer

Zur Durchführung der Verschmelzung der A-GmbH mit dem Sitz in <...> als übertragender Gesellschaft auf die Gesellschaft als übernehmender Gesellschaft wurde durch Gesellschafterbeschluss vom <...> das Stammkapital der Gesellschaft unter gleichzeitiger Umstellung auf den EUR von DM <...> um EUR <...> auf EUR <...> erhöht.

Die Kapitalerhöhung erfolgte in Höhe von EUR <...> im Wege der Barkapitalerhöhung durch Aufstockung der bisherigen Geschäftsanteile mit der lfd. Nr. <...> im Nennbetrag von EUR <...> auf EUR <...> und mit der lfd. Nr. <...> im Nennbetrag von EUR <...> auf EUR <...>. Weiterhin erfolgte in Höhe von EUR <...> die Kapitalerhöhung zur Durchführung der Verschmelzung durch Ausgabe zweier neuer Geschäftsanteile mit der lfd. Nr. <...> im Nennbetrag von EUR <...> und mit der lfd. Nr. <...> im Nennbetrag von EUR <...>.

Firma und Sitz/	Übernommener Erhöhungsbetrag/
Name und Wohnort des Gesellschafters	Übernommener Geschäftsanteil
	bezüglich der lfd. Nr. des Geschäftsanteils

---

367 Sind beim übertragenden bzw. übernehmenden Rechtsträger die Stammeinlagen noch nicht vollständig geleistet, müssen auch die Erklärungen nach § 51 Abs. 1 UmwG aufgenommen werden.

368 Die Anmeldungspflicht durch alle Geschäftsführer gem. § 78 GmbHG wird durch das UmwG nicht geändert, § 16 Abs. 1 UmwG greift hier nicht.

B1	<...>	EUR	<...>
B2	<...>	EUR	<...>
A1	<...>	EUR	<...>
A2	<...>	EUR	<...>
Kapitalerhöhungsbetrag		EUR	<...>

<...>, den

Der Geschäftsführer:

....

71

Liste der Gesellschafter[369]

der B-GmbH
mit dem Sitz in <...>
Amtsgericht <...>, HRB <...>

Nach dem Wirksamwerden der Verschmelzung der A-GmbH mit dem Sitz in <...>
(als übertragender Gesellschaft) auf die B-GmbH mit dem Sitz in <...> (als übernehmender Gesellschaft) am <...> sind an der Gesellschaft beteiligt:

Lfd. Nr. des Geschäftsanteils	Firma und Sitz/ Name und Wohn- ort des Gesell- schafters	Nennbetrag der Geschäftsanteile	
1	B1	EUR	<...>
2	B2	EUR	<...>
3	A1	EUR	<...>
4	A2	EUR	<...>
Stammkapital		**EUR**	**<...>**

Bescheinigung des Notars nach § 40 Absatz 2 Satz 2 GmbH-Gesetz

---

369 Hinsichtlich der Frage, zu welchem Zeitpunkt die aktualisierte Gesellschafterliste einzureichen ist,
werden unterschiedliche Auffassungen vertreten. *Herrler* DNotZ 2008, 903, 910 vertritt die Meinung, dass aus Praktikabilitätserwägungen eine sofortige Einreichung zusammen mit der Anmeldung zulässig sei; diese Meinung wird jedoch von vielen Registergerichten abgelehnt, gestützt auf
OLG München vom 8.9.2009 NZG 2009, 1192 ff., *Thür. OLG Jena* vom 28.7.2010, DNotZ 2011, 65
= DB 2010, 2044 ff., wonach der Notar wegen seiner Prüfungsverantwortung die berichtigte
Gesellschafterliste zum Handelsregister erst einreichen darf, wenn er sich vom Eintritt der Veränderungen sicher überzeugt hat. Vorliegend tritt die Wirksamkeit der Veränderung i.S. des § 40
GmbHG erst nach erfolgter Eintragung der Kapitalerhöhung und der Verschmelzung jeweils im
Register des übernehmenden Rechtsträgers ein. Der Notar ist somit ab diesem Zeitpunkt zur Einreichung der Liste verpflichtet. Dies hindert ihn aber natürlich nicht daran, die aktualisierte Liste
schon zeitlich vorher entsprechend der von ihm beurkundeten Veränderungen zu erstellen und mit
der Notarbescheinigung nach § 40 Abs. 2 S. 2 GmbHG zu versehen; noch strenger *LG Augsburg*
vom 16.2.2009 – 1 HK T 323/09 – abrufbar unter www.dnoti.de.; sehr ausführlich zur Thematik *Ries*
GWR 2011, 54 ff.

Die neuen Eintragungen in der vorstehenden Liste entsprechen den Veränderungen, die sich aufgrund meiner Urkunde vom <...>, UR-Nr. <...>, ergeben. Die übrigen Eintragungen stimmen mit dem Inhalt der zuletzt im Handelsregister aufgenommenen Liste vom <...> überein.

<...>, den

....

Notar[370]

2. Verschmelzung einer Tochter-GmbH auf die Mutter-GmbH ohne Kapitalerhöhung („up-stream-merger")

Der up-stream-merger ist eine der häufigsten Umwandlungsformen innerhalb von **72** Konzernen. Das gem. § 54 Abs. 1 S. 1 Nr. 1 UmwG geltende Kapitalerhöhungsverbot vereinfacht die Durchführung erheblich und kann innerhalb des Konzerns weitere positive „Nebeneffekte" haben, wie zum Beispiel das Freiwerden des vor der Verschmelzung gebundenen Haftkapitals der Tochtergesellschaft.[371] Wechselt die Konzernmutter, kann damit auch die Notwendigkeit bestehen, bestimmte Gesellschaftsformen aus steuerlichen oder unternehmenspolitischen Gründen zu ändern. So kann es bei Verkauf des Konzerns, insbesondere an ein ausländisches Unternehmen gewünscht sein, sämtliche im Konzern bestehende GmbH & Co KGs „aufzulösen". Häufig wird hierzu die Verschmelzung der Komplementärin auf die Muttergesellschaft[372] durchgeführt, was zum Anwachsen des Vermögens bei der alleinigen Kommandititisin (= Muttergesellschaft) führt. Dieser praktisch häufige Fall der Kombination von Vermögensübertragung nach UmwG und HGB/BGB ist in das nachstehende Muster eingearbeitet. Eine ebenfalls denkbare Gestaltung ist in einer solchen Fallkonstellation die Verschmelzung der GmbH & Co KG auf eine Schwester-GmbH entsprechend dem Muster VIII.3. Ist eine Rückwirkung nicht erforderlich, kommen auch Gestaltungen außerhalb des UmwR, z.B. Ausscheiden des Komplementärs (sog. Anwachsungsmodell, vgl. oben 2. Kap. Rn. 3) als i.d.R. kostengünstigere und einfachere Gestaltung in Betracht.

---

370 In der Literatur wird die Frage problematisiert, inwieweit der Notar bei einer nur mittelbaren Mitwirkung – weil sich der Gesellschafterbestand der beteiligten GmbH durch Verschmelzung geändert hat – zur Unterzeichnung der Liste verpflichtet ist. Folgt man der Meinung des *OLG Hamm* v. 1.12.2009, NZG 2010, 113 = ZIP 2010, 128 mit Anmerkung *Herrler* und *Blath* = RNotZ 2010, 144 m.w.N. besteht sowohl im Fall einer direkten als auch bei einer mittelbaren Mitwirkung des Notars eine Amtspflicht zur Erstellung der Gesellschafterliste, § 40 Abs. 2 S. 1 GmbHG.
371 Die Gläubiger sind lediglich gem. § 22 UmwG geschützt, vgl. *Heckschen/Simon* § 3 Rn. 10.
372 Zur Verschmelzung der Komplementär-GmbH auf die Kommanditgesellschaft selbst und der damit einhergehenden Anwachsung beim letztverbleibenden Gesellschafter vgl. *OLG Hamm* NZG 2010, 1309 ff. Der Entscheidung ist im Ergebnis jedoch zu widersprechen, da die Anwachsung beim letztverbleibenden Gesellschafter nicht Gegenstand der Verschmelzung ist, sondern Folgewirkung, die vom UmwG nicht untersagt wird.

73 Den nachfolgenden Mustern liegt folgende Fallkonstellation zugrunde:

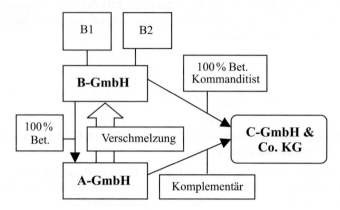

Dabei wird zugrunde gelegt, dass die C-GmbH & Co. KG das operative Unternehmen betreibt und mehr als 500 Arbeitnehmer beschäftigt. Es bestehen ein Konzernbetriebsrat und ein Betriebsrat bei der KG.

a) Verschmelzungsvertrag und Verschmelzungsbeschlüsse in einer Urkunde

74 Verschmelzungsvertrag und Verschmelzungsbeschlüsse in einer Urkunde:

Geschehen zu
am

Vor mir, dem
Notar

erscheinen heute:

1. Herr/Frau

2. Herr/Frau

3. B1

4. B2

Der Erschienene Ziffer 1 handelt als einzelvertretungsberechtigter Geschäftsführer für die A-GmbH mit dem Sitz in <...>.

Der Erschienene Ziffer 2 handelt als einzelvertretungsberechtigter Geschäftsführer für die B-GmbH mit dem Sitz in <...>.

Der beurkundende Notar bescheinigt die Vertretungsbefugnis wie folgt: <...>

Die Erschienenen haben sich ausgewiesen durch Vorlage <...>. Nach Befragung der Erschienenen wird festgestellt, dass eine Vorbefassung im Sinne von § 3 Abs. 1 Nr. 7 BeurkG nicht vorliegt. Sie erklären zur notariellen Beurkundung Folgendes:[373]

---

373 Zweckmäßig ist ein dem Muster Rn. 65 entsprechend angepasster Urkundenaufbau hinsichtlich der Darstellung der rechtlichen Verhältnisse, der Beteiligungen an Gesellschaften und Grundbesitz.

I. Verschmelzungsvertrag[374]

zwischen der

A-GmbH

mit dem Sitz in <...>

– übertragende Gesellschaft –

und der

B-GmbH

mit dem Sitz in <...>

– übernehmende Gesellschaft –

---

§ 1

Vermögensübertragung, Verschmelzungsstichtag

(1) Die übertragende Gesellschaft überträgt ihr Vermögen als Ganzes unter Auflösung ohne Abwicklung im Wege der Verschmelzung durch Aufnahme nach §§ 4 ff. des Umwandlungsgesetzes (UmwG) auf die übernehmende Gesellschaft.

Es wird festgestellt, dass die übertragende Gesellschaft nicht aufgelöst ist.

(2) Die Vermögensübertragung erfolgt im Innenverhältnis mit Wirkung vom 1. Januar <...> 0.00 Uhr (Verschmelzungsstichtag). Von diesem Zeitpunkt an gelten alle Handlungen der übertragenden Gesellschaft als für Rechnung der übernehmenden Gesellschaft vorgenommen.

(3) Der Verschmelzung wird die Schlussbilanz der übertragenden Gesellschaft zum 31. Dezember <...> zugrunde gelegt.

§ 2

Gegenleistung

Die Gewährung von Geschäftsanteilen als Gegenleistung für die Vermögensübertragung entfällt, da der übernehmenden Gesellschaft sämtliche Geschäftsanteile an der übertragenden Gesellschaft gehören.[375]

§ 3

Sonderrechte und -vorteile

Rechte oder Maßnahmen nach § 5 Absatz 1 Nr. 7 UmwG sowie besondere Vorteile nach § 5 Absatz 1 Nr. 8 UmwG werden nicht gewährt und sind nicht vorgesehen.

§ 4

Folgen der Verschmelzung für die Arbeitnehmer und ihre Vertretungen sowie insoweit vorgesehene Maßnahmen

(1) Die übertragende und die übernehmende Gesellschaft beschäftigen keine Arbeitnehmer und haben demzufolge keine eigene Arbeitnehmervertretung. Es besteht ein Konzernbetriebsrat und ein Betriebsrat bei der C-GmbH & Co. KG,

---

374 Wegen der allgemeinen Anmerkungen zum Verschmelzungsvertrag vgl. die Anmerkungen in den Fußnoten zu Muster Rn. 65.
375 Wegen der Kapitalerhöhungsverbote vgl. oben Rn. 2.

deren Betrieb durch die Verschmelzung auf die übernehmende Gesellschaft kraft Gesetzes (Anwachsung) übergeht und bei der übernehmenden Gesellschaft unverändert fortgeführt wird.[376]

(2) Die Verschmelzung und Anwachsung gem. Abs. 1 führt zu einem Betriebsübergang auf die B-GmbH im Sinne des § 613a BGB. Die B-GmbH tritt daher mit Wirksamwerden der Verschmelzung mit allen Rechten und Pflichten in die bestehenden Arbeitsverhältnisse der C-GmbH & Co. KG ein. Diese Arbeitsverhältnisse können von keinem Beteiligten wegen der Verschmelzung bzw. Anwachsung gekündigt werden. Dem Arbeitnehmer steht jedoch hinsichtlich des Übergangs seines Arbeitsverhältnisses ein Widerspruchsrecht zu.

(3) Da der Betrieb der C-GmbH & Co. KG unverändert fortgeführt wird, gelten sämtliche Betriebsvereinbarungen kollektivrechtlich weiter.[377] Der Betriebsrat bleibt weiter im Amt. Auch die für die Arbeitnehmer der C-GmbH & Co. KG abgeschlossenen Konzernbetriebsvereinbarungen gelten kollektivrechtlich weiter.

(4) Die B-GmbH wird vor dem Wirksamwerden der Verschmelzung dem Arbeitgeberverband <...> beitreten und damit an die Tarifverträge <...> gebunden sein.[378]

(5) Soweit bei der übertragenden Gesellschaft und der C-GmbH & Co. KG Prokura, Handlungsvollmacht oder eine andere Vertretungsbefugnis erteilt ist, wird sie erforderlichenfalls bei der übernehmenden Gesellschaft in gleicher Weise erteilt.

(6) Weitere Maßnahmen sind nicht vorgesehen.

§ 5

Firma der übernehmenden Gesellschaft

Die übernehmende Gesellschaft wird die Firma der übertragenden Gesellschaft nicht fortführen.

§ 6

Steuern

Die übertragende Gesellschaft wird in ihrer Schlussbilanz die übergehenden Wirtschaftsgüter mit den sich nach den allgemeinen Gewinnermittlungsvorschriften ergebenden Werten (Buchwerten) ansetzen. Die übernehmende Gesellschaft wird

---

376 Ob bei einer nur indirekten Wirkung des Umwandlungsvorgangs eine Zuleitungspflicht an den Betriebsrat besteht, ist noch vollständig ungeklärt. Es besteht jedoch Einigkeit, dass bei der Bestimmung der Zuständigkeit des Betriebsrates, an welchen zugeleitet werden soll, die betriebsverfassungsrechtliche Kompetenz angesprochen ist; vgl. u.a. *Widmann/Mayer* § 5 Rn. 252 unter Verweis auf die Gesetzesbegründung. Bei der Definition der Zuständigkeiten in §§ 50 und 58 BetrVG wird auf „Angelegenheiten, die das Gesamtunternehmen oder den Konzern betreffen" abgestellt, so dass durch diese weite Definition hierunter auch die mittelbare Wirkung der Umwandlung auf das Unternehmen der C-GmbH & Co. KG zu verstehen ist. Die Frage der Zuständigkeit des Konzernbetriebsrates bei Umwandlungsvorgängen wird nach zwischenzeitlich h.M. in der Literatur dahingehend beantwortet, dass die originäre Zuständigkeit des Konzernbetriebsrates abgelehnt wird; so jetzt auch *Widmann/Mayer* § 5 Rn. 254, *Kallmeyer* § 5 Rn. 75. Einig ist die Lit. darin, dass bei unklarer Rechtslage vorsorglich an alle zuständigen Betriebsräte zugeleitet werden sollte; im vorliegenden Fall also auch an den Betriebsrat und den Konzernbetriebsrat der C-GmbH & Co. KG; vgl. auch 2. Kap. Rn. 39.
377 Zur Weitergeltung von Betriebsvereinbarungen vgl. 2. Kap. Rn. 45.
378 Zur Auswirkung von Verschmelzungen auf tarifvertragliche Vereinbarungen vgl. 2. Kap. Rn. 45, 46.

die handels- und steuerrechtlichen Buchwerte des auf sie übergehenden Vermögens der übertragenden Gesellschaft fortführen.[379]

§ 7
Wirksamkeit des Verschmelzungsvertrags

Dieser Verschmelzungsvertrag wird nur wirksam, wenn die Gesellschafter der übertragenden und der übernehmenden Gesellschaft ihm durch Beschluss (Verschmelzungsbeschluss) zustimmen.

§ 8
Salvatorische Klausel

Sollten einzelne Bestimmungen dieses Verschmelzungsvertrags unwirksam sein oder werden, so wird dadurch die Gültigkeit des übrigen Verschmelzungsvertrags nicht berührt. Die weggefallene Bestimmung ist durch eine Regelung zu ersetzen, die dem wirtschaftlichen Zweck der weggefallenen Bestimmung möglichst nahe kommt.

II.
Verschmelzungsbeschluss[380, 381] der Alleingesellschafterin der A-GmbH

§ 1
Vorbemerkung

An der A-GmbH mit dem Sitz in <...> ist mit einem Geschäftsanteil mit der lfd. Nr. 1 im Nennbetrag von EUR <...> die B-GmbH mit dem Sitz in <...> als alleinige Gesellschafterin beteiligt.

Es ist somit das gesamte Stammkapital von EUR <...> vertreten.

---

379 Seit Inkrafttreten des SEStG sind nach §§ 12 Abs. 1 S. 2 i.V.m. 4 Abs. 1 S. 2, 3 UmwStG die Anteile an der übertragenden Gesellschaft bei der übernehmenden Gesellschaft zum steuerlichen Übertragungsstichtag mit dem Buchwert, erhöht um Abschreibungen, die in früheren Jahren steuerwirksam vorgenommen wurden, sowie um Abzüge nach § 6b EStG und ähnliche Abzüge, höchstens aber mit dem gemeinen Wert anzusetzen. Der durch die Zuschreibungen entstehende Gewinn ist gem. § 8b Abs. 2 S. 4, 5 KStG voll besteuerungspflichtig, sofern die früheren Abschreibungen nicht gem. § 8b Abs. 3 S. 2 KStG steuerlich unberücksichtigt blieben. Für den etwaigen Verschmelzungsgewinn im Übrigen gilt gem. § 12 Abs. 2 S. 2 UmwStG i.V.m. § 8b Abs. 3 KStG, dass dieser zu 5 % als nicht abzugsfähige Betriebsausgabe dem Gewinn der Übernehmerin außerbilanziell hinzuzurechnen ist und damit bei der KSt, Solidaritätszuschlag und GewSt steuerpflichtig ist. Dies führt zu einer effektiven Besteuerung von ca. 2 % eines sich ergebenden Übernahmegewinns. Abweichend zum bisherigen UmwStG kann auch beim up-stream-merger ein Ansatz zu einem Zwischenwert oder zum gemeinen Wert erfolgen; eine solche Wertaufholung kann auch gem. § 6 Abs. 1 Nr. 1 4 EStG zwingend erforderlich sein, da niedrigere Teilwerte nur dann fortgeführt werden dürfen, wenn die Wertminderung andauert. Die Wertaufholung kann jedoch auch im Hinblick darauf sinnvoll sein, dass seit Inkrafttreten des SEStG Verlustvorträge nicht auf den übernehmenden Rechtsträger übergehen und somit durch die aufgestockten Buchwerte ein höheres Afa-Volumen für den übernehmenden Rechtsträger geschaffen werden kann (sog. Step-Up); vgl. hierzu auch vorstehend Rn. 77, 55 und zur erforderlichen Antragstellung Rn. 58.
380 Aus Kostengründen sollte bei einer solchen konzerninternen Verschmelzung eine Zusammenfassung der Beurkundung des Verschmelzungsvertrages und der Verschmelzungsbeschlüsse nebst Verzichtserklärungen erfolgen, da sonst die Gefahr besteht, dass der Notar sich die unrichtige Sachbehandlung aus kostenrechtlicher Sicht vorwerfen lassen muss, vgl. oben 2. Kap. Rn. 58.
381 Wegen der allgemeinen Anmerkungen zum Verschmelzungsbeschluss vgl. oben die Anmerkungen in den Fußnoten zu Muster Rn. 66.

Das Stammkapital der Gesellschaft ist voll einbezahlt.

Der Jahresabschluss der Gesellschaft zum 31. Dezember <...> wurde festgestellt.

§ 2
Gesellschafterversammlung

Unter Verzicht auf die Einhaltung aller durch Gesetz oder Gesellschaftsvertrag vorgeschriebenen Formen und Fristen hält die Alleingesellschafterin, die B-GmbH, eine

Gesellschafterversammlung
der
A-GmbH
mit dem Sitz in <...>

ab. Die Alleingesellschafterin fasst folgenden

Verschmelzungsbeschluss:

Dem Verschmelzungsvertrag von heute zwischen der

A-GmbH
mit dem Sitz in <...>
– übertragende Gesellschaft –
und der
B-GmbH
mit dem Sitz in <...>
– übernehmende Gesellschaft –

der in Abschnitt I. dieser Urkunde enthalten ist, wird zugestimmt.

§ 3
Betriebsratszuleitung

Es wird festgestellt, dass weder bei der übertragenden noch bei der übernehmenden Gesellschaft ein eigener Betriebsrat besteht. Es bestehen ein Betriebsrat und ein Konzernbetriebsrat bei der C-GmbH & Co. KG. Diesen wurde der Entwurf des Verschmelzungsvertrags jeweils am <...> und somit unter Einhaltung der Monatsfrist des § 5 Absatz 3 UmwG zugeleitet.

III.
Verschmelzungsbeschluss der Gesellschafter der B-GmbH

§ 1
Vorbemerkung

An der **B-GmbH** mit dem Sitz in <...> sind als alleinige Gesellschafter mit den nachstehenden Geschäftsanteilen beteiligt:

a) B1 mit einem Geschäftsanteil mit der lfd. Nr. <...>
im Nennbetrag von .... EUR
b) B2 mit einem Geschäftsanteil mit der lfd. Nr. <...>
im Nennbetrag von .... EUR.

Es ist somit das gesamte Stammkapital der Gesellschaft von EUR <...> vertreten.

Das Stammkapital der Gesellschaft ist voll einbezahlt.

§ 2

Gesellschafterversammlung

Unter Verzicht auf die Einhaltung aller durch Gesetz oder Gesellschaftsvertrag vorgeschriebenen Formen und Fristen halten die Gesellschafter B1 und B2 eine

Gesellschafterversammlung

der

B-GmbH

mit dem Sitz in <...>

ab. Die Gesellschafter fassen folgende

Beschlüsse:

1. Verschmelzungsbeschluss:
   Dem Verschmelzungsvertrag von heute zwischen der

A-GmbH

mit dem Sitz in <...>

– übertragende Gesellschaft –

und der

B-GmbH

mit dem Sitz in <...>

– übernehmende Gesellschaft –

der in Abschnitt I. dieser Urkunde enthalten ist, wird zugestimmt.

2. Änderung des Gesellschaftsvertrags
   Die Firma der Gesellschaft wird geändert und lautet nunmehr wie folgt:

C-GmbH

§ 1 Abs. 1 des Gesellschaftsvertrags wird geändert und lautet nunmehr wie folgt:

„**§ 1**

Firma, Sitz

(1) Die Firma der Gesellschaft lautet:
C-GmbH"

3. Zum Prokuristen mit dem Recht, die Gesellschaft zusammen mit einem Geschäftsführer oder einem weiteren Prokuristen zu vertreten, wird bestellt:
   Herr CPPA, geb. am <...>,
   wohnhaft in <...>.

Auf die erforderliche Form für die Prokuraerteilung wurde vom beurkundenden Notar ausdrücklich hingewiesen.[382]

---

382 Die Prokuraerteilung erfolgt zwar nicht durch Beschlussfassung, sondern durch Erklärung der Geschäftsführer gegenüber dem Prokuristen. Gerade in der vorliegenden Konstellation kann es sich jedoch empfehlen, bereits in dem Verschmelzungsbeschluss durch die Aufnahme der zu erteilenden Prokuren den Geschäftsführern eine entsprechende „Handlungsanweisung" durch die Gesellschafter aufzugeben. Dies insbesondere auch im Hinblick darauf, dass die Wirkung der Verschmelzung auf bestehende Prokuren nicht unstrittig ist. So vertritt z.B. *Lutter* § 20 Rn. 26 die Meinung, dass bei dem übertragenden Rechtsträger erteilte Prokuren auf die übernehmende Gesellschaft übergehen. Diese Meinung überzeugt jedoch nicht, da diese, wie auch Handlungsvollmachten einen gesetzlich bestimmten besonderen Umfang bezogen auf den übertragenden Rechtsträger haben, welcher nach der Verschmelzung nicht mehr besteht. Eine automatische Erstreckung auf den übernehmenden

(Fortsetzung der Fußnote 382 auf Folgeseite)

§ 3

Betriebsratszuleitung

Es wird festgestellt, dass weder bei der übertragenden noch bei der übernehmenden Gesellschaft ein eigener Betriebsrat besteht. Es bestehen ein Betriebsrat und ein Konzernbetriebsrat bei der C-GmbH & Co. KG. Diesen wurde der Entwurf des Verschmelzungsvertrags jeweils am <...> und somit unter Einhaltung der Monatsfrist des § 5 Abs. 3 UmwG zugeleitet.

IV.

Verzichtserklärungen der Alleingesellschafterin der A-GmbH sowie der Gesellschafter der B-GmbH

Nach entsprechender Belehrung durch den beurkundenden Notar verzichtet die Alleingesellschafterin der A-GmbH sowie die Gesellschafter B1 und B2 der B-GmbH auf

1. die Übersendung des Entwurfs des Verschmelzungsvertrags nach § 47 UmwG;
2. die Einhaltung der Verpflichtungen zur Ankündigung, Auslegung und Auskunftserteilung nach § 49 UmwG;
3. eine Klage gegen die Wirksamkeit des Verschmelzungsbeschlusses nach § 16 Absatz 2 Satz 2 UmwG;
4. auf alle sonstigen Förmlichkeiten, auf die von Gesetzes wegen verzichtet werden kann.

V.

Schlussbestimmungen

§ 1

Kosten

Die durch die Verschmelzung und ihren Vollzug entstehenden Kosten und Steuern einschließlich einer etwa anfallenden Grunderwerbsteuer trägt – auch wenn die Verschmelzung nicht zustande kommt – die übernehmende Gesellschaft. Die A-GmbH hat keinen Grundbesitz.

§ 2

Abschriften, Belehrungen

(1) Es wird gebeten, von dieser Niederschrift zu erteilen:

a) für das Amtsgericht – Registergericht – <...>
   zwei elektronisch beglaubigte Abschriften,
b) diejenigen beglaubigten Abschriften, deren Erteilung gesetzlich vorgeschrieben ist oder die zum Vollzug dieser Niederschrift erforderlich sind,
c) für jede der beteiligten Gesellschaften
   je eine beglaubigte Abschrift.

(Fortsetzung der Fußnote 382 von Vorseite)

Rechtsträger ohne eine diesbezügliche Entscheidung des Rechtsträgers hierzu, ist abzulehnen; so im Ergebnis auch *Widmann/Mayer* § 20 Rn. 304; *Kallmeyer* § 20 Rn. 24; *Schmitt/Hörtnagl/Stratz* § 20 Rn. 10. Das Erlöschen von Prokuren im Zuge der Verschmelzung beim übertragenden Rechtsträger muss daher auch nicht gesondert angemeldet werden.

(2) Der beurkundende Notar hat die nach dem Beurkundungsgesetz vorgeschriebenen Belehrungen erteilt. Er hat insbesondere darauf hingewiesen, dass mit der Eintragung der Verschmelzung in das Handelsregister der übernehmenden Gesellschaft

a) das Vermögen der übertragenden Gesellschaft einschließlich der Verbindlichkeiten kraft Gesetzes auf die übernehmende Gesellschaft übergeht,

b) die übertragende Gesellschaft erlischt,

c) Mängel der Verschmelzung die Wirkungen der Eintragung unberührt lassen.

Die vorstehende Niederschrift wurde in Gegenwart des Notars den Erschienenen vorgelesen, von ihnen genehmigt und wie folgt eigenhändig unterschrieben:

b) Anmeldung zum Handelsregister der übertragenden GmbH

Anmeldung zum Handelsregister der übertragenden GmbH[383]   **75**

Amtsgericht
– Registergericht –

A-GmbH mit dem Sitz in <...>
– HRB <...> –

Zur Eintragung in das Handelsregister wird angemeldet:

Aufgrund des Verschmelzungsvertrags und der Verschmelzungsbeschlüsse vom heutigen Tag wurde die A-GmbH (übertragende Gesellschaft) unter Auflösung ohne Abwicklung mit der B-GmbH mit dem Sitz in <...> (übernehmende Gesellschaft) verschmolzen im Wege der Aufnahme durch Übertragung des Vermögens der übertragenden Gesellschaft als Ganzes auf die übernehmende Gesellschaft.

Es wird erklärt, dass die Alleingesellschafterin der übertragenden Gesellschaft und die Gesellschafter der übernehmenden Gesellschaft durch notariell beurkundete Verzichtserklärungen in der Urkunde über den Abschluss des Verschmelzungsvertrages und die Fassung der Verschmelzungsbeschlüsse auf die Klage gegen dessen Wirksamkeit verzichtet haben.

Die inländische Geschäftsanschrift der Gesellschaft lautet unverändert: <...>.

Beigefügt sind:

1. eine elektronisch beglaubigte Abschrift des Verschmelzungsvertrags vom <...>, mit
   a) dem Verschmelzungsbeschluss der Alleingesellschafterin der übertragenden Gesellschaft;
   b) dem Beschluss der Gesellschafter der übernehmenden Gesellschaft;
   c) den Verzichtserklärungen der Alleingesellschafterin der übertragenden Gesellschaft und der Gesellschafter der übernehmenden Gesellschaft.
2. die Schlussbilanz der übertragenden Gesellschaft zum 31. Dezember <...>;

---

383 Zu den allgemeinen Anmerkungen zur Handelsregisteranmeldung bei der übernehmenden GmbH vgl. oben die Anmerkungen in den Fußnoten zu Muster Rn. 69.

3. ein Nachweis über die rechtzeitige Zuleitung des Entwurfs des Verschmelzungsvertrages an den Konzernbetriebsrat und den Betriebsrat der C-GmbH & Co.
KG.[384]

Es wird erklärt, dass beim übertragenden Rechtsträger kein Betriebsrat besteht.[385]

<...>, den

Der Geschäftsführer:

....

Unterschriftsbeglaubigung:

c) Anmeldung zum Handelsregister der übernehmenden GmbH

76   Anmeldung zum Handelsregister der übernehmenden GmbH:[386]

Amtsgericht
– Registergericht –

B-GmbH
mit dem Sitz in <...>
– HRB <...>–

Zur Eintragung in das Handelsregister wird angemeldet:

1. Aufgrund des Verschmelzungsvertrags und der Verschmelzungsbeschlüsse vom
heutigen Tage wurde die A-GmbH mit dem Sitz in <...> (übertragende Gesellschaft) unter Auflösung ohne Abwicklung mit der B-GmbH mit dem Sitz in <...>
(übernehmende Gesellschaft) verschmolzen im Wege der Aufnahme durch Übertragung des Vermögens der übertragenden Gesellschaft als Ganzes auf die übernehmende Gesellschaft.
Es wird erklärt, dass die Alleingesellschafterin der übertragenden Gesellschaft
und die Gesellschafter der übernehmenden Gesellschaft durch notariell beurkun-

---

384 Der Nachweis über die Zuleitung an die Betriebsräte ist gem. § 17 Abs. 1 UmwG der Anmeldung
beizufügen; über die Art des Nachweises ist im Gesetz nichts gesagt; in der Praxis hat sich gemäß
der herrschenden Literaturmeinung (vgl. u.a. *Widmann/Mayer* § 17 Rn. 8 i.V.m. § 5 Rn. 258 f.)
herausgebildet, dass die Vorlage einer schriftlichen Empfangsbestätigung des Betriebsrates oder
eines Rückscheins zum Einschreiben als ausreichend angesehen wird. Dieser Nachweis kann in
Urschrift oder einfacher Abschrift vorgelegt werden. Es ist sehr unterschiedlich, ob der Inhalt des
zugeleiteten Entwurfs vom Registergericht geprüft wird; ist dies der Fall, muss der Empfangsbestätigung der übersandte Entwurf in Mehrfertigung beigefügt sein.
385 Das Nichtbestehen eines Betriebsrates muss dem Registergericht gegenüber glaubhaft gemacht
werden, wofür in der Regel die schriftliche Erklärung des Vertreters des betreffenden Rechtsträgers ausreichen wird. Diese ist jedoch gem. § 26 FamFG (Amtsermittlungsgrundsatz) für das
Registergericht nicht bindend. Die in einer Entscheidung der AG Duisburg vom 4.1.1996 diesbezüglich geforderte eidesstattliche Versicherung des Vertretungsorgans, vgl. oben Fn. zu Rn. 42, ist
m.E. zu weitgehend und wird in der Praxis regelmäßig nicht gefordert; insbesondere die in der vorstehenden Entscheidung geforderte Beibringungspflicht für diese Versicherung innerhalb der
Acht-Monats-Frist des § 17 Abs. 2 S. 4 UmwG ist abzulehnen, da eine solche als zusätzliches Mittel
für die Glaubhaftmachung eindeutig nicht ein Grund für eine sofortige Zurückweisung der Verschmelzung ist, sondern vom Registergericht im Wege der Zwischenverfügung nachgefordert werden muss; zu der Frage, welche Unterlagen fristwahrend einzureichen sind, vgl. 2. Kap. Rn. 52.
386 So auch Tz. E 20.09 des UmwSt-Erl, wobei es hiernach ausreicht, dass die Sacheinlage als Agio
eingebracht wird, mit Verweis auf *BFH* Urteil vom 7.4.2010, I R 55/09, BStBl. II. 2010, 1094.

dete Verzichtserklärungen in der Urkunde über den Abschluss des Verschmelzungsvertrages und die Fassung der Verschmelzungsbeschlüsse auf die Klage gegen dessen Wirksamkeit verzichtet haben.

2. Änderung des Gesellschaftsvertrags:
Die Firma der Gesellschaft wurde geändert und lautet nunmehr wie folgt:

C-GmbH

§ 1 Abs. 1 des Gesellschaftsvertrags wurde geändert und lautet nunmehr wie folgt:

„§ 1
Firma, Sitz

(1) Die Firma der Gesellschaft lautet:
C-GmbH"

Die übrigen in § 10 GmbHG genannten Angaben bleiben unverändert

3. Zum Prokuristen mit dem Recht, die Gesellschaft zusammen mit einem Geschäftsführer oder einem weiteren Prokuristen zu vertreten, wurde bestellt:[387]
Herr CPPA, geb. am <...>, wohnhaft in <...>.

4. Die inländische Geschäftsanschrift der Gesellschaft lautet unverändert: <...>.

Beigefügt ist:[388]

1. eine elektronisch beglaubigte Abschrift des Verschmelzungsvertrags vom <...>, mit
   a) dem Verschmelzungsbeschluss der Alleingesellschafterin der übertragenden Gesellschaft;
   b) den Beschlüssen der Gesellschafter der übernehmenden Gesellschaft;
   c) den Verzichtserklärungen der Alleingesellschafterin der übertragenden Gesellschaft und der Gesellschafter der übernehmenden Gesellschaft.
2. ein vollständiger Wortlaut des Gesellschaftsvertrags in der geänderten Fassung mit der Bescheinigung des Notars nach § 54 Absatz 1 Satz 2 GmbH-Gesetz,
3. ein Nachweis über die rechtzeitige Zuleitung des Entwurfs des Verschmelzungsvertrags an den Konzernbetriebsrat und den Betriebsrat der C-GmbH & Co. KG. Es wird erklärt, dass beim übernehmenden Rechtsträger kein Betriebsrat besteht.
<...>, den
Der einzelvertretungsberechtigte
Geschäftsführer der
übernehmenden Gesellschaft:
....
Unterschriftsbeglaubigung:

---

387 Das Anmelden etwa durch die Verschmelzung erlöschender Prokuren muss nach der unter Fn. zu Rn. 74 vertretenen Auffassung weder bei der übertragenden noch bei der übernehmenden Gesellschaft erfolgen.

388 Aufgrund der Streichung des § 52 Abs. 2 UmwG durch das 3. UmwGÄndG ist der Anmeldung zum Register des Sitzes der übernehmenden Gesellschaft keine Gesellschafterliste mehr beizufügen. Im Übrigen vgl. die Ausführungen zur Gesellschafterliste in der Fn. zu Muster Rn. 155.

d) Anmeldung zum Handelsregister der GmbH & Co. KG

77 Registeranmeldung

Amtsgericht
– Registergericht –

C-GmbH & Co. KG
mit dem Sitz in <...>
HRA <...>

Zur Eintragung in das Handelsregister wird angemeldet:

Die einzige persönlich haftende Gesellschafterin, die A-GmbH mit dem Sitz in <...> (Amtsgericht – Registergericht – <...>, HRB <...>, ist durch Verschmelzung auf die einzige Kommanditistin, die B-GmbH mit dem Sitz in <...> (Amtsgericht – Registergericht – <...>, HRB <...>), aus der Gesellschaft ausgeschieden. Das Ausscheiden steht unter der aufschiebenden Bedingung der Eintragung der Verschmelzung der A-GmbH mit dem Sitz in <...> auf die B-GmbH mit dem Sitz in <...>.

Die Gesellschaft ist nach Eintritt der Bedingung aufgelöst. Eine Liquidation findet nicht statt. Die Firma ist nach Eintritt der Bedingung erloschen.

<...>, den

Die persönlich haftende Gesellschafterin:

A-GmbH
vertreten durch den einzelvertretungsberechtigten Geschäftsführer

....

Die Kommanditistin:

B-GmbH
vertreten durch den einzelvertretungsberechtigten Geschäftsführer

....

Beglaubigung der Unterschriften:

3. Verschmelzung von GmbH & Co. KG mit Schwester-GmbH mit Kapitalerhöhung („side-step-merger")

78 Der side-step-merger ist aus der Sicht der Muttergesellschaft ein häufig genutztes Instrument für Konzentrations- oder Verschlankungsmaßnahmen innerhalb des Konzerns. Die Schwesterverschmelzung ist im Gesetz nicht besonders geregelt. Nachdem der Gesetzgeber in § 54 Abs. 1 S. 3 UmwG bei einer GmbH als übernehmendem Rechtsträger die Möglichkeit eröffnet hat, dass auf die Anteilsgewährung beim übernehmenden Rechtsträger verzichtet werden kann, vgl. oben Rn. 2, ist grundsätzlich bei der nachfolgend dargestellten Fallkonstellation die Durchführung der Verschmelzung ohne Kapitalerhöhung denkbar. Da jedoch gem. §§ 20 ff. UmwStG für die Verschmelzung zu einem niedrigeren Wertansatz als dem gemeinem Wert, insbesondere bei Buchwertfortführung weiterhin die **Gewährung von neuen Gesellschaftsanteilen an die Gesellschafter des übertragenden Rechtsträgers erforderlich** ist,[389] wird bei der Musterlösung weiterhin von der Verschmelzung mit Kapitalerhöhung ausgegangen.

---

389 So auch Tz. E 20.09 des UmwSt-Erl, wobei es hiernach ausreicht, dass die Sacheinlage als Agio eingebracht wird, mit Verweis auf *BFH* Urteil vom 7.4.2010, I R 55/09, BStBl. II 2010, 1094.

Den nachfolgenden Mustern liegt folgende Fallkonstellation zugrunde   **79**

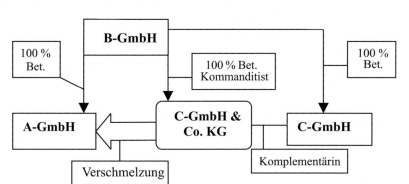

Dabei wird zugrundegelegt, dass die C-GmbH & Co. KG keinen Betriebsrat hat, während die A-GmbH einen Betriebsrat hat. Bei der A-GmbH gilt ein Tarifvertrag, bei der C-GmbH & Co. KG nicht; letztere hat 40 Arbeitnehmer. Die Verschmelzung soll unter Fortführung der Buchwerte beim übernehmenden Rechtsträger erfolgen.

a) Treuhandvertrag

Bei der Verschmelzung einer GmbH & Co. KG auf eine GmbH stellt sich im Hinblick **80** auf die Anteilsgewährpflicht die besondere Problematik, dass der persönlich haftende Gesellschafter, die C-GmbH, in der Regel keinen Kapitalanteil hat und nicht am Vermögen der KG beteiligt ist. Dies wird auch im zugrunde gelegten Fall unterstellt. Es besteht nun die Frage, ob der Komplementärin ein Mitgliedschaftsrecht an der GmbH gewährt werden muss oder ob auf die Gewährung eines solchen Mitgliedschaftsrechtes verzichtet werden kann. Zum einen wird vertreten, dass in § 2 UmwG nicht auf die vermögensmäßige Beteiligung, sondern auf die Gesellschafterstellung abgestellt wird, somit muss jeder Gesellschafter des übertragenden Rechtsträgers auch Gesellschafter des übernehmenden Rechtsträgers werden.[390] Zum anderen wird vertreten, dass bei Verschmelzung auf Kapitalgesellschaften nicht zwingend gegen eine nicht vermögensmäßige Beteiligung eine zwingend vermögensmäßige Beteiligung gewährt werden muss,[391] vgl. hierzu bereits Rn. 12. Dieser letzteren Meinung muss m.E. zugestimmt werden, jedoch mit der Maßgabe, dass die Anteilsgewährpflicht besteht, aber auf sie durch den betroffenen Gesellschafter verzichtet werden kann,[392] Diese Systematik hat nun auch der Gesetzgeber in § 54 Abs. 1 S. 3 UmwG aufgegriffen, jedoch nur mit der Maßgabe, dass auf die Anteilsgewährung nur insgesamt durch alle Anteilsinhaber des übertragenden Rechtsträgers verzichtet werden kann. Es ist daher davon auszugehen, dass in der Registerpraxis weiterhin die Anteilsgewährung an den Komplementär verlangt wird, so dass ohne Vorabstimmung mit dem Registergericht nicht auf eine Beteiligung des persönlich haftenden Gesellschafters am übernehmenden Rechtsträger verzichtet werden sollte.

---

390 *Widmann/Mayer* § 5 Rn. 24.3.

391 Arg.: bei der Kapitalgesellschaft ist eine Gesellschafterstellung ohne Kapitalbeteiligung nicht möglich; vgl. *Heckschen/Simon* § 3 Rn. 41, *LG Saarbrücken* DNotI-Report 1999, 163.

392 In *Heckschen/Simon* a.a.O. wird das Bestehen der Anteilsgewährpflicht in diesem Fall in Frage gestellt, insoweit ist die dort vertretene Auffassung abzulehnen.

81 Den Interessen der Beteiligten, welche in der Regel den Komplementär am übernehmenden Rechtsträger nicht beteiligen wollen, kann durch eine Treuhandlösung Rechnung getragen werden. Der Komplementär erhält treuhänderisch einen kleinen Kapitalanteil am übertragenden Rechtsträger übertragen; das Treuhandverhältnis erlischt mit Wirksamwerden der Verschmelzung; der durch die Verschmelzung entstehende Geschäftsanteil des Komplementärs am übernehmenden Rechtsträger wird aufschiebend bedingt durch das Erlöschen des Treuhandverhältnisses an den Treugeber übertragen.[393]

82 Treuhandvertrag:

Geschehen zu
am

Vor mir, dem
Notar

erscheinen heute:

1. Herr/Frau

2. Herr/Frau

3. Herr/Frau

Der Erschienene Ziffer 1 handelt als einzelvertretungsberechtigter Geschäftsführer für die A-GmbH mit dem Sitz in <...>.

Der Erschienene Ziffer 2 handelt als einzelvertretungsberechtigter Geschäftsführer für die B-GmbH mit dem Sitz in <...>.

Der Erschienene Ziffer 3 handelt als einzelvertretungsberechtigter Geschäftsführer für die C-GmbH mit dem Sitz in <...>, diese handelnd im eigenen Namen und zugleich in ihrer Eigenschaft als persönlich haftende Gesellschafterin der im Handelsregister des Amtsgerichts <...>, HRA <...> eingetragenen C-GmbH & Co. KG mit dem Sitz in <...>.

Die Erschienenen haben sich ausgewiesen durch Vorlage <...>. Nach Befragung der Erschienenen wird festgestellt, dass eine Vorbefassung im Sinne von § 3 Abs. 1 Nr. 7 BeurkG nicht vorliegt. Sie erklären zur notariellen Beurkundung[394] folgenden

---

393 So auch *Widmann/Mayer* § 5 Rn. 24.7; es werden auch andere Lösungsansätze diskutiert; so das Ausscheiden des Komplementärs vor Verschmelzung, was zur Auflösung der KG führen würde, was jedoch unter der Voraussetzung des § 39 UmwG die Durchführung der Verschmelzung nicht hindert; vgl. *Widmann/Mayer* § 5 Rn. 24.4, dies kann jedoch im Hinblick auf § 20 UmwStG steuerlich nachteilig sein; weiter wird diskutiert, ob der Komplementär nicht auf den Tag des Wirksamwerdens der Verschmelzung ausscheiden kann; vgl. *Kallmeyer* GmbHR 1996, 80, 82; dies ist jedoch str., ablehnend *Widmann/Mayer* § 5 Rn. 24.5; ein weiterer Vorschlag ist bei der beteiligungsidentischen GmbH& Co KG die Verschmelzung der GmbH & Co KG als einheitliche Gesellschaft, so dass sowohl das Vermögen der KG als auch die Komplementär-GmbH im Zuge der Verschmelzung auf die übernehmende GmbH übergeht (exotischer Ansatz!); vgl. *Kallmeyer* GmbHR 2000, 418, 419.

394 Die notarielle Beurkundung ist wegen der bedingten Abtretung des GmbH-Anteils nach Wirksamwerden der Verschmelzung erforderlich.

Kapitalanteilsabtretungs- und Treuhandvertrag

zwischen

B-GmbH

mit dem Sitz in <...>

– nachstehend „Treugeber" genannt –

und

C-GmbH

mit dem Sitz in <...>

– nachstehend „Treuhänder" genannt –

I.

Vorbemerkung

Der Treugeber ist an der Kommanditgesellschaft unter der Firma

C-GmbH & Co. KG

mit dem Sitz in <...>

– nachstehend „KG" genannt –

als Kommanditist mit einem festen Kapitalanteil im Nennbetrag von EUR <...> beteiligt.

Der Treuhänder ist persönlich haftender Gesellschafter der KG ohne Kapitalanteil und ohne Beteiligung am Gesellschaftsvermögen.

Die Gesellschafter der KG beabsichtigen, das Vermögen der KG als Ganzes nach den §§ 4 ff. UmwG auf die A-GmbH mit dem Sitz in <...>, an welcher der Treugeber als alleiniger Gesellschafter beteiligt ist, als übernehmende Gesellschaft im Wege der Verschmelzung durch Aufnahme zu übertragen. Um diese Umwandlung zu ermöglichen, soll der Treuhänder vom Treugeber einen Teilkapitalanteil im Nennbetrag von EUR 100,– an der KG treuhänderisch erwerben.

Dies vorausgeschickt, vereinbaren Treugeber und Treuhänder Folgendes:

II.

Kapitalanteilsabtretungs- und Treuhandvertrag

§ 1

Kapitalanteilsabtretung

(1) Der Treugeber tritt von seinem Kapitalanteil an der KG in Höhe von EUR <...> mit sofortiger Wirkung hiermit einen Teilkapitalanteil im Nennbetrag von EUR 100,– (i.W. EUR einhundert) an den Treuhänder ab. Dieser nimmt die Abtretung an.

(2) Ein Entgelt für die Übertragung des Kapitalanteils ist nicht geschuldet.

(3) Der Treuhänder bleibt persönlich haftender Gesellschafter. Eine Abtretung von Ansprüchen aus Privat-, Darlehens- oder sonstigen Gesellschafterkonten erfolgt nicht.

(4) Die KG stimmt der Kapitalanteilsabtretung gem. § <...> des Gesellschaftsvertrages zu.

§ 2

Rechtsstellung des Treuhänders

(1) Der Treuhänder verwaltet den Kapitalanteil im Auftrag und für Rechnung des Treugebers. Er tritt nach außen als Inhaber des Kapitalanteils auf und übt sämtliche Gesellschafterrechte im eigenen Namen aus.

(2) Der Treuhänder hat nach den Weisungen des Treugebers zu handeln und dessen Interessen zu wahren.

§ 3

Ausübung der Gesellschafterrechte

(1) Der Treuhänder hat zur Ausübung der Gesellschafterrechte, insbesondere des Stimmrechts, die vorherige Weisung des Treugebers einzuholen. Ist eine solche Weisung nicht rechtzeitig zu erlangen, so hat der Treuhänder die Rechte so auszuüben, wie es den mutmaßlichen Willen oder Interesse des Treugebers entspricht.

(2) Der Treugeber ist berechtigt, die Gesellschafterrechte selbst auszuüben. Der Treuhänder erteilt dem Treugeber hierzu Vollmacht.

§ 4

Aufwendungen, Einnahmen

(1) Sämtliche den Kapitalanteil betreffenden Aufwendungen, insbesondere solche aus der Verwaltung und Übertragung des Kapitalanteiles, hat der Treugeber zu tragen.

(2) Sämtliche den Kapitalanteil betreffenden Einnahmen stehen dem Treugeber zu und sind an ihn unverzüglich weiterzuleiten.

§ 5

Vergütung

Der Treuhänder erhält für seine Tätigkeit keine Vergütung.

§ 6

Dauer des Treuhandverhältnisses

(1) Das Treuhandverhältnis kann von dem Treugeber gegenüber dem Treuhänder jederzeit fristlos gekündigt werden.

(2) Es endet, ohne dass es einer Kündigung bedarf, einen Tag nach Wirksamwerden der Verschmelzung der C-GmbH & Co. KG auf die A-GmbH.

§ 7

Abtretung des GmbH-Anteils

Die C-GmbH tritt ihren künftigen Geschäftsanteil im Nennbetrag von EUR 100,00 an der A-GmbH aufschiebend bedingt auf den Tag, welcher der Eintragung der Verschmelzung der C-GmbH & Co. KG auf die A-GmbH im Register der A-GmbH folgt, an die B-GmbH ab.

Die B-GmbH nimmt die Abtretung hiermit an.

Die Abtretung wird hiermit dem Geschäftsführer der A-GmbH angezeigt, welcher von dieser Kenntnis nimmt.

§ 8

Schlussbestimmungen

(1) Sollten einzelne Bestimmungen dieses Vertrages unwirksam sein oder werden, so wird dadurch die Gültigkeit des übrigen Vertragsinhalts nicht berührt. Die weggefallene Bestimmung ist durch eine Regelung zu ersetzen, die dem wirtschaftlichen Zweck der weggefallenen Bestimmung möglichst nahe kommt.

(2) Die Kosten dieser Urkunde trägt die A-GmbH.

Die vorstehende Urkunde wurde in Gegenwart des Notars vorgelesen, von den Erschienenen genehmigt und wie folgt eigenhändig unterschrieben:

b) Verschmelzungsvertrag und Verschmelzungsbeschlüsse in einer Urkunde:

Verschmelzungsvertrag und Verschmelzungsbeschlüsse in einer Urkunde   **83**

Geschehen zu
am

Vor mir, dem
Notar

erscheinen heute:

1. Herr/Frau

2. Herr/Frau

3. Herr/Frau

Der Erschienene Ziffer 1 handelt als einzelvertretungsberechtigter Geschäftsführer für die A-GmbH mit dem Sitz in <...>.

Der Erschienene Ziffer 2 handelt als einzelvertretungsberechtigter Geschäftsführer für die B-GmbH mit dem Sitz in <...>.

Der Erschienene Ziffer 3 handelt als einzelvertretungsberechtigter Geschäftsführer für die C-GmbH mit dem Sitz in <...>, diese handelnd im eigenen Namen und zugleich in ihrer Eigenschaft als persönlich haftende Gesellschafterin der im Handelsregister des Amtsgerichts <...>, HRA <...> eingetragenen C-GmbH & Co. KG mit dem Sitz in <...>.

Der beurkundende Notar bescheinigt die Vertretungsbefugnis wie folgt: <...>

Die Erschienenen haben sich ausgewiesen durch Vorlage <...>. Nach Befragung der Erschienenen wird festgestellt, dass eine Vorbefassung im Sinne von § 3 Abs. 1 Nr. 7 BeurkG nicht vorliegt. Sie erklären zur notariellen Beurkundung folgenden[395]

---

395 Vgl. Ausführungen in der Fn. zum Muster Rn. 74.

I.

Verschmelzungsvertrag[396]

zwischen

der

C-GmbH & Co. KG

mit dem Sitz in <...>

– übertragende Gesellschaft –

und

der

A-GmbH

mit dem Sitz in <...>

– übernehmende Gesellschaft –

---

§ 1

Vermögensübertragung, Verschmelzungsstichtag

(1) Die übertragende Gesellschaft überträgt ihr Vermögen als Ganzes unter Auflösung ohne Abwicklung im Wege der Verschmelzung durch Aufnahme nach §§ 4 ff. des Umwandlungsgesetzes (UmwG) auf die übernehmende Gesellschaft gegen Gewährung von Geschäftsanteilen der übernehmenden Gesellschaft an die Gesellschafter der übertragenden Gesellschaft.

Es wird festgestellt, dass die übertragende Gesellschaft nicht aufgelöst ist.

(2) Die Vermögensübertragung erfolgt im Innenverhältnis mit Wirkung vom 1. Januar <...>, 00:00 Uhr (Verschmelzungsstichtag). Von diesem Zeitpunkt an gelten alle Handlungen der übertragenden Gesellschaft als für Rechnung der übernehmenden Gesellschaft vorgenommen.

(3) Der Verschmelzung wird die Schlussbilanz der übertragenden Gesellschaft zum 31. Dezember <...> zugrunde gelegt.

§ 2

Gewährung von Gesellschaftsrechten

(1) Die übernehmende Gesellschaft gewährt den Gesellschaftern der übertragenden Gesellschaft als Gegenleistung für die Vermögensübertragung Geschäftsanteile der übernehmenden Gesellschaft. Das Umtauschverhältnis[397] wird wie folgt festgelegt:

a) C-GmbH mit dem Sitz in <...> erhält für ihren
Kapitalanteil an der übertragenden Gesellschaft
im Nennbetrag von   EUR   100,00
einen Geschäftsanteil an der übernehmenden
Gesellschaft mit der lfd. Nr. <...> im Nennbetrag von   EUR   100,00

---

396 Wegen der allgemeinen Erläuterungen zum Verschmelzungsvertrag vgl. die Erläuterungen in den Fußnoten zu oben Muster Rn. 65.
397 Zur Offenlegung des Umtauschverhältnisses im Verschmelzungsvertrag vgl. oben Rn. 12.

b) B-GmbH mit dem Sitz in <...> erhält für ihren
   Kapitalanteil an der übertragenden Gesellschaft
   im Nennbetrag von   EUR   <...>
   einen Geschäftsanteil an der übernehmenden
   Gesellschaft mit der lfd. Nr. <...> im Nennbetrag von   EUR   <...>.

Sämtliche vorgenannten Geschäftsanteile werden durch eine Erhöhung des Stammkapitals der übernehmenden Gesellschaft von EUR <...> um EUR <...> auf EUR
<...> geschaffen; Abweichungen im Sinne von § 46 Absatz 2 UmwG sind nicht vor-
gesehen.

(2) Die übernehmende Gesellschaft leistet keine baren Zuzahlungen.

(3) Die neuen Geschäftsanteile gewähren erstmals Anspruch auf einen Anteil am
Bilanzgewinn des am Verschmelzungsstichtag beginnenden Geschäftsjahres; Besonderheiten in Bezug auf diesen Anspruch sind nicht vereinbart. Der Gewinn der
übertragenden Gesellschaft für das am Verschmelzungsstichtag abgelaufene
Geschäftsjahr steht noch deren Gesellschaftern zu, soweit er nicht zur Verlustabdeckung zu verwenden oder in Rücklage einzustellen ist. Einen etwaigen Verlust der
übertragenden Gesellschaft haben deren Gesellschafter nicht auszugleichen.

§ 3

Sonderrechte und -vorteile

Rechte oder Maßnahmen nach § 5 Absatz 1 Nr. 7 UmwG sowie besondere Vorteile
nach § 5 Absatz 1 Nr. 8 UmwG werden nicht gewährt und sind nicht vorgesehen.

§ 4

Folgen der Verschmelzung für die Arbeitnehmer und ihre Vertretungen sowie insoweit vorgesehene Maßnahmen

(1) Die übertragende Gesellschaft hat keine Arbeitnehmervertretung. Es besteht
ein Betriebsrat bei der A-GmbH. Der Betrieb der C-GmbH & Co. KG geht durch
die Verschmelzung auf die übernehmende Gesellschaft kraft Gesetzes über und
wird von dieser unverändert fortgeführt.

(2) Die Verschmelzung führt zu einem Betriebsübergang auf die A-GmbH im Sinne
des § 613a BGB. Die A-GmbH tritt daher mit Wirksamwerden der Verschmelzung
mit allen Rechten und Pflichten in die bestehenden Arbeitsverhältnisse der C-
GmbH & Co. KG ein. Diese Arbeitsverhältnisse können von keinem Beteiligten
wegen der Verschmelzung gekündigt werden. Dem Arbeitnehmer steht jedoch hinsichtlich des Übergangs seines Arbeitsverhältnisses ein Widerspruchsrecht zu.

(3) Die A-GmbH ist Mitglied im Arbeitgeberverband <...>. Für die Arbeitnehmer
der C-GmbH & Co. KG gilt der mit diesem Arbeitgeberverband geschlossene Tarifvertrag gem. § 613a Abs. 1 S. 3 BGB, soweit eine beiderseitige Tarifbindung (durch
Mitgliedschaft der Arbeitnehmer bei der am Tarifvertrag beteiligten Gewerkschaft)
besteht.[398]

(4) Soweit bei der übertragenden Gesellschaft Prokura, Handlungsvollmacht oder
eine andere Vertretungsbefugnis erteilt ist, wird sie erforderlichenfalls bei der übernehmenden Gesellschaft in gleicher Weise erteilt.

---

398 Vgl. zu der Weitergeltung tarifvertraglicher Regelungen oben 2. Kap. Rn. 46.

(5) Weitere Maßnahmen sind nicht vorgesehen. Durch die Verschmelzung ändert sich an den mitbestimmungsrechtlichen Gegebenheiten nichts.

§5

Firma der übernehmenden Gesellschaft

Die übernehmende Gesellschaft wird die Firma der übertragenden Gesellschaft nicht fortführen.

§6

Auswirkungen steuerlicher Veranlagungen

Führen steuerliche Veranlagungen bei der übertragenden Gesellschaft zu einer Änderung steuerlicher Wertansätze für Zeiträume bis zum Verschmelzungsstichtag, so hat dies keinen Einfluss auf das Umtauschverhältnis. Ein etwaiges Mehr- oder Wenigerergebnis steht der übernehmenden Gesellschaft zu. Die übernehmende Gesellschaft hat die sich bei den Gesellschaftern der übertragenden Gesellschaft aus den Änderungen ergebenden Mehr- oder Wenigersteuern zu erstatten bzw. zu beanspruchen.

§7

Abfindungsangebot[399]

Die übernehmende Gesellschaft bietet jedem Gesellschafter, der gegen den Verschmelzungsbeschluss der übertragenden Gesellschaft Widerspruch zur Niederschrift erklärt oder nach § 29 Absatz 2 UmwG einem widersprechenden Gesellschafter gleichgestellt ist, den Erwerb seiner Beteiligung gegen Bezahlung einer Barabfindung in Höhe von <...> % des Nennbetrags seines Kapitalanteils an der übertragenden Gesellschaft an.

II.

Verschmelzungsbeschluss der C-GmbH & Co. KG

§1

Vorbemerkung

An der **C-GmbH & Co. KG** mit dem Sitz in <...> sind als Gesellschafter beteiligt:

a) *als persönlich haftender Gesellschafter:*	C-GmbH mit dem Sitz in <...>	
	EUR	100,00
b) *als alleinige Kommanditistin mit dem nachstehenden Kapitalanteil (Haftsumme):* B-GmbH	EUR	<...>
Gesellschaftskapital	EUR	<...>.

Es ist somit das gesamte Gesellschaftskapital von EUR <...> vertreten.

Das Gesellschaftskapital der Gesellschaft ist voll einbezahlt.

Der Jahresabschluss der Gesellschaft zum 31. Dezember <...> wurde festgestellt.

---

399 Vgl. zum Abfindungsangebot die Erläuterungen oben Rn. 60.

§ 2
Gesellschafterversammlung

Unter Verzicht auf die Einhaltung aller durch Gesetz oder Gesellschaftsvertrag vorgeschriebenen Formen und Fristen halten die Gesellschafter der C-GmbH & Co. KG eine

Gesellschafterversammlung der

C-GmbH & Co. KG

mit dem Sitz in <...>

ab. Die Gesellschafter fassen einstimmig folgenden

Verschmelzungsbeschluss:

Dem in Abschnitt I und V dieser Urkunde enthaltenen Verschmelzungsvertrag zwischen der

C-GmbH & Co. KG

mit dem Sitz in <...>
– übertragende Gesellschaft –
und der

A-GmbH

mit dem Sitz in <...>
– übernehmende Gesellschaft –

wird zugestimmt.

§ 3
Barabfindung

Es wird festgestellt, dass kein Widerspruch nach § 29 Absatz 1 UmwG erklärt wurde und kein Fall des § 29 Absatz 2 UmwG vorliegt, so dass eine Barabfindung nicht zu leisten ist.

§ 4
Betriebsratszuleitung

Es wird festgestellt, dass der Entwurf des Verschmelzungsvertrags dem Betriebsrat der übernehmenden Gesellschaft am <...> zugeleitet worden ist und dieser auf die Einhaltung der Monatsfrist des § 5 Absatz 3 UmwG verzichtet hat.

III.
Verschmelzungs- und Kapitalerhöhungsbeschluss der A-GmbH

§ 1
Vorbemerkung

An der A-GmbH mit dem Sitz in <...> ist mit einem Geschäftsanteil mit der lfd. Nr. 1 im Nennbetrag von EUR <...> die B-GmbH mit dem Sitz in <...> als alleinige Gesellschafterin beteiligt.

Es ist somit das gesamte Stammkapital von EUR <...> vertreten.

Das Stammkapital der Gesellschaft ist voll einbezahlt.

§ 2

Gesellschafterversammlung

Unter Verzicht auf die Einhaltung aller durch Gesetz oder Gesellschaftsvertrag vorgeschriebenen Formen und Fristen hält die Alleingesellschafterin der A-GmbH eine

Gesellschafterversammlung der

A-GmbH
mit dem Sitz in <...>

ab. Die Alleingesellschafterin fasst folgende

Beschlüsse:

1. Verschmelzungsbeschluss

Dem in Abschnitt I. und V dieser Urkunde enthaltenen Verschmelzungsvertrag zwischen der

C-GmbH & Co. KG
mit dem Sitz in <...>
– übertragende Gesellschaft –
und der
A-GmbH
mit dem Sitz in <...>
– übernehmende Gesellschaft –

wird zugestimmt.

2. Kapitalerhöhung

Zur Durchführung der Verschmelzung wird das Stammkapital der übernehmenden Gesellschaft von EUR <...> um EUR <...> auf EUR <...> erhöht.

Es werden zwei neue Geschäftsanteile mit der lfd. Nr. <...> und mit der lfd. Nr. <...> gebildet und den Gesellschaftern der übertragenden Gesellschaft zugeteilt:

a) C-GmbH mit dem Sitz in <...> erhält einen Geschäftsanteil mit der lfd. Nr. <...> im Nennbetrag von EUR 100,00

b) B-GmbH mit dem Sitz in <...> erhält einen Geschäftsanteil mit der lfd. Nr. <...> im Nennbetrag von EUR <...>.

Die neuen Geschäftsanteile gewähren erstmals Anspruch auf einen Anteil am Bilanzgewinn des am Verschmelzungsstichtag beginnenden Geschäftsjahres.

Die neuen Geschäftsanteile werden als Gegenleistung dafür gewährt, dass die übertragende Gesellschaft ihr Vermögen als Ganzes unter Auflösung ohne Abwicklung im Wege der Verschmelzung durch Aufnahme auf die übernehmende Gesellschaft überträgt.

Bare Zuzahlungen werden von der übernehmenden Gesellschaft nicht geleistet.

3. Änderung des Gesellschaftsvertrags

§ <...> des Gesellschaftsvertrags erhält folgende Neufassung:

„§
Stammkapital

Das Stammkapital der Gesellschaft beträgt EUR <...> (EUR)."

§ 3

Betriebsratszuleitung

Es wird festgestellt, dass der Entwurf des Verschmelzungsvertrags dem Betriebsrat der übernehmenden Gesellschaft am <...> zugeleitet worden ist und dieser auf die Einhaltung der Monatsfrist des § 5 Absatz 3 UmwG verzichtet hat.

IV.

Verzichtserklärungen
der Gesellschafter der C-GmbH & Co. KG und der A-GmbH

Nach entsprechender Belehrung durch den beurkundenden Notar verzichtet die Alleingesellschafterin der A-GmbH sowie die Gesellschafter der C-GmbH & Co. KG auf

1. die Übersendung des Entwurfs des Verschmelzungsvertrags nach §§ 42 und 47 UmwG;
2. die Einhaltung der Verpflichtungen zur Ankündigung, Auslegung und Auskunftserteilung nach § 49 UmwG, soweit diese besteht;
3. die Erstattung eines Verschmelzungsberichts nach § 8 Absatz 3 UmwG;
4. die Prüfung des Verschmelzungsvertrags durch Verschmelzungsprüfer nach § 9 Absatz 3 und §§ 44, 48 UmwG;
5. die Klage gegen die Wirksamkeit des Verschmelzungsbeschlusses nach § 16 Absatz 2 Satz 2 UmwG.

V.

Schlussbestimmungen

§ 1

Kosten und Steuern

(1) Die durch die Verschmelzung und ihren Vollzug entstehenden Kosten und Steuern einschließlich Grunderwerbsteuer trägt – auch wenn die Verschmelzung nicht zustande kommt – die übernehmende Gesellschaft.

(2) Die übertragende Gesellschaft wird in ihrer Schlussbilanz die übergehenden Wirtschaftsgüter mit den sich nach den allgemeinen Gewinnermittlungsvorschriften ergebenden Werten (Buchwerten) ansetzen. Die übernehmende Gesellschaft wird die handels- und steuerrechtlichen Buchwerte des auf sie übergehenden Vermögens der übertragenden Gesellschaft fortführen. Auf die Erforderlichkeit eines Antrags beim Finanzamt gem. § 20 UmwStG für die Buchwertfortführung in der Steuerbilanz wurde vom beurkundenden Notar ausdrücklich hingewiesen.

§ 2

Wirksamkeit des Verschmelzungsvertrags

Dieser Verschmelzungsvertrag (Abschnitt I und V) wird nur wirksam, wenn die Gesellschafter der übertragenden und der übernehmenden Gesellschaft ihm durch Beschluss (Verschmelzungsbeschluss) zustimmen.

§ 3

Salvatorische Klausel

Sollten einzelne Bestimmungen dieses Verschmelzungsvertrags unwirksam sein oder werden, so wird dadurch die Gültigkeit des übrigen Verschmelzungsvertrags nicht berührt. Die weggefallene Bestimmung ist durch eine Regelung zu ersetzen, die dem wirtschaftlichen Zweck der weggefallenen Bestimmung möglichst nahe kommt.

§ 4

Abschriften, Belehrungen

(1) Es wird gebeten, von dieser Niederschrift zu erteilen:

a) für das Amtsgericht – Registergericht – <...> eine elektronisch beglaubigte Abschrift,

b) diejenigen beglaubigten Abschriften, deren Erteilung gesetzlich vorgeschrieben ist oder die zum Vollzug dieser Niederschrift erforderlich sind,

c) für jede der beteiligten Gesellschaften eine beglaubigte Abschrift.

(2) Der beurkundende Notar hat die nach dem Beurkundungsgesetz vorgeschriebenen Belehrungen erteilt. Er hat insbesondere darauf hingewiesen, dass mit der Eintragung der Verschmelzung in das Handelsregister der übernehmenden Gesellschaft

a) das Vermögen der übertragenden Gesellschaft einschließlich der Verbindlichkeiten kraft Gesetzes auf die übernehmende Gesellschaft übergeht,

b) die übertragende Gesellschaft erlischt,

c) die Gesellschafter der übertragenden Gesellschaft Gesellschafter der übernehmenden Gesellschaft werden bzw. zusätzliche Geschäftsanteile an dieser erwerben; hierzu wird festgestellt, dass kein Tatbestand im Sinne von § 20 Absatz 1 Nr. 3 Satz 1 2. HS UmwG vorliegt,

d) Mängel der Verschmelzung die Wirkungen der Eintragung unberührt lassen,

e) die Gesellschafter der übertragenden Gesellschaft gem. § 22 Abs. 3 UmwStG in den auf den Verschmelzungsstichtag folgenden sieben Jahren jährlich bis zum 31. Mai dem Finanzamt nachzuweisen haben, dass die neu gewährten Anteile ihnen noch zustehen und dass es sich hierbei um eine Ausschlussfrist handelt.[400]

Ferner hat der beurkundende Notar über die Fristen zur Annahme des Abfindungsangebots nach § 31 UmwG belehrt.

Die vorstehende Niederschrift wurde vom Notar vorgelesen, von dem Erschienenen genehmigt und sodann von ihm und dem Notar wie folgt eigenhändig unterschrieben:

c) Anmeldung zum Handelsregister der übertragenden GmbH & Co. KG

84 Registeranmeldung:[401]
Amtsgericht
– Registergericht –

C-GmbH & Co. KG mit dem Sitz in <...>
– HRA <...> –

---

400 Vgl. hierzu unten 4. Kap. Rn. 18.

401 Wegen der allgemeinen Erläuterungen vgl. Erläuterungen in den Fußnoten zum Muster oben Rn. 68.

Zur Eintragung in das Handelsregister wird angemeldet:

Aufgrund des Verschmelzungsvertrags vom <...> und der Verschmelzungsbeschlüsse vom <...> wurde die C-GmbH & Co. KG mit dem Sitz in <...> (übertragende Gesellschaft) unter Auflösung ohne Abwicklung mit der A-GmbH mit dem Sitz in <...> (übernehmende Gesellschaft) verschmolzen im Wege der Aufnahme durch Übertragung des Vermögens der übertragenden Gesellschaft als Ganzes auf die übernehmende Gesellschaft gegen Gewährung von Geschäftsanteilen der übernehmenden Gesellschaft an die Gesellschafter der übertragenden Gesellschaft.

Es wird erklärt, dass alle Gesellschafter der übertragenden Gesellschaft durch notariell beurkundete Verzichtserklärungen im Verschmelzungsbeschluss auf die Klage gegen dessen Wirksamkeit verzichtet haben.

Die inländische Geschäftsanschrift der Gesellschaft lautet unverändert: <...>.

Beigefügt sind:

a) eine elektronisch beglaubigte Abschrift der Urkunde vom <...>, welche den Verschmelzungsvertrag, den Verschmelzungsbeschluss der Gesellschafter der übertragenden Gesellschaft mit den Verzichtserklärungen nach § 8 Absatz 3 und § 9 Absatz 3 UmwG sowie die Beschlüsse der Gesellschafter der übernehmenden Gesellschaft betreffend die Verschmelzung und Kapitalerhöhung mit den Verzichtserklärungen nach § 8 Absatz 3 und § 9 Absatz 3 UmwG beinhaltet,

b) ein Nachweis über die rechtzeitige Zuleitung des Entwurfs des Verschmelzungsvertrags an den Betriebsrat der übernehmenden Gesellschaft,

c) die Schlussbilanz der übertragenden Gesellschaft zum 31. Dezember <...>.

Es wird versichert, dass bei der übertragenden Gesellschaft kein Betriebsrat besteht.

<...>, den

Der einzelvertretungsberechtigte persönlich
haftende Gesellschafter der übertragenden
Gesellschaft:

C-GmbH, vertreten durch den

einzelvertretungsberechtigten
Geschäftsführer:

....

Unterschriftsbeglaubigung:

d) Anmeldung zum Handelsregister der übernehmenden GmbH

Registeranmeldung:[402]   **85**
Amtsgericht
– Registergericht –

A-GmbH mit dem Sitz in <...>
– HRB <...> –

---

402 Wegen der allgemeinen Erläuterungen vgl. Erläuterungen in den Fußnoten zum Muster oben
    Rn. 69.

Zur Eintragung in das Handelsregister wird angemeldet:

1. Aufgrund des Verschmelzungsvertrags vom <...> und der Verschmelzungsbeschlüsse vom <...> wurde die C-GmbH & Co. KG mit dem Sitz in <...> (übertragende Gesellschaft) unter Auflösung ohne Abwicklung mit der A-GmbH mit dem Sitz in <...> (übernehmende Gesellschaft) verschmolzen im Wege der Aufnahme durch Übertragung des Vermögens der übertragenden Gesellschaft als Ganzes auf die übernehmende Gesellschaft gegen Gewährung von Geschäftsanteilen der übernehmenden Gesellschaft an die Gesellschafter der übertragenden Gesellschaft.

2. Zur Durchführung der Verschmelzung wurde durch Gesellschafterbeschluss vom <...> das Stammkapital der übernehmenden Gesellschaft um EUR <...> auf EUR<...> erhöht. § <...> des Gesellschaftsvertrags (Stammkapital) wurde entsprechend geändert.

Die inländische Geschäftsanschrift der Gesellschaft lautet unverändert: <...>.

Beigefügt sind:[403]

a) eine elektronisch beglaubigte Abschrift der Urkunde vom <...>, welche den Verschmelzungsvertrag, den Verschmelzungsbeschluss der Gesellschafter der übertragenden Gesellschaft mit den Verzichtserklärungen nach § 8 Absatz 3 und § 9 Absatz 3 UmwG sowie die Beschlüsse der Gesellschafter der übernehmenden Gesellschaft betreffend die Verschmelzung und Kapitalerhöhung mit den Verzichtserklärungen nach § 8 Absatz 3 und § 9 Absatz 3 UmwG beinhaltet,

b) die Liste der Übernehmer der neuen Stammeinlagen,

c) der Bericht über die Angemessenheit der für die Sacheinlage gewährten Leistungen,

d) der vollständige Wortlaut des Gesellschaftsvertrags in der geänderten Fassung mit der Bescheinigung des Notars nach § 54 Absatz 1 Satz 2 GmbH-Gesetz,

e) ein Nachweis über die rechtzeitige Zuleitung des Entwurfs des Verschmelzungsvertrags an den Betriebsrat der übernehmenden Gesellschaft.

Außer den in der Niederschrift lit. a) enthaltenen Erklärungen liegen keine den Festsetzungen über die verschmelzungsbedingte Kapitalerhöhung zugrunde liegenden oder zu ihrer Ausführung geschlossenen Verträge vor.

Es wird erklärt, dass alle Gesellschafter der übernehmenden Gesellschaft durch notariell beurkundete Verzichtserklärungen in dem Verschmelzungsbeschluss auf die Klage gegen dessen Wirksamkeit verzichtet haben.

Es wird versichert, dass bei der übertragenden Gesellschaft kein Betriebsrat besteht.

Die Geschäftsführer beantragen, zunächst die Kapitalerhöhung und entsprechende Änderung des Gesellschaftsvertrags (Anmeldung Ziffer 2) einzutragen.

<...>, den

Die Geschäftsführer der
übernehmenden Gesellschaft

....

Beglaubigung der Unterschriften:

---

403 Aufgrund der Treuhandvereinbarung verändert sich direkt nach dem Wirksamwerden der Verschmelzung der Gesellschafterbestand, so dass zwei Gesellschafterlisten erforderlich sind. Bezüglich der Frage, wann und wer die berichtigten Gesellschafterlisten einzureichen hat, vgl. Erläuterungen in Fn. zum Muster Rn. 155.

e) Anlage d) zur Handelsregisteranmeldung der übernehmenden GmbH (Sachkapitalerhöhungsbericht)

Sachkapitalerhöhungsbericht: **86**
Amtsgericht <...>
– Registergericht –

A-GmbH
mit dem Sitz in <...>
– HRB <...> –

Sachkapitalerhöhungsbericht

Aufgrund des notariell beurkundeten Verschmelzungsvertrages nebst der Verschmelzungsbeschlüsse vom <...> wurde die C-GmbH & Co. KG mit dem Sitz in <...> als übertragende Gesellschaft unter Auflösung ohne Abwicklung mit der A-GmbH mit dem Sitz in <...> als übernehmende Gesellschaft verschmolzen im Wege der Aufnahme durch Übertragung des Vermögens der übertragenden Gesellschaft als Ganzes auf die übernehmende Gesellschaft gegen Gewährung von Geschäftsanteilen der übernehmenden Gesellschaft an die Gesellschafter der übertragenden Gesellschaft, die B-GmbH mit dem Sitz in <...> sowie die C-GmbH mit dem Sitz in <...>.

Zur Durchführung der Verschmelzung wurde das Stammkapital der übernehmenden Gesellschaft von EUR <...> um EUR <...> auf EUR <...> erhöht.

In der Schlussbilanz der übertragenden Gesellschaft zum 31.12. <...> ist ein buchmäßiges Reinvermögen von insgesamt EUR <...> ausgewiesen. Der Wert des auf die übernehmende Gesellschaft übergehenden Reinvermögens übersteigt somit erheblich den Betrag der infolge der Kapitalerhöhung begründeten Einlageverpflichtung. Der die Einlageverpflichtung der übertragenden Gesellschaft übersteigende Betrag des Reinvermögens in Höhe von EUR <...> wird bei der übernehmenden Gesellschaft in Kapitalrücklage eingestellt. Die in dem übertragenden Vermögen vorhandenen stillen Reserven gehen entschädigungslos auf die übernehmende Gesellschaft über.

Das auf die übernehmende Gesellschaft übergehende Vermögen der übertragenden Gesellschaft ist in voller Höhe werthaltig. Es übersteigt den Nennbetrag des Kapitalerhöhungsbetrages bei weitem. [es folgen Ausführungen zum Geschäftsverlauf]

Seit dem Verschmelzungsstichtag sind keine Umstände eingetreten, die zu einer für die Kapitalerhöhung relevanten wertmäßigen Veränderung des auf die übernehmende Gesellschaft übergehenden Vermögens führen würden.

Aus den dargelegten Gründen ist die Sacheinlage wertmäßig ausreichend, die durch die Kapitalerhöhung entstandene Einlageverpflichtung zu erfüllen.

<...>, den

Die Gesellschafter: ....

B-GmbH

C-GmbH ....

Die Geschäftsführer der Gesellschaft:[404] ....

....

4. Verschmelzung von Mutter-GmbH auf Tochter-GmbH ohne Kapitalerhöhung („down-stream-merger")

87 Der **down-stream-merger** hatte in der Vergangenheit unterschiedliche praktische Relevanz. Zunächst war nach dem Inkrafttreten des neuen Umwandlungsrechts die Nutzbarmachung von Verlustvorträgen bei der Tochtergesellschaft Ziel eines down-stream-mergers. Da die Verlagerung von Verlustvorträgen in den übernehmenden Rechtsträger im alten UmwStG bis zur Neufassung des UmwStG durch das SEStG, wenngleich seit 1997 und 1999 weiter eingeschränkt, möglich war, diente sodann der down-stream-merger häufig dem Sparen von Grunderwerbsteuer, wenn die Tochter wertvollen Grundbesitz hielt, oder einer taktischen Vorgehensweise, wenn ein Mitgesellschafter der Muttergesellschaft zum Ausscheiden gegen Barabfindung veranlasst werden sollte oder zur Vermeidung eines steuerpflichtigen Übernahmegewinns, welcher durch einen up-stream-merger entstanden wäre.

Mit dem Gesetz über steuerliche Begleitmaßnahmen zur Einführung der Europäischen Gesellschaft und zur Änderung weiterer steuerlicher Maßnahmen (SEStG), welches am 13.12.2006 in Kraft getreten ist, wurde das UmwStG vollständig neu gefasst, vgl. oben 1. Kap. Rn. 2. Damit ist auch die Möglichkeit der **Übertragung von Verlustvorträgen auf den übernehmenden Rechtsträger vollständig entfallen**, vgl. u.a. §§ 4 Abs. 3 S. 2, 12 Abs. 3, 23 Abs. 1 UmwStG. Dafür wurde erstmals der down-stream-merger in § 11 Abs. 2 S. 2 UmwStG im Gesetz ausdrücklich erwähnt und somit als steuerliche Gestaltungsoption vom Gesetzgeber anerkannt. Nach § 11 Abs. 2 UmwStG kann auch beim down-stream-merger eine Buchwertfortführung oder ein Ansatz mit Zwischenwerten nur auf Antrag erfolgen; es ist jedoch darüber hinaus zu beachten, dass gem. § 11 Abs. 2 S. 2 UmwStG in der Übertragungsbilanz die Anteile an der übernehmenden Körperschaft mindestens mit dem Buchwert, erhöht um Abschreibungen sowie um Abzüge nach § 6b EStG und ähnliche Abzüge, die in früheren Jahren steuerwirksam vorgenommen wurden, höchstens aber mit dem gemeinen Wert (**nicht** wie bisher bis zu den historischen Anschaffungskosten) anzusetzen sind. Auf einen sich hieraus ergebenden Gewinn findet § 8b Abs. 2 S. 4

---

[404] Die Unterzeichnung durch die Geschäftsführer ist auf jeden Fall erforderlich, da nur sie zuverlässig über die zu machenden Angaben Auskunft geben können. Die Gesellschafter können, aber müssen nach der ganz überwiegenden Meinung nicht mitunterschrieben. Der Sachkapitalerhöhungsbericht ist ein von der Rechtsprechung entwickeltes Gebilde. Auch wenn eine Werthaltigkeitsbescheinigung vorliegt, wird der bloße Verweis auf die Werthaltigkeitsbescheinigung im Sachkapitalerhöhungsbericht von den meisten Registergerichten nicht anerkannt. Um sich die Wiederholung der gemachten Angaben zum Geschäftsverlauf zu ersparen, muss vielmehr im Sachkapitalerhöhungsbericht zum Ausdruck kommen, dass die Unterzeichner sich den Inhalt der Werthaltigkeitsbescheinigung »zu eigen machen«. Manche Registergerichte fordern in Überziehung der normalen Anforderungen sogar die Beifügung des in Bezug genommenen Teils der Werthaltigkeitsbescheinigung in Kopie zum Sachkapitalerhöhungsbericht.

KStG und 5 UmwStG Anwendung. Bestehen bei der übernehmenden Körperschaft Verlustvorträge ist § 8 Abs. 4 KStG zu beachten.

Zwischenzeitlich ist es h.M., dass die Gesellschafter des übertragenden Rechtsträgers **88** direkt die Anteile an der übernehmenden GmbH gem. § 20 Abs. 1 Nr. 3 S. 1 UmwG erwerben, ohne Durchgangserwerb durch den übernehmenden Rechtsträger.[405] Wegen Rechten Dritter an diesen Anteilen vgl. oben Rn. 52.

Die Zulässigkeit des down-stream-mergers ergibt sich aus dem Gesetz im Umkehr- **89** schluss aus § 54 UmwG. Es muss jedoch in jedem Fall geprüft werden, ob die Verschmelzung nicht gegen §§ 30, 31 GmbHG verstoßen würde. Dies kann insbesondere dann der Fall sein, wenn bei der übertragenden Gesellschaft außer den Anteilen an der übernehmenden Gesellschaft kein Aktivvermögen vorhanden ist, demgegenüber jedoch aus der Fremdfinanzierung der Anteile noch erhebliche Verbindlichkeiten vorhanden sind. Da die Gesellschafter des übertragenden Rechtsträgers die Anteile an der übernehmenden Gesellschaft direkt erwerben, vgl. Rn. 88, gehen auf die übernehmende Gesellschaft lediglich die Verbindlichkeiten über ohne entsprechenden Aktivposten, was zu einer bilanziellen Überschuldung der übernehmenden Gesellschaft und zu einer fehlenden Deckung des Stammkapitals führen kann. Es stellt sich dann die Frage, ob der Übergang der Anteile an der übernehmenden Gesellschaft auf die Gesellschafter der übertragenden Gesellschaft in diesem Fall eine verbotene Auszahlung i.S. des § 30 Abs. 1 GmbHG darstellt, da diese die Anteile ohne die damit verbundenen Verbindlichkeiten erhalten. Als h.M. hat sich entwickelt, dass der Verbotstatbestand des § 30 GmbHG greift, soweit durch den Verschmelzungsvorgang bei der übernehmenden Tochtergesellschaft eine Unterbilanz oder sogar eine bilanzielle Überschuldung eintritt.[406] Übersteigt das negative Vermögen der übertragenden Gesellschaft das freie Kapital der übernehmenden Tochtergesellschaft, kann ggf. durch eine Kapitalherabsetzung vor Durchführung der Verschmelzung bei der übernehmenden Gesellschaft die Problematik des § 30 GmbHG umgangen werden oder die Durchführung des down-stream-mergers kann nur dann erfolgen, wenn die Anteilsinhaber der Muttergesellschaft der aufnehmenden Tochtergesellschaft eine Gegenleistung für die Übernahme der Verbindlichkeiten gewähren, welche die entstehende Unterbilanz ausgleicht,[407] oder die Gesellschafter der übertragenden Gesellschaft erhalten nur einen Teil der Anteile an der Tochtergesellschaft und die übrigen Anteile werden zu Anteilen der aufnehmenden Tochtergesellschaft, wobei jedoch § 33 GmbHG zu beachten ist.[408]

Gem. § 54 Abs. 1 S. 1 Nr. 3 UmwG gilt ein Kapitalerhöhungsverbot, wenn und soweit **90** die übertragende Gesellschaft an der übernehmenden GmbH Anteile hat **und** diese nicht vollständig einbezahlt sind. Da die übernehmende GmbH keine nicht vollständig einbezahlten eigenen Anteile gem. § 33 Abs. 1 GmbHG erwerben darf, kann in diesem Fall nur ein Anteilstausch erfolgen, so dass die nicht vollständig einbezahlten Anteile den Anteilsinhabern des übertragenden Rechtsträgers gewährt werden.[409] Sind die Anteile vollständig einbezahlt, besteht keine Verpflichtung zur Kapitalerhö-

---

405 Vgl. *Widmann/Mayer* § 5 Rn. 38, sowie oben Rn. 62.
406 Vgl. *Widmann/Mayer* § 5 Rn. 40.1. m.w.N.
407 Vgl. *Sagasser* § 10 Rn. 175.
408 Zur verdeckten Gewinnausschüttung bei Teilwertabschreibung auf die eigenen Anteile vgl. *FG Münster* 9 K 3656/03 vom 20.5.2005.
409 *Lutter* § 54 Rn. 9; *Schmitt/Hörtnagl/Stratz* § 54 Rn. 5.

hung, sie kann jedoch durchgeführt werden, § 54 Abs. 1 S. 2 Nr. 2 UmwG. Gem. § 54 Abs. 1 S. 3 UmwG können die Gesellschafter des übertragenden Rechtsträgers auch bei Beteiligung anderer Gesellschafter an der übernehmenden Gesellschaft von einer Kapitalerhöhung insgesamt absehen, wenn sämtliche Gesellschafter des übertragenden Rechtsträgers auf die Gewährung weiterer Anteile verzichten.[410] Werden nicht sämtliche von der übertragenden Gesellschaft an der übernehmenden Gesellschaft gehaltenen Anteile als Gegenleistung für die Gesellschafter der übertragenden Gesellschaft verwendet, können diese unter der Voraussetzung des § 33 Abs. 1 GmbHG zu eigenen Anteilen der übernehmenden Gesellschaft werden, die Voraussetzungen des § 33 Abs. 2 GmbHG sind hier nicht zu beachten.[411]

91 Den nachfolgenden Mustern liegt folgende Fallkonstellation zugrunde:

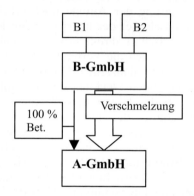

a) Verschmelzungsvertrag und Gesellschafterbeschlüsse in einer Urkunde

92 Verschmelzungsvertrag und Gesellschafterbeschlüsse in einer Urkunde: Geschehen zu
am

Vor mir, dem
Notar

erscheinen heute:

1. Herr/Frau

2. Herr/Frau

3. B1

4. B2

Der Erschienene Ziffer 1 handelt als einzelvertretungsberechtigter Geschäftsführer für die A-GmbH mit dem Sitz in <...>.

Der Erschienene Ziffer 2 handelt als einzelvertretungsberechtigter Geschäftsführer für die B- GmbH mit dem Sitz in <...>.

---

410 *Mayer/Weiler* DB 2007, 1239 weisen zu Recht darauf hin, dass dadurch bei negativem Vermögen des übertragenden Rechtsträgers erhebliche Gefahren für Minderheitsgesellschafter beim übernehmenden Rechtsträger bestehen.
411 *Widmann/Mayer* § 5 Rn. 38 f.

Der beurkundende Notar bescheinigt die Vertretungsbefugnis wie folgt: <...>

Die Erschienenen haben sich ausgewiesen durch Vorlage <...>. Nach Befragung der Erschienenen wird festgestellt, dass eine Vorbefassung im Sinne von § 3 Abs. 1 Nr. 7 BeurkG nicht vorliegt. Sie erklären zur notariellen Beurkundung folgenden

I. Verschmelzungsvertrag[412]

zwischen der
B-GmbH
mit dem Sitz in <...>
– übertragende Gesellschaft –
und der
A-GmbH
mit dem Sitz in <...>
– übernehmende Gesellschaft –

§ 1

Vermögensübertragung, Verschmelzungsstichtag

(1) Die übertragende Gesellschaft überträgt ihr Vermögen als Ganzes unter Auflösung ohne Abwicklung im Wege der Verschmelzung durch Aufnahme nach §§ 4 ff. des Umwandlungsgesetzes (UmwG) auf die übernehmende Gesellschaft.

Es wird festgestellt, dass die übertragende Gesellschaft nicht aufgelöst ist.

(2) Die Vermögensübertragung erfolgt im Innenverhältnis mit Wirkung vom 1. Oktober <...>, 0:00 Uhr (Verschmelzungsstichtag). Von diesem Zeitpunkt an gelten alle Handlungen der übertragenden Gesellschaft als für Rechnung der übernehmenden Gesellschaft vorgenommen.

(3) Der Verschmelzung wird die festgestellte und mit einem uneingeschränkten Bestätigungsvermerk des Wirtschaftsprüfers <...> versehene Bilanz der übertragenden Gesellschaft zum 30. September <...> als Schlussbilanz zugrunde gelegt.

§ 2

Gegenleistung

(1) Die Übertragung des Vermögens im Wege der Verschmelzung erfolgt gegen Gewährung aller Geschäftsanteile an der übernehmenden Gesellschaft.[413] Mit Wirksamwerden der Verschmelzung durch Eintragung im Handelsregister erhalten die Gesellschafter der übertragenden Gesellschaft alle Geschäftsanteile an der übernehmenden Gesellschaft in Höhe von insgesamt EUR <...> wie folgt:

---

412 Wegen der allgemeinen Anmerkungen zum Verschmelzungsvertrag vgl. die Anmerkungen in den Fußnoten zu Muster Rn. 65.

413 Wird bei volleingezahlten Anteilen eine Kapitalerhöhung zur Durchführung des Verschmelzung zusätzlich zur Gewährung der Anteile der übertragenden Gesellschaft an der übernehmenden Gesellschaft vorgesehen, muss wegen des Verbots der Unterpari-Emission das übergehende Vermögen ohne Berücksichtigung der Anteile an der übernehmenden Gesellschaft mindestens den Nennbetrag der Kapitalerhöhung decken. Als Nachweis dient hierfür in erster Linie die Schlussbilanz, vgl. *Widmann/Mayer* § 24 Rn. 175.

a) B1 erhält für seinen Geschäftsanteil   EUR <...>
    an der übertragenden Gesellschaft
    mit der lfd. Nr.[414] <...> im Nennbetrag von
    Geschäftsanteile[415] an der übernehmenden Gesellschaft   EUR <...> und
    mit der lfd. Nr. <...> im Nennbetrag von
    mit der lfd. Nr. <...> im Nennbetrag von   EUR <...>.

b) B2 erhält für seinen Geschäftsanteil   EUR <...>
    an der übertragenden Gesellschaft
    mit der lfd. Nr. <...> im Nennbetrag von
    einen Geschäftsanteil an der übernehmenden Gesellschaft   EUR <...>.
    mit der lfd. Nr. <...> im Nennbetrag von

Die Geschäftsanteile sind jeweils voll eingezahlt.

(2) Die Anteilsgewährung sowie der Erwerb der Anteile an der übernehmenden Gesellschaft durch die Gesellschafter der übertragenden Gesellschaft vollzieht sich gemäß § 20 Absatz 1 Nr. 3 S. 1 UmwG unmittelbar mit Eintragung der Verschmelzung im Handelsregister. Für diesen Anteilsübergang wird der Geschäftsanteil mit der lfd. Nr. 1 im Nennbetrag von EUR <...> in drei neue Geschäftsanteile mit den lfd. Nrn. <...> und <...> in Höhe von jeweils EUR <...> zum Übergang auf B1 und mit der lfd. Nr. <...> in Höhe von EUR <...> zum Übergang auf B2 geteilt.

(3) Den vorstehend als Gegenleistung gewährten Geschäftsanteilen steht das Gewinnbezugsrecht ab dem 1. Oktober <...> zu.

§ 3

Sonderrechte und -vorteile

Rechte oder Maßnahmen nach § 5 Absatz 1 Nr. 7 UmwG sowie besondere Vorteile nach § 5 Absatz 1 Nr. 8 UmwG werden nicht gewährt und sind nicht vorgesehen.

§ 4

Folgen der Verschmelzung für die Arbeitnehmer und ihre Vertretungen sowie insoweit vorgesehene Maßnahmen

[Keine Besonderheiten, vgl. die Vorschläge und Anmerkungen zu den Mustern Rn. 65, 74, 82]

§ 5

Firma der übernehmenden Gesellschaft

Die übernehmende Gesellschaft wird die Firma der übertragenden Gesellschaft nicht fortführen.

---

414 Vgl. Ausführungen zur Gesellschafterliste bei der übertragenden Gesellschaft in Fn. zum Muster 149.

415 Durch die Streichung des § 17 GmbHG ist eine nach § 54 Abs. 3 S. 1 UmwG vorzunehmende Teilung von Geschäftsanteilen an der übernehmenden Gesellschaft ohne weiteres möglich (vgl. *Schmitt/Hörtnagl/Stratz* § 54 Rn. 18, 19), so dass die Anteilsinhaber eines übertragenden Rechtsträgers ungehindert auch mehrere Anteile übernehmen können. Nunmehr müssen nach § 54 Abs. 3 S. 1 HS 2 UmwG die zur Verschmelzung gewährten Geschäftsanteile auf volle EUR lauten und mindestens 1 EUR betragen.

§ 6
Buchwertverknüpfung

Die übertragende Gesellschaft wird in ihrer Schlussbilanz die übergehenden Wirtschaftsgüter mit den sich nach den allgemeinen Gewinnermittlungsvorschriften ergebenden Werten (Buchwerten) unter Berücksichtigung von § 11 Abs. 2 S. 2 UmwStG ansetzen. Die übernehmende Gesellschaft wird die handels- und steuerrechtlichen Buchwerte des auf sie übergehenden Vermögens der übertragenden Gesellschaft fortführen. Auf die Erforderlichkeit eines Antrags beim Finanzamt gem. § 11 Abs. 2 UmwStG für die Buchwertfortführung in der Steuerbilanz wurde vom beurkundenden Notar ausdrücklich hingewiesen.

§ 7
Wirksamkeit des Verschmelzungsvertrags

Dieser Verschmelzungsvertrag wird nur wirksam, wenn die Gesellschafter der übertragenden und der übernehmenden Gesellschaft ihm durch Beschluss (Verschmelzungsbeschluss) zustimmen.

§ 8
Salvatorische Klausel

Sollten einzelne Bestimmungen dieses Verschmelzungsvertrags unwirksam sein oder werden, so wird dadurch die Gültigkeit des übrigen Verschmelzungsvertrags nicht berührt. Die weggefallene Bestimmung ist durch eine Regelung zu ersetzen, die dem wirtschaftlichen Zweck der weggefallenen Bestimmung möglichst nahe kommt.

II.
Verschmelzungsbeschluss der Gesellschafter der B-GmbH

[keine Besonderheiten, vgl. die Vorschläge und Anmerkungen zu Muster Rn. 74]

III.
Verschmelzungsbeschluss
des Alleingesellschafters der A-GmbH

[keine Besonderheiten, vgl. die Vorschläge und Anmerkungen zu Muster Rn. 74]

IV.
Verzichtserklärungen
der Gesellschafter der B-GmbH sowie der
Alleingesellschafterin der A-GmbH

[keine Besonderheiten, vgl. die Vorschläge und Anmerkungen zu Muster Rn. 74]

V.
Schlussbestimmungen

[keine Besonderheiten, vgl. die Vorschläge und Anmerkungen zu Muster Rn. 74]

b) Anmeldung zum Handelsregister der übertragenden GmbH

[keine Besonderheiten, vgl. die Vorschläge und Anmerkungen zu Muster Rn. 75]   **93**

c) Anmeldung zum Handelsregister der übernehmenden GmbH

94 Anmeldung zum Handelsregister der übernehmenden GmbH:

Amtsgericht

– Registergericht –

A-GmbH mit dem Sitz in <...>

– HRB <...> –

Zur Eintragung in das Handelsregister wird angemeldet:

1. Aufgrund des Verschmelzungsvertrags und der Verschmelzungsbeschlüsse vom <...> wurde die B-GmbH mit dem Sitz in <...> (übertragende Gesellschaft) unter Auflösung ohne Abwicklung mit der A-GmbH mit dem Sitz in <...> (übernehmende Gesellschaft) verschmolzen im Wege der Aufnahme durch Übertragung des Vermögens der übertragenden Gesellschaft als Ganzes auf die übernehmende Gesellschaft. Eine Kapitalerhöhung bei der übernehmenden Gesellschaft wurde aufgrund von § 54 Absatz 1 Satz 2 Nr. 2 UmwG nicht durchgeführt.

2. Die übernehmende Gesellschaft führt die Firma der übertragenden Gesellschaft nicht fort.

Es wird versichert, dass weder bei der übernehmenden noch bei der übertragenden Gesellschaft ein Betriebsrat besteht.

Es wird erklärt, dass die Gesellschafter der übertragenden Gesellschaft und die Alleingesellschafterin der übernehmenden Gesellschaft durch notariell beurkundete Verzichtserklärungen in der Urkunde über den Abschluss des Verschmelzungsvertrages sowie die Fassung der Verschmelzungsbeschlüsse auf die Klage gegen deren Wirksamkeit verzichtet haben.

Die inländische Geschäftsanschrift der Gesellschaft lautet unverändert: <...>.

Beigefügt ist:[416]

eine elektronisch beglaubigte Abschrift der notariellen Urkunde des Notars vom <...>

(Urkundenrolle Nr. <...>), die enthält:

a) den Verschmelzungsvertrag vom <...>;

b) den Verschmelzungsbeschluss der Gesellschafter der übertragenden Gesellschaft;

c) den Verschmelzungsbeschluss der Alleingesellschafterin der übernehmenden Gesellschaft;

d) die Verzichtserklärungen der Gesellschafter der übertragenden Gesellschaft und der Alleingesellschafterin der übernehmenden Gesellschaft nach §§ 8 Absatz 3, 9 Absatz 3 i. V. m. 48, 47 und 49 UmwG.

<...>, den

Die Geschäftsführer der
übernehmenden Gesellschaft:[417]

....

....

Beglaubigung der Unterschriften:

---

416 Vgl. Erläuterungen zur berichtigten Gesellschafterliste in Fn. zum Muster Rn. 71.

417 Es reicht die Unterzeichnung durch die vertretungsberechtigte Zahl der Geschäftsführer, da keine Kapitalerhöhung mit der Anmeldung angemeldet wird und somit nur § 16 Abs. 1 UmwG gilt.

5. Verschmelzung von GmbH auf Alleingesellschafter (natürliche Person)

§ 120 UmwG ist nach dem Gesetzeswortlaut eine Auffangregelung für den Fall, **95** dass alle anderen Verschmelzungsfälle des Zweiten Buchs nicht zum Tragen kommen können. Daher gelten die §§ 120 ff. UmwG z.B. nicht, wenn der Alleingesellschafter ein verschmelzungsfähiger anderer Rechtsträger ist. Diese Verschmelzungsart wird häufig dazu genutzt das langwierige und teilweise auch nicht erwünschte Liquidationsverfahren bei Auflösung einer Kapitalgesellschaft zu vermeiden. Dieser Weg ist jedoch nur dann empfehlenswert, wenn keine Haftungsrisiken bestehen, da der Alleingesellschafter nach Durchführung der Verschmelzung für die Verbindlichkeiten der Kapitalgesellschaft in vollem Umfang persönlich haftet.

Die Verschmelzung nach § 120 UmwG wird aber auch diskutiert als möglicher Weg einer **96** „Sanierungsumwandlung" falls z.B. eine bilanzielle Überschuldung gegeben ist, welche durch stille Reserven kompensiert werden kann. Zur Beurteilung der Zulässigkeit der Verschmelzung beim Unternehmen in der Krise ist zum einen zu beachten, dass eine Umwandlung gem. § 3 Abs. 3 UmwG ausgeschlossen ist, falls der umzuwandelnde Rechtsträger aufgelöst ist **und** dessen Fortsetzung nicht mehr beschlossen werden kann.[418] Dies ist nach h.M.[419] der Fall, falls ein Insolvenzverfahren bereits eröffnet ist. Sehr strittig hingegen wird diese Frage für den Fall der Ablehnung des Insolvenzverfahrens mangels Masse diskutiert.[420] M.E. sollte abweichend von der h.M. die Verschmelzung in diesem Fall zulässig sein, da für den Gläubigerschutz durch die Fortführung des insolventen Rechtsträgers die meiste Aussicht auf Durchsetzung der Forderungen besteht.[421] Eine herrschende Meinung hat sich nunmehr entwickelt, wenn die Kapitalgesellschaft bereits insolvenzrechtlich überschuldet ist und somit eine Insolvenzantragspflicht besteht. Die herrschende Meinung vertritt die Zulässigkeit der Umwandlung als eine Möglichkeit der Umsetzung von Sanierungsbemühungen, so dass das Registergericht weder die Überschuldung des übertragenden Rechtsträgers noch die ggf. durch die Verschmelzung sich ergebende Überschuldung des aufnehmenden Alleingesellschafters prüfen oder beanstanden darf.[422] Teilweise wird vertreten, dass die Überschuldung durch diese Maßnahme aber auch beseitigt werden muss, was zum einen die Wirksamkeit der Verschmelzung (durch Eintragung) und zum anderen die Sanierung durch Aufnahme beim übernehmenden Rechtsträger voraussetzt, d.h. der Alleingesellschafter darf nicht selbst überschuldet sein.[423, 424] Man muss jedoch

---

418 Als aufgelöster Rechtsträger darf die übertragende Gesellschaft gem. *BayObLG* DB 1998, 711 nicht überschuldet sein.

419 Vgl. *Widmann/Mayer* § 120 Rn. 8.12; *Lutter* § 3 Rn. 17 unter Verweis auf *BayObLG* DB 1998, 711, 715.

420 Nach überwiegender Meinung darf in diesen Fällen kein Fortsetzungsbeschluss gefasst werden, vgl. *Widmann/Mayer* § 120 Rn. 8.9 m.w.N., vgl. auch oben Rn. 8.

421 S.a. *Widmann/Mayer* § 120 Rn. 8.10, 8.14.

422 Vgl. *OLG Stuttgart* ZIP 2005, 2066 mit zustimmender Anmerkung *Heckschen* EWiR 2005, 22; *ders.* in DB 2005, 2287 f.; kritisch *Lutter* § 120 Rn. 21.

423 Sehr strittig; *Lutter* § 120 Rn. 31 fordert ebenfalls eine Rechtsfortbildung dahingehend, dass die Verschmelzung bei Überschuldung des Alleingesellschafters ausgeschlossen ist; *Widmann/Mayer* § 120 Rn. 23.4. hingegen stellt unter Hinweis auf eine erhebliche Meinung der Literatur dar, dass eine Verschmelzung erst dann ausgeschlossen ist, wenn über das Vermögen des Alleingesellschafters bereits das Insolvenzverfahren eröffnet wurde.

424 Insoweit ist die registergerichtliche Kontrolle derzeit nicht möglich und somit müsste die Rechtsfortbildung in Bezug auf die Voraussetzungen der Verschmelzung mit einer entsprechenden Verankerung des Prüfungsrechts des Registergerichts im Gesetz verbunden werden.

den von der Rspr. teilweise eingeschlagenen Weg berücksichtigen, dass das Registerge-richt die Eintragung verweigern darf, wenn durch die Eintragung offensichtlich eine Insol-venzverschleppung oder Gläubigerbenachteiligung begünstigt würde.[425]

97 Den nachfolgenden Mustern liegt folgende Fallkonstellation zugrunde:

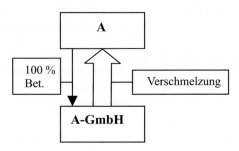

a) Verschmelzungsvertrag

98 Verschmelzungsvertrag:

Geschehen zu <...>
am <...>
Vor mir, der amtlich bestellten Vertreterin des **Notars <...>**

mit dem Amtssitz in <...> Württ. Notariatsassessorin <...>
erscheint heute in <...>:

A,
geboren am <...> in <...>,
wohnhaft in <...>
ausgewiesen durch Personalausweis Nr. <...> , ausstellende Behörde: <...>[426]

Die Erschienene erklärt, sie handle sowohl in eigenem Namen als auch als einzelvertre-tungsberechtigte, von den Beschränkungen des § 181 BGB befreite Geschäftsführerin für die A-GmbH mit dem Sitz in <...> (HRB <...> des Amtsgerichts <...>).

Nach Befragung der Erschienenen wird festgestellt, dass eine Vorbefassung im Sinne von § 3 Absatz 1 Nr. 7 des Beurkundungsgesetzes nicht vorliegt.

Anstelle des Wortes „Notar" ist das Wort „Notarvertreterin" zu lesen.

Die Erschienene erklärt zur notariellen Beurkundung:

Verschmelzungsvertrag:

zwischen der
A-GmbH
mit dem Sitz in <...>
– übertragende Gesellschaft –
und
A,
wohnhaft in <...>
– aufnehmende Alleingesellschafterin –

---

425 *LG Berlin* ZIP 1999, 1050.
426 Zu den Angaben, welche erforderlich sind vgl. oben 2. Kap. Rn. 67.

§ 1
Beteiligungsverhältnis

An der im Handelsregister des Amtsgerichts <...> unter HRB <...> eingetragenen

A-GmbH
mit dem Sitz in <...>

deren Stammkapital EUR 25.000,– beträgt, ist A als alleinige Gesellschafterin mit einem Geschäftsanteil von EUR 25.000,– beteiligt.

Der Geschäftsanteil ist in voller Höhe einbezahlt.

§ 2
Vermögensübertragung, Verschmelzungsstichtag

(1) Die übertragende Gesellschaft überträgt ihr Vermögen als Ganzes unter Auflösung ohne Abwicklung im Wege der Verschmelzung durch Aufnahme nach §§ 4, 120 ff. des Umwandlungsgesetzes (UmwG) auf die aufnehmende Alleingesellschafterin.

Es wird festgestellt, dass die übertragende Gesellschaft nicht aufgelöst ist.[427]

(2) Die Vermögensübertragung erfolgt – auf Basis der Schlussbilanz der übertragenden Gesellschaft zum 31. Dezember <...> – im Innenverhältnis mit Wirkung vom 1. Januar <...>, 0.00 Uhr (Verschmelzungsstichtag). Von diesem Zeitpunkt an gelten alle Handlungen der übertragenden Gesellschaft als für Rechnung der aufnehmenden Alleingesellschafterin vorgenommen.

(3) Der Jahresabschluss der übertragenden Gesellschaft zum 31. Dezember <...> wurde festgestellt.

§ 3
Sonderrechte und -vorteile

Besondere Vorteile nach § 5 Absatz 1 Nr. 8 UmwG werden nicht gewährt und sind nicht vorgesehen.[428]

§ 4
Folgen der Verschmelzung für die Arbeitnehmer und ihre Vertretungen sowie die insoweit vorgesehenen Maßnahmen

(1) Der Betrieb der übertragenden Gesellschaft wird nach der Verschmelzung nicht als Einzelunternehmen der aufnehmenden Alleingesellschafterin fortgeführt.

(2) Folgen für Arbeitnehmer und ihre Vertretungen entstehen dadurch nicht, da die übertragende Gesellschaft keine Arbeitnehmer hat und somit keine Vertretung besteht.

---

427 Vgl hierzu die Ausführungen oben Rn. 96; hier müssten nähere Angaben gemacht werden, wenn z.B. Insolvenzantrag mangels Masse abgelehnt worden ist.

428 Teilweise wird von den Registergerichten eine Aussage zu § 5 Abs. 1 Nr. 7 UmwG gefordert; m.E. kann dies jedoch bei der Verschmelzung auf den Alleingesellschafter entfallen, da solche Rechte und Maßnahmen nicht relevant werden können.

§ 5

Geschäftsbetrieb und Firma der übertragenden Gesellschaft

Die aufnehmende Alleingesellschafterin wird den Geschäftsbetrieb und die Firma der übertragenden Gesellschaft nicht fortführen.[429]

§ 6

Kosten und Steuern

(1) Die durch die Verschmelzung und ihren Vollzug entstehenden Kosten und Steuern trägt – auch wenn die Verschmelzung nicht zustande kommt – die aufnehmende Alleingesellschafterin. Die Gesellschaft hat keinen Grundbesitz. Eine Grunderwerbsteuer entsteht somit nicht.

(2) Die übertragende Gesellschaft wird in ihrer Schlussbilanz die übergehenden Wirtschaftsgüter mit den sich nach den allgemeinen Gewinnermittlungsvorschriften ergebenden Werten (Buchwerten) ansetzen. Die aufnehmende Alleingesellschafterin wird die handels- und steuerrechtlichen Buchwerte des auf sie übergehenden Vermögens der übertragenden Gesellschaft fortführen. Auf die Erforderlichkeit eines Antrags beim Finanzamt gem. § 3 Abs. 2 UmwStG für die Buchwertfortführung in der Steuerbilanz wurde vom beurkundenden Notar ausdrücklich hingewiesen.

§ 7

Salvatorische Klausel

Sollten einzelne Bestimmungen dieses Verschmelzungsvertrags ganz oder teilweise unwirksam sein oder werden, so wird dadurch die Gültigkeit des übrigen Verschmelzungsvertrags nicht berührt. Die weggefallene Bestimmung ist durch eine Regelung zu ersetzen, die dem wirtschaftlichen Zweck der weggefallenen Bestimmung möglichst nahe kommt.

II.

Zustimmung zum Verschmelzungsvertrag[430] und Verzicht auf das Klagerecht

(1) Unter Verzicht auf die Einhaltung aller durch Gesetz oder Gesellschaftsvertrag vorgeschriebenen Formen und Fristen stimmt die Erschienene als Alleingesellschafterin der übertragenden Gesellschaft dem Verschmelzungsvertrag nach § 13 Absatz 1 UmwG hiermit zu und verzichtet auf ein etwaiges Klagerecht nach § 16 Absatz 2 Satz 2 UmwG.

(2) Unter Verzicht aller durch Gesetz vorgeschriebenen Formen und Fristen stimmt die Erschienene als aufnehmende Alleingesellschafterin dem Verschmelzungsvertrag nach § 13 Absatz 1 UmwG hiermit zu und verzichtet auf ein etwaiges Klagerecht nach § 16 Absatz 2 Satz 2 UmwG.

---

429 Da die Eintragung der A im Handelsregister bisher nicht gegeben war und diese sich, da kein Unternehmen fortgeführt wird, auch nicht eintragen lassen kann, treten gem. § 122 Abs. 2 UmwG die Wirkungen der Verschmelzung mit der Eintragung derselben beim übertragenden Rechtsträger ein.

430 Es handelt sich um einen Zustimmungsbeschluss der Gesellschafterversammlung, da § 62 UmwG nicht einschlägig ist und daher der Beschluss zwingend erforderlich ist; s.a. *Widmann/Mayer* § 121 Rn. 21, der jedoch eine Änderung des Gesetzes in Bezug auf die Einführung einer Verzichtsmöglichkeit fordert.

III.

Schlussbestimmungen

(1) Es wird gebeten, von dieser Niederschrift zu erteilen:

a) für das Amtsgericht – Registergericht – <...>, eine elektronisch beglaubigte Abschrift,

b) diejenigen beglaubigten Abschriften, deren Erteilung gesetzlich vorgeschrieben ist oder die zum Vollzug dieser Niederschrift erforderlich sind,

c) für A, zwei beglaubigte Abschriften.

(2) Der beurkundende Notar hat die nach dem Beurkundungsgesetz vorgeschriebenen Belehrungen erteilt. Er hat insbesondere darauf hingewiesen, dass durch die Verschmelzung

a) das Vermögen der übertragenden Gesellschaft einschließlich der Verbindlichkeiten und somit eine Haftung für dieselben kraft Gesetzes auf die aufnehmende Alleingesellschafterin übergeht,

b) die übertragende Gesellschaft und deren Firma erlischt,

c) Mängel der Verschmelzung die Wirkungen der Eintragung unberührt lassen.

Die vorstehende Niederschrift wurde von der Notarvertreterin vorgelesen, von der Erschienenen genehmigt und wie folgt eigenhändig unterschrieben.

b) Handelsregisteranmeldung

Registeranmeldung beim übertragenden Rechtsträger: **99**

Amtsgericht
– Registergericht –

A-GmbH

mit dem Sitz in <...>
– HRB <...> –

Zur Eintragung in das Handelsregister wird angemeldet:

Aufgrund des Verschmelzungsvertrags (vergleiche unten lit. a)) wurde die Gesellschaft (übertragende Gesellschaft) unter Auflösung ohne Abwicklung im Wege der Aufnahme mit dem Vermögen der Alleingesellschafterin A verschmolzen.

Das Unternehmen der übertragenden Gesellschaft wird von der Alleingesellschafterin A nicht als Einzelunternehmen fortgeführt.[431]

Es wird erklärt, dass A sowohl als Alleingesellschafterin der übertragenden Gesellschaft und zugleich als übernehmende Alleingesellschafterin im notariell beurkundeten Verschmelzungsvertrag diesem rein vorsorglich zugestimmt hat und auf die Klage gegen die Wirksamkeit der Zustimmung verzichtet hat.

---

431 Da das Registergericht des übertragenden Rechtsträgers prüfen muss, ob eine Eintragung des Alleingesellschafters im Handelsregister in Frage kommt, da ansonsten der Wirksamkeitsvermerk im Register gem. § 19 Abs. 1 S. 2 UmwG einzutragen ist, sollten hierzu die erforderlichen Angaben gemacht werden; str. ist, ob ein aufnehmender Kleingewerbebetrieb sich nach § 2 HGB eintragen lassen muss oder diesbezüglich ein Wahlrecht hat; für das Wahlrecht *Lutter* § 122 Rn. 7, der darauf hinweist, dass die Entscheidung in der Anmeldung auszugeben ist, s.a. *Widmann/Mayer* § 122; **a.A.** *Limmer* in: Handbuch der Unternehmensumwandlung Rn. 1441.

Beigefügt sind:

a) eine elektronisch beglaubigte Abschrift des Verschmelzungsvertrags von heute, beinhaltend die Zustimmung der Alleingesellschafterin nach § 13 Absatz 1 UmwG und den Verzicht auf das Klagerecht nach § 16 Absatz 2 Satz 2 UmwG,

b) die Schlussbilanz der übertragenden Gesellschaft zum 31. Dezember <...>.

Nach Vollzug der Verschmelzung im Handelsregister beantragt A die Erteilung einer beglaubigten Handelregisterabschrift.

<...>, den

A   ....

– handelnd in eigenem Namen und als *einzelvertretungsberechtigte Geschäftsführerin* der Gesellschaft[432]

Notarielle Beglaubigung der Unterschrift:

---

432 Die Registeranmeldung ist durch die Vertretungsorgane der übertragenden Kapitalgesellschaft in vertretungsberechtigter Zahl vorzunehmen; gem. § 16 Abs. 1 S. 2 UmwG ist es aber auch zulässig, dass der Alleingesellschafter, da er übernehmender Rechtsträger ist, die Anmeldung vornimmt; vgl. *Widmann/Mayer* § 121 Rn. 39.

4. Kapitel
Spaltung

I. Die Spaltung – ein Überblick

Bei der Spaltung unterscheidet § 123 UmwG zwischen verschiedenen Formen der **1** Spaltung. Hierüber soll die nachstehende Übersicht einen Überblick vermitteln:[1]

Spaltungsart	Übertragungsgegenstand	Empfänger der für die Übertragung zu gewährenden Anteile am übernehmenden Rechtsträger	Wirkung der Übertragung beim übertragenden Rechtsträger	Kombinationsmöglichkeiten gem. § 123 Abs. 4 UmwG
Aufspaltung gem. § 123 Abs. 1 UmwG	Das **gesamte** Vermögen des übertragenden Rechtsträgers durch gleichzeitige Übertragung von **Vermögensteilen** auf bestehende Rechtsträger **zur Aufnahme** (Nr. 1).	**Anteilsinhaber** des übertragenden Rechtsträgers.	**Auflösung** ohne Abwicklung	Die Aufspaltung zur Aufnahme und zur Neugründung können kombiniert werden; eine Kombination mit Abspaltung und Ausgliederung ist jedoch nicht möglich, da der übertragende Rechtsträger erlischt.
	Das **gesamte** Vermögen des übertragenden Rechtsträgers durch gleichzeitige Übertragung von **Vermögensteilen** auf dadurch gegründete neue Rechtsträger **zur Neugründung** (Nr. 2).	wie vorstehend	wie vorstehend	

---

1 Wegen der spaltungsfähigen Rechtsträger vgl. die Übersicht 2. Kap. Rn. 5.

Spaltungsart	Übertragungs-gegenstand	Empfänger der für die Übertragung zu gewährenden Anteile am übernehmenden Rechtsträger	Wirkung der Übertragung beim übertragenden Rechtsträger	Kombinationsmöglichkeiten gem. § 123 Abs. 4 UmwG
Abspaltung gem. § 123 Abs. 2 UmwG	Einen oder mehrere **Teile des Vermögens**, nicht jedoch das gesamte Vermögen, des übertragenden Rechtsträgers durch Übertragung auf bestehende Rechtsträger **zur Aufnahme** (Nr. 1).	wie vorstehend	Übertragenes Vermögen scheidet aus dem Vermögen aus, übertragender Rechtsträger **bleibt bestehen**	Bei Abspaltung und Ausgliederung können sowohl jeweils die Abspaltung bzw. Ausgliederung zur Aufnahme und zur Neugründung kombiniert werden wie auch Abspaltungs- und Ausgliederungsvorgänge selbst miteinander kombiniert werden.[2]
	Einen oder mehrere **Teile des Vermögens**, nicht jedoch das gesamte Vermögen, des übertragenden Rechtsträgers durch Übertragung auf dadurch gegründete neue Rechtsträger **zur Neugründung** (Nr. 2).	wie vorstehend	wie vorstehend	
Ausgliederung gem. § 123 Abs. 3 UmwG	Einen oder mehrere **Teile des Vermögens**, nicht jedoch das gesamte Vermögen,[3] des übertragenden Rechtsträgers durch Übertragung auf bestehende Rechtsträger **zur Aufnahme** (Nr. 1).	**Übertragende Rechtsträger** selbst	wie vorstehend	

---

2 *Lutter* § 123 Rn. 30.

3 Nicht in der Legaldefinition enthalten, aber in der Literatur diskutiert ist die Zulässigkeit der Totalausgliederung, d.h. der Ausgliederung des gesamten Vermögens auf einen oder mehrere übernehmende und/oder neue Rechtsträger; dafür *Widmann/Mayer* § 126 Rn. 56, § 123 Rn. 7.3 mit ausführlicher Darstellung des m.E. überzeugenden Ergebnisses und *Schmitt/Hörtnagl/Stratz* § 123 Rn. 22 f. m.w.N.

Spaltungsart	Übertragungs-gegenstand	Empfänger der für die Übertragung zu gewährenden Anteile am übernehmenden Rechtsträger	Wirkung der Übertragung beim übertragenden Rechtsträger	Kombinationsmöglichkeiten gem. § 123 Abs. 4 UmwG
	Einen oder mehrere **Teile des Vermögens**, nicht jedoch das gesamte Vermögen, des übertragenden Rechtsträgers durch Übertragung auf dadurch gegründete neue Rechtsträger **zur Neugründung** (Nr. 2).	wie vorstehend	wie vorstehend	

Allen Spaltungsarten gemeinsam ist die Funktion, die Übertragung von Vermögensteilen, jeweils als Gesamtheit, durch **„partielle Gesamtrechtsnachfolge"** von einem Rechtsträger auf einen anderen Rechtsträger zu ermöglichen. Hierdurch unterscheiden sie sich auch von den weiterhin bestehenden Möglichkeiten der Realteilung oder Einzelausgliederung durch Einbringung, jeweils durch Einzelrechtsnachfolge, welche außerhalb des Anwendungsbereichs des UmwG liegen, jedoch in den Anwendungsbereich des UmwStG fallen können, vgl. hierzu 2. Kap. Rn. 73. Nach h.M. sind bei Einzelrechtsübertragungen die Vorschriften des Spaltungsrechts grundsätzlich nicht entsprechend anwendbar, vgl. hierzu unten 7. Kap. Rn. 3.

Durch einen Spaltungsvorgang können die Vertragsbeteiligten grundsätzlich frei fest- **2** zulegende Gegenstände des Aktiv- und Passivvermögens des übertragenden Rechtsträgers übertragen; dabei kann es sich um **Betriebe, Teilbetriebe**, aber auch um **einzelne oder mehrere zusammengefasste Vermögensgegenstände** handeln.[4] Durch steuerliche Vorgaben ist häufig jedoch die Festlegungsmöglichkeit eingeschränkt, vgl. dazu unten Rn. 17.

Die allgemeinen Vorschriften für die Spaltung zur Aufnahme sind in den §§ 126 ff. **3** UmwG, für die Spaltung zur Neugründung in den §§ 135 ff. UmwG, für die Ausgliederung zur Aufnahme in den §§ 153 ff. UmwG und für die Ausgliederung zur Neugründung in den §§ 158 ff. UmwG enthalten. Die §§ 138–151 UmwG beinhalten rechtsformspezifische Vorschriften zur Spaltung, die §§ 161–173 UmwG rechtsformspezifische Vorschriften für die Ausgliederung. In § 125 UmwG wird sehr umfangreich auf die anzuwendenden Verschmelzungsvorschriften verwiesen, wegen Einzelheiten vgl. die Übersicht unten Rn. 14.

Bei den Spaltungen kann nach der wohl h.M.[5] in der Literatur nicht mehr an dem **4** **Dogma der Anteilsgewährpflicht** festgehalten werden, und zwar nicht begrenzt auf die Fälle, in denen durch Verweisung auf §§ 54 Abs. 1, 68 Abs. 1 UmwG (n.F.) bereits nach aktueller Gesetzeslage auf die Anteilsgewährung verzichtet werden

---

4 Vgl. u.a. *Widmann/Mayer* § 126 Rn. 61.
5 Vgl. *Widmann/Mayer* § 126 Rn. 67.

kann, vgl. oben 3. Kap. Rn. 2, 3. Da durch die Anteilsgewährpflicht nur die Anteilseigner des übertragenden Rechtsträgers geschützt werden sollten, können diese
nach überwiegender Meinung der Literatur nicht nur in den gesetzlich vorgesehenen
Fällen der §§ 54 Abs. 1 und 68 Abs. 1 UmwG (n.F.), sondern auch in nahezu (str.)
allen anderen Fällen auf die Anteilsgewährung verzichten.[6] Bei Ausgliederungsfällen
besteht jedoch stets eine Anteilsgewährpflicht, da die nachfolgend aufgeführten
Ausnahmefälle dort nicht gegeben sein können und die §§ 54 und 68 UmwG gem.
§ 125 UmwG keine Anwendung finden, vgl. unten Rn. 14. Bei Spaltungsvorgängen
sind jedoch insbesondere bei konzerninternen Vorgängen die Kapitalerhöhungsverbote und -gebote zu beachten. Es gibt hierzu keine besonderen Vorschriften im
Spaltungsrecht, so dass die zur Verschmelzung dargelegten Regeln zu beachten sind,
vgl. 3. Kap. Rn. 2.

5 Folgende Fallkonstellationen sind hinsichtlich der **Kapitalerhöhungsverbote** praxisrelevant:[7]

- die 100 %ige Tochtergesellschaft spaltet einen Betriebsteil auf die Mutter ab;
- eine Gesellschaft wird im Wege der Aufspaltung durch Übertragung ihrer Teilbetriebe auf ihren einzigen Gesellschafter aufgelöst.

Die Kapitalerhöhungsverbote ergeben sich zum einen bei Kapitalgesellschaften über
die zwingenden Regelungen des § 125 S. 1 i.V.m. §§ 54, 68 und 78 UmwG, bei den
anderen spaltungsfähigen Rechtsträgern aus § 131 Abs. 1 Nr. 2 S. 1 HS 2 UmwG. Dies
gilt auch im Falle der teilweisen Beteiligung des übernehmenden Rechtsträgers am
übertragenden Rechtsträger insoweit, d.h. in diesen Fällen darf die Kapitalerhöhung
nur zum Zwecke der Anteilsgewährung an die anderen Anteilsinhaber des übertragenden Rechtsträgers erfolgen.

Die Gleichstellungsregelungen zu Treuhandkonstellationen gem. §§ 54, 68 und 78
UmwG sind ebenfalls zu beachten.

6 Bei der **Auf-/Abspaltung von der 100 %igen Muttergesellschaft auf die Tochter** erfolgt
die Anteilsgewährpflicht durch den Erwerb der Anteile an der übernehmenden
Gesellschaft durch die Anteilsinhaber der übertragenden Gesellschaft. Eine Kapitalerhöhung ist gem. § 125 i.V.m. § 54 Abs. 1 UmwG ausgeschlossen, falls die Anteile der
übertragenden Gesellschaft an der übernehmenden Gesellschaft noch nicht vollständig eingezahlt sind. Eine Ausnahme von der Anteilsgewährpflicht ist gem. § 131 Abs. 1
Nr. 3 UmwG nicht gegeben, die Art und Weise der Anteilsgewährung erfolgt jedoch
durch die Besonderheit der Übertragung der Anteile von der Muttergesellschaft

---

6 Bereits in den Vorauflagen, nun verstärkt durch die Änderungen des 2. UmwG-Änderungsge-
   setzes, mit ausführlicher Darstellung des Meinungsstands *Lutter* § 54 Rn. 20 f.; entscheidende
   Weichenstellung hierzu in *LG München* GmbHR 1999, 35 = NJW-RR 1999, 398; durch die
   Einfügungen in den §§ 54 Abs. 1, 68 Abs. 1 UmwG hat der Gesetzgeber den Verzicht auf
   Anteilsgewährung begrenzt zugelassen, so dass nunmehr strittig ist, ob von einer bewussten
   Entscheidung des Gesetzgebers zur Anteilsgewährpflicht in den übrigen Fällen ausgegangen
   werden muss, vgl. u.a. *Schmitt/Hörtnagl/Stratz* § 54 Rn. 13 oder durch die Lockerung bei den
   Kapitalgesellschaften erst Recht bei den Personengesellschaften an der strikten Anteilsgewährpflicht nicht mehr festgehalten werden kann, so wohl die h.M. u.a. in *Lutter* a.a.O. und § 20
   Rn. 64, *Heckschen* GWR 2010, 101 ff.; a.A. *Widmann/Mayer* § 126 Rn. 67; wichtige Argumente
   entnehmbar aus *KG* DB 1998, 2511 ff. = GmbHR 1998, 1230; *OLG Frankfurt/Main* DB 1998,
   917 = NJW-RR 1999, 185.
7 Vgl. *Heckschen/Simon* § 3 F Rn. 43 ff. sowie *Widmann/Mayer* § 126 Rn. 74 ff.

infolge des unmittelbaren Übergangs der Anteile[8] an der übernehmenden Gesellschaft auf die Anteilsinhaber der übertragenden Muttergesellschaft.[9] Die Anteilszuweisung erfolgt konstitutiv im Spaltungs- und Übernahmevertrag und vollzieht sich dann dinglich durch Eintragung der Spaltung im Register der übertragenden Gesellschaft.[10]

Folgende Fallkonstellationen sind hinsichtlich der **Kapitalerhöhungsgebote** praxisrelevant:[11]   **7**

- Wird ein Betriebsteil von einer Tochtergesellschaft auf die andere Tochtergesellschaft derselben Muttergesellschaft (Spaltung unter Schwestergesellschaften) abgespalten, ist bei der aufnehmenden Schwestergesellschaft, soweit das Gesetz nicht einen Verzicht auf die Anteilsgewährung ausdrücklich zulässt, zwingend eine Kapitalerhöhung erforderlich. Zur Diskussion über das Bestehen einer Anteilsgewährpflicht bei Schwestergesellschaften vgl. oben 3. Kap. Rn. 2.
- Bei der Ausgliederung bestehen in allen Fällen der konzerninternen Ausgliederung die Kapitalerhöhungsgebote; bei einer Ausgliederung von der Tochter- auf die Muttergesellschaft könnten jedoch aktienrechtliche oder GmbH-rechtliche Erwerbsverbote greifen (§ 71d S. 2 AktG, § 33 Abs. 2 GmbHG). Diese Erwerbsverbote stehen einer Anteilsgewährung nicht entgegen; bei der AG besteht bei Überschreitung der 10-v.-H.-Grenze der §§ 71 Abs. 2, 71d S. 2 AktG eine Veräußerungs- oder Einziehungspflicht gem. § 71c AktG,[12] bei der GmbH wird vertreten, dass zwingende umwandlungsrechtliche Vorgaben nur durch ausdrückliche gesetzliche Anordnung im GmbHG verboten werden können. Da dies nicht gegeben ist, ist der originäre Erwerb der Anteile an der übernehmenden GmbH zulässig.[13] Um die Erwerbsverbote zu vermeiden, muss ggf. auf eine Abspaltung umgestellt werden, da hier die Kapitalerhöhungsverbote greifen, vgl. oben Rn. 5.

Ein wichtiges Thema bei allen Spaltungsvorgängen ist die Frage, **in welcher Höhe**   **8** **neue Anteile** zu gewähren sind und ob die **Anteilsgewährung verhältniswahrend** erfolgen muss. Bei einer Ausgliederung ist kein Aufteilungsmaßstab erforderlich, da bei

---

8 Der unmittelbare Übergang der Anteile ohne Durchgangserwerb des übernehmenden Rechtsträgers wird von der h.M., insbesondere unter Hinweis auf die seit 1998 geltende Neufassung §§ 126 Abs. 1 Nr. 10, 131 Abs. 1 Nr. 3 S. 1 1. HS UmwG auch für die Auf-/Abspaltung bejaht; vgl. *Widmann/Mayer* § 126 Rn. 83; *Heckschen/Simon* § 3 F Rn. 57.

9 Vgl. *Widmann/Mayer* § 126 Rn. 83, *Heckschen/Simon* § 3 F Rn. 56; Hinweis in *Widmann/Mayer* § 126 Rn. 81 darauf, dass trotz des in diesem Fall eigentlich durch Verweisung in § 125 anwendbaren § 54 I 3 auf eine Anteilsgewährung nicht verzichtet werden kann, da die Verzichtsmöglichkeit nur dann eingeräumt ist, wenn die Anteile beim übernehmenden Rechtsträger durch eine Kapitalerhöhungsmaßnahme geschaffen werden; im Ergebnis in diesem Spezialfall zustimmend, aber mit kritischer Stellungnahme zum Festhalten an dem Grundsatz der Anteilsgewährpflicht *Lutter* § 126 Rn. 26; für das Recht auf Verzicht auf Anteilsgewährung *Schmitt/Hörtnagl/Stratz* § 126 Rn. 47.

10 Vgl. *Widmann/Mayer* § 126 Rn. 83.

11 Vgl. *Heckschen/Simon* § 3 F Rn. 54 ff., *Widmann/Mayer* § 126 Rn. 75 ff.

12 Vgl. *Widmann/Mayer* § 126 Rn. 95, § 5 Rn. 56.

13 *Widmann/Mayer* § 126 Rn. 96, § 5 Rn. 56; es ist jedoch zu beachten, dass sich zwischenzeitlich wohl eine h.M. in der Literatur herausgebildet hat, dass in den Fällen von Erwerbsverboten ein Verzicht auf die Anteilsgewährung zulässig sein muss; so insbesondere *Lutter* § 126 Rn. 26 und *Schmitt/Hörtnagl/Stratz* § 126 Rn. 48 m.w.N.; die dort zwischenzeitlich aufgenommene Argumentation, dass aus der Verzichtsmöglichkeit in § 54 Abs. 1 S. 3 ein Wille des Gesetzgebers abgelesen werden kann, dass die Anteilsgewährpflicht (generell) als verzichtbar anzusehen ist, muss m.E. kritisch gesehen werden, da der Gesetzgeber ausdrücklich die Verzichtsmöglichkeit auf bestimmte Fälle eingeschränkt hat.

dieser die Anteilsgewährung an den übertragenden Rechtsträger selbst und nicht an dessen Anteilsinhaber erfolgt. Bei der Auf- und Abspaltung muss der Spaltungs- und Übernahmevertrag gem. § 126 Abs. 1 Nr. 10 UmwG die Aufteilung der Anteile jedes übernehmenden Rechtsträgers sowie den Maßstab für die Aufteilung enthalten. Bei einer **verhältniswahrenden Auf-/Abspaltung** entspricht das Beteiligungsverhältnis am übernehmenden Rechtsträger dem Beteiligungsverhältnis der Anteilsinhaber am übertragenden Rechtsträger. Stimmen alle Anteilsinhaber des übertragenden Rechtsträgers zu, kann das Beteiligungsverhältnis am übernehmenden Rechtsträger auch abweichend vom Beteiligungsverhältnis am übertragenden Rechtsträger festgelegt werden, sog. **nicht verhältniswahrende Auf-/Abspaltung**.[14] Bei dieser nicht verhältniswahrenden Auf-/Abspaltung ist es auch zulässig, dass ein Anteilsinhaber alle Anteile am übernehmenden Rechtsträger bzw. nur Anteile an einem der übernehmenden Rechtsträger erhält[15] (sog. **„zu Null-Beteiligung"** eines oder mehrerer Anteilsinhaber am übernehmenden Rechtsträger). Der Anteilsgewährungsgrundsatz des § 123 UmwG ist daher einzuschränken, dass ein Anteilseigner mit seiner Zustimmung bei einer Spaltung auch ganz ausscheiden kann, und zwar auch dann, wenn er im Zuge des Spaltungsvorgangs an einem anderen Rechtsträger keine Anteile erhält bzw. ggf. auch aus dem übertragenden Rechtsträger aussscheidet.[16] Wird die nicht-verhältniswahrende Zuweisung der Beteiligungsquote durch die nach Umwandlungsrecht vorgesehene bare Zuzahlung gem. §§ 125, 54 Abs. 4, 68 Abs. 3 UmwG ausgeglichen (bis zu 10 v.H. der gewährten Anteile), handelt es sich infolge des Ausgleichs um **keine** nicht-verhältniswahrende Spaltung[17] mit der Folge, dass § 128 UmwG nicht greift.[18] Eine andere Kompensation durch den übernehmenden Rechtsträger als die im UmwG vorgesehenen baren Zuzahlungen ist nicht zulässig, da die zulässigen Leistungen des übernehmenden Rechtsträgers nach den Vorschriften des Umwandlungsgesetzes beschränkt sind.[19] Denkbar ist es jedoch, dass unter Beachtung der Regeln für die nicht verhältniswahrende Spaltung für den minderbeteiligten Anteilsinhaber die **Zuteilung eines erhöhten Anteils am übertragenden Rechtsträger** vorgesehen wird,

---

14 Für die Beurteilung des Vorliegens einer nicht verhältniswahrenden Spaltung kommt es allein darauf an, ob rechnerisch (**unter Berücksichtigung etwaiger barer Zuzahlungen**): a) bei Spaltungen zur Neugründung dieselbe Beteiligungsquote beim neu gegründeten Rechtsträger besteht wie beim übertragenden Rechtsträger b) bei Spaltungen zur Aufnahme die gewährte Beteiligung beim aufnehmenden Rechtsträger der beim übertragenden Rechtsträger bestehenden Beteiligungsquote, bezogen auf die gesamten gewährten Anteile entspricht; vgl. *Widmann/Mayer* § 128 Rn. 38 und 43; *Lutter* § 128 Rn. 9.

15 *Widmann/Mayer* § 126 Rn. 274; *LG Konstanz* ZIP 1998, 1226 ff.; *LG Essen* ZIP 2002, 893.

16 H.M. vgl. *Lutter* § 128 Rn. 15; *Widmann/Mayer* § 126 Rn. 275, ausführlich *D. Mayer* in: 25. Notartag Münster 1998, Sonderheft der DNotZ, 159 ff., 185 und *Heckschen* DB 2008, 1363 ff., 1368; vgl. hierzu auch unten Rn. 9; diese Möglichkeit ist auch nicht durch die Einführung der Verzichtsmöglichkeiten in § 54 Abs. 1 S. 3 bzw. § 68 Abs. 1 S. 3 eingeschränkt worden, da § 128 als lex specialis zu diesen Vorschriften anzusehen ist, s. *Widmann/Mayer* a.a.O.

17 *Widmann/Mayer* § 128 Rn. 34; HK-UmwG/*Raible* § 128 Rn. 12; *Sagasser* § 18 Rn. 47; einschränkend *Lutter* § 128 Rn. 11, der dies darauf beschränkt, dass die baren Zuzahlungen lediglich zum Ausgleich von Spitzen dienen dürfen, die sich durch Teilung (Stückelung) nicht vermeiden ließen; **a.A.** *Kallmeyer* § 128 Rn. 2.

18 Damit können im Ergebnis Interessen von Minderheitsgesellschaftern auch ohne deren Zustimmung durch eine Spaltung erheblich beeinträchtigt werden. Es ist daher in solchen Fällen immer zu prüfen, ob nicht durch die Rechtsprechung zu strukturändernden Beschlüssen, vgl. 2. Kap. Rn. 4 weitere Zustimmungserfordernisse, die über das UmwG hinausgehen, zu berücksichtigen sind; s.a. *Limmer* Handbuch der Unternehmensumwandlung, Rn. 1470.

19 *Widmann/Mayer* § 128 Rn. 34; im Ergebnis auch *Lutter* § 128 Rn. 13 und 16.

was gem. § 126 Abs. 1 Nr. 10 UmwG[20] in der Weise möglich ist, dass die Anteilsverhält-nisse auch beim übertragenden Rechtsträger durch Wirksamwerden der Spaltung dinglich verändert werden.[21] Möglich und praktisch häufig ist es jedoch, dass die Anteilsinhaber untereinander Ausgleichsleistungen im Zuge der nicht-verhältniswah-renden Auf-/Abspaltung vereinbaren.[22]

Hiervon zu unterscheiden ist die Frage, wie stark auch bei Spaltungsvorgängen am **9** **Identitätsprinzip des Umwandlungsrechts**[23] festgehalten werden muss. Die wohl h.M.[24] in der Literatur hält an diesem Prinzip fest, während immer häufiger die Zulässigkeit des Ausscheidens und Hinzutretens von Gesellschaftern beim Ziel-rechtsträger bei einvernehmlichem Handeln aller Beteiligten gefordert wird.[25] Das Festhalten am Identitätsgrundsatz führt dazu, dass häufig über aufschiebend bedingte Übertragungen von Anteilen eine Beteiligung des neuen Gesellschafters und/oder das Ausscheiden eines bisherigen Gesellschafters sichergestellt werden soll. Hier ist unbedingt zu beachten, dass bei Spaltungen zur Neugründung von AG oder GmbH über die künftigen Anteile erst verfügt werden kann, wenn die Vorge-sellschaft entstanden ist, d.h. wenn die Anteilsinhaber des übertragenden Rechtsträ-gers dem Gesellschaftsvertrag im Spaltungsplan durch Spaltungsbeschluss zuge-stimmt haben.[26] Weiter führt dies dazu, dass die Ausgliederung zur Neugründung immer eine Einpersonen-Gründung ist, was ebenso für die Spaltung von einer Ein-personen-Kapitalgesellschaft gilt, weshalb hier insbesondere die Personenhandelsge-sellschaft als Zielrechtsträger ausscheidet.[27]

Nach dem Dritten Gesetz zur Änderung des UmwG besteht nun auch im Zusam- **10** menhang mit Spaltungen die Möglichkeit einer **Spaltung als reine Geschäftsfüh-rungsmaßnahme** ohne die Erforderlichkeit von Zustimmungsbeschlüssen der Anteilsinhaber gem. §§ 125 S. 1, 62 Abs. 4 UmwG, soweit der übernehmende Rechts-

---

20 Seit Inkrafttreten des Gesetzes zur Änderung des Umwandlungsgesetzes vom 22.7.1998.
21 *Widmann/Mayer* § 126 Rn. 277, *Lutter* § 128 Rn. 14 i.V.m. § 126 Rn. 75, *Schmitt/Hörtnagl/Stratz* § 128 Rn. 18, *Kallmeyer* § 129 Rn. 4.
22 Soweit Kapitalgesellschaften an der Spaltung beteiligt sind, ist für die Frage, ob ggf. eine unentgelt-liche Zuwendung an die übrigen Gesellschafter vorliegt, der gleich lautende Erlass der obersten Finanzbehörde der Länder vom 20.10.2010 BStBl 2010 I, 1207 ff. heranzuziehen; ausführlich dazu *Christ* ZEV 2011, 10 ff. und 63 ff.
23 Als **Identitätsprinzip** wird der Grundsatz des Umwandlungsrechts bezeichnet, dass bei Wirksam-werden einer Umwandlung die Identität der am Umwandlungsvorgang beteiligten Personen-kreise beim übertragenden und beim übernehmenden Rechtsträger für die Zeit vor und nach Wirksamwerden gewahrt sein muss.
24 *Widmann/Mayer* § 126 Rn. 103, § 152 Rn. 83.1; sehr gute Darstellung zum Meinungsstreit DNotI-Gutachten Nr. 42, S. 308 ff., eine neuere Darstellung des jeweiligen Meinungsstands zur Anteils-gewährungspflicht und zugleich zum Identitätsprinzip bei *Heckschen* DB 1363 ff.
25 *Priester* DB 1997, 560, 566; *Kallmeyer* (zur GmbH & Co KG) § 124 Rn. 9 f.; beim Formwechsel von einer AG in eine GmbH & Co. KG hat der *BGH* DNotZ 2005, 864 ff. den Beitritt eines neuen Gesellschafters als Komplementär im Zuge des Formwechsels als konform mit dem Gebot der Kontinuität der Mitgliedschaft angesehen. S. hierzu auch *Widmann/Mayer* § 126 Rn. 124 i.V.m. § 5 Rn. 24.1. ff.
26 *Widmann/Mayer* § 126 Rn. 103 f.
27 *Widmann/Mayer* § 135 Rn. 14; *Schmitt/Hörtnagl/Stratz* § 135 Rn. 14; **a.A.** *Kallmeyer* § 135 Rn. 17, der auch auf diesen Fall den gleichzeitigen Beitritt eines weiteren Gesellschafters unter entspre-chender Anwendung der BGH-Rechtsprechung zum Formwechsel (*BGH* DNotZ 2005, 864 ff.) zulassen will.

träger an dem übertragenden Rechtsträger zu 100 v.H. des Grundkapitals unmittelbar beteiligt ist und der übertragende Rechtsträger eine Kapitalgesellschaft und der übernehmende Rechtsträger eine Aktiengesellschaft ist, vgl. zu den Einzelheiten 3. Kap. Rn. 27.

11 Hinsichtlich der **Höhe des Nennbetrages der neu zu gewährenden Anteile** ist bei der Auf-/Abspaltung nach h.M. sowohl bei der Neugründung als auch bei der Spaltung zur Aufnahme eine freie Festlegung der Nennbeträge möglich, ohne dass diese in einer Relation zur nominellen Kapitalausstattung des übertragenden Rechtsträgers bzw. zum Buch- oder tatsächliche Wert des übertragenen Vermögensteils stehen müssen.[28] Dem Gläubigerschutz ist durch die gesamtschuldnerische Haftung der an der Spaltung beteiligten Rechtsträger gem. § 133 UmwG und den Gläubigerschutzvorschriften der §§ 125, 22, 25 ff. UmwG Rechnung getragen.[29] Auch bei der Ausgliederung hat der Gesetzgeber kein umwandlungsbedingtes Mindestkapital für den neu zu gründenden Rechtsträger oder für die durchzuführende Kapitalerhöhung vorgesehen.[30]

12 Für die Durchführung einer Spaltung können folgende **Gründe** sprechen:
- Die Spaltung kann zur Aufteilung und Verselbständigung von unterschiedlichen Unternehmenssparten, der unternehmerischen Verselbständigung von Familienstämmen oder der Erbauseinandersetzung dienen.
- Die Spaltung kann der klassischen Betriebsaufspaltung dienen.
- Die Spaltung ist ein sehr häufig genutztes Instrument der Umstrukturierung von Unternehmensverbänden.
- Die Spaltung ist im Bereich der Privatisierung und Verselbständigung von Eigenbetrieben der öffentlichen Hand ein wichtiges Instrument.
- Die Spaltung kann bei sehr wertvollen Vermögensgegenständen wegen der Geschäftswertdeckelung des § 39 Abs. 4 KostO eine interessante Gestaltungsalternative sein, vgl. oben 2. Kap. Rn. 58.
- Bereits in der Gesetzesbegründung erwähnt und in der Praxis immer wieder bestätigt, dient die Spaltung nicht zuletzt auch der Rückgängigmachung fehlerhafter oder erfolgloser Verschmelzungen, der Auflösung vollzogener Unternehmenszusammenschlüsse und ganz allgemein Entflechtungsmaßnahmen.

---

28 *Widmann/Mayer* § 126 Rn. 70 ff., und sehr ausführlich zum aktuellen Meinungsstand nach dem Zweiten Gesetz zur Änderung des Umwandlungsgesetzes in § 5 Rn. 46 ff.; *Lutter* § 123 Rn. 19.

29 *Widmann/Mayer* § 5 Rn. 46 ff.; *Lutter* § 123 Rn. 19 weisen darauf hin, dass es nunmehr hingenommen werden muss, dass durch eine niedrigere Kapitalerhöhung bei einer übernehmenden Kapitalgesellschaft als die entsprechende Kapitalherabsetzung bei der übertragenden Kapitalgesellschaft es zu einer Freigabe eines Teils des vor Spaltung gebundenen Vermögens kommen kann, „Herabschleusung der Ausschüttungssperre".

30 *Widmann/Mayer* § 126 Rn. 101.1.

Bei den Spaltungsmöglichkeiten gibt es Konstellationen, in welchen **bestimmte For-** **13** **men** der Spaltung **nicht zulässig** sind. Ergänzend zu der Übersicht in 2. Kap. Rn. 5 sollen nachstehend die wichtigsten Fälle in einer Übersicht dargestellt werden:

Nicht zulässige Spaltungsart	Übertragender Rechtsträger	Übernehmender/ neuer Rechtsträger	Weitere Einschränkung	Spaltung gem. Spalte 1 ausgeschlossen
Auf-/Abspaltung zur Neugründung	Einpersonen-Kapitalgesellschaft	OHG, KG, Partnerschaft, eG, e.V./wirtschaftl. Vereine		X[31]
Ausgliederung zur Aufnahme	Einzelkaufmann	Partnerschaftsgesellschaft, e.V.		X
	Einzelkaufmann	Personenhandelsgesellschaften, Kapitalgesellschaften, eG	Einzelkaufmann ist überschuldet,[32] § 152 S. 2 UmwG	(wenn Einschränkung erfüllt) X
	Rechtsfähige Stiftung	Partnerschaft, eG, e.V./wirtschaftl. Vereine		X
Ausgliederung zur Neugründung	Einzelkaufmann	Partnerschaftsgesellschaften, Personenhandelsgesellschaften, eG, e.V., UG (haftungsbeschränkt)		X
	Einzelkaufmann	Kapitalgesellschaften	Einzelkaufmann ist überschuldet,[33] § 152 S. 2 UmwG	(wenn Einschränkung erfüllt) X
	OHG, KG, Partnerschaft, GmbH, AG, -KGaA, eG, e.V./wirtschaftl. Vereine	OHG, KG, Partnerschaft, eG, e.V./wirtschaftl. Vereine, UG (haftungsbeschränkt)		X

Da sehr umfangreich bei den Spaltungsvorschriften auf die **Regelungen zur Ver-** **14** **schmelzung verwiesen** wird, kann auch wegen des zeitlichen Ablaufs und der sonstigen Anmerkungen in diesem Handbuch zu den anzuwendenden Verschmelzungsvor-

---

31 H.M.; a.A. *Kallmeyer* § 135 Rn. 17, der auch auf diesen Fall den gleichzeitigen Beitritt eines weiteren Gesellschafters unter entsprechender Anwendung der BGH-Rechtsprechung zum Formwechsel (*BGH* DNotZ 2005, 864 ff.) zulassen will.
32 Bei der Ermittlung einer etwaigen Überschuldung muss das gesamte Vermögen (Unternehmens- und Privatvermögen) den privaten und geschäftlichen Verbindlichkeiten des Kaufmanns gegenübergestellt werden. Es sind Liquidationswerte anzusetzen. Ausreichend ist eine rechnerische Überschuldung; vgl. *Widmann/Mayer* § 152 Rn. 78; *Lutter* § 152 Rn. 44 mit dem Hinweis, dass auch für Risiken im Privatbereich bei der Gesamtbetrachtung Rückstellungen zu bilden sind; s.a. *Schmitt/Hörtnagl/Stratz* § 152 Rn. 26.
33 Vgl. oben Rn. 70 Fn. 284.

schriften auf die Erläuterungen im 3. Kap. dieses Handbuchs verwiesen werden. Für die Feststellung der spaltungsrechtlichen Besonderheiten soll die nachstehende Übersicht eine Hilfestellung sein:

Verfahrensschritt des Spaltungsvorgangs	Anzuwendende Vorschriften bei der Aufspaltung (§§ 125, 135 UmwG)	Anzuwendende Vorschriften bei der Abspaltung (§§ 125, 135 UmwG)	Anzuwendende Vorschriften bei der Ausgliederung (§§ 125, 135 UmwG)
Alle §§-Angaben beziehen sich auf das UmwG			
Spaltungs- und Übernahmevertrag/Spaltungsplan bzw. Ausgliederungs- und Übernahmevertrag/ Ausgliederungsplan	Aufspaltung zur Aufnahme: § 5 wird durch § 126 ersetzt, im Übrigen sind die Vorschriften zum Verschmelzungsvertrag anzuwenden.	Abspaltung zur Aufnahme: wie bei Aufspaltung zur Aufnahme, jedoch ist die Anwendung von § 18 (Firmenfortführung) ausgeschlossen.[34]	Ausgliederung zur Aufnahme: wie bei Abspaltung zur Aufnahme.
	Aufspaltung zur Neugründung: § 4 wird durch § 136 ersetzt; im Übrigen sind die Vorschriften zum Verschmelzungsvertrag mit Ausnahme von § 7 anzuwenden.	Abspaltung zur Neugründung: wie bei Aufspaltung zur Neugründung, jedoch ist die Anwendung von § 18 (Firmenfortführung) ausgeschlossen.	Ausgliederung zur Neugründung: wie bei Abspaltung zur Neugründung.
Spaltungsbericht	§ 8 wird durch § 127 ersetzt, welcher wiederum umfangreich auf § 8 verweist; es bestehen daher keine wesentlichen Abweichungen,[35] jedoch mit der Besonderheit, dass bei verhältniswahrender Spaltung zur Neugründung einer AG kein Spaltungsbericht gem. § 143 erforderlich ist.	Wie bei Aufspaltung	Wie bei Aufspaltung, jedoch ohne Ausnahmeregelung des § 143.

---

34 Nach m.E. richtiger Meinung schließt das Umwandlungsrecht und somit die Nichtanwendung von § 18 UmwG nicht aus, dass ggf. eine Fortführung der Firma nach den allgemeinen Regeln der §§ 22 ff. HGB möglich ist; s.a. *Lutter* (3. Aufl.) § 132 Rn. 48.

35 Lediglich hinsichtlich der inhaltlichen Berichtspflicht ergibt sich aus § 127 UmwG insoweit eine Erweiterung, als der Maßstab für die Aufteilung der Anteile in den Fällen der Auf- und Abspaltung zu erläutern und zu begründen ist.

Verfahrensschritt des Spaltungsvorgangs	Anzuwendende Vorschriften bei der Aufspaltung (§§ 125, 135 UmwG)	Anzuwendende Vorschriften bei der Abspaltung (§§ 125, 135 UmwG)	Anzuwendende Vorschriften bei der Ausgliederung (§§ 125, 135 UmwG)
Prüfung der Spaltung.	Es gelten die §§ 9–12 mit Ausnahme von § 9 Abs. 2,[36] jedoch mit der Besonderheit, dass bei verhältniswahrender Spaltung zur Neugründung einer AG keine Prüfung der Spaltung gem. § 143 erforderlich ist.	Wie bei Aufspaltung.	Gem. § 125 S. 2 findet eine Prüfung nicht statt.
Zustimmungsbeschlüsse zum Spaltungsvertrag/ Spaltungsplan.	Es gelten die §§ 13–15, welche durch § 128 bei der nichtverhältniswahrenden Spaltung ergänzt werden.	Wie bei Aufspaltung.	Es gelten die §§ 13, 14 Abs. 1; die §§ 14 Abs. 2, 15 gelten nicht, da die Gesellschafter des übertragenden Rechtsträgers nicht unmittelbar von der Ausgliederung betroffen sind.
Registeranmeldung	Aufspaltung zur Aufnahme: es gelten die §§ 16, 17 mit der Ergänzung durch § 129 (Anmeldungsbefugnis für jeden übernehmenden Rechtsträger).	Abspaltung zur Aufnahme: wie bei Aufspaltung zur Aufnahme.	Ausgliederung zur Aufnahme: wie bei Aufspaltung zur Aufnahme.
	Aufspaltung zur Neugründung: es gelten §§ 16 Abs. 2, Abs. 3, 17 mit der Ergänzung durch § 137, welcher als Spezialnorm § 38 ersetzt.	Abspaltung zur Neugründung: wie bei Aufspaltung zur Neugründung.	Ausgliederung zur Neugründung: wie bei Aufspaltung zur Neugründung.

---

36 Die Nichtanwendung von § 9 Abs. 2 UmwG ist in der Gesetzesbegründung damit erklärt, dass es bei der Auf- und Abspaltung stets zu einem Anteilstausch käme, der die Prüfung erforderlich machen könne. Da es aber auch bei der Auf-/Abspaltung innerhalb des Konzerns zu Ausnahmen von der Anteilsgewährungspflicht kommen kann, vgl. oben Rn. 5, wird teilweise, m.E. inhaltlich richtig, vertreten, dass in diesen Fällen dann § 9 Abs. 2 UmwG entsprechend anzuwenden sei, mit der Folge, dass die Prüfungspflicht insoweit entfalle; vgl. *Widmann/Mayer* § 125 Rn. 45, **a.A.** *Kallmeyer* Rn. 9, der rein formalistisch argumentiert und auf die Möglichkeit des Verzichts nach § 9 Abs. 3 UmwG verweist.

Verfahrensschritt des Spaltungsvorgangs	Anzuwendende Vorschriften bei der Aufspaltung (§§ 125, 135 UmwG)	Anzuwendende Vorschriften bei der Abspaltung (§§ 125, 135 UmwG)	Anzuwendende Vorschriften bei der Ausgliederung (§§ 125, 135 UmwG)
Registereintragung und Wirkungen der Eintragung.	Aufspaltung zur Aufnahme: § 19 wird durch § 130, § 20 wird durch § 131 ersetzt; § 21 findet Anwendung.	Abspaltung zur Aufnahme: wie bei Aufspaltung zur Aufnahme.	Ausgliederung zur Aufnahme: wie bei Aufspaltung zur Aufnahme.
	Aufspaltung zur Neugründung: § 19 wird durch §§ 130 Abs. 1, 137 und § 20 wird durch § 131 ersetzt.[37]	Abspaltung zur Neugründung: wie bei Aufspaltung zur Neugründung.	Ausgliederung zur Neugründung: wie bei Aufspaltung zur Neugründung.
Gläubigerschutz	§ 22 wird durch die §§ 133, 134 ergänzt.	Wie bei Aufspaltung.	Wie bei Aufspaltung.
Anwendung der §§ 23–35.	Aufspaltung zur Aufnahme: §§ 23–35 gelten und werden durch § 133 ergänzt.	Abspaltung zur Aufnahme: wie bei Aufspaltung zur Aufnahme; für die Anwendung von § 28 besteht jedoch kein Bedürfnis, da der übertragende Rechtsträger fortbesteht.[38]	Ausgliederung zur Aufnahme: wie bei Abspaltung zur Aufnahme; die §§ 29–34 sind jedoch gem. § 125 nicht anzuwenden.
	Aufspaltung zur Neugründung: §§ 23–35 gelten mit Ausnahme von § 27[39] und werden durch § 133 ergänzt.	Abspaltung zur Neugründung: wie bei Aufspaltung zur Neugründung; für die Anwendung von § 28 besteht jedoch kein Bedürfnis, da der übertragende Rechtsträger fortbesteht.[40]	Ausgliederung zur Neugründung: wie bei Abspaltung zur Neugründung; die §§ 29–34 sind jedoch gem. § 125 nicht anzuwenden.
Anwendung der §§ 36–38 bei Spaltungen zur Neugründung.	§ 36 wird ersetzt durch § 135, § 37 gilt i.V.m. § 136, § 38 wird ersetzt durch § 137.	Wie bei Aufspaltung.	Wie bei Aufspaltung.
Die wichtigsten rechtsformspezifischen Besonderheiten.	**Personenhandelsgesellschaften**		
	§§ 39–45 gelten entsprechend.	Wie bei Aufspaltung.	Wie bei Aufspaltung.
	Partnerschaftsgesellschaften		
	§§ 45a–45e gelten entsprechend.	Wie bei Aufspaltung.	Wie bei Aufspaltung.

---

37 Bei allen Spaltungsarten zur Neugründung läuft die Verweisung auf § 21 UmwG leer; vgl. *Widmann/Mayer* § 21 Rn. 5.
38 Vgl. *Widmann/Mayer* § 125 Rn. 17.
39 § 27 UmwG ist gem. § 135 Abs. 1 S. 1 UmwG nicht anwendbar.
40 Vgl. *Widmann/Mayer* § 125 Rn. 19.

Verfahrensschritt des Spaltungsvorgangs	Anzuwendende Vorschriften bei der Aufspaltung (§§ 125, 135 UmwG)	Anzuwendende Vorschriften bei der Abspaltung (§§ 125, 135 UmwG)	Anzuwendende Vorschriften bei der Ausgliederung (§§ 125, 135 UmwG)
	GmbH		
	Aufspaltung zur Aufnahme: §§ 46–55 gelten entsprechend; die Anwendung von § 138 ist str.[41]	Abspaltung zur Aufnahme: wie bei Aufspaltung zur Aufnahme; ergänzend gelten die §§ 139, 140.	Ausgliederung zur Aufnahme: wie bei Abspaltung zur Aufnahme, jedoch findet § 54 gem. § 125 keine Anwendung.
	Aufspaltung zur Neugründung: §§ 46–50, 54 Abs. 4 und §§ 56–59 gelten entsprechend; § 58 Abs. 2 wird durch § 138 ersetzt.	Abspaltung zur Neugründung: wie bei Aufspaltung zur Neugründung; ergänzend gelten die §§ 139, 140.	Ausgliederung zur Neugründung: wie bei Abspaltung zur Neugründung.
	Aktiengesellschaften/KGaA[42]		
	Aufspaltung zur Aufnahme: §§ 60–72 gelten entsprechend; § 69 Abs. 1 S. 1 HS 2 wird ersetzt durch § 142 Abs. 1; ergänzend gelten die §§ 141, 142.	Abspaltung zur Aufnahme: wie bei Aufspaltung zur Aufnahme; ergänzend gelten die §§ 145, 146.	Ausgliederung zur Aufnahme: wie bei Abspaltung zur Aufnahme, jedoch finden §§ 68, 71 gem. § 125 keine Anwendung.
	Aufspaltung zur Neugründung: §§ 60–77 gelten entsprechend, mit Ausnahme des § 68 Abs. 3; § 75 Abs. 2 wird ersetzt durch § 144; ergänzend gelten die §§ 141, 143 S. 1, 144.	Abspaltung zur Neugründung: wie bei Aufspaltung zur Neugründung; ergänzend gelten die §§ 145, 146.	Ausgliederung zur Neugründung: wie bei Abspaltung zur Neugründung, jedoch finden §§ 68[43], 71 gem. § 125 keine Anwendung.
	eG		
	Aufspaltung zur Aufnahme: § 79 wird ersetzt durch § 147; §§ 80–95 gelten entsprechend.	Abspaltung zur Aufnahme: wie bei Aufspaltung zur Aufnahme; ergänzend gilt § 148.	Ausgliederung zur Aufnahme: wie bei Abspaltung zur Aufnahme.

---

41 *Widmann/Mayer* § 138 Rn. 1 vertritt unter Hinweis auf die Gesetzesbegründung die Auffassung, dass § 138 UmwG keine Anwendung auf die Fälle der Spaltung zur Aufnahme (sondern nur auf die Fälle der Spaltung zur Neugründung) findet, obwohl die systematische Stellung etwas anderes indiziert; *Priester* in Lutter § 138 Rn. 8 vertritt zwar dieselbe Auffassung, kommt jedoch über die Diskussion zum Sachkapitalerhöhungsbericht bei der normalen Sachkapitalerhöhung auch zur Erforderlichkeit des Sachkapitalerhöhungsberichts bei der Kapitalerhöhung im Spaltungsfall; die h.M. hat sich jedoch der Meinung *Widmann/Mayer* angeschlossen, vgl. *Schmitt/Hörtnagl/Stratz* § 138 Rn. 3 m.w.N.

42 Bei der KGaA ist § 78 UmwG immer zusätzlich zu beachten.

43 In § 73 UmwG ist die Anwendung von § 68 UmwG nur teilweise, in § 125 UmwG ist die Anwendung von § 68 UmwG insgesamt ausgeschlossen.

Verfahrensschritt des Spaltungsvorgangs	Anzuwendende Vorschriften bei der Aufspaltung (§§ 125, 135 UmwG)	Anzuwendende Vorschriften bei der Abspaltung (§§ 125, 135 UmwG)	Anzuwendende Vorschriften bei der Ausgliederung (§§ 125, 135 UmwG)
	Aufspaltung zur Neugründung: § 79 wird ersetzt durch § 147; §§ 80–95 gelten entsprechend; ergänzend gelten die §§ 96-98	Abspaltung zur Neugründung: wie bei Aufspaltung zur Neugründung; ergänzend gilt § 148	Ausgliederung zur Neugründung: wie bei Abspaltung zur Neugründung
Einzelkaufmann			
	—	—	Ausgliederung zur Aufnahme: §§ 152–157 finden Anwendung.
			Ausgliederung zur Neugründung: §§ 152, 158–160 finden Anwendung.

15 Bei Spaltungsvorgängen ist ein Übergang von Arbeitsverhältnissen nach § 613a BGB nicht zwingend, da nicht immer ein Betriebsübergang stattfindet. Zu Einzelfragen des Übergangs nach § 613a BGB vgl. oben 2. Kap. Rn. 32 ff. Findet § 613a BGB keine Anwendung kann das Arbeitsverhältnis gem. § 131 Abs. 1 Nr. 1 UmwG im Wege der partiellen Gesamtrechtsnachfolge übergehen, wozu jedoch teilweise die Zustimmung des Arbeitnehmers gem. § 613 S. 2 BGB gefordert wird,[44] da im Zweifel die Ansprüche aus dem Arbeitsvertrag nicht übertragbar sind. Durch den Wegfall des § 132 UmwG muss m.E. jedoch vom Übergang des Arbeitsverhältnisses ohne Zustimmung des Arbeitnehmers ausgegangen werden.[45] Zu prüfen ist jedoch, ob dem Arbeitnehmer ggf. ein Sonderkündigungsrecht zusteht[46] oder ob, m.E. richtigerweise, im Rückgriff auf die Rechtsprechung des BAG vor Kodifizierung des Widerspruchsrechts in § 613a Abs. 6 BGB[47] der Übergang des Arbeitsverhältnisses aufgrund partieller Gesamtrechtsnachfolge nach dem UmwG als Auslöser eines Widerspruchsrechts des Arbeitnehmers zumindest in entsprechender Anwendung des § 613a BGB eingeordnet werden kann,[48] zumindest bei den Spaltungsvorgängen, bei denen der übertragende Rechtsträger nicht erlischt.[49] So wurde schon bei der damaligen Diskussion, welche zur Erweiterung des § 613a BGB geführt hat, darauf abgestellt, dass eine Verpflichtung für den Arbeitnehmer, sein Arbeitsverhältnis mit einem Betriebserwerber fort-

---

44 *Lutter* § 323 Rn 31; der Wegfall des § 132 S. 1 UmwG wird jedoch hierbei ignoriert.
45 Vgl. u.a. die Gesetzesbegründung BT-Drs. 16/2919, 19.
46 So der Umkehrschluss aus *Kallmeyer* § 324 Rn. 57 zur Rechtslage vor Wegfall des § 132; auch *Widmann/Mayer* weist in § 132 Rn. 9 darauf hin, dass sich aus der Überleitung eines Vertragsverhältnisses ein außerordentliches Kündigungsrecht ergeben kann.
47 So *BAG* NZA 2001, 840 ff. zur entsprechenden Anwendung des § 613a BGB bei einem Übergang von Arbeitsverhältnissen nach dem Berliner Bäder-Anstaltsgesetz-BBBG.
48 Mit ähnlichem Ansatz beim Übergang eines Arbeitsverhältnis durch Anwachsung *LAG Baden-Württemberg* vom 31.1.2007, 22 Sa 5/06 (für den Fall der Anwachsung abgelehnt im Revisionsverfahren beim BAG unter Az: 8 AZR 157/07 s. nachfolgende Fußnote).
49 So im Ergebnis *BAG* vom 21.2.2008 NZA 2008, 815 ff. = DB 2008, 1578 ff. = ZIP 2008, 1296 ff. (Revisionsverfahren zu *LAG Baden-Württemberg* vom 31.1.2007 a.a.O.); aus der Urteilsbegründung kann m.E. herausgelesen werden, dass bei Bestehenbleiben des übertragenden Rechtsträgers § 613a BGB angewendet werden muss.

setzen zu müssen, gegen die Grundrechte des Arbeitnehmers auf freie Wahl seines Arbeitgebers verstoßen würde.[50] Dies kann durch den Wegfall des § 132 UmwG nicht ausgehebelt werden.[51] Auf jeden Fall greifen jedoch die besonderen Schutzvorschriften der §§ 322 und 323 Abs. 1 UmwG, vgl. nachstehend Rn. 16.

Bei Spaltungsvorgängen sind die §§ 322–325 UmwG hinsichtlich der **Wirkungen der** **16** **Spaltung für die Arbeitnehmer** zu beachten. Nachfolgend sollen die wichtigsten Folgen zusammengestellt werden:

- Der seit dem 28.7.2001 neu gefasste **§ 322 UmwG** bestimmt, dass ein Betrieb, der nach der umwandlungsrechtlichen Spaltung weiterhin unter der **gemeinsamen Betriebsführung**[52] der an der Spaltung beteiligten Rechtsträger steht, nach der Spaltung auch hinsichtlich des Kündigungsschutzrechts als ein Betrieb angesehen wird. Diese Bestimmung entspricht den allgemeinen Grundsätzen über die Bedeutung eines gemeinsamen Betriebs mehrerer Unternehmen im Betriebsverfassungsrecht (siehe § 1 Abs. 2 BetrVG) und Kündigungsschutzrecht. Für die Bestimmung der anzuwendenden Kündigungsschutzvorschriften werden somit alle Arbeitnehmer des gemeinschaftlichen Betriebs zusammengezählt. Auch in Bezug auf die Weiterbeschäftigungsmöglichkeiten sowie die Sozialauswahl wird der gemeinschaftliche Betrieb als einheitlicher Betrieb angesehen.[53]

- **§ 323 UmwG** stellt in Abs. 1 sicher, dass sich eine Spaltung für die Dauer von zwei Jahren ab Wirksamwerden der Spaltung nicht negativ auf die kündigungsrechtliche Stellung eines Arbeitnehmers auswirken kann (z.B. durch Absinken der Zahl der im Betrieb beschäftigten Arbeitnehmer „Kleinbetriebsklausel" oder im Hinblick auf den Sonderkündigungsschutz für Betriebsratsmitglieder).[54] Soweit dem Arbeitnehmer seine Rechte bereits durch § 324 UmwG i.V.m. § 613a BGB unbefristet erhalten bleiben, genießt diese Bestimmung Vorrang vor dem nur **befristeten Schutz nach § 323 Abs. 1 UmwG**.[55] Ist der Schutz nach § 613a BGB schwächer, z.B. durch Geltung einer anderen Betriebsvereinbarung nach Spaltung, gilt der stärkere Bestandschutz nach § 323 Abs. 1 UmwG als lex specialis gegenüber § 324 UmwG. § 323 Abs. 1 UmwG steht jedoch einer Kündigung durch den Insolvenzverwalter gem. § 113 InsO wegen Betriebsstilllegung bei nachfolgender Insolvenz des abgespaltenen Unternehmens nicht entgegen.[56]

- **§ 323 Abs. 2 UmwG** findet nach der wohl herrschenden und m.E. auch richtigen Meinung sowohl auf den Übergang von Arbeitsverhältnisses gem. § 613a BGB als auch auf den rein spaltungsbedingten Übergang von Arbeitsverhältnissen außerhalb von § 613a BGB Anwendung.[57] Im Übrigen wird wegen der Anmerkungen zu § 323 Abs. 2 UmwG verwiesen auf oben 2. Kap. Rn. 35.

---

50 S.a. *EuGH* NZA 1993, 170 und NZA 2002, 268; interessante Erwägungen zur Leitbildfunktion des § 613a BGB bei Privatisierungsgesetzen in *BVerfG* vom 25.1.2011 NJW 2011, 1427 ff. = BB 2011, 2108 ff. = NZA 2011, 400 ff.
51 Vgl. hierzu auch die ausführliche Darstellung in *Altenburg/Leister* NZA 2005, 15 ff.
52 Gem. § 1 Abs. 2 Nr. 2 BetrVG wird ein gemeinsamer Betrieb vermutet, wenn die Spaltung eines Unternehmens zur Folge hat, dass Betriebsteile anderen Unternehmen zugeordnet werden, ohne dass sich dabei die Organisation des Betriebes wesentlich ändert.
53 *BAG* vom 27.11.2003 – 2 AZR 48/03, ZIP 2004, 966 = MDR 2004, 756 = NZA 2004, 477.
54 So verhindert § 323 Abs. 1 UmwG jedoch nicht, dass bei Wegfall des Betriebsrats durch die Spaltung eine Kündigung ohne Beteiligung des Betriebsrats wirksam ist.
55 Vgl. *Lutter* § 323 Rn. 23.
56 Vgl. *BAG* NZA 2006, 658 ff.
57 Vgl. mit ausführlicher Darstellung des Meinungsstreits *Kallmeyer* § 324 Rn. 59 f.; *Lutter* § 323 Rn. 38.

17 In dem am 13.12.2006 in Kraft getretenen neuen UmwStG sind folgende wichtige Spaltungsarten gem. § 1 UmwStG steuerlich kodifiziert, vgl. auch die Aufstellung im 2. Kap. Rn. 74:

- die Auf-/Abspaltung von Körperschaften auf andere Körperschaften ist in § 15 UmwStG geregelt;
- die Auf-/Abspaltung von Körperschaften auf Personengesellschaften ist in § 16 UmwStG geregelt;
- die Auf-/Abspaltung von Personengesellschaften auf Personengesellschaften ist in § 24 UmwStG geregelt;
- die Auf-/Abspaltung von Personengesellschaften auf Körperschaften ist in § 20 UmwStG geregelt;
- die Ausgliederung von Vermögensteilen auf Körperschaften ist in §§ 20, 21 UmwStG geregelt;
- die Ausgliederung von Vermögensteilen auf Personengesellschaften ist in § 24 UmwStG geregelt.

Soweit übertragender Rechtsträger eine Körperschaft ist, sind zusätzlich für die Gewerbesteuer die Vorschriften der §§ 18 und 19 UmwStG zu beachten.

Für die Auf-/Abspaltung von Körperschaften auf andere Körperschaften verweist § 15 UmwStG in vollem Umfang auf die steuerlichen Vorschriften zur Verschmelzung (§§ 11–13 UmwStG), vgl. oben 3. Kap. Rn. 53–58. Es gilt daher auch hier nunmehr der Grundsatz, dass der übertragende Rechtsträger in der Schlussbilanz grundsätzlich den gemeinen Wert anzusetzen hat; insoweit wird auf die Ausführungen oben 2. Kap. Rn. 75 verwiesen, wo auch weitere wichtige Änderungen des UmwStG bei Auf-/Abspaltungen von Körperschaften aufgeführt sind. Hier soll noch darauf hingewiesen werden, dass nunmehr auch für den Fall, dass keine Teilbetriebe durch die Spaltung übertragen werden, das UmwStG anwendbar bleibt, es scheidet lediglich der Ansatz zu einem geringeren Wert als dem gemeinen Wert aus.

Die Finanzverwaltung hat mit dem Umwandlungssteuererlass die Definition des Teilbetriebes an die Anforderungen der EG-Fusionsrichtlinie angepasst.[58] Danach ist ein **Teilbetrieb** die Gesamtheit der in einem Unternehmensteil einer Gesellschaft vorhandenen aktiven und passiven Wirtschaftsgüter, die in organisatorischer Hinsicht einen selbstständigen Betrieb, d.h. eine aus eigenen Mitteln funktionsfähige Einheit, darstellen. Es muss sich dabei um einen organisch geschlossenen Teil des Gesamtbetriebs handeln, der für sich allein lebensfähig ist und mit allen hierfür funktional notwendigen wesentlichen Betriebsgrundlagen ausgestattet ist.[59] Hin-

---

58 UmwSt-Erl.,Tz 15.02.
59 Vgl. *Engl* B.1 Rn. 78; hierzu erläuternd UmwSt-Erl., Tz 15.07 ff.: Konstitutiv für den Teilbetrieb sind jeweils nur die wesentlichen Betriebsgrundlagen. Wird eine wesentliche Betriebsgrundlage von mehreren Teilbereichen eines Unternehmens genutzt, liegen keine Teilbetriebe vor (Spaltungshindernis für Steuerneutralität). Grundstücke müssen zivilrechtlich real bis zum Zeitpunkt des Spaltungsbeschlusses aufgeteilt werden (vgl. Tz. 15.08 S. 2 UmwSt-Erl.). Ist eine reale Teilung des Grundstücks oder eine Aufteilung nach WEG der Überträgerin nicht zumutbar, bestehen aus Billigkeitsgründen im Einzelfall keine Bedenken, eine ideelle Teilung (Bruchteilseigentum) im Verhältnis der tatsächlichen Nutzung unmittelbar nach der Spaltung (vgl. Tz. 15.08 S. 3 UmwSt-Erl.) ausreichen zu lassen. Ob die Übertragung nur des wirtschaftlichen Eigentums ausreichend ist, wurde von der Finanzrechtsprechung bisher ausdrücklich offen gelassen, vgl. *Gebert* DStR 2010, 1774 m.w.N. Die Einräumung eines rein obligatori-

(Fortsetzung der Fußnote 59 auf Folgeseite)

sichtlich der **Definition des Begriffs der »wesentlichen Betriebsgrundlage« und des Teilbetriebs** wird eine kombinierte funktional-quantitative Betrachtungsweise zugrunde gelegt. Nachdem die Finanzverwaltung unter Aufhebung des alten Umwandlungssteuererlasses Tz. 20.08 S. 3 mit Erlass vom 16.8.2000[60] dem BFH-Urteil vom 2.10.1997[61] Rechnung getragen hatte, in welchem dieser eine normspezifische Auslegung des Begriffs der wesentlichen Betriebsgrundlage gefordert hat, können nach diesen, der Umsetzung im UmwSt-Erl. Tz. 15.02 ff. und den gesetzlichen Bestimmungen folgende Grundsätze angewandt werden:

- Für die Einordnung als wesentliche Betriebsgrundlage ist die **Funktion** des einzelnen Wirtschaftsgutes im Rahmen der speziellen Art des betreffenden Betriebs maßgebend; auf die in einem Wirtschaftsgut enthaltenen stillen Reserven und somit auf das wirtschaftliche Eigentum kommt es dagegen im Rahmen des § 20 UmwStG grundsätzlich nicht an. Als funktional wesentlich sind dabei alle Wirtschaftsgüter anzusehen, die für den Betriebsablauf ein erhebliches Gewicht haben, mithin für die Fortführung des Betriebes notwendig sind oder dem Betrieb das Gepräge geben.[62]
- Nur soweit natürliche Personen an der Einbringung beteiligt seien und die aufnehmende Kapitalgesellschaft die Wirtschaftsgüter mit dem Teilwert ansetzen würde, ist auch eine **quantitative Betrachtungsweise** heranzuziehen, da es sich in diesem Fall um eine echte Betriebsveräußerung i.S. des § 16 EStG handelt.
- Als **fiktive Teilbetriebe** gelten auch Mitunternehmeranteile und die 100 %ige Beteiligung an einer Kapitalgesellschaft gem. **§ 15 Abs. 1 S. 3 UmwStG**; Voraussetzung ist gem. § 15 Abs. 2 S. 1 UmwG jedoch, dass diese nicht innerhalb von drei Jahren vor dem steuerlichen Spaltungsstichtag durch Übertragung von Wirtschaftsgütern, die keinen Teilbetrieb dargestellt haben, erworben oder aufgestockt worden sind. Bei der Übertragung von Mitunternehmeranteilen kann Sonderbetriebsvermögen, welches keine wesentliche Betriebsgrundlage für die Mitunternehmerschaft darstellt, bei dem übertragenden Rechtsträger verbleiben, vorausgesetzt, dass das Sonderbetriebsvermögen hier einem Teilbetrieb zugeordnet werden kann.[63] Die Möglichkeit der Zuordnung von Wirtschaftgütern des neutralen Betriebsvermögens zu Mitunternehmeranteilen durch Überführung in das Sonderbetriebsvermögen ist strittig.[64]

(Fortsetzung der Fußnote 59 von Vorseite)

schen Nutzungsrechts für den übernehmenden Rechtsträger ist jedenfalls nicht ausreichend, vgl. *BFH* Urteil vom 7.4.2010, DStR 2010, 1517 ff. = BeckRS 2008, 26025935; Tz. 15.07. des UmSt-Erl. wird für die Übertragung der wesentlichen Betriebsgrundlagen die Begründung des wirtschaftlichen Eigentums ausdrücklich für ausreichend erklärt. *Sistermann/Beutel* DStR 2011, 1162 ff. weisen darauf hin, dass wegen der Möglichkeit zur steuerlichen Rückwirkung der Übertragung des wirtschaftlichen Eigentums auch der das wirtschaftliche Eigentum vermittelnde schuldrechtliche Vertrag steuerlich rückbezogen wird, soweit tatsächlich eine entsprechende Abrechnung zwischen Überträgerin und Übernehmerin erfolgt. Zudem halten *Sistermann/Beutel* a.a.O. auch für die Realteilung von Grundstücken die Übertragung des wirtschaftlichen Eigentums nach dem UmwSt-Erl. für ausreichend.

60 BStBl. I 2000, 1253.
61 IV R 84/96, BStBl. II 1998, 104.
62 Vgl. *BFH* Urteil vom 7.4.2010, DStR 2010, 1517 ff. = BeckRS 2008, 26025935; gute Erläuterungen zur Änderung der Definition im UmwSt-Erl. in *Schmitt* DStR 2011, 1108 ff.
63 *Sagasser* § 20 Rn. 20.
64 Bejahend *Sagasser* 3 20 Rn. 26 f. und *Widmann/Mayer* Rn. S 422 falls die Wirtschaftsgüter die Voraussetzungen des gewillkürten Sonderbetriebsvermögens erfüllen.

- Gem. **§ 15 Abs. 2 S. 2 UmwStG** darf im Rahmen des Vollzugs der Spaltung **keine Veräußerung von Anteilen an außenstehende Personen** erfolgen. Da das UmwG jedoch den Beitritt von Dritten im Zuge eines Spaltungsvorgangs gar nicht uneingeschränkt zulässt, vgl. oben Rn. 9, muss diese Bestimmung im Zusammenhang mit § 15 Abs. 2 S. 5 UmwStG gelesen werden, d.h. außenstehende Personen dürfen nicht innerhalb von fünf Jahren vor der Spaltung dem übertragenden Rechtsträger beigetreten sein.[65] Unter außenstehenden Personen versteht man Personen, die nicht bereits Gesellschafter der übertragenden Gesellschaft oder einer der übernehmenden Gesellschaften sind und nicht dem Konzern der an der Spaltung beteiligten Gesellschaften angehören.[66]

- Gem. **§ 15 Abs. 2 S. 4 UmwStG** gilt eine **Haltefrist von fünf Jahren**. Wird die Haltefrist dadurch verletzt, dass mehr als 20 % der Anteile an einer an der Spaltung beteiligten Körperschaft innerhalb von fünf Jahren ab steuerlichem Spaltungsstichtag veräußert werden, wird vom Gesetz die Fiktion gesetzt, dass durch die Spaltung die Voraussetzungen für eine Veräußerung i.S. des § 15 Abs. 2 S. 3 UmwStG geschaffen wurden und damit § 11 Abs. 2 UmwStG (Buchwertverknüpfung auf Antrag) keine Anwendung findet. Man muss von einer sehr formalistischen Anwendung dieser Vorschrift durch die Finanzverwaltung ausgehen. Die 20 %-Grenze bezieht sich auf die Gesamtheit der **vor** der Spaltung vorhandenen Anteile **an der übertragenden** Körperschaft.[67] Die Veräußerungsbeschränkung bezieht sich auf Anteile **an jeder** der an der Spaltung **beteiligten** Gesellschaften. Nach Ansicht der Finanzverwaltung ist die Quote entsprechend dem Verhältnis der übergehenden Vermögensteile zu dem bei der übertragenden Gesellschaft vor der Spaltung vorhandenen Vermögen aufzuteilen, wie es i.d.R. im Umtauschverhältnis der Anteile im Spaltungsvertrag (-plan) zum Ausdruck kommt, im Ergebnis also auf Basis des gemeinen Werts; auf die absolute Höhe des Nennkapitals der an der Spaltung beteiligten alten und neuen Gesellschafter kommt es nicht an.[68]

Zu beachten ist, dass im Anwendungsbereich der §§ 20 ff. UmwStG eine **100 %ige Beteiligung an einer Kapitalgesellschaft nicht mehr als Teilbetrieb** gilt. Hierfür gelten ausschließlich die Sondervorschriften zum Anteilstausch nach § 21 UmwStG.

Ebenso ist im Anwendungsbereich der §§ 20 ff. UmwStG zu beachten, dass die Anwendung dieser Vorschriften (nicht nur die Möglichkeit zum Buchwertansatz) voraussetzt, dass die **Spaltung gegen Gewährung neuer Anteile an der Gesellschaft** erfolgt. Die teilweise im UmwG nunmehr vorgesehenen Verzichtsmöglichkeiten auf die Anteilsgewährung (§§ 54, 68 Abs. 1 UmwG) erhalten somit eine erhebliche steuerliche Einschränkung.

Wegen der Änderungen der Missbrauchsregelungen im Anwendungsbereich der §§ 20 ff. UmwStG vgl. oben 2. Kap. Rn. 75.

---

65 S. hierzu ausführlich *Engl* B.1. Rn. 82 ff.; dieser weist darauf hin, dass der Spaltungsvorgang nach einer (Minder-) Meinung in der Literatur, die sich jedoch auf die amtliche Gesetzesbegründung stützt, auch selbst zu einer schädlichen Anteilsveräußerung auf der Ebene der Anteilseigner führen kann (dort m.w.N.).

66 UmwSt-Erl. Tz 15.26.

67 UmwSt-Erl. Tz 15.29.

68 UmwSt-Erl. Tz 15.29 mit Beispiel in Tz 15.30; vgl. *Engl* B.1 Rn. 89, der unter Verweis auf *Höger* (StbJb 1994/1995, 225, 256) auch die Anschaffungskosten für einen praktikablen Maßstab hält, weil dadurch Wertveränderungen nach der Spaltung eliminiert würden.

Zu dem **Anwendungsbereich des § 24 UmwStG** ist anzumerken, dass sich nur wenige Änderungen gegenüber dem alten UmwStG ergeben mit Ausnahme der oben im 2. Kap. Rn. 75 dargestellten grundlegenden Änderungen. Es gilt jedoch auch hier ein in § 24 Abs. 5 UmwStG neu geregelter Umgehungsschutz, der sich weitgehend an den Missbrauchsregelungen des § 22 UmwStG orientiert. Hervorzuheben ist jedoch, dass die Übertragung von Anteilen an Kapitalgesellschaften nach h.M.[69] nur dann in den Anwendungsbereich des § 24 UmwStG fällt, wenn es sich um einen 100 %igen Anteil handelt. Insofern weicht § 24 UmwStG erheblich von den §§ 20 ff. UmwStG ab.

Im gesamten **Anwendungsbereich der §§ 20 ff.** **UmwStG, § 24 UmwStG** ist zu beach- **18** ten, dass im Zusammenhang mit den **geänderten Missbrauchsregelungen** folgende wichtige Punkte beachtet werden müssen:

- Gem. § 20 Abs. 3 UmwStG (i.V.m. § 24 Abs. 5 UmwStG) gilt eine **Anzeigepflicht für die Gesellschafter der übertragenden Gesellschaft**, nach welcher diese in den auf den Umwandlungsstichtag folgenden sieben Jahren jährlich bis zum 31.5. dem Finanzamt nachzuweisen haben, dass die im Zuge des Umwandlungsvorgangs neu gewährten Anteile ihnen noch zustehen. Es handelt sich dabei um eine **Ausschlussfrist**. Wird diese versäumt, gilt der Anteil als veräußert und muss entsprechend versteuert werden.[70]
- Da das **System der rückwirkenden Besteuerung** nach § 22 UmwStG sowohl auf der Ebene der Gesellschaft als auch auf der Ebene der Gesellschafter Auswirkungen haben kann, ist darüber nachzudenken, inwieweit ggf. Ausgleichsansprüche vertraglich geschaffen werden müssen, wenn es zu nachträglichen Besteuerungen kommt, die ggf. von dem anderen Vertragsteil ausgelöst wurden. Dabei ist zu beachten, dass beim Anteilstausch teilweise Abweichungen in den Missbrauchsregelungen bestehen. Es empfiehlt sich auf jeden Fall, unter Einbeziehung der steuerlichen Berater zu diskutieren, welche **Auswirkungen die rückwirkenden Besteuerungen auf Gesellschafter- und Gesellschaftsebene** haben können und ggf. vertraglich die wirtschaftlichen Folgen im Innenverhältnis zu regeln.

Mit einem Zusatz in § 125 UmwG, in welchem der Gesetzgeber die Verweisung im **19** Spaltungsrecht auf das Verschmelzungsrecht eingeschränkt hat, wurde der Verweis auf das Zweite Buch des UmwG beschränkt auf den Ersten bis Neunten Abschnitt des Zweiten Buches des UmwG. Damit wurden die **Vorschriften zur grenzüberschreitenden Verschmelzung von der Anwendbarkeit auf das Spaltungsrecht ausgenommen**. Damit bleibt der deutsche Gesetzgeber hinter den Anforderungen zurück, die der überwiegende Teil der Literatur aus der SEVIC-Entscheidung des EuGH[71] herausliest, vgl. hierzu oben ausführlicher 2. Kap. Rn. 6. Da auf die **nicht kodifizierten Fälle der grenzüberschreitenden Umwandlungen** die sog. **Vereinigungstheorie** anzuwenden ist, muss daher bei einer grenzüberschreitenden Spaltung sowohl das Sachrecht des übertragenden wie auch das Sachrecht des übernehmenden Rechtsträgers, je nach dem betroffenen Interessenbereich, nebeneinander berücksichtigt werden. Soweit in bestimmten Bereichen die Interessen beider Rechtsträger berührt sind, so z.B. beim

---

69 So zum neuen Recht u.a. *Schäfer/Blumenberg* BB-Special 8/2006, 74 unter Verweis u.a. auf *BMF* IV B 7 – S 1978 – 21/98 und IV B2 – S 1909 – 3/98, BStBl. I 1998, 268 Tz 24.03.
70 Jedoch kann ein versehentlich unterbliebener Nachweis noch in einem Rechtsbehelfsverfahren nachgeholt werden, vgl. *BMF-Schreiben* vom 4.9.2007 (IV B 2-S 1909/07/0001, BeckVerw 099538); gute Erläuterungen zur Thematik beim Formwechsel in *Meissner/Bron* SteuK 2011, 47.
71 *EuGH* DB 2005, 2804 ff.

Spaltungsvertrag, setzt sich das jeweils strengere Recht durch. Das zulässige Verfahren muss daher aus diesen beteiligten Rechtsordnungen kumulativ entwickelt werden.[72] Dieses nicht ganz einfache Verfahren muss bei der derzeitigen Gesetzeslage jedoch hingenommen werden.[73] Eine entsprechende Anwendung der ins Umwandlungsgesetz neu eingefügten §§ 122a ff. UmwG oder der VRL **ohne** Berücksichtigung der Vereinigungstheorie muss als hinnehmbar angesehen werden. Unsicherheiten lassen sich durch eine frühe Einbeziehung der zuständigen Registergerichte in der Regel reduzieren,[74] jedoch bleiben bei einer grenzüberschreitenden Spaltung Rechtsunsicherheiten, die ggf. durch die Wahl anderer Gestaltungsmöglichkeiten vermieden werden können, vgl. hierzu unten 7. Kap. Rn. 2. Durch die Neufassung des UmwStG ist im steuerlichen Bereich in viel umfassender Weise als im UmwG den verschiedenen grenzüberschreitenden Umwandlungsformen Rechnung getragen. Zu beachten ist bei den Wirkungen einer grenzüberschreitenden Spaltung, dass die partielle Gesamtrechtsnachfolge nur so weit Wirkung entfalten kann, als das Recht des Belegenheitsstaates des jeweiligen Vermögensgegenstands dies zulässt, vgl. Art. 3a Abs. 2 EGBGB; s.a. Fn. 248 zu Muster 2, Rn. 64.

II. Die Erstellung des Spaltungsvertrages/Spaltungsplans

20 Das Gesetz sieht folgende abzuschließende bzw. zu errichtende Grundlage für einen Spaltungsvorgang vor:
- bei der Spaltung zur Aufnahme den **Spaltungs- und Übernahmevertrag** gem. § 126 Abs. 1 UmwG;
- bei der Ausgliederung zur Aufnahme den **Ausgliederungs- und Übernahmevertrag** gem. § 131 Abs. 1 Nr. 3 UmwG;
- bei der Spaltung zur Neugründung den **Spaltungsplan** gem. § 136 UmwG;
- bei der Ausgliederung zur Neugründung den **Ausgliederungsplan** entspr. § 136 UmwG.

21 Der Spaltungs- und Übernahmevertrag gem. § 126 UmwG entspricht dem Verschmelzungsvertrag gem. §§ 4, 5 UmwG. So entsprechen auch die in § 126 Abs. 1 Nr. 1–8 und 11 UmwG enthaltenen Bestimmungen über den Mindestinhalt des Spaltungs- und Übernahmevertrages den entsprechenden Bestimmungen in § 5 Abs. 1 Nr. 1–9 UmwG. Insoweit wird auch weitestgehend auf die Erläuterungen im 3. Kap. Rn. 11 ff. verwiesen. Die in § 126 Abs. 1 Nr. 9 und 10 UmwG geforderten Mindestangaben sind spaltungsspezifisch. Zu beachten ist, dass die Mindestangaben, welche sich auf das Umtauschverhältnis der Anteile beziehen auf die Auf- und Abspaltung beschränkt sind, da bei der Ausgliederung kein Anteilstausch stattfindet (§ 126 Abs. 1 Nr. 3, 4 und 10 UmwG).[75] Für den Spaltungs- und Übernahmevertrag gelten noch folgende **nicht in § 126 UmwG enthaltene Bestimmungen zum Mindestinhalt:**

---

72 Eine sehr gute Darstellung der hierfür maßgeblichen Grundsätze findet sich in *Limmer* ZNotP 2007, 246 ff.
73 H.M., vgl. zum Meinungsstand *Spahlinger/Wegen* NZG 2006, 727.
74 Vgl. hierzu die oben 2. Kap. Rn. 6 zitierten Praxisberichte.
75 Abzulehnen ist die teilweise vertretene Auffassung (z.B. *Feddersen/Kiem* ZIP 1994, 1079), dass § 126 Abs. 1 Nr. 7 UmwG bei der Ausgliederung nicht anzuwenden sei, da auch bei dieser die dort aufgeführten Sonderrechte unabhängig von einer Anteilsgewährung an den übertragenden Rechtsträger selbst dessen Anteilsinhabern gewährt werden könnten; s.a. *Widmann/Mayer* § 126 Rn. 4.

- der Spaltungsvertrag (nicht aber der Ausgliederungsvertrag) muss in den Fällen der §§ 29–34 UmwG ein **Barabfindungsangebot** enthalten;[76]
- im Spaltungsvertrag muss bei einer übernehmenden **Personenhandelsgesellschaft** gem. § 40 Abs. 1 UmwG bestimmt sein, in welche **Gesellschafterstellung** (Kommanditist oder persönlich haftender Gesellschafter) die Anteilsinhaber des übertragenden Rechtsträgers eintreten;
- im Spaltungsvertrag muss bei einer übernehmenden GmbH gem. § 46 Abs. 1 UmwG bestimmt sein, mit welchem **Nennbetrag** den Anteilsinhabern des übertragenden Rechtsträgers **Geschäftsanteile an der übernehmenden Gesellschaft** gewährt werden;
- im Spaltungsvertrag müssen bei einer aufnehmenden AG gem. §§ 71, 73 UmwG Angaben über die **Benennung eines Treuhänders** zur Entgegennahme der Aktien und baren Zuzahlungen sowie ggf. gem. § 35 UmwG die Benennung unbekannter Aktionäre aufgenommen werden.

Der **Spaltungsplan zur Neugründung** gem. § 136 UmwG tritt bei den Spaltungen zur Neu- **22** gründung anstelle des Spaltungs- und Übernahmevertrages und hat insoweit denselben Mindestinhalt zu erfüllen. Dabei treten anstelle des in § 126 Abs. 1 Nr. 3 UmwG genannten Umtauschverhältnisses die Angaben über die Höhe der Beteiligung am neuen Rechtsträger. Zusätzlich muss i.V.m. § 37 UmwG der **Gesellschaftsvertrag, der Partnerschaftsvertrag, die Satzung oder das neue Statut des neuen Rechtsträgers** enthalten sein. Hierdurch ergibt sich ein Beurkundungserfordernis für diesen, auch wenn dies in den allgemeinen rechtsformspezifischen Vorschriften so nicht vorgesehen ist.[77] Da der Gesellschaftsvertrag bzw. die Satzung erst gem. §§ 135, 125, 59 S. 1, 76 Abs. 2 S. 1 UmwG wirksam werden, wenn die Anteilsinhaber des übertragenden Rechtsträgers durch Spaltungsbeschluss zustimmen, entsteht die Vorgesellschaft erst mit Wirksamwerden dieses Beschlusses.[78] Die Ausführungen zum Spaltungs- und Übernahmevertrag gelten unter der Berücksichtigung der vorstehenden Besonderheiten daher auch für den Spaltungsplan.

Eine Aufspaltung ist immer ein einheitliches Vertragswerk unter Beteiligung mehre- **23** rer übernehmender Rechtsträger. Auch wenn an einem sonstigen Spaltungsvorgang mehrere Rechtsträger als übernehmende Rechtsträger beteiligt sind, ist grundsätzlich von der **Einheitlichkeit des Vorgangs** auszugehen, und somit von dem zwingenden einheitlichen Abschluss des Spaltungsvertrages sowie der Erforderlichkeit der Zustimmung der Anteilsinhaber der beteiligten Rechtsträger zum einheitlichen Vertragswerk.[79] Davon zu unterscheiden sind Spaltungsvorgänge, die inhaltlich voneinander losgelöst sind, auch wenn der übertragende Rechtsträger derselbe ist, z.B. bei Übertragung von zwei Teilbetrieben einmal im Wege der Abspaltung auf ein Konzernunternehmen, einmal im Wege der Ausgliederung auf ein konzernfremdes Unternehmen oder wenn verschiedene Spaltungsvorgänge durch Bedingungsverknüpfung hintereinander geschaltet werden. Eine solche Hintereinanderschaltung ist auch dann zulässig, wenn die verschiedenen Spaltungsvorgänge auf den gleichen Stichtag bezogen sind,[80] vgl. hierzu auch ausführlich oben 2. Kap. Rn. 26.

---

76 Die Pflicht zur Abgabe eines Abfindungsangebots beim sogenannten „Kalten Delisting" gegenüber den Aktionären wurde nunmehr im § 29 Abs. 1 kodifiziert; vgl. hierzu auch *OLG Düsseldorf* NZG 2005, 317 ff.
77 So im Ergebnis *Widmann/Mayer* § 136 Rn. 25, *Lutter* § 136 Rn. 11.
78 H.M. *Lutter* § 136 Rn. 13, *Widmann/Mayer* § 136 Rn. 2.
79 Vgl. *Widmann/Mayer* § 126 Rn. 8.
80 Vgl. *Widmann/Mayer* § 126 Rn. 8 sowie *Lutter* § 123 Rn. 30.

24 Wesentliche Aufgabe des Spaltungs- und Übernahmevertrages ist es, die Vermögensteile genau zu beschreiben, welche durch den Spaltungsvorgang auf den übernehmenden Rechtsträger transportiert werden sollen. Da die Spaltung eine partielle Gesamtrechtsnachfolge bewirkt, sind für diese dingliche Wirkung **genaue Abgrenzungen** erforderlich (§ 126 Abs. 1 Nr. 9 UmwG); vgl. zu dieser Thematik bereits die Ausführungen im 2. Kap. Rn. 27. Unabhängig davon, dass aus steuerlichen Gesichtspunkten die Zugehörigkeit bestimmter Vermögensteile zu Betriebsteilen beachtet werden sollte, sind die beteiligten Rechtsträger bei der Zuordnung der einzelnen Vermögensgegenstände zu den zu übertragenden Vermögensteilen frei.[81] Auch einzelne Vermögensgegenstände können Gegenstand einer Spaltung sein. Grenzen der Zuordnungsfreiheit können sich aus den bereits erwähnten steuerlichen Gesichtspunkten, der Erforderlichkeit der Kapitalaufbringung für die zur Durchführung der Spaltung ggf. durchzuführenden Kapitalerhöhung,[82] bei Arbeitsverhältnissen, vgl. 2. Kap. Rn. 35 und oben Rn. 15, sowie aus den Grundsätzen des Gestaltungsmissbrauchs[83] ergeben.

25 Ob sich aus der Möglichkeit der Abspaltung einzelner frei wählbarer Vermögensteile eine Zulässigkeit der **Abspaltung spezifischer Risiken oder Eventualverbindlichkeiten** in eine separate Kapitalgesellschaft ableiten lässt, ist strittig. Im Bereich der Produkt- und Umwelthaftung wird eine haftungssegmentierende Spaltung grundsätzlich im Rahmen des Gesamtschuldkonzepts des § 133 UmwG für möglich gehalten.[84] *Sickinger* weist m.E. zu Recht darauf hin, dass sich aus der Verweisung des § 125 UmwG auf § 21 UmwG die zusätzliche Problematik ergibt, dass der übernehmende Rechtsträger hierdurch eine Möglichkeit zur Kündigung eines gegenseitigen Vertrages hätte, wenn ihm vom spaltenden Rechtsträger Verpflichtungen zugewiesen werden, deren weitere Erfüllung durch den übernehmenden Rechtsträger zu unbilligen Belastungen führen könnte. Die zulasten des dritten Vertragspartners sich ergebenden Gestaltungsmöglichkeiten liegen auf der Hand, etwa durch Vereinigung von sich widersprechenden Alleinbezugsvereinbarungen beim übernehmenden Rechtsträger.[85] Hier ist sicher die oben unter Rn. 24 bereits erwähnte Grenze des Gestaltungsmissbrauchs zu beachten.

26 Für die Bezeichnung des zu übertragenden Vermögensteils (Spaltungsgegenstand) im Spaltungs- und Übernahmevertrag sind folgende Grundsätze zu beachten:

---

81 Vgl. *Widmann/Mayer* § 126 Rn. 61 unter Verweis auf die Gesetzesbegründung.
82 Für die Kapitalaufbringungskontrolle bei Kapitalgesellschaften ist der tatsächliche Wert des übertragenen Vermögens, nicht dessen Buchwert maßgeblich.
83 Diese Grenzziehung ist sehr str.; zu Recht weist jedoch m.E. *Widmann/Mayer* darauf hin, dass sich in Fällen der Verschiebung des gesamten Aktivvermögens ggf. für Neuverbindlichkeiten, welche nicht von § 133 UmwG erfasst sind, eine Konzernhaftung ergeben kann; vgl. *Widmann/ Mayer* § 126 Rn. 63 m.w.N.; interessant zum Gestaltungsmissbrauch, insbesondere im Hinblick auf den Wegfall von § 132 UmwG, ist auch die Entscheidung *LG Hamburg* ZIP 2005, 2331 ff. zur Unwirksamkeit der Ausgliederung laufender Pensionsverbindlichkeiten; eine kritische und gute Besprechung hierzu findet sich bei *Hohenstatt/Seibt* ZIP 2006, 546 ff.
84 Zustimmend *Sagasser* § 18 Rn. 52 unter Verweis auf *Hommelhoff* in Lutter, Kölner Umwandlungsrechtstage S. 125 (126); teilweise wird – m.E. zu Recht – vertreten, dass die Verbindlichkeiten, deren Entstehung noch ungewiss ist, entweder in der Bilanz als Rückstellung erfasst sein müssen oder zumindest erfasst werden könnten, vgl. *Schmitt/Hörtnagl/Stratz* § 126 Rn. 94, *Lutter* § 126 Rn. 53.
85 S. *Sickinger* in Sagasser § 18 Rn. 53.

- In § 126 Abs. 2 UmwG ist klargestellt, dass zum einen für die **Bezeichnung der einzelnen Vermögensgegenstände** die Regeln für die Einzelrechtsübertragung, also insbesondere § 28 GBO zu beachten sind;[86] zum anderen wird die Zulässigkeit der Verwendung von Bilanzen und Inventaren zur Bezeichnung angesprochen; in diesem Zusammenhang stellt sich zum einen die Frage, ob bei nicht vermessenen Teilflächen überhaupt eine Vermögensübertragung durch Spaltung herbeigeführt werden kann, wenn die Vermessung und grundbuchrechtliche Buchung des Grundstücks vor Wirksamwerden der Spaltung nicht erfolgt sind, vgl. hierzu die Darstellung des Meinungsstand unter Rn. 54; zum anderen ist es in der Praxis häufig schwierig festzulegen, inwieweit die Bezugnahme auf eine Bilanz bzw. ein Verzeichnis die Anforderungen an die hinreichende Kennzeichnung der zu übertragenden Aktiva und Passiva erfüllt. Der Grundsatz, dass die genaue Abgrenzung des Kreises der übergehenden Aktiva und Passiva bei Spaltungsvorgängen mit der gleichen Genauigkeit erfolgen muss, wie dies bei der Veräußerung von Unternehmen im Wege der Übertragung von Einzelwirtschaftsgütern gefordert wird, hat sich in der umwandlungsrechtlichen Literatur durchgesetzt.[87] Hierfür gelten insbesondere folgende Regeln:
  - Die Anforderungen an die Bezeichnung einzelner Gegenstände im Rahmen von Sachgesamtheiten dürfen nicht überspannt werden,[88] so dass sich auch die Anerkennung von sog. **„All-Klauseln"**[89] im Zusammenhang mit der Übertragung von Teilbetrieben durchgesetzt hat, vgl. hierzu auch oben 2. Kap. Rn. 27. Nach der ständigen Rechtsprechung des BGH ist, eine ausreichende **Bestimmbarkeit** bei Sachgesamtheiten gegeben, wenn infolge der Wahl einfacher äußerer Abgrenzungskriterien jeder Beteiligte und jeder sachkundige Dritte, der die Parteiabreden im für den Eigentumsübergang maßgeblichen Zeitpunkt kennt, ohne weiteres in der Lage ist, eine einwandfreie Zuordnung der übereigneten Sachen vorzunehmen.[90]
  - Insoweit dürfte also in den Fällen der Übertragung von Betrieben/Teilbetrieben die **Bezugnahme auf Spaltungsbilanzen**, welche den übertragenen Betrieb oder Teilbetrieb darstellen, sinnvoll sein, jedoch muss diese Bezugnahme ergänzt werden durch die nähere Bezeichnung der wichtigsten Vermögensgegenstände und Verbindlichkeiten (häufig erfolgt dies durch entsprechende Bezugnahme auf die Bilanzkonten oder die Anlagenbuchhaltung mit entsprechender Ziffernfolge), welche in der Bilanz nicht einzeln aufgeführt sind sowie der nicht-bilanzierungsfähigen Vermögensgegenstände, der Vertragsverhältnisse sowie der öffentlich-

---

86 Zur strengen Auffassung des BGH, dass die Bezeichnung nach § 28 GBO Wirksamkeitsvoraussetzung für den Eigentumsübergang infolge Spaltung ist vgl. *BGH* MittBayNot 2008, 307 ff. = BWNotZ 2008, 89 ff. = DNotZ 2008, 468 ff. = NZG 2008, 436 ff.; ablehnend hierzu *Lutter* § 126 Rn. 53; zur Problematik der Bezeichnungserfordernisse bei Abspaltung von Dienstbarkeiten vgl. *Bungert/Lange* DB 2009, 103 ff., *Ising* ZfIR 2010, 386 ff.

87 *Widmann/Mayer* § 126 Rn. 202; DNotI-Gutachten Nr. 29, S. 207; *Lutter* § 126 Rn. 50 unter Verweis auf die Gesetzesbegründung.

88 DNotI-Gutachten Nr. 29, S. 210; *Lutter* § 126 Rn. 55; *Widmann/Mayer* § 126 Rn. 202.

89 Eine gute Übersicht zu „Auffang-/Catch-All-Klauseln" enthält *Klöckner* DB 2008, 1083 ff., 1088 f.

90 Vgl. u.a. *BGH* NJW 1992, 1161 und *BGH* vom 8.10.2003 – XII ZR 50/02 –; eine gute Darstellung des sich aus der Rechtsprechung des *BGH* vom 25.1.2008, MittBayNot 2008, 307 ff. = BWNotZ 2008, 89 ff. = DNotZ 2008, 468 ff. = NZG 2008, 436 ff. und der Rechtsprechung des *OLG Schleswig* vom 1.10.2009, ZNotP 2010, 108 = FGPrax 2010, 21 ff. ergebenden Spannungsfeldes zwischen Bestimmtheit und Bestimmbarkeit gibt *Leitzen* ZNotP 2010, 91 ff.

rechtlichen Rechtspositionen.[91] Gleiches gilt für nicht aktivierte, selbst geschaffene immaterielle Rechte, wie etwa Patente, welche somit immer ausdrücklich aufgeführt werden müssen.[92]

– **Forderungen sind individualisierbar zu bezeichnen**, wobei nach h.M. die bei der Einzelübertragung geltenden Erleichterungen auch bei der Spaltung greifen, so dass zum einen für die Übertragung von Forderungsmehrheiten es genügt, dass alle Forderungen aus einem bestimmten Geschäftsbetrieb, aus einer bestimmten Art von Rechtsgeschäften oder aus einem bestimmten Zeitraum übertragen werden oder bei Übertragung eines Teilbetriebs hinsichtlich der Bezeichnung der Forderungen auf die Zuordnung zu diesem verwiesen wird, wenn sich die Zuordnung aus der Buchhaltung nachvollziehen lässt.[93]

– **Verbindlichkeiten sind** in gleicher Weise **individualisierbar zu bezeichnen** wie Forderungen, wobei zu beachten ist, dass der ausreichend genauen Bezeichnung der übertragenen Verbindlichkeiten insofern eine wichtige Bedeutung zukommt, da die Enthaftungsmöglichkeit des § 133 Abs. 3 UmwG eine Zuweisung voraussetzt. Dies bedeutet gerade bei Verbindlichkeiten, dass die Aufnahme von Auslegungsregeln für den Fall, dass eine Verbindlichkeit nicht aufgeführt ist bzw. nicht eindeutig zugeordnet ist, von wichtiger Bedeutung für die Haftungsverhältnisse sein kann.[94] Werden „unbekannte Verbindlichkeiten" aus Haftungsrisiken einem Rechtsträger zugewiesen, sollten auch zugehörige Ansprüche aus Haftpflichtversicherungen übertragen werden.[95] Zumindest bei Aufspaltungsfällen ist es wichtig, **„vergessene Verbindlichkeiten"** einem der übernehmenden Rechtsträger zuzuweisen, damit nicht alle Rechtsträger ohne Enthaftungsmöglichkeit nach fünf Jahren gesamtschuldnerisch haften;[96] dies ist jedoch auch bei anderen Spaltungsvorgängen ein zu besprechendes Thema, da ansonsten der übertragende Rechtsträger die „vergessene" Verbindlichkeit behält. Richtigerweise muss im Zusammenhang mit Spaltungsvorgängen auch von der Teilbarkeit von Verbindlichkeiten ohne Zustimmung des Gläubigers ausgegangen werden. Die Interessen der Gläubiger sind nach § 133 UmwG durch die gesamtschuldnerische Haftung ausreichend gewahrt.[97]

---

91 Vgl. hierzu ausführlich *Widmann/Mayer* § 126 Rn. 203 ff., der in Rn. 204 f. darauf hinweist, dass der Bestimmtheitsgrundsatz in jedem Fall gewahrt sein dürfte, wenn einem der an der Spaltung beteiligten Rechtsträger ein Leistungsbestimmungsrecht nach § 315 BGB eingeräumt wird; da diese Auffassung jedoch, insbesondere im Hinblick auf die sachenrechtliche Bestimmtheit, nicht unstrittig ist, a.a.O. m.w.N., empfiehlt es sich auch bei Vorliegen eines Leistungsbestimmungsrechts in einer Nachtragsurkunde die von der Spaltung erfassten Vermögensgegenstände zu konkretisieren; auch im Hinblick auf die Enthaftung nach § 133 Abs. 3 UmwG ist diese Vorgehensweise empfehlenswert, vgl. auch Rn. 52.

92 *Widmann/Mayer* § 126 Rn. 222.

93 Vgl. DNotI-Gutachten Nr. 29 S. 211 m.w.N.

94 In *Widmann/Mayer* § 131 Rn. 222, 215 ff. wird eine sog. Surrogationsklausel vorgeschlagen, nach welcher nicht aufgeführte Wirtschaftsgüter auf diejenige Übernehmerin übergehen, deren wirtschaftlichem Zweck sie dienen, und dass Verbindlichkeiten auf diejenige Übernehmerin übergehen, deren wirtschaftlichem Zweck sie dienen und dass Verbindlichkeiten auf diejenige Übernehmerin übergehen, die den Betrieb oder Betriebsteil übernommen hat, in dem die Verbindlichkeit begründet wurde. Durch die Surrogationsregelung sollten auch immaterielle Wirtschaftsgüter und solche Wirtschaftsgüter erfasst werden, die in der Zeit zwischen Spaltungsstichtag und Wirksamwerden der Spaltung erworben bzw. ausgetauscht wurden.

95 *Widmann/Mayer* § 126 Rn. 239.

96 So *Widmann/Mayer* § 126 Rn. 325.

97 H.M. *Widmann/Mayer* § 126 Rn. 248 ff.; *Lutter* § 126 Rn. 64 (deutlicher zu diesem Thema noch 2. Aufl. § 126 Rn. 48); *Kallmeyer* § 126 Rn. 28.

– Vertragsverhältnisse bestehen in der Regel aus einer verschiedenen Anzahl von Rechten und Pflichten. Zur Bezeichnung der Vertragsverhältnisse müssen diese Rechte und Pflichten nicht im Einzelnen bezeichnet sein, es reicht die **schlagwortartige Bezeichnung des Vertrages** unter Angabe der Vertragsparteien und des Vertragsobjektes ggf. noch des Datums des Vertragsschlusses. In Bezug auf die Genauigkeit der Bezeichnung der Vertragsverhältnisse besteht in der Literatur keine einheitliche Meinung. M.E. muss hier in jedem Fall unterschieden werden zwischen Dauerschuldverhältnissen und sonstigen beiderseits noch nicht erfüllter Verträge. Für die Bezeichnung der Dauerschuldverhältnisse ist sicherlich ein Mehr zu fordern gegenüber dem normalen noch nicht erfüllten Vertrag. Für Letzteren muss die Bestimmbarkeit entsprechend den obigen Ausführungen zu Forderungen und Verbindlichkeiten beurteilt werden, da kein Grund für ein höheres Schutzbedürfnis zu ersehen ist; i.d.R. erlöschen mit einmaliger Erfüllung der vertraglichen Rechte und Pflichten dieselben. Anders sind die Anforderungen bei Dauerschuldverhältnissen; hier ist gerechtfertigt, dass der Eintritt eines neuen Schuldners oder Gläubigers in komplexe Rechtsverhältnisse, die aus einer Mehrzahl gegenseitiger Haupt- und Nebenansprüche bestehen können, nicht der Übertragung von Forderungen oder Verbindlichkeiten gleichgestellt wird. Es empfiehlt sich daher die Dauerschuldverhältnisse aufzulisten.[98] Ob Vertragsverhältnisse im Zuge der Spaltung geteilt werden können, ist in der Literatur und Rechtsprechung nicht eindeutig zu klären. M.E. ist es richtig zwischen der **horizontalen und der vertikalen Teilung von Verträgen** zu unterscheiden.[99] Bei der vertikalen Teilung eines Vertragsverhältnisses ist es wahrscheinlich, dass durch die Trennung von Forderung und Verbindlichkeit verbunden mit der Aufspaltung auf verschiedene Rechtsträger eine Inhaltsänderung des Vertrages einhergeht; eine solche kann ohne Zustimmung des Vertragspartners nicht erfolgen. Ist ausnahmsweise keine inhaltliche Änderung mit der vertikalen Teilung verbunden, kann eine solche m.E. im Wege der Spaltung erfolgen.[100] Die horizontale Teilung muss im Hinblick auf die im Gesetz in § 420 BGB vorgesehene Teilbarkeit jedes Anspruchs auf eine teilbare Leistung entsprechend der h.M. in der Literatur im Zuge der Spaltung ohne Zustimmung des Vertragspartners zulässig sein.[101] Dem Vertragspartner kann aber ggf. ein Kündigungsrecht aus wichtigem Grund zustehen.[102] Zu beachten ist jedenfalls, dass rechtlich zusammenhängende Anspruchspositionen, die kraft Einzelübertragung nicht getrennt werden dürften, auch im Rahmen einer Spaltung nicht getrennt werden können.[103]

---

98 So im Ergebnis DNotI-Gutachten Nr. 29 S. 213 f., wohl auch *Widmann/Mayer* § 126 Rn. 225 f.
99 Vgl. *Lutter* § 126 Rn. 64, unter **horizontaler Teilung** versteht Priester dort die Verteilung von Rechten und Pflichten aus einem Vertragsverhältnis auf mehrere Rechtsträger (= Multiplizierung des Vertragsverhältnisses); unter **vertikaler Teilung** versteht Priester die Trennung von Forderung und Verbindlichkeit aus einem einheitlichen Vertragsverhältnis (= Division des Vertragsverhältnisses); die horizontale Spaltung von Verträgen wird auch von *Mayer* in Widmann/Mayer § 126 Rn. 228 aufgegriffen.
100 Vgl. hierzu auch *LG Hamburg* BB 1989, 726 (zum Formwechsel).
101 So *Widmann/Mayer* § 126 Rn. 228, § 131 Rn. 93 ff.; *Lutter* § 126 Rn. 64 ff.; ähnlich: *Kallmeyer* § 126 Rn. 24 ff.
102 So *Widmann/Mayer* und *Lutter* jew. a.a.O.
103 So zutreffend *Widmann/Mayer* § 126 Rn. 229; dort wird offen gelassen, ob Anfechtungs-, Rücktritts-, Kündigungs-, Widerspruchsrechte ohne einen Anspruch bzw. das Schuldverhältnis, dem sie zugehören, übertragen werden können; dies ist m.E. abzulehnen, da das Recht zu deren Ausübung inhaltlich zu eng mit dem Schuldverhältnis verknüpft ist, vgl. Münchener Kommentar § 399 BGB Rn. 19; im Ergebnis so *Kallmeyer* § 126 Rn. 24, der in Rn. 25 ergänzend darauf hinweist, dass bei Unwirksamkeit der Zuweisung von Teilen einer Verbindlichkeit an verschiedene Rechtsträger, diese auf der Grundlage einer salvatorischen Klausel ggf. als teilweise Erfüllungsübernahme aufrecht erhalten werden kann.

- Da die partielle Gesamtrechtsnachfolge nur die Rechte des übertragenden Rechtsträgers erfassen kann, welche diesem an den Vermögensgegenständen des Spaltungsgegenstands zustehen, empfiehlt sich eine **Aufgliederung nach Vollrechten und Anwartschaftsrechten**; ebenso sind bei Globalzessionen und Sicherungsabtretungen die jeweiligen Sicherungsvereinbarungen zu bezeichnen, da nur die Rechte und Ansprüche aus diesen übertragen werden können, vgl. hierzu auch unten Rn. 52.

- Bei der Erstellung des Spaltungs- und Übernahmevertrages sind durch den Wegfall von § 132 UmwG die allgemein geltenden **Einschränkungen zur Übertragbarkeit von Vermögensgegenständen** bei der Spaltung nicht mehr zu berücksichtigen. Entsprechend ist auch § 131 Abs. 1 Nr. 1 S. 2 UmwG entfallen. Einigkeit bestand, dass die Zielsetzung des § 132 UmwG sein sollte, zu vermeiden, dass sinnvolle Übertragbarkeitsbeschränkungen bei Einzelrechtsnachfolgen durch den Weg über eine Spaltung umgangen werden können.[104] In der Gesetzesbegründung zur Aufhebung des § 132 UmwG [105] wurde auf die erheblichen Schwierigkeiten bei der praktischen Anwendung des § 132 UmwG verwiesen. Der Gesetzgeber unterstellt mit dem Wegfall des § 132 UmwG die Gesamtrechtsnachfolge bei Verschmelzung und Spaltung künftig denselben Grundsätzen, auch im Hinblick auf die Übertragungshindernisse, vgl. hierzu oben 3. Kap. Rn. 52. Ausführlich zum Anwendungsbereich und der Reichweite des § 132 UmwG s. die 1. Auflage dieses Handbuchs Rn. 206 und 207. Wie bereits oben in Rn. 24 Fn. 83 erwähnt, ist auf der Grundlage der Rechtsprechung zur Unwirksamkeit der Ausgliederung laufender Pensionsverpflichtung[106] gerade nach Wegfall des § 132 UmwG besonders sorgfältig zu prüfen, dass im Einzelfall, insbesondere bei der Übertragung von umfangreichen Verbindlichkeiten im Zuge einer Spaltung **kein Gestaltungsmissbrauch** vorliegt.[107] Bereits zu § 132 UmwG wurde vertreten, dass ein solcher nicht vorliegen könne, wenn eine Vermögenseinheit und nicht nur einzelne Vermögensgegenstände transferiert werden, die im Minimum einem Teilbetrieb i.S. des UmwStG entspricht.[108] Zu Recht wird jedoch in der Literatur darauf hingewiesen, dass es ausreichen muss, dass beim übernehmenden Rechtsträger bei kursorischer Prüfung ein **ausreichender Aktivvermögenbestand im Verhältnis zu den übergehenden Verbindlichkeiten** vorhanden war oder durch die Spaltung entsteht.[109] In der Gesetzesbegründung a.a.O. wird für den durch den Rechtsübergang im Zuge der Spaltung betroffenen Dritten auf die allgemeinen Vorschriften zur Kündigung, Wegfall der Geschäftsgrundlage etc. verwiesen, vgl. hierzu auch oben 3. Kap. Rn. 52.[110] Auch in Bezug auf die Ausgliederung von Pensionsverbindlichkeiten wurde bereits vor Abschaffung des § 132 UmwG darauf verwiesen, dass die Versorgungsberechtigten durch die gesamtschuldnerische Haftung des

---

104 Insoweit übereinstimmend *Widmann/Mayer* § 132 Rn. 5 ff., *Lutter* 3. Aufl. § 132 Rn. 11.

105 Vgl. BT-Drs. 16/2919, 19; kritisch zur ersatzlosen Streichung von § 132 UmwG *Widmann/ Mayer* § 132 Rn. 7 ff.

106 Vgl. *LG Hamburg* ZIP 2005, 2331 ff.

107 *Widmann/Mayer* § 132 Rn. 9 ff.

108 *Widmann/Mayer* (Altkommentierungen) § 132 Rn. 23, differenzierend *Lutter* 3. Aufl. § 132 Rn. 17 ff.; s.a. *LG Hamburg* a.a.O.

109 Vgl. u.a. *Hohenstatt/Seibt* ZIP 2006, 551 m.w.N.

110 *Widmann/Mayer* § 132 Rn. 7 ff. kritisiert und legt ausführlich dar, dass diese allgemeinen Regeln des Schuldrechts jedoch kein ausreichendes Umgehungskorrektiv darstellen.

§ 133 UmwG, die Sicherheitsleistung gem. §§ 133 Abs. 1 S. 2, 125, 22 UmwG, die Verantwortlichkeit der Organe gem. §§ 125, 25 UmwG sowie den Insolvenzschutz durch den PSV (§§ 7 ff. BetrAVG) ausreichend geschützt sind .[111] Der Gesetzgeber hat diesen Schutz durch die Einfügung von § 133 Abs. 3 S. 2 UmwG nochmals verstärkt. Das BAG[112] hat nun ausdrücklich festgestellt, dass eine Ausgliederung auf eine „Rentnergesellschaft" wirksam ist und auch nach altem Recht keiner Zustimmung der Versorgungsempfänger bedarf. Eine unzureichende finanzielle Ausstattung der Rentnergesellschaft führt nicht zur Unwirksamkeit der Ausgliederung, sondern kann Schadenersatzansprüche der Versorgungsempfänger gegenüber dem übertragenden Rechtsträger auslösen.

- Die **Übertragung von Beherrschungs- und Gewinnabführungsverträgen** muss, soweit diese überhaupt zulässig ist, vgl. dazu unten Rn. 52, im Spaltungs- und Übernahmevertrag ausdrücklich erwähnt sein.
- Findet auf den Spaltungsvorgang § 24 UmwStG Anwendung, vgl. die Übersicht im 2. Kap. Rn. 5, wird wegen der Definition des Betriebes verwiesen auf die Definitionen zu §§ 20, 15 UmwStG, vgl. hierzu die Ausführungen in Rn. 17. Wegen der zu dem übertragenen Betrieb/Teilbetrieb gehörenden **wesentlichen Wirtschaftsgüter** muss es nach wohl h.M. ausreichen, wenn diese entweder **zu Eigentum (quoad dominum) oder wirtschaftlich und dem Werte nach (quoad sortem)** übertragen werden[113] und somit Betriebsvermögen des übernehmenden Rechtsträgers werden. Dies gilt insbesondere für das Sonderbetriebsvermögen eines Gesellschafters einer Personengesellschaft. Bei solchen Fallgestaltungen ist unbedingt zu prüfen, inwieweit die §§ 16 Abs. 3, 6 Abs. 5 EStG Anwendung finden und bei der Gestaltung berücksichtigt werden müssen, vgl. hierzu auch 2. Kap. Rn. 76.

Nach **Wegfall des § 132 UmwG** finden die Regeln zur Gesamtrechtsnachfolge bei der   **27** Verschmelzung in vollem Umfang auch Anwendung bei der Spaltung,[114] vgl. hierzu auch oben 3. Kap. Rn. 52. Jedoch sind nicht alle Vermögensgegenstände durch Gesamtrechtsnachfolge übertragbar. Für die Spaltung soll nachfolgend eine Übersicht über die für die Praxis wichtigen Vermögensgegenstände gegeben werden:

---

111 S.a. *Wollenweber* NZG 2006, 45 m.w.N.
112 *BAG* vom 11.3.2008 ZIP 2008, 1935 ff. = NZA 2009, 790 ff. = BB 2009, 329 ff. mit interessanten Ausführungen zur Ermittlung der erforderlichen finanziellen Ausstattung der Rentnergesellschaft; gute Besprechung des BAG-Urteils von *Baum/Humpert* BB 2009, 950 ff.
113 UmwSt-Erl. Tz.15.07 f.; vgl. auch *Widmann/Mayer* § 24 UmwStG Rn. 6.1, wobei dieser ausführlich auf die Problematik hinweist, falls durch die Gestaltung eine Betriebsaufspaltung herbeigeführt wird, da dann die hierfür geltenden steuerlichen Regeln gem. BFH-Rechtsprechung Vorrang vor der Anwendung des § 24 UmwStG haben, so dass ab 1.1.2001 der Vorgang nur dann erfolgsneutral gestaltet werden kann, soweit eine Schwestergesellschaft an einer anderen Schwestergesellschaft beteiligt ist bzw. wird und das Wirtschaftsgut im Wege der offenen oder verdeckten Sacheinlage überführt oder Sonderbetriebsvermögen wird, *Widmann/Mayer* a.a.O. Rn. 6.10; hieran dürfte sich durch die Neufassung des § 24 UmwStG nichts geändert haben, jedoch müssen dann zusätzlich die neuen Voraussetzungen zur Buchwertfortführung, vgl. oben 4. Kap. Rn. 17 f., vorliegen.
114 Eine Ausnahme gilt jedoch in Bezug auf § 45 AO, da die Finanzrechtsprechung die partielle Gesamtrechtsnachfolge nicht als Gesamtrechtsnachfolge i.S. des § 45 AO anerkennt; vgl. hierzu *BFH* Urteil vom 5.11.2009 DStRE 2010, 110 ff. = BeckRS 2009, 24003868.

Gegenstand	Übertragbarkeit ist nach allg. Regeln ausgeschlossen = von der Gesamtrechtsnachfolge ausgenommen	Übertragbarkeit ist nach allgemeinen Regeln eingeschränkt = von der Gesamtrechtsnachfolge erfasst	Mögliche Rechte des Vertragspartners nach erfolgtem Übergang durch Spaltung
Höchstpersönliche Rechtspositionen[115]	X (Ausnahme: Rechtsposition steht einer juristischen Person zu[116])		
Schuldrechtliche Vorkaufsrechte	(X) (a.A.:Umwandlung ist keine Übertragung i.S. des § 473 BGB[117])		
Vereinsmitgliedschaften	X § 38 BGB (Ausnahme, wenn in Satzung gem. § 40 BGB Übergang zugelassen)		

---

115 Hierzu gehören nach h.M. die Stellung als Vermögensverwalter, Treuhänder oder Testamentsvollstrecker, als Beauftragter oder Dienstleistungsberechtigter; vgl. u.a. *Widmann/Mayer* § 132 Rn. 10 und (Altkommentierung) Rn. 35 und § 20 Rn. 276 f., *Lutter* § 20 Rn. 24 ff.; es ist jedoch im Einzelfall durch Auslegung zu ermitteln, ob nicht doch die Gesamtrechtsnachfolge in die Position des übertragenden Rechtsträgers vertretbar ist ggf. durch Neubegründung eines inhaltsgleichen Rechtsverhältnisses mit dem übernehmenden Rechtsträger, z.B. bei Testamentsvollstreckung durch Nachfolgebenennung; *Schmitt/Hörtnagl/Stratz* § 131 Rn. 92 weist darauf hin, dass bei einer Aufspaltung höchstpersönliche Rechte und Pflichten des übertragenden Rechtsträgers erlöschen, was zu Schadenersatzansprüchen gegenüber den übernehmenden Rechtsträgern führen kann.

116 Im Zweifel ist dann die Rechtsposition nicht höchstpersönlich; vgl. *Sagasser* (3. Aufl.) N Rn. 50; *Widmann/Mayer* § 132 Rn. 10 und (Altkommentierung) Rn. 35, der darauf hinweist, dass jedoch das Verwalteramt nach WEG gem. *BayObLG* MDR 1987, 588/599, auch wenn der Verwalter eine juristische Person ist, nicht auf den Gesamtrechtsnachfolger übergeht, s.a. *OLG Köln* vom 24.9.2003- 2 Wx 28/03, BeckRS 2003, 30329023. Eine sehr gute Übersicht zur Thematik findet sich bei *Wicke* MittBayNot 2009, 203 ff. m.w.N.

117 Str. *Sagasser* (3. Aufl.) N Rn. 50; *Lutter* 3. Aufl. § 132 Rn. 46 bejahen die grundsätzliche Übertragbarkeit durch Gesamtrechtsnachfolge; **a.A.**, der m.E. zuzustimmen ist: *Widmann/Mayer* § 132 (Altkommentierung) Rn. 36 und *Schmitt/Hörtnagl/Stratz* § 131 Rn. 17 mit Hinweis darauf, dass schuldrechtliche Vorkaufsrechte grundsätzlich nicht übertragbar sind, sofern nicht ein anderes bestimmt ist (§ 473 BGB). Zeitlich beschränkte Vorkaufsrechte sind im Zweifel vererbbar, aber nicht übertragbar (§ 473 S. 1 BGB). Wird ein nicht übertragbares Vorkaufsrecht durch Spaltung übertragen, entfaltet dies gegenüber dem Berechtigten keine Wirkung (§ 135 BGB). Macht er die Unwirksamkeit geltend, verbleibt es beim übertragenden Rechtsträger, bei der Aufspaltung erlischt es.

Gegenstand	Übertragbarkeit ist nach allg. Regeln ausgeschlossen = von der Gesamtrechtsnachfolge ausgenommen	Übertragbarkeit ist nach allgemeinen Regeln eingeschränkt = von der Gesamtrechtsnachfolge erfasst	Mögliche Rechte des Vertragspartners nach erfolgtem Übergang durch Spaltung
Beteiligungen an Personengesellschaften		a) bei **GbR, OHG und Komplementär der KG**: nach allg. Regeln nur mit Zustimmung der Mitgesellschafter übertragbar, soweit sich aus dem Gesellschaftsvertrag nichts anderes ergibt, vgl. hierzu oben 3. Kap. Rn. 52; hindert Gesamtrechtsnachfolge nicht.	Im Zweifel erfolgt die Auflösung der Gesellschaft durch die eingetretene Gesamtrechts-nachfolge (GbR) bzw. der übernehmende Rechtsträger scheidet aus der Gesellschaft aus.
		b) **bei Kommanditistenstellung, Beteiligung als Stiller Gesellschafter:** nach allg. Regeln Einschränkung nur, soweit im Gesellschaftsvertrag vorgesehen; hindert Gesamtrechtsnachfolge nicht.	
Wesentliche Bestandteile einer Immobilie	X (§§ 93 ff. BGB; können nicht ohne die Hauptsache übertragen werden; anders jedoch Scheinbestandteile und Zubehör)		
Urheberrechte	X (§ 29 UrhG)		Im Zweifel ist Nutzungsrecht an Urheberrecht übertragen.
Nutzungsrechte an Urheberrechten		X (§§ 31 ff. UrhG mit Zustimmung des Urhebers übertragbar; hindert Gesamtrechtsnachfolge nicht)	
Veräußerungsverbote	a) absolute: X (z.B. § 3 BtMG)		

Gegenstand	Übertragbarkeit ist nach allg. Regeln ausgeschlossen = von der Gesamtrechtsnachfolge ausgenommen	Übertragbarkeit ist nach allgemeinen Regeln eingeschränkt = von der Gesamtrechtsnachfolge erfasst	Mögliche Rechte des Vertragspartners nach erfolgtem Übergang durch Spaltung
		b) relative: X (z.B. behördliche Verfügungsverbote; hindert Gesamtrechtsnachfolge nicht)	
	c) relative mit dinglicher Wirkung: X		
Verfügungsbeschränkungen		X	
Genehmigungspflicht einer Übertragung nach GrdstVG, GVO, BauGB u.Ä.		X (Genehmigungspflicht entfällt)	
Erbbaurecht, Wohnungseigentum, falls Übertragung zustimmungspflichtig		X (Zustimmungspflicht entfällt[118])	
Vinkulierte Geschäftsanteile an einer GmbH		X (Vinkulierung verhindert nicht den Eintritt der Gesamtrechtsnachfolge[119])	
Forderung, bei der die Übertragbarkeit gem. § 399 Alt. 2 BGB ausgeschlossen wurde		X (§ 354a HGB ist zu beachten)	

28 Für **vergessene Vermögensgegenstände** sieht der Gesetzgeber in § 131 Abs. 3 UmwG eine fiktive Zuteilung dieser Vermögensgegenstände an die übernehmenden Rechtsträger vor. Diese Fiktion ist jedoch nachrangig gegenüber einer Vertragsauslegung, welche jedoch nur soweit zulässig ist, als für sie Anhaltspunkte im Wortlaut des Spaltungsvertrages/Spaltungsplanes gegeben sind, vgl. oben 2. Kap. Rn. 28. Ihre Anwendung sollte möglichst vermieden werden.

29 Inhalt des Spaltungs- und Übernahmevertrages können auch **weitere vertragliche Vereinbarungen** sein, welche insbesondere folgende Bereiche betreffen können:[120]

- Ist für die Spaltungsmaßnahme und/oder für die Übertragung von Vermögensgegenständen die Erfüllung weiterer Wirksamkeitsvoraussetzungen (z.B. familienge-

---

118 Vgl. u.a. *Schmitt/Hörtnagl/Stratz* § 131 Rn. 13 f.
119 Vgl. *Schmitt/Hörtnagl/Stratz* § 131 Rn. 40; vgl. hierzu bereits vor Aufhebung des § 132 UmwG *LG Mönchengladbach* NJOZ 2006, 2762 ff.
120 Vgl. hierzu ergänzend auch die allgemeinen Ausführungen im 2. Kap. Rn. 21 ff.

richtliche Genehmigung, Vermessung von Grundstücksteilflächen etc.) erforderlich, kann durch ausdrückliche vertragliche Vereinbarung festgelegt werden, dass die Spaltung erst nach **Vorliegen dieser Genehmigungen/Voraussetzungen** zur Eintragung in das Handelsregister angemeldet werden soll; dies kann gerade im Hinblick darauf sinnvoll sein, dass die Spaltungseintragung den vollen Vermögensübergang bewirken soll, vgl. hierzu die dargestellte Diskussion bei Teilflächen unter Rn. 54. Zum anderen können Regelungen für den Fall getroffen werden, falls die Wirksamkeitsvoraussetzungen nicht oder nicht rechtzeitig erlangt werden können; hierdurch kann ggf. sichergestellt werden, dass eine erforderliche Kapitalaufbringung durch die Spaltung erfüllt ist, auch wenn die Wirksamkeitsvoraussetzungen für den Übergang einzelner Vermögensgegenstände noch nicht vorliegen.

- Denkbar ist auch die **Aufnahme von Gewährleistungsbestimmungen bzw. Garantien** ähnlich einem Unternehmenskauf insbesondere im Hinblick auf die dem Umtauschverhältnis zugrunde gelegten Bewertungsgrundlagen.[121] Aus einer solchen Vereinbarung sind in erster Linie die Vertragsparteien des Spaltungsvertrages verpflichtet, daneben kann eine Differenzhaftung der Anteilsinhaber der übertragenden Gesellschaft wegen unzureichender Kapitalaufbringung in Betracht kommen[122] und somit auch eine Haftung gem. § 24 GmbHG der an der Kapitalerhöhung nicht beteiligten Altgesellschafter der übernehmenden Gesellschaft, vgl. hierzu auch oben 3. Kap. Rn. 52. Im Hinblick auf Letztere kann wiederum eine Garantieerklärung der Anteilsinhaber des übertragenden Rechtsträgers aufgenommen werden, die Altgesellschafter von einer etwa eintretenden Differenzhaftung im Innenverhältnis vollständig freizustellen.[123]

- Häufig empfohlen wird auch die Aufnahme von **Auffangregelungen, falls die Übertragung einzelner Vermögensgegenstände fehlschlägt**, damit die funktionale Zuordnung zum übertragenen Vermögen und somit insbesondere auch die Anforderungen an die Übertragung eines Teilbetriebes, vgl. oben Rn. 17 erhalten bleiben. Denkbar sind die Vereinbarung von Treuhandverhältnissen, die Vereinbarung einer Erfüllungsübernahme, die Einräumung von Untermietverhältnissen oder die bedingte Vereinbarung von Nutzungsverhältnissen. Bei ausländischen Beteiligungen oder sonstigem ausländischen Vermögen empfiehlt sich die gegenseitige Verpflichtung zur Einzelrechtsübertragung, falls das ausländische Recht die dingliche Wirkung der partiellen Gesamtrechtsnachfolge nicht anerkennt.[124]

- Soll im Hinblick auf die gesamtschuldnerische Haftung, welche durch § 133 UmwG gegeben ist, eine **Ausgleichspflicht im Innenverhältnis** im Hinblick auf § 426 Abs. 1 S. 1 BGB vereinbart werden, sollte eine zusätzliche Vereinbarung aufgenommen werden,[125] welche auch „vergessene" Verbindlichkeiten umfassen sollte, da bei diesen die besondere Zuordnungsproblematik zu beachten ist, vgl. oben Rn. 26.

---

121 Vgl. *Widmann/Mayer* § 126 Rn. 354.1 m.w.N.
122 Vgl. *Lutter* § 126 Rn. 90 m.w.N.
123 Vgl. *Widmann/Mayer* § 126 Rn. 327 mit dem wichtigen Hinweis, dass die Anteilsinhaber des übertragenden Rechtsträgers erst mit Zustimmung zum Spaltungsbeschluss aus dieser Vereinbarung verpflichtet werden, da sie am Spaltungsvertrag i.d.R. nicht mitwirken.
124 *Lutter* § 126 Rn. 89, *Widmann/Mayer* § 126 Rn. 353.
125 Formulierungsbeispiel in *Widmann/Mayer* § 126 Rn. 323.

- Da die Steuerneutralität des Spaltungsvorgangs bei der Auf- und Abspaltung auch von der Einhaltung von Haltefristen abhängig ist (§§ 15 Abs. 2, 22, 23 Abs. 2, 24 UmwStG) empfiehlt es sich durch zusätzliche Vereinbarungen die **Einhaltung dieser Haltefristen bzw. die Schadenersatzpflicht für den Fall des Verstoßes** abzusichern. Hierzu sind je nach Fallkonstellation einzeln oder kombinierbar Vinkulierungsvereinbarungen zu den Anteilen an allen beteiligten Rechtsträgern, Zustimmungspflichten Dritter bei Abtretungen, Schadenersatzverpflichtungen bei Zuwiderhandlungen, ggf. auch Vertragstrafen denkbar. Dabei ist zu beachten, dass durch die neue Systematik der nachträglichen Gewinnversteuerung bei Verletzung der Haltefristen die durch die Rückwirkung auf Gesellschafts- und Anteilsinhaberebene sich ergebenden Steuerarten differenziert betrachtet werden müssen, vgl. oben 2. Kap. Rn. 75 und 4. Kap. Rn. 18.
- Entstehen durch den Spaltungsvorgang Körperschaftsteuer und Gewerbesteuer (z.B. durch §§ 15 Abs. 2 S. 4, 19 UmwStG) sollte zum einen eine **konkrete Zuweisung dieser Steuerschuld im Spaltungsvertrag** erfolgen, zum anderen kann hier wiederum eine Freistellungsverpflichtung, ggf. durch die Anteilsinhaber, welche die Steuer ausgelöst haben, aufgenommen werden.[126]

30 Bei Spaltungsvorgängen, bei welchen der übertragende Rechtsträger weiter besteht (Abspaltungen, Ausgliederungen), müssen jeweils verschiedene Punkte beim übertragenden Rechtsträger auf ihre **Stimmigkeit für die Zeit nach Wirksamwerden** der Spaltung überprüft werden:

- die **Firmierung**, soweit diese aus dem Unternehmensgegenstand entlehnt ist (Sachfirma); bei Abspaltung und Ausgliederung ist zu beachten, dass § 18 UmwG keine Anwendung findet und somit für eine etwaige Firmenfortführung nur die allgemeinen Vorschriften der §§ 22 ff. HGB angewendet werden können;[127]
- der **Sitz**, soweit durch die Vermögensübertragung die Voraussetzungen für die Zulässigkeit des bisherigen Sitzes des übertragenden Rechtsträgers entfallen;
- der **Unternehmensgegenstand**, soweit der abgespaltene/ausgegliederte Betrieb/Teilbetrieb dort Niederschlag gefunden hatte.

III. Der Spaltungsbericht

31 Grundsätzlich ist jeder der an einer Spaltung beteiligten Rechtsträger zur Erstattung eines Spaltungsberichts verpflichtet. Die **Berichtspflicht** entfällt bei der Ausgliederung aus dem Vermögen eines Einzelkaufmanns (§ 153 UmwG) sowie bei der verhältniswahrenden Spaltung mit einer Aktiengesellschaft als übertragender Rechtsträger zur Neugründung einer Aktiengesellschaft (§ 143 UmwG). Gem. § 127 S. 1, 2. HS UmwG kann der Spaltungsbericht von den Vertretungsorganen der beteiligten Rechtsträger auch gemeinsam erstattet werden, was so zu lesen ist, dass bei mehreren beteiligten

---

126 Vgl. hierzu auch *Widmann/Mayer* § 126 Rn. 354.6.
127 So dass die Firmenfortführung nur mit Einwilligung des übertragenden Rechtsträgers und bei Unternehmenskontinuität zulässig ist; vgl. *Sagasser* § 18 Rn. 67; *Lutter* 3. Aufl. § 132 Rn. 48; *Widmann/Mayer* § 126 Rn. 45 ff. Hieran ändert m.E. auch der Wegfall des § 132 UmwG nichts, da die Firmenfortführung in diesen Fällen eben gerade nicht durch die Gesamtrechtsnachfolge, sondern nach den §§ 22 ff. HGB stattfindet; so im Ergebnis auch *Schmitt/Hörtnagl/Stratz* § 155 Rn. 4. Zu beachten ist die Möglichkeit, die Eintragung eines Haftungsausschlusses gem. §§ 25 Abs. 2, 28 Abs. 2 HGB herbeizuführen, vgl. auch § 133 Abs. 1 S. 2 UmwG.

Rechtsträgern auch die gemeinsame Berichterstattung von mehreren Rechtsträgern neben der Einzelberichterstattung zulässig ist.[128] Durch eine verfehlte Zusammenfassung kann ein gemeinsamer Spaltungsbericht für alle beteiligten Rechtsträger fehlerhaft werden,[129] weshalb häufig die Ergänzung des gemeinsamen Berichts durch Einzelberichte erfolgen wird.[130]

Da eine **umfangreiche Verweisung auf den Verschmelzungsbericht** in § 127 S. 2 UmwG **32** enthalten ist, kann grundsätzlich auf die Erläuterungen zu diesem im 3. Kap. Rn. 17 ff. verwiesen werden. Es gelten jedoch durch die **Besonderheiten der Spaltungsvorgänge** insbesondere folgende Abweichungen:

- Damit die Anteilsinhaber sich ein vollständiges und zutreffendes Bild machen können, sind sie auch darüber zu unterrichten, **welche Verbindlichkeiten** des übertragenden Rechtsträgers der einzelne übernehmende Rechtsträger als Zuweisungsadressat und demnach **als Hauptschuldner** gem. § 133 UmwG übernimmt[131] und für welche Verbindlichkeiten der einzelne übernehmende Rechtsträger **als zeitlich begrenzter „Mithafter"** gem. § 133 Abs. 3 UmwG haftet.
- Resultierend aus der gesamtschuldnerischen Haftung des § 133 UmwG ist im Spaltungsbericht auch die **Bonität des jeweiligen Hauptschuldners zu erläutern**; es muss als ausreichend angesehen werden, wenn dargestellt wird, dass die Wirtschaftskraft der an der Spaltung beteiligten Rechtsträger ausreicht, die ihnen jeweils im Innenverhältnis zugewiesene Verbindlichkeit auch zu erfüllen.[132] In jedem Fall sind die Anteilsinhaber darüber zu informieren, dass ihre Gesellschaft nach § 133 Abs. 1 S. 2 2. HS UmwG verpflichtet ist, für die ihr zugewiesenen Verbindlichkeiten Sicherheit zu leisten.[133]
- Gem. dem Wortlaut des § 127 S. 1 UmwG ist im Spaltungsbericht insbesondere das **vorgeschlagene Umtauschverhältnis der Anteile zu erläutern** einschließlich der Angemessenheit einer etwa anzubietenden Barabfindung. Dies gilt jedoch nur für Auf-/Abspaltung.[134] Die Anteilsinhaber müssen durch den Inhalt des Spaltungsberichts in die Lage versetzt werden, durch die Darlegung der Wertverhältnisse der beteiligten Rechtsträger eine Stichhaltigkeitskontrolle betreffend die vorgesehenen Umtauschverhältnisse durchzuführen.[135] Insbesondere bei Mischspaltungen muss auch die Ausgestaltung der Anteile oder Mitgliedschaften beim übernehmenden Rechtsträger erläutert werden. Gem. §§ 125, 64 Abs. 1 UmwG besteht bei Aktiengesellschaften in der Hauptversammlung, die über die Zustimmung zur Auf-/Abspaltung entscheidet, eine Unterrichtungspflicht durch den Vorstand gegenüber den anwesenden Aktionären über wesentliche Vermögensveränderungen der Gesellschaft seit der Aufstellung des Entwurfs des Spaltungsvertrags/-plans oder dessen Beurkundung.

---

128 So *Lutter* §127 Rn. 14.
129 Rechtsfolge vgl. oben 2. Kap. Rn. 95.
130 Vgl. auch *Widmann/Mayer* § 127 Rn. 11, der darauf hinweist, dass auch beim gemeinsamen Bericht jedes Vertretungsorgan nur seinem Rechtsträger gegenüber für den Berichtsinhalt verantwortlich ist.
131 Vgl. *Widmann/Mayer* §127 Rn. 19.
132 Vgl. *Widmann/Mayer* §127 Rn. 21.
133 Vgl. *Widmann/Mayer* §127 Rn. 21 unter Verweis u.a. auf *Kallmeyer* §127 Rn. 5.
134 Bei der Ausgliederung entfällt eine Pflicht zur Erläuterung des Umtauschverhältnisses, da die Ausgliederung die Anteile oder Mitgliedschaftsrechte am übertragenden Rechtsträger nicht unmittelbar berührt; vgl. *Lutter* § 127 Rn. 29.
135 Vgl. *Widmann/Mayer* § 127 Rn. 28 unter Verweis auf *OLG Karlsruhe* AG 1990, 35/36.

- Berichtspflichtig sind auch **Angelegenheiten verbundener Unternehmen**, die unmittelbar keine Angelegenheiten der beteiligten Rechtsträger sind und auch nicht den Bereich der Beziehungen im Unternehmensverbund betreffen, sondern eigentlich Angelegenheiten der verbundenen Unternehmen sind, aber wegen ihrer besonderen Bedeutung zur Angelegenheit der Gesellschaft selbst werden.[136] Dies betrifft aber nur solche wesentlichen Angelegenheiten der verbundenen Unternehmen, die unmittelbar für die Beurteilung der Spaltung und der an ihr beteiligten Rechtsträger selbst von Bedeutung sind.[137]

33 Ebenso wie beim Verschmelzungsbericht entfällt die Verpflichtung zur Erstellung der/des Spaltungsberichtes, wenn alle Anteilsinhaber sämtlicher beteiligter Rechtsträger durch notariell beurkundete **Verzichtserklärung auf die Erstattung des Berichtes** verzichten. Dasselbe gilt für die Berichtpflicht in der Hauptversammlung einer beteiligten Aktiengesellschaft gem. §§ 125, 64 Abs. 1 UmwG über Vermögensveränderungen. Sollte auch **nur ein** Anteilsinhaber auf Berichterstattung bestehen, ist für sämtliche an der Spaltung beteiligten Rechtsträger der Spaltungsbericht aufzustellen.[138] Für die Beurteilung der Anteilsinhaberschaft kommt es auf den Zeitpunkt der Beurkundung des Zustimmungsbeschlusses an, ein danach erfolgter Anteilsinhaberwechsel lässt die Wirksamkeit des Verzichts unberührt.[139]

34 Über die **Entbehrlichkeit des Spaltungsberichts** in Anwendung bzw. entsprechender Anwendung des § 8 Abs. 3 UmwG, auf welchen § 127 S. 2 UmwG verweist, ist vieles strittig. Die nachstehende Aufstellung soll einen kurzen Überblick über den Meinungsstand vermitteln. Der Spaltungsbericht wird für entbehrlich gehalten,

- wenn sich alle Anteile des übertragenden Rechtsträgers in der Hand des übernehmenden Rechtsträgers befinden, was umfasst
  – die Abspaltung von einer 100 %igen Tochtergesellschaft auf ihre Muttergesellschaft,[140]
  die Aufspaltung einer 100 %igen Tochtergesellschaft auf ihre Muttergesellschaft und eine Drittgesellschaft,[141]
  die Ausgliederung von einer 100 %igen Tochtergesellschaft auf ihre Muttergesellschaft.[142]
- bei ausschließlicher Ausgliederung auf 100 %ige Tochtergesellschaften, und zwar sowohl bei der Ausgliederung zur Aufnahme wie auch bei der Ausgliederung zur Neugründung.[143]

---

136 Vgl. *Widmann/Mayer* § 127 Rn. 52 unter Verweis u.a. auf *Sagasser* § 7 Rn. 76.
137 Vgl. *Widmann/Mayer* § 127 Rn. 55; Beispiel bei Konzernspaltungen: Bericht über etwaige Verlustausgleichsrisiken vor und nach der Spaltung.
138 Vgl. *Lutter* § 127 Rn. 51; *Kallmeyer* § 127 Rn. 17.
139 Vgl. *Widmann/Mayer* § 127 Rn. 69; wichtig bei Kettenumwandlungen!
140 So *Widmann/Mayer* § 127 Rn. 64, *Kallmeyer* § 127 Rn. 16; **a.A.** *Lutter* § 127 Rn. 53, welcher die Voraussetzungen des § 8 Abs. 3 UmwG nur bei der Ausgliederung zur Aufnahme von 100 %iger Tochtergesellschaft auf Muttergesellschaft als erfüllt ansieht.
141 So *Widmann/Mayer* a.a.O.; **a.A.** *Lutter* a.a.O.
142 So *Widmann/Mayer* a.a.O.; *Schmitt/Hörtnagl/Stratz* § 127 Rn. 21, *Kallmeyer* a.a.O.; **a.A.** *Lutter* a.a.O., welcher zwar formell die Entbehrlichkeit des Spaltungsberichts bejaht, aber zugleich diesen aufgrund der gesamtschuldnerischen Mithaft für die Verbindlichkeiten des übertragenden Rechtsträgers einfordert (Entfallen des konzerninternen Haftungsschotts).
143 So *Widmann/Mayer* a.a.O. unter Verweis auf die gebotene entspr. Anwendung des § 8 Abs. 3 UmwG, da eine Beeinträchtigung der Anteilsinhaber noch weniger gegeben sei als bei der Ausgliederung Tochter-Mutter; s.a. *Sagasser* § 18 Rn. 179; **a.A.** *Schmitt/Hörtnagl/Stratz* § 127 Rn. 21, *Lutter* a.a.O.

Dies gilt nicht für die Berichtspflicht in der Hauptversammlung einer beteiligten Aktiengesellschaft gem. §§ 125, 64 Abs. 1 UmwG über Vermögensveränderungen.

IV. Die Spaltungsprüfung

Die **Spaltungsprüfung** ist bei Ausgliederungsvorgängen ausgeschlossen, bei der Auf- und Abspaltung kann in vollem Umfang auf die Ausführung zur Verschmelzungsprüfung verwiesen werden, vgl. oben 3. Kap. Rn. 22 ff., mit der Ausnahme, dass durch die Nichtgeltung von § 9 Abs. 2 UmwG die Befreiung von der Spaltungsprüfung bei der Auf-/Abspaltung von einer Tochter- auf eine Muttergesellschaft nicht greift; dies ist jedoch entgegen dem Gesetzeswortlaut strittig, vgl. oben Fn. 36 zur Tabelle Rn. 14. Es empfiehlt sich wegen der unsicheren Rechtslage einen Verzicht auf die Spaltungsprüfung aufzunehmen. Eine weitere Ausnahme ergibt sich nach dem Dritten Gesetz zur Änderung des Umwandlungsrechts bei der verhältniswahrenden Spaltung mit einer Aktiengesellschaft als übertragender Rechtsträger zur Neugründung einer Aktiengesellschaft gem. § 143 UmwG. **35**

Der Spaltungsbericht und der Spaltungsprüfungsbericht sind völlig getrennt zu halten. Eine Verweisung im Spaltungsbericht hinsichtlich konkreter Zahlenangaben auf den Spaltungsprüfungsbericht wird als unzulässig angesehen. **36**

V. Der Spaltungsbeschluss

Für den **Spaltungsbeschluss** gelten weitestgehend die Erläuterungen zum Verschmelzungsbeschluss im 3. Kap. Rn. 27 ff. entsprechend, wegen der Übersicht der abweichenden anzuwendenden Vorschriften vgl. oben Rn. 14. Wie bei der Verschmelzung wird entspr. § 13 Abs. 1 S. 1 UmwG der Spaltungsvertrag/Spaltungsplan erst wirksam, wenn die Anteilsinhaber der beteiligten Rechtsträger diesem durch Beschluss zustimmen. **37**

Für die **erforderlichen Mehrheiten** sind ebenfalls die Erläuterungen zur Verschmelzung entsprechend anzuwenden, vgl. oben 3. Kap. Rn. 34; ergänzend gilt jedoch § 128 UmwG für die Auf- und Abspaltung. Durch § 128 UmwG wird für den Fall der nicht-verhältniswahrenden Spaltung, vgl. oben Rn. 8, eine Beeinträchtigung der Interessen von Anteilsinhabern des übertragenden Rechtsträgers durch Mehrheitsbeschluss verhindert, deren Rechte durch die nicht-verhältniswahrende Spaltung vermindert werden. Durch die vorgeschriebene Zustimmung aller Anteilsinhaber des übertragenden Rechtsträgers wird jedoch die Hürde sehr hoch gelegt. Nach überwiegender Meinung in der Literatur wäre es insbesondere im Hinblick auf Publikumsgesellschaften wichtig und erforderlich[144] gewesen nur die Zustimmung der Anteilsinhaber zu fordern, die nicht-verhältniswahrend beteiligt wurden.[145] Der Gesetzgeber hat diese Anpassung aber auch bei der jüngsten Reform des UmwG nicht vorgenommen. **38**

---

144 Es werden deutliche Zweifel erhoben, ob die durch § 128 UmwG geschaffene hohe Hürde für nicht-verhältniswahrende Spaltungen für den Bereich der Aktiengesellschaften mit den Vorgaben der Sechsten Spaltungsrichtlinie vereinbar ist; vgl. *Widmann/Mayer* § 128 Rn. 18 m.w.N.
145 So z.B. im Ergebnis *Widmann/Mayer* § 128 Rn. 13 ff. m.w.N.

39 Im Rahmen des **§ 128 UmwG** sind folgende Besonderheiten zu beachten:

- Ein einstimmiger Beschluss der Anteilsinhaber des übertragenden Rechtsträgers ist nicht ausreichend; es muss eine **ausdrücklich Zustimmung** in notarieller Form gem. § 13 Abs. 3 S. 1 UmwG abgegeben werden (wegen der sich hieraus ergebenden Protokollierungsform gem. §§ 8 ff. BeurkG vgl. oben 2. Kap. Rn. 54).[146]
- Das Zustimmungserfordernis gilt auch für solche Anteilsinhaber, die beim übertragenden Gesellschafter **kein Stimmrecht** haben, da der Eingriff durch die nicht-verhältniswahrende Spaltung dem Kernbereich der Mitgliedschaft zuzurechnen ist.[147]
- Ist der Anteil am übertragenden Rechtsträger, für welchen ein nicht-verhältniswahrender Anteil am übernehmenden Rechtsträger gewährt werden soll,[148] mit Rechten Dritter belastet (Nießbrauch, Pfandrecht), so ist auch die **Zustimmung der dinglich Berechtigten** erforderlich.[149]

40 Ist eine **Kapitalherabsetzung** bei der übertragenden Kapitalgesellschaft erforderlich, vgl. unten Rn. 45 ff., muss ein solcher mit satzungsändernder Mehrheit in notarieller Form beschlossen werden. Meistens wird der Beschluss mit dem Spaltungsbeschluss verbunden. Bei der Beschlussfassung sind neben den sonstigen allgemeinen rechtsformspezifischen Regeln zur vereinfachten Kapitalherabsetzung (§§ 58a ff. GmbHG, 229 ff. AktG) insbesondere folgende Besonderheiten zu beachten:

- Der Beschluss muss einen Hinweis darauf beinhalten, dass dieser im Wege der **vereinfachten Kapitalherabsetzung** erfolgt;
- Der Beschluss muss den **Zweck der Kapitalherabsetzung** angeben; hierbei wird es für ausreichend angesehen, dass der Hinweis aufgenommen wird, dass diese *zum Zweck des Ausgleichs eines durch die Abspaltung/Ausgliederung entstandenen Bilanzverlustes erfolgt*.[150] Eine ggf. zusätzlich bezweckte Rücklagendotierung muss separat aufgeführt werden.[151]
- Die **Herabsetzungsziffer ist fest zu bezeichnen**, eine Bezifferung mit Höchstbetrag ist unzulässig.[152]
- Die **Nennbeträge** der Geschäftsanteile sind an das herabgesetzte Stammkapital ggf. die Nennbeträge von Nennbetragsaktien an das herabgesetzte Grundkapital **anzupassen**.

VI. Die Registeranmeldung

41 Auch bei der Registeranmeldung kann im Wesentlichen auf die Erläuterungen zur Verschmelzung im 3. Kap. Rn. 41 ff. verwiesen werden. § 129 UmwG enthält lediglich eine Klarstellung zu § 16 Abs. 1 S. 3 UmwG. Es gelten daher folgende **Anmeldepflichten**:

---

146 Missverständlich hierzu die Kommentierung in *Schmitt/Hörtnagl/Stratz* § 128 Rn. 29, da aus dieser fälschlicherweise geschlossen werden könnte, dass nur die Zustimmungserklärungen der nicht erschienenen Anteilsinhaber notariell beurkundet werden müssten.
147 HK-UmwG/*Raible* § 128 Rn. 15; *Widmann/Mayer* § 128 Rn. 20, *Lutter* § 128 Rn. 18.
148 Vgl. zu den maßgeblichen Berechnungen oben Fn. 14 zu Rn. 8.
149 *Widmann/Mayer* § 128 Rn. 23, soweit der belastete Anteil auch wirklich im Rahmen der Spaltung benachteiligt wird, *Lutter* § 128 Rn. 18.
150 *Widmann/Mayer* § 139 Rn. 52, *Lutter* § 139 Rn. 18 und HK-UmwG/*Klumpp* § 139 Rn. 14 halten den Hinweis *„zur Durchführung der Spaltung"* für ausreichend.
151 *Widmann/Mayer* a.a.O.
152 *Widmann/Mayer* § 139 Rn. 49.

- Die Spaltung muss zum einen beim Register des übertragenden Rechtsträgers gem. §§ 125, 16 Abs. 1 S. 1 UmwG zur Eintragung angemeldet werden; die Anmeldung kann durch das Vertretungsorgan des übertragenden oder durch das Vertretungsorgan eines der übernehmenden Rechtsträger (§ 129 UmwG) erfolgen.
- Zum anderen muss die Spaltung zum jeweiligen Register der beteiligten übernehmenden Rechtsträger durch deren jeweiliges Vertretungsorgan gem. §§ 125, 16 Abs. 1 S. 1 UmwG zur Eintragung angemeldet werden.[153]

Str. ist, ob bei der Anmeldung der Spaltung eine **Versicherung über den Übergang** **42** **des übertragenen Vermögens** ab Eintragung zur freien Verfügung des übernehmenden Rechtsträgers entspr. § 8 Abs. 2 S. 1 GmbHG, § 37 Abs. 1 AktG erforderlich ist.[154] M.E. ist es richtig, diese Versicherung zu fordern,[155] da es hinsichtlich der partiellen Gesamtrechtsnachfolge, wie oben ausführlich dargestellt, auch nach Wegfall des § 132 UmwG zu Übertragungshindernissen und Verzögerungen kommen kann, welche für das Registergericht und den Rechtsverkehr nicht ohne weiteres zu erkennen sein müssen.

Bei Kapitalgesellschaften als übertragende Rechtsträger ist bei der Abspaltung oder **43** Ausgliederung gem. §§ 140, 146 Abs. 1 UmwG von allen[156] Geschäftsführern **der übertragenden Gesellschaft** zu erklären, ob für diese bezogen auf die **Kapitalausstattung** die Gründungsvoraussetzung nach Satzung und Gesetz unter Berücksichtigung des Spaltungsvorgangs (somit der spaltungsbedingten Vermögensübertragung) im Zeitpunkt der Anmeldung noch vorliegen. Diese Erklärung ist im Falle unrichtiger Angaben gem. § 313 Abs. 2 UmwG strafbewehrt und daher ebenfalls vertretungsfeindlich.

Bei der Ausgliederung ist dies in der Regel unproblematisch, da diese beim übertragenden Rechtsträger durch die im Zuge der Spaltung zu gewährenden Anteile am übernehmenden Rechtsträger (soweit diese voll werthaltig sind) durch die Spaltung einen Aktivtausch durchführt. Problematisch sind daher bei der Ausgliederung die Fälle, in welchen diese zur Aufnahme durch einen bestehenden Rechtsträger erfolgt ist und dieser eine Unterbilanz vor Spaltung ausgewiesen hat.

Bei der Abspaltung kann die Erklärung über die ausreichende Kapitalausstattung **45** i.V.m. den Ausschüttungssperren der §§ 30 GmbHG, 57 AktG zu einer **Erforderlichkeit einer Kapitalherabsetzung** bei der übertragenden Gesellschaft oder alternativ der Zuzahlung von Eigenmitteln führen. Sind beide Alternativen nicht gewünscht, kann ggf. ein Ausweichen auf eine Aufspaltung sinnvoll sein.[157]

Für die ggf. erforderliche Kapitalmaßnahme stehen die Regeln der **vereinfachten** **46** **Kapitalherabsetzung** zur Verfügung, §§ 139, 145 UmwG. Bei diesen Verweisungen auf die rechtsformspezifischen Vorschriften über die vereinfachte Kapitalherabsetzung handelt es sich nach ganz h.M.[158] um eine Rechtsfolgenverweisung, weshalb die Voraussetzungen des § 58a Abs. 1, 2 GmbHG und der §§ 229 ff. AktG im Rahmen der Spaltung nicht gegeben sein müssen. In den §§ 139, 145 UmwG wird wegen der Zuläs-

---

153 H.M. vgl. *Widmann/Mayer* § 129 Rn. 9.1. mit guter Darstellung der Begründung m.w.N.
154 Ablehnend *Sagasser* § 18 Rn. 86, *Kallmeyer* § 137 Rn. 9.
155 S.a. *Widmann/Mayer* § 135 Rn. 101, 61, mit der Folge, dass dann die Anmeldung auch von den neuen Geschäftsführern des Zielrechtsträgers unterzeichnet werden muss und keine Vertretung für diese Geschäftsführer durch einen Bevollmächtigten zulässig ist, vgl. oben 2. Kap. Rn. 11.
156 *Lutter* § 139 Rn. 19.
157 Vgl. auch *Widmann/Mayer* § 139 Rn. 88 f.
158 Vgl. *Lutter* § 139 Rn. 6; *Kallmeyer* § 139 Rn. 1; *Sagasser* § 18 Rn. 93.

sigkeit der Kapitalherabsetzung jeweils auf die Erforderlichkeit abgestellt. Dies bedeutet, dass die Kapitalherabsetzung nur dann **und** nur insoweit durchgeführt werden darf, als die durch die Spaltung eintretende Vermögensminderung nicht durch die Auflösung von Kapital- und Gewinnrücklagen oder durch Verwendung von Gewinnvorträgen ausgeglichen werden kann.[159] Maßgeblich ist allein das buchmäßige Eigenkapital; stille Reserven sind nach richtiger h.M.[160] nicht zu berücksichtigen. Str. ist, ob der Kapitalherabsetzungsbetrag auf den Nennbetrag der beim übernehmenden Rechtsträger gewährten Anteile begrenzt ist.[161] M.E. ist sowohl bei übernehmenden Kapitalgesellschaften, erst recht aber bei übernehmenden anderen Rechtsträgern die Beschränkung nicht stichhaltig mit der Ausschüttungsgefahr zu begründen, die bei Bildung von freiem Eigenkapital bei der übernehmenden Gesellschaft besteht. Einer solchen hätte nur durch eine gesetzliche Vorgabe hinsichtlich der Höhe der durchzuführenden Kapitalerhöhung entgegengewirkt werden können, dies ist jedoch nicht erfolgt, vgl. oben Rn. 11. Eine indirekte Korrektur über die Begrenzung der Kapitalherabsetzungsmöglichkeiten bei der übertragenden Gesellschaft ist inkonsequent. Dies gilt umso mehr als der Gesetzgeber im Zuge der Einführung der Verzichtsmöglichkeit auf eine Anteilsgewährung in den §§ 54 Abs. 1 und 68 Abs. 1 UmwG keine Ergänzung der §§ 139, 145 UmwG vorgenommen hat. Eine Kapitalherabsetzung muss daher sogar dann möglich sein, wenn beim übernehmenden Rechtsträger keine Kapitalerhöhung erfolgt, vgl. hierzu auch Muster 4. Kap. Rn. 64. Dogmatisch stimmiger erscheint die indirekte Anwendung der §§ 58b[162] und 58d[163] GmbHG bzw. der §§ 231 f., 233 Abs. 2 AktG auch auf die übernehmende Gesellschaft um eine Ausschüttungs- und Gewinnverwendungsbeschränkung zu erreichen. Der insoweit teilweise vertretene Verweis auf die ausreichenden Haftungsanordnungen in § 133 UmwG ist m.E. unzureichend.[164]

47 Eine sich durch die Spaltung ergebende **Unterbilanz** der übertragenden Gesellschaft können die Gesellschafter auch durch freiwillige Zuzahlungen ausgleichen, welche unmittelbar der Kapitalrücklage gem. § 272 Abs. 2 Nr. 4 HGB zugeführt werden müssen. Die Zuzahlung muss spätestens bis zur Anmeldung der Spaltung bei der übertragenden Gesellschaft erfolgt sein und diese sind durch Erklärung der Geschäftsführer in vertretungsberechtigter Zahl nachzuweisen.[165] Der Spaltungsverlust muss bei Wirksamwerden der Spaltung neutralisiert sein. In der Schlussbilanz können die Zuzahlungen noch nicht berücksichtigt sein.

---

159 Vgl. *Widmann/Mayer* § 139 Rn. 20; *Lutter* § 139 Rn. 6; *Widmann/Mayer* § 139 Rn. 34 vertritt jedoch zusätzlich, dass Rücklagen bis zu 10 % des nach der Herabsetzung verbleibenden Stammkapitals in entsprechender Anwendung des § 58a Abs. 2 S.1 GmbHG nicht aufgelöst werden müssen, s.a. *Schmitt/Hörtnagl/Stratz* § 139 Rn. 8; sehr gute Ausführungen mit Zahlenbeispielen bei HK-UmwG/*Klumpp* § 139 I Rn. 9 ff.

160 Vgl. *Lutter* § 139 Rn. 8, *Widmann/Mayer* § 139 Rn. 39 mit dem Hinweis, dass den §§ 139, 140 UmwG ausschließlich gläubigerschützende Funktion zukommt; jetzt auch *Sagasser* § 18 Rn. 95.

161 Ablehnend *Widmann/Mayer* § 139 Rn. 21; HK-UmwG/*Klumpp* § 139 Rn. 13; *Schmitt/Hörtnagl/Stratz* § 139 Rn. 12 und *Kallmeyer* § 139 Rn. 3 (3. Auflage); im Ergebnis auch *Sagasser* § 18 Rn. 98; zustimmend *Lutter* § 139 Rn. 10.

162 S.a. *Lutter* § 139 Rn. 14; *Schmitt/Hörtnagl/Stratz* § 139 Rn. 28.

163 Im Umkehrschluss zu *Sagasser* § 18 Rn. 10 s.a. *Schmitt/Hörtnagl/Stratz* § 139 Rn. 29, ablehnend *Lutter* § 139 Rn. 16.

164 S.a. *Widmann/Mayer* § 139 Rn. 79 m.w.N.

165 Vgl. *Widmann/Mayer* § 139 Rn. 87.

Die gem. §§ 125 S. 1, 17 Abs. 2 UmwG zu erstellende und einzureichende **Schlussbilanz**   **48** **des übertragenden Rechtsträgers** ist maßgeblich für die für das übertragene Vermögen ggf. anzusetzenden Buchwerte. Die Schlussbilanz ist als Wertnachweisunterlage meistens ungeeignet, da diese das ausgegliederte Vermögen in der Regel nicht separat ausweist.[166] Häufig wird daher eine aus der Schlussbilanz entwickelte Auf-/Abspaltungsbilanz oder Ausgliederungsbilanz erstellt.[167] Eine Aufstockung der Buchwerte des sich aus der Spaltungsbilanz ergebenden übertragenen Vermögens durch den übertragenden Rechtsträger wegen fehlender Deckung der Kapitalaufbringung ist nicht zulässig, da das Aufstockungsrecht gem. § 24 UmwG nur der übernehmende Rechtsträger hat. Da es jedoch für die Kapitalaufbringung auf die tatsächlichen Werte ankommt, kann mit entsprechendem Wertnachweis auch bei einem negativen Buchwert aus der Spaltungsbilanz die Kapitalaufbringung gegeben sein.[168]

VII. Die Registereintragung

Hinsichtlich der **Prüfungspflichten**, der Zuständigkeiten und der Entscheidungsmöglichkeiten kann wiederum auf die Erläuterungen zur Verschmelzung im 3. Kap.   **49** Rn. 45 ff. verwiesen werden. Nachfolgend werden kurz die wichtigsten spaltungsspezifischen Besonderheiten erläutert.

Dem Registergericht obliegen folgende **weiteren Prüfungspflichten bei Spaltungsvor-**   **50** **gängen:**

- Im Rahmen der **Überprüfung der Kapitalaufbringung** beim neu gegründeten oder aufnehmenden Rechtsträger muss auch geprüft werden, ob zumindest im erforderlichen Deckungsumfang das Vermögen wirksam übergehen kann. Nach Wegfall des § 132 UmwG hat sich diese Prüfung erheblich vereinfacht, da das Registergericht nur noch die Nichtübertragbarkeit von Vermögensgegenständen, keine Zustimmungserfordernisse beachten muss, vgl. oben Rn. 26, 27. Nach wohl zutreffender Meinung muss bereits das Registergericht, welches den neu gegründeten Rechtsträger mit dem Vorbehaltsvermerk gem. § 130 Abs. 1 S. 2 UmwG einträgt, prüfen, ob die Kapitalaufbringungsgebote beim neu gegründeten und beim übertragenden Rechtsträger erfüllt sind.[169]

---

166 Str. ist, ob durch die Verweisung auf § 17 Abs. 2 UmwG die Vorlage einer Gesamt- oder Teilschlussbilanz erforderlich ist: in *Sagasser* § 18 Rn. 168 wird insbesondere unter Verweis auf *Kallmeyer* § 125 Rn. 23 vertreten, dass für alle Fälle der Spaltung die Einreichung von Gesamtbilanzen des übertragenden Rechtsträgers ausreichend (und erforderlich) ist, s.a. *Schmitt/Hörtnagl/Stratz* § 17 Rn. 51; dies dürfte auch der verbreiteten Rechtsauffassung bei den Registergerichten entsprechen; in *Widmann/ Mayer* § 24 Rn. 163 ff. wird hingegen vertreten, dass die Verweisung auf § 17 Abs. 2 UmwG nur i.S. einer Verpflichtung zur Erstellung und Einreichung einer sog. Spaltungsbilanz (Teilschlussbilanz) verstanden werden kann, in welcher nur das abzuspaltende Vermögen auszuweisen ist; im DNotI-Gutachten Nr. 36 S. 262 f. wird m.E. jedoch zu Recht darauf hingewiesen, dass aus Gläubigerschutzgesichtspunkten (Beurteilung der Erforderlichkeit einer Sicherheitsleistung) bei der Einreichung von Teilschlussbilanzen nicht die Einreichung der Teilschlussbilanzen für jeden übernehmenden Rechtsträger ausreicht, sondern dass bei Bestehenbleiben des übertragenden Rechtsträgers nach der Spaltung auch hinsichtlich des bei diesem verbleibenden Vermögens eine Teilschlussbilanz aufzustellen und einzureichen ist. Dies muss auch dann gelten, wenn das zu übertragende Vermögen unwesentlich im Verhältnis zum Gesamtvermögen des übertragenden Rechtsträgers ist; **a.A.** *Kallmeyer* a.a.O., der insbesondere in diesem Ausnahmefall eine Teilschlussbilanz für das übertragene Vermögen ausreichen lassen will.
167 Vgl. auch *Widmann/Mayer* § 126 Rn. 165.
168 *Widmann/Mayer* § 135 Rn. 86, *Schmitt/Hörtnagl/Stratz* § 17 Rn. 52.
169 Vgl. *Widmann/Mayer* (Altkommentierungen) § 132 Rn. 97 f. und § 135 Rn. 68.

- Die nach allgemeinem Gründungsrecht bei der Spaltung zur Neugründung erforderliche Prüfung der Kapitaldeckung muss sich auch auf die Feststellung erstrecken, dass die **gesamtschuldnerische Mithaftung nach § 133 Abs. 1 S. 1 UmwG** das Reinvermögen des neuen Rechtsträgers nicht unter den Betrag des Nennkapitals absinken lässt, was die Werthaltigkeit des Ausgleichsanspruchs gegen den Primärschuldner voraussetzt;[170] dies ist im Sachgründungsbericht und in einer etwaigen Werthaltigkeitsbescheinigung zu berücksichtigen.
- **Stichtag für die Kapitaldeckungsprüfung** durch das Registergericht ist der Tag der Eintragung der Spaltung beim übertragenden Rechtsträger.[171] Da jedoch eine durch die Spaltung neu gegründete Kapitalgesellschaft mit dem Vorläufigkeitsvermerk gem. § 130 Abs. 1 S. 2 UmwG als erstes im Handelsregister einzutragen ist, obliegt die Kapitaldeckungsprüfung dem Registergericht des übertragenden Rechtsträgers, welches etwaige Vermögensveränderungen ab vorläufiger Eintragung der neu gegründeten Gesellschaft zu berücksichtigen hat. Erfolgt die Eintragung der Spaltung nicht, ist die mit Vorbehaltsvermerk eingetragene Kapitalgesellschaft von Amts wegen zu löschen.[172]
- Ist eine **Kapitalherabsetzung** beim übertragenden Rechtsträger erforderlich, hat das Registergericht die **Erforderlichkeit** derselben zu prüfen. Dies lässt sich nur aus einer Darstellung der sich aus der Spaltung ergebenden bilanziellen Situation beim übertragenden Rechtsträger nachweisen. Diese erfolgt i.d.R. durch Gegenüberstellung der vorgelegten Schlussbilanz sowie einer aufzustellenden Spaltungsbilanz, vgl. oben bereits Rn. 48.

51 Für die **Reihenfolge der Eintragungen** gelten bei der Spaltung folgende Besonderheiten:
- Zunächst erfolgt die Eintragung der Spaltung in den für jeden **übernehmenden Rechtsträger zuständigen Registern**, jeweils mit dem Vorläufigkeitsvermerk gem. § 130 Abs. 1 S. 2 UmwG, dass die Spaltung erst mit der Eintragung im Register des Sitzes des übertragenden Rechtsträgers wirksam wird.
- Nach erfolgter Eintragung in allen Registern der übernehmenden Rechtsträger kann die Spaltung gem. § 130 Abs. 1 S. 1 UmwG im **Register des Sitzes des übertragenden Rechtsträgers** eingetragen werden; es erfolgen von Amts wegen Mitteilungen an die Register der übernehmenden Rechtsträger von der Eintragung, § 130 Abs. 2 S. 1 UmwG, einschließlich der Übersendung einer Abschrift des Gesellschaftsvertrages oder Statuts oder entsprechender Unterlagen.
- Beim Register der übernehmenden Rechtsträger wird jeweils das Datum der Eintragung im Register des übertragenden Rechtsträgers von Amts wegen vermerkt und anschließend werden alle Unterlagen an das Registergericht des übernehmenden Rechtsträgers abgegeben, § 130 Abs. 2 S. 2 UmwG.
- §§ 139, 145 UmwG schreiben vor, dass bei **erforderlichen Kapitalherabsetzungen** bei Kapitalgesellschaften als übertragende Rechtsträger die Eintragung der Kapitalherabsetzung **vor** Eintragung der Spaltung erfolgen muss. Nach wohl h.M.[173] tritt jedoch die Wirksamkeit der Kapitalherabsetzung erst mit Wirksamwerden der Spaltung, somit mit der Eintragung beim übertragenden Rechtsträger ein. Scheitert die Spaltung, muss die Kapitalherabsetzung von Amts wegen gelöscht werden.[173]

---

170 *Sagasser* § 18 Rn. 77.
171 *Widmann/Mayer* § 135 Rn. 64.
172 *Widmann/Mayer* § 135 Rn. 68.
173 *Lutter* § 139 Rn. 22; *Widmann/Mayer* § 139 Rn. 45.

Wird die Kapitalherabsetzung unzulässigerweise erst **nach** Wirksamwerden der Spaltung eingetragen, heilt sie die bis dahin fehlerhafte Spaltung ex nunc (str.[174]).

Hierbei ist zu beachten, dass jedes Registergericht die bei ihm eingereichte Anmeldung unabhängig von den anderen Registergerichten zu prüfen hat. Auch die Bekanntmachungen durch die Registergerichte gem. §§ 125, 19 Abs. 3 UmwG erfolgen durch die Registergerichte getrennt. Eine genaue Überprüfung der Eintragungsnachrichten ist dringend zu empfehlen, da bei komplexen Umwandlungsfällen die Eintragungen doch öfter fehlerbehaftet sind.

Die **Wirkung der Spaltung** besteht im Eintritt der partiellen Gesamtrechtsnachfolge **52** für die übertragenen Vermögensteile (Spaltungsgegenstand). Folgende Besonderheiten sind insbesondere auch bei der partiellen Gesamtrechtsnachfolge zu beachten:

- Die Gesamtrechtsnachfolge erfasst von ihren Wirkungen nur die Rechte des übertragenden Rechtsträgers an den Vermögensgegenständen des Spaltungsgegenstands, welche diesem auch wirklich zustehen; ein **gutgläubiger Erwerb scheidet aus**.[175]
- Sind im Spaltungs- und Übernahmevertrag Anwartschaftsrechte übertragen worden, ist damit **im Zweifel auch das Vollrecht** übertragen, falls dieses zwischen Abschluss des Spaltungs- und Übernahmevertrages und Wirksamwerden der Spaltung vom übertragenden Rechtsträger erworben wurde.[176]
- Beim **verlängerten Eigentumsvorbehalt** kann nur der Inbegriff aus dem Anwartschaftsrecht und den damit verbundenen Absprachen und Pflichten (z.B. Weiterveräußerungsklausel) im Wege der partiellen Gesamtrechtsnachfolge übertragen werden, da diese Rechtsposition nur in dieser Einheitlichkeit überhaupt übertragbar ist.[177]
- Sind vom übertragenden Rechtsträger Forderungen im Wege der **Globalzession** zur Sicherung an einen Gläubiger abgetreten worden oder sind Vermögensgegenstände an einen Gläubiger **sicherungsübereignet** worden, können im Wege der Gesamtrechtsnachfolge nur die Rechte und Ansprüche aus den betreffenden Sicherungsvereinbarungen, nicht aber der Vermögensgegenstand oder die Forderung selbst übergehen.[178]
- Nach Wegfall des § 132 UmwG ist bei der partiellen Gesamtrechtsnachfolge nur noch die Nichtübertragbarkeit von Vermögensgegenständen, nicht aber Zustimmungserfordernisse zur Übertragung zu beachten, vgl. oben Rn. 26, 27. Zu den unterschiedlichen Wirkungen bei früherem Verstoß gegen § 132 UmwG vgl. die Vorauflage 4. Kap. Rn. 232.
- Zu den Arbeitsverhältnissen und der Bedeutung des Wegfalls des § 132 UmwG bei Nichtvorliegen von § 613a BGB vgl. oben 4. Kap. Rn. 15.

---

174 Bejahend *Lutter* § 139 Rn. 23; *Kallmeyer* § 130 Rn. 13, jetzt auch *Fronhöfer* in Widmann/Mayer § 130 Rn. 21; **a.A.** *Mayer* in Widmann/Mayer § 139 Rn. 65, der eine Neuvornahme der Spaltungseintragung fordert; *Schmitt/Hörtnagl/Stratz* § 139 Rn. 35 vertreten die Wirksamkeit der Spaltung von Anfang an; bis zur Eintragung der Kapitalherabsetzung besteht eine Unterbilanz.
175 Vgl. *Widmann/Mayer* § 126 Rn. 176 oh. Begründung; es handelt sich hier um ein grundsätzliches Prinzip der Gesamtrechtsnachfolge, h.M. s.a. *Schmitt/Hörtnagl/Stratz* § 131 Rn. 8 m.w.N.
176 Vgl. *Widmann/Mayer* § 126 Rn. 177.
177 Vgl. *Widmann/Mayer* § 126 Rn. 178 m.w.N.
178 Vgl. *Widmann/Mayer* § 126 Rn. 179 f.

- Zu **Beherrschungs- und Gewinnabführungsverträgen** haben sich folgende Meinungen in der Literatur entwickelt:
  - **Ist der übertragende Rechtsträger herrschendes Unternehmen** kann der Beherrschungs- und Gewinnabführungsvertrag mit abgespalten werden, ohne dass der Beherrschungs- und Gewinnabführungsvertrag nochmals abgeschlossen werden muss.[179] Er kann jedoch nicht geteilt werden, da die Herrschaftsmacht nur koordiniert einheitlich ausgeübt werden kann. Eine Zustimmung der Anteilsinhaber des beherrschten Unternehmens ist nicht erforderlich, da es sich um eine „normale" Auswechslung eines Vertragspartners im Zuge der partiellen Gesamtrechtsnachfolge handelt. Es besteht jedoch wohl ein außerordentliches Kündigungsrecht für die abhängige Gesellschaft.[180] Die Anteilsinhaber des übernehmenden Rechtsträgers stimmen der Übernahme des Beherrschungs- und Gewinnabführungsvertrages durch den Zustimmungsbeschluss zur Spaltung zu.
  - **Ist der übertragende Rechtsträger das abhängige Unternehmen**, ist die Meinung zur Übertragbarkeit des Beherrschungs- und Gewinnabführungsvertrages gespalten. M.E. ist es richtig, dass der Beherrschungs- und Gewinnabführungsvertrag weder auf eine übernehmende noch auf eine neue Gesellschaft ohne Zustimmung des herrschenden Unternehmens und eines Zustimmungsbeschlusses hierzu durch die Anteilsinhaber des herrschenden Unternehmens abgespalten werden kann.[181] Insbesondere im Hinblick auf die Verpflichtung zur Verlustübernahme muss die Übertragung auch auf neu gegründete Rechtsträger abgelehnt werden, da die herrschende Gesellschaft überhaupt keinen Einfluss auf die vermögensmäßige Ausstattung der neu gegründeten Gesellschaft hat.[182] Der Vertrag hat wegen der umfassenden Schicksalsverbundenheit der Unternehmen einen „höchstpersönlichen Charakter", zumindest aus der Sicht der herrschenden Gesellschaft. Ein Recht zur Kündigung aus wichtigem Grund ist unzureichend,[183] da die herrschende Gesellschaft am Spaltungsverfahren gar nicht beteiligt ist und somit von dem Wirksamwerden der Spaltung nicht unbedingt zeitnah Kenntnis erlangen muss (insbesondere im Fall des reinen Gewinnabführungsvertrages). Der Unternehmensvertrag besteht daher mit dem übertragenden Rechtsträger unverändert weiter oder erlischt, falls im Fall der Aufspaltung der übertragende Rechtsträger erlischt.
  - **Soll zwischen übertragendem Rechtsträger und Zielrechtsträger der Spaltung eine Organschaft begründet werden**, kann diese rückwirkend auf den Spaltungs-

---

179 Die Übertragung des Beherrschungs- und Gewinnabführungsvertrages erfolgt im Handelsregister durch Berichtigung, die Eintragung hat nur deklaratorische Wirkung; ob eine Anmeldung erfolgen muss oder ein formloser Antrag unter Vorlage des Nachweises über das Wirksamwerden der Spaltung und die Mitübertragung des Beherrschungs- und Gewinnabführungsvertrages ausreicht, wird in der Literatur nicht diskutiert und wird in der Praxis unterschiedlich gehandhabt. Im süddeutschen Raum bestehen die meisten Registergerichte auf eine Anmeldung, obwohl m.E. hierfür keine Rechtsgrundlage besteht.
180 Vgl. insgesamt *Widmann/Mayer* § 126 Rn. 232; *Schmitt/Hörtnagl/Stratz* § 131 Rn. 75.
181 So im Ergebnis ähnlich *Priester* in Lutter § 126 Rn. 65, der jedoch nicht einen Zustimmungsbeschluss der Anteilsinhaber des herrschenden Rechtsträgers fordert; **a.A.** *Widmann/Mayer* § 126 Rn. 233 f., der insgesamt die Übertragbarkeit bejaht.
182 *Kallmeyer* § 126 Rn. 26 verneint die Übertragbarkeit bei der Spaltung zur Aufnahme, bejaht sie jedoch bei der Spaltung zur Neugründung; s.a. *Teichmann* in Lutter (3. Aufl.) § 132 Rn. 52 und *Schmitt/Hörtnagl/Stratz* § 131 Rn. 77 f.
183 So auch *Priester* in Lutter § 126 Rn. 65, jedoch ohne Begründung.

stichtag begründet werden, da in diesem Zeitpunkt die erforderliche Eingliederung zu bejahen ist, selbst wenn der Zielrechtsträger an diesem Tag noch nicht bestanden hat.[184]

- Zu beachten ist, dass ggf. genau geprüft werden muss, ob für **dinglich gesicherte Verbindlichkeiten der übertragenden Gesellschaft** nach Wirksamwerden der Spaltung eine Anpassung der Sicherungsabreden erfolgen muss in der Weise, dass mit dem Gläubiger vereinbart wird, dass die Grundpfandrechte nicht mehr für den durch die Spaltung übertragenen Teil der Verbindlichkeiten aus der laufenden Geschäftsverbindung haften. Üblicherweise wäre durch die Sicherungsabrede die dingliche Haftung für diese Verbindlichkeiten weiter gegeben.[185]
- Gehören zum übertragenen Vermögen bürgschaftsbesicherte Forderungen aus laufender Geschäftsbeziehung gegen einen Hauptschuldner, sichern die Bürgschaften auch solche Neuforderungen gegen den Hauptschuldner ab, die erst nach dem Wirksamwerden der Spaltung begründet wurden.[186]
- Für die **Haftung** der an der Spaltung beteiligten Rechtsträger für die Zeit ab Wirksamwerden der Spaltung gelten die §§ 133, 134 UmwG.
  - § 133 UmwG regelt ein **spaltungsspezifisches Haftungssystem**, das neben der Haftung des übertragenden und des übernehmenden Rechtsträgers auch den Ausgleich der beteiligten Rechtsträger in Bezug auf ihre **gesamtschuldnerische Haftung** umfasst. Die Gläubiger werden durch § 133 UmwG im wirtschaftlichen Ergebnis auf die Dauer von fünf Jahren bzw. in Bezug auf Versorgungsverpflichtungen auf Grund des Betriebsrentengesetzes auf die Dauer von zehn Jahren so gestellt, als ob die Spaltung noch nicht vollzogen wäre; außerdem haben diese Gläubiger u.U. einen zusätzlichen Anspruch auf Sicherheitsleistung gem. §§ 133 Abs. 1 S. 2, 125, 22 UmwG. Für Altgläubiger des übernehmenden Rechtsträgers bei der Spaltung zur Aufnahme bietet § 133 UmwG keinen spaltungsspezifischen Gläubigerschutz, für diesen ist hingegen nach h.M.[187] die Möglichkeit des Verlangens der Sicherheitsleistung gem. §§ 125, 22 UmwG, jedoch ausschließlich gegenüber dem betreffenden übernehmenden Rechtsträger gegeben. Gem. § 133 Abs. 2 UmwG gilt die gesamtschuldnerische Haftung der an der Spaltung beteiligten Rechtsträger auf die Dauer von fünf Jahren auch für die Anspruchsberechtigten aus §§ 125, 23 UmwG, vgl. hierzu 3. Kap. Rn. 60. Es steht den beteiligten Rechtsträgern frei, im Spaltungsvertrag/Spaltungsplan die besonderen Verbindlichkeiten aus §§ 125, 23 UmwG auf einzelne der beteiligten Rechtsträger als Hauptschuld zu verteilen.[188] Wichtiges Element des Haftungssystems nach § 133 UmwG ist die Aufteilung der beteiligten Rechtsträger in **Hauptschuldner und Mithafter**, soweit die Verbindlichkeit einem der beteiligten Rechtsträger im Spaltungsvertrag oder Spaltungsplan

---

184 Vgl. *BFH* vom 28.7.2010, DStR 2010, 2182 ff.; UmwSt-Erl Tz. Org .01 ff., der nach Kritik in der Verbandsanhörung noch entsprechend geändert wurde.

185 Sicherungszweck sind i.d.R. alle bestehenden und künftigen Forderungen des Gläubigers aus der Geschäftsverbindung mit der übertragenden Gesellschaft.

186 *OLG Hamm* vom 4.3.2010, NZG 2010, 632 ff. = BeckRS 2010, 08022.

187 *Lutter* § 133 Rn. 142 ff.; *Widmann/Mayer* § 133 Rn. 10; *Schmitt/Hörtnagl/Stratz* § 133 Rn. 24.

188 Für die mithaftenden Rechtsträger beinhaltet die Mithaftung die Verpflichtung, darauf hinzuwirken, dass der oder die Hauptschuldner ihre Verpflichtung erfüllen und dem Gläubiger des Anspruchs auf Gewährung von Ersatzrechten Schadenersatz leisten; ein Anspruch gegen die Mithafter auf Gewährung eines Ersatzrechts gegen sich selbst besteht nicht; vgl. *Lutter* § 133 Rn. 132, *Widmann/Mayer* § 133 Rn. 39 ff.

zugewiesen wurde, vgl. hierzu näher oben Rn. 26. Diese Unterscheidung hat im Außenverhältnis gegenüber Dritten in den ersten fünf Jahren nach der Spaltung keine Bedeutung,[189] soweit es sich um einen Anspruch auf eine vertretbare Leistung handelt,[190] danach ist sie für das Erlöschen der gesamtschuldnerischen Mithaftung des Mithafters maßgeblich.[191] Für die Dauer der gesamtschuldnerischen Haftung hat die Unterscheidung Bedeutung für das interne Ausgleichsverhältnis. Im Spaltungsvertrag kann die gesetzliche Enthaftungsfrist nicht verkürzt, sondern allenfalls verlängert werden.[192]

– Durch § 134 UmwG wird die Haftung nach § 133 UmwG auf die Dauer von fünf Jahren nochmals um weitere fünf Jahre verlängert, wenn eine **Betriebsaufspaltung** (in Anlage-/Verwaltungsgesellschaft und Betriebsgesellschaft) durch Abspaltung oder Ausgliederung gegeben ist,[193] eine annähernde Identität der Beteiligungsverhältnisse[194] an der Anlage- und der Betriebsgesellschaft besteht, der Gläubiger Arbeitnehmer ist und die Haftung für eine Verbindlichkeit aus Sozialplan und Interessenausgleich bzw. betrieblicher Altersversorgung besteht. Diese Voraussetzungen müssen jeweils im Zeitpunkt des Wirksamwerdens der Spaltung gegeben sein.[195]

– Bei Personenhandelsgesellschaften ist zu beachten, dass im Fall der Aufspaltung auf Rechtsträger anderer Rechtsform, deren Gesellschafter nicht persönlich haften, die **persönlich haftenden Gesellschafter** der übertragenden Gesellschaft zeitlich beschränkt gesamtschuldnerisch neben dem übernehmenden Rechtsträger gem. §§ 125 S. 1, 45 UmwG (Enthaftung) haften; bei Abspaltungen und Ausgliederungen tritt hingegen keine direkte Enthaftung der Gesellschafter ein, da die übertragende Gesellschaft fortbesteht,[196] es gilt jedoch ggf. die indirekte Enthaf-

---

189 *Widmann/Mayer* weist in § 133 Rn. 15 ff. darauf hin, dass unbeschadet der gesamtschuldnerischen Haftung nach § 133 UmwG allein derjenige Rechtsträger die Verbindlichkeit bilanziell zu passivieren hat, der sie im Innenverhältnis allein zu tragen hat; s.a. *Lutter* § 133 Rn. 85, differenzierend *Schmitt/Hörtnagl/Stratz* § 133 Rn. 40 f. m.w.N.

190 Richtet sich der Anspruch auf eine unvertretbare Leistung, haftet nur der Hauptschuldner auf Erfüllung der primären Leistungspflicht, gegen die Mithafter besteht jedoch ein Anspruch darauf, dass dieser den Hauptschuldner zur Leistung zu bewegen hat; erst wenn dies nicht möglich ist, besteht gegen den Mithafter nur ein Sekundäranspruch auf Schadenersatz; vgl. *Lutter* § 133 Rn. 31 ff.

191 Eine Besonderheit gilt bei den Ansprüchen aus §§ 125, 23 UmwG, weil die Sonderverjährungsfrist von fünf Jahren hier auch für den Hauptschuldner gilt, § 133 Abs. 6 S. 1 UmwG.

192 *Lutter* § 133 Rn. 125.

193 Maßgeblich ist die Trennung der wesentlichen zur Fortführung eines Betriebes notwendigen Vermögensteile vom Betrieb im arbeitsrechtlichen Sinne; nach h.M. ist die Wesentlichkeit der notwendigen Vermögensteile ausschließlich wertmäßig (zwischen 2/3 nach *Kallmeyer* § 134 Rn. 11 und 85–90 % nach *Widmann/Mayer* § 134 Rn. 44), nicht aber qualitativ oder funktional zu verstehen, vgl. *Sagasser* § 18 Rn. 110 f.

194 *Widmann/Mayer* weist in § 134 Rn. 62 ff. darauf hin, dass der Gesetzgeber hiermit auf das steuerliche Kriterium der Beteiligungsidentität bei einer Betriebsaufspaltung zurückgreift; maßgeblich ist somit, dass die Anteilsinhaber einen einheitlichen geschäftlichen Betätigungswillen haben; dieser ist im Falle der im Wesentlichen identischen Beteiligung wie auch für den Fall gegeben, dass die Personen, die einen Rechtsträger beherrschen, auch im anderen Rechtsträger ihren Willen durchsetzen können (sog. „Beteiligungsidentität" bzw. „Beherrschungsidentität"); hierbei sind Personen mit gleichgerichteten Interessen zusammenzurechnen.

195 Vgl. *Widmann/Mayer* § 134 Rn. 23.

196 Vgl. *Widmann/Mayer* Vor §§ 138–173 UmwG, der jedoch nicht auf die indirekte Enthaftungsmöglichkeit hinweist.

tungsmöglichkeit nach § 133 UmwG, soweit die übertragende Gesellschaft teilweise eine Enthaftung herbeiführen kann und die Anteilsinhaber beim übernehmenden Rechtsträger nicht haften.

- Spaltungsvorgänge werden bei Kapitalgesellschaften als Zielrechtsträger immer als **Sachgründung bzw. Sachkapitalerhöhung** behandelt (arg. §§ 138, 142 UmwG). Die Kapitalaufbringungspflicht obliegt immer dem übertragenen Rechtsträger als Primärschuldner, da dieser als Gründer der Gesellschaft anzusehen ist, § 135 Abs. 2 S. 2 UmwG; nur bei der Aufspaltung trifft diese direkt die Anteilsinhaber, da der übertragende Rechtsträger erlischt. Für die Differenzhaftung greift bei der Auf- und Abspaltung die Haftung der Anteilsinhaber des übertragenden Rechtsträgers. Bei der Ausgliederung trifft auch diese den übertragenden Rechtsträger. Der maßgebliche Zeitpunkt für die **Differenzhaftung** ist strittig; m.E. ist die von *Mayer*[197] vertretene Auffassung richtig, dass nicht der Zeitpunkt des Stichtags der Spaltungsbilanz, sondern der Zeitpunkt der Anmeldung der Kapitalgesellschaft beim Registergericht maßgeblich ist. Die Kapitalverantwortung besteht auch für die Zeit zwischen Spaltungsstichtag und Anmeldung.
- **Bei laufendem Zivilprozess** kann das Wirksamwerden des Spaltungsvorgangs ebenfalls Auswirkungen auf das Verfahren haben. Folgende Fälle sind zu unterscheiden:[198]
  - Erlischt der übertragende Rechtsträger als Prozessbeteiligter infolge Aufspaltung während des laufenden Prozesses wird dieser entsprechend §§ 239 Abs. 1, 246 ZPO unterbrochen bis ihn der übernehmende Rechtsträger wieder aufnimmt.[199] War der übertragende Rechtsträger im Prozess durch einen Prozessbevollmächtigten vertreten, tritt gem. § 246 Abs. 1 UmwG keine Unterbrechung ein.
  - Führt bei einer Abspaltung oder Ausgliederung der übertragende Rechtsträger einen Passivprozess in Bezug auf eine Verbindlichkeit, welche zum **abgespaltenen/ausgegliederten Vermögen gehört**, so bleibt der bei Wirksamwerden der Abspaltung/Ausgliederung laufende Prozess hiervon unberührt, da der übertragende Rechtsträger weiterhin zumindest gesamtschuldnerisch für die Verbindlichkeit mithaftet. Der übernehmende Rechtsträger tritt weder anstelle des übertragenden Rechtsträgers in den laufenden Prozess ein,[200] noch wirkt ein ergehendes Urteil gegen den übernehmenden Rechtsträger[201](sehr str.), es sei denn man schließt sich der Meinung an, dass § 265 ZPO hier entsprechend anzuwenden ist und somit der übertragende Rechtsträger (trotz seiner weiterhin bestehenden Haftung für die Verbindlichkeit) den Prozess nach Wirksamwerden der Abspaltung/Ausgliederung als Prozessstandschafter für den übernehmenden Rechtsträger fortführt. Der Prozessgegner hat jedoch die Möglichkeit, in entsprechender Anwendung des § 263 ZPO die Klage auf den mithaftenden über-

197 *Widmann/Mayer* § 135 Rn. 69 m.w.N. zum Meinungsstand; im Ergebnis wohl auch *Kallmeyer* § 135 Rn. 14.

198 Vgl. hierzu ausführlich *Stöber* NZG 2006, 574 ff. mit ausführlicher Darstellung des Meinungsstands.

199 S.a. *Schmitt/Hörtnagl/Stratz* § 20 Rn. 38 m.w.N. unter Verweis auf *BGH* NJW 2004, 1528, *Widmann/Mayer* § 20 Rn. 258; **a.A.** *Lutter* §§ 20 Rn. 55, 133 Rn. 163 mit dem Hinweis, dass ein Umwandlungsvorgang nicht überraschend kommt und daher der übernehmende Rechtsträger keine Überlegungszeit für die Fortführung des Prozesses benötigt.

200 S.a. *BGH* NJW 2001, 1217 f., *BFH* GmbHR 2003, 245 f.

201 Sehr str.; gute Darstellung des Meinungsstands in *Lutter* § 133 Rn. 155 ff., der sich jedoch im Ergebnis für die entsprechende Anwendung von § 265 ZPO ausspricht.

nehmenden Rechtsträger als weiteren Beklagten zu erweitern, damit ein Urteil auch gegen diesen wirkt. Da durch die Zuordnung der Verbindlichkeit zum übernehmenden Rechtsträger eine Sachdienlichkeit in der Regel zu bejahen sein wird, kann die Parteierweiterung ohne Zustimmung des übernehmenden Rechtsträgers erfolgen.[202]

– Führt bei einer Abspaltung oder Ausgliederung der übertragende Rechtsträger einen **Aktivprozess in Bezug auf einen Vermögensgegenstand/eine Forderung/ einen Unterlassungsanspruch, welche(r) zum abgespaltenen/ausgegliederten Vermögen gehört**, so bewirkt das Wirksamwerden der Abspaltung/Ausgliederung, dass entsprechend § 265 Abs. 2 ZPO der übertragende Rechtsträger den Prozess als gesetzlicher Prozessstandschafter für den übernehmenden Rechtsträger fortführt.[203] Ein Eintritt des übernehmenden Rechtsträgers anstelle des übertragenden Rechtsträgers ist gem. § 265 Abs. 2 S. 2 ZPO nur mit Zustimmung der gegnerischen Partei möglich. Der Klageantrag muss aber auf jeden Fall auf Leistung an den übernehmenden Rechtsträger umgestellt werden (Relevanztheorie). Ein Urteil wirkt gem. § 325 Abs. 1 ZPO auch für den übernehmenden Rechtsträger.[204]

– Zu beachten ist, dass die partielle Gesamtrechtsnachfolge von der Finanzrechtsprechung nicht als Gesamtrechtsnachfolge i.S. des § 45 AO angesehen wird.[205] Dieser Rechtsprechung liegt die Wertung zugrunde, dass § 45 AO, der den Übergang von Steuerschulden regelt, als speziellere Vorschrift den allgemeinen Bestimmungen zur partiellen Gesamtrechtsnachfolge im UmwG vorgeht.

– Bestehen zwischen den einzelnen Geschäftsbereichen eines auf-/abspaltenden Rechtsträgers Leistungsbeziehungen, so muss deren Behandlung im Rückwirkungszeitraum zum Spaltungsstichtag bedacht werden.[206] Im UmwSt-Erl Rz. 2.13 ist geregelt, dass Liefer- und Leistungsbeziehungen zwischen dem übertragenden und dem übernehmenden Rechtsträger im Rückwirkungszeitraum für ertragsteuerliche Zwecke nicht berücksichtigt werden. In Fällen der Abspaltung und Ausgliederung hat die Zuordnung von Aufwand und Ertrag für Liefer- und Leistungsbeziehungen zwischen dem abgespaltenen oder ausgegliederten und dem verbleibenden Unternehmensteil des übertragenden Rechtsträgers im Rückwirkungszeitraum nach wirtschaftlichen Kriterien zu erfolgen. Bei der Aufspaltung gilt Entsprechendes.

• Nach wohl h.M. gilt die zweijährige cooling-off-Periode für Aufsichtsratsmitgliedern bei börsennotierten Gesellschaften gem. § 100 Abs. 2 S. 1 Nr. 4 AktG auch für alle Leitungs- und Geschäftsführungsorgane aller beteiligter Rechtsträger; wobei zu beachten ist, dass für die Einordnung als börsennotierte AG ausschließlich auf den Zeitpunkt der Wahl des Aufsichtsratsmitglieds abzustellen ist.[207]

---

202 *Lutter* § 133 Rn. 159.

203 S.a. mit ausführlicher Begründung und m.w.N. *Lutter* § 133 Rn. 153 f.

204 Ausführlich zur Thematik *OLG Hamburg* BeckRS 2010, 26123 = ZIP 2010, 2264 zum Übergang eines wettbewerblichen Unterlassungsanspruch; für die Stellung als Mitbewerber i.S. des § 2 Abs. 1 Nr. 3 UWG ist zudem für die Zeit nach Wirksamwerden der Ausgliederung/Spaltung auf den übernehmenden Rechtsträger abzustellen.

205 Vgl. *BFH* Urteil vom 5.11.2009, DStRE 2010, 110 ff. = BeckRS 2009, 24003868.

206 Eine sehr gute Darstellung der gesamten, komplexen Thematik geben *Panzer/Gebert* DStR 2010, 520 ff.

207 Gute Darstellung zu diesem Thema in *Schulenburg/Brosius* BB 2010, 3039 ff. m.w.N.

Infolge der partiellen Gesamtrechtsnachfolge sollte bei der vollständigen Abwicklung **53**
des Spaltungsvorgangs auch die Berichtigung öffentlicher Register, des Grundbuchs
und ähnlicher mit öffentlichem Glauben verbundener Eintragungen erfolgen, welche
infolge des Vermögensübergangs durch Spaltung unrichtig geworden sind. Ebenso
sollten die erforderlichen Anzeigen und Mitteilungen erfolgen, welche dem Rechtsübergang gegenüber Dritten in vollem Umfang Wirkung verleihen. Folgende **Berichtigungen und Anzeigen** sind praktisch häufig relevant:

- die **Berichtigung des Grundbuchs** wegen der Übertragung des Eigentums an
  Grundstücken oder von übertragbaren dinglichen Rechten (Grundpfandrechte,
  Reallasten, durch Vormerkung gesicherter Anspruch) im Zuge der Spaltung;
- die **Berichtigung des Handelsregisters** wegen der Übertragung einer Kommanditistenstellung oder der Übertragung eines Beherrschungs- und Gewinnabführungsvertrages;
- die **Einreichung einer berichtigten Gesellschafterliste** einer GmbH zum Handelsregister;
- die ggf. erforderliche Mitteilung gem. §§ 20 ff. AktG an die AG, Mitteilung an die
  AG wegen Eintragung im **Aktienregister** der Gesellschaft.

Des Weiteren müssen Titel auf den übernehmenden Rechtsträger umgeschrieben werden, wenn die zugrundeliegende Forderung durch Spaltung übertragen worden ist.[208]

Insbesondere beim Grundbuch stellt sich immer wieder die Frage, wie weit das **Prü-** **54**
fungsrecht des Grundbuchamts reicht, insbesondere nach Wegfall des § 132 UmwG.
Die bisherige wohl herrschende Meinung, das Grundbuchamt müsse das Vorliegen
der behördlichen oder familiengerichtlichen Genehmigungen prüfen, wenn der Vermögensübergang als rechtsgeschäftliche Rechtsänderung ebenfalls einer Genehmigungspflicht unterliegen würde,[209] hat mit dem Wegfall des § 132 UmwG weitgehend
die Grundlage verloren. M.E. darf das Grundbuchamt nunmehr nur noch die Wirksamkeit der Spaltung selbst betreffende Genehmigungserfordernisse und die Nichtübertragbarkeit (z.B. von beschränkt persönlichen Dienstbarkeiten), vgl. oben 4. Kap.
Rn. 27 beachten. Nach dem Urteil des BGH vom 25.1.2008[210], in welchem dieser die
Wirksamkeit des Eigentumsübergangs an den von der Spaltung betroffenen Grundstücken von der Bezeichnung gem. § 28 S. 1 GBO abhängig gemacht hat, können die
Grundbuchämter zudem zu Recht die Vorlage des Spaltungsvertrages – und nicht nur
der Berichtigungsbewilligung – verlangen, um die ordnungsgemäße Bezeichnung zum
Nachweis des Rechtsübergangs zu prüfen.[211] Bei Teilflächen stellt sich zusätzlich die
Problematik, ob der dingliche Bestimmtheitsgrundsatz einem Eigentumsübergang an
einer unvermessenen Teilfläche durch Wirksamwerden der Spaltung entgegensteht,
falls die Vermessung und Buchung als selbständiges Grundstück erst nach Wirksam-

208 *Widmann/Mayer* § 126 Rn. 203 weist darauf hin, dass wegen § 28 GBO, der gem. § 126 Abs. 2 S. 2
anzuwenden ist, auch die Bezeichnung von ggf. abgespaltenen Grundpfandrechten in grundbuch-
gemäßer Form zu erfolgen hat; dies ist auch Voraussetzung für die Umschreibung einer Vollstrek-
kungsklausel für diese Grundpfandrechte.
209 So zur alten Rechtslage *Widmann/Mayer* (Altkommentierungen) § 132 Rn. 102 unter Verweis auf
K/E/H/E Grundbuchrecht § 20 Rn. 78 f., 155 und § 22 Rn. 88; zu weitgehend schon damals *Böhringer* Rpfleger 1996, 155 der alle behördlichen Genehmigung einbeziehen will.
210 *BGH* vom 25.1.2008, MittBayNot 2008, 307 ff. = BWNotZ 2008, 89 ff. = DNotZ 2008, 468 ff. =
NZG 2008, 436 ff.; sehr kritisch zu dieser Entscheidung *Lutter* § 126 Rn. 53, *Schmitt/Hörtnagl/Stratz*
§ 126 Rn. 81, *Widmann/Mayer* § 126 Rn. 212.
211 Vgl. *OLG Düsseldorf* vom 19.4.2010, FGPrax 2010, 225.

werden der Spaltung erfolgt. M.E. ist die im Gutachten des DNotI Nr. 30[212] vertretene Rechtsauffassung zu eng, da die dort abgelehnte Identitätserklärung nach Wirksamwerden der Spaltung nach Vorliegen der Vermessung der richtige Weg sein müsste. Dogmatisch ist der Ansatz richtig, dass der Vermögensübergang bis zum Vorliegen der grundbuchrechtlich existenten, vermessenen Teilfläche schwebend unwirksam ist.[213] Der BGH hat in einem obiter dictum 2008 jedoch nunmehr klargestellt, dass bei einer ausreichend genauen Bezeichnung der Teilfläche im Spaltungsvertrag (Veränderungsnachweis) der Eigentumsübergang sich auch bei Teilflächen bereits bei Wirksamwerden der Spaltung vollziehen kann.[214] Zu weit dürfte sicherlich die Rechtsprechung des OLG Schleswig[215] zu All-Klauseln bei der Abspaltung von Grundstücken gehen, in welcher die Möglichkeit der Definition durch All-Klauseln anstelle der Bezeichnung nach § 28 GBO für wirksam angesehen wird.

VIII. Muster

1. Ausgliederung zur Aufnahme zweier Eigenbetriebe verschiedener Bereiche der öffentlichen Hand (Stadt/Landkreis) in eine gemeinsame Tochter

55 In vielen Betätigungsfeldern der öffentlichen Hand wurden in den vergangenen Jahrzehnten die **verschiedensten Formen der Privatisierung**, der Kooperation verschiedener Träger und des „PPP" (Public Private Partnership) und mit sehr unterschiedlichem Erfolg erprobt. Klassische Bereiche hierfür sind das Gesundheitswesen, der Freizeitbereich (Sport und Bäder), die Energiewirtschaft und der Kulturbereich. Bei direkter Beteiligung der öffentlichen Hand als übertragender Rechtsträger ist die Ausgliederung ein immer häufiger eingesetztes Instrument für die Überführung des betreffenden Betriebes[216] in eine privatrechtlich ausgestaltete Trägerschaft.

56 Es ist mit der wohl h.M. davon auszugehen, dass für die Erfüllung **des Unternehmensbegriffs des § 168 UmwG** ausreichend ist, dass der Unternehmenskern übertragen wird, sog. funktionaler Unternehmensbegriff.[217] Das öffentliche Recht gibt jedoch Einschränkungen vor, so dass nicht alle Bereiche, auch bei Vorliegen eines Unternehmens ausgegliedert werden können („keine Privatisierung hoheitlicher Aufgaben").

---

212 DNotI – Gutachten Nr. 30, S. 216 ff.
213 *Widmann/Mayer* § 126 Rn. 213 unter Verweis u.a. auf *Haegele/Schöner/Stöber* Grundbuchrecht, Rn. 995c; so im Ergebnis wohl auch *Lüke/Scherz* ZfIR 2008, 467.
214 *BGH* vom 25.1.2008, MittBayNot 2008, 307 ff. = BWNotZ 2008, 89 ff. = DNotZ 2008, 468 ff. = NZG 2008, 436 ff.
215 *OLG Schleswig* vom 1.10.2009, ZNotP 2010, 108 ff. = FGPrax 2010, 21 ff.; lesenswerte Anmerkung hierzu von *Leitzen* ZNotP 2010, 91 ff.
216 Bei der Definition des Unternehmens, welches gem. § 168 UmwG Voraussetzung für die Zulässigkeit der Ausgliederung ist (keine Ausgliederung eines einzelnen Vermögensgegenstandes durch die öffentliche Hand!) wird mit der wohl überwiegenden Meinung auf den Unternehmensbegriff des § 613a BGB zurückgegriffen werden können; vgl. *Heckschen/Simon* § 8 Rn. 12 m.w.N.; inwieweit die Ausgliederung auf Eigenbetriebe, Regiebetriebe und Zweckverbände beschränkt werden muss, ist sehr str., vgl. zum Meinungsstand *Lepper* RNotZ 2006, 317.
217 Vgl. *Heckschen/Simon* § 8 Rn. 12 f., der jedoch diesen immer noch sehr einengenden Begriff, insbesondere im Hinblick auf zum Betrieb gehörenden Grundbesitz und die damit verbundene Grunderwerbsteuerproblematik für zu eng hält. In der Praxis empfiehlt sich aber die Anwendung der h.M. und ggf. die Übertragung auf GmbH & Co. KG im Hinblick auf § 5 GrEStG; vgl. hierzu auch 2. Kap. Rn. 89.

Sehr vielschichtig sind die Probleme bei einer privatisierenden Umwandlung im **57** Bereich des Arbeitsrechts. Bei den **Angestellten und Arbeitern des öffentlichen Dienstes** gilt das Tarifvertragsrecht des öffentlichen Dienstes, den Arbeitnehmern stehen neben ihrer Grundvergütung Nebenleistungen, wie Sonderzuwendungen, Beihilfen oder betriebliche Zusatzversorgung zu. Bei der privatisierenden Umwandlung ist grundsätzlich davon auszugehen, dass die Voraussetzungen des § 613a BGB erfüllt sind.[218] Für die privatisierte Gesellschaft kann der Eintritt in die Arbeitsverhältnisse teilweise bedeuten, dass Verpflichtungen nur unter großen Schwierigkeiten erfüllt werden können (z.B. Fortführung der betrieblichen Zusatzversorgung) oder betriebswirtschaftlich nicht zumutbar sind (z.B. Beihilfe). Entlastende Modelle können hier der Abschluss eines Arbeitnehmerüberlassungsvertrages mit der übertragenden Körperschaft oder ein Bürgschaftsmodell sein.[219] Unterliegt die privatisierte Gesellschaft nicht der Tarifbindung, gelten die tarifvertraglichen Regelungen nach § 613a Abs. 1 S. 2 BGB weiter (Transformation der Normen des Tarifvertrages). Es gilt auch eine etwaige tarifvertraglich normierte Unkündbarkeit weiter.[220]

Sind dem übertragenen Eigenbetrieb **Beamte** zugeordnet, kann § 613a BGB insoweit **58** nicht greifen, da diese in einem besonderen öffentlich-rechtlichen Dienst- und Treueverhältnis stehen (Art. 33 Abs. 4 GG, § 2 Abs. 1 BRRG). Ein privatisiertes Unternehmen ist gem. § 2 BeamtStG (früher § 121 BRRG) und § 2 BBG auch nicht dienstherrenfähig.[221] Lösungen dieses Problems sind im Umwandlungsgesetz nicht gegeben, sie müssen durch Hilfskonstruktionen außerhalb des UmwG gefunden werden. Hierzu wurden folgende Lösungsansätze entwickelt:[222]

* **Entlassung** des Beamten auf dessen Antrag aus dem Beamtenverhältnis **und Begründung eines privaten Arbeitsverhältnisses** mit der privatisierten Gesellschaft; diese Lösung bedarf jedoch der Mitwirkung des betroffenen Beamten und diese ist i.d.R. nur gegen Ausgleich der finanziellen Nachteile durch die öffentliche Hand zu erkaufen, was wiederum dem entlastenden Zweck der Privatisierung gegenläufig ist.
* **Gewährung von Sonderurlaub** auf Antrag und Begründung eines privaten Arbeitsverhältnisses; da Sonderurlaubsregelungen immer befristet sein müssen, ist dieser Lösungsweg nur dort denkbar, wo langfristig vom privatisierten Unternehmen auf die Tätigkeit des Beamten verzichtet werden kann.
* **Dienstleistungsüberlassung**, mit welchem der privatisierten Gesellschaft nicht der Beamte selbst, sondern dessen Dienstleitung zur Verfügung gestellt wird; der Dienstherr bleibt unverändert, was aber für die privatisierte Gesellschaft eine sehr eingeschränkte Einwirkungsmöglichkeit auf den Beamten bedeutet.
* **Zuweisung zur Dienstleistung an private Rechtsträger**, welche nach § 20 Abs. 2 BeamtStG, der den früheren § 123a Abs. 2 BRRG auf Länderebene abgelöst hat, ohne Zustimmung des Beamten möglich ist, wenn öffentliche Interessen es erfordern. Auf Bundesbeamte findet § 29 Abs. 2 BBG Anwendung.

---

218 Vgl. *Widmann/Mayer* § 168 Rn. 473 ff.; *Fabry/Augsten* Teil 3 Rn. 79 ff.; zum einen hat § 324 UmwG die Anwendbarkeit des § 613a BGB auf die Ausgliederung klargestellt, zum anderen wird bei einer Privatisierung von Eigenbetrieben der Betriebsübergang gegeben sein.
219 Vgl. *Widmann/Mayer* § 168 Rn. 479.
220 *Widmann/Mayer* § 168 Rn. 481.
221 Nähere Ausführungen in *Widmann/Mayer* § 168 Rn. 484.
222 Vgl. *Widmann/Mayer* § 168 Rn. 486 ff; *Blanke/Fedder* Teil 6 Rn. 192 ff.

59 Den nachfolgenden Mustern liegt folgende Fallkonstellation zugrunde:

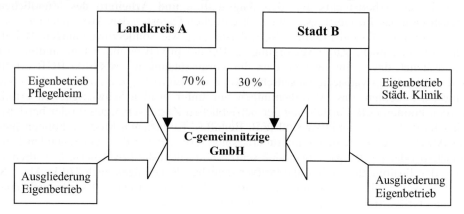

Dabei wird zugrunde gelegt, dass die C-gemeinnützige GmbH bereits Arbeitnehmer und einen Betriebsrat, der Landkreis A einen Personalrat und die Stadt B einen Gesamtpersonalrat hat.

a) Ausgliederungs- und Übernahmevertrag

60 Ausgliederungs- und Übernahmevertrag mit Ausgliederungsbeschlüssen:[223]

Geschehen zu

am

Vor mir, dem

Notar

erscheinen heute:

1. Herr/Frau

2. Herr/Frau

Der Erschienene Ziffer 1 erklärt, er handle nicht in eigenem Namen, sondern in seiner Eigenschaft als einzelvertretungsberechtigter und von den Beschränkungen des § 181 BGB befreiter Vertreter für den

a) Landkreis A,

    aufgrund Vollmacht vom <...>,

b) Stadtkreis B,

    aufgrund Vollmacht vom <...>,

welche im Original[224] vorliegen und dieser Niederschrift als Anhang beigefügt werden.

---

223 Wegen der allgemeinen Anmerkungen zu Beurkundungstechniken und mit der Verschmelzung übereinstimmender Teile der Urkunde wird auf die Musterlösungen Rn. 65 und 83 im 3. Kap. verwiesen.

224 Bei der Ausgliederung zur Aufnahme reicht nach h.M. für die Vollmacht die Schriftform; jedoch empfiehlt es sich schon wegen der Vermutungswirkung für die wirksame Vertretung gegenüber Dritten die Vollmacht mit einem Dienstsiegel versehen zu lassen. Bei einer Ausgliederung zur Neugründung einer GmbH/AG ist nach der hier vertretenen Meinung, vgl. 2. Kap. Rn. 11, die Unterzeichnung mit Amtssiegel als Ersatz für die notarielle Beglaubigung (vgl. *BGH* BGHZ 45, 362, 366) notwendig erforderlich. Gute Übersicht über die Vertretungen, Entscheidungszuständigkeiten und besonderen Genehmigungserfordernisse bei Umwandlungen unter Beteiligung der Städte/Gemeinden nach dem jeweiligen Landesrecht in *Widmann/Mayer* § 168 Rn. 160.

Der Erschienene Ziffer 2 handelt als einzelvertretungsberechtigter und von den Beschränkungen des § 181 BGB befreiter Geschäftsführer der im Handelsregister des Amtsgerichts B -unter HRB <...> eingetragenen Gesellschaft mit beschränkter Haftung unter der Firma C-gemeinnützige GmbH mit dem Sitz in B.

Die Erschienenen haben sich ausgewiesen durch Vorlage <...>. Nach Befragung der Erschienenen wird festgestellt, dass eine Vorbefassung im Sinne von § 3 Abs. 1 Nr. 7 BeurkG nicht vorliegt. Sie erklären zur notariellen Beurkundung Folgendes:

I.
Ausgliederungs- und Übernahmevertrag
zwischen dem
Stadtkreis B
– nachfolgend „übertragender Rechtsträger" genannt –
und der
C-gemeinnützige GmbH
mit dem Sitz in B
– nachfolgend „übernehmende Gesellschaft" genannt –

— — — —

§ 1
Beteiligte Rechtsträger

An der Ausgliederung sind beteiligt:

1. als übertragender Rechtsträger:
   Stadtkreis B;
2. als übernehmende Gesellschaft:
   C-gemeinnützige GmbH mit dem Sitz in B.

§ 2
Vermögensübertragung, Ausgliederungsbilanz, Ausgliederungsstichtag

(1) Der übertragende Rechtsträger überträgt hiermit seine bisher in der Organisationsform des Eigenbetriebs geführte Städtische Klinik (nachstehend „Krankenhausbetrieb" genannt) als Gesamtheit im Wege der Ausgliederung zur Aufnahme nach §§ 123 Absatz 3 Nr. 1, 126 ff., 168 ff. Umwandlungsgesetz (UmwG) auf die übernehmende Gesellschaft gegen Gewährung eines Geschäftsanteils der übernehmenden Gesellschaft an den übertragenden Rechtsträger.

(2) Übertragen werden sämtliche dem übertragenden Rechtsträger gehörenden, dem übergehenden Krankenhausbetrieb zuzuordnenden Gegenstände des Aktiv- und Passivvermögens nach dem Stand am Ausgliederungsstichtag einschließlich der dem übergehenden Krankenhausbetrieb dienenden nicht bilanzierten materiellen und immateriellen Gegenstände. Hierzu gehören insbesondere Anwartschafts- und Sicherungsrechte, Bücher und Geschäftspapiere sowie das gesamte Schriftgut und alle auf andere Art gesammelten und verwahrten Daten jeder Art. Übertragen werden hiernach insbesondere Gegenstände des Anlagevermögens sowie Forderungen und Verbindlichkeiten gemäß den Aufstellungen in Anlage 1. Zu den mitübertragenen Gegenständen des Anlagevermögens gehören auch sämtliche, dem Krankenhausbetrieb dienenden Grundstücke und Gebäude, die ebenfalls in Anlage 1[225] aufgeführt sind.

---

225 Bei dieser Anlage muss die Bezeichnung der Grundstücke gem. § 28 GBO erfolgen, vgl. § 126 Abs. 2 UmwG; fehlt es an einer solchen Bezeichnung geht das Eigentum an den Grundstücken **nicht** über, vgl. *BGH* MittBayNot 2008, 307 ff. = BWNotZ 2008, 89 ff. = DNotZ 2008, 468 ff. = NZG 2008, 436 ff.

(3) Im Übrigen ergeben sich die auf die übernehmende Gesellschaft übergehenden Gegenstände des Aktiv- und Passivvermögens aus der dieser Niederschrift als Anlage 2 beigefügten Bilanz des übergehenden Krankenhausbetriebs (Ausgliederungsbilanz) zum Ausgliederungsstichtag, die der Ausgliederung zugrunde gelegt wird. In der Ausgliederungsbilanz sind die Aktiven und Passiven mit ihren nach handelsrechtlichen Grundsätzen ermittelten Buchwerten angesetzt.

An die Stelle der bis zum Wirksamwerden der Ausgliederung weggefallenen Gegenstände des Aktiv- und Passivvermögens treten die als Surrogat vorhandenen Gegenstände.

(4) Die übernehmende Gesellschaft tritt in sämtliche bestehenden Vertrags- und Rechtsverhältnisse ein, soweit sie dem Krankenhausbetrieb zuzuordnen sind. Ein Verzeichnis der Verträge, die insbesondere übergehen, ergibt sich ebenfalls aus Anlage 1.

(5) Die Vermögensübertragung erfolgt im Innenverhältnis mit Wirkung vom 1. Januar <...>, 0.00 Uhr (Ausgliederungsstichtag). Von diesem Zeitpunkt an gelten alle Handlungen des übertragenden Rechtsträgers, soweit sie den übergehenden Krankenhausbetrieb betreffen, als für Rechnung der übernehmenden Gesellschaft vorgenommen.

§ 3
Gewährung eines Geschäftsanteils

(1) Als Gegenleistung für die Vermögensübertragung erhält der übertragende Rechtsträger einen im Wege der Kapitalerhöhung neu zu schaffenden Geschäftsanteil an der übernehmenden Gesellschaft im Nennbetrag von

€ 3.000.000,–

(i.W. EUR drei Millionen)

Bare Zuzahlungen sind nicht zu leisten.

(2) Der auf die übernehmende Gesellschaft übergehende Krankenhausbetrieb wird mit dem in der Ausgliederungsbilanz ausgewiesenen buchmäßigen Reinvermögen von € 8.764.364,50 bewertet und zu diesem Wert von der übernehmenden Gesellschaft als Sacheinlage angenommen. Von dem Reinvermögen wird ein Betrag in Höhe von € 3.000.000,– auf die neue Einlage des übertragenden Rechtsträgers angerechnet. Der die Einlage übersteigende Betrag von € 5.764.364,50 wird mit Wirkung vom Ausgliederungsstichtag in eine Kapitalrücklage bei der übernehmenden Gesellschaft eingestellt.

(3) Der neue Geschäftsanteil ist – im Rahmen der gemeinnützigkeitsrechtlichen Beschränkungen – ab dem Ausgliederungsstichtag gewinnbezugsberechtigt.

(4) Eine Rückübertragung des Krankenhausbetriebs oder seiner Surrogate im Rahmen einer Einziehung von Geschäftsanteilen, der Kapitalherabsetzung oder der Liquidation der Gesellschaft ist nur unter Einhaltung des gemeinnützigkeitsrechtlichen Grundsatzes der Vermögensbindung zulässig.

§ 4
Sonderrechte und besondere Vorteile

Rechte oder Maßnahmen nach § 126 Absatz 1 Nr. 7 UmwG sowie besondere Vorteile nach § 126 Absatz 1 Nr. 8 UmwG werden nicht gewährt und sind nicht vorgesehen.

§ 5
Folgen der Ausgliederung für die Arbeitnehmer und ihre Vertretungen sowie insoweit vorgesehene Maßnahmen

(1) Die übernehmende Gesellschaft hat einen Betriebsrat. Das Amt des Gesamtpersonalrats bei der Stadt B erlischt für die übergegangenen Arbeitnehmer mit Wirksamwerden der Umwandlung.[226]

(2) Die Ausgliederung führt zu einem Betriebsübergang auf die C-gemeinnützige GmbH im Sinne des § 613a BGB. Die C-gemeinnützige GmbH tritt daher mit Wirksamwerden der Ausgliederung mit allen Rechten und Pflichten in die bestehenden Arbeitsverhältnisse der Stadt B, soweit sie dem übertragenen Eigenbetrieb Städtische Klinik zuzuordnen sind, ein. Diese Arbeitsverhältnisse können von keinem Beteiligten wegen der Ausgliederung gekündigt werden. Dem Arbeitnehmer steht jedoch hinsichtlich des Übergangs seines Arbeitsverhältnisses ein Widerspruchsrecht zu. Es bestehen keine Arbeitsverhältnisse, welche nicht eindeutig dem übertragenen Teilbetrieb oder den bei dem übertragenden Rechtsträger verbleibenden Teilbetrieben zugeordnet werden könnten. Hinsichtlich der widersprechenden Arbeitnehmer schließen der übertragende Rechtsträger und die übernehmende Gesellschaft den dieser Niederschrift als Anlage 3 beigefügten Arbeitnehmerüberlassungsvertrag[227].

(3) Beamte sind im übergehenden Eigenbetrieb nicht mehr beschäftigt[228].

(4) Weitere Folgen für die Arbeitnehmervertretungen, nämlich den Gesamtpersonalrat der Stadt B und den Betriebsrat des übernehmenden Rechtsträgers, ergeben sich durch die Ausgliederung nicht.

(5) Der übergehende Krankenhausbetrieb wird bei der übernehmenden Gesellschaft als eigener Betrieb unverändert fortgeführt.

(6) Weitere Maßnahmen sind nicht vorgesehen.

§ 6
Steuerklausel

Ändern sich bei dem übertragenden Rechtsträger auf Grund einer steuerlichen Außenprüfung oder anderer bindender Anordnungen der Finanzverwaltung für Zeiträume bis zum Ausgliederungsstichtag die steuerlichen Wertansätze der übergehenden Aktiven und Passiven, so wird die übernehmende Gesellschaft in ihrer Steuerbilanz die geänderten Wertansätze fortführen.

§ 7
Kosten und Steuern

Die durch die Ausgliederung und ihren Vollzug entstehenden Kosten und etwaige Steuern trägt – auch wenn die Ausgliederung nicht zustande kommt – die übernehmende Gesellschaft.

---

226 So *Widmann/Mayer* § 168 Rn. 482; ausführlich hierzu *Wollenschläger/v. Harbou* NZA 2005, 1090 f. mit dem Hinweis, dass es wohl zulässig sein dürfte, dem Personalrat vertraglich ein Übergangsmandat einzuräumen.

227 Vgl. hierzu die Erläuterungen oben Rn. 57.

228 Vgl. hierzu die Erläuterungen oben Rn. 58.

§ 8
Wirksamkeit der Ausgliederung

Dieser Ausgliederungs- und Übernahmevertrag bedarf zu seiner Wirksamkeit der Zustimmung der Gesellschafterversammlung der übernehmenden Gesellschaft. Die Zustimmung des Gemeinderats des Stadtkreises B nach den einschlägigen kommunalrechtlichen Bestimmungen wurde am <...> erteilt[229].

§ 9
Salvatorische Klausel

Sollten einzelne Bestimmungen dieses Vertrags unwirksam sein oder werden, so wird dadurch die Gültigkeit des übrigen Vertragsinhalts nicht berührt. Die weggefallene Bestimmung ist durch eine Regelung zu ersetzen, die dem wirtschaftlichen Zweck der weggefallenen Bestimmung möglichst nahe kommt.

II.

Ausgliederungs- und Übernahmevertrag
zwischen dem
Landkreis A
– nachfolgend „übertragender Rechtsträger" genannt –
und der
C-gemeinnützige GmbH
mit dem Sitz in B
– nachfolgend „übernehmende Gesellschaft" genannt –

— — — — —

§ 1
Beteiligte Rechtsträger

An der Ausgliederung sind beteiligt:
1. als übertragender Rechtsträger:
   Landkreis A;
2. als übernehmende Gesellschaft:
   C-gemeinnützige GmbH mit dem Sitz in B.

---

229 Gem. § 169 UmwG ist vorrangig durch das öffentliche Recht zu bestimmen, ob ein Ausgliederungsbeschluss beim Ausgangsrechtsträger erforderlich ist. Nach nicht unumstrittener, aber h.M. handelt es sich bei den nach kommunalem Recht erforderlichen Zustimmungsbeschluss durch die Gemeindevertretungen lediglich um ein Internum, was auch für das Umwandlungsrecht maßgeblich ist, d.h. dass der Ausgliederungsbeschluss nicht für die Wirksamkeit der Ausgliederung maßgeblich ist und somit auch nicht dem Handelsregister vorgelegt werden muss; vgl. *Widmann/Mayer* § 169 Rn. 12 f. m.w.N.; in Sachsen, Thüringen, Niedersachsen und Brandenburg bedarf der Gemeinderatsbeschluss jedoch zu seiner Wirksamkeit der Genehmigung durch die Rechtsaufsicht. Die Vorlage der Genehmigung vom Registergericht kann wohl nur dann verlangt werden, wenn die Genehmigungspflicht in dem jeweiligen Landesgesetz nicht nur als Vollziehungshindernis für das handelnde Organ (Internum: Genehmigungsbedürftigkeit des Gemeinderatsbeschlusses), sondern als echte nach außen wirkende Genehmigungspflicht des Rechtsgeschäfts selbst angesehen werden kann, so z.B. die Genehmigungspflicht für die Errichtung, Übernahme eines Unternehmens in Privatrechtsform gem. § 96 Abs. 1, 4 SächsGemO; zwischenzeitlich wohl h.M. s.a. *Widmann/Mayer* § 168 Rn. 218 m.w.N., § 168 Rn. 306 und § 169 Rn. 14. In den meisten Bundesländern ist die Beteiligung der Rechtsaufsichtsbehörde nur im Innenverhältnis notwendig und hat keine Auswirkung auf die Wirksamkeit des Rechtsgeschäfts, so z.B. gem § 103 GemO Ba-Wü, vgl. u.a. *Ade/Böhmer* F X Rn. 1057. Eine gute Übersicht über die landesrechtlichen Regelungen findet sich in *Widmann/Mayer* § 168 Rn. 396 ff.

§ 2

Vermögensübertragung, Ausgliederungsbilanz, Ausgliederungsstichtag

(1) Der übertragende Rechtsträger überträgt hiermit seine bisher in der Organisationsform des Eigenbetriebs geführten Pflegeeinrichtungen (nachstehend „Pflegeeinrichtung" genannt) als Gesamtheit im Wege der Ausgliederung zur Aufnahme nach §§ 123 Absatz 3 Nr. 1, §§ 126 ff., §§ 168 ff. Umwandlungsgesetz (UmwG) auf die übernehmende Gesellschaft gegen Gewährung eines Geschäftsanteils der übernehmenden Gesellschaft an den übertragenden Rechtsträger.

(2) Übertragen werden sämtliche dem übertragenden Rechtsträger gehörenden, der übergehenden Pflegeeinrichtung zuzuordnenden Gegenstände des Aktiv- und Passivvermögens nach dem Stand am Ausgliederungsstichtag einschließlich der dieser übergehenden Pflegeeinrichtung dienenden nicht bilanzierten materiellen und immateriellen Gegenstände. Hierzu gehören insbesondere Anwartschafts- und Sicherungsrechte, Bücher und Geschäftspapiere sowie das gesamte Schriftgut und alle auf andere Art gesammelten und verwahrten Daten jeder Art. Übertragen werden hiernach insbesondere Gegenstände des Anlagevermögens sowie Forderungen und Verbindlichkeiten gemäß der Aufstellung in Anlage 4. Zu den mitübertragenen Gegenständen gehören auch sämtliche, der Pflegeeinrichtung dienenden Grundstücke und Gebäude, die ebenfalls in Anlage 4 aufgelistet sind.

(3) Im Übrigen ergeben sich die auf die übernehmende Gesellschaft übergehenden Gegenstände des Aktiv- und Passivvermögens aus der dieser Niederschrift als Anlage 5 beigefügten Bilanz der übergehenden Pflegeeinrichtung (Ausgliederungsbilanz) zum Ausgliederungsstichtag, die der Ausgliederung zugrunde gelegt wird. In der Ausgliederungsbilanz sind die Aktiven und Passiven mit ihren nach handelsrechtlichen Grundsätzen ermittelten Buchwerten angesetzt.

An die Stelle der bis zum Wirksamwerden der Ausgliederung weggefallenen Gegenstände des Aktiv- und Passivvermögens treten die als Surrogat vorhandenen Gegenstände.

(4) Die übernehmende Gesellschaft tritt in sämtliche bestehenden Vertrags- und Rechtsverhältnisse ein, soweit sie der Pflegeeinrichtung zuzuordnen sind. Ein Verzeichnis der Verträge, die insbesondere übergehen, ergibt sich ebenfalls aus Anlage 4.

(5) Die Vermögensübertragung erfolgt im Innenverhältnis mit Wirkung vom 1. Januar <…>, 0.00 Uhr (Ausgliederungsstichtag). Von diesem Zeitpunkt an gelten alle Handlungen des übertragenden Rechtsträgers, soweit sie die übergehende Pflegeeinrichtung betreffen, als für Rechnung der übernehmenden Gesellschaft vorgenommen.

§ 3

Gewährung eines Geschäftsanteils

(1) Als Gegenleistung für die Vermögensübertragung erhält der übertragende Rechtsträger einen im Wege der Kapitalerhöhung neu zu schaffenden Geschäftsanteil an der übernehmenden Gesellschaft im Nennbetrag von

€ 7.000.000,–

(i.W. EUR sieben Millionen).

Bare Zuzahlungen sind nicht zu leisten.

(2) Die auf die übernehmende Gesellschaft übergehende Pflegeeinrichtung wird mit dem in der Ausgliederungsbilanz ausgewiesenen buchmäßigen Reinvermögen von € 10.842.915,10 bewertet und zu diesem Wert von der übernehmenden Gesellschaft als Sacheinlage angenommen. Von dem Reinvermögen wird ein Betrag in Höhe von € 7.000.000,– auf die neue Einlage des übertragenden Rechtsträgers angerechnet. Der die Einlage übersteigende Betrag von € 3.842.915,10 wird mit Wirkung vom Ausgliederungsstichtag in eine Kapitalrücklage bei der übernehmenden Gesellschaft eingestellt.

(3) Der neue Geschäftsanteil ist – im Rahmen der gemeinnützigkeitsrechtlichen Beschränkungen – ab dem Ausgliederungsstichtag gewinnbezugsberechtigt.

(4) Eine Rückübertragung der Pflegeeinrichtung oder seiner Surrogate im Rahmen einer Einziehung von Geschäftsanteilen, der Kapitalherabsetzung oder der Liquidation der Gesellschaft ist nur unter Einhaltung des gemeinnützigkeitsrechtlichen Grundsatzes der Vermögensbindung zulässig.

§ 4

Sonderrechte und besondere Vorteile

Rechte oder Maßnahmen nach § 126 Absatz 1 Nr. 7 UmwG sowie besondere Vorteile nach §§ 126 Absatz 1 Nr. 8 UmwG werden nicht gewährt und sind nicht vorgesehen.

§ 5

Folgen der Ausgliederung für die Arbeitnehmer und ihre Vertretungen sowie insoweit vorgesehene Maßnahmen

(1) Die übernehmende Gesellschaft hat einen Betriebsrat. Das Amt des Personalrats beim Landkreis A erlischt für die übergegangenen Arbeitnehmer mit Wirksamwerden der Umwandlung[230].

(2) Die Ausgliederung führt zu einem Betriebsübergang auf die C-gemeinnützige GmbH im Sinne des § 613a BGB. Die C-gemeinnützige GmbH tritt daher mit Wirksamwerden der Ausgliederung mit allen Rechten und Pflichten in die bestehenden Arbeitsverhältnisse des Landkreises A, soweit sie dem übertragenen Eigenbetrieb Pflegeeinrichtungen zuzuordnen sind, ein. Diese Arbeitsverhältnisse können von keinem Beteiligten wegen der Ausgliederung gekündigt werden. Dem Arbeitnehmer steht jedoch hinsichtlich des Übergangs seines Arbeitsverhältnisses ein Widerspruchsrecht zu. Es bestehen keine Arbeitsverhältnisse, welche nicht eindeutig dem übertragenen Teilbetrieb oder den bei dem übertragenden Rechtsträger verbleibenden Teilbetrieben zugeordnet werden könnten. Hinsichtlich der widersprechenden Arbeitnehmer schließen der übertragende Rechtsträger und die übernehmende Gesellschaft den dieser Niederschrift als Anlage 6 beigefügten Arbeitnehmerüberlassungsvertrag.[231]

(3) Beamte sind im übergehenden Eigenbetrieb nicht mehr beschäftigt.[232]

---

230 So *Widmann/Mayer* § 168 Rn. 482; ausführlich hierzu *Wollenschläger/v. Harbou* NZA 2005, 1090 f. mit dem Hinweis, dass es wohl zulässig sein dürfte, dem Personalrat vertraglich ein Übergangsmandat einzuräumen.
231 Vgl. hierzu die Erläuterungen oben Rn. 57.
232 Vgl. hierzu die Erläuterungen oben Rn. 58.

(4) Weitere Folgen für die Arbeitnehmervertretungen, nämlich den Personalrat des Landkreises A und den Betriebsrat des übernehmenden Rechtsträgers, ergeben sich durch die Ausgliederung nicht.

(5) Die übergehende Pflegeeinrichtung wird bei der übernehmenden Gesellschaft als eigener Betrieb unverändert fortgeführt.

(6) Weitere Maßnahmen sind nicht vorgesehen.

§ 6

Steuerklausel

Ändern sich bei dem übertragenden Rechtsträger auf Grund einer steuerlichen Außenprüfung oder anderer bindender Anordnungen der Finanzverwaltung für Zeiträume bis zum Ausgliederungsstichtag die steuerlichen Wertansätze der übergehenden Aktiven und Passiven, so wird die übernehmende Gesellschaft in ihrer Steuerbilanz die geänderten Wertansätze fortführen.

§ 7

Kosten und Steuern

Die durch die Ausgliederung und ihren Vollzug entstehenden Kosten und etwaige Steuern trägt – auch wenn die Ausgliederung nicht zustande kommt – die übernehmende Gesellschaft.

§ 8

Wirksamkeit der Ausgliederung

Dieser Ausgliederungs- und Übernahmevertrag bedarf zu seiner Wirksamkeit der Zustimmung der Gesellschafterversammlung der übernehmenden Gesellschaft. Die Zustimmung des Kreistags des Landkreises A nach den einschlägigen kommunalrechtlichen Bestimmungen wurde am <...> erteilt.

§ 9

Salvatorische Klausel

Sollten einzelne Bestimmungen dieses Vertrags unwirksam sein oder werden, so wird dadurch die Gültigkeit des übrigen Vertragsinhalts nicht berührt. Die weggefallene Bestimmung ist durch eine Regelung zu ersetzen, die dem wirtschaftlichen Zweck der weggefallenen Bestimmung möglichst nahe kommt.

III. Gesellschafterbeschlüsse

A.

Vorbemerkung

(1) An der im Handelsregister des Amtsgerichts B unter HRB <...> eingetragenen Gesellschaft mit beschränkter Haftung unter der Firma

C-gemeinnützige GmbH

mit dem Sitz in B

mit einem Stammkapital von € 100.000,00 sind der Stadtkreis B mit einem Geschäftsanteil Nr. 1 im Nennbetrag von € 30.000,00 und der Landkreis A mit einem Geschäftsanteil Nr. 2 im Nennbetrag von € 70.000,00 beteiligt.

(2) Es ist demzufolge das ganze Stammkapital der C-gemeinnützige GmbH vertreten. Das Stammkapital ist voll einbezahlt.

B.

Gesellschafterbeschlüsse

Unter Verzicht auf die Einhaltung aller durch Gesetz und Gesellschaftsvertrag vorgeschriebenen Formen und Fristen halten die Erschienenen eine

Gesellschafterversammlung

der

C-gemeinnützige GmbH
mit dem Sitz in B

ab und fassen namens der Gesellschafter folgende

B e s c h l ü s s e :

1. Ausgliederungsbeschluss I

Dem Ausgliederungs- und Übernahmevertrag vom heutigen Tage zwischen dem

Stadtkreis B

– nachfolgend „übertragender Rechtsträger" genannt –

und der

C-gemeinnützige GmbH
mit dem Sitz in B

– nachfolgend „übernehmende Gesellschaft" genannt –

zur Ausgliederung der bisher als Eigenbetrieb geführten Städtischen Klinik auf die übernehmende Gesellschaft in Abschnitt I dieser Urkunde wird zugestimmt.

2. Kapitalerhöhung I

(1) Zur Durchführung der Ausgliederung gemäß vorstehend Ziffer 1 wird das Stammkapital der übernehmenden Gesellschaft von € 100.000,00 um € 3.000.000,00 auf

€ 3.100.000,–

(i.W. EUR drei Millionen einhunderttausend)

erhöht.

(2) Es wird ein neuer Geschäftsanteil mit der Nr. 3 im Nennbetrag von € 3.000.000,– gebildet, der dem übertragenden Rechtsträger, dem Stadtkreis B, zugeteilt wird.

(3) Der neue Geschäftsanteil Nr. 3 ist – im Rahmen der gemeinnützigkeitsrechtlichen Beschränkungen – ab dem Ausgliederungsstichtag gewinnbezugsberechtigt.

(4) Der neue Geschäftsanteil wird als Gegenleistung dafür gewährt, dass der übertragende Rechtsträger seine bisher als Eigenbetrieb geführte Städtische Klinik nach Maßgabe des Ausgliederungsvertrages im Wege der Ausgliederung zur Aufnahme nach §§ 123 Absatz 3 Nr. 1, 126 ff., 168 ff. Umwandlungsgesetz (UmwG) auf die übernehmende Gesellschaft überträgt.

(5) Der auf die übernehmende Gesellschaft übergehende Krankenhausbetrieb wird mit dem in der Ausgliederungsbilanz ausgewiesenen buchmäßigen Reinvermögen von € 8.764.364,50 bewertet und zu diesem Wert von der übernehmenden Gesellschaft als Sacheinlage angenommen. Von dem Reinvermögen wird ein Betrag in Höhe von € 3.000.000,– auf die neue Einlage des übertragenden Rechtsträgers angerechnet. Der die Einlage übersteigende Betrag von € 5.764.364,50 wird mit Wirkung vom Ausgliederungsstichtag in eine Kapitalrücklage bei der übernehmenden Gesellschaft eingestellt.

(6) Bare Zuzahlungen werden von der übernehmenden Gesellschaft nicht geleistet.

3. Änderung des Gesellschaftsvertrages I

§ 5 Absatz 1 des Gesellschaftsvertrages erhält folgende Neufassung:

„Das Stammkapital der Gesellschaft beträgt

€ 3.100.000,–

(i.W. EUR drei Millionen einhunderttausend).“

4. Ausgliederungsbeschluss II

Dem Ausgliederungs- und Übernahmevertrag vom heutigen Tage zwischen dem

Landkreis A

– nachfolgend „übertragender Rechtsträger“ genannt –

und der

C-gemeinnützige GmbH

mit dem Sitz in B

– nachfolgend „übernehmende Gesellschaft“ genannt –

zur Ausgliederung der bisher als Eigenbetrieb geführten Pflegeeinrichtungen auf die übernehmende Gesellschaft in Abschnitt II dieser Urkunde wird zugestimmt.

5. Kapitalerhöhung II

(1) Zur Durchführung der Ausgliederung gemäß vorstehend Ziffer 4 wird das Stammkapital der übernehmenden Gesellschaft um weitere € 7.000.000,– auf insgesamt

€ 10.100.000,–

(i.W. EUR zehn Millionen einhunderttausend)

erhöht.

(2) Es wird ein neuer Geschäftsanteil Nr. 4 im Nennbetrag von € 7.000.000,– gebildet, der dem übertragenden Rechtsträger, dem Landkreis A, zugeteilt wird.

(3) Der neue Geschäftsanteil Nr. 4 ist – im Rahmen der gemeinnützigkeitsrechtlichen Beschränkungen – ab dem Ausgliederungsstichtag gewinnbezugsberechtigt.

(4) Der neue Geschäftsanteil wird als Gegenleistung dafür gewährt, dass der übertragende Rechtsträger seine bisher als Eigenbetrieb geführten Pflegeeinrichtungen nach Maßgabe des Ausgliederungsvertrages im Wege der Ausgliederung zur Aufnahme nach §§ 123 Absatz 3 Nr. 1, 126 ff., 168 ff. Umwandlungsgesetz (UmwG) auf die übernehmende Gesellschaft überträgt.

(5) Die auf die übernehmende Gesellschaft übergehende Pflegeeinrichtung wird mit dem in der Ausgliederungsbilanz ausgewiesenen buchmäßigen Reinvermögen von € 10.842.915,10 bewertet und zu diesem Wert von der übernehmenden Gesellschaft als Sacheinlage angenommen. Von dem Reinvermögen wird ein Betrag in Höhe von € 7.000.000,– auf die neue Einlage des übertragenden Rechtsträgers angerechnet. Der die Einlage übersteigende Betrag von € 3.842.915,10 wird mit Wirkung vom Ausgliederungsstichtag in eine Kapitalrücklage bei der übernehmenden Gesellschaft eingestellt.

(6) Bare Zuzahlungen werden von der übernehmenden Gesellschaft nicht geleistet.

6. Änderung des Gesellschaftsvertrages II

§ 5 Absatz 1 des Gesellschaftsvertrages erhält folgende Neufassung:

„Das Stammkapital der Gesellschaft beträgt

€ 10.100.000,–

(i.W. EUR zehn Millionen einhunderttausend)."

IV.

Verzichtserklärungen

Nach entsprechender Belehrung durch den beurkundenden Notar verzichten die Gesellschafter jeweils auf

1. die Übersendung des Ausgliederungs- und Übernahmevertrages nach §§ 47, 125 UmwG;
2. die Einhaltung der Verpflichtungen zur Ankündigung, Auslegung und Auskunftserteilung nach §§ 49, 125 UmwG;
3. die Erstattung eines Ausgliederungsberichts nach §§ 8 Absatz 3, 127 UmwG;
4. die Klage gegen die Wirksamkeit des Ausgliederungsbeschlusses nach §§ 16 Absatz 2, 125 UmwG.

V.

Zuleitung des Ausgliederungs- und Übernahmevertrages an die Arbeitnehmervertretungen[233]

Es wird festgestellt, dass:

a) der Entwurf des Ausgliederungs- und Übernahmevertrages zwischen dem Stadtkreis B und der C-gemeinnützige GmbH nebst Anlagen dem Gesamtpersonalrat des Stadtkreises B am <...> unter Verzicht auf die Einhaltung der Monatsfrist des § 126 Absatz 3 UmwG zugeleitet wurde;
b) der Entwurf des Ausgliederungs- und Übernahmevertrages zwischen dem Landkreis A und der C-gemeinnützige GmbH nebst Anlagen dem Personalrat des Landkreises A am <...> unter Verzicht auf die Einhaltung der Monatsfrist des § 126 Absatz 3 UmwG zugeleitet wurde;
c) der Entwurf des Ausgliederungs- und Übernahmevertrags nebst Anlagen dem Betriebsrat der Gesellschaft am <...> und damit unter Einhaltung der Monatsfrist des § 126 Absatz 3 UmwG zugeleitet wurde.

---

233 Die jeweiligen Landespersonalvertretungsgesetze können weitergehende Beteiligungsmaßnahmen bei Privatisierungsmaßnahmen vorsehen; diese Beteiligung ist jedoch für die Gestaltung des Vorgangs nach umwandlungsrechtlichen Gesichtspunkten nicht zu berücksichtigen; hierzu ausführlich *Wollenschläger/v. Harbou* NZA 2005, 1085 ff.

VI.

Schlussbestimmungen, Vollmacht

(1) Nach Belehrung des Notars verzichten die Erschienenen nach § 14 Beurkundungsgesetz auf das Vorlesen der dieser Urkunde beigefügten Anlagen [Verzeichnisse und Bilanzen]; es wird festgestellt, dass diese Anlagen den Erschienenen zur Kenntnisnahme vorgelegt und von ihnen unterzeichnet wurden.

(2) Der beurkundende Notar hat die nach dem Beurkundungsgesetz vorgeschriebenen Belehrungen erteilt. Er hat insbesondere darauf hingewiesen, dass mit der Eintragung der jeweiligen Ausgliederung in das Handelsregister der übernehmenden[234] Gesellschaft

a) der ausgegliederte Teil des Vermögens einschließlich der Verbindlichkeiten des übertragenden Rechtsträgers entsprechend der im Ausgliederungs- und Übernahmevertrag vorgesehenen Aufteilung als Gesamtheit auf die übernehmende Gesellschaft übergeht;

b) der übertragende Rechtsträger einen zusätzlichen Geschäftsanteil an der übernehmenden Gesellschaft erwirbt;

c) Mängel der Ausgliederung die Wirkungen der Eintragung unberührt lassen;

d) die Haftung der übertragenden Rechtsträger gem. §§ 172, 173 UmwG.[235]

Die vorstehende Niederschrift einschließlich der Anlagen wurde von dem Notar vorgelesen, von den Erschienenen genehmigt und wie folgt eigenhändig unterschrieben:

b) Registeranmeldung beim übernehmenden Rechtsträger

Registeranmeldung beim übernehmenden Rechtsträger:[236]   **61**

Amtsgericht B

– Registergericht –

C-gemeinnützige GmbH
mit dem Sitz in B
– HRB <...> –

Zur Eintragung in das Handelsregister wird – mit der Bitte um Eintragung in der nachstehenden Reihenfolge – angemeldet:

1. Auf Grund des Ausgliederungs- und Übernahmevertrages zwischen der Gesellschaft und dem Stadtkreis B vom <...> und dem Ausgliederungsbeschluss der Gesellschaft vom gleichen Tage wurde ein Teil des Vermögens des Stadtkreises B

---

234 § 171 UmwG regelt im vorliegenden Fall das Wirksamwerden.

235 Die im Ausgliederungsvertrag aufgeführten Verbindlichkeiten gehen auf den übernehmenden Rechtsträger über, andere nicht, selbst wenn sie den übertragenen Eigenbetrieben zuzuordnen sind; vgl. *Widmann/Mayer* § 172 Rn. 5. Durch den Verweis auf die Nichtanwendbarkeit von § 418 BGB in § 172 S. 2 UmwG wird klargestellt, dass alle Sicherungsrechte unverändert weiter bestehen.

236 Wegen der allgemeinen Erläuterungen zur Handelsregisteranmeldung vgl. oben 3. Kap. Rn. 69, 76; bitte beachten: bei der Ausgliederung zur Neugründung ist die Anmeldung (auch) von den Vertretern der öffentlichen Körperschaften (übertragende Rechtsträger) zu unterschreiben vgl. u. a. *Widmann/Mayer* § 168 Rn. 251.

(übertragender Rechtsträger), nämlich die bisher als Eigenbetrieb geführte Städtische Klinik, im Wege der Ausgliederung nach § 123 Absatz 3 Nr. 1 UmwG zur Aufnahme auf die Gesellschaft (übernehmende Gesellschaft) gegen Gewährung eines Geschäftsanteils an der übernehmenden Gesellschaft übertragen.

Zur Durchführung der Ausgliederung wurde durch Gesellschafterbeschluss vom <...> das Stammkapital der übernehmenden Gesellschaft um € 3.000.000,– auf € 3.100.000,– erhöht. § 5 Absatz 1 des Gesellschaftsvertrages (Stammkapital) wurde entsprechend geändert.

2. Auf Grund des Ausgliederungs- und Übernahmevertrages zwischen der Gesellschaft und dem Landkreis A vom <...> und dem Ausgliederungsbeschluss der Gesellschaft vom gleichen Tage wurde ein Teil des Vermögens des Landkreises A (übertragender Rechtsträger), nämlich die bisher als Eigenbetrieb geführten Pflegeeinrichtungen, im Wege der Ausgliederung nach § 123 Absatz 3 Nr. 1 UmwG zur Aufnahme auf die Gesellschaft (übernehmende Gesellschaft) gegen Gewährung eines Geschäftsanteils an der übernehmenden Gesellschaft übertragen.

Zur Durchführung der Ausgliederung wurde durch Gesellschafterbeschluss vom <...> das Stammkapital der übernehmenden Gesellschaft um weitere € 7.000.000,– auf insgesamt € 10.100.000,– erhöht. § 5 Absatz 1 des Gesellschaftsvertrages (Stammkapital) wurde entsprechend geändert.

Es wird erklärt, dass die Gesellschafter der übernehmenden Gesellschaft durch notariell beurkundete Verzichtserklärungen auf die Klage gegen die Wirksamkeit der Ausgliederungsbeschlüsse verzichtet haben.

Es wird versichert, dass die zu erbringenden Leistungen auf die neuen Einlagen ab Eintragung der Ausgliederungen in das Handelsregister des Sitzes der übernehmenden Gesellschaft voll bewirkt sind und sich endgültig in der freien Verfügung des Geschäftsführers für Zwecke der Gesellschaft befinden.[237]

Angeschlossen sind:

a) eine elektronisch beglaubigte Abschrift der notariellen Urkunde vom <...> über die Ausgliederungs- und Übernahmeverträge samt Anlagen sowie den Ausgliederungsbeschlüssen und den Beschlüssen über die Kapitalerhöhung zur Durchführung der Ausgliederungen einschließlich der Verzichtserklärungen der Gesellschafter der übernehmenden Gesellschaft (UR-Nr. / des Notars mit dem Amtssitz in);

b) Nachweise über die Zuleitung der Entwürfe der Ausgliederungs- und Übernahmeverträge an den Gesamtpersonalrat des Stadtkreises B, an den Personalrat des Landkreises A und an den Betriebsrat der Gesellschaft;

c) je ein vollständiger Wortlaut des Gesellschaftsvertrages in den geänderten Fassungen jeweils mit der Bescheinigung des Notars nach § 54 Absatz 1 Satz 2 GmbH-Gesetz;

d) der Bericht über die Angemessenheit der Sacheinlagen;

e) eine Bestätigung über die Werthaltigkeit der Sacheinlagen.[238]

---

237 Wegen der Versicherung vgl. oben Rn. 42.

238 Die Beifügung einer Gesellschafterliste ist nach Streichung von § 52 Abs. 2 UmwG nicht mehr erforderlich. Der Notar muss eine geänderte Gesellschafterliste erstellen und einreichen; vgl. u.a. *OLG München* Beschl. v. 7.7.2010, 31 Wx 73/10.

Außer den in den Niederschriften nach vorstehend lit. a) enthaltenen Erklärungen liegen keine den Festsetzungen über die Sacheinlagen zugrunde liegenden oder zu ihrer Ausführung geschlossenen Verträge vor.

<...>, den

Für die Gesellschaft:

Der Geschäftsführer:[239] ……………………………………..

Beglaubigung der Unterschrift:

2. Abspaltung zur Aufnahme eines Teilbetriebs unter Schwester-GmbHs mit Kapitalherabsetzung

Die Abspaltung von Teilbetrieben unter Schwestergesellschaften ist aus der Sicht der **62** Muttergesellschaft ein häufig genutztes Instrument für Konzentrations- oder Umstrukturierungsmaßnahmen innerhalb des Konzerns, insbesondere zur Bündelung von Know-how. Die Schwesterspaltung ist wie die Schwesterverschmelzung im Gesetz nicht besonders geregelt, weshalb insbesondere im Hinblick auf die Kapitalerhöhungspflicht die selben Überlegungen anzustellen sind, vgl. oben Rn. 2 und Rn. 7.

Den nachfolgenden Mustern VIII.2. liegt folgende Fallkonstellation zugrunde: **63**

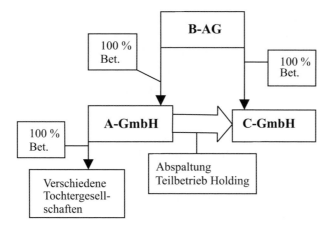

Dabei wird zugrunde gelegt, dass die C-GmbH keinen Betriebsrat hat und die A-GmbH einen Gesamt-Betriebsrat hat. Ein Konzernbetriebsrat besteht nicht. Die A-GmbH hat umfangreiche weitere Teilbetriebe im operativen Bereich. Die C-GmbH ist eine reine Verwaltungsgesellschaft und hat nur 10 Arbeitnehmer. Nur die A-GmbH ist Mitglied in einem Arbeitgeberverband. Bei der Abspaltung soll steuerlich eine Buchwertfortführung erfolgen.

---

239 Die Anmeldungspflicht durch alle Geschäftsführer gem. § 78 GmbHG wird durch das UmwG nicht geändert, § 16 Abs. 1 UmwG greift hier nicht.

a) Spaltungs- und Übernahmevertrag mit Spaltungsbeschlüssen

64   Spaltungs- und Übernahmevertrag mit Spaltungsbeschlüssen:[240]

Geschehen zu
am

Vor mir, dem

Notar

erscheinen heute:

1. Herr/Frau

2. Herr/Frau

Der Erschienene Ziffer 1 handelt als einzelvertretungsberechtigter und von den Beschränkungen des § 181 BGB befreiter

a) Geschäftsführer für die A-GmbH mit dem Sitz in <...>,

b) Geschäftsführer für die C-GmbH mit dem Sitz in <...>.

Der Erschienene Ziffer 2 handelt als einzelvertretungsberechtigter Vorstandsmitglied für die B- AG mit dem Sitz in <...>.

Der beurkundende Notar bescheinigt die Vertretungsbefugnis wie folgt: <...>

Die Erschienenen haben sich ausgewiesen durch Vorlage <...>. Nach Befragung der Erschienenen wird festgestellt, dass eine Vorbefassung im Sinne von § 3 Abs. 1 Nr. 7 BeurkG nicht vorliegt. Sie erklären zur notariellen Beurkundung Folgendes:

I.

Vorbemerkung

1. Die

B-AG
mit dem Sitz in <...>
ist jeweils als alleinige Gesellschafterin an der
a) **A-GmbH**
   mit dem Sitz in <...>
   mit dem Geschäftsanteil Nr. 1 im Nennbetrag von EUR 10.000.000,00
und der
b) **C-GmbH**
   mit dem Sitz in <...>
   mit dem Geschäftsanteil Nr. 1 im Nennbetrag von EUR 25.000,00
beteiligt.

---

240 Wegen der allgemeinen Anmerkungen zu Beurkundungstechniken und mit der Verschmelzung übereinstimmender Teile der Urkunde wird auf die Musterlösungen 3. Kap. Rn. 65 und Rn. 83 verwiesen.

2. Die

A-GmbH

mit dem Sitz in <...>

ist als alleinige Gesellschafterin an den nachfolgenden Gesellschaften beteiligt:

a) Erste-Tochter GmbH

mit dem Sitz in <...>

mit Geschäftsanteilen im Nennbetrag von EUR 750.000,00

b) Zweite-Tochter GmbH

mit dem Sitz in <...>

mit Geschäftsanteilen im Nennbetrag von EUR 25.000,00

c) Dritte-Tochter GmbH

mit dem Sitz in <...>

mit Geschäftsanteilen im Nennbetrag von EUR 25.000,00

d) Vierte-Tochter GmbH

mit dem Sitz in <...>

mit Geschäftsanteilen im Nennbetrag von EUR 250.000,00

e) Fünfte-Tochter GmbH

mit dem Sitz in <...>

mit Geschäftsanteilen im Nennbetrag von EUR 3.000.000,00.

Mit den Gesellschaften lit. a) bis e) besteht jeweils ein Beherrschungs- und Ergebnisabführungsvertrag.[241]

3. Es ist vorgesehen, den Teilbetrieb „Holding" einschließlich der vorstehend in Absatz 2 näher bezeichneten Beteiligungen der A-GmbH im Wege der Abspaltung auf die C-GmbH zu übertragen.[242] Für die Übertragung gelten die Bestimmungen des nachstehenden Spaltungs- und Übernahmevertrages.

II.

Spaltungs- und Übernahmevertrag (Abspaltung)

zwischen der

A-GmbH

mit dem Sitz in <...>

– übertragende Gesellschaft –

und der

C-GmbH

mit dem Sitz in <...>

– übernehmende Gesellschaft –

— — — — —

---

241 Der Beherrschungs- und Gewinnabführungsvertrag geht mit der Spaltung auf den übernehmenden Rechtsträger im Wege der partiellen Gesamtrechtsnachfolge über, vgl. hierzu und zu dem ggf. bestehenden Kündigungsrecht der beherrschten Gesellschaften auch oben Rn. 52.

242 Die Angabe der beabsichtigten Übertragung (hier sehr einfach gehalten) soll u.a. dazu dienen, bei Zweifelsfragen als Anhaltspunkt in der Urkunde für Auslegungsfragen zu dienen, vgl. oben Rn. 24, 26.

§ 1
Beteiligte Rechtsträger

An der Abspaltung sind beteiligt:

1. als übertragende Gesellschaft
   A-GmbH
   mit dem Sitz in <...>
2. als übernehmende Gesellschaft
   C-GmbH
   mit dem Sitz in <...>

§ 2
Vermögensübertragung, Spaltungsstichtag

(1) Die übertragende Gesellschaft überträgt ihren Teilbetrieb „Holding" als Gesamtheit im Wege der Abspaltung zur Aufnahme nach §§ 123 Abs. 2 Nr. 1, 124 ff. Umwandlungsgesetz (UmwG) auf die übernehmende Gesellschaft unter Verzicht auf die Gewährung eines Geschäftsanteils an der übernehmenden Gesellschaft an die Alleingesellschafterin der übertragenden Gesellschaft, die B-AG gem. § 54 Abs. 1 S. 3 UmwG.[243]

Übertragen werden sämtliche der übertragenden Gesellschaft gehörenden, dem übergehenden Teilbetrieb zuzuordnenden oder nachstehend ausdrücklich zugeordneten Gegenstände des Aktiv- und Passivvermögens, auch soweit diese nicht bilanziert sind.[244] Übertragen werden insbesondere die folgenden, dem übergehenden Teilbetrieb zuzuordnenden Gegenstände:[245]

1. das bewegliche Anlagevermögen, wie Betriebs- und Geschäftsausstattung, Fahrzeuge;
2. die Finanzanlagen bestehend aus den in Abschnitt I. Ziff. 2 näher bezeichneten Beteiligungen;
3. Umlaufvermögen, bestehend aus
   a) Folgenden Forderungen: <...>
   b) Kassenbestand sowie Guthaben bei folgenden Kreditinstituten: <...>;
4. die bilanzierten Rückstellungen sowie aktiven und passiven Rechnungsabgrenzungsposten, die den übergehenden Teilbetrieb betreffen;
5. die Verbindlichkeiten,[246] bestehend aus
   a) den Verbindlichkeiten gegenüber verbundenen Unternehmen,
   b) folgenden sonstigen Verbindlichkeiten:[247] <...>
   c) den Verbindlichkeiten aus den übertragenen Beteiligungen,
   d) den folgenden Verbindlichkeiten gegenüber Kreditinstituten:
   <...>

---

243 Gem. §§ 15, 11 UmwStG ist eine Buchwertfortführung auch zulässig, wenn keine Gegenleistung gewährt wird.
244 Zu den nicht bilanzierfähigen Rechten vgl. oben Rn. 26.
245 Wegen der Problematik der genauen Bezeichnung vgl. oben Rn. 26.
246 Die Zuweisung der Verbindlichkeiten ist im Hinblick auf § 133 UmwG äußerst wichtig und daher mit großer Sorgfalt vorzunehmen, vgl. hierzu Rn. 26.
247 Sollte bei vergessenen Verbindlichkeiten eine Zuordnung zum übernehmenden Rechtsträger erfolgen, empfiehlt es sich eine ausdrückliche Auslegungsregel in den Vertrag aufzunehmen; für nicht eindeutig zuordenbare Verbindlichkeiten kann auch eine Quotelung zwischen übernehmenden und übertragenden Rechtsträger vorgesehen werden, vgl. hierzu oben Rn. 26.

6. sämtliche Rechte und Pflichten aus den ebenfalls in Abschnitt I Ziffer 2 genannten Beherrschungs- und Ergebnisabführungsverträgen;
7. Verpflichtungen aus dem Sozial- und Personalbereich, soweit nachstehend nicht ausgeschlossen.

Soweit nach den vorstehenden Bestimmungen Gegenstände zu übertragen wären, die nicht durch Rechtsgeschäft und/oder im Wege der partiellen Gesamtrechtsnachfolge übertragen werden können, haben sich die beteiligten Rechtsträger so zu stellen, als ob die Übertragung erfolgt wäre.[248]

Ausdrücklich nicht übernommen werden:
1. Gründstücke und Gebäude
2. Pensionsverpflichtungen gegenüber Rentnern und ausgeschiedenen Mitarbeitern, denen ein unverfallbares Anwartschaftsrecht zusteht.

(2) Der Spaltung wird die von dem Wirtschaftsprüfer <...> geprüfte und mit einem uneingeschränkten Bestätigungsvermerk[249] versehene Bilanz der übertragenden Gesellschaft zum 31. Dezember <...>, 24.00 Uhr, als Schlussbilanz zugrunde gelegt (§ 125 i. V. m. § 17 Absatz 2 UmwG). Die übertragende Gesellschaft hat die übergehenden Vermögensgegenstände und Verbindlichkeiten in der Schlussbilanz insgesamt mit dem Buchwert angesetzt. Die übernehmende Gesellschaft wird die auf sie übergegangenen Vermögensgegenstände und Verbindlichkeiten in ihrer Bilanz mit den Werten ansetzen, mit denen diese Vermögensgegenstände und Verbindlichkeiten in der Schlussbilanz der übertragenden Gesellschaft angesetzt sind (§ 125 i. V. m. § 24 UmwG). Die übernehmende Gesellschaft hat die steuerlichen Buchwerte der übertragenden Gesellschaft fortzuführen. Auf die Erforderlichkeit eines Antrags beim Finanzamt gem. §§ 15, 11 Abs. 2 UmwStG für die Buchwertfortführung in der Steuerbilanz wurde vom beurkundenden Notar ausdrücklich hingewiesen.

(3) Der Abspaltung wird ferner die dieser Niederschrift als *Anlage 1* beigefügte aus der Schlussbilanz entwickelte Abspaltungsbilanz[250] der übertragenden Gesellschaft zum 31. Dezember <...>, 24:00 Uhr, zugrunde gelegt. In dieser Abspaltungsbilanz sind die dem übertragenen Teilbetrieb zugehörenden Vermögensgegenstände und Verbindlichkeiten gesondert ausgewiesen. Aus ihr ergeben sich im übrigen die auf die übernehmende Gesellschaft übergehenden Gegenstände des Aktiv- und Passivvermögens

An die Stelle der bis zum Wirksamwerden der Abspaltung weggefallenen Gegenstände des Aktiv- und Passivvermögens treten die als Surrogat vorhandenen Gegenstände.

---

248 Siehe zu Übertragungsbeschränkungen oben Rn. 26, 27; eine Einschränkung der Wirkung der partiellen Gesamtrechtsnachfolge kann sich ergeben, wenn eine der Tochtergesellschaften ihren Sitz im Ausland hat; hier gilt, dass die partielle Gesamtrechtsnachfolge für die Übertragung des Anteils dann greift, wenn die betreffende ausländische Rechtsordnung ebenfalls eine Spaltung mit partieller Gesamtrechtsnachfolge kennt, vgl. *Sagasser* § 18 Rn. 172 m.w.N.; an dieser Stelle ist darauf hinzuweisen dass durch die 6. EU-RL vom 17.12.1982 (82/891/EWG) die Spaltung von Aktiengesellschaften innerhalb der EU harmonisiert wurde.
249 Wegen der Erforderlichkeit eines Testats vgl. oben 2. Kap. Rn. 16; diese Bilanz ist mit Bestätigungsvermerk der Registeranmeldung beizufügen, § 17 Abs. 2 UmwG.
250 Zur Erforderlichkeit der Gesamtschlussbilanz und der Abspaltungsbilanz vgl. oben Rn. 48 und 50.

(4) Die übernehmende Gesellschaft tritt in sämtliche bestehenden Vertrags- und Rechtsverhältnisse ein, die ausschließlich den übergehenden Teilbetrieb betreffen.[251] Die Beteiligten vereinbaren ausdrücklich, dass im Innenverhältnis zwischen der übertragenden Gesellschaft und der übernehmenden Gesellschaft für die in vorstehend Abs. 1 Ziffer 5 und 7 aufgeführten im Wege der Abspaltung zugeteilten Verbindlichkeiten allein die übernehmende Gesellschaft einzustehen hat. Sie hat die übertragende Gesellschaft bei einer Inanspruchnahme aus diesen Verbindlichkeiten unverzüglich freizustellen.[252]

(5) Die Vermögensübertragung erfolgt im Innenverhältnis mit Wirkung vom 1. Januar <...>, 0:00 Uhr (Spaltungsstichtag). Von diesem Zeitpunkt an gelten alle Handlungen der übertragenden Gesellschaft, soweit sie den übergehenden Teilbetrieb betreffen, als für Rechnung der übernehmenden Gesellschaft vorgenommen.

(6) Vom Spaltungsstichtag an stehen die auf die übergehenden Geschäftsanteile an den in Abschnitt I Ziffer 2 genannten Gesellschaften zur Ausschüttung kommenden Dividenden der übernehmenden Gesellschaft zu.

§ 3

Gewährung eines Geschäftsanteils

Für die Vermögensübertragung wird keine Gegenleistung gewährt, da die Alleingesellschafterin der übertragenden Gesellschaft gem. §§ 125, 54 Abs. 1 S. 3 UmwG auf die Gewährung von Geschäftsanteilen an der übernehmenden Gesellschaft verzichtet.

Ein Abfindungsangebot ist nicht erforderlich.

§ 4

Sonderrechte und Sondervorteile

Rechte oder Maßnahmen nach § 126 Absatz 1 Nr. 7 UmwG sowie besondere Vorteile nach § 126 Absatz 1 Nr. 8 UmwG werden nicht gewährt und sind nicht vorgesehen.

§ 5

Herabsetzung des Stammkapitals bei der übertragenden Gesellschaft

Das Stammkapital der übertragenden Gesellschaft wird – im Innenverhältnis mit Wirkung vom Spaltungsstichtag – zum Ausgleich der bei der Durchführung der Abspaltung entstehenden Unterbilanz in Höhe von EUR 7.725.000,52 in vereinfachter Form (§ 139 UmwG i.V.m. §§ 58a ff. GmbHG) von EUR 10.000.000,00 um insgesamt EUR 7.725.000,00 auf EUR 2.275.000,00 herabgesetzt.[253]

---

251 Teilweise ist es in der Praxis üblich, für „Fehlzuordnungen" eine Auffangklausel aufzunehmen; diese könnte folgendermaßen lauten: „Soweit durch eine fehlerhafte Erstellung von Inventarverzeichnissen Gegenstände übertragen werden, die zweifelsfrei weder dem operativen Unternehmensbereich des übertragenen Teilbetriebs dienen noch zu dienen bestimmt sind, noch sonst diesen Unternehmensbereich betreffen oder ihm zuzuordnen sind, so ist die übertragende Gesellschaft berechtigt, diese Gegenstände von der übernehmenden Gesellschaft zum Buchwert zurück zu erwerben. Im Übrigen sind die übertragende Gesellschaft und die übernehmende Gesellschaft verpflichtet, sich gegenseitig bei der Abwicklung der nach dem Spaltungs- und Übernahmevertrag vereinbarten Teilvermögensübertragung nach Kräften zu unterstützen. Die vorgenannten Verpflichtungen enden ein Jahr nach dem Wirksamwerden der Spaltung."

252 Formulierungsvorschlag für interne Ausgleichspflicht, *Widmann/Mayer* § 126 Rn. 323.

253 Wegen der Voraussetzungen und Grenzen der Kapitalherabsetzung vgl. oben Rn. 46; str. ist, ob wie vorstehend bereits vertreten, die Kapitalherabsetzung höher sein darf als die Kapitalerhöhung beim übernehmenden Rechtsträger, vgl. oben a.a.O.

Zum Zwecke der Bildung eines zulässigen Geschäftsanteils wurde der sich ergebende Spaltungsverlust in Höhe von EUR 7.725.000,52 auf den Herabsetzungsbetrag von EUR 7.725.000,00 abgerundet.[254]

Der Nennwert des Geschäftsanteils Nr. 1 der Alleingesellschafterin der übertragenden Gesellschaft vermindert sich demnach von EUR 10.000.000,00 auf EUR 2.275.000,00.

§ 6
Folgen der Abspaltung für die Arbeitnehmer und ihre Vertretungen sowie insoweit vorgesehene Maßnahmen

(1) Die übernehmende Gesellschaft hat keine Arbeitnehmervertretung. Es besteht ein Gesamtbetriebsrat bei der A-GmbH, der im Amt bleibt. Der Betriebsrat der übertragenden Gesellschaft bleibt nach § 21a BetrVG im Amt und führt die Geschäfte auch für den ihm bislang zugeordneten übergehenden Teilbetrieb weiter. Das Übergangsmandat endet spätestens sechs Monate nach Wirksamwerden der Spaltung.[255]

(2) Die Abspaltung führt zu einem Betriebsübergang auf die C-GmbH im Sinne des § 613a BGB. Die C-GmbH tritt daher mit Wirksamwerden der Abspaltung mit allen Rechten und Pflichten in die bestehenden Arbeitsverhältnisse der A-GmbH, soweit sie dem übertragenen Teilbetrieb zuzuordnen sind, ein. Diese Arbeitsverhältnisse können von keinem Beteiligten wegen der Abspaltung gekündigt werden. Dem Arbeitnehmer steht jedoch hinsichtlich des Übergangs seines Arbeitsverhältnisses ein Widerspruchsrecht zu. Es bestehen keine Arbeitsverhältnisse, welche nicht eindeutig dem übertragenen Teilbetrieb oder den bei der übertragenden Gesellschaft verbleibenden Teilbetrieben zugeordnet werden könnten.

(3) Die A-GmbH ist Mitglied im Arbeitgeberverband <...>. Die C-GmbH ist nicht Mitglied in diesem oder einem anderen Arbeitgeberverband. Für die Arbeitnehmer der A-GmbH, deren Arbeitsverhältnisse durch die Abspaltung übergehen, gelten die Bestimmungen des mit dem Arbeitgeberverband <...> geschlossenen Tarifvertrages nach Maßgabe des § 613a Abs. 1 S. 2–4 BGB individualrechtlich weiter.[256]

(4) Der übergehende Teilbetrieb wird bei der übernehmenden Gesellschaft unverändert fortgeführt. Durch die übernehmende Gesellschaft und die übertragende Gesellschaft erfolgt nach Wirksamwerden der Spaltung keine gemeinschaftliche Betriebsführung.[257]

(5) Weitere Maßnahmen sind nicht vorgesehen.

---

254 *Widmann/Mayer* § 139 Rn. 38 verlangt im Hinblick auf die nach § 58a Abs. 3 GmbHG einzuhaltende Teilbarkeit eine Abrundung (bezieht sich noch auf alte Rechtslage vor MoMiG); m.E. müsste auch eine Aufrundung zulässig sein, wenn die Differenz von max. EUR 0,99 in die Rücklage geht.

255 Der frühere § 321 UmwG ist aufgehoben; an seiner Stelle gelten §§ 21a, 21b BetrVG, vgl. oben 2. Kap. Rn. 44.

256 Vgl. hierzu die Erläuterungen im 2. Kap. Rn. 45.

257 Durch diese Erklärung wird klargestellt, dass § 322 UmwG keine Anwendung findet, vgl. oben Rn. 16.

§ 7

Steuerklausel

Ändern sich bei der übertragenden Gesellschaft aufgrund einer steuerlichen Außenprüfung oder anderer bindender Anordnungen der Finanzverwaltung für Zeiträume bis zum Spaltungsstichtag die steuerlichen Wertansätze der übergehenden Aktiva und Passiva, so wird die übernehmende Gesellschaft in ihrer Steuerbilanz die geänderten Wertansätze fortführen.

§ 8

Wirksamkeit der Spaltung

Dieser Spaltungs- und Übernahmevertrag bedarf zu seiner Wirksamkeit der Zustimmung der Gesellschafterversammlungen der übertragenden und der übernehmenden Gesellschaft.

§ 9

Salvatorische Klausel

Sollten einzelne Bestimmungen dieses Spaltungs- und Übernahmevertrags unwirksam sein oder werden, so wird dadurch die Gültigkeit des übrigen Vertragsinhalts nicht berührt. Die weggefallene Bestimmung ist durch eine Regelung zu ersetzen, die dem Zweck der weggefallenen Bestimmung möglichst nahe kommt.

III.

Spaltungs- und Kapitalherabsetzungsbeschluss[258]
der Alleingesellschafterin des
übertragenden Rechtsträgers

1. An der

A-GmbH

mit dem Sitz in <...>

ist mit dem Geschäftsanteil Nr. 1 von EUR 10.000.000,00 die

B-AG

mit dem Sitz in <...>

als alleinige Gesellschafterin beteiligt.
Es ist somit das gesamte Stammkapital der Gesellschaft von EUR 10.000.000,00 vertreten. Das Stammkapital ist voll einbezahlt.
Der Jahresabschluss der A-GmbH zum 31. Dezember <...> wurde festgestellt.

2. Unter Verzicht auf die Einhaltung aller durch Gesetz oder Gesellschaftsvertrag vorgeschriebenen Formen und Fristen hält der Erschienene Ziffer 2 eine

Gesellschafterversammlung

der

A-GmbH

mit dem Sitz in <...>

ab und fasst namens der Alleingesellschafterin folgende

---

258 Wegen der Zusammenfassung in einer Urkunde aus kostenrechtlichen Gründen vgl. oben 2. Kap. Rn. 58.

B e s c h l ü s s e :

1. Spaltungsbeschluss

Dem Spaltungs- und Übernahmevertrag zwischen der A-GmbH mit dem Sitz in <...> – übertragenden Gesellschaft – und der C-GmbH mit dem Sitz in <...> – übernehmende Gesellschaft – vom heutigen Tage zur Abspaltung des Teilbetriebs „Holding" in <...> auf die übernehmende Gesellschaft wird zugestimmt. Der Spaltungs- und Übernahmevertrag ist in Abschnitt II. dieser Urkunde enthalten.

2. Kapitalherabsetzung, Änderungen des Gesellschaftsvertrages

a) Aufgrund der vorstehenden Spaltung und Übernahme des Teilbetriebes „Holding" durch die C-GmbH wird entsprechend Abschnitt II. § 5 des Spaltungs- und Übernahmevertrages das Stammkapital der Gesellschaft von EUR 10.000.000,00 um EUR 7.725.000,00 auf EUR 2.275.000,00 herabgesetzt. Eine Herabsetzung des Stammkapitals ist erforderlich, da der Jahresabschluss der übertragenden Gesellschaft keine ausreichenden Kapital- oder Gewinnrücklagen ausweist. Zum Ausgleich des Abspaltungsverlustes in Höhe von EUR 7.725.000,52 wird das Stammkapital der übertragenden Gesellschaft daher gem. § 139 Abs. 1 UmwG i.V.m. §§ 58a ff. GmbHG vereinfacht herabgesetzt. Zum Zwecke der Bildung eines zulässigen Geschäftsanteils wird der sich ergebende Spaltungsverlust in Höhe von EUR 7.725.000,52 auf einen Herabsetzungsbetrag von EUR 7.725.000,00 abgerundet. Das Stammkapital wird demgemäss auf der angegebenen Rechtsgrundlage von EUR 10.000.000,00 um EUR 7.725.000,00 auf EUR 2.275.000,00 herabgesetzt. Die Herabsetzung dient ausschließlich zum Ausgleich des vorstehend bezeichneten, infolge der Spaltung entstandenen Abspaltungsverlustes. Demzufolge wird der Nennbetrag des Geschäftsanteils Nr. 1 der Alleingesellschafterin, der B-AG, auf EUR 2.275.000,00 herabgesetzt.[259]

b) Aufgrund der Kapitalherabsetzung wird § 3 Abs. 1 (Stammkapital) der Satzung der Gesellschaft wie folgt neu gefasst:

„Das Stammkapital der Gesellschaft beträgt

EUR 2.275.000,00

(i.W. EUR zwei Millionen zweihundertfünfundsiebzigtausend)."

c) Aufgrund der Abspaltung des Teilbetriebs „Holding" wird § 2 (Gegenstand des Unternehmens) der Satzung der Gesellschaft wie folgt neu gefasst:[260]

„(1) Gegenstand des Unternehmens ist [operativen Unternehmensgegenstand aufnehmen].

Die Gesellschaft darf andere Unternehmen erwerben und sich an solchen beteiligen. Sie darf Zweigniederlassungen gründen.

(2) Die Gesellschaft kann sich auf verwandten Gebieten betätigen und alle Geschäfte betreiben, die mit dem Gegenstand des Unternehmens im Zusammenhang stehen."

3. Nach entsprechender Belehrung durch den beurkundenden Notar verzichtet der Erschienene Ziffer 2 namens der B-AG auf:

a) die Übersendung des Spaltungs- und Übernahmevertrages und des Spaltungsberichts nach §§ 42, 125 UmwG,

b) die Erstattung eines Spaltungsberichts nach § 8 Absatz 3, § 127 UmwG,

---

259 Eine ggf. zusätzlich bezweckte Rücklagendotierung muss separat aufgeführt werden, vgl. oben Rn. 40.

260 Wegen der sonstigen ggf. zu überprüfenden Punkte vgl. oben Rn. 30.

c) die Prüfung der Spaltung und die Erstellung eines Prüfungsberichts nach §§ 9, 12, 30, 100, 125 UmwG,

d) die Klage gegen die Wirksamkeit des Spaltungsbeschlusses nach § 16 Absatz 2, § 125 UmwG,

e) eine Barabfindung nach §§ 29, 125 UmwG,[261]

f) die Gewährung von Geschäftsanteilen an der übernehmenden Gesellschaft gem. §§ 125, 54 Abs. 1 S. 3 UmwG.

4. Es wird festgestellt, dass der Entwurf des Spaltungs- und Übernahmevertrags dem Gesamtbetriebsrat der übertragenden Gesellschaft am <...> und damit rechtzeitig zugeleitet worden ist.[262]

IV.

Spaltungsbeschluss und Gesellschaftsvertragsänderungen der Alleingesellschafterin des übernehmenden Rechtsträgers

1. An der

C-GmbH

mit dem Sitz in <...>

ist die B-AG mit dem Sitz in <...> mit dem Geschäftsanteil Nr. 1 in Höhe von EUR 25.000,00 beteiligt.

Die Einlagen auf das vorbezeichnete Stammkapital sind in voller Höhe geleistet. Der Jahresabschluss der Gesellschaft zum 31. Dezember <...> ist festgestellt.

2. Unter Verzicht auf die Einhaltung aller durch Gesetz oder Gesellschaftsvertrag vorgeschriebenen Formen und Fristen hält der Erschienene Ziffer 2 eine

Gesellschafterversammlung

der

C-GmbH

mit dem Sitz in <...>

ab und fasst namens der Alleingesellschafterin folgende

B e s c h l ü s s e :

1. Spaltungsbeschluss

Dem Spaltungs- und Übernahmevertrag zwischen der A-GmbH mit dem Sitz in <...> – übertragenden Gesellschaft – und der C-GmbH mit dem Sitz in <...> – übernehmende Gesellschaft – vom heutigen Tage zur Abspaltung des Teilbetriebs „Holding" in <...> auf die übernehmende Gesellschaft wird zugestimmt. Der Spaltungs- und Übernahmevertrag ist in Abschnitt II. dieser Urkunde enthalten.

2. Gesellschaftsvertragsänderungen

Aufgrund der Abspaltung des Teilbetriebs „Holding" wird § 2 (Gegenstand des Unternehmens der Satzung der Gesellschaft wie folgt neu gefasst:

„(1) Gegenstand des Unternehmens ist das Erwerben, Verwalten und Veräußern von Beteiligungen an Unternehmen im eigenen Vermögen, insbesondere an solchen, die Tätigkeiten im Bereich <...> ausüben.

(2) Die Gesellschaft kann sich auf verwandten Gebieten betätigen und alle Geschäfte betreiben, die mit dem Gegenstand des Unternehmens im Zusammenhang stehen."

---

261 Wegen der Voraussetzungen des Barabfindungsanspruches nach § 29 UmwG, insbesondere bei Schwestergesellschaften vgl. oben 3. Kap. Rn. 60.

262 Wegen des Meinungsstands zur Zuleitung an die einzelnen Betriebsräte vgl. oben 2. Kap. Rn. 39.

3. Nach entsprechender Belehrung durch den beurkundenden Notar verzichtet der Erschienene Ziffer 2 namens der B-AG auf:

a) die Übersendung des Spaltungs- und Übernahmevertrages und des Spaltungsberichts nach §§ 42, 125 UmwG,

b) die Erstattung eines Spaltungsberichts nach § 8 Absatz 3, § 127 UmwG,

c) die Prüfung der Spaltung und die Erstellung eines Prüfungsberichts nach §§ 9, 12, 30, 100, 125 UmwG,

d) die Klage gegen die Wirksamkeit des Spaltungsbeschlusses nach § 16 Absatz 2, § 125 UmwG.

4. Es wird festgestellt, dass die übernehmende Gesellschaft keinen Betriebsrat hat.

V.

Belehrungen

Der Notar hat die nach dem Beurkundungsgesetz vorgeschriebenen Belehrungen erteilt. Er hat insbesondere darauf hingewiesen, dass mit der Eintragung der Abspaltung in das Handelsregister der übertragenden Gesellschaft

a) der abgespaltene Teil des Vermögens einschließlich der Verbindlichkeiten der übertragenden Gesellschaft entsprechend der im Spaltungs- und Übernahmevertrag vorgesehenen Aufteilung als Gesamtheit auf die übernehmende Gesellschaft übergeht,

b) die Gesellschafter der übertragenden Gesellschaft keine Geschäftsanteile an der übernehmenden Gesellschaft als Gegenleistung für die Spaltung erwerben,

c) Mängel der Abspaltung die Wirkungen der Eintragung unberührt lassen,

d) die gesamtschuldnerische Haftung der beteiligten Rechtsträger gem. § 133 UmwG,

e) die Ausschüttungs- und Gewinnverwendungseinschränkungen, welche sich für die übertragende Gesellschaft aus der Kapitalherabsetzung aus der entsprechenden Anwendung der §§ 58b und 58d GmbHG ergeben können.[263]

D.

Gemeinsame Bestimmungen

§ 1

Kosten
usw.

[keine Besonderheiten, vgl. die Vorschläge und Anmerkungen zu Muster Rn. 60]

Die Anlage 1 wurde den Beteiligten unter Verzicht auf das Vorlesen zur Kenntnisnahme vorgelegt und von ihnen unterschrieben. Auf die Anlage 1 wird verwiesen.

Die vorstehende Niederschrift wurde vom Notar vorgelesen, von dem Erschienenen genehmigt und sodann von ihm und dem Notar wie folgt eigenhändig unterschrieben:

---

263 Ergibt sich m.E. aus der hier vertretenen Auffassung der Zulässigkeit der Kapitalherabsetzung ohne Begrenzung durch den Stammkapitalerhöhungsbetrag bei der übernehmenden Gesellschaft, vgl. oben Rn. 46.

b) Anmeldung zum Handelsregister der übertragenden GmbH

65 Handelsregisteranmeldung A-GmbH:[264]

Amtsgericht

– Registergericht –

A-GmbH mit dem Sitz in <...>
– HRB <...> –

Zur Eintragung in das Handelsregister wird angemeldet:

1. Aufgrund des Spaltungs- und Übernahmevertrags vom <...> zwischen der Gesellschaft (übertragende Gesellschaft) und der C-GmbH mit dem Sitz in <...> (übernehmende Gesellschaft) und der Spaltungsbeschlüsse vom gleichen Tag wurde ein Teil des Vermögens der Gesellschaft, nämlich der Teilbetrieb „Holding" sowie sämtliche Rechte und Pflichten aus den Beherrschungs- und Ergebnisabführungsverträgen zwischen der Gesellschaft und der Erste-Tochter GmbH mit dem Sitz in <...>, der Zweite-Tochter GmbH mit dem Sitz in <...>, der Dritte-Tochter GmbH mit dem Sitz in <...>, der Vierte-Tochter GmbH mit dem Sitz in <...> und der Fünfte-Tochter GmbH mit dem Sitz in <...>, im Wege der Abspaltung zur Aufnahme nach § 123 Absatz 2 Nr. 1 UmwG unter Verzicht auf die Gewährung eines Geschäftsanteils an der übernehmenden Gesellschaft auf die C-GmbH mit dem Sitz in <...> übertragen.

2. Zum Ausgleich des Bilanzverlustes und zur Durchführung der Abspaltung wurde durch Gesellschafterbeschluss vom <...> das Stammkapital der übertragenden Gesellschaft in vereinfachter Form (§§ 58a ff. GmbHG und § 139 UmwG i. V. m. §§ 58a ff. GmbHG) von EUR 10.000.000,00 um EUR 7.725.000,00 auf EUR 2.275.000,00 herabgesetzt. § 3 Abs. 1 des Gesellschaftsvertrages (Stammkapital) wurde entsprechend geändert.

3. Der Gegenstand des Unternehmens und somit § 2 (Gegenstand des Unternehmens) der Satzung der Gesellschaft wurde wie folgt neu gefasst:
„(1) Gegenstand des Unternehmens ist [operativen Unternehmensgegenstand aufnehmen].
Die Gesellschaft darf andere Unternehmen erwerben und sich an solchen beteiligen. Sie darf Zweigniederlassungen gründen.
(2) Die Gesellschaft kann sich auf verwandten Gebieten betätigen und alle Geschäfte betreiben, die mit dem Gegenstand des Unternehmens im Zusammenhang stehen."

Es wird erklärt, dass die Alleingesellschafterin der übertragenden und der übernehmenden Gesellschaft durch notariell beurkundete Verzichtserklärungen in den Spaltungsbeschlüssen auf die Klage gegen deren Wirksamkeit verzichtet hat.

Es wird versichert, dass bei der übernehmenden Gesellschaft kein Betriebsrat besteht.

Der Entwurf des Spaltungs- und Übernahmevertrages wurde dem Gesamtbetriebsrat der übertragenden Gesellschaft fristgerecht zugeleitet.

---

264 Wegen der allgemeinen Anmerkungen zu den HR-Anmeldungen, soweit die Spaltung nach denselben Regeln abläuft wie die Verschmelzung vgl. die Anmerkungen oben 3. Kap. zu Muster Rn. 68.

Beigefügt sind:

1. eine elektronisch beglaubigte Abschrift des Spaltungs- und Übernahmevertrags vom <...>, die außerdem enthält:
   a) die Gesellschafterversammlung der übertragenden Gesellschaft mit Spaltungsbeschluss, dem Beschluss über die Herabsetzung des Stammkapitals zur Durchführung der Abspaltung (einschließlich Gesellschaftsvertragsänderungen) sowie den Verzichtserklärungen der Alleingesellschafterin der übertragenden Gesellschaft,
   b) die Gesellschafterversammlung der übernehmenden Gesellschaft mit Spaltungsbeschluss und Beschluss über die Gesellschaftsvertragsänderungen und den Verzichtserklärungen der Alleingesellschafterin der übernehmenden Gesellschaft;
2. die auf den Spaltungsstichtag vor Berücksichtigung der Spaltung erstellte Bilanz der übertragenden Gesellschaft (Schlussbilanz) mit Testat des Wirtschaftsprüfers <...>;
3. die Abspaltungsbilanz;[265]
4. der vollständige Wortlaut des Gesellschaftsvertrags in der geänderten Fassung mit der Bescheinigung des Notars nach § 54 Abs. 1 Satz 2 GmbHG;
5. Bestätigung des Betriebsrats der übertragenden Gesellschaft über die Zuleitung des Spaltungs- und Übernahmevertrages.[266]

Es wird erklärt, dass die durch Gesetz und Gesellschaftsvertrag vorgesehenen Voraussetzungen für die Gründung der übertragenden Gesellschaft unter Berücksichtigung der Abspaltung und der Kapitalherabsetzung im Zeitpunkt dieser Anmeldung vorliegen.

Nach Eintragung im Handelsregister wird um Erteilung einer beglaubigten Abschrift aus dem Handelsregister der Gesellschaft gebeten.

<...>, den

Die Geschäftsführer:[267]

....

Unterschriftsbeglaubigung:

---

265 Im vorliegenden Fall ist zwar die Aufspaltungsbilanz als Anlage zur Urkunde beigefügt, so dass sie nicht nochmals vorgelegt zu werden braucht, sie muss m.E. aber jedenfalls dem Registergericht des übertragenden Rechtsträgers dann mit vorgelegt werden, wenn eine Kapitalherabsetzung erfolgt; nur so kann das Registergericht Zulässigkeit und Umfang der Kapitalherabsetzung zuverlässig prüfen, vgl. hierzu oben Rn. 50.

266 Wegen der einzureichenden Gesellschafterliste vgl. oben Fn. 238 zu Rn. 61.

267 Die Anmeldung ist wegen der Erklärung über das Vorliegen der Gründungsvoraussetzungen von allen Geschäftsführern zu unterschreiben, vgl. oben Rn. 43.

c) Anmeldung zum Handelsregister der übernehmenden GmbH

66 Handelsregisteranmeldung C-GmbH[268]:

Amtsgericht

– Registergericht –

C-GmbH mit dem Sitz in <...>
– HRB <...> –

Zur Eintragung in das Handelsregister wird angemeldet:

Zur Eintragung ins Handelsregister wird angemeldet:

1. Aufgrund des Spaltungs- und Übernahmevertrags zwischen der A-GmbH mit dem Sitz in <...> (nachfolgend „übertragende Gesellschaft") und der C-GmbH mit dem Sitz in <...> (nachfolgend „übernehmende Gesellschaft") sowie der Spaltungsbeschlüsse vom heutigen Tage wurde der Teilbetrieb „Holding" der übertragenden Gesellschaft sowie sämtliche Rechte und Pflichten aus den Beherrschungs- und Ergebnisabführungsverträgen zwischen der A-GmbH und der Erste-Tochter GmbH mit dem Sitz in <...>, der Zweite-Tochter GmbH mit dem Sitz in <...>, der Dritte-Tochter GmbH mit dem Sitz in <...>, der Vierte-Tochter GmbH mit dem Sitz in <...> und der Fünfte-Tochter GmbH mit dem Sitz in <...>, im Wege der Spaltung durch Aufnahme nach § 123 Absatz 2 Nr. 1 UmwG auf die übernehmende Gesellschaft unter Verzicht auf die Gewährung eines Geschäftsanteils der übernehmenden Gesellschaft an die Alleingesellschafterin der A-GmbH übertragen.

2. Der Gegenstand des Unternehmens und somit § 2 (Gegenstand des Unternehmens) des Gesellschaftsvertrages wurde wie folgt neu gefasst:
   „(1) Gegenstand des Unternehmens ist das Erwerben, Verwalten und Veräußern von Beteiligungen an Unternehmen im eigenen Vermögen, insbesondere an solchen, die Tätigkeiten im Bereich <...> ausüben.
   (2) Die Gesellschaft kann sich auf verwandten Gebieten betätigen und alle Geschäfte betreiben, die mit dem Gegenstand des Unternehmens im Zusammenhang stehen."

Es wird erklärt, dass die Alleingesellschafterin der übertragenden Gesellschaft und der übernehmenden Gesellschaft durch notariell beurkundete Verzichtserklärung auf die Klage gegen die Wirksamkeit des Spaltungsbeschlusses verzichtet hat. Die Alleingesellschafterin der übertragenden Gesellschaft hat auch auf die Gewährung von Geschäftsanteilen an der übernehmenden Gesellschaft verzichtet.

Es wird versichert, dass bei der übernehmenden Gesellschaft kein Betriebsrat besteht.

Der Entwurf des Spaltungs- und Übernahmevertrages wurde dem Gesamtbetriebsrat der übertragenden Gesellschaft fristgerecht zugeleitet.

Es wird erklärt, dass dem Übergang des Vermögens des übertragenen Teilbetriebs „Holding" auf die übernehmende Gesellschaft keine Hindernisse entgegenstehen,

---

268 Wegen der allgemeinen Anmerkungen zu den HR-Anmeldungen, soweit die Spaltung nach denselben Regeln abläuft wie die Verschmelzung vgl. die Anmerkungen oben 3. Kap. zu Muster Rn. 69.

so dass es sich ab dem Zeitpunkt der Eintragung der Spaltung im Handelsregister endgültig zur freien Verfügung der Geschäftsführer für Zwecke der Gesellschaft befindet[269].

Beigefügt sind:

1. eine elektronisch beglaubigte Abschrift der notariellen Urkunde des Notars <...>, UR.-Nr. <...>, vom <...>, welche enthält:
   a) den notariell beurkundeten Spaltungs- und Übernahmevertrag;
   b) die Gesellschafterversammlung der übertragenden Gesellschaft mit Spaltungsbeschluss, dem Beschluss über die Herabsetzung des Stammkapitals zur Durchführung der Abspaltung (einschließlich Gesellschaftsvertragsänderungen) sowie den Verzichtserklärungen der Alleingesellschafterin der übertragenden Gesellschaft,
   c) die Gesellschafterversammlung der übernehmenden Gesellschaft mit Spaltungsbeschluss und Beschluss über die Gesellschaftsvertragsänderungen und den Verzichtserklärungen der Alleingesellschafterin der übernehmenden Gesellschaft;
2. der vollständige Wortlaut des Gesellschaftsvertrags in der geänderten Fassung mit der Bescheinigung gem. § 54 GmbHG,
3. Bestätigung des Betriebsrats der übertragenden Gesellschaft über die Zuleitung des Spaltungs- und Übernahmevertrages.

<...>, den

Vertretungsberechtigte Geschäftsführer der
übernehmenden Gesellschaft:

....

....

Beglaubigung der Unterschriften:

---

269 Die Versicherung der Geschäftsführer ist m.E. gem. § 8 Abs. 2 S. 1 HS 2 GmbHG erforderlich, da bei der partiellen Gesamtrechtsnachfolge Hindernisse bestehen können, welche den Vermögensübergang hindern (z.B. Nichtvermessung von Teilflächen an Grundstücken), vgl. oben Rn. 42; s.a. *Widmann/Mayer* § 135 Rn. 61 mit entsprechendem Formulierungsvorschlag.

d) Handelsregisteranmeldung bei den Tochtergesellschaften

67 Registeranmeldungen Tochtergesellschaften[270]:

Amtsgericht <...>

– Registergericht –

Erste-Tochter GmbH
mit dem Sitz in <...>
– HRB <...> –

Zur Eintragung in das Handelsregister wird angemeldet:

Aufgrund des Spaltungs- und Übernahmevertrags vom <...> zwischen der A-GmbH mit dem Sitz in <...> (übertragende Gesellschaft/eingetragen im Handelsregister des Amtsgerichts <...> unter HRB <...>) und der C-GmbH mit dem Sitz in <...> (übernehmende Gesellschaft/

eingetragen im Handelsregister des Amtsgerichts <...> unter HRB <...>) und der Spaltungsbeschlüsse vom gleichen Tag wurde ein Teil des Vermögens der A-GmbH mit dem Sitz in <...>, nämlich der Teilbetrieb „Holding" einschließlich sämtlicher Geschäftsanteile an der Erste-Tochter GmbH mit dem Sitz in <...> sowie sämtliche Rechte und Pflichten aus dem Beherrschungs- und Ergebnisabführungsvertrages vom <...> zwischen der A-GmbH mit dem Sitz in <...> als herrschender Gesellschaft und der Erste-Tochter GmbH als beherrschter Gesellschaft, im Wege der Abspaltung zur Aufnahme nach § 123 Absatz 2 Nr. 1 UmwG auf die C-GmbH mit dem Sitz in <...> übertragen.

Die Spaltung (Abspaltung) wurde am <...> beim übertragenden Rechtsträger (A-GmbH mit dem Sitz in <...>) im Handelsregister eingetragen; eine beglaubigte Abschrift des betreffenden Handelsregisterauszugs ist beigefügt.[271]

<...>, den

Die Geschäftsführer (in vertretungsberechtigter Zahl):

....

Beglaubigung der Unterschriften:

3. Ausgliederung aus dem Vermögen eines Einzelkaufmanns zur Aufnahme,
§§ 153–157 UmwG

68 Die Ausgliederung aus dem Vermögen eines Einzelkaufmanns ist eine in der Praxis sehr häufig auftretende Anforderung. Meistens ist Anlass für eine solche Umstrukturierung die erwünschte Haftungsbeschränkung für das operative Geschäft verbunden mit dem Vorteil der Gesamtrechtsnachfolge, dass die Kunden und Vertragspartner

---

270 M.E. müsste auch eine Anregung zur Berichtigung unter Beifügung des Handelsregisterauszuges und ggf. des Spaltungsvertrages, jeweils in beglaubigter Abschrift, ausreichen; die Registergerichte verlangen in der Regel jedoch eine Anmeldung; vgl. oben Fn. 179 zu Rn. 52.

271 Zur Einreichung der berichtigten Liste ist auch bei der nur mittelbaren Änderung der Gesellschafter durch die erfolgte Beurkundung der Notar verpflichtet; vgl. *OLG Hamm* vom 1.12.2009 DStR 2010, 68 = DNotIReport 2010, 18 = DNotZ 2010, 214.

dem Übergang des einzelkaufmännischen Unternehmens nicht zustimmen müssen. Die Nutzung der möglichen Buchwertfortführung ist ebenfalls in den meisten Fällen gewünscht.

Den nachfolgenden Mustern liegt folgende Fallkonstellation zugrunde:　　　　**69**

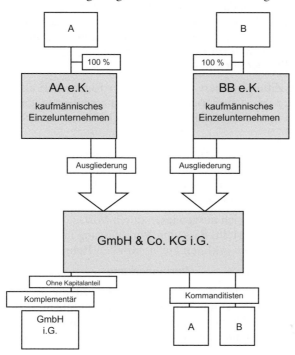

Dabei wird zugrunde gelegt, dass der übernehmende Rechtsträger zur Vorbereitung der Umstrukturierung gegründet wurde und die einzelkaufmännischen Unternehmen insgesamt bis zu 10 Arbeitnehmern haben.

a) Ausgliederungs- und Übernahmevertrag

Ausgliederungs- und Übernahmevertrag　　　　**70**
mit Ausgliederungsbeschlüssen[272]

Geschehen zu
am

Vor mir, dem
Notar

erscheinen heute:
1. Herr A,
2. Frau B

272　Wegen der allgemeinen Anmerkungen zu Beurkundungstechniken und mit der Verschmelzung übereinstimmender Teile der Urkunde wird auf die Musterlösungen im 3. Kap. Rn. 65 und 83 verwiesen.

Der Erschienene Ziffer 1 erklärt, er handle nachstehend im eigenen Namen sowie als einzelvertretungsberechtigter und von den Beschränkungen des § 181 BGB befreiter Geschäftsführer der im Handelsregister des Amtsgerichts <...> noch einzutragenden Gesellschaft mit beschränkter Haftung unter der Firma <...> GmbH i.G. mit dem Sitz in <...>; diese wiederum handelnd im eigenen Namen und in ihrer Eigenschaft als einzelvertretungsberechtigter und von den Beschränkungen des § 181 BGB befreiter persönlich haftender Gesellschafter der im Handelsregister des Amtsgerichts <...> noch einzutragenden Kommanditgesellschaft[273] unter der Firma <...> GmbH und Co KG i.G. mit dem Sitz in <...>.

Der Erschienene Ziffer 1 erklärt weiter in seiner Eigenschaft als Kommanditist der im Handelsregister des Amtsgerichts <...> noch einzutragenden Kommanditgesellschaft unter der Firma <...> GmbH und Co KG i.G. mit dem Sitz in <...> zu handeln.[274]

Die Erschienene Ziffer 2 erklärt, sie handle nachstehend im eigenen Namen sowie in ihrer Eigenschaft als Kommandititstin der im Handelsregister des Amtsgerichts <...> noch einzutragenden Kommanditgesellschaft unter der Firma <...> GmbH und Co KG i.G. mit dem Sitz in <...>.

Die Erschienenen haben sich ausgewiesen durch Vorlage <...>. Nach Befragung der Erschienenen wird festgestellt, dass eine Vorbefassung im Sinne von § 3 Abs. 1 Nr. 7 BeurkG nicht vorliegt. Sie erklären zur notariellen Beurkundung Folgendes:

Vorbemerkung

(1) Im Handelsregister des Amtsgerichts <...> wird die Kommanditgesellschaft unter der Firma <...> GmbH und Co KG i.G. mit dem Sitz in <...> eingetragen werden. Die Kommanditgesellschaft wurde am <...> gegründet. Die Kommanditgesellschaft wurde zur Eintragung im Handelsregister angemeldet. Eine Eintragung ist noch nicht erfolgt.

Gesellschafter der <...> GmbH und Co KG i.G. mit dem Sitz in <...> sind mit folgenden Kapitalanteilen:

a) als persönlich haftender Gesellschafter:
    <...> GmbH i.G.
    mit dem Sitz in <...>,
    ohne Kapitalanteil und ohne Beteiligung am Gesellschaftsvermögen,
b) als Kommanditisten:
    A   mit einem festen Kapitalanteil von EUR <...>,
    B   mit einem festen Kapitalanteil von EUR <...>.

---

273 Gem. § 152 S. 1 UmwG kann bei Personenhandelsgesellschaften und Genossenschaften die Ausgliederung aus dem Vermögen eines Einzelkaufmanns nur zur Aufnahme durch bereits bestehende Rechtsträger erfolgen. Dies folgt aus der Unmöglichkeit bzw. Unzulässigkeit einer Einmann-Beteiligung, vgl. *Widmann/Mayer* § 152 Rn. 222 m.w.N. Durch die Ausgliederung tritt der Einzelkaufmann der Gesellschaft bei unter gleichzeitiger Überführung seiner Einlage in die Gesellschaft, so *Widmann/Mayer* § 152 Rn. 221.

274 Die Ausgliederung auf eine KG i.G. ist grundsätzlich möglich, vgl. hierzu die Ausführungen im 2. Kap. Rn. 5. Zu beachten ist, dass zur Vermeidung der Haftung für die Kommanditisten i.S. des § 176 Abs. 1 HGB die KG-Gründung mittels konstitutiver Eintragung erfolgen sollte: folglich ist während der Gründungsphase zur Vertretung der KG neben der GmbH-Komplementärin auch die Mitwirkung aller Kommanditisten erforderlich.

Die Gesellschaft mit beschränkter Haftung unter der Firma <...> GmbH i.G. wurde am <...> zur Urkunde des Notars <...> mit dem Amtssitz in <...> UR-Nr. <...> gegründet. Die Gesellschaft mit beschränkter Haftung wurde zur Eintragung im Handelsregister angemeldet. Eine Eintragung ist noch nicht erfolgt.

(2) Im Handelsregister[275] des Amtsgerichts A unter HRA <...> ist Herr A mit seinem unter der Firma „AA e.K." betriebenen einzelkaufmännischen Unternehmen[276] mit dem Sitz in A eingetragen.

Mit der nachstehenden Ausgliederung soll das gesamte einzelkaufmännische Unternehmen[277] mit allen[278] Aktiva und Passiva ausgegliedert werden. Dementsprechend soll in Anwendung des Umwandlungsgesetzes das vorbezeichnete einzelkaufmännische Unternehmen von Herrn A auf die bestehende Kommanditgesellschaft unter der Firma <...> GmbH und Co KG i.G. mit dem Sitz in <...> ausgegliedert werden (§§ 123 Abs. 3 Nr. 1, 124 Abs. 1, 152 ff. UmwG).

(3) Im Handelsregister des Amtsgerichts B unter HRA <...> ist Frau B mit ihrem unter der Firma „BB e.K." betriebenen einzelkaufmännischen Unternehmen mit dem Sitz in B eingetragen.[279]

---

275 Die Ausgliederung ist nur dem eingetragenen Kaufmann erlaubt, d.h. die Firma des von ihm betriebenen Unternehmens muss im Handelsregister eingetragen sein. Die Eintragung des Inhabers selbst (z.B. im Erbfall) ist nicht erforderlich, vgl. *Lutter* § 152 Rn. 24. Bis zur Eintragung der Ausgliederung kann sowohl die Registrierung des Einzelkaufmannes nachgeholt oder ein Nachfolgerechtsträger des Einzelkaufmannes, mit dem eine Ausgliederung zur Aufnahme erfolgt, gegründet werden, vgl. *Lutter* § 152 Rn. 48. In der Praxis könnte die Registeranmeldung des Einzelkaufmanns gleichzeitig mit der Anmeldung der Ausgliederung vorgenommen werden, vgl. *Lutter* § 152 Rn. 24. Da die Ausgliederung bei Personenhandelsgesellschaften nur zur Aufnahme möglich ist, bedarf es zunächst der Eintragung der Gesellschaftsgründung und anschließend kann auf diese dann eine Ausgliederung erfolgen. Anzumerken ist, dass die Personenhandelsgesellschaft zum Anmeldezeitpunkt der Ausgliederung zum Handelsregister des Einzelkaufmanns noch nicht im Handelsregister eingetragen sein muss. Es genügt, wenn sie spätestens bis zum Zeitpunkt der Eintragung der Ausgliederung beim Einzelkaufmann erfolgt ist, vgl. *Widmann/Mayer* § 152 Rn. 224.1. Für die Praxis empfiehlt sich in diesem Fall die gleichzeitige Anmeldung unter Bestimmung der genauen Eintragungsreihenfolge.

276 Ausgliedernde Einzelunternehmer sind auch der Unternehmenspächter bzw. Nießbraucher, sowie der Testamentsvollstrecker für den Nachlass eines verstorbenen Einzelkaufmanns, vgl. *Lutter* § 152 Rn. 13; ausführlich in *Schmitt/Hörtnagl/Stratz* § 152 Rn. 13–15.

277 Die gleichzeitige Ausgliederung mehrerer Unternehmensteile auf mehrere Zielrechtsträger ist nach h.M. möglich, insbesondere kann die Ausgliederung auf verschiedene Rechtsformen oder unter Kombination zur Aufnahme oder zur Neugründung erfolgen, vgl. *Lutter* § 152 Rn. 32, 35; ebenso *Kallmeyer* § 152 Rn. 1; *Widmann/Mayer* § 152 Rn. 61 ff.

278 Der Einzelunternehmer kann sich bei der Übertragung grundsätzlich einzelne Aktiva und Passiva zurückbehalten. Auch die beschränkte Übertragung hinsichtlich einzelner Betriebe, Betriebsteile oder nur einzelner Gegenstände ist möglich, vgl. *Lutter* § 152 Rn. 37 ff. Zu beachten ist, dass bisher für die Anwendbarkeit der §§ 20, 24 UmwStG sowohl die Finanzverwaltung als auch die h.M. im Schrifttum für die Beurteilung des Vorliegens der Teilbetriebseigenschaft auf den Zeitpunkt des Abschlusses des Einbringungsvertrags abgestellt hat. Nach dem Entwurf des neuen Umwandlungssteuer-Erlasses wird nunmehr wohl als maßgeblicher Zeitpunkt der steuerliche Übertragungsstichtag angesehen, vgl. *Kessler* DStR 2011, 1065 m.w.N.

279 Der Einzelunternehmer kann mehrere einzelkaufmännische Unternehmen, die jeweils im Handelsregister eingetragen sind, auf verschiedene Rechtsträger ausgliedern. Hierbei handelt es sich

(Fortsetzung der Fußnote 279 auf Folgeseite)

Mit der nachstehenden Ausgliederung soll das gesamte einzelkaufmännische Unternehmen mit allen Aktiva und Passiva ausgegliedert werden. Dementsprechend soll in Anwendung des Umwandlungsgesetzes das vorbezeichnete einzelkaufmännische Unternehmen von Frau B auf die bestehende Kommanditgesellschaft unter der Firma <...> GmbH und Co KG i.G. mit dem Sitz in <...> ausgegliedert werden (§§ 123 Abs. 3 Nr. 1, 124 Abs. 1, 152 ff. UmwG).

A. Ausgliederung „AA e.K."

Ausgliederungs- und Übernahmevertrag

Zwischen

Herrn A

als Inhaber des Einzelunternehmens unter der Firma

AA e.K.
- nachfolgend auch „**übertragender Rechtsträger**" oder „**Einzelunternehmen**" genannt -

und der

<...> GmbH und Co KG i.G. mit dem Sitz in <...>
- nachfolgend auch „**übernehmender Rechtsträger**" oder „**Gesellschaft**" genannt -

§ 1
Beteiligte Rechtsträger

An der Ausgliederung sind beteiligt:

(1) **als übertragender Rechtsträger:**

Herr A als Inhaber des im Handelsregister des Amtsgerichts A unter HRA <...> unter der Firma AA e.K. eingetragenen Einzelunternehmens.

(Fortsetzung der Fußnote 279 von Vorseite)

um getrennte Ausgliederungsvorgänge, welche jeweils mit Eintragung im Register der bisherigen Einzelunternehmen wirksam werden. Streitig ist, ob die gleichzeitige Übertragung mehrerer getrennter Einzelunternehmen auf einen Rechtsträger in einem Akt ausgeschlossen ist. Nach *Widmann/Mayer* § 152 Rn. 65 ist ein Einzelkaufmann, der mehrere selbständige Unternehmen führt, dennoch alleiniger Rechtsträger dieser Unternehmen, so dass eben nur ein Rechtsträger beteiligt ist, weshalb ihm die Ausgliederung offensteht; dem kann m.E. vollumfänglich zugestimmt werden. **A.M.** *Schmitt/Hörtnagl/Stratz* § 152 Rn. 17, 18, weil es der Systematik des UmwG nicht entspräche und sonst unklar bliebe, welche Eintragung konstitutiv ist.

(2) **als übernehmender Rechtsträger:**

<...> GmbH und Co KG i.G. mit dem Sitz in <...>.[280]

Die Verbindlichkeiten des übertragenden Rechtsträgers übersteigen sein Vermögen nicht.[281]

§ 2
Vermögensübertragung

(1) Der übertragende Rechtsträger überträgt sein von ihm unter der Firma AA e.K. betriebenes kaufmännisches Einzelunternehmen[282] mit Sitz in A als Gesamtheit im Wege der Ausgliederung zur Aufnahme nach §§ 152, 123 Absatz 3 Nr. 1, §§ 126 ff. Umwandlungsgesetz (UmwG) auf den übernehmenden Rechtsträger gegen Gewährung weiterer Gesellschaftsrechte der übernehmenden Gesellschaft an den übertragenden Einzelkaufmann.

(2) Das Einzelunternehmen wird mit sämtlichen diesem zuzuordnenden Gegenständen des Aktiv- und Passivvermögens übertragen, auch soweit sie nicht bilanzierungsfähig sind.

(3) Zu dem übergehenden Einzelunternehmen gehören insbesondere die nachfolgend aufgeführten Gegenstände:

a) sämtliche Konzessionen, gewerbliche Schutzrechte, Wasserrechte und ähnliche Rechte und Werte sowie Lizenzen an solchen Rechten und Werten;

b) Grundstücke mit sämtlichen baulichen Anlagen nebst Zubehör im gesetzlichen Umfang – soweit dieses im Eigentum des übertragenden Einzelkaufmanns steht -, verzeichnet in der **Anlage 1**[283] (Grundstücksverzeichnis);

c) sämtliche Gegenstände des beweglichen Anlagevermögens, wie betriebstechnische und sonstige Anlagen, Fahrzeuge, Betriebs- und Geschäftsausstattung sowie geringwertige Wirtschaftsgüter;

---

280 Gem. § 1 Abs. 1 UmwG muss sich der Sitz des Zielrechtsträgers in Deutschland befinden, d.h. der Zielrechtsträger muss bei der Ausgliederung zur Aufnahme bereits seinen Sitz im Inland haben, vgl. *Lutter* § 152 Rn. 33; dadurch ist jedoch nicht ausgeschlossen, dass auch eine Ausgliederung auf einen ausländischen Rechtsträger durchgeführt werden kann; dies setzt jedoch voraus, dass das für den ausländischen Rechtsträger anwendbare Heimatrecht die Ausgliederung bzw. eine hinreichend vergleichbare Gesamtrechtsnachfolge zulässt, vgl. im Einzelnen hierzu *Lutter* § 152 Rn. 34 m.w.N.

281 Gem. § 152 S. 2 UmwG dürfen die Verbindlichkeiten des Einzelkaufmanns sein Vermögen zum Zeitpunkt der Eintragung der Ausgliederung nicht übersteigen. Hierfür ist ein Vermögensvergleich vorzunehmen, bei dem das gesamte Vermögen des Einzelkaufmanns (Unternehmensvermögen nebst privaten Aktivvermögen) der Summe der in seinem Unternehmen begründeten und der privaten Verbindlichkeiten gegenüberzustellen ist, wobei die Bewertung nach tatsächlichen Werten und anhand von kaufmännischen Grundsätzen zu erfolgen hat, vgl. *Lutter* § 152 Rn. 44; *Schmitt/Hörtnagl/Stratz* § 152 Rn. 26, 27. Soweit nur einzelne Teile ausgegliedert werden, hat dies m.E. auf die vorzunehmende Gesamtbetrachtung der Vermögenslage keinen Einfluss, vgl. hierzu auch oben Rn. 13.

282 Soweit eine Verbindlichkeit höchstpersönlicher oder kraft Natur des Anspruchs nicht übertragbar ist, geht diese trotz Aufnahme im Ausgliederungsvertrag nicht mit über (bspw. Unterhaltsverpflichtungen), vgl. *Schmitt/Hörtnagl/Stratz* § 152 Rn. 23; *Lutter* § 152 Rn. 41; s.a. hierzu oben Rn. 27.

283 Vgl. *BGH* MittBayNot 2008, 307 ff. = BWNotZ 2008, 89 ff. = DNotZ 2008, 468 ff. = NZG 2008, 436 ff. hinsichtlich der Bezeichnung nach § 28 S. 1 GBO, welche als Wirksamkeitsvoraussetzung für den Eigentumsübergang infolge Spaltung angesehen wird, s.a. 4. Kap. Rn. 26.

d) sämtliche Sachanlagen des Anlagevermögens;

e) Forderungen aus Lieferungen und Leistungen;

f) sonstige Vermögensgegenstände

g) Guthaben bei Kreditinstituten;

h) Verbindlichkeiten aus Lieferungen und Leistungen;

i) sonstige Verbindlichkeiten;

j) die gesamten, für die technische und kaufmännische Weiterführung des Einzelunternehmens erforderlichen und zweckdienlichen materiellen und immateriellen Gegenstände, wie Zeichnungen, Notizen, Stücklisten, Arbeitsanweisung, Knowhow. Schulungsmaterial, Entwürfe, Muster, Bücher und Geschäftspapiere sowie das gesamte Schriftgut und alle auf andere Art gesammelten und verwahrten Daten jeder Art;

ferner sämtliche Rückstellungen, die das übergehende Einzelunternehmen betreffen.

(4) Im Übrigen ergeben sich die auf die übernehmende Gesellschaft übergehenden Vermögensgegenstände aus der als **Anlage 2** beigefügten Ausgliederungsbilanz zum Ausgliederungsstichtag, die der Ausgliederung zugrunde gelegt wird.

In der Ausgliederungsbilanz sind die Aktiven und Passiven mit ihren handels- und ertragsteuerlichen Buchwerten angesetzt.

(5) An die Stelle der bis zum Wirksamwerden der Ausgliederung weggefallenen Gegenstände des Aktiv- und Passivvermögens treten jeweils die als Surrogat vorhandenen Gegenstände.

§ 3

Ausgliederungsstichtag, Schlussbilanz

(1) Die Vermögensübertragung erfolgt im Innenverhältnis mit Wirkung vom 1. Januar 20.. (Ausgliederungsstichtag).[284] Von diesem Zeitpunkt an gelten alle Handlungen des übertragenden Einzelkaufmanns, soweit sie das übergehende Einzelunternehmen betreffen, als für Rechnung der übernehmenden Gesellschaft vorgenommen.

(2) Der Ausgliederung wird die Bilanz des übergehenden Einzelunternehmens zum 31. Dezember 20.. als Schlussbilanz zugrunde gelegt.

§ 4

Gewährung weiterer Gesellschaftsrechte

(1) Als Gegenleistung für die Vermögensübertragung erhält der übertragende Einzelkaufmann weitere Gesellschaftsrechte an der übernehmenden Gesellschaft. Zu diesem Zweck wird der Kapitalanteil (Haftsumme) des übertragenden Einzelkaufmanns an der übernehmenden Gesellschaft von EUR <...> um EUR <...> auf

EUR <...>

(i.W. EUR)

erhöht.

Bare Zuzahlungen sind nicht zu leisten.

---

284 Gem. § 24 Abs. 4 HS 2 UmwStG kann der Vermögensübergang unter entsprechender Anwendung des § 20 Abs. 5, 6 UmwStG bis zu 8 Monaten zurückbezogen werden (steuerliche Rückbeziehung hat nur für die Ermittlung des Einkommens und des Vermögens Bedeutung), vgl. hierzu oben 2. Kap. Rn. 78.

(2) Das auf die übernehmende Gesellschaft übergehende Einzelunternehmen wird mit dem in der Ausgliederungsbilanz (vgl. § 2 Absatz 4) ausgewiesenen Reinvermögen, somit mit einem Betrag von EUR <...>, bewertet („**Einbringungswert**") und wird in Höhe von EUR <...> auf den in Absatz 1 genannten Kapitalerhöhungsbetrag angerechnet, der übersteigende Betrag in Höhe von EUR <...> wird in die Kapitalrücklage[285] eingestellt.

(3) Der erhöhte Kapitalanteil ist ab dem Ausgliederungsstichtag gewinnbezugsberechtigt.

§ 5
Sonderrechte und Vorteile

Rechte oder Maßnahmen nach § 126 Absatz 1 Nr. 7 UmwG sowie besondere Vorteile nach § 126 Absatz 1 Nr. 8 UmwG werden nicht gewährt und sind nicht vorgesehen.

§ 6
Folgen der Ausgliederung für die Arbeitnehmer und ihre Vertretungen sowie insoweit vorgesehene Maßnahmen

Die Folgen der Ausgliederung für die Arbeitnehmer sowie die insoweit vorgesehenen Maßnahmen werden wie folgt beschrieben:

(1) Bei der übernehmenden Gesellschaft bestehen keine Arbeitsverhältnisse. Die beim übertragenden Einzelkaufmann bestehenden und dem übergehenden Einzelunternehmen zuzuordnenden Arbeitsverhältnisse gehen mit Wirksamwerden der Ausgliederung auf die übernehmende Gesellschaft über. Die übernehmende Gesellschaft tritt in die Rechte und Pflichten aus den bestehenden übergehenden Arbeitsverhältnissen ein. Die Ausgliederung führt zu einem Betriebsübergang auf die übernehmende Gesellschaft gemäß oder zumindest entsprechend § 613a BGB.

---

285 § 24 UmwStG ist nur einschlägig, soweit der Einbringende als Gegenleistung für die Einbringung Gesellschaftsrechte erwirbt, d.h. soweit er durch die Einbringung die Rechtsstellung eines Mitunternehmers erlangt oder seine bisherige Mitunternehmerstellung erweitert (*BFH* vom 16. 12. 2004, III R 38/00, BStBl. 2005 II, 554 und vom 25.4.2006, VIII R 52/04, BStBl. II, 847), *Schmitt/Hörtnagl/ Stratz* § 24 Rn 115. Dies setzt voraus, dass als Gegenleistung die Erhöhung des die Beteiligung widerspiegelnden Kapitalkontos oder die Einräumung weiterer Gesellschaftsrechte (*BFH* vom 25.4.2006, VIII R 52/04, BStBl. II, 847 und vom 15.6.1976, I R 17/74, BStBl. II, 748) bewirkt wird. Die partielle Verbuchung auf einem gesamthänderisch gebundenen Rücklagenkonto ist für die Anwendung des § 24 UmwStG unschädlich. Zu beachten ist, dass die Verbuchung auf einem Darlehenskonto nicht ausreicht, weil dem Einbringenden eine Mitunternehmerstellung insoweit nicht eingeräumt bzw. die bestehende Mitunternehmerstellung nicht verstärkt wird, vgl. UmwSt-Erl Tz. 24.06. Es liegt hier ein normales Veräußerungsgeschäft vor, so dass die stillen Reserven aufzudecken sind, vgl. *Schmitt/Hörtnagl/Stratz* § 24 Rn 129. Streitig ist, wie die Einbringung gegen ein Mischentgelt, d.h. gegen Gewährung von Gesellschaftsrechten und sonstige Ausgleichsleistungen, zu behandeln ist. Gem. § 24 Abs. 2–S. 2 UmwStG kann die Einbringung auf Antrag (§ 24 Abs. 2 S. 2 UmwStG) entsprechend dem Verhältnis der jeweiligen Teilleistungen (Wert der erlangten Gesellschaftsrechte einerseits und Wert der sonstigen Gegenleistungen andererseits) zum gemeinen Wert des eingebrachten Betriebsvermögens, teilweise zu Buchwerten und teilweise zum gemeinen Wert vollzogen werden (*BFH* vom 11.12.2001, VIII R 58/98, BStBl. 2002 II, 420), s.a. UmwSt-Erl Tz. 24.07 mit Beispiel. Bis zur abschließenden Klärung ist den Beteiligten anzuraten, den übersteigenden Betrag in die Kapitalrücklage zu buchen.

(2) Der Betrieb des übertragenden Rechtsträgers wird nach der Ausgliederung von dem übernehmenden Rechtsträger unverändert fortgeführt. Für die Arbeitnehmer gilt § 323 UmwG.

(3) Weder im übergehenden Betrieb des übertragenden Einzelkaufmanns noch bei der übernehmenden Gesellschaft besteht ein Betriebsrat (vgl. nachstehend Abschnitt E.) Weder der übertragende noch der übernehmende Rechtsträger sind Mitglied in einem Arbeitgeberverband.

(4) Weitere Maßnahmen sind nicht vorgesehen.

§ 7

Eintritt in bestehende Vertrags- und Rechtsverhältnisse

(1) Die übernehmende Gesellschaft tritt in alle das übergehende Einzelunternehmen betreffenden laufenden Verträge ein.

(2) Die übernehmende Gesellschaft tritt ferner in sämtliche das übergehende Einzelunternehmen betreffenden sonstige Rechtsverhältnisse, insbesondere öffentlich-rechtliche Rechtsverhältnisse (wie öffentlich-rechtliche Konzessionen, öffentlich-rechtliche Genehmigungen und Erlaubnisse) ein, soweit sie im Wege der (partiellen) Gesamtrechtsnachfolge übergehen.

(3) Ist eine Übertragung von bestehenden Vertrags- und sonstigen Rechtsverhältnissen im Wege der (partiellen) Gesamtrechtsnachfolge nicht möglich, haben sich die Parteien so zu stellen, als sei die Übertragung rechtswirksam erfolgt.[286]

§ 8

Ansprüche und Rechte wegen Sach- und Rechtsmängeln

Die Übertragung des Einzelunternehmens erfolgt, soweit gesetzlich zulässig, unter Ausschluss jeglicher Ansprüche und Rechte wegen Rechts- und Sachmängel. Insbesondere wird auch keine Garantie für den Messgehalt der übergehenden Grundstücke und den Ertrag aus dem übertragenen Betrieb geleistet.

§ 9

Steuerklausel

Ändern sich bei dem übertragenden Einzelkaufmann aufgrund einer steuerlichen Außenprüfung oder anderer bindender Anordnungen der Finanzverwaltung für Zeiträume bis zum Ausgliederungsstichtag die steuerlichen Wertansätze der übergehenden Aktiven und Passiven, so wird die übernehmende Gesellschaft in ihrer Steuerbilanz die geänderten Wertansätze fortführen.

§ 10

Steuern, Kosten

(1) Die etwa durch die Ausgliederung entstehenden Verkehrssteuern trägt – auch wenn die Ausgliederung nicht zustande kommt – die übernehmende Gesellschaft.

Die Parteien gehen davon aus, dass es sich bei der durch diese Ausgliederung vollzogenen Vermögensübertragung um eine nicht umsatzsteuerbare Geschäftsveräußerung im Sinne von § 1 Absatz 1a Umsatzsteuergesetz handelt.

---

286 Vgl. hierzu oben Rn. 26.

(2) Grunderwerbsteuer kommt im Hinblick auf § 5 Absatz 2 bzw. § 3 Nr. 4 Grunderwerbsteuergesetz nicht zum Ansatz.[287]

(3) Sämtliche durch die Ausgliederung und ihren Vollzug entstehenden Kosten trägt – auch wenn die Ausgliederung nicht zustande kommt – die übernehmende Gesellschaft.

§ 11
Wirksamkeit der Ausgliederung

Dieser Ausgliederungs- und Übernahmevertrag bedarf zu seiner Wirksamkeit der Zustimmung der Gesellschafterversammlung des übernehmenden Rechtsträgers.[288]

B. Ausgliederung „BB e.K"

Ausgliederungs- und Übernahmevertrag

zwischen

Frau B
als Inhaberin des Einzelunternehmens unter der Firma
BB e.K.
- nachfolgend auch „**übertragender Rechtsträger**" oder „**Einzelunternehmen**"
genannt -

und der

<...> GmbH und Co KG i.G. mit dem Sitz in <...>
- nachfolgend auch „**übernehmender Rechtsträger**" oder „**Gesellschaft**" genannt -

§ 1
Beteiligte Rechtsträger

An der Ausgliederung sind beteiligt:

(1) **als übertragender Rechtsträger:**

Frau B als Inhaberin des im Handelsregister des Amtsgerichts B unter HRA <...> unter der Firma BB e.K. eingetragenen Einzelunternehmens.

(2) **als übernehmender Rechtsträger:**

<...> GmbH und Co KG i.G. mit dem Sitz in <...>.

Die Verbindlichkeiten des übertragenden Rechtsträgers übersteigen sein Vermögen nicht.

---

287 Vgl. hierzu die Ausführungen im 2. Kap. Rn. 90.

288 Soweit das gesamte Vermögen des Einzelkaufmanns von der Ausgliederung erfasst wird, kann nach h.M. in der Literatur die Zustimmung des anderen Ehegatten bei Vorliegen der Voraussetzungen des § 1365 Abs. 1 BGB erforderlich sein, vgl. *Lutter* § 152 Rn. 16; *Schmitt/Hörtnagl/Stratz* § 152 Rn. 33; *Widmann/Mayer* Rn. 87. Nach *Schmitt/Hörtnagl/Stratz* § 152 Rn. 33 ist der gewährte Anteil keine den Zustimmungsvorbehalt ausschließende vollwertige Gegenleistung; **a.M.** *Widmann/Mayer* § 152 Rn. 87 wonach das Zustimmungserfordernis entfällt, sofern der gewährte Anteil am aufnehmenden Rechtsträger eine vollwertige Gegenleistung darstellt. Der letztgenannten Meinung kann nicht gefolgt werden, da nach h.M. und gefestigter BGH-Rechtsprechung die Gegenleistung im Rahmen des § 1365 BGB unberücksichtigt bleibt, vgl. u.a. *Staudinger* § 1365 Rn. 35 m.w.N.

§ 2
Vermögensübertragung

(1) Der übertragende Rechtsträger überträgt sein von ihm unter der Firma BB e.K. betriebenes kaufmännisches Einzelunternehmen mit Sitz in B als Gesamtheit im Wege der Ausgliederung zur Aufnahme nach §§ 152, 123 Absatz 3 Nr. 1, §§ 126 ff. Umwandlungsgesetz (UmwG) auf den übernehmenden Rechtsträger gegen Gewährung weiterer Gesellschaftsrechte der übernehmenden Gesellschaft an den übertragenden Einzelkaufmann.

(2) Das Einzelunternehmen wird mit sämtlichen diesem zuzuordnenden Gegenständen des Aktiv- und Passivvermögens übertragen, auch soweit sie nicht bilanzierungsfähig sind.

(3) Zu dem übergehenden Einzelunternehmen gehören insbesondere die nachfolgend aufgeführten Gegenstände:

a) sämtliche Konzessionen, gewerbliche Schutzrechte, Wasserrechte und ähnliche Rechte und Werte sowie Lizenzen an solchen Rechten und Werten;

b) Grundstücke mit sämtlichen baulichen Anlagen nebst Zubehör im gesetzlichen Umfang – soweit dieses im Eigentum des übertragenden Einzelkaufmanns steht -, verzeichnet in der **Anlage 3** (Grundstücksverzeichnis);

c) sämtliche Gegenstände des beweglichen Anlagevermögens, wie betriebstechnische und sonstige Anlagen, Fahrzeuge, Betriebs- und Geschäftsausstattung sowie geringwertige Wirtschaftsgüter;

d) sämtliche Sachanlagen des Anlagevermögens;

e) Forderungen aus Lieferungen und Leistungen;

f) Guthaben bei Kreditinstituten;

g) Verbindlichkeiten aus Lieferungen und Leistungen;

h) sonstige Verbindlichkeiten;

i) die gesamten, für die technische und kaufmännische Weiterführung des Einzelunternehmens erforderlichen und zweckdienlichen materiellen und immateriellen Gegenstände, wie Zeichnungen, Notizen, Stücklisten, Arbeitsanweisung, Knowhow, Schulungsmaterial, Entwürfe, Muster, Bücher und Geschäftspapiere sowie das gesamte Schriftgut und alle auf andere Art gesammelten und verwahrten Daten jeder Art;

ferner sämtliche Rückstellungen, die das übergehende Einzelunternehmen betreffen.

(4) Im Übrigen ergeben sich die auf die übernehmende Gesellschaft übergehenden Vermögensgegenstände aus der als **Anlage 4** beigefügten Ausgliederungsbilanz zum Ausgliederungsstichtag, die der Ausgliederung zugrunde gelegt wird.

In der Ausgliederungsbilanz sind die Aktiven und Passiven mit ihren handels- und ertragsteuerlichen Buchwerten angesetzt.

(5) An die Stelle der bis zum Wirksamwerden der Ausgliederung weggefallenen Gegenstände des Aktiv- und Passivvermögens treten jeweils die als Surrogat vorhandenen Gegenstände.

§ 3

Ausgliederungsstichtag, Schlussbilanz

(1) Die Vermögensübertragung erfolgt im Innenverhältnis mit Wirkung vom 1. Januar 20.. (Ausgliederungsstichtag). Von diesem Zeitpunkt an gelten alle Handlungen des übertragenden Einzelkaufmanns, soweit sie das übergehende Einzelunternehmen betreffen, als für Rechnung der übernehmenden Gesellschaft vorgenommen.

(2) Der Ausgliederung wird die Bilanz des übergehenden Einzelunternehmens zum 31. Dezember 20.. als Schlussbilanz zugrunde gelegt.

§ 4

Gewährung weiterer Gesellschaftsrechte

(1) Als Gegenleistung für die Vermögensübertragung erhält der übertragende Einzelkaufmann weitere Gesellschaftsrechte an der übernehmenden Gesellschaft. Zu diesem Zweck wird der Kapitalanteil (Pflichteinlage) des übertragenden Einzelkaufmanns an der übernehmenden Gesellschaft von EUR <...> um EUR <...> auf

EUR <...>

(i.W. EUR)

erhöht.

Bare Zuzahlungen sind nicht zu leisten.

(2) Das auf die übernehmende Gesellschaft übergehende Einzelunternehmen wird mit dem in der Ausgliederungsbilanz (vgl. § 2 Absatz 4) ausgewiesenen Reinvermögen, somit mit einem Betrag von EUR <...>, bewertet („**Einbringungswert**") und wird in Höhe von EUR <...> auf den in Absatz 1 genannten Kapitalerhöhungsbetrag angerechnet, der übersteigende Betrag in Höhe von EUR <...> wird in die Kapitalrücklage eingestellt.

(3) Der erhöhte Kapitalanteil ist ab dem Ausgliederungsstichtag gewinnbezugsberechtigt.

§ 5

Sonderrechte und Vorteile

Rechte oder Maßnahmen nach § 126 Absatz 1 Nr. 7 UmwG sowie besondere Vorteile nach § 126 Absatz 1 Nr. 8 UmwG werden nicht gewährt und sind nicht vorgesehen.

§ 6

Folgen der Ausgliederung für die Arbeitnehmer und ihre Vertretungen sowie insoweit vorgesehene Maßnahmen

Die Folgen der Ausgliederung für die Arbeitnehmer sowie die insoweit vorgesehenen Maßnahmen werden wie folgt beschrieben:

(1) Bei der übernehmenden Gesellschaft bestehen keine Arbeitsverhältnisse. Die beim übertragenden Einzelkaufmann bestehenden und dem übergehenden Einzelunternehmen zuzuordnenden Arbeitsverhältnisse gehen mit Wirksamwerden der Ausgliederung auf die übernehmende Gesellschaft über. Die übernehmende Gesellschaft tritt in die Rechte und Pflichten aus den bestehenden übergehenden Arbeits-

verhältnissen ein. Die Ausgliederung führt zu einem Betriebsübergang auf die übernehmende Gesellschaft gemäß oder zumindest entsprechend § 613a BGB.

(2) Der Betrieb des übertragenden Rechtsträgers wird nach der Ausgliederung von dem übernehmenden Rechtsträger unverändert fortgeführt. Für die Arbeitnehmer gilt § 323 UmwG.

(3) Weder im übergehenden Betrieb des übertragenden Einzelkaufmanns noch bei der übernehmenden Gesellschaft besteht ein Betriebsrat (vgl. nachstehend Abschnitt E.) Weder der übertragende noch der übernehmende Rechtsträger sind Mitglied in einem Arbeitgeberverband.

(4) Weitere Maßnahmen sind nicht vorgesehen.

§ 7
Eintritt in bestehende Vertrags- und Rechtsverhältnisse

(1) Die übernehmende Gesellschaft tritt in alle das übergehende Einzelunternehmen betreffenden laufenden Verträge ein.

(2) Die übernehmende Gesellschaft tritt ferner in sämtliche das übergehende Einzelunternehmen betreffenden sonstige Rechtsverhältnisse, insbesondere öffentlich-rechtliche Rechtsverhältnisse (wie öffentlich-rechtliche Konzessionen, öffentlich-rechtliche Genehmigungen und Erlaubnisse) ein, soweit sie im Wege der (partiellen) Gesamtrechtsnachfolge übergehen.

(3) Ist eine Übertragung von bestehenden Vertrags- und sonstigen Rechtsverhältnissen im Wege der (partiellen) Gesamtrechtsnachfolge nicht möglich, haben sich die Parteien so zu stellen, als sei die Übertragung rechtswirksam erfolgt.

§ 8
Ansprüche und Rechte wegen Sach- und Rechtsmängeln

Die Übertragung des Einzelunternehmens erfolgt, soweit gesetzlich zulässig, unter Ausschluss jeglicher Ansprüche und Rechte wegen Rechts- und Sachmängel. Insbesondere wird auch keine Garantie für den Messgehalt der übergehenden Grundstücke und den Ertrag aus dem übertragenen Betrieb geleistet.

§ 9
Steuerklausel

Ändern sich bei dem übertragenden Einzelkaufmann aufgrund einer steuerlichen Außenprüfung oder anderer bindender Anordnungen der Finanzverwaltung für Zeiträume bis zum Ausgliederungsstichtag die steuerlichen Wertansätze der übergehenden Aktiven und Passiven, so wird die übernehmende Gesellschaft in ihrer Steuerbilanz die geänderten Wertansätze fortführen.

§ 10
Steuern, Kosten

(1) Die etwa durch die Ausgliederung entstehenden Verkehrssteuern trägt – auch wenn die Ausgliederung nicht zustande kommt – die übernehmende Gesellschaft. Die Parteien gehen davon aus, dass es sich bei der durch diese Ausgliederung vollzogenen Vermögensübertragung um eine nicht umsatzsteuerbare Geschäftsveräußerung im Sinne von § 1 Absatz 1a Umsatzsteuergesetz handelt.

(2) Grunderwerbsteuer kommt im Hinblick auf § 5 Absatz 2 bzw. § 3 Nr. 4 Grunderwerbsteuergesetz nicht zum Ansatz.

(3) Sämtliche durch die Ausgliederung und ihren Vollzug entstehenden Kosten trägt – auch wenn die Ausgliederung nicht zustande kommt – die übernehmende Gesellschaft.

§ 11
Wirksamkeit der Ausgliederung

Dieser Ausgliederungs- und Übernahmevertrag bedarf zu seiner Wirksamkeit der Zustimmung der Gesellschafterversammlung des übernehmenden Rechtsträgers.

C. Ausgliederungsbeschluss, Kapitalerhöhung

(1) Gesellschafter der <...> GmbH und Co KG i.G. mit dem Sitz in <...> sind mit folgenden Kapitalanteilen:

a) als persönlich haftende Gesellschafterin:
   <...> GmbH i.G.
   mit dem Sitz in <...>,   ohne Kapitalanteil und
                                                    ohne Beteiligung am Gesellschaftsvermögen,

b) als Kommanditisten:
   A   mit einem festen Kapitalanteil
                                                   (= Haftsumme) von
                                                   EUR <...>,
   B   mit einem festen Kapitalanteil
                                                   (= Haftsumme) von
                                                   EUR <...>.

(2) Es sind demzufolge sämtliche Gesellschafter vertreten.

(3) Unter Verzicht auf die Einhaltung aller durch Gesetz oder Gesellschaftsvertrag vorgeschriebenen Formen und Fristen halten die Gesellschafter der <...> GmbH und Co KG i.G. eine

Gesellschafterversammlung

der

<...> GmbH und Co KG i.G.

mit dem Sitz in <...>

ab und fassen folgende

B e s c h l ü s s e :

a) Dem Ausgliederungs- und Übernahmevertrag vom heutigen Tage zwischen
Herrn A
als Inhaber des Einzelunternehmens unter der Firma
AA e.K.
(Amtsgericht A-Registergericht, HRA <...>)
– nachfolgend auch „**übertragender Einzelkaufmann**" genannt –

und der
<...> GmbH und Co KG i.G.
mit dem Sitz in <...>
– nachfolgend auch „**übernehmende Gesellschaft**" genannt –
zur Ausgliederung des von dem übertragenden Einzelkaufmann unter der Firma AA e.K. betriebenen Einzelunternehmens gemäß Abschnitt A. dieser Urkunde wird zugestimmt.

b) Zur Durchführung der Ausgliederung wird der Kapitalanteil (= Haftsumme) von Herrn A an der übernehmenden Gesellschaft von EUR <...> um EUR <...> auf
EUR <...>
(i.W. EUR)
nach Maßgabe der Bestimmung zu Abschnitt A. § 4 des Ausgliederungs- und Übernahmevertrags erhöht.

c) Dem Ausgliederungs- und Übernahmevertrag vom heutigen Tage zwischen
Frau B
als Inhaberin des Einzelunternehmens unter der Firma
BB e.K.
(Amtsgericht B – Registergericht, HRA <...>)
– nachfolgend auch „**übertragender Einzelkaufmann**" genannt –
und der
<...> GmbH und Co KG i.G.
mit dem Sitz in <...>
- nachfolgend auch „**übernehmende Gesellschaft**" genannt -
zur Ausgliederung des von dem übertragenden Einzelkaufmann unter der Firma BB e.K. betriebenen Einzelunternehmens gemäß Abschnitt B. dieser Urkunde wird zugestimmt.

d) Zur Durchführung der Ausgliederung wird der Kapitalanteil (= Haftsumme) von Frau B an der übernehmenden Gesellschaft von EUR <...> um EUR <...> auf
EUR <...>
(i.W. EUR)
nach Maßgabe der Bestimmung zu Abschnitt B. § 4 des Ausgliederungs- und Übernahmevertrags erhöht.

D. Verzichtserklärungen

(1) Nach entsprechender Belehrung durch den beurkundenden Notar verzichten alle Beteiligten für alle Ausgliederungsverträge nebst Beschlüssen gemäß Abschnitt A. und B. auf

– die Übersendung des Ausgliederungs- und Übernahmevertrages nach §§ 42, 125 UmwG;
– die Klage gegen die Wirksamkeit des Ausgliederungsbeschlusses nach §§ 16 Absatz 2, 125 UmwG;
– auf sämtliche sonstige Förmlichkeiten, auf die verzichtet werden kann.

(2) Es wird festgestellt, dass nach § 153 UmwG ein Ausgliederungsbericht und nach § 125 Satz 2 UmwG eine Prüfung der Ausgliederung nicht erforderlich ist.

E. Zuleitung des Ausgliederungs- und Übernahmevertrages an Arbeitnehmervertretungen

Es wird festgestellt, dass weder im jeweiligen übergehenden Betrieb des jeweiligen Einzelkaufmanns noch bei der übernehmenden Gesellschaft ein Betriebsrat besteht. Eine Zuleitung des Ausgliederungs- und Übernahmevertrages bzw. seines Entwurfs ist daher nicht erforderlich.

F. Schlussbestimmungen

§ 1

Einheitlichkeit, Zustimmung, Salvatorische Klausel

(1) Alle Beteiligten stellen übereinstimmend fest, dass die in Abschnitt A. und B. geschlossenen Ausgliederungs- und Übernahmeverträge als einheitliche Ausgliederung zu behandeln sind, so dass alle Ausgliederungsvorgänge zusammen zur Eintragung gebracht werden sollen.[289]

(2) Herr A und Frau B stimmen hiermit in ihrer Eigenschaft als Kommanditisten der <...> GmbH und Co KG i.G. sämtlichen Erklärungen der <...> GmbH und Co KG i.G. in dieser Urkunde zu.[290]

(3) Sollten einzelne Bestimmungen dieses Vertrags unwirksam oder undurchführbar sein oder werden, so wird dadurch die Gültigkeit des übrigen Vertragsinhalts nicht berührt. Die weggefallene Bestimmung ist durch eine Regelung zu ersetzen, die dem wirtschaftlichen Zweck der weggefallenen Bestimmung möglichst nahe kommt.

§ 2

Vollzugsvollmacht

Die Beteiligten bevollmächtigen hiermit

a) Frau ...,

b) Frau ...,

- je einzeln -

zur Abgabe und Entgegennahme aller Willenserklärungen und zur Vornahme aller Rechtshandlungen, die zum Vollzug dieser Urkunde nach dem Ermessen des Bevollmächtigten zweckdienlich sind. Die Vollmacht berechtigt auch zu Änderungen und Ergänzungen dieser Urkunde. Die Vollmacht berechtigt insbesondere

– zur Herbeiführung und Entgegennahme aller zum Vollzug dieser Urkunde etwa erforderlichen Genehmigungen;
– zur Abgabe und Rücknahme von Grundbuchbewilligungen und –anträgen, insbesondere zur Herbeiführung der Grundbuchberichtigungen;
– zur Löschung von eingetragenen Grundstücksbelastungen.

Der beurkundende Notar ist zur Stellung, Änderung und Zurücknahme von Anträgen beim Grundbuchamt ermächtigt.

---

289 Zu beachten ist, dass ein gleichzeitiges Wirksamwerden der Vorhaben nicht erreicht werden kann, da es sich um unterschiedliche übertragende Rechtsträger handelt, vgl. hierzu insbesondere *Schmitt/Hörtnagl/Stratz* § 152 Rn. 18, 19.
290 Vgl. auch Erläuterungen zu Fn. 274 zu Rn. 70.

Von den Beschränkungen des § 181 BGB wird, soweit erforderlich, Befreiung erteilt.

Im Falle der Unwirksamkeit der Vollmacht wird eine Haftung der Bevollmächtigten gemäß § 179 BGB ausgeschlossen. Von der Vollmacht kann nur vor dem beurkundenden Notar oder seinem Vertreter im Amt Gebrauch gemacht werden.

§ 3
Belehrungen, Sonstiges

(1) Der Notar hat insbesondere darüber belehrt bzw. hingewiesen auf
– die Haftungsvorschriften des Einzelkaufmanns gemäß §§ 156, 157 UmwG,
– die Wirkungen der Ausgliederung gemäß § 155 UmwG.

(2) Die Anlagen 1 und 3 wurden den Beteiligten vorgelesen und von diesen genehmigt. Auf die Anlagen 1 und 3 wird verwiesen.

Nach Belehrung des Notars verzichten die Beteiligten auf das Vorlesen der dieser Niederschrift beigefügten Anlage 2 und 4. Diese Anlagen 2 und 4 wurden den Beteiligten zur Durchsicht vorgelegt und von diesen genehmigt. Diese Anlagen wurden von den Beteiligten unterzeichnet. Auf diese Anlagen wird verwiesen.

(3) Der beurkundende Notar hat sich wie folgt über den Grundbuchinhalt unterrichtet:
a) Grundbuch von <...> Blatt <...>
  durch einen unbeglaubigten Ausdruck aus dem Grundbuch von <...> Blatt <...> vom <...>;

...

Die vorstehende Niederschrift nebst Anlage 1 und 3 wurde vom Notar den Erschienenen vorgelesen, die Niederschrift mit sämtlichen Anlagen von ihnen genehmigt und wie folgt eigenhändig unterschrieben:

b) Registeranmeldung beim übertragenden Rechtsträger

71 Registeranmeldung beim übertragenden Rechtsträger:[291]

Amtsgericht A

– Registergericht –

AA e.K.[292]
mit dem Sitz in A
HRA <...>

---

291 Ohne Einhaltung einer bestimmten Reihenfolge ist gem. § 125 S. 1 i.V.m. § 16 Abs. 1 S. 1 UmwG die Ausgliederung sowohl zum jeweiligen Handelsregister des Einzelkaufmanns – des übertragenden Rechtsträgers –, als auch zum Handelsregister des übernehmenden Rechtsträger anzumelden, vgl. *Widmann/Mayer* § 154 Rn. 2.

292 Zu beachten ist, dass für das einzelkaufmännische Unternehmen BB e.K eine identische Handelsregisteranmeldung erforderlich ist.

Zur Eintragung[293] in das Handelsregister wird angemeldet:

Aufgrund des Ausgliederungs- und Übernahmevertrages vom <...> und des Ausgliederungsbeschlusses vom gleichen Tag hat Herr A als Inhaber des kaufmännischen Einzelunternehmens unter der Firma AA e.K. („übertragender Einzelkaufmann"), eingetragen im Handelsregister des Amtsgerichts A unter HRA <...>, dieses Einzelunternehmen als Gesamtheit im Wege der Ausgliederung zur Aufnahme nach §§ 152, 123 Absatz 3 Nr. 1, §§ 126 ff. Umwandlungsgesetz (UmwG) auf die <...> GmbH und Co KG i.G. mit dem Sitz in <...> als übernehmende Gesellschaft gegen Gewährung weiterer Gesellschaftsrechte an der übernehmenden Gesellschaft übertragen.

Es wird erklärt, dass alle Gesellschafter der übernehmenden Gesellschaft durch notariell beurkundete Verzichtserklärungen auf die Klage gegen die Wirksamkeit des Ausgliederungsbeschlusses verzichtet haben. Weiter wird erklärt, dass im Betrieb des übertragenden Einzelkaufmanns und der übernehmenden Gesellschaft kein Betriebsrat besteht.

Ferner wird versichert, dass ein Hinderungsgrund zur Eintragung der Ausgliederung nach § 154 UmwG nicht besteht.[294]

Angeschlossen ist:

1. eine elektronisch beglaubigte Abschrift der notariellen Urkunde vom <...>, die enthält
   a) den Ausgliederungs- und Übernahmevertrag samt Anlagen;
   b) den Ausgliederungsbeschluss der Gesellschafterversammlung der übernehmenden Gesellschaft;
   c) die Verzichtserklärungen der Gesellschafter der übernehmenden Gesellschaft.
2. die auf den 31. Dezember 20.. erstellte Bilanz des übertragenden Einzelkaufmanns.[295]

Alle Beteiligten bevollmächtigen hiermit die in der vorstehend genannten Urkunde in Abschnitt I. § 2 genannten Personen – je einzeln – zur Vornahme, Änderung und Rücknahme von Handelsregisteranmeldungen in jeder Hinsicht.

<...>, den

Der übertragende Einzelkaufmann:[296]

Herr A   ....

Beglaubigung der Unterschriften:

---

293 Mit der jeweiligen Eintragung der Ausgliederung in das Handelsregister des Sitzes des Einzelkaufmanns treten die Spaltungswirkungen ein, § 131 Abs. 1 UmwG. Hierbei handelt es sich grundsätzlich um zwei voneinander getrennte Vorgänge.

294 Diese formfreie Erklärung kann gesondert abgegeben werden (z.B. als Beilage zur Anmeldung) i.d.R. wird sie aber zweckmäßigerweise in die Handelsregisteranmeldung aufgenommen werden, sie kann auch nachgereicht werden. Die h.M. in der Lit. verlangt eine positive Erklärung des Einzelkaufmanns, dass bei ihm keine Überschuldung vorliegt. Bei einer Anmeldung nur durch das vertretungsbefugte Organ eines übernehmenden Rechtsträgers sollte vorsichtshalber eine diesbezügliche Erklärung des Einzelkaufmanns beigelegt werden, vgl. *Schmitt/Hörtnagl/Stratz* § 154 Rn. 4; *Lutter* § 154 Rn. 11, der jedoch Stellvertretung bei der Erklärung durch das vertretungsbefugte Organ des übernehmenden Rechtsträgers für zulässig ansieht.

295 Gem. § 125 S. 1 i.V.m. § 17 Abs. 2 UmwG. Diese Schlussbilanz ist auch bei einer Teilunternehmensausgliederung vorzulegen, s.a. *Lutter* § 154 Rn. 10.

296 § 129 UmwG gilt auch für die Ausgliederung.

c) Registeranmeldung beim übernehmenden Rechtsträger

72 Registeranmeldung beim übernehmenden Rechtsträger:[297]

Amtsgericht <...>

– Registergericht –

<...> GmbH und Co KG i.G. mit dem Sitz in <...>
– HR A <...> –

Zur Eintragung in das Handelsregister wird angemeldet:

1. Aufgrund des Ausgliederungs- und Übernahmevertrages vom <...> und des Ausgliederungsbeschlusses vom gleichen Tag hat
   a) Herr A als Inhaber der kaufmännischen Einzelunternehmen unter der Firma AA e.K. („übertragender Einzelkaufmann"), eingetragen im Handelsregister des Amtsgerichts A HRA <...>
   und
   b) Frau B als Inhaberin des kaufmännischen Einzelunternehmens unter der Firma BB e.K. („übertragender Einzelkaufmann"), eingetragen im Handelsregister B HRA <...>,
   diese Einzelunternehmen als Gesamtheit im Wege der Ausgliederung zur Aufnahme nach §§ 152, 123 Absatz 3 Nr. 1, §§ 126 ff. Umwandlungsgesetz (UmwG) auf die <...> GmbH und Co KG mit dem Sitz in <...> als übernehmende Gesellschaft gegen Gewährung weiterer Gesellschaftsrechte an der übernehmenden Gesellschaft übertragen.
2. Die Kommanditeinlage (Haftsumme) des Kommanditisten A wurde von EUR <...> um EUR <...> auf EUR <...> erhöht.
3. Die Kommanditeinlage (Haftsumme) der Kommanditistin B wurde von EUR <...> um EUR <...> auf EUR <...> erhöht.

Der Vollzug der vorstehend in Ziffer 1.–3. beantragten Eintragungen hat in einem einheitlichen Akt zu erfolgen. Ein Teilvollzug ist unzulässig.[298]

Es wird erklärt, dass alle Gesellschafter der übernehmenden Gesellschaft durch notariell beurkundete Verzichtserklärungen auf die Klage gegen die Wirksamkeit des Ausgliederungsbeschlusses verzichtet haben. Weiter wird erklärt, dass jeweils im Betrieb des übertragenden Einzelkaufmanns und der übernehmenden Gesellschaft kein Betriebsrat besteht.

Ferner wird versichert, dass ein Hinderungsgrund zur Eintragung der Ausgliederung nach § 154 UmwG nicht besteht.

Angeschlossen ist eine elektronisch beglaubigte Abschrift der notariellen Urkunde vom <...>, die enthält
a) den Ausgliederungs- und Übernahmevertrag samt Anlagen;
b) den Ausgliederungsbeschluss der Gesellschafterversammlung der übernehmenden Gesellschaft;
c) die Verzichtserklärungen der Gesellschafter der übernehmenden Gesellschaft.

---

297 Wegen der allgemeinen Erläuterungen zur Handelsregisteranmeldung vgl. oben die Anmerkungen in den Fußnoten zu Muster Rn. 69.
298 Vgl. hierzu oben Fn. 293 zu Rn. 70.

Alle Beteiligten bevollmächtigen hiermit die in der vorstehend genannten Urkunde in Abschnitt I. § 2 genannten Personen – je einzeln – zur Vornahme, Änderung und Rücknahme von Handelsregisteranmeldungen in jeder Hinsicht.

<...>, den

Der persönlich haftende Gesellschafter:

<...> GmbH i.G.

- vertreten durch den Geschäftsführer, Herrn A -   ....

Die Kommanditisten:

A   ....

B   ....

Beglaubigung der Unterschriften:

5. Kapitel
Formwechsel

I. Der Formwechsel – ein Überblick

Der Formwechsel ist dadurch gekennzeichnet, dass er die einzige Umwandlungsform **1** im UmwG ist, bei welchem keine Vermögensübertragung stattfindet. Der Formwechsel wird somit durch die **Identitätswahrung** des betroffenen Rechtsträgers geprägt.[1] Aus diesem Grundsatz resultieren folgende wesentlichen Unterschiede zum Verschmelzungs- und Spaltungsrecht:

- Der Formwechsel ist immer ein gesellschaftsrechtlicher Organisationsakt **(Umwandlungsbeschluss),** es gibt keinen vertraglich vereinbarten Formwechsel.
- Da die Identitätswahrung im Grundsatz auch die Erhaltung des identischen Personenkreises als Anteilsinhaber voraussetzt, **entfällt das Prüfungserfordernis** bezogen auf den Entwurf des Umwandlungsbeschlusses; das Barabfindungsangebot ist jedoch i.d.R. zu prüfen, vgl. unten Rn. 20, ebenso sind Gründungsprüfungspflichten aus den Gründungsvorschriften bei Kapitalgesellschaften zu beachten, § 197 UmwG.
- Durch die Identitätswahrung ist in den Vorschriften des Formwechselrechts **keine Vorlage einer Schlussbilanz** beim Registergericht und somit auch keine Acht-Monats-Frist vorgesehen. Da das Steuerrecht, s. Fußnote 1, einen Wechsel des Steuersubjekts durch den Formwechsel unterstellt, und damit das UmwStG den Formwechsel für bestimmte Rechtsformen regelt, vgl. die Übersicht im 2. Kap. Rn. 74, ist aus steuerlichen Gründen teilweise trotzdem die Acht-Monats-Frist einzuhalten.[2]

Im Fünften Buch des UmwG über den Formwechsel wird daher auch nicht so umfas- **2** send wie im Spaltungsrecht auf die Vorschriften des Verschmelzungsrechts verwiesen. Vielmehr finden sich die Verweisungen auf bestimmte Rechtsnormen jeweils an der betreffenden Sachrechtsnorm des Formwechselrechts.

---

1 Zu beachten ist, dass das Steuerrecht bei einem Formwechsel zwischen Personen- und Kapitalgesellschaften vom Wechsel des Steuersubjekts und somit von einem Rechtsträgerwechsel ausgeht, vgl. oben 2. Kap. Rn. 79; dies gilt jedoch nicht für alle Steuerarten, so z.B. *VGH Baden-Württemberg* Urteil vom 29.3.2010 – 2 S 939/08 – ZIP 2010, 1547 = DÖV 2010, 567, zur Anerkennung der Identitätswahrung bei der Gewerbesteuerfestsetzung; zur grundsätzlichen Kritik an dieser Struktur des Umwandlungsrechts verbunden mit der Forderung der Reform zur transaktionslosen Rechtsträgertransformation s. *Beuthien* NZG 2006, 369 ff.

2 Achtung jedoch im Bereich der Umsatzsteuer, s. *Haritz/Menner* § 9 Rn. 86 m.w.N.: Die Möglichkeit, steuerlich einen Übertragungsstichtag zu wählen, der bis zu acht Monate vor der Anmeldung des Formwechsels zur Eintragung in ein öffentliches Register liegen kann, hat Bedeutung nur für ertragsteuerliche Zwecke. Umsatzsteuerlich findet keine Rückwirkung und keine Rückbeziehung statt. Umsatzsteuerlich werden die zwischen der Anmeldung und dem Wirksamwerden des Formwechsels, gem. § 202 UmwG durch Eintragung, getätigten Umsätze noch durch die formwechselnde KapGes ausgeführt, die Personengesellschaft tätigt Umsätze erst danach. Daraus ergeben sich für die **umsatzsteuerrechtlichen Meldepflichten:** Unternehmer i.S. des § 18 UStG ist bis zur Eintragung die formwechselnde Kapitalgesellschaft, danach die Personengesellschaft. Die Kapitalgesellschaft hat bis zur Eintragung Voranmeldungen abzugeben und, wenn zwischen Anmeldung und Eintragung ein Wechsel des Wirtschaftsjahres liegt, auch noch die entsprechende Jahressteuererklärung. Erfolgt die Eintragung in einem laufenden Wirtschaftsjahr, so ist die Jahressteuererklärung für das gesamte Jahr durch die Personengesellschaft abzugeben, da der Unternehmer i.S. des UStG fortbesteht.

3 Die Bedeutung des Identitätsgrundsatzes wird in der Literatur teilweise kritisch diskutiert. Die überwiegende Meinung geht davon aus, dass der Identitätsgrundsatz nach § 1 Abs. 3 UmwG nur insoweit zwingend ist, als dieser in den gesetzlichen Regelungen oder in den Gesetzesmaterialien einen eindeutigen Niederschlag gefunden hat.[3] Sofern dies nicht der Fall ist, können die Anteilsinhaber im allseitigen Einvernehmen vom Identitätsgrundsatz abweichen, dies gilt insbesondere im Hinblick auf die Möglichkeit des nicht verhältniswahrenden Formwechsels.[4] Bei Auslegungs- und Zweifelsfragen kommt dem **Identitätsgrundsatz** jedoch **Leitlinienfunktion** zu. In einer richtungsweisenden Entscheidung des BGH[5] zum Formwechsel einer AG in eine Publikums-GmbH & Co. KG hat dieser obiter dictum ausdrücklich festgestellt, dass das **Gebot der Kontinuität der Mitgliedschaft** sich primär auf die Gesellschafter des Ausgangsrechtsträgers bezieht, was nicht ausschließt, dass **im Zuge des Formwechsels durch Mehrheitsentscheid neue Gesellschafter hinzutreten**, wenn dadurch die Rechte, insbesondere von Minderheitsgesellschaftern, nicht beeinträchtigt werden (so insbesondere beim Beitritt einer neuen Komplementärgesellschaft ohne Stimmrecht, auch wenn die Minderheitsgesellschafter nicht an der Komplementärgesellschaft beteiligt sind).[6]

4 Wegen der **zulässigen Formwechselfälle** nach dem UmwG hinsichtlich der Ausgangs- und Zielrechtsform vgl. die Aufstellung im 2. Kap. Rn. 5. Innerhalb dieser zugelassenen Formwechselmöglichkeiten gibt es folgende Schwierigkeiten resultierend aus dem Identitätsgrundsatz:

- Da die Personengesellschaft begriffsnotwendig mindestens zwei Gesellschafter hat, sind folgende **unmittelbaren Formwechselfälle ausgeschlossen**, falls nicht in Anwendung der Rechtsprechung des BGH vom 9. Mai 2005, a.a.O., ein Ein- bzw. Austritt eines Gesellschafters im Zuge des Formwechsels als zulässig angesehen werden muss:[7]
  - Einmann-Kapitalgesellschaft in Personenhandelsgesellschaft oder GbR,
  - Personenhandelsgesellschaft in eine Einmann-Kapitalgesellschaft.
- Diskutiert wird in der Literatur, ob der **Beitritt oder Austritt von weiteren Gesellschaftern** mit deren Zustimmung auch im Umwandlungsbeschluss bereits bestimmt werden kann.[8] Nach der wohl überwiegenden Meinung in der Literatur[9] wird de lege ferenda eine Gestattung des Ein- bzw. Austritts einer Komplementär-GmbH im Einvernehmen aller Gesellschafter gefordert. Der BGH hat in seinem Urteil vom 9.5.2005, a.a.O., nunmehr selbst bei einem Formwechsel durch Mehrheitsbeschluss die Aufnahme eines neuen persönlich haftenden Gesellschafters mit dessen

---

3 Vgl. *Lutter* § 190 Rn. 8.

4 Vgl. *Lutter* a.a.O.; *Kallmeyer* § 194 Rn. 34; *Widmann/Mayer* § 194 Rn. 8, 18 ff.

5 *BGH* vom 9.5.2005 NZG 2005, 722 ff. = Der Konzern 2005, 650 ff. = DNotZ 2005, 864 ff.

6 S. zu den Folgerungen für die Gestaltung auch *Simon/Leuering* NJW-Spezial 2005, 459 f.

7 Weiterhin ablehnend *Kallmeyer* § 191 Rn. 10 ff., § 194 Rn. 25 und § 202 Rn. 30, der die Auswirkung des BGH-Urteils vom 9.5.2005 jedoch nicht in diesem Zusammenhang diskutiert, sondern diese nur als Einzelfallentscheidung in § 194 Rn. 28 erwähnt; **a.A.** Möglichkeit des Ein- und Austritts im Zuge des Formwechsels bei Zustimmung aller Gesellschafter bejahend (h.M. der Literatur) u.a. *Schmitt/Hörtnagl/Stratz* § 226 Rn. 3 m.w.N.; ebenso *Lutter* § 202 Rn. 11 f.; ausführlich zu Gestaltungsmöglichkeiten mit Beitritt/Austritt eine logische Sekunde vor/nach dem Formwechsel *Widmann/Mayer* § 202 Rn. 44 ff. mit Erläuterungen zu Haftungsfragen in § 228 Rn. 94 ff.

8 Vgl. hierzu auch die Ausführungen zur Spaltung zu Null oben 4. Kap. Rn. 8 sowie die vorhergehende Fußnote.

9 Vgl. den Meinungsstand Fn. 7 zu Rn. 4.

Zustimmung auf den Zeitpunkt des Formwechsels unter der Voraussetzung, dass die **Rechte der Minderheitsgesellschafter gewahrt bleiben**, für zulässig erklärt. Aus dieser Rechtsprechung wird m.E. zu Recht gefolgert, dass sowohl der Formwechsel in die als auch aus der GmbH & CO. KG unter Eintritt bzw. Austritt der (nicht am Vermögen beteiligten, stimmrechtslosen) Komplementär-GmbH beschlossen werden kann. Soweit der Formwechsel durch Mehrheitsbeschluss erfolgen kann, erfasst dies auch den Beschluss über das Ausscheiden bzw. den Eintritt der Komplementärin. Diese muss jedoch dem Ein- bzw. Austritt zustimmen. Diese Zustimmung hat in analoger Anwendung der §§ 193 Abs. 3 S. 1, 221 S. 1 UmwG notariell zu erfolgen und muss in analoger Anwendung von § 223 UmwG spätestens bei der Handelsregisteranmeldung vorliegen.[10] Die Rechtsprechung des BGH wurde in der Literatur, wie den Fundstellen zu den obigen Ausführungen zu entnehmen ist, weitgehend als Grundlage dafür genommen, die Analogiefähigkeit der vorgenannten Vorschriften des Formwechselrechts zu bejahen. Da es hierzu aber noch nicht zu allen Fällen eine eindeutige höchstrichterliche Rechtsprechung gibt, kann es auch heute noch mit Registergerichten Diskussionen über die Zulässigkeit (insbesondere des Ausscheidens eines Komplementärs, da das BGH-Urteil dieses nicht ausdrücklich erwähnt[11]) kommen.[12] Gerade beim Austritt würde dies jedoch m.E. ein **überzogenes Festhalten am Identitätsgrundsatz** darstellen, da den Gesellschaftern/Anteilsinhabern das sonst geltende gesellschaftsrechtliche Grundrecht genommen wird, zumindest mit Zustimmung aller Gesellschafter weitere Gesellschafter aufnehmen und ggf. die Gesellschaft auflösen zu können.[13] Gläubigerinteressen sind dadurch auch nicht tangiert, da das Haftungssystem des Formwechselrechts in den §§ 224, 237, 249 und 257 UmwG, soweit es die Stellung des vor dem Formwechsel persönlich haftenden Gesellschafter betrifft, ohnehin auf das Nachhaftungsprinzip des Gesellschafters bei Ausscheiden aus der Gesellschaft zurückgreift.[14] Gibt es Schwierigkeiten bei der Anerkennung dieser Rechtsmeinung, muss man in solchen Fällen entweder auf eine Treuhandvereinbarung entspr. der Musterlösung in der 2. Auflage dieses Handbuchs E Rn. 300 oder ein Austreten des Komplementärs aus der

---

10 Vgl. *Simon/Leuering* NJW-Spezial 2005, 460, *Mayer* in DAI-Skript Umwandlungsrecht in der notariellen Praxis, zum Seminar am 6.7.2007 in Berlin, S. 179 Rn. 312; es ist jedoch zu beachten, dass zu § 233 Abs. 3 S. 3 UmwG ein Teil der Literatur vertritt, dass die Ausscheidenserklärung spätestens bis zur Beschlussfassung über die Umwandlung vorliegen muss, so *Lutter* § 233 Rn. 82, *Kallmeyer* § 233 Rn. 13; dies könnte ggf. entsprechend angewandt werden.

11 Nachdem die Literatur das BGH-Urteil vom 9.5.2005 weitestgehend ausgewertet hat, wird überwiegend die Erstreckung auf den Austritt vertreten, so *Baßler* GmbHR 2007, 1252 ff., *Simon/Leuering* NJW-Spezial 2005, 459 f. und *Mayer* in DAI-Skript Umwandlungsrecht in der notariellen Praxis, zum Seminar am 6.7.2007 in Berlin, S. 178 ff. Rn. 311 f. sowie die oben Fn. 7 zu Rn. 4 aufgeführte zustimmende Literatur.

12 Die ablehnende Meinung bezieht sich im Wesentlichen auf die Gesetzesmaterialen zu den §§ 221, 236, 247 Abs. 3, 255 Abs. 3 UmwG (Ausscheiden und Beitritt des Komplementärs bei der KGaA) und § 294 Abs. 1 S. 2 UmwG (Ausscheiden bestimmter Mitglieder beim VVaG), in welchen diese Ausnahmevorschriften zur Identität der Mitglieder, Gesellschafter als abschließend bezeichnet sind, vgl. die Darstellung des alten Meinungsstands in *Lutter* (2. Aufl.) § 202 Rn. 13 ff.

13 Interessant hierzu auch die Ausführungen des *BFH* Beschluss vom 31.5.2010 – V B 49/08, LSK 2010, 420903 zum aufschiebend bedingten Ausscheiden eines Gesellschafters im Rahmen eines Formwechsels einer GmbH in eine GbR.

14 Die in *Widmann/Mayer* § 202 Rn. 44 ff. mit Erläuterungen zu Haftungsfragen in § 228 Rn. 94 ff. ausgeführten Bedenken zu Nachhaftungsfragen sind m.E. bei dem Ausscheiden/Beitritt im Zuge des Formwechsels durch die Spezialregelungen des Umwandlungsrechts zum Schutz von Gläubigerinteressen obsolet; dieses Thema wird aber in den übrigen Kommentierungen bisher ausgeklammert.

formwechselnden KG mit anschließender Umwandlung der aufgelösten Gesellschaft ausweichen.[15]

5 Folgende wichtigen **Formwechselmöglichkeiten** sind **außerhalb des UmwG** gegeben, für welche § 190 Abs. 2 UmwG ausdrücklich die Nichtanwendung der Vorschriften des UmwG klarstellt:[16]

- der Übergang von einer Personengesellschaft in eine andere Form der Personengesellschaft durch Eintritt, Austritt oder Umwandlung gesellschaftsrechtlicher Stellung einzelner Gesellschafter;
- die Umwandlung einer GbR in eine OHG oder KG oder Partnerschaftsgesellschaft;[17]
- die Umwandlung einer Kapitalgesellschaft & Co. oder einer Stiftung & Co. in eine reine Kapitalgesellschaft oder Stiftung durch Ausscheiden aller Kommanditisten oder durch Einbringung der Kommanditbeteiligungen in die Komplementärgesellschaft;[18]
- die Umwandlung einer KGaA in eine AG durch Ausscheiden aller Komplementäre.[19]

Sickinger weist zu Recht darauf hin, dass innerhalb des UmwG zwei weitere „Formwechselfälle" außerhalb des Fünften Buches geregelt sind, so die des Einzelkaufmannes in eine Einmann-Kapitalgesellschaft als Ausgliederung und im umgekehrten Fall als Verschmelzung.[20]

6 Einige Vorschriften des Formwechselrechts sind wörtlich nahezu identisch zu den Bestimmungen des Verschmelzungs-/Spaltungsrechts gestaltet. Insoweit wird auch auf die diesbezüglichen Erläuterungen zur Verschmelzung im 3. Kap. und zur Spaltung im 4. Kap. dieses Handbuchs verwiesen.

7 Ein Formwechsel besteht in seiner **Grundstruktur** aus folgenden Schritten:

- dem Umwandlungsbericht gem. § 192 UmwG,
- dem Umwandlungsbeschluss gem. §§ 193 ff. UmwG,
- der Registeranmeldung gem. §§ 198, 199 UmwG,
- der Registereintragung und Bekanntmachung gem. §§ 201, 202 UmwG.

---

15 Vgl. *Lutter* (3. Aufl.) § 202 Rn. 16, *Widmann/Mayer* § 228 Rn. 96 ff.

16 In *Lutter* Einl. I Rn. 58 wird zu Recht darauf hingewiesen, dass insoweit jedoch kein Analogieverbot gilt, d.h. eine analoge Anwendung von Vorschriften des UmwG auf Umwandlungsvorgänge außerhalb des UmwG ist nicht ausgeschlossen.

17 Für eine entsprechende Anwendung des § 224 Abs. 2 UmwG (Beschränkung der Nachhaftung auf fünf Jahre) bei Umwandlung einer GbR in eine Partnerschaftsgesellschaft mit guten Argumenten *Sommer/Treptow/Dietlmeier* NJW 2011, 1551 ff.

18 Vgl. *Kallmeyer* § 190 Rn. 14; *Lutter* § 190 Rn. 15 f., der darauf hinweist, dass beim Anwachsungsmodell die Kommanditisten nicht der Gründerhaftung gem. §§ 219 Abs. 1, 197 UmwG i.V.m. § 9 GmbHG unterliegen und dass zur Sicherung der steuerlichen Erfolgsneutralität die Einbringungslösung (erweitertes Anwachsungsmodell) ggü. der Ausscheidenslösung zu bevorzugen ist; zu beachten ist, dass nach Neufassung des § 1 Abs. 3 Nr. 4 UmwStG durch das SEStEG nicht mehr unumstritten ist, dass auf das erweiterte Anwachsungsmodell die Regelungen der §§ 20–23 UmwStG Anwendung finden; derzeit geht die Finanzverwaltung wohl noch davon aus; vgl. hierzu ausführlich *Widmann/Mayer* Band 8 Anh. 5, Einbringung Rz. 490 ff. m.w.N. Im UmwSt-Erl Rz. 20.12 ist geregelt, dass § 20 UmwStG nicht anzuwenden ist beim Ausscheiden der Kommanditisten aus einer Kapitalgesellschaft & Co. KG unter Anwachsung ihrer Anteile gem. § 738 BGB, § 142 HGB, ohne dass die Kommanditisten einen Ausgleich in Form neuer Gesellschaftsrechte an der Kapitalgesellschaft erhalten.

19 Vgl. *Kallmeyer* a.a.O. und *Lutter* § 190 Rn. 13.

20 *Sagasser* R Rn. 25.

Wegen der Beteiligungspflichten nach BetrVG vgl. die Ausführungen zum 2. Kap. Rn. 43. Es ist jedoch zu beachten dass auf den Formwechsel nach h.M. § 613a BGB keine Anwendung findet, sodass die diesbezüglichen Anzeigepflichten entfallen, vgl. auch oben 2. Kap. Rn. 32.

Über die **Verzichtsmöglichkeiten** bezüglich wichtiger **Formalien** des Formwechsel- **8** rechts soll die nachstehende Tabelle einen Überblick bieten:

Formalie des Formwechselrechts	Rechtsform des Ausgangsrechtsträgers	Verzicht möglich/erforderlich?
Umwandlungsbericht, § 192 UmwG[21]	Personenhandelsgesellschaft	Nicht erforderlich, falls alle Gesellschafter des Ausgangsrechtsträgers zur Geschäftsführung berechtigt sind, § 215 UmwG
	Ausgangsrechtsträger hat nur einen Anteilsinhaber	Nicht erforderlich, § 192 Abs. 2 S. 1 UmwG
	Alle übrigen Ausgangsrechtsträger	Ja, falls alle Anteilsinhaber notariell beurkundet verzichten, § 192 Abs. 2.
Barabfindungsangebot	In den Fällen nachstehend Rn. 19	Barabfindungsangebot ist nicht erforderlich
	In allen übrigen Formwechselfällen	Ja, falls alle Anteilsinhaber notariell beurkundet verzichten[22]
Sachgründungsbericht (GmbH)/Gründungsbericht (AG)	Personenhandelsgesellschaft oder GmbH	Verzicht ist nicht möglich[23]

Die Verweisung in § 197 UmwG auf die Vorschriften der für den Zielrechtsträger **9** rechtsformspezifisch geltenden Gründungsvorschriften bereitet in einigen Bereichen des Formwechsels Anwendungsschwierigkeiten. Es entspricht allgemein herrschender Meinung, dass die **Verweisung auf die Gründungsvorschriften** nicht so gelesen werden darf, dass der Formwechsel zu einer fiktiven Neugründung gegen Sacheinlage wird.[24] Beim Formwechsel sollen infolge des Identitätsgrundsatzes die Anteilsinhaber gerade nicht verpflichtet sein, eine Sacheinlage zu übernehmen und zu erbringen. § 197 UmwG soll vielmehr dem Umgehungsschutz dienen, damit über den Formwechsel nicht der Kapitalaufbringungsschutz und damit der Schutz der Gläubiger des Zielrechtsträgers beeinträchtigt wird. Eine Behandlung des Formwechsels als Sachgründung ist nur zulässig, soweit dies zur Umsetzung dieses Umgehungsschutzes erforderlich ist.[25] Die Sachgründungsvorschriften sind daher eher restriktiv anzuwenden; des Weiteren ist ihre Anwendung gem. § 197 S. 1 UmwG ausgeschlossen, soweit in den

---

21 Die Notwendigkeit einer Vermögensaufstellung nach § 192 Abs. 2 UmwG ist vollständig entfallen.
22 In entsprechender Anwendung von § 30 Abs. 2 UmwG, vgl. hierzu unten Rn. 19.
23 H.M. vgl. *Lutter* § 197 Rn. 24.
24 S. *Widmann/Mayer* § 197 Rn. 3; *Lutter* § 197 Rn. 5.
25 So im Ergebnis *Widmann/Mayer* § 197 Rn. 3 ff.; *Lutter* § 197 Rn. 4 ff.; HK-UmwG/*Quass* § 197 Rn. 1; *Kallmeyer* § 197 Rn. 7; in diesem Zusammenhang wird zu Recht darauf hingewiesen, dass die Verweisung beim Formwechsel in eine Personengesellschaft daher weitestgehend gegenstandslos ist, weil hier keine zwingenden Kapitalaufbringungsvorschriften bestehen, *Widmann/Mayer* a.a.O. Rn. 6; *Lutter* a.a.O. Rn. 7.

Vorschriften des Formwechselrechts, insbesondere in den Besonderen Vorschriften des Fünften Buches, Abweichendes geregelt ist. Grundsätzlich gilt, dass der Verweis sich nur auf den Formwechsel selbst, nicht aber auf die Gründung des Ausgangsrechtsträgers bezieht. Bei einem sehr engen zeitlichen Zusammenhang zwischen Gründung und Formwechsel ist dies jedoch sehr strittig.[26]

10 Aus den vorstehend dargestellten Auslegungsabgrenzungen und dem sonstigen Inhalt von § 197 UmwG ergibt sich folgendes **Prüfungsschema für die Anwendbarkeit von Gründungsvorschriften**:

1. Handelt es sich um eine Gründungsvorschrift, welche die Mindestzahl der Gründer betrifft?
2. Handelt es sich um eine Gründungsvorschrift, welche die Bildung und Zusammensetzung des ersten Aufsichtsrates betrifft?
3. Handelt es sich um eine Gründungsvorschrift, deren Gegenstand durch speziellere Normen des Fünften Buches des UmwG geregelt ist?
4. Dient die Gründungsvorschrift ausschließlich oder im Wesentlichen einem anderen Zweck als dem Schutz der Kapitalaufbringung und damit dem Schutz der Gläubiger des Zielrechtsträgers?

Wenn alle Fragen verneint werden können, ist davon auszugehen, dass die rechtsformspezifische Gründungsvorschrift auf den Formwechsel **nicht** anzuwenden ist. Eine Klarstellung zur Besetzung des ersten Aufsichtsrats hat der Gesetzgeber nunmehr selbst vorgenommen, indem er in § 197 UmwG die Anwendbarkeit des § 31 AktG eingefügt hat.

11 Als Beispiele für die **Abgrenzung** von anzuwendenden und nicht **anzuwendenden Gründungsvorschriften** seien genannt (die Aufzählung ist in keiner Weise abschließend, sondern dient lediglich der Erläuterung der vorzunehmenden Abwägungen):

- **Sacheinlagen** sind gem. § 5 Abs. 4 S. 1 GmbHG, § 27 Abs. 1 AktG in der Satzung aufzuführen. Dabei gelten unterschiedliche Fristen für die Beibehaltung der diesbezüglichen Satzungsbestimmungen: bei der AG gilt die Frist des §§ 27 Abs. 5, 26 Abs. 5 AktG (mindestens 10 Jahre ab Eintragung und 5 Jahre nach Abwicklung der Sacheinlage), bei der GmbH wird nach h.M. eine Sperre von fünf Jahren zugrunde gelegt. Erfolgt der Formwechsel von einer Personengesellschaft in eine GmbH oder AG wird teilweise vertreten, dass in die Satzung die Festsetzungen über die Sacheinlage nur dann aufzunehmen sind, wenn die Personengesellschaft durch Sachgründung seinerzeit entstanden ist.[27] M.E. ist es richtig, dass entsprechende Festsetzungen über die Sacheinlage für den Formwechsel an sich aufgenommen werden müssen (arg. entspr. der Erforderlichkeit eines Sachgründungsberichts), dies ist unabhängig davon, ob die Personengesellschaft selbst durch Sach- oder Bargründung erfolgt ist. Ist die Personengesellschaft ihrerseits jedoch durch Sachgründung errichtet worden, sind zusätzlich die Angaben zu deren Gründung entsprechend den Festsetzungen über Sacheinlagen in die Satzung mit aufzunehmen. Bei dem

---

26 Vgl. ausführlich zum Meinungsstand *Widmann/Mayer* § 197 Rn. 11, der eine Anwendung der Prüfungsvorschriften zur Gründung des Ausgangsrechtsträgers zur Durchführung des Formwechsels grundsätzlich ablehnt; sehr interessanter und kritischer Aufsatz zur Anwendung der Gründungsvorschriften bei einem Formwechsel einer AG in eine GmbH bei *Kerschbaumer* NZG 2011, 892 ff.

27 So *Lutter* § 197 Rn. 16 mit dem Hinweis, dass es sich für die Praxis empfiehlt, vorsorglich Festsetzungen in der Satzung aufzunehmen; *Schmitt/Hörtnagl/Stratz* § 197 Rn. 16; **a.A.** *Widmann/Mayer* § 197 Rn. 42, der die Aufnahme auch bei Bargründung der Personengesellschaft fordert.

Formwechsel von GmbH in AG und umgekehrt gilt § 243 Abs. 1 S. 2 UmwG, nach welchem die in der Satzung enthaltenen Festsetzungen des formwechselnden Rechtsträgers jeweils zu übernehmen sind; dies gilt auch für den **Gründungsaufwand**; d.h., dass nach einem zulässigen Entfallen der Satzungsbestimmungen aufgrund der vorstehend aufgeführten Fristen eine Wiederaufnahme im Zuge des Formwechsels nicht erforderlich ist.[28]

- Die **Gründerhaftung gem. §§ 9a GmbHG, 46 AktG**, welche die Gründungsgesellschafter und die Organe der Gesellschaft treffen kann, welche zum Zwecke der Gründung der Gesellschaft falsche Angaben machen, kommt beim Formwechsel insbesondere für fehlerhafte Angaben im Sachgründungsbericht in Betracht.[29] Die darin enthaltenen Angaben sind jedoch teilweise von den Gesellschaftern, welche im formwechselnden Rechtsträger keine Geschäftsführungsfunktion hatten, nur schwierig auf ihre Richtigkeit zu überprüfen. Beim Formwechsel ist daher das Verschulden als kausale Voraussetzung für eine Haftung wichtiges Korrekturinstrument.

- Für die **Differenzhaftung gem. § 9 GmbHG** bzw. das **Verbot der Unterpari-Emission gem. § 36a Abs. 2 S. 2 AktG** ist die Anwendbarkeit der Gründungsvorschriften auf den Formwechsel von einer Personengesellschaft in eine Kapitalgesellschaft ganz h.M.[30] Dabei ist zu beachten, dass die Differenzhaftung zwar verschuldensunabhängig ist, jedoch beim Formwechsel in die GmbH als Zielrechtsträger zwischenzeitlich vermehrt die Meinung vertreten wird, dass diese nur Anwendung auf die Gesellschafter findet, welche für den Formwechsel gestimmt haben.[31] Die Haftung kann für Gesellschafter, die gegen den Formwechsel gestimmt haben, aufgrund der derzeit noch nicht endgültig geklärten Rechtslage aber sicher nur durch ein Ausscheiden gegen Barabfindung abgewendet werden.[32] Ist die AG Zielrechtsträger, kann eine verschuldensunabhängige Differenzhaftung wohl nur für die Aktionäre bejaht werden, welche durch eine ausreichende Sperrminorität Einfluss auf den Formwechsel ausüben.[33] Beim Formwechsel einer AG/KGaA in eine GmbH scheidet eine Differenzhaftung schon deshalb aus, weil kein Erfordernis der Reinvermögensdeckung besteht.[34]

- Für die **Handelndenhaftung gem. §§ 11 Abs. 2 GmbHG, 41 Abs. 1 S. 2 AktG** kann eine entsprechende Anwendung nur greifen, sofern **nach** dem Umwandlungsbeschluss und **vor** Wirksamwerden des Formwechsels durch Eintragung im Namen der künftigen Kapitalgesellschaft gehandelt wird. Im Regelfall werden jedoch die Geschäfte bis zum Wirksamwerden des Formwechsels noch vom Ausgangsrechts-

---

28 *Lutter* § 197 Rn. 17 und 19.
29 Daher wird teilweise vertreten, dass eine Gründerhaftung der Gesellschafter in den Fällen nicht in Betracht kommt, in welchen ein (Sach-) Gründungsbericht nicht zu erstellen ist (str.); so *Lutter* § 197 Rn. 35; **a.A.** *Kallmeyer* § 197 Rn. 26.
30 So *Lutter* § 197 Rn. 37; *Widmann/Mayer* § 197 Rn. 62 ff.; *Kallmeyer* § 197 Rn. 26.
31 Ausführliche Darstellung des derzeitigen Meinungsstands findet sich in *Widmann/Mayer* § 197 Rn. 64 f.; Ausgangspunkt für diese Meinung ist die Entscheidung *BGH* ZIP 2007, 1104, die jedoch nur zu der Haftung von Aktionären Aussagen trifft.
32 So *Lutter* § 197 Rn. 38 und § 219 Rn. 3 f.; *Widmann/Mayer* § 197 Rn. 65, *Kallmeyer* § 219 Rn. 5.
33 Vgl. *Widmann/Mayer* § 197 Rn. 128 ff. i.V.m. § 36 Rn. 167 ff., im Ergebnis s.a. *Schmitt/Hörtnagl/Stratz* § 198 Rn. 32; **a.A.** ohne Differenzierung zwischen AG und GmbH *Lutter* a.a.O.; für die Differenzierung spricht auch das *BGH* Urteil vom 12.3.2007 AZ II ZR 302/05, ZIP 2007, 1104 ff. zur Differenzhaftung bei Verschmelzung von AGs im Wege der Aufnahme (grundsätzlich keine verschuldensunabhängige Differenzhaftung der Aktionäre).
34 *Widmann/Mayer* § 197 Rn. 67.

träger und auch in dessen Namen geführt. Die Handelndenhaftung setzt nach h.M. nicht nur voraus, dass zum einen im Namen der künftigen Kapitalgesellschaft gehandelt wird, sondern dass der Geschäftspartner hierin auch ein besonderes Vertrauen gesetzt hat, was wohl nur bei der AG wegen der besonderen Gläubigerschutzvorschriften des Aktienrechts in Betracht kommen dürfte.[35] Rieger[36] nennt folgende **Voraussetzungen für die Handelndenhaftung**:
- es wurde im Namen der künftigen AG gehandelt;
- für den Geschäftspartner war nicht erkennbar, dass der bis zur Eintragung der neuen AG bestehende formwechselnde Rechtsträger verpflichtet werden sollte;
- dem Geschäftspartner waren die Umstände der Umwandlung nicht bekannt;
- aufgrund der Umstände des Einzelfalls ist anzunehmen, dass der Geschäftspartner nicht bereit war, das Rechtsgeschäft mit dem, den es angeht, sondern nur mit einer den besonderen Gläubigerschutzvorschriften des Aktienrechts unterliegenden AG abzuschließen.

- Die **Vorschriften der §§ 52, 53 AktG über die Nachgründung** gelten über § 197 S. 1 UmwG für den Formwechsel in eine AG/KGaA, soweit aus Umgehungsgesichtspunkten erforderlich; die Anwendbarkeit der Vorschriften ist im Gesetz für den Formwechsel einer Personenhandelsgesellschaft in eine AG in § 220 Abs. 3 S. 2 UmwG ausdrücklich erwähnt; entgegen dem ausdrücklichen Wortlaut wurde bereits vor Inkrafttreten des Zweiten Gesetzes zur Änderung des UmwG die Verweisung in § 245 Abs. 1–3 jew. S. 2 UmwG auf § 220 UmwG nach h.M. so gelesen, dass die Nachgründungsvorschriften beim Formwechsel von Kapitalgesellschaften nur auf den Formwechsel einer GmbH in eine AG, nicht aber auf den Formwechsel einer AG in KGaA und umgekehrt Anwendung finden, da kein Anlass für eine (nochmalige) Anwendung der Nachgründungsvorschriften durch den Formwechsel aus Umgehungsgesichtspunkten gegeben ist.[37] Dies hat der Gesetzgeber zwischenzeitlich jeweils durch die Nichtanwendbarkeit von § 32 AktG klargestellt. Beim Formwechsel einer GmbH in eine AG/KGaA gilt dies jedoch nur, wenn die GmbH vor Wirksamwerden des Formwechsels bereits länger als zwei Jahre im Handelsregister eingetragen war, § 245 Abs. 1 S. 3 UmwG. Besonders praxisrelevant ist die Anwendbarkeit der Nachgründungsvorschriften auf Sachkapitalerhöhungen.[38]
- Soll nach Wirksamwerden des Umwandlungsbeschlusses und vor Wirksamwerden des Formwechsels durch Eintragung im Handelsregister eine Kapitalmaßnahme durchgeführt werden, ist strittig, ob diese Maßnahme nach dem Recht des Ausgangsrechtsträgers oder nach dem Recht des Zielrechtsträgers durchzuführen ist. Nach der h.M. in der Literatur,[39] der zuzustimmen ist, hängt dies davon ab, wann die Kapitalmaßnahme wirksam wird: Erfolgt die Eintragung der Kapitalmaßnahme vor der Eintragung des Formwechsels, ist das Recht des Ausgangsrechtsträgers auf

---

35 S.a. *Lutter* § 197 Rn. 41.
36 *Widmann/Mayer* § 197 Rn. 205.
37 So *Lutter* § 197 Rn. 44; *Widmann/Mayer* § 197 Rn. 215.
38 H.M. vgl. insbesondere *Hüffer* § 183 Rn. 5 m.w.N., Münchener Kommentar AktG § 52 Rn. 74 ff., *OLG Oldenburg* AG 2002, 620.
39 Vgl. hierzu u.a. *Widmann/Mayer* § 243 Rn. 48 ff., der darauf hinweist, dass der Zeitpunkt der Anmeldung nicht maßgeblich sein kann, da dieser für die Information des Rechtsverkehrs nach außen nicht erkennbar ist, *Semler/Stengel* § 243 Rn. 23 ff., *Lutter* § 243 Rn. 42 ff., der jedoch den Anmeldungszeitpunkt für die Bestimmung des anwendbaren Rechts für maßgeblich hält; a.A. *Kallmeyer* § 243 Rn. 10 und *Schmitt/Hörtnagl/Stratz* § 243 Rn. 6, die immer das Recht des Ausgangsrechtsträgers für anwendbar halten.

die Kapitalmaßnahme anzuwenden; wird die Kapitalmaßnahme hingegen von der Wirksamkeit des Formwechsels abhängig gemacht (was im Beschluss und in der Handelsregisteranmeldung – nach strenger Meinung auch in der Übernahmeerklärung bzw. der Zeichnung – klar kenntlich gemacht werden muss), ist zwar die Beschlussfassung nach dem Recht des Ausgangsrechtsträgers ausreichend, es ist jedoch zulässig die Kapitalmaßnahme bereits dem Recht des Zielrechtsträgers zu unterstellen; erfolgt hingegen die Eintragung der Kapitalmaßnahme nach Eintragung des Formwechsels ist das Recht des Zielrechtsträgers auf die Kapitalmaßnahme anzuwenden.

- Wegen der zu beachtenden Vorschriften des UmwStG vgl. 2. Kap. Rn. 74 ff. und teilweise 4. Kap. Rn. 17 f.[40]

Da beim **Formwechsel** immer nur ein Rechtsträger beteiligt ist, muss für die Beurteilung der **Zulässigkeit eines grenzüberschreitenden Formwechsels** in erster Linie das Gesellschaftsstatut des betroffenen Rechtsträgers herangezogen werden. Nach deutschem Sachrecht ist ein Formwechsel nur in die in § 191 Abs. 2 UmwG genannten (inländischen) Rechtsformen zulässig. Da jedoch in jedem grenzüberschreitenden Formwechsel eine Sitzverlegung beinhaltet ist, bleibt der deutsche Gesetzgeber damit hinter den Anforderungen zurück, die der überwiegende Teil der Literatur aus der **SEVIC-Entscheidung** des EuGH[41] herausgelesen hat. Mit Inkrafttreten des MoMiG am 1.11.2008 haben die GmbH und die AG zusätzlich die Möglichkeit vom Gesetzgeber eingeräumt bekommen, gem. § 4a Abs. 3 GmbHG bzw. § 5 Abs. 2 AktG ihren Verwaltungssitz (unter Beibehaltung eines inländischen Satzungssitzes) ins Ausland zu verlegen, dies gilt jedoch nicht für Personengesellschaften.[42] Zwischenzeitlich hat der EuGH jedoch in seiner CARTESIO-Entscheidung[43] den Mitgliedstaaten zugestanden, dass sie die **Wegzugsfreiheit** dadurch **beschränken** dürfen, dass sie einer inländischen Gesellschaft die Rechtspersönlichkeit aberkennen, wenn sie ihren Satzungssitz in das Hoheitsgebiet eines anderen Mitgliedstaat verlegt; vgl. hierzu oben ausführlicher 2. Kap. Rn. 6. Nach CARTESIO steht fest, dass sich Gesellschaften beim Wegzug zwar auf die Niederlassungsfreiheit berufen können, aber sie müssen hierbei einen Verlust ihrer Rechtsform dulden. Es ist daher künftig zwischen rechtsformwahrenden (nicht geschützt durch Niederlassungsfreiheit) und rechtsformwechselnden Wegzug (geschützt durch Niederlassungsfreiheit) zu unterscheiden.[44] Hinsichtlich des grenzüberschreitenden **Formwechsels vom Ausland ins Inland »herein«** ist m.E. der Verweis auf das EuGH-Urteil i.S. Inspire Art[45] zutreffend, nach welchem die Verlegung eines Sitzes einer Gesellschaft aus einem anderen, der Gründungstheorie folgenden EU-Mitgliedstaat von dem Zuzugsstaat nicht *verboten* werden darf.[46] Maßgeblich ist in solchen Fällen für die Zulässigkeit des grenzüberschreitenden Formwechsels das auslän-

12

---

40 Im Rahmen der Missbrauchsregelungen des § 22 UmwStG ist eine interessante Frage, wann eine schädliche Einlagenrückgewähr i.S. des § 22 Abs. 1 S. 6 Nr. 3 UmwStG erfüllt ist, insbesondere i.F. einer ertragsteuerlichen Organschaft; vgl. hierzu *Jung/Dern/Wartenberg* BB-Special Steuerrecht 1.2010, 26 ff. mit u.a. der Erkenntnis, dass innerhalb der siebenjährigen Sperrfrist möglichst keine Ausschüttungen bzw. Rückzahlungen aus dem steuerlichen Einlagekonto erfolgen sollten.
41 *EuGH* DB 2005, 2804 ff.
42 Eine gute Darstellung zu den daher noch bestehenden Problemen bei Personengesellschaften geben *Zimmer/Naendrup* in NJW 2009, 545 ff., 548.
43 *EuGH* -C-210/06, IStR 2009, 59 ff. = ZIP 2006, 1536 ff.
44 Vgl. die sehr instruktive Besprechung der CARTESIO-Entscheidung in *Knop* DZWIR 2009, 147 ff.
45 *EuGH* Rs. C-167/01, GmbHR 2004, 1260 ff.
46 So zutreffend *Spahlinger/Wegen* NZG 2006, 725.

dische Gesellschaftsstatut.[47] Nach der CARTESIO-Entscheidung a.a.O. muss jedoch auch bei Zuzugsfällen als Voraussetzung geprüft werden, ob der Zuzugsstaat einen solchen „Herein-Formwechsel" zulässt. M.E. richtig ist jedoch die Auffassung, dass das deutsche Recht wegen der Möglichkeit des Formwechsels für inländische Gesellschaften ausländischen Gesellschaften die Möglichkeit eines Formwechsels in eine deutsche Gesellschaftsform durch (rechts-)formwechselnden Zuzug nach den Grundsätzen der Niederlassungsfreiheit nicht verwehren darf.[48] Für die **Strukturierung eines grenzüberschreitenden Formwechsels** gibt es bisher kein gesetzliches Vorbild, da auch der in der SE-VO vorgesehene Formwechsel einer AG in eine SE voraussetzt, dass im Zuge des Formwechsels keine Sitzverlegung stattfindet, Art. 37 Abs. 3 SE-VO. Es handelt sich daher beim Formwechsel einer AG in eine SE um einen rein inländischen Umwandlungsvorgang. Da jedoch zumindest über das Erfordernis einer ausländischen Tochtergesellschaft bei der formwechselnden AG gem. Art. 2 Abs. 4 SE-VO ein gewisser internationaler Bezug besteht, haben die Vorschriften der SE-VO sicherlich Leitbildfunktion für einen etwaigen grenzüberschreitenden Formwechsel. Unsicherheiten lassen sich durch eine frühe Einbeziehung der zuständigen Registergerichte in der Regel reduzieren,[49] jedoch bleiben bei einem grenzüberschreitenden Formwechsel nach derzeitiger Rechtslage in einem hohem Maß Rechtsunsicherheiten, die ggf. durch die Wahl anderer Gestaltungsmöglichkeiten vermieden werden können,[50] vgl. hierzu unten 7. Kap. Rn. 2. Durch die Neufassung des UmwStG ist im steuerlichen Bereich in viel umfassender Weise als im UmwG den verschiedenen grenzüberschreitenden Umwandlungsformen Rechnung getragen.

II. Die Erstellung des Umwandlungsbeschlusses

13 Die Erstellung des Entwurfs des Umwandlungsbeschlusses steht mit am Anfang der Vorbereitung eines Formwechsels, da er auch notwendiger Bestandteil des Umwandlungsberichts ist, vgl. hierzu nachstehend Rn. 22.

14 Wie im Verschmelzungs- und Spaltungsrecht hat auch das Formwechselrecht eine Vorschrift, welche den Mindestinhalt des zu fassenden Umwandlungsbeschlusses regelt: § 194 UmwG. Die Anteilsinhaber können auf diesen Mindestinhalt nicht verzichten, die **Aufnahme zusätzlicher Regelungen** ist möglich, vgl. hierzu die Ausführungen in

---

47 *Spahlinger/Wegen* NZG 2006, 727 weisen darauf hin, dass für die Wirkungen eines solchen grenzüberschreitenden Formwechsels »hinein« gilt: Reichweite und Art der Rechtsnachfolge bemessen sich nach der Rechtsordnung des formwechselnden Rechtsträgers; für die Rechtsstellung der Gesellschafter dieses Rechtsträgers und die Entstehung des neuen deutschen Rechtsträgers gelten dagegen die deutschen Vorschriften.

48 S.a. *Knop* in DZWIR 2009, 147 ff., 152 m.w.N.; zu der Auswertung der CARTESIO-Entscheidung in Bezug auf den Formwechsel vgl. die interessanten Ausführungen in *Hennrichs/Pöschke/Laage/Klavina* WM 2009, 2009 ff.

49 Vgl. hierzu die oben 2. Kap. Rn. 6 zitierten Praxisberichte.

50 Zu Recht wird daher in der Literatur die Weiterarbeit an der europäischen Richtlinie über die Verlegung des Sitzes in einen anderen Mitgliedstaat mit Wechsel des für die Gesellschaft maßgebenden Rechtes (Vorschlag hierzu unter KOM XV/6002/97 = ZIP 1997,1721) gefordert sowie die Weiterarbeit an dem Bundesgesetz zum Internationalen Privatrecht der Gesellschaften, Vereine und juristischen Personen; der dazu ergangene Referentenentwurf des Bundesjustizministeriums zum Internationalen Gesellschaftsrecht kann unter www.bmj.de abgerufen werden; interessante Übersicht über die Themen des Entwurfs bietet *Clausnitzer* DNotZ 2008, 484 ff.

4. Kap. Rn. 29, jedoch gilt es zu beachten, dass die Regelungen im Bereich des Zulässigen für eine Beschlussfassung getroffen werden. Der Formwechsel ist kein Vertrag. Praktische Beispiele hierfür sind:

- Die **Einbringung von Sonderbetriebsvermögen** als Sacheinlage in die Ziel-GmbH durch die Gesellschafter der Ausgangspersonenhandelsgesellschaft im Hinblick auf § 20 UmwStG (Einbringung eines Mitunternehmeranteils).[51] Diese Einbringung ist ebenfalls mit steuerlicher Rückwirkung vorzunehmen. Die Einbringung muss in einem zeitlichen und sachlichen Zusammenhang mit der Umwandlung erfolgen.[52]
- Die **Festlegung des steuerlichen Formwechselstichtages**, wenn steuerlich durch den Formwechsel ein Wechsel des Steuersubjekts stattfindet, vgl. oben Rn. 1.
- **Vom Formwechsel unabhängige Änderungen in der Satzung**/dem Gesellschaftsvertrag des Zielrechtsträgers, wie Sitzverlegung, Gegenstandsänderung oder Ähnliches.

In den Bestimmungen des § 194 UmwG fehlen **abweichend zum Verschmelzungs- und** 15 **Spaltungsrecht**, resultierend aus der besonderen Rechtsnatur des Formwechsels, vgl. oben Rn. 1 f., insbesondere Mindestangaben zu folgenden Bereichen:

- Vermögensübergang, da durch den Identitätsgrundsatz **kein Vermögensübergang** stattfindet;
- **Formwechselstichtag**, da der Formwechsel zwingend gem. § 202 UmwG mit dem Registervollzug wirksam wird und keine Rückwirkung, außer ggf. der steuerlichen, vgl. oben Rn. 1, vereinbart werden kann.
- § 194 Abs. 1 UmwG verlangt **keine Angaben zum Sitz** des Zielrechtsträgers; einzige Ausnahme findet sich in § 234 Nr. 1 UmwG beim Formwechsel einer Kapitalgesellschaft in eine Personengesellschaft. Wenn der Sitz nicht beibehalten werden soll, kann ein entsprechender Beschluss mit dem Umwandlungsbeschluss verbunden werden.
- § 194 Abs. 1 UmwG verlangt weder die **Aufnahme der Satzung**/des Gesellschaftsvertrages des Zielrechtsträgers, noch die **Aufnahme der Kapitalausstattung** des Zielrechtsträgers in den Umwandlungsbeschluss; die Besonderen Vorschriften verlangen dies jedoch bei
  - **Formwechsel von Personenhandelsgesellschaften** gem. § 218 Abs. 1 UmwG, welche nur in die Rechtsform einer Kapitalgesellschaft oder einer eG formwechseln können;
  - **Formwechsel von einer Kapitalgesellschaft in** eine **Kapitalgesellschaft** anderer Rechtsform gem. §§ 243 Abs. 1, 218 Abs. 1 UmwG;
  - **Formwechsel von einer Kapitalgesellschaft in** eine **Personen- oder Partnerschaftsgesellschaft** gem. § 234 Ziffer 3 UmwG.

---

51 Vgl. auch *Lutter* § 194 Rn. 37.
52 *Meissner/Bron* geben in SteuK 2011, 69 den Hinweis, dass im Hinblick auf die teilweise in der Literatur vertretene Meinung eine Übertragung des Sonderbetriebsvermögens aus Vorsicht vor der Eintragung der Umwandlung (nach erfolgtem Umwandlungsbeschluss) erfolgen sollte; teilweise wird auch auf die Ausführungen des *BFH* vom 3.2.2010 – IV R 61/07 – verwiesen, welche zwar zum Formwechsel einer GmbH in eine KG ergingen, aber interessante Ausführungen zur Rückwirkungsfiktion enthalten. S.a. UmwSt-Erl Tz. 23.20 i.V.m. Tz. 25.01: Erfolgt eine Einbringung sowohl im Wege der Gesamtrechtsnachfolge als auch im Wege der Einzelrechtsnachfolge, beispielsweise bei einer Verschmelzung einer KG auf eine GmbH mit gleichzeitigem Übergang des Sonderbetriebsvermögens im Wege der Einzelrechtsnachfolge, so ist der Vorgang für Zwecke des § 23 Abs. 4 UmwStG einheitlich als Gesamtrechtsnachfolge zu beurteilen. Denn die §§ 20–23 UmwStG verstehen die Umwandlung einer Personengesellschaft in eine Kapitalgesellschaft oder Genossenschaft als einen einheitlichen Vorgang.

16 Aus **§ 194 UmwG** ergeben sich folgende **Mindestanforderungen** an den Umwandlungsbeschluss, der somit zu enthalten hat:

- **Nr. 1**: die **Bestimmung der Rechtsform** und indirekt somit die jeweiligen zu berücksichtigenden Gründungsvorschriften gem. § 197 S. 1 UmwG; der Wille zum Wechsel in eine neue Rechtsform muss ausreichend deutlich zum Ausdruck kommen, auch wenn die Rechtsform selbst ggf. nur in der im Umwandlungsbeschluss enthaltenen Satzung/dem Gesellschaftsvertrag genau enthalten ist.[53]
- **Nr. 2**: den **Namen oder die Firma des neuen Rechtsträgers**; § 200 UmwG enthält hinsichtlich der Zulässigkeit der Fortführung und Neubildung des Namens oder der Firma Sondervorschriften: der Rechtsträger neuer Rechtsform darf grundsätzlich seine bisher geführte Firma unter Berücksichtigung der Firmenwahrheit (z.B. Entfallen von Rechtsformzusätzen gem. § 200 Abs. 1 S. 2 UmwG) und der rechtsformspezifischen Vorgaben gem. § 200 Abs. 2 UmwG sowie des Schutzes des persönlichen Namensrechts gem. § 200 Abs. 2 und 3 UmwG fortführen. Firmenkontinuität liegt nur vor, wenn die Firma unverändert fortgeführt wird, bei Änderungen handelt es sich um eine Firmenneubildung, für welche die allgemeinen Vorschriften zu berücksichtigen sind.[54]
- **Nr. 3**: die **Beteiligung der Anteilsinhaber** des Ausgangsrechtsträgers **an dem Zielrechtsträger**, soweit deren Beteiligung nicht nach den Formwechselvorschriften (z.B. § 233 Abs. 3 S. 2 UmwG) entfällt; in dieser Vorschrift ist der tragende Grundsatz der Identitätswahrung für den Formwechsel verankert, vgl. oben Rn. 1.
- **Nr. 4**: Bestimmung von **Zahl, Art und Umfang der Anteile oder Mitgliedschaften am Zielrechtsträger**, somit die quantitativen und qualitativen Änderungen unter Wahrung des Identitätsgrundsatzes;[55] die **qualitative Änderung** ergibt sich aus der Art der Anteile, welche sich nach der Rechtsform des Zielrechtsträgers richtet und somit i.d.R. nicht detaillierter beschrieben werden muss;[56] stehen bei diesem verschiedene Arten zur Verfügung (z.B. AG) muss im Umwandlungsbeschluss eine eindeutige Bezeichnung der jeweiligen Art erfolgen. Bei Personengesellschaften ist der Grundsatz der Einheitlichkeit der Beteiligung zu beachten. Bei den Kapitalgesellschaften gelten gem. den Besonderen Vorschriften Sonderregeln für die einzuhaltenden Regeln über die Höhe der Nennbeträge (bei AG: §§ 243 Abs. 3, 263 Abs. 3, 276 Abs. 1, 294 Abs. 1 UmwG; bei GmbH: §§ 243 Abs. 3, 263 Abs. 1 und 3 S. 1, 276 Abs. 1 UmwG). Ein **nicht verhältniswahrender Formwechsel** ist im Gesetz zwar nicht ausdrücklich vorgesehen, aber auch nicht ausgeschlossen. Soweit eine Beteiligung am Rechtsträger neuer Rechtsform erhalten bleibt, ist eine beliebige Verschiebung der Beteiligungsquoten nach h.M. mit Zustimmung aller vorhandenen Anteilsinhaber denkbar.[57] Gerade im Hinblick auf die notarielle Tätigkeit

---

53 So im Ergebnis *Lutter* § 194 Rn. 4; *Kallmeyer* § 194 Rn. 13.
54 Vgl. *Lutter* § 200 Rn. 4.
55 Vgl. *Kallmeyer* § 194 Rn. 30 ff.
56 Detailliertere Angaben könnten sich z.B. aus einer gesellschaftsvertraglich/satzungsmäßig vorgesehenen Vinkulierung in Abweichung zur Regelung beim Ausgangsrechtsträger ergeben, vgl. *Sagasser* R Rn. 60; **a.A.** *Lutter* § 194 Rn. 14; darüber hinausgehende Erläuterungen sind Bestandteil des Umwandlungsberichts.
57 S.a. *Lutter* § 202 Rn. 15; HK-UmwG/*Quass* § 194 Rn. 18; so im Ergebnis auch *Widmann/Mayer* § 194 Rn. 17 ff., der jedoch in Rn. 17 nur auf die Zustimmung derjenigen Anteilsinhaber abstellt, die sich vermögensmäßig verschlechtern; dies ist m.E. wegen der möglichen Vermehrung von Gesellschafterpflichten i.V.m. der Erhöhung von Anteilen abzulehnen. Richtiger erscheint daher auf die Zustimmung aller betroffenen Anteilsinhaber abzustellen, vgl. *Schmitt/Hörtnagl/Stratz* § 202 Rn. 7.

erscheint mir jedoch der Hinweis von Vollrath wichtig, dass bei einer Verschiebung des Anteilsverhältnisses zumindest zwischen zwei Anteilsinhabern **ein Rechtsgrund** gegeben sein muss, das Beurkundungserfordernis des § 193 Abs. 3 UmwG sich hierauf jedoch nicht erstreckt.[58] Zu beachten bleiben jedoch Beurkundungserfordernisse aus dem Grundgeschäft selbst. Zur Klarstellung sowohl im Hinblick auf etwaige Formerfordernisse wie auch im Hinblick auf etwaige künftige Streitigkeiten zwischen den Anteilsinhabern ist daher die Aufnahme einer Feststellung in Bezug auf den Rechtsgrund zu empfehlen.[59] Zum Meinungsstand zur Zulässigkeit des Ausscheidens bzw. Beitritts eines Gesellschafters im Zuge des Formwechsels vgl. oben Rn. 4. Für den **Ausgleich von Spitzenbeträgen** für den Fall, dass eine exakte Abbildung der bisherigen Beteiligungsverhältnisse beim Zielrechtsträger wegen besonderer Vorschriften über Nennbeträge nicht möglich ist – was nach Inkrafttreten des MoMiG deutlich seltener der Fall sein wird –, finden sich in den Besonderen Vorschriften nur folgende Regelungen:

- für den Fall des Formwechsels bei einer eG oder von Vereinen in eine AG/KGaA bzw. für den Fall des Formwechsels einer VVaG in eine AG (Einräumung von Teilrechten);
- für den Fall des Formwechsels einer GmbH in eine AG gilt § 248 Abs. 1 UmwG i.V.m. §§ 73, 226 AktG (Zusammenlegungsverfahren und Kraftloserklärung);
- für den Fall des Formwechsels einer AG oder KGaA in eine GmbH gilt § 248 Abs. 2 UmwG i.V.m. § 226 Abs. 1 und 2 AktG (Zusammenlegungsverfahren und Kraftloserklärung).

Im Übrigen müssen, mangels entsprechender Sondervorschriften, die Korrekturen über die Einräumung gemeinschaftlicher Anteile für Spitzenbeträge oder über eine korrigierende Einstellung der Kapitalkonten bei formwechselnden Personenhandelsgesellschaften erfolgen. **Maßstab für die Beteiligung am Zielrechtsträger** ist nach h.M. der Stand der festen und variablen Kapitalkonten am Ausgangsrechtsträger.[60] Privatkonten werden bei der Zielkapitalgesellschaft zu Fremdkapital, was steuerlich dazu führen kann, dass diese ggf. als notwendige Betriebsgrundlage ebenfalls zusätzlich eingebracht werden müssen.[61] Beim Formwechsel in eine Personenhandelsgesellschaft muss insbesondere im Hinblick auf die Erfüllung der Voraussetzungen einer steuerlichen Buchwertfortführung gem. §§ 9, 3 Abs. 2 UmwStG genau bestimmt werden, auf welchen Konten des Gesellschafters der auf ihn entfallende Anteil am Ausgangsrechtsträger verbucht wird.[62] Bei allen Angaben

---

58 *Widmann/Mayer* § 194 Rn. 19: die für § 311b Abs. 1 BGB und § 15 Abs. 4 GmbHG geltenden Grundsätze sind nicht anzuwenden.

59 *Widmann/Mayer* § 194 Rn. 25; a.a.O. Rn. 20 ff. befindet sich eine Aufstellung verschiedener Möglichkeiten für den zugrunde liegenden Rechtsgrund.

60 Vgl. *Lutter* § 194 Rn. 11; nicht zulässig dürfte es sein, Eigenkapital des Ausgangsrechtsträgers, z.B. durch Umwandlung in Gesellschafterdarlehen, in Fremdkapital des Zielrechtsträgers „umzuwandeln".

61 In diesem Zusammenhang kann sich die Notwendigkeit einer mit dem Formwechsel zusätzlich zu verbindenden Kapitalerhöhung mit Sacheinlagen beim Zielrechtsträger ergeben, § 20 UmwStG; vgl. aber unten Muster Rn. 53 Fn. 156; s. zur Problematik bei Grundstücken, welche zum Sonderbetriebsvermögen gehören, *Mayer* ZEV 2005, 329; in der Praxis wird von der Finanzverwaltung die gleichzeitig beschlossene und zur Umsetzung gebrachte Sacheinbringung nach unserem Kenntnisstand als „gleichzeitige Einbringung" anerkannt, auch wenn der Registervollzug an verschiedenen Tagen erfolgt.

62 Insbesondere darf keine Gegenleistung gewährt werden, die nicht in Gesellschaftsrechten, z.B. Darlehensforderung, besteht; gute Ausführungen zu dieser Thematik im Rahmen des diesbezüglich vergleichbaren § 24 UmwStG finden sich bei *Rogall* DB 2007, 1215 ff.

nach Nr. 4 gilt, dass diese, soweit der Gesellschaftsvertrag oder die Satzung Bestandteil des Umwandlungsbeschlusses ist, auch durch Aufnahme in den Gesellschaftsvertrag/die Satzung vorgenommen werden können.

- **Nr. 5**: Die Regelung entspricht § 5 Abs. I Nr. 7 UmwG, insoweit kann auf die Erläuterungen im 3. Kap. Rn. 12 verwiesen werden. Beim Formwechsel in eine Rechtsform, bei welcher Publizität von Regelungen des Gesellschaftsvertrages außerhalb des Formwechselrechts nicht erforderlich und häufig auch nicht gewünscht ist, kann es zur Vermeidung der Publizität der einzuräumenden **Sonderrechte für einzelne Anteilsinhaber** sinnvoll sein, im Umwandlungsbeschluss eine vorläufige Fassung des Gesellschaftsvertrages zu beschließen und im Übrigen allgemein darauf zu verweisen, dass die Sonderrechte beim Zielrechtsträger fortbestehen, sofern dem Fortbestand nicht zwingende gesetzliche Regelungen entgegenstehen und dass im letzteren Fall gleichwertige Rechte zu gewähren sind.[63] Die Angabe muss jedoch dem Offenlegungsgebot, welches Nr. 5 beinhaltet, ausreichend Rechnung tragen.[64]

- **Nr. 6**: Im Falle der Mehrheitsumwandlung ist in den Umwandlungsbeschluss die Abgabe eines Barabfindungsangebots aufzunehmen, soweit nicht alle Anteilsinhaber hierauf verzichten; vgl. zu den Details nachstehend Rn. 19. Voraussetzung für einen Anspruch aus dem Barabfindungsangebot ist, dass der Anteilsinhaber gegen den Umwandlungsbeschluss Widerspruch zur Niederschrift erklärt hat, § 207 Abs. 1 S. 1 UmwG.

- **Nr. 7**: Die Regelung entspricht § 5 Abs. 1 Nr. 9 UmwG, insoweit kann auf die Erläuterungen im 3. Kap. Rn. 12 verwiesen werden. Im Falle des Formwechsels betreffen die anzugebenden Folgen aber im Wesentlichen die **Unternehmensmitbestimmung sowie die Haftungsverfassung**.[65] Es ist sehr strittig, ob beim Fehlen eines Betriebsrates auch keine Angaben nach Nr. 7 aufgenommen werden müssen, da diese Informationspflicht ausschließlich gegenüber dem Betriebsrat besteht;[66] vgl. zum Meinungsstand bei der Verschmelzung 3. Kap. Rn. 14.

---

63 Vgl. *Lutter* § 194 Rn. 19, ähnlich *Widmann/Mayer* § 194 Rn. 42; so kann beim Formwechsel einer AG in eine andere Rechtsform als die KGaA eine Aktienoption entweder durch das Zulassen einer vorzeitigen Ausübung oder durch eine Barabfindung kompensiert werden; vgl. *Lörcher* 158 f.

64 Vgl. *Kallmeyer* § 194 Rn. 38.

65 Vgl. *Widmann/Mayer* § 194 Rn. 47/48; HK-UmwG/*Quass* § 194 Rn. 27, 29.

66 So *Lutter* § 194 Rn. 31; *Widmann/Mayer* § 5 Rn. 202, die jedoch beide auf die andere noch h.M. hinweisen und im Hinblick darauf bis zur Klärung die Aufnahme von Angaben empfehlen; **a.A.** *Kallmeyer* § 194 Rn. 59, der zwischenzeitlich auch die in den Vorauflagen dieses Handbuchs vertretene vermittelnde Lösung vertritt, dass die Angabepflicht bei Fehlen von Arbeitnehmern entfällt, da auch für die Anteilsinhaber die Frage der Folgen des Umwandlungsvorgangs für die Arbeitnehmer ein Entscheidungskriterium sein kann, insbesondere auch bei einem Umwandlungsvorgang, welcher haftungsrechtliche Folgen für den Anteilsinhaber hat; für die vollständige Abschaffung von § 194 Abs. 1 S. 7 UmwG plädiert Stratz in *Schmitt/Hörtnagl/Stratz* § 194 Rn. 10.

Folgende **rechtsformspezifischen Besonderheiten** sind beim Formwechsel bei der **17** Erstellung des Umwandlungsbeschlusses bezogen auf die in der Praxis wichtigsten Rechtsformen zu beachten:[67]

Ausgangsrechtsträger	Zielrechtsträger	Inhaltliche Besonderheit	Besonderheiten für Kapitalschutz	Sonstige Besonderheiten
alle §§-Angaben beziehen sich auf das UmwG				
Personenhandelsgesellschaften	Kapitalgesellschaft	Feststellung des Gesellschaftsvertrages/der Satzung, § 218 Abs. 1; bei KGaA Beteiligung oder Beitritt von mind. einem phG, § 218 Abs. 2.	Der Nennbetrag der Kapitalausstattung des Zielrechtsträgers muss durch das Reinvermögen (Zeitwert[68]:) der formwechselnden Gesellschaft gedeckt sein,[69] § 220 Abs. 1; eine Mischung zwischen Formwechsel und Bargründung zum Zweck des Ausgleichs einer materiellen Unterbilanz ist unzulässig.[70]	Gem. § 197 S. 2 ist das Gründungsrecht für die Bildung und Zusammensetzung des ersten Aufsichtsrates nicht anzuwenden, daher gelten, soweit nicht § 203 greift, die allgemeinen Vorschriften der §§ 95 ff. AktG. Der Gesetzgeber hat nunmehr jedoch klargestellt, dass beim Formwechsel in die AG § 31

---

67 Weitere rechtsformspezifische Besonderheiten vgl. nachstehend 5. Kap. Rn. 18 zum Umwandlungsbericht, 5. Kap. Rn. 25 zu den erforderlichen Mehrheiten, 5. Kap. Rn. 28 zur Registeranmeldung.

68 Vgl. *Widmann/Mayer* § 220 Rn. 16 ff.: eine Anknüpfung an das Handelsbilanzrecht und somit an die Buchwerte ist im Hinblick auf die Identitätshypothese abzulehnen; so im Ergebnis auch *Lutter* § 220 Rn. 10 ff., der m.E. den dogmatisch sauberen Begründungsansatz liefert, dass der Formwechsel als Sachgründung und damit nach den Grundsätzen für die Bewertung von Sacheinlagen und nicht nach den Grundsätzen des § 30 Abs. 1 GmbHG, die der Sicherung des Kapitalerhalts dienen, zu behandeln ist; beide stellen hierbei auf den Eingang der Anmeldung des Formwechsels beim Handelsregister als maßgeblichem Zeitpunkt ab; so im Ergebnis auch *Schmitt/Hörtnagl/Stratz* § 220 Rn. 6.

69 Eine nur formelle Unterbilanz ist daher für die Kapitaldeckung unschädlich, eine materielle Unterbilanz hindert die Durchführung des Formwechsels. Im Falle der formellen Unterbilanz muss ein Buchverlust ausgewiesen werden, welcher vorrangig aus künftigen Gewinnen zu tilgen ist (str.) oder als Sonderposten gem. § 265 Abs. 5 S. 2 HGB (h.M. vgl. u.a. *Schmitt/Hörtnagl/Stratz* § 220 Rn. 11 und *Kallmeyer* § 220 Rn. 10) zu bilanzieren ist. In beiden Fällen besteht somit eine Ausschüttungssperre; vgl. *Widmann/Mayer* § 197 Rn. 38, § 220 Rn. 27 m.w.N.

70 Str., wie hier: *Widmann/Mayer* § 220 Rn. 30; *Lutter* § 220 Rn. 16; damit ist insbesondere keine Teileinzahlung nach Bargründungsvorschriften möglich; beim Ausgangsrechtsträger sind zusätzliche Einlagen/Zuschüsse der Gesellschafter vor dem Formwechsel selbstverständlich möglich; **a.A. (Zulässigkeit der Kombination mit Bargründung)**: *K. Schmidt* ZIP 1995, 1385, 1389; *Priester* FS Zöllner S. 466, *Schmitt/Hörtnagl/Stratz* § 220 Rn. 3 m.w.N., *Semler/Stengel* § 220 Rn. 17.

Ausgangsrechts-träger	Zielrechtsträger	Inhaltliche Besonderheit	Besonderheiten für Kapital-schutz	Sonstige Besonderheiten
				AktG anwendbar ist.[71] Nach wohl h.M. gilt die zweijährige cooling-off Periode für Aufsichtsrats-mitglieder bei börsennotier-ten Gesellschaften gem. § 100 Abs. 2 S. 1 Nr. 4 AktG auch für alle Leitungs- und Geschäftsführungsorgane des Ausgangsrechtsträ-gers.[72] Nach wohl h.M. ist § 113 Abs. 2 AktG auf die Vergütung des ersten Auf-sichtsrats anzuwenden.
Kapitalgesell-schaft	Personengesell-schaft	Bestimmung des Sitzes; bei Formwechsel in KG Angabe der Kommandi-tisten und der Hafteinlage, § 234 Nr. 1 und 2. Feststellung des Gesell-schaftsvertrages gem. § 234 Nr. 3		Bei formwechselnder AG: Unbekannte Aktionäre sind im Umwandlungsbe-schluss durch die Angabe des insgesamt auf sie ent-fallenden Teils des Grund-kapitals und der auf sie durch den Formwechsel entfallenden Anteile zu bezeichnen, §§ 213, 35.[73] Der Umwandlungsbericht kann gem. § 230 Abs. 2 mit Einwilligung der Aktio-näre bzw. des von der Geschäftsführung ausge-schlossenen phG elektro-nisch übermittelt werden.

---

71 Damit steht eine noch etwa ausstehende Wahl der Aufsichtsratsmitglieder der Arbeitnehmer dem Formwechsel nicht entgegen. Zu den erheblichen praktischen Schwierigkeiten vgl. *Widmann/Mayer* § 197 Rn. 163, 164; im Übrigen ist zu beachten, dass die Wahl des Aufsichtsrates erst nach Entstehung einer Vor-AG möglich ist, d.h. falls der Umwandlungsbeschluss zu seiner Wirksamkeit noch weiterer Zustimmungserklärungen bedarf, ist die Bestellung aufschiebend bedingt durch die Wirksamkeit des Umwandlungsbeschlusses zu fassen; vgl. *Widmann/Mayer* § 197 Rn. 170.

72 Gute Darstellung zu diesem Thema in *Schulenburg/Brosius* BB 2010, 3039 ff. m.w.N.

73 Zu beachten ist, dass dies nur zulässig ist, soweit die Anteile der unbekannten Aktionäre zusam-men 5 % des Grundkapitals des Ausgangsrechtsträgers nicht überschreiten, § 35 UmwG.

Ausgangsrechts- träger	Zielrechtsträger	Inhaltliche Besonderheit	Besonderheiten für Kapital- schutz	Sonstige Besonderheiten
Kapitalgesell- schaft	Kapitalgesell- schaft	Feststellung des Gesellschafts- vertrages bzw. der Satzung unter Über- nahme von Sonderbe- stimmungen zur Kapitalaufbrin- gung, §§ 243, 218; bei Form- wechsel in KGaA Beteili- gung oder Bei- tritt von mind. einem phG, §§ 243, 218 Abs. 2.	Siehe hierzu die Tabelle Rn. 18.	Die Gründer sind in der Niederschrift des Umwandlungsbeschlusses gem. § 244 Abs. 1 nament- lich aufzuführen. Bei formwechselnder AG: Unbekannte Aktionäre sind im Umwandlungsbe- schluss durch die Angabe des insgesamt auf sie ent- fallenden
				Teils des Grundkapitals und der auf sie durch den Formwechsel entfallenden Anteile zu bezeichnen, §§ 213, 35. Wegen der zu bildenden Anteile am Zielrechtsträ- ger gilt • für den Fall des Form- wechsels einer GmbH in eine AG § 248 Abs. 1 i.V.m. §§ 73, 226 AktG (Zusam- menlegungsverfahren und Kraftloserklärung); • für den Fall des Form- wechsels einer AG oder KGaA in eine GmbH § 248 Abs. 2 i.V.m. § 226 Abs. 1 und 2 AktG (Zusammenlegungsverfah- ren und Kraftloserklärung) • Bei Formwechsel in AG: zum ersten Aufsichtsrat vgl. oben Tabelle zum Formwechsel PersonenG in KapitalG. Gem. § 245 Abs. 1 S. 3 sind die Nach- gründungsvorschriften des § 52 AktG nicht anzuwen- den bei einer GmbH als Ausgangsrechtsträger, die vor dem Wirksamwerden des Formwechsels bereits länger als 2 Jahre eingetra- gen war.

Mit Einführung des § 234 Nr. 3 UmwG wurde nunmehr auch beim Formwechsel in eine Personengesellschaft der **Gesellschaftsvertrag zum zwingenden Bestandteil des Umwandlungsbeschlusses**. Damit kann ohne Zweifel in Zukunft mit der in § 233 Abs. 2 UmwG vorgesehenen Dreiviertelmehrheit der Gesellschaftsvertrag festgelegt werden. Minderheitsgesellschafter müssen die damit verbundenen Veränderungen ihres Status in der Regel rechtsformbedingt hinnehmen.[74]

18 Für das **Kapitalaufbringungsgebot beim Formwechsel von Kapitalgesellschaften in eine Kapitalgesellschaft anderer Rechtsform** gilt § 245 UmwG, dessen Abfassung leicht verunglückt ist, vgl. hierzu bereits die Ausführungen zur Gründerhaftung in Rn. 11. Die nachstehende Aufstellung soll einen Überblick darüber schaffen, welche Kapitalschutzvorschriften jeweils Anwendung finden:

a) Ausgangs-rechtsform b) Zielrechtsform	Gründerstellung	Deckung des Nennkapitals gem. § 220 Abs. 1 UmwG[75]	(Sach-) Grün-dungsbericht, § 220 Abs. 2 UmwG	Gründungsprü-fung gem. § 220 Abs. 3 UmwG
a) GmbH b) AG	Zustimmende Gesellschafter, § 245 Abs. 1 S. 1 UmwG, auch, wenn Zustim-mung außerhalb der Versammlung abgegeben wird.[76]	Es gilt das Gebot der Reinvermö-gensdeckung gem. § 220 UmwG.[77]	Auf den Grün-dungsbericht ist § 32 AktG gem. § 197 UmwG anzuwenden; er ist	Eine Gründungs-prüfung ist in den Fällen des Form-wechsels in eine AG/KGaA immer
a) GmbH b) KGaA	Zustimmende Gesellschafter und beitretende phG § 245 Abs. 1 S. 1 UmwG.		vom Umwand-lungsbericht zu unterscheiden;[78] ergänzend gilt § 220 Abs. 2 UmwG; der Gründungsbericht ist von den Grün-dern abzugeben (höchstpersönlich und schriftlich).	Erforderlich;[79] die Gründungsprü-fung hat gem. §§ 33, 34 AktG durch sämtliche Mitglieder des Vorstands und des Aufsichtsrats wie auch einen externen Grün-dungsprüfer zu erfolgen.
a) KGaA b) AG	PhG des Aus-gangsrechtsträ-gers, § 245 Abs. 3 S. 1 UmwG.	Es gilt das Gebot der Reinvermö-gensdeckung gem. § 220 Abs. 1 UmwG.[80]		
a) AG b) KGaA	PhG des Ziel-rechtsträgers, § 245 Abs. 2 S. 1 UmwG.			

---

74 Vgl. hierzu mit sehr instruktiven Ausführungen zum Personengesellschaftsrecht *BGH* NZG 2005, 724 ff.

75 Vgl. hierzu die Erläuterungen oben Fn. 69 zu 5. Kap. Rn. 17.

76 Vgl. *Schmitt/Hörtnagl/Stratz* § 245 Rn. 3, *Widmann/Mayer* § 245 Rn. 28 f.

77 H.M. der Lit. so u.a. *Widmann/Mayer* § 245 Rn. 49 ff. m.w.N., der zwar die Begründetheit der Forde-rung für einen Verzicht auf die Reinvermögensdeckung zugesteht, aber den eindeutigen Wortlaut des Gesetzes entgegensteht. **A.A.** *Lutter* § 245 Rn. 13 (2. Auflage), der jedoch zugesteht, dass es sich um eine Mindermeinung handelt; *Lutter* § 245 Rn. 12 (3. und 4. Auflage) lässt den Meinungs-streit offen unter Verweis auf die fehlende Praxisrelevanz wegen der Möglichkeit zur vereinfachten Kapi-talherabsetzung zum Ausgleich der materiellen Unterbilanz bei der formwechselnden GmbH.

78 In *Widmann/Mayer* § 245 Rn. 63 wird die Formel verwendet: der Umwandlungsbericht dient der Vorbereitung und Information im Vorfeld der Umwandlung, während der Gründungsbericht in ers-ter Linie über den Vorgang des Formwechsels informieren soll.

79 Auch hiergegen werden in der Literatur Bedenken gegen die Sinnhaftigkeit erhoben, aber der Gesetzeswortlaut ist eindeutig, vgl. u.a. *Widmann/Mayer* § 245 Rn. 80 f.; teilweise wird eine sachge-rechte inhaltliche Eingrenzung gefordert, so u.a. *Schmitt/Hörtnagl/Stratz* § 197 Rn. 26.

80 Vgl. Fn. 77 zu Rn. 18.

a) Ausgangs- rechtsform b) Zielrechtsform	Gründerstellung	Deckung des Nennkapitals gem. § 220 Abs. 1 UmwG[81]	(Sach-) Grün- dungsbericht, § 220 Abs. 2 UmwG	Gründungsprü- fung gem. § 220 Abs. 3 UmwG
a) AG/KGaA b) GmbH	Keine ausdrückli- che Regelung im Gesetz; nach h.M. wegen fehlender Bedeutung der Gründerstellung im GmbHG und Nichterforderlich- keit eines Sach- gründungsbe- richts.	Da in § 245 Abs. 4 UmwG nicht auf § 220 Abs. 1 UmwG verwiesen wird, kein Erfor- dernis der Rein- vermögensde- ckung, somit Möglichkeit der formwechselnden Umwandlung einer AG/KGaA mit materieller Unterbilanz, vgl. oben Rn. 17 Fn. 69	Nicht erforderlich § 245 Abs. 4 UmwG.	Nicht erforder- lich; die Prüfung der Umwandlung erfolgt nur durch das Registerge- richt.

Das **Abfindungsangebot nach § 207 UmwG** besteht im Grundsatz für alle Fälle des **19** Formwechsels, jedoch muss § 207 UmwG zum einen in der **Zusammenschau mit § 194 Abs. 1 Nr. 6 UmwG** sowie mit den Ausnahmen bei den Besonderen Vorschriften des Formwechselrechts gelesen werden.[82] Hieraus ergeben sich folgende Verpflichtungen des formwechselnden Rechtsträgers zum Barabfindungsangebot:

- Das **Barabfindungsangebot** ist **nicht erforderlich**
  - bei einem Formwechsel einer AG in eine KGaA und umgekehrt gem. § 250 UmwG;
  - bei einem Formwechsel eines nach § 5 Abs. 1 Nr. 9 KStG von der Körperschaft- steuer befreiten rechtsfähigen Vereins gem. § 282 Abs. 2 UmwG;
  - bei einem Formwechsel von Körperschaften und Anstalten des öffentlichen Rechts gem. § 302 S. 2 UmwG;
  - bei einem Formwechsel einer KGaA auf die Abfindung des persönlich haftenden Gesellschafters gem. § 227 UmwG;
  - in den Fällen des § 194 Abs. 1 Nr. 6 UmwG, somit
    - wenn eine einstimmige Beschlussfassung erforderlich ist, somit
    - bei einem Formwechsel einer Kapitalgesellschaft in eine GbR oder OHG gem. § 233 Abs. 1 UmwG;
    - bei einem Formwechsel einer Personenhandelsgesellschaft, wenn der Gesell- schaftsvertrag für den Formwechsel keine hinreichend bestimmte Mehrheits- entscheidung vorsieht gem. § 217 Abs. 1 S. 1 UmwG;

---

81 Vgl. hierzu die Erläuterungen oben Fn. 69 zu 5. Kap. Rn. 17.
82 Zu unterscheiden ist das Barabfindungsangebot von dem ggf. bestehenden Recht eines benachtei- ligten Anteilsinhabers bare Zuzahlungen gem. § 196 verlangen zu können; sehr instruktiv hierzu *OLG Stuttgart* vom 19.3.2008, NZG 2008, 670 = LSK 2008, 290646 insbesondere unter Erläuterung des Unterschieds, dass eine bare Zuzahlung nach § 196 nur gewährt werden kann, wenn dem betref- fenden Anteilsinhaber auf Grund des Formwechsels eine individuelle Benachteiligung entsteht; etwaige durch den Formwechsel für alle Anteilsinhaber gleichmäßig eintretende Nachteile werden hingegen (ausschließlich) durch die Barabfindungsregelung in § 207 erfasst.

- wenn das Zustimmungserfordernis aller Gesellschafter sich aus der Satzung/ dem Gesellschaftsvertrag ergibt;[83]
- wenn über § 193 Abs. 2 UmwG sich die Zustimmungspflicht aller Gesellschafter aus einer Vinkulierungsklausel im Gesellschaftsvertrag/Satzung ergibt, in welcher die Zustimmung aller Gesellschafter zur Abtretung von Anteilen vorgesehen ist;[84]

  wenn an dem formwechselnden Ausgangsrechtsträger nur ein Anteilsinhaber beteiligt ist.

- **Auf das Barabfindungsangebot kann** nach h.M.[85] **verzichtet werden**, auch wenn dies in § 208 UmwG nicht ausdrücklich erwähnt ist; vgl. hierzu die entsprechenden Ausführungen im Falle der Verschmelzung oben 3. Kap. Rn. 22. Der Verzicht muss nach ganz überwiegender Meinung[86] entspr. der Verzichtserklärung in § 30 Abs. 2 UmwG notariell beurkundet werden.

- In allen anderen Fällen muss der übertragende Rechtsträger den ausscheidewilligen Anteilsinhabern ein Barabfindungsangebot unterbreiten; dies erfolgt i.d.R. durch **Übersendung des Angebots an die Anteilsinhaber** zusammen mit der Einberufung der Gesellschafterversammlung, die über den Formwechsel beschließt, §§ 216, 231, 251 UmwG. Da das Barabfindungsangebot gem. § 194 Abs. 1 Nr. 6 UmwG zwingend Inhalt des Umwandlungsbeschlusses sein muss, ist dieses auch Bestandteil des Umwandlungsberichtes, der ebenfalls an die Anteilsinhaber gerichtet ist, sowie des Entwurfs des Umwandlungsbeschlusses, welcher dem Betriebsrat gem. § 194 Abs. 2 UmwG zuzuleiten ist, und zwar bereits mit der konkreten Höhe der angebotenen Barabfindung.[87] Bei einer formwechselnden AG unterliegt das Barabfindungsangebot der Bekanntmachungspflicht des § 124 Abs. 1 AktG, so dass über abweichende Anträge in der Hauptversammlung ohne vorherige Bekanntmachung nur abgestimmt werden darf, wenn durch die beantragte materielle Änderung keine Änderung des wirtschaftlichen Ergebnisses erfolgt und der betroffene Aktionär durch die beantragte Änderung nicht wirtschaftlich benachteiligt wird.[88]

20 Das Barabfindungsangebot hat **angemessen** zu sein und ist nach den §§ 208, 30 UmwG grundsätzlich von einem vom formwechselnden Rechtsträger oder auf dessen Antrag vom Registergericht bestellten **Umwandlungsprüfer** zu prüfen. Hinsichtlich Prüfung und Bewertung wird auf die Ausführungen im 3. Kap. Rn. 22 ff. verwiesen.

---

83 Vgl. *Kallmeyer* § 207 Rn. 10; *Lutter* § 194 Rn. 21; abzulehnen ist jedoch die Meinung in *Sagasser* R Rn. 66 f., dass ein Abfindungsangebot auch dann entfällt, wenn faktisch durch eine Sperrminorität ebenfalls die Zustimmungspflicht aller Gesellschafter gegeben ist.

84 Vgl. *Kallmeyer* § 207 Rn. 10; *Lutter* § 207 Rn. 4; dem kann nur dann gefolgt werden, wenn man die Anwendung von § 193 Abs. 2 UmwG auch auf die Vinkulierungsklauseln, welche Zustimmung aller Gesellschafter vorsehen, bejaht, so *Lutter* § 193 Rn. 15; dort wird darauf hingewiesen, dass eine Satzungsklausel, wonach die Abtretung von Geschäftsanteilen eines einstimmigen Gesellschafterbeschlusses bedarf, nur dann von § 193 Abs. 2 UmwG erfasst sein kann, wenn es eines einstimmigen Beschlusses mit allen vorhandenen (nicht: abgegebenen) Stimmen bedarf; a.a.O. m.w.N.

85 *Lutter* § 207 Rn. 22; *Kallmeyer* § 207 Rn. 45; *Widmann/Mayer* § 207 Rn. 33 ff. mit guter Darstellung der Unterscheidung zwischen dem Verzicht auf ein Abfindungsangebot und dem Verzicht auf die Rechte aus dem Angebot und daraus resultierender Gestaltungsmöglichkeiten.

86 So *Lutter* a.a.O.; *Kallmeyer* a.a.O., nun auch *Widmann/Mayer* a.a.O. Rn. 34.

87 Vgl. *Lutter* § 207 Rn. 6.

88 *LG München I* Urteil vom 24.9.2009 – 5 HK O 5697/09 –, BeckRS 2009, 28053.

Der Entwurf des Umwandlungsbeschlusses ist gem. § 194 Abs. 2 UmwG dem **Betriebs-** **21** **rat** zuzuleiten. Diese Vorschrift entspricht § 5 Abs. 3 UmwG, weshalb auf die Erläuterungen im 3. Kap. Rn. 12 verwiesen werden kann.

III. Der Umwandlungsbericht

Der Umwandlungsbericht besteht nach dem Gesetzeswortlaut des § 192 UmwG aus **22** zwei Teilen: dem **Erläuterungs- und Begründungsteil** und dem **Entwurf des Umwandlungsbeschlusses**. Der Bericht sollte sich an der Rechtsprechung und Literatur zum Verschmelzungsbericht gem. § 340a AktG a.F. orientieren.[89] Der Umwandlungsbericht dient unmittelbar zunächst dem Schutz der Anteilsinhaber. In § 230 Abs. 2 UmwG ist nunmehr vorgesehen, dass bei einem Formwechsel einer Aktiengesellschaft oder einer Kommanditgesellschaft auf Aktien in eine Personengesellschaft die Verpflichtung zur Auslegung des Umwandlungsberichts in den Geschäftsräumen der Gesellschaft ersetzt werden kann durch Zugänglichmachung über die Internetseite der Gesellschaft bzw. durch elektronische Übermittlung, letzteres soweit der Anteilsinhaber seine Einwilligung hierzu – ggf. auch in der Satzung – abgegeben hat. Er ist daher auch gem. § 192 Abs. 2 UmwG verzichtbar. Neben den Erwägungen, die für die Durchführung des Formwechsels sprechen, sind insbesondere die qualitativen Veränderungen der Anteile, vgl. hierzu die Erläuterungen zu § 194 Abs. 1 Nr. 4 UmwG in Rn. 16, ergänzend zum Inhalt des Umwandlungsbeschlusses zu erläutern.

Die **Vermögensaufstellung** gem. § 192 Abs. 2 UmwG (a.F.) ist vom Gesetzgeber ersatz- **23** los gestrichen worden. Da durch die Vermögensaufstellung weder die Unternehmensbewertung für die Bemessung einer Barabfindung noch der Werthaltigkeitsnachweis im Rahmen der Gründungsvorschriften erbracht werden kann, hat der Gesetzgeber die Vermögensaufstellung für unnötig erachtet.[90]

IV. Die Beschlussfassung

Die Beschlussfassung der Anteilsinhaber hat gem. § 193 Abs. 1 UmwG zwingend in **24** einer **Gesellschafterversammlung** zu erfolgen. Außerhalb der Versammlung abgegebene Zustimmungserklärungen sind unbeachtlich,[91] soweit es sich nicht um gesondert vom Gesetz geforderte Zustimmungserklärungen handelt. Sowohl der Umwandlungsbeschluss selbst als auch alle nach den §§ 190 ff. UmwG erforderlichen Zustimmungserklärungen einzelner Anteilsinhaber bedürfen gem. § 193 Abs. 3 UmwG der notariellen Beurkundung. Zulässig ist jedoch die Vertretung durch Bevollmächtigte, hinsichtlich der Form der Vollmacht vgl. 2. Kap. Rn. 11. Die Zulässigkeit des Handelns eines Vertreters ohne Vertretungsmacht ist strittig, vgl. hierzu 3. Kap. Rn. 6 m.w.N., nach der in diesem Handbuch vertretenen Auffassung bei der Beschlussfassung aber grundsätzlich zu bejahen.

Im Fünften Buch des UmwG sind die für den Umwandlungsbeschluss **erforderlichen** **25** **Mehrheiten** in den Besonderen Vorschriften enthalten. Weiter gibt es verschiedene

---

89 *Sagasser* R Rn. 31 f.
90 Vgl. hierzu Gesetzesbegründung BT-Drs. 16/2919, 19.
91 *Lutter* § 193 Rn. 3 m.w.N.; HK-UmwG/*Quass* § 193 Rn. 4; *Kallmeyer* § 193 Rn. 8.

Zustimmungserfordernisse, die sowohl in den Allgemeinen Vorschriften als auch in den Besonderen Vorschriften enthalten sind. Da der Umwandlungsbeschluss nach h.M. eine Doppelnatur hat, d.h. satzungsändernden und formwechselnden Charakter hat, sind außerdem **alle gesetzlichen und statuarischen Anforderungen für Satzungsänderungen** zu beachten. Nachfolgend eine Übersicht für die erforderlichen Mehrheiten bei den in der Praxis am häufigsten vorkommenden Rechtsträgern sowie die weiteren Zustimmungserfordernisse:

Rechtsform des Ausgangsrechtsträgers	Mehrheitserfordernis für Umwandlungsbeschluss	Abweichende Satzungs-/Gesellschaftsvertragsregelung möglich	Weitere Zustimmungserfordernisse (Form § 193 Abs. 3 UmwG = notarielle Beurkundung)
Kapitalgesellschaft (GmbH und AG)	**Umw. in GbR, OHG, PartG:** **§ 233 Abs. 1 UmwG:** Zustimmung aller bei der GV/HV anwesenden Gesellschafter/ Aktionäre; keine Mindestanwesenheit erforderlich[92] (auch die nicht Stimmberechtigten).	–	• Zustimmung aller in der GV/HV nicht anwesenden Gesellschafter/Aktionäre (auch die nicht Stimmberechtigten), § 233 Abs. 1 S. 2 UmwG; dies gilt auch für vollmachtlos Vertretene.[93]
	Umw. in KG: **§ 233 Abs. 2 UmwG:** Grundsätzlich qualifizierte Mehrheit von drei Viertel des bei der Beschlussfassung vertretenen Grundkapitals (AG) oder von drei Viertel der abgegebenen Stimmen (GmbH) (nur Stimmberechtigte); bei verschiedenen Aktiengattungen zusätzlich Sonderbeschluss der stimmberechtigten Aktionäre jeder Gattung erforderlich, § 65 Abs. 2 UmwG.	Ja, jedoch nur Vergrößerung der erforderlichen Mehrheiten und Schaffung weiterer Erfordernisse zulässig, § 233 Abs. 2 S. 2 UmwG; eine in der Satzung vorgesehene Vergrößerung der Mehrheit für Satzungsänderungen ohne ausdrückliche Erwähnung der Umwandlung führt ebenfalls nach h.M. zu einer Vergrößerung der erforderlichen Mehrheit.[94]	• Zustimmung der Gesellschafter der formwechselnden GmbH erforderlich, deren Minderheitenrechte oder Sonderrechte in Bezug auf die Geschäftsführung beeinträchtigt werden, § 50 Abs. 2 GmbHG (unabhängig vom Stimmrecht); • Zustimmung der Aktionäre/Gesellschafter einer formwechselnden AG/GmbH erforderlich, welche die Stellung eines persönlich haftenden Gesellschafters haben sollen, § 233 Abs. 2 S. 3 UmwG (unabhängig vom Stimmrecht).

---

92 Vgl. *Lutter* § 233 Rn. 5; *Widmann/Mayer* § 193 Rn. 20.

93 *Kallmeyer* § 233 Rn. 2; *Lutter* § 233 Rn. 6; nach allg. Auffassung kann die Zustimmung vor oder nach dem Umwandlungsbeschluss erteilt werden, vgl. *Kallmeyer* § 233 Rn. 2; *Lutter* § 233 Rn. 10.

94 *Lutter* § 233 Rn. 20 m.w.N. unter Verweis auf den stärkeren Eingriff in das Organisationsstatut durch den Formwechsel als bei der einfachen Satzungsänderung; s.a. *Widmann/Mayer* § 65 Rn. 10; für die erforderliche Auslegung im Einzelfall *Schmitt/Hörtnagl/Stratz* § 233 Rn. 3 i.V.m. § 50 Rn. 7 und § 65 Rn. 12 m.w.N. und *Semler/Stengel* § 65 Rn. 15.

Rechtsform des Ausgangsrechtsträgers	Mehrheitserfordernis für Umwandlungsbeschluss	Abweichende Satzungs-/Gesellschaftsvertragsregelung möglich	Weitere Zustimmungserfordernisse (Form § 193 Abs. 3 UmwG = notarielle Beurkundung)
	Umw. in AG/GmbH: § 240 Abs. 1 UmwG: Grundsätzlich qualifizierte Mehrheit von drei Viertel des bei der Beschlussfassung vertretenen Grundkapitals (AG) oder von drei Viertel der abgegebenen Stimmen (GmbH) (nur Stimmberechtigte); bei verschiedenen Aktiengattungen zusätzlich Sonderbeschluss der stimmberechtigten Aktionäre jeder Gattung erforderlich, § 65 Abs. 2 UmwG.	Ja, jedoch nur Vergrößerung der erforderlichen Mehrheiten und Schaffung weiterer Erfordernisse zulässig, § 240 Abs. 1 2 UmwG; eine in der Satzung vorgesehene Vergrößerung der Mehrheit für Satzungsänderungen ohne ausdrückliche Erwähnung der Umwandlung führt ebenfalls nach h.M. zu einer Vergrößerung der erforderlichen Mehrheit.[95]	**Formwechsel einer GmbH:** • Zustimmung der Gesellschafter der formwechselnden GmbH erforderlich, deren Aktien in der Satzung der Ziel-AG auf einen höheren Mindestnennbetrag nach § 8 Abs. 2 od. Abs. 3 AktG und abweichend vom Nennbetrag ihres Geschäftsanteils am Ausgangsrechtsträger gestellt werden, § 241 Abs. 1 UmwG. • Zustimmung der Gesellschafter der formwechselnden GmbH erforderlich, deren Minderheitenrechte oder Sonderrechte in Bezug auf die Geschäftsführung beeinträchtigt werden, § 50 Abs. 2 GmbHG (unabhängig vom Stimmrecht), § 241 Abs. 2 UmwG; • Sind einzelnen Gesellschaftern einer formwechselnden GmbH außer der Leistung von Kapitaleinlagen noch andere Verpflichtungen gegenüber der Gesellschaft auferlegt und können diese gem. § 55 AktG nicht aufrecht erhalten werden, ist die Zustimmung dieser Gesellschafter erforderlich, § 241 Abs. 3 UmwG.

---

95 *Lutter* § 240 Rn. 3 f. unter Bezug auf § 233 Rn. 20 m.w.N. unter Verweis auf den stärkeren Eingriff in das Organisationsstatut durch den Formwechsel als bei der einfachen Satzungsänderung.

Rechtsform des Ausgangsrechtsträgers	Mehrheitserfordernis für Umwandlungsbeschluss	Abweichende Satzungs-/Gesellschaftsvertragsregelung möglich	Weitere Zustimmungserfordernisse (Form § 193 Abs. 3 UmwG = notarielle Beurkundung)
			Formwechsel einer AG: Zustimmung des Aktionärs einer formwechselnden AG, dessen Geschäftsanteil an der Ziel-GmbH im Nennbetrag abweichend vom Betrag seiner Aktien und nicht bedingt durch § 243 Abs. 3 S. 2 UmwG festgesetzt wird, soweit er sich nicht mit seinem gesamten Anteil beteiligen kann, § 242 UmwG.
Personengesellschaften, Partnerschaftsgesellschaften	Grundsätzlich müssen dem Verschmelzungsbeschluss alle an der Gesellschafterversammlung teilnehmenden und alle nicht erschienenen Gesellschafter zustimmen, §§ 217 Abs. 1, 225c UmwG. Erforderlich ist auch die Zustimmung derjenigen Gesellschafter, deren Stimmrecht im Gesellschaftsvertrag ausgeschlossen ist.[96]	Ja, jedoch darf die erforderliche Mehrheit nach Gesellschaftsvertrag die Untergrenze von ¾ der abgegebenen Stimmen nicht unterschreiten, §§ 217 Abs. 1 S. 2, 225c UmwG; sieht der Gesellschaftsvertrag für Vertragsänderungen besondere Erfordernisse vor, gelten diese nur bei Erfüllung des Bestimmtheitsgrundsatzes auch für den Formwechsel.[97]	• Dem Formwechsel in eine KGaA müssen alle Gesellschafter zustimmen, die in dieser Gesellschaft die Stellung eines persönlich haftenden Gesellschafters haben sollen, §§ 217 Abs. 3, 225c UmwG; • Zustimmung aller in der GV nicht anwesenden Gesellschafter (auch die nicht Stimmberechtigten), §§ 217 Abs. 1, 225c UmwG; dies gilt auch für vollmachtlos Vertretene.[98]

---

96 *Lutter* § 43 Rn. 11; *Widmann/Mayer* § 43 Rn. 81; *Schmitt/Hörtnagl/Stratz* § 43 Rn. 5.

97 *Lutter* § 217 Rn. 11 ff., der eher eine ausdrückliche Bezeichnung der Umwandlung und der Umwandlungsart im Gesellschaftsvertrag fordert.

98 In entspr. Übertragung von *Kallmeyer* § 233 Rn. 2; *Lutter* § 233 Rn. 6; nach allg. Auffassung kann die Zustimmung vor oder nach dem Umwandlungsbeschluss erteilt werden, vgl. *Kallmeyer* § 217 Rn. 3; *Lutter* § 217 Rn. 3.

Rechtsform des Ausgangsrechtsträgers	Mehrheitserfordernis für Umwandlungsbeschluss	Abweichende Satzungs-/Gesellschaftsvertragsregelung möglich	Weitere Zustimmungserfordernisse (Form § 193 Abs. 3 UmwG = notarielle Beurkundung)
Unabhängig von der Rechtsform			• Falls bestimmten Anteilsinhabern als gesellschaftsrechtliches Sonderrecht zusteht, dass Anteilsübertragungen nur mit ihrer Zustimmung wirksam werden, müssen diese Gesellschafter dem Formwechsel dieses Rechtsträgers zustimmen, § 193 Abs. 2 UmwG; gilt nicht, wenn Übertragung von der Zustimmung des Rechtsträgers abhängig ist oder wenn ein Minderheitsgesellschafter durch erhöhte Mehrheitserfordernisse die Übertragung des Anteils hätte blockieren können.[99] • Eine entspr. Anwendung von § 193 Abs. 2 UmwG ist anzunehmen, wenn die sonstigen Inhaber von Sonderrechten, welche nicht durch die Besonderen Vorschriften geschützt sind, durch den Formwechsel in ihrem Sonderrecht beeinträchtigt werden[100] (gilt nur für Sonderrechtsinhaber mit Stimmrecht).[101]

---

99 *Lutter* § 193 Rn. 16 ff. mit ausführlichen Erläuterungen.
100 *Lutter* § 193 Rn. 25 ff. mit dem Hinweis, dass dies eine Ausformung des allg. Rechtsgedankens des § 35 BGB ist.
101 *Lutter* § 193 Rn. 26.

Rechtsform des Ausgangsrechtsträgers	Mehrheitserfordernis für Umwandlungsbeschluss	Abweichende Satzungs-/Gesellschaftsvertragsregelung möglich	Weitere Zustimmungserfordernisse (Form § 193 Abs. 3 UmwG = notarielle Beurkundung)
			• Unterliegt eine Beteiligung der Testamentsvollstreckung, ist außer der Mitwirkung des Testamentsvollstreckers, soweit diese seiner Verwaltung unterliegt, auch die Zustimmung des Gesellschafter-Erben erforderlich, da der Formwechsel regelmäßig durch seine strukturändernde Wirkung dem Kernbereich der Mitgliedschaft zugeordnet werden muss.[102]
			• Zustimmung einer natürlichen Person, welche am Ausgangsrechtsträger beteiligt ist **und** deren Name in der Firma des Zielrechtsträgers fortgeführt werden soll **und** deren Beteiligung am neuen Rechtsträger entfällt, zur Verwendung des Namens gem. § 200 Abs. 3 und 4 UmwG.

26 Im Übrigen wird wegen der **Durchführung und Beurkundung des Umwandlungsbeschlusses** auf die Ausführungen zur Beurkundung der Verschmelzungsbeschlüsse im 3. Kap. Rn. 30 ff. verwiesen.

V. Die Registeranmeldung

27 Inhalt der Registeranmeldung ist beim Formwechsel grundsätzlich der **Formwechsel selbst**, die **Bestellung neuer Vertretungsorgane** sowie die **Versicherung nach §§ 198 Abs. 3, 16 Abs. 2 UmwG**.

28 Über die **Anmelder**, den **besonderen Inhalt** der Anmeldung sowie die der Anmeldung **beizufügenden Unterlagen** soll die nachstehende Tabelle einen Überblick über die in der Praxis wichtigsten Umwandlungsfälle bieten:

---

102 *Kallmeyer* § 193 Rn. 27.

a) Ausgangs-rechtsform b) Zielrechts-form c) Anmeldender	Umwandlungsbe-schluss	Weitere umwandlungs-technische Unter-lagen, § 199 UmwG	Besondere Erklä-rungen, Versiche-rungen in der Anmeldung	Weitere rechts-formspezifische Unterlagen
Alle §§-Angaben beziehen sich auf das UmwG				
a) Personenhan-delsgesell-schaft b) GmbH c) Alle Mitglie-der des künf-tigen Vertre-tungsorgans ggf.	X mit Satzung	– alle erforderli-chen Zustim-mungs- und ggf. Verzichtserklä-rungen,	– Versicherung der Geschäfts-führer gem. § 8 Abs. 3 GmbHG und empfehlens-wert gem.	– Gesellschafter-liste, – Sachgründungs-bericht,[103] – Werthaltig-keitsnachweis,
auch des Auf-sichtsrats, § 222 Abs. 1; im Falle der Sitzverlegung gilt Sonderre-gelung des § 222 Abs. 3		– Umwandlungs-bericht, – Nachweis Zuleitung Betriebsrat, – ggf. staatliche Genehmigungsur-kunde[104]	§ 8 Abs. 2 GmbHG,[105] – Erklärung der Anmelder gem. §§ 198 Abs. 3, 16 Abs. 2 über Anfechtungs-klage bzw. dies-bezügl. Verzichts-erklärung, – Angabe der bestellten Geschäftsführer samt abstrakter und konkreter Vertretungsbe-fugnis	– Nachweis über die Bestellung der Organe, soweit nicht im Umwandlungsbe-schluss enthalten

---

103 Der Sachgründungsbericht ist von den Gesellschaftern der formwechselnden Gesellschaft (welche als Gründer gelten) schriftlich zu erstatten und hat auch den bisherigen Geschäftsverlauf und die Lage der formwechselnden Gesellschaft darzulegen; §§ 220 Abs. 2 UmwG; daneben hat der Sach-gründungsbericht Angaben über die Kapitaldeckung zu machen, vgl. oben 4. Kap. Rn. 50, § 220 Abs. 1 UmwG.

104 Nach MoMiG ist nur noch dann eine Genehmigungsurkunde vorzulegen, wenn dies für das Regis-terverfahren ausdrücklich gesetzlich geregelt ist, so z.B. nach dem Gesetz über das Kreditwesen (KWG): „Wer im Inland gewerbsmäßig oder in einem Umfang, der einen in kaufmännischer Weise eingerichteten Geschäftsbetrieb erfordert, Bankgeschäfte betreiben oder Finanzdienstleis-tungen erbringen will, bedarf der schriftlichen Erlaubnis der Bundesanstalt." (§ 32 Abs. 1 S. 1 KWG); in § 43 Abs. 1 KWG ist dann für das Registerverfahren geregelt: „Soweit nach § 32 das Betreiben von Bankgeschäften oder das Erbringen von Finanzdienstleistungen einer Erlaubnis bedarf, dürfen Eintragungen in öffentliche Register nur vorgenommen werden, wenn dem Regis-tergericht die Erlaubnis nachgewiesen ist."

105 Die Versicherung nach § 8 Abs. 2 GmbHG kann eigentlich entfallen, da keine Vermögensübertra-gung stattfindet; da aber nur in § 246 Abs. 3 UmwG ausdrücklich auf die Versicherung verzichtet wurde, wird nach h.M. die Aufnahme der Versicherung empfohlen, vgl. *Lutter* § 198 Rn. 15; *Wid-mann/Mayer* § 198 Rn. 41.

a) Ausgangsrechtsform b) Zielrechtsform c) Anmeldender	Umwandlungsbeschluss	Weitere umwandlungstechnische Unterlagen, § 199 UmwG	Besondere Erklärungen, Versicherungen in der Anmeldung	Weitere rechtsformspezifische Unterlagen
a) AG/KGaA b) GmbH c) Das bisherige Vertretungsorgan des Ausgangsrechtsträgers in vertretungsberechtigter Zahl, § 246 Abs. 1	X mit Satzung	– alle erforderlichen Zustimmungs- und ggf. Verzichtserklärungen, – Umwandlungsbericht, – Nachweis Zuleitung Betriebsrat, – ggf. staatliche Genehmigungsurkunde[106]	– Anmeldung der neuen Geschäftsführer, – Versicherung der neuen Geschäftsführer gem. § 8 Abs. 3 GmbHG,[107] – Erklärung der Anmelder gem. §§ 198 Abs. 3, 16 Abs. 2 über Anfechtungsklage bzw. diesbezügl. Verzichtserklärung, – Angabe der abstrakten und konkreten Vertretungsbefugnis	– Gesellschafterliste, – Werthaltigkeitsnachweis, – Nachweis über die Bestellung der Organe, soweit nicht im Umwandlungsbeschluss enthalten

---

106 Nach MoMiG ist nur noch dann eine Genehmigungsurkunde vorzulegen, wenn dies für das Registerverfahren ausdrücklich gesetzlich geregelt ist, so z.B. nach dem Gesetz über das Kreditwesen (KWG): „Wer im Inland gewerbsmäßig oder in einem Umfang, der einen in kaufmännischer Weise eingerichteten Geschäftsbetrieb erfordert, Bankgeschäfte betreiben oder Finanzdienstleistungen erbringen will, bedarf der schriftlichen Erlaubnis der Bundesanstalt." (§ 32 Abs. 1 S. 1 KWG); in § 43 Abs. 1 KWG ist dann für das Registerverfahren geregelt: „Soweit nach § 32 das Betreiben von Bankgeschäften oder das Erbringen von Finanzdienstleistungen einer Erlaubnis bedarf, dürfen Eintragungen in öffentliche Register nur vorgenommen werden, wenn dem Registergericht die Erlaubnis nachgewiesen ist."

107 Die Versicherung nach § 8 Abs. 2 GmbHG kann entfallen, § 246 Abs. 3 UmwG.

a) Ausgangs- rechtsform b) Zielrechts- form c) Anmeldender	Umwandlungsbe- schluss	Weitere umwandlungs- technische Unter- lagen, § 199 UmwG	Besondere Erklä- rungen, Versiche- rungen in der Anmeldung	Weitere rechts- formspezifische Unterlagen
a) Personenhan- delsgesell- schaft b) AG c) Alle Mitglie- der des künf- tigen Vertre- tungsorgans und alle Mit- glieder des Aufsichtsrats, § 222 Abs. 1, sowie alle Gründer, § 222 Abs. 2; im Falle der Sitzverlegung gilt Sonderre- gelung des § 222 Abs. 3	X mit Satzung	– alle erforderli- chen Zustim- mungs- und ggf. Verzichtserklä- rungen, – Umwandlungs- bericht, – Nachweis Zuleitung Betriebsrat, – ggf. staatliche Genehmigungsur- kunde[108]	– Anmeldung der neuen Vor- stände, – Versicherung der neuen Vor- stände gem. § 37 Abs. 2 AktG und empfehlenswert nach § 37 Abs. 1 AktG,[109] – Erklärung der Anmelder gem. §§ 198 Abs. 3, 16 Abs. 2 über Anfechtungs- klage bzw. dies- bezügl. Verzichts- erklärung, – Angabe der abstrakten und konkreten Ver- tretungsbefugnis der Vorstände	– Berechnung des Gründungs- aufwands, – Gründungsbe- richt und Grün- dungsprüfungs- berichte, vgl. oben Rn. 18, – Nachweis über die Bestellung der Organe, soweit nicht im Umwandlungsbe- schluss enthalten

---

108 Nach MoMiG ist nur noch dann eine Genehmigungsurkunde vorzulegen, wenn dies für das Regis-
terverfahren ausdrücklich gesetzlich geregelt ist, so z.B. nach dem Gesetz über das Kreditwesen
(KWG): „Wer im Inland gewerbsmäßig oder in einem Umfang, der einen in kaufmännischer
Weise eingerichteten Geschäftsbetrieb erfordert, Bankgeschäfte betreiben oder Finanzdienstleistungen erbringen will, bedarf der schriftlichen Erlaubnis der Bundesanstalt." (§ 32 Abs. 1 S. 1
KWG); in § 43 Abs. 1 KWG ist dann für das Registerverfahren geregelt: „Soweit nach § 32 das
Betreiben von Bankgeschäften oder das Erbringen von Finanzdienstleistungen einer Erlaubnis
bedarf, dürfen Eintragungen in öffentliche Register nur vorgenommen werden, wenn dem Registergericht die Erlaubnis nachgewiesen ist."

109 Die Versicherung nach § 37 Abs. 1 AktG kann eigentlich entfallen, da keine Vermögensübertragung stattfindet; da aber nur in § 246 Abs. 3 UmwG ausdrücklich auf die Versicherung verzichtet
wurde, wird nach h.M. die Aufnahme der Versicherung empfohlen, vgl. *Lutter* § 198 Rn. 16; *Wid-
mann/Mayer* § 198 Rn. 41.

a) Ausgangs-rechtsform b) Zielrechts-form c) Anmeldender	Umwandlungsbe-schluss	Weitere umwandlungs-technische Unter-lagen, § 199 UmwG	Besondere Erklä-rungen, Versiche-rungen in der Anmeldung	Weitere rechts-formspezifische Unterlagen
a) GmbH b) AG c) Das bisherige Vertretung-sorgan des Ausgangs-rechtsträgers in vertretungs-berechtigter Zahl, § 246 Abs. 1[110]	X mit Satzung	– alle erforderli-chen Zustim-mungs- und ggf. Verzichtserklä-rungen, – Umwandlungs-bericht, – Nachweis Zuleitung Betriebsrat, – ggf. staatliche Genehmigungsur-kunde	– Anmeldung der neuen Vor-stände, – Versicherung der neuen Vor-stände gem. § 37 Abs. 2 AktG,[111] – Erklärung der Anmelder gem. §§ 198 Abs. 3, 16 Abs. 2 über Anfechtungs-klage bzw. dies-bezügl. Verzichts-erklärung, – Angabe der abstrakten und konkreten Ver-tretungsbefugnis der Vorstände	– Berechnung des Gründungs-aufwands, – Gründungsbe-richt und Grün-dungsprüfungs-berichte, vgl. oben Rn. 18, – Nachweis über die Bestellung der Organe, soweit nicht im Umwandlungsbe-schluss enthalten

a) Ausgangs-rechtsform b) Zielrechts-form c) Anmeldender	Umwandlungsbe-schluss	Weitere umwandlungs-technische Unter-lagen, § 199 UmwG	Besondere Erklä-rungen, Versiche-rungen in der Anmeldung	Weitere rechts-formspezifische Unterlagen
a) Kapitalgesell-schaft b) Personenhan-delsgesell-schaft c) Das bisherige Vertretungs-organ des Ausgangs-rechtsträgers in vertretungs-berechtigter Zahl, § 235 Abs. 2	X mit Gesell-schaftsvertrag nach § 234 Nr. 3	– alle erforderli-chen Zustim-mungs- und ggf. Verzichtserklä-rungen, – Umwandlungs-bericht, – Nachweis Zuleitung Betriebsrat, – ggf. staatliche Genehmigungsur-kunde	– Anmeldung der Gesellschaf-ter, der Firma, des Sitzes und Zeitpunkts der Aufnahme der Geschäfte (= Wirksamwerden des Formwech-sels) – Angaben zur Vertretungsbe-fugnis, – Angabe des Geschäftszweigs gem. § 24 HRV, – Bei KG: Haft-einlage der Kom-manditisten	Keine zusätzli-chen Unterlagen erforderlich

---

110 Einer Mitwirkung des Aufsichtsrats bedarf es nicht.
111 Die Versicherung nach § 37 Abs. 1 AktG kann entfallen gem. § 246 Abs. 3 UmwG.

Eine **Vertretung bei der Anmeldung des Formwechsels** ist für die Personen, welche Versi- **29** cherungen und/oder Erklärungen abzugeben haben, welche bei Falschabgabe strafrechtlich sanktioniert sind, ausgeschlossen, vgl. bereits 2. Kap. Rn. 11. Dies gilt daher insbesondere beim Formwechsel von Personengesellschaften in Kapitalgesellschaften.[112]

Nicht erforderlich ist es, **bestehen bleibende Prokuren** beim Zielrechtsträger anzumel- **30** den, da diese ohne besonderen Antrag beim neuen Rechtsträger einzutragen sind.[113] Durch das EHUG wurde das Erfordernis von Unterschriftszeichnungen zur Hinterlegung beim Registergericht abgeschafft, so dass eine Mitwirkung des Prokuristen nicht mehr erforderlich ist. Es empfiehlt sich, ggf. auch die Vertretungsberechtigung der Prokuristen auf die neue Rechtsform anzupassen.

VI. Die Registereintragung

Hinsichtlich der **Prüfungspflichten**, der **Zuständigkeiten** und der **Entscheidungsmög- 31 lichkeiten** kann wiederum auf die Erläuterungen zur Verschmelzung im 3. Kap. Rn. 45 und auf das 2. Kap. Rn. 69 verwiesen werden. Nachfolgend werden kurz die wichtigsten Besonderheiten zum Formwechsel erläutert.

Die Prüfung durch das Registergericht erfolgt in den Fällen des § 198 Abs. 2 UmwG **32** durch beide beteiligte Registergerichte, so dass sich ggf. unterschiedliche Rechtsauffassungen zu Einzelproblemen ergeben können.[114]

Das Registergericht hat zu prüfen, ob der Formwechsel in formeller und materieller **33** Hinsicht eintragungsfähig ist.

* Die **formelle Prüfung** umfasst insbesondere
  – die **Vollständigkeit der Anmeldungen** nach den umwandlungsspezifischen und den rechtsformspezifischen Besonderheiten, vgl. oben die Aufstellung in Rn. 28;
  – die **Unterzeichnung der Anmeldung** durch die richtigen Anmelder, vgl. oben die Aufstellung in Rn. 28;
  – die **Vollständigkeit der Anlagen** zur Anmeldung nach den umwandlungsspezifischen und den rechtsformspezifischen Besonderheiten, vgl. oben die Aufstellung in Rn. 28.
* Die **materielle Prüfung** umfasst insbesondere
  – die **Zulässigkeit und Wirksamkeit des Umwandlungsbeschlusses** einschließlich der Erforderlichkeit und des Vorliegens von Zustimmungserklärungen bzw. Verzichtserklärungen, vgl. oben die Aufstellungen in Rn. 8, 25;
  – die **ordnungsgemäße Kapitalaufbringung** bei Formwechsel in eine Kapitalgesellschaft, vgl. oben die Aufstellungen in Rn. 17, 18; im Rahmen dieser Prüfungspflicht kann das Registergericht einen testierten Werthaltigkeitsnachweis verlangen, wenn substantiierte Zweifel an der Plausibilität eingereichter untestierter Unterlagen bestehen.[115] Die historische Gesellschaftsgründung des Ausgangsrechtsträgers hat das Registergericht nicht zu prüfen.[116]

---

112 Vgl. *BGH* BGHZ 116, S. 190, 199 f.
113 *OLG Köln* GmbHR 1996, 773, 774 und die h.M. Literatur vgl. u.a. *Widmann/Mayer* § 202 Rn. 114.
114 S.a. *Lutter* § 198 Rn. 23.
115 Hier gelten die Regeln zur Prüfung der Werthaltigkeit von Sacheinlagen bei Sachgründungen oder Sachkapitalerhöhungen entsprechend, vgl. *Lutter* § 198 Rn. 25.
116 H.M. *Lutter* § 197 Rn. 26 (es sei denn, es liegt Umgehungstatbestand vor); *Widmann/Mayer* § 197 Rn. 190.

34 Die für den Eintritt der Wirksamkeit **maßgebliche Registereintragung** ist grundsätzlich gem. § 202 Abs. 1 i.V.m. § 198 Abs. 1 UmwG die Eintragung im Register des formwechselnden Rechtsträgers. Ausnahmefälle ergeben sich aus § 202 Abs. 2 i.V.m. § 198 Abs. 2 UmwG für folgende Fälle:

- der Ausgangsrechtsträger ist in keinem Register eingetragen;
- durch den Formwechsel ändert sich die Art des für den Rechtsträger maßgeblichen Registers;[117]
- durch eine Sitzverlegung wird die örtliche Zuständigkeit eines anderen Registergerichts begründet.

In allen diesen Ausnahmefällen tritt die Wirkung des Formwechsels erst mit der Eintragung in das Register neuer Rechtsform ein.

35 Die **Wirkungen des Registervollzugs** und somit des Wirksamwerdens des Formwechsels sind insbesondere Folgende:

- Gem. **§ 202 UmwG** bestehen die Wirkungen des Formwechsels im Wesentlichen aus der **Identität des Ausgangs- und des Zielrechtsträgers** (Abs. 1 Nr. 1), der **Identität der Anteilsinhaber** am Ausgangs- und Zielrechtsträger (Abs. 1 Nr. 2 S. 1) und in Bezug auf dingliche Rechte Dritter auch der Fiktion der Identität der Anteile am Ausgangs- und am Zielrechtsträger (Abs. 1 Nr. 2 S. 2 „**Surrogation**") sowie der „**Unumkehrbarkeit**" des wirksam gewordenen Formwechsels (Abs. 1 Nr. 3 und Abs. 3). Die Besonderen Vorschriften sehen an verschiedenen Stellen noch spezielle rechtsformabhängige Wirkungen des Formwechsels vor, welche insbesondere Sonderprobleme mit dem Identitätsgrundsatz lösen (z.B. Ausscheiden des phG bei Beteiligung von KGaA, §§ 247 Abs. 3, 236, 255 Abs. 1 UmwG).
- Als Folgerung aus den in § 202 UmwG geregelten Wirkungen des Formwechsels ergibt sich, dass eine **Rückwirkung** des Formwechsels **gesellschafts- und handelsrechtlich nicht zulässig** ist. Die Rückwirkung kann im Einzelfall steuerlich gewollt und möglich sein, vgl. Rn. 1. Die Rückwirkungsvereinbarungen können lediglich im Innenverhältnis gelten.[118]
- Durch die neue Rechtsform des Zielrechtsträgers können sich **Ansprüche**, welche zwischen dem **Ausgangsrechtsträger und den Anteilsinhabern** bestanden haben, inhaltlich ändern, da die neue Rechtsform die Rechtsnatur der bisherigen Ansprüche nicht kennt. So werden bei einer formwechselnden Umwandlung einer Personengesellschaft in eine Kapitalgesellschaft die **Privatkonten der Gesellschafter** zu echten Drittgläubigeransprüchen des Gesellschafters gegen die Gesellschaft (Fremdkapital); vgl. hierzu die Ausführungen oben Rn. 16. In Bezug auf Ansprüche des Ausgangsrechtsträgers gegenüber den Anteilsinhabern auf Kapitalerbringung, Kapitalerhaltung und aus Eigenkapitalersatz bestehen diese nach dem Formwechsel zwar schuldrechtlich fort, ihr Inhalt kann sich jedoch durch die geänderten gesellschaftsrechtlichen Bindungen beim Zielrechtsträger ändern.[119]
- Bei **Beteiligungen an anderen Gesellschaften** wirkt sich der Formwechsel nur dann aus, wenn die Rechtsform des Zielrechtsträgers bei der Beteiligungsgesellschaft nicht gesellschafterfähig ist. Hier kommt nur eine Aufspaltung der Gesell-

---

117 Hierunter fällt jedoch nicht der Wechsel zwischen unterschiedlichen Abteilungen desselben Registers, so z.B. Abteilung A und Abteilung B des Handelsregisters, vgl. *Widmann/Mayer* § 202 Rn. 11.
118 Vgl. *Widmann/Mayer* § 202 Rn. 34.
119 Vgl. hierzu den sehr interessanten Beitrag von *Habersack/Schürnbrand* NZG 2007, 81 ff.

schafterbeteiligung unter Mitwirkung der Gesellschafter der Beteiligungsgesellschaft in Frage.[120]
- Stehen Anteile am Ausgangsrechtsträger einer **Erbengemeinschaft** zu und ist das beim Zielrechtsträger rechtsformabhängig nicht zulässig (z.B. Personengesellschaft), müssen die Anteile am Zielrechtsträger aufgespalten werden.
- Eine **Genehmigungsbedürftigkeit für Übertragung** von Vermögensgegenständen, welche zum Vermögen des Ausgangsrechtsträgers gehören, hindert den Eintritt der Folgen des Formwechsels nicht; die Vermögensgegenstände gehören somit ohne Genehmigung zum Vermögen des Zielrechtsträgers (z.B. § 5 Abs. 1 ErbbauRG).
- Durch Wirksamwerden des Formwechsels **erlöschen Organstellungen** beim Ausgangsrechtsträger, die Gesellschafterversammlung des Zielrechtsträgers ist jedoch für die Entlastung der ehemaligen Organe zuständig; **Prokuren, Handlungsvollmachten** sowie **Vollmachten** behalten jedoch ihre Wirksamkeit, vgl. auch oben zur Prokura Rn. 30. Ist der formwechselnde Rechtsträger selbst Bevollmächtigter, muss geprüft werden, ob der Bestand der Vollmacht durch das zugrunde liegende Grundverhältnis durch den Formwechsel beeinträchtigt ist.
- Als **Rechte Dritter**, welche gem. § 202 Abs. 1 Nr. 2 S. 2 UmwG **am neuen Anteil** des Anteilsinhabers am Zielrechtsträger bestehen bleiben, zählen nur das rechtsgeschäftliche Pfandrecht, das Pfändungspfandrecht, die Anwartschaft aus schwebender Bedingung und der Nießbrauch.[121] Als Rechte Dritter sind aber auch grundsätzlich zugunsten einer bestimmten Person bestehende **Verfügungsbeschränkungen** mit dinglicher Wirkung anzusehen (so z.B. Vor- und Nacherbfolge).[122] Schuldrechtliche Verpflichtungen, wie z.B. Vorkaufsrechte bleiben gem. § 202 Abs. 1 Nr. 1 UmwG bestehen und beziehen sich auf die neuen Anteile.[123] Dies gilt wohl auch dann, wenn die Einschränkung solcher Rechte unterschiedlichen Formerfordernissen, abhängig von der Rechtsform, unterliegt.
- Beim Formwechsel einer Personengesellschaft in eine Kapitalgesellschaft haften die Anteilsinhaber für **Neuverbindlichkeiten** nach Formwechsel nicht mehr persönlich. Hinsichtlich der Haftung für **Altverbindlichkeiten** gilt § 224 UmwG; der Gesellschafter haftet für diese Verbindlichkeiten zeitlich beschränkt für die Dauer von fünf Jahren ab Bekanntmachung des Formwechsels gem. § 224 Abs. 3 UmwG (**Nachhaftungsbegrenzung**). Es handelt sich um eine Ausschlussfrist, so dass diese auch auf eine ggf. früher eintretende Verjährung von Altverbindlichkeiten keinen Einfluss hat. Nach h.M. ist die Vorschrift auf die ggf. bestehende persönliche Kommanditistenhaftung entsprechend anwendbar.[124]
- § 204 UmwG verweist wegen des **Gläubigerschutzes** in vollem Umfang auf § 22 UmwG[125] und wegen des Schutzes von Inhabern von Sonderrechten auf § 23 UmwG. Es wird auf die Ausführungen im 3. Kap. Rn. 60 verwiesen.

120 Hierzu ausführlich *Widmann/Mayer* § 202 Rn. 62 ff.
121 *Widmann/Mayer* § 202 Rn. 171; s.a. HK-UmwG/*Kierstein* § 202 Rn. 25; *Lutter* § 202 Rn. 20 ff. (h.M.); gilt nicht für schuldrechtliche Rechtsverhältnisse wie Treuhand u.a.
122 *Widmann/Mayer* § 202 Rn. 175 ff.
123 Vgl. *Lutter* § 202 Rn. 22.
124 Vgl. *Lutter* § 224 Rn. 16; *Kallmeyer* § 224 Rn. 13; HK-UmwG/*Rose* § 224 Rn. 6; s.a. *Habersack/Schürnbrand* NZG 2007, 82.
125 Durch *BGH* Urteil vom 27.11.2009, NZG 2010, 314 = DStR 2010, 284 = NZM 2010, 280 = LSK 2010, 030845 wurde klargestellt, dass der Formwechsel einer Personengesellschaft in eine Kapitalgesellschaft auch grundsätzlich kein außerordentliches Kündigungsrecht des Vertragspartners (im entschiedenen Fall eines Pachtvertrages) bewirkt.

- Streitig ist, ob **Unternehmensverträge** i.S. von § 291 AktG enden, wenn sich nach dem Formwechsel die in dem Unternehmensvertrag begründeten Rechte und Pflichten der Vertragsteile nicht mit der neuen Rechtsform vereinbaren lassen,[126] eine Schuldumschaffung **(Novation)** nach allgemeinem Vertragsrecht eintritt[127] oder ob in diesem Fall der Unternehmensvertrag zwar fortbesteht, aber vorzeitig beendet werden kann.[128] Vorsorglich sollte wegen der Rechtsunsicherheit der Unternehmensvertrag für den Fall und zum Zeitpunkt des Wirksamwerdens des Formwechsels beendet werden.[129]

- Bei **stillen Beteiligungen** ergibt sich das Problem, dass solche an einer AG nach ganz h.M. **Teilgewinnabführungsverträge i.S.v. § 292 Abs. 1 Nr. 2 AktG** darstellen.[130] Beim Formwechsel in die Rechtsform der AG, wirft daher der Fortbestand der stillen Beteiligung am Ausgangsrechtsträger das Problem auf, dass die Abschlusserfordernisse für einen Teilgewinnabführungsvertrag nicht erfüllt sind. Nach wohl h.M. wird man in einem solchen Fall die **Abschlusserfordernisse nachholen** und den Beginn auf das Wirksamwerden des Formwechsels zurückbeziehen müssen.[131] Fraglich ist, zu welchem Zeitpunkt und nach welchen Regeln die maßgeblichen Beschlüsse zum Teilgewinnabführungsvertrag zu fassen sind. Eine Aufnahme in den Formwechselbeschluss wird wohl nur bei Einstimmigkeit erfolgen können. Sonst muss die Beschlussfassung nach Wirksamwerden des Formwechsels beim Zielrechtsträger, jedoch mit Rückbeziehung auf den Zeitpunkt des Wirksamwerdens des Formwechsels erfolgen.

36 Lediglich Mängel der notariellen Beurkundung des Umwandlungsbeschlusses sowie erforderlicher Zustimmungs- oder Verzichtserklärungen einzelner Anteilsinhaber und infolge dessen auch der Formmangel mündlich getroffener Nebenabreden, die den Anteilsinhabern jedoch zur Entscheidung vorlagen, können gem. § 202 Abs. 1 S. 3 UmwG wirklich geheilt werden. Sonstige Mängel können ggf. nach rechtsformspezifischen **Heilungsvorschriften** (z.B. § 242 Abs. 1 AktG) geheilt werden oder es kommt § 202 Abs. 3 UmwG zur Anwendung. Nach dieser Vorschrift wird der betreffende Mangel jedoch nicht geheilt, sondern besteht fort, jedoch ist die mögliche Rechtsfolge dieses Mangels erheblich eingeschränkt, da die Wirksamkeit des durch den Formwechsel entstandenen Rechtsträgers nicht mehr in Frage gestellt werden kann. Infolge eines solchen Mangels können ggf. Schadenersatzansprüche gem. §§ 205, 206 UmwG geltend gemacht werden. Im äußersten Fall kann auch ein schuldrechtlicher Anspruch gegen die übrigen Anteilsinhaber auf Rückgängigmachung des Formwechsels bestehen. Die Rechtsprechung verwehrt auch die **Amtslöschung der Eintragung eines Formwechsels** gem. § 144 Abs. 2 FGG, falls unter Verletzung der Registersperre des § 16 Abs. 2 UmwG ein Formwechsel eingetragen wurde.[132] Das BVerfG weist in die-

---

126 Zumindest teilweise zustimmend *Kallmeyer* § 202 Rn. 18.
127 So *Widmann/Mayer* § 202 Rn. 133, wobei dieser zu Recht darauf hinweist, dass dies im Fall des Formwechsels beim herrschenden Unternehmen grundsätzlich nicht der Fall sein kann; der Unternehmensvertrag besteht in diesem Fall unverändert fort; m.w.N. zu dem teilweise str. Meinungsstand.
128 So *Lutter* § 202 Rn. 47 m.w.N.
129 So im Ergebnis auch *Kallmeyer* § 202 Rn. 18, jedoch nur, falls Unternehmensvertrag nicht ohne Zweifel fortbesteht.
130 So die Rspr. u.a. *BGH* AG 2003, 625, 627 und DB 2006, 1366, 1367.
131 So auch *Priester* in DAI-Skript zur 5. Gesellschaftsrechtlichen Jahresarbeitstagung vom 16.–17.3.2007 in Hamburg, S. 109 unter Verweis auf *K. Mertens* AG 2000, 32, 37 f.
132 Vgl. hierzu insbesondere *BVerfG* DB 2005, 1373 f., *OLG Hamm* ZIP 2001, 569 ff.

sem Zusammenhang ausdrücklich darauf hin, dass die Eintragung des Formwechsels in das Handelsregister auch durch die Inanspruchnahme der **Möglichkeiten des vorläufigen Rechtsschutzes** verhindert werden kann, so insbesondere durch die Erlangung einer einstweiligen Verfügung, in welcher die Eintragung für unzulässig erklärt wird. Das BVerfG verweist zusätzlich auch auf die Möglichkeit, mit einer Mitteilung an das Registergericht durch den Anteilsinhaber selbst, dass eine Anfechtungsklage gegen den Formwechsel erhoben wurde, den Antrag zu verbinden, das Eintragungsverfahren bis zur Entscheidung über die Anfechtungsklage auszusetzen. Es liegt daher im Verantwortungsbereich des anfechtenden Anteilsinhabers die verfrühte Eintragung des Formwechsels mit allen ihm zur Verfügung stehenden Mitteln zu verhindern.

Im Anschluss an die Registereintragung kann ein barabfindungsberechtigter Anteilsinhaber das **Barabfindungsangebot** aus dem Umwandlungsbeschluss innerhalb der Frist des § 209 UmwG annehmen. Zu den Einzelheiten des Barabfindungsangebots vgl. oben Rn. 19. Der Anteilsinhaber hat nur dann einen Anspruch auf Barabfindung, wenn er gegen den Umwandlungsbeschluss Widerspruch zur Niederschrift erklärt hat bzw. einem Widersprechenden gem. § 29 Abs. 2 UmwG gleichgestellt ist. Da die §§ 207, 208 UmwG auf die §§ 29, 30 UmwG verweisen bzw. diesen teilweise nachgebildet sind, wird auf die Erläuterungen im 3. Kap. Rn. 60 verwiesen. **37**

Wegen der infolge des Formwechsels vorzunehmenden **Berichtigungen** kann auf die Ausführungen zur Spaltung im 4. Kap. Rn. 53 verweisen werden. Jedoch entfallen hier alle Probleme, welche sich aus der Vermögensübertragung im Wege der partiellen Gesamtrechtsnachfolge ergeben, da beim Formwechsel durch die Identität des Rechtsträgers die Wirkungen des Umwandlungsvorgangs ohne weiteres eintreten. Die Eintragung des Formwechsels ist daher für sich der Unrichtigkeitsnachweis für alle Berichtigungen. **38**

VII. Muster

1. Formwechsel einer GmbH in eine AG

Die AG hat in den vergangenen Jahren als Gesellschaftsform für kleinere Unternehmen erheblich an **praktischer Bedeutung** gewonnen. Das hat sachliche Gründe, wie z.B. die gute Umsetzbarkeit von Mitarbeiter-Beteiligungsmodellen („Arbeitnehmeraktien") sowie die Erschließung von anderen Finanzierungsmodellen durch Aktienausgaben als Kapitalbeschaffungsmaßnahme oder die Möglichkeit der stärkeren Differenzierung hinsichtlich der Qualität der Beteiligung des einzelnen Aktionärs durch Ausgabe unterschiedlicher Aktiengattungen (vgl. §§ 11, 12 AktG). Es sind aber auch immer wieder Gründe für den Wechsel in die Rechtsform der AG maßgeblich, welche mehr im Bereich der Marketing-Strategien und der Image-Pflege zu verorten sind. Gerade bei einer solchen Fallkonstellation gehört es jedoch zu den Aufklärungspflichten des Notars, den Gesellschaftern im Vorfeld die strengen Regeln des Aktienrechts (z.B. im Nachgründungsbereich) und den hohen Verwaltungsaufwand (z.B. Erforderlichkeit von Aufsichtsrat **und** Vorstand) vor Augen zu führen. Der Gesetzgeber hat zwischenzeitlich zwar die Regeln für die kleine AG erleichtert, aber die Praxis zeigt, dass die Beteiligten mit dem Reglement des AktG häufig überfordert sind. **39**

Viele AG-Gründungen erfolgen über den Umweg der zunächst gegründeten GmbH durch einen Formwechsel. Die GmbH wird als **„vorbereitende" Rechtsform** gewählt. **40**

Der Formwechsel erfolgt, sobald das Unternehmen „marktfähig" ist (und/oder ein entsprechender Kapitalbedarf vorhanden ist, der durch Beteiligung neuer Aktionäre gedeckt werden soll). Das langfristige Ziel des Börsengangs hat durch die dramatischen Börsen- und Finanzmarktentwicklungen in den vergangenen Jahren an Bedeutung hingegen abgenommen.

41 Aber auch zur **Gestaltung der Unternehmensnachfolge** wird immer häufiger der Weg über die AG gewählt, da hier die schrittweise Loslösung und Trennung von Unternehmerkapital und unternehmerischem Einfluss sehr gut stufenweise gestaltet werden kann und für ein ggf. zu installierendes Fremdmanagement unternehmerische Anreize geschaffen werden können.

42 Den nachfolgenden Mustern liegt die Fallkonstellation der Umwandlung einer Einmann-GmbH in eine AG zugrunde, um die Mindesterfordernisse bei einer formwechselnden Umwandlung in eine AG aufzuzeigen:

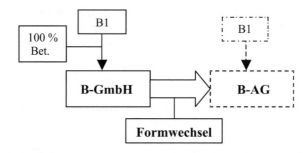

a) Umwandlungsbeschluss

43   Umwandlungsbeschluss

Geschehen zu
am

Vor mir, dem
Notar

erscheint heute:

  B1

Der Erschienene hat sich ausgewiesen durch Vorlage <...>. Nach Befragung des Erschienenen wird festgestellt, dass eine Vorbefassung im Sinne von § 3 Abs. 1 Nr. 7 BeurkG nicht vorliegt. Er erklärt zur notariellen Beurkundung folgenden

Umwandlungsbeschluss

I.

Vorbemerkung

An der im Handelsregister des Amtsgerichts <...> unter HRB <...> eingetragenen

B-GmbH

mit dem Sitz in <...>,

die ein Stammkapital von EUR 25.000,– hat, ist der Erschienene als alleiniger Gesellschafter mit dem Geschäftsanteil Nr. 1 in Höhe von EUR 25.000,– beteiligt.

Es ist demzufolge das gesamte Stammkapital der Gesellschaft in Höhe von EUR 25.000,– vertreten. Das Stammkapital der Gesellschaft ist voll einbezahlt.

Mit Urkunde von heute (UR-Nr. <...> des Notars <...>) wurde das Stammkapital der Gesellschaft von EUR 25.000,– um EUR 25.000,– auf EUR 50.000,– erhöht.[133]

Diese Beschlüsse sind noch nicht vollzogen; eine Anmeldung zum Handelsregister ist noch nicht erfolgt.

Diese Urkunde liegt im heutigen Beurkundungstermin im Original vor. Dem Erschienenen ist der Inhalt der Urkunde bekannt. Der Erschienene verzichtet auf das Vorlesen und Beifügen zur heutigen Niederschrift. Auf diese Urkunde wird verwiesen.

II.
Beschlussfassung

Unter Verzicht auf die Einhaltung aller durch Gesetz oder Gesellschaftsvertrag vorgeschriebenen Formen und Fristen hält der Erschienene eine

Gesellschafterversammlung

der

B-GmbH

mit dem Sitz in <...>,
– nachfolgend „**Gesellschaft**" genannt –

ab und fasst folgenden

Umwandlungsbeschluss:

1. Die B-GmbH erhält durch Formwechsel nach den §§ 190 ff., 238 ff. UmwG die Rechtsform einer Aktiengesellschaft. Der Formwechsel ist aufschiebend bedingt durch Wirksamwerden der heute beschlossenen Kapitalerhöhung der GmbH auf EUR 50.000,00.[134]
2. Die Aktiengesellschaft führt die Firma:
B-AG
3. Der Sitz der Aktiengesellschaft ist <...>.
4. Das bisherige sich nach Durchführung der Kapitalerhöhung vom heutigen Tag ergebende Stammkapital der B-GmbH in Höhe von EUR 50.000,00 wird zum Grundkapital der Aktiengesellschaft. Das Grundkapital der Aktiengesellschaft beträgt somit EURO 50.000,– (in Worten: Euro fünfzigtausend). Das Grundkapital ist eingeteilt in 50.000 nennwertlose, auf den Namen lautende Stückaktien. An die Stelle der bisherigen Geschäftsanteile Nr. 1 und 2 im Nennbetrag von insgesamt EUR 50.000,– treten mithin 50.000 Stückaktien.
Am Grundkapital der Aktiengesellschaft in Höhe von EUR 50.000,– ist somit der Erschienene als alleiniger Aktionär mit
50.000 Stückaktien
beteiligt.

---

133 Eine solche Erhöhung des Stammkapitals ist bei kleinen Gesellschaften wegen der Beachtung des § 7 AktG erforderlich. Der vorangehende Kapitalerhöhungsbeschluss ist im vorliegenden Fall separat vorgesehen, er könnte jedoch auch entsprechend der im Muster 3. Kap. Rn. 67 vorgesehenen Euro-Umstellung mit Kapitalerhöhung in die Urkunde mit aufgenommen werden.

134 Die aufschiebende Bedingung ist nicht notwendig erforderlich; durch sie wird jedoch die Reihenfolge des Vollzuges zwingend festgelegt, daher wird entspr. der Argumentation zur Kettenumwandlung, vgl. oben 2. Kap. Rn. 26 die Aufnahme der Bedingung in diesem Handbuch bevorzugt.

Für die Aktiengesellschaft gilt die dieser Urkunde als **Anlage** beigefügte Satzung. Die Satzung wird hiermit festgestellt. Der Aktionär bekennt sich zum Inhalt der Satzung in allen Teilen.

5. Rechte oder Maßnahmen nach § 194 Abs. 1 Nr. 5 UmwG werden nicht gewährt und sind nicht vorgesehen.

6. Der Formwechsel hat keine Auswirkungen für die Arbeitnehmer, da die bestehenden Beschäftigungsverhältnisse einschließlich aller sich daraus ergebenden Ansprüche der Arbeitnehmer unberührt bleiben.[135] Die Direktionsbefugnisse des Arbeitgebers werden nach dem Formwechsel vom Vorstand der B-AG ausgeübt. Maßnahmen im Sinne von § 194 Abs. 1 Nr. 7 UmwG sind nicht vorgesehen. Ein Betriebsrat besteht nicht.

7. Zu Mitgliedern des ersten Aufsichtsrats werden für die satzungsmäßige Dauer[136] bestellt:
   a) ;
   b) ;
   c) .

8. Zum Abschlussprüfer für das am 31. Dezember <...> endende Geschäftsjahr wird die bestellt.[137]

9. B1 steht gemäß § 244 Abs. 1 i.V.m. § 245 Abs. 1 UmwG dem Gründer der Aktiengesellschaft gleich.

III.
Verzichtserklärungen[138]

Nach entsprechender Belehrung durch den beurkundenden Notar verzichtet der alleinige Gesellschafter der B-GmbH auf

1. die schriftliche Ankündigung des Formwechsels nach § 238 Abs. 1 i.V.m. § 230 Abs. 1 UmwG als Gegenstand der Beschlussfassung;

2. eine Klage gegen die Wirksamkeit des Umwandlungsbeschlusses gemäß § 198 Abs. 3 i.V.m. § 16 Abs. 2 Satz 2 UmwG.

Zum Formwechsel nach Abschnitt II. wird festgestellt, dass eine Barabfindung nicht zu leisten ist, da nur ein Anteilsinhaber beteiligt ist.[139]

Ferner wird festgestellt, dass ein Umwandlungsbericht nach § 238 Abs. 1 i.V.m. § 192 Abs. 3 Satz 1 und § 230 Abs. 1 UmwG nicht erforderlich ist, da an der formwechselnden Gesellschaft nur ein Anteilsinhaber beteiligt ist.

IV.
Zuleitung an Betriebsrat

Es wird festgestellt, dass bei der B-GmbH ein Betriebsrat nicht besteht.

---

135 Zur Nichtanwendbarkeit von § 613a BGB vgl. oben Rn. 7.

136 Die zeitliche Begrenzung für die Amtsdauer des ersten Aufsichtsrats gem. § 30 Abs. 3 AktG gilt im Falle des Formwechsels wegen § 197 S. 2 UmwG nicht, vgl. oben Rn. 17.

137 Ist bei der kleinen AG jedoch nicht zwingend erforderlich.

138 Werden die Verzichtserklärungen beurkundet, kann die Beurkundung nicht als Wahrnehmungsprotokollierung gem. §§ 36 ff. BeurkG vorgenommen werden, vgl. oben 2. Kap. Rn. 54.

139 Vgl. hierzu die Erläuterungen zur Zusammenschau von § 207 und § 194 Abs. 1 Nr. 6 UmwG in Rn. 19.

V.

Kosten, Steuern

Die durch diese Niederschrift und ihren Vollzug entstehenden Kosten und Steuern trägt – auch wenn der Formwechsel nicht zustande kommt – die Gesellschaft.

VI.

Schlussbestimmungen

1. Es wird gebeten, von dieser Niederschrift zu erteilen:
   a) für das Amtsgericht – Registergericht – <...>
      eine elektronisch beglaubigte Abschrift;
   b) diejenigen beglaubigten Abschriften, deren Erteilung gesetzlich vorgeschrieben ist, oder die zum Vollzug dieser Niederschrift erforderlich sind;
   c) für die Gesellschaft
      zwei beglaubigte Abschriften.
2. Der beurkundende Notar hat die nach dem Beurkundungsgesetz vorgeschriebenen Belehrungen erteilt.
   Er hat insbesondere darauf hingewiesen, dass erst mit der Eintragung der Aktiengesellschaft in das Handelsregister die Wirkungen der beschlossenen Umwandlung eintreten, insbesondere nach § 202 UmwG
   a) die Gesellschaft in der Rechtsform der Aktiengesellschaft weiterbesteht,
   b) der Anteilsinhaber der formwechselnden Gesellschaft als Aktionär an der Aktiengesellschaft beteiligt ist,
   c) das Recht der Gläubiger ggf. Sicherheitsleistung verlangen zu können,
   d) die zu beachtenden Nachgründungsregeln des AktG.[140]

Die vorstehende Niederschrift samt Anlage[141] wurde von dem Notar vorgelesen, von dem Erschienenen genehmigt und wie folgt unterschrieben:

Satzung als Anlage zum Umwandlungsbeschluss: **44**

§ 1

Firma, Sitz

(1) Die Firma der Gesellschaft lautet:

B-AG

(2) Sitz der Gesellschaft ist <...>.

§ 2

Gegenstand des Unternehmens

(1) Gegenstand des Unternehmens ist <...>.

(2) Die Gesellschaft kann gleichartige oder ähnliche Unternehmen gründen, erwerben, sich an solchen beteiligen, deren Geschäftsführung und Vertretung übernehmen, Zweigniederlassungen und Zweigbetriebe im In- und Ausland errichten sowie alle Geschäfte betreiben, die geeignet sind, dem Gegenstand des Unternehmens mittelbar oder unmittelbar zu dienen.

---

140 Vgl. hierzu die Erläuterungen oben Rn. 11. War die umzuwandelnde GmbH bereits zwei Jahre vor dem voraussichtlichen Wirksamwerden des Formwechsels im Register eingetragen, entfällt der Hinweis wegen § 245 Abs. 1 S. 3 UmwG.
141 Gem. §§ 243 Abs. 1, 218 Abs. 1 UmwG muss die Satzung Bestandteil des Umwandlungsbeschlusses sein.

§ 3
Bekanntmachungen

Die Bekanntmachungen der Gesellschaft erfolgen im elektronischen Bundesanzeiger.

§ 4
Dauer, Geschäftsjahr

(1) Die Gesellschaft ist auf unbestimmte Dauer errichtet.

(2) Das Geschäftsjahr der Gesellschaft ist das Kalenderjahr.

§ 5
Grundkapital, Aktien

(1) Das Grundkapital der Gesellschaft beträgt EUR 50.000,–.

(2) Das Grundkapital ist eingeteilt in 50.000 nennwertlose, auf den Namen lautende Stückaktien.

(3) Der Vorstand bestimmt mit Zustimmung des Aufsichtsrats die Gestaltung der Aktienurkunden sowie der Gewinnanteils- und Erneuerungsscheine. Die Gesellschaft kann einzelne Aktien in Aktienurkunden zusammenfassen, die eine Mehrzahl von Aktien verbriefen (Globalaktien, Globalurkunden). Ein Anspruch des Aktionärs auf Verbriefung seines Anteils ist ausgeschlossen.

§ 6
Vorstand

(1) Der Vorstand der Gesellschaft besteht aus mindestens zwei Mitgliedern. Der Aufsichtsrat bestimmt die Zahl der Vorstandsmitglieder und die Person des Vorstandsvorsitzenden sowie gegebenenfalls seines Stellvertreters.

(2) Die Gesellschaft wird durch zwei Mitglieder des Vorstands gemeinschaftlich oder durch ein Mitglied des Vorstands in Gemeinschaft mit einem Prokuristen vertreten.

(3) Der Aufsichtsrat kann allen oder einzelnen Mitgliedern des Vorstands Einzelvertretungsbefugnis und/oder Befreiung von den Beschränkungen des § 181 BGB erteilen, soweit nicht § 112 AktG entgegensteht.

§ 7
Aufsichtsrat

(1) Der Aufsichtsrat der Gesellschaft besteht aus drei Mitgliedern.

(2) Die Mitglieder des Aufsichtsrats werden für die Zeit bis zur Beendigung derjenigen Hauptversammlung gewählt, die über die Entlastung für das vierte Geschäftsjahr nach dem Beginn der Amtszeit beschließt. Das Geschäftsjahr, in dem die Amtszeit beginnt, wird nicht mitgerechnet. Die Wahl von Ersatzmitgliedern ist möglich. Ergänzungswahlen in Ermangelung eines Ersatzmitglieds erfolgen für die restliche Amtszeit des ausgeschiedenen Mitglieds.

(3) Jedes Mitglied des Aufsichtsrats kann sein Amt auch ohne Vorliegen eines wichtigen Grundes unter Einhaltung einer einmonatigen Ankündigungsfrist durch eine an den Vorsitzenden oder an den Vorstand zu richtende schriftliche Erklärung niederlegen.

(4) Die Mitglieder des Aufsichtsrats erhalten neben der Erstattung ihrer Auslagen eine angemessene jährliche Vergütung, deren Höhe von der Hauptversammlung festgesetzt wird; eine etwa anfallende Umsatzsteuer wird gesondert vergütet. Die Festsetzung gilt, bis die Hauptversammlung etwas anderes beschließt.

(5) Der Aufsichtsrat wählt für seine Amtszeit einen Vorsitzenden und einen stellvertretenden Vorsitzenden. Die Wahl erfolgt im Anschluss an die Hauptversammlung, in der die Aufsichtsratsmitglieder der Anteilseigner bestellt worden sind, in einer ohne besondere Einberufung stattfindenden Sitzung. Scheiden im Laufe einer Amtszeit der Vorsitzende oder der stellvertretende Vorsitzende aus ihrem Amt aus, so hat der Aufsichtsrat unverzüglich eine Neuwahl für den Ausgeschiedenen vorzunehmen.

(6) Die Sitzungen des Aufsichtsrats werden vom Vorsitzenden unter Bekanntgabe einer Tagesordnung einberufen. Die Einladung soll unter Einhaltung einer Frist von zwei Wochen erfolgen.

(7) Der Vorsitzende ist befugt, Erklärungen des Aufsichtsrats, die zur Durchführung der Beschlüsse des Aufsichtsrats erforderlich sind, in dessen Namen abzugeben.

(8) Die Unwirksamkeit eines Aufsichtsratsbeschlusses kann nur innerhalb eines Monats nach Kenntnis des Beschlusses im Klagewege geltend gemacht werden.

§ 8
Hauptversammlung

(1) Die Hauptversammlung findet am Sitz der Gesellschaft oder an einem deutschen Börsenplatz statt.

(2) Die Hauptversammlung wird vom Vorstand oder vom Aufsichtsrat einberufen.

(3) Die Hauptversammlung wird vom Vorsitzenden des Aufsichtsrats geleitet. Er bestimmt im Rahmen der gesetzlichen Bestimmungen den Ablauf der Hauptversammlung, insbesondere Art, Form und Reihenfolge der Abstimmung. Im Falle seiner Verhinderung bestimmt der Vorsitzende des Aufsichtsrats ein anderes Aufsichtsratsmitglied zum Versammlungsleiter.

(4) Jede Stückaktie gewährt in der Hauptversammlung eine Stimme.

(5) Zur Beschlussfassung in der Hauptversammlung ist – soweit nicht zwingende gesetzliche Vorschriften entgegenstehen – als Stimmenmehrheit die einfache Mehrheit der abgegebenen Stimmen und als Kapitalmehrheit die einfache Mehrheit des bei der Beschlussfassung vertretenen Grundkapitals erforderlich und genügend.

§ 9
Satzungsänderung

Änderungen dieser Satzung, die nur deren Fassung betreffen, können vom Aufsichtsrat beschlossen werden.

§ 10
Schlussbestimmungen

(1) Die durch den Formwechsel der Gesellschaft in die Rechtsform der Aktiengesellschaft und dessen Vollzug entstehenden Kosten trägt die Gesellschaft in Höhe von bis zu EUR 2.500,–.

(2) [ggf. Übernahme der Bestimmungen über den Gründungsaufwand des Gesellschaftsvertrages der GmbH gem. § 243 Abs. 1 S. 2 UmwG]

(3) Die Gesellschaft wurde formwechselnd von einer Gesellschaft mit beschränkter Haftung in die Rechtsform der Aktiengesellschaft umgewandelt.[142]

Die Gesellschaft mit beschränkter Haftung unter Firma B-GmbH mit dem Sitz in <...> wurde im Wege der Bargründung von B1 als alleinigem Gesellschafter mit einem Stammkapital von EUR 25.000,– errichtet.

Mit Urkunde von heute (UR-Nr. <...> des Notars <...>) wurde das Stammkapital der Gesellschaft von EUR 25.000,– um EUR 25.000, auf EUR 50.000,– durch Barkapitalerhöhung erhöht. Das Grundkapital der B-AG von EUR 50.000,– entspricht dem Stammkapital der G-GmbH im Zeitpunkt des Formwechsels. Der alleinige Gesellschafter B1 der B-GmbH ist am Grundkapital der B-AG im Zeitpunkt des Formwechsels ebenso wie am Stammkapital der B-GmbH als alleiniger Gesellschafter beteiligt.

b) Gründungsbericht

45

Gründungsbericht

Der alleinige Gesellschafter der Gesellschaft mit beschränkter Haftung unter der Firma

B-GmbH

mit dem Sitz in <...>
(Amtsgericht <...>, HRB <...>)

nachstehend auch „Gesellschaft" oder „formwechselnde Gesellschaft" genannt –,

B1 erstattet gemäß §§ 197, 245 Abs. 1 Satz 2, 220 Abs. 2 UmwG i.V.m. § 32 AktG folgenden

Gründungsbericht

I.

Hergang des Formwechsels

1. B1 als alleiniger Gesellschafter der B-GmbH hat heute die formwechselnde Umwandlung der Gesellschaft nach §§ 190 ff., 238 ff. UmwG in eine Aktiengesellschaft unter der Firma B-AG beschlossen (Urkundenrolle Nr. <...> des Notars <...>). In dem Umwandlungsbeschluss wurde auch die Satzung der B-AG festgestellt.

2. Nach § 245 Abs. 1 Satz 1 UmwG treten bei der Anwendung der Gründungsvorschriften des Aktiengesetzes an die Stelle der Gründer die Gesellschafter der formwechselnden Gesellschaft, die für den Formwechsel der Gesellschaft in eine Aktiengesellschaft gestimmt haben. Im vorliegenden Fall ist alleiniger Gründer somit B1.

3. Vor der Beschlussfassung über den Formwechsel wurde mit Urkunde von heute (UR-Nr. <...> des Notars <...>) das Stammkapital der Gesellschaft von EUR 25.000,– um EUR 25.000,– durch Barkapitalerhöhung auf EUR 50.000,– erhöht.
Diese Beschlüsse sind noch nicht vollzogen, eine Anmeldung zum Handelsregister ist noch nicht erfolgt.

---

142 Es ist unterschiedlich, welche Ausführlichkeit hinsichtlich der Angaben zur Sachgründung „Formwechsel" in der Satzung gefordert wird; vgl. hierzu ausführlich die Ausführungen oben Rn. 11.

4. Das Stammkapital der formwechselnden Gesellschaft wurde im Verhältnis 1:1 zum Grundkapital der B-AG. Es beträgt demnach EUR 50.000,– und ist in 50.000 Stückaktien eingeteilt.

   Im Sinne der aktienrechtlichen Gründungsvorschriften bringt der Gesellschafter durch den Formwechsel das Vermögen der formwechselnden Gesellschaft einschließlich Verbindlichkeiten – als Sacheinlage – in die Aktiengesellschaft ein. Dafür erhält B1 50.000 Stückaktien.

   Mit Eintragung des Formwechsels im Handelsregister ist die Sacheinlage vollständig geleistet und steht endgültig zur freien Verfügung des Vorstands.

5. Gemäß § 10 Abs. 1 der Satzung trägt die Gesellschaft den Aufwand der formwechselnden Umwandlung in Höhe von bis zu EUR 2.500,–.

6. Zu Mitgliedern des Aufsichtsrats, der sich, da die Gesellschaft weniger als 500 Arbeitnehmer hat, nur aus Vertretern der Anteilseigner zusammensetzt, wurden bestellt:

   a) ;

   b) ;

   c) .

7. Der Aufsichtsrat hat durch Beschluss von heute <...> zum Vorsitzenden des Aufsichtsrats und <...> zum stellvertretenden Vorsitzenden gewählt.

   Durch Beschluss vom gleichen Tage hat der Aufsichtsrat die Herren

   a) ;

   b) ;

   zu Vorstandsmitgliedern bestellt.

   <...> wurde zum Vorsitzenden des Vorstands ernannt.

   Die Vorstandsmitglieder haben die Bestellung angenommen. <...> hat die Ernennung zum Vorsitzenden des Vorstands angenommen.

   Die Vorstandsmitglieder vertreten die Gesellschaft jeweils allein. Sie sind berechtigt, im Namen der Gesellschaft und als Vertreter eines Dritten Rechtsgeschäfte vorzunehmen (Befreiung vom Verbot der Mehrfachvertretung gemäß § 181 Alt. 2 BGB).

8. Zum Abschlussprüfer für das Geschäftsjahr <...> wurde <...> gewählt.

II.
Die formwechselnde Gesellschaft und ihr Unternehmen

[Darstellung der Historie und des Tätigkeitsgebiets der formwechselnden Gesellschaft]

III.
Der bisherige Geschäftsverlauf und die Lage der Gesellschaft
(Angaben nach § 220 Abs. 2 UmwG)

[Hier sollten auch Ausführungen zu wirtschaftlichen Faktoren erfolgen]

IV.
Deckung des Grundkapitals

Der Nennbetrag des Grundkapitals ist nach den Bilanzwerten vom Reinvermögen der formwechselnden Gesellschaft gedeckt. Das buchmäßige Eigenkapital der formwechselnden Gesellschaft im Sinne von § 266 Abs. 3 lit. A HGB betrug zum <...>. Nach Durchführung der Kapitalerhöhung auf EUR 50.000,– erhöht sich das Eigenkapital auf <...>.

Auf der Passivseite weist die Bilanz zum <...> neben dem gezeichneten Kapital Rückstellungen in Höhe von <...> aus. Die bilanzierten Passivposten sind vollständig und ausreichend. Nicht bilanzierte Risiken sind uns nicht bekannt.

Dem Formwechsel sind keine Rechtsgeschäfte vorangegangen, deren Zweck darauf gerichtet war, dass der Leistungsgegenstand zur Deckung der Sacheinlagen bei der Aktiengesellschaft verwendet wird.

V.
Der zukünftig erwartete Geschäftsverlauf

[hier können auch Angaben zum geschätzten künftigen Jahresüberschuss aufgenommen werden]

VI.
Ergebnis

[Zusammenfassung insbesondere im Hinblick auf Kapitaldeckung]

VII.
Angaben nach § 32 Abs. 3 AktG

Bei der formwechselnden Umwandlung wurden keine Aktien für Rechnung eines Mitglieds des Vorstands oder des Aufsichtsrats übernommen. Weder ein Mitglied des Vorstands noch ein Mitglied des Aufsichtsrats hat sich einen besonderen Vorteil oder für den Formwechsel oder seine Vorbereitung eine Entschädigung oder Belohnung ausbedungen.

<...> , den

Der Gesellschafter der
B-GmbH:

....

B1

c) Niederschrift über die erste Sitzung des Aufsichtsrats

46 Aufsichtsratssitzungsprotokoll:

Niederschrift
über die erste Sitzung des Aufsichtsrats

der

B-AG
mit dem Sitz in <...>

— — — — —

Durch Umwandlungsbeschluss von heute (Urkundenrolle Nr.<...> des Notars <...>) erhielt die B-GmbH durch Formwechsel nach den §§ 190 ff., 238 ff. UmwG die Rechtsform der Aktiengesellschaft.

Zu Mitgliedern des Aufsichtsrats der B-AG wurden für die satzungsmäßige Dauer bestellt:

1. ,

2. ,

3. .

Die genannten Herren nehmen die Bestellung hiermit an.

Die vorgenannten Aufsichtsratsmitglieder treten unter Verzicht auf die Einhaltung aller durch Gesetz oder Satzung für die Einberufung einer Aufsichtsratssitzung vorgeschriebenen Formen und Fristen zur ersten Sitzung des Aufsichtsrats der B-AG zusammen und fassen einstimmig folgende

Beschlüsse:

1. Zum Vorsitzenden des Aufsichtsrats wird <...>, zum stellvertretenden Vorsitzenden des Aufsichtsrats wird <...> gewählt. Diese nehmen jeweils die Wahl an.
2. Der Vorstand der Gesellschaft besteht aus zwei Mitgliedern.
3. Zu Vorstandsmitgliedern werden bestellt:
   a) ,
   geb. am ;
   b) ,
   geb. am .
   Die Bestellung erfolgt jeweils bis zum <...>. Die Vorstandsmitglieder vertreten die Gesellschaft jeweils allein. Sie sind berechtigt, im Namen der Gesellschaft und als Vertreter eines Dritten Rechtsgeschäfte vorzunehmen (Befreiung vom Verbot der Mehrfachvertretung gemäß § 181 Alt. 2 BGB).
   <...> wird zum Vorsitzenden des Vorstands ernannt.
   Die <...>, wurden anschließend zur Sitzung hinzugezogen. Sie erklären:
   Wir nehmen die Bestellung zu Vorstandsmitgliedern an.
   <...> erklärt, er nehme die Ernennung zum Vorsitzenden des Vorstands an.
4. Den Anstellungsverträgen der Vorstandsmitglieder wird zugestimmt.
5. Die <...> wird beauftragt, den Jahresabschluss der Gesellschaft für das Geschäftsjahr <...> zu prüfen.

<...>, den

....
[Unterschriften aller Aufsichtsratsmitglieder und Vorstände]

d) Gründungsprüfungsbericht

Gründungsprüfungsbericht: **47**

Gründungsprüfungsbericht
der Mitglieder des Vorstands und des Aufsichtsrats

der

B-AG
mit dem Sitz in <...>

Wir, die unterzeichnenden Mitglieder des ersten Vorstands und des ersten Aufsichtsrats der

B-AG
mit dem Sitz in <...>

haben den Hergang der formwechselnden Umwandlung der Gesellschaft mit beschränkter Haftung unter der Firma

B-GmbH

mit dem Sitz in <...>,

(Amtsgericht <...>, HRB <...>)

– nachstehend auch „Gesellschaft" oder „formwechselnde Gesellschaft" genannt –

in eine Aktiengesellschaft unter der Firma B-AG geprüft und erstatten darüber gemäß § 197 UmwG i. V. m. §§ 33 Abs. 1, 34 AktG folgenden

Bericht:

I.

Es lagen uns folgende Unterlagen vor:

1. Notarielle Urkunde von heute mit den Beschlüssen über die Kapitalerhöhung auf EUR 50.000,00;
2. Notarielle Urkunde von heute mit dem Beschluss über den Formwechsel der Gesellschaft in die Rechtsform der Aktiengesellschaft mit Feststellung der Satzung, Bestellung der Mitglieder des Aufsichtsrats sowie des Abschlussprüfers für das zum 31. Dezember <...> endende Geschäftsjahr;
3. Niederschrift über die erste Sitzung des Aufsichtsrats der B-AG mit den Beschlüssen über die
   – Wahl des Aufsichtsratsvorsitzenden und seines Stellvertreters;
   – Bestellung der Vorstandsmitglieder;
   – Beauftragung des Abschlussprüfers für das Geschäftsjahr <...>.
4. Gründungsbericht des alleinigen Gesellschafters der formwechselnden Gesellschaft, B1.

Der Geschäftsführer B1 erteilte uns die erforderlichen Auskünfte.

II.

Die B-GmbH wurde formwechselnd nach den Bestimmungen der §§ 190 ff., 238 ff. UmwG in eine Aktiengesellschaft unter der Firma B-AG umgewandelt.

Die von dem alleinigen Gesellschafter im Gründungsbericht gemachten Angaben, insbesondere über die durch den Formwechsel von dem Gesellschafter erlangten Aktien, über die durch den Formwechsel erbrachten Einlagen auf das Grundkapital und über die Festsetzungen nach §§ 26 und 27 AktG sind vollständig und richtig.

Im Sinne der aktienrechtlichen Gründungsvorschriften bringt der Gesellschafter durch den Formwechsel das Vermögen der formwechselnden Gesellschaft einschließlich der Verbindlichkeiten – als Sacheinlage – in die Aktiengesellschaft ein.

Der Wert der Sacheinlage erreicht den Nennbetrag des Grundkapitals der B-AG und damit den Betrag des Grundkapitals, der den dem Gesellschafter gewährten Aktien entspricht. Das Grundkapital der B-AG von EUR 50.000,– ist durch das nach Abzug der Schulden verbleibende Vermögen (Reinvermögen) der formwechselnden Gesellschaft voll gedeckt. Nach Buchwerten (Bilanzwerten) des Jahresabschlusses zum <...> beträgt das Reinvermögen der formwechselnden Gesellschaft EUR <...>. Nach Erhöhung des Stammkapitals aufgrund Gesellschafterbeschlusses von heute um EUR 25.000,– auf EUR 50.000,– wurde der Erhöhungsbetrag von EUR 25.000,– vollständig in bar erbracht. Mithin übersteigt das Reinvermögen der formwechselnden Gesellschaft das festgesetzte Grundkapital.

Die Angaben des alleinigen Gesellschafters der formwechselnden Gesellschaft zum Geschäftsverlauf und zur Lage der Gesellschaft halten wir ebenfalls für zutreffend.

III.

Bei der formwechselnden Umwandlung wurden keine Aktien für Rechnung eines Mitglieds des Vorstands oder des Aufsichtsrats übernommen. Weder ein Mitglied des Vorstands noch ein Mitglied des Aufsichtsrats hat sich einen besonderen Vorteil oder für den Formwechsel oder seine Vorbereitung eine Entschädigung oder Belohnung ausbedungen.

IV.

Nach § 10 der Satzung trägt die Gesellschaft den Aufwand der formwechselnden Umwandlung in Höhe von bis zu EUR 2.500,–. Gegen den Ansatz des Umwandlungsaufwands bestehen keine Bedenken.

<...>, den

Die Mitglieder des Vorstands:

Die Mitglieder des Aufsichtsrats:

e) Handelsregisteranmeldung

Registeranmeldung
Amtsgericht <...>
– Registergericht –

B-GmbH
mit Sitz in <...>
HRB <...>

Zur Eintragung in das Handelsregister wird angemeldet:

1. Aufgrund des Umwandlungsbeschlusses von heute wurde die B-GmbH nach den §§ 190 ff., 238 ff. UmwG in eine Aktiengesellschaft unter der Firma B-AG nach Maßgabe der beschlossenen Satzung mit dem Sitz in <...> umgewandelt. Der Formwechsel ist aufschiebend bedingt durch das Wirksamwerden der mit Beschluss vom <...> beschlossenen Kapitalerhöhung der GmbH auf EUR 50.000,00.
Alleiniger Gründer der Aktiengesellschaft ist B1, wohnhaft in <...>.[143]
Die Firma der Aktiengesellschaft lautet:
B-AG
2. Das Grundkapital der Aktiengesellschaft beträgt EUR 50.000,–. Es ist eingeteilt in 50.000 Stückaktien, welche insgesamt vom alleinigen Gründer, B1 gehalten werden.
3. Nach der zu nachstehend Ziffer 1 beigefügten Satzung lautet der Gegenstand des Unternehmens (§ 2 der Satzung) wie folgt:
„§ 2
Gegenstand des Unternehmens
(1) Gegenstand des Unternehmens ist <...>.

48

---

143 Diese Angabe ist nach § 42 AktG in die Anmeldung aufzunehmen.

(2) Die Gesellschaft kann gleichartige oder ähnliche Unternehmen gründen, erwerben, sich an solchen beteiligen, deren Geschäftsführung und Vertretung übernehmen, Zweigniederlassungen und Zweigbetriebe im In- und Ausland errichten sowie alle Geschäfte betreiben, die geeignet sind, dem Gegenstand des Unternehmens mittelbar oder unmittelbar zu dienen."

4. Nach der zu nachstehend Ziffer 1 beigefügten Satzung haben die Vorstandsmitglieder folgende Vertretungsbefugnis (§ 6 Absätze 2 und 3 der Satzung):

„§ 6
Vorstand

(2) Die Gesellschaft wird durch zwei Mitglieder des Vorstands gemeinschaftlich oder durch ein Mitglied des Vorstands in Gemeinschaft mit einem Prokuristen vertreten.

(3) Der Aufsichtsrat kann allen oder einzelnen Mitgliedern des Vorstands Einzelvertretungsbefugnis und/oder Befreiung von den Beschränkungen des § 181 BGB erteilen, soweit nicht § 112 AktG entgegensteht."

5. Zu Mitgliedern des Aufsichtsrats der Gesellschaft wurden bestellt:
a) ;
b) ;
c) .

6. Zu Mitgliedern des Vorstands wurden bestellt:
a) ,
geb. am ;
b) ,
geb. am .

Die Vorstandsmitglieder vertreten die Gesellschaft jeweils allein. Sie sind jeweils berechtigt, im Namen der Gesellschaft und als Vertreter eines Dritten Rechtsgeschäfte vorzunehmen (Befreiung vom Verbot der Mehrfachvertretung gemäß § 181 Alt. 2 BGB).

Die Vorstandsmitglieder versichern, dass keine Umstände vorliegen, die ihrer Bestellung zu Vorstandsmitgliedern nach § 76 Absätze 2 bis 4 AktG entgegenstehen, insbesondere, dass sie nie wegen einer oder mehrerer Straftaten im In- und Ausland verurteilt worden sind,[144] dass ihnen weder durch gerichtliches Urteil noch durch vollziehbare Entscheidung einer Verwaltungsbehörde die Ausübung eines Berufs, Berufszweigs, Gewerbes oder Gewerbezweigs untersagt worden ist, und dass sie von dem beglaubigenden Notar über ihre unbeschränkte Auskunftspflicht gegenüber dem Registergericht belehrt worden sind.

Die inländische Geschäftsanschrift der Gesellschaft lautet: <...>.

Angeschlossen sind:

1. elektronisch beglaubigte Abschrift der notariellen Urkunde von heute (Urkundenrolle Nr. <...> des Notars <...>) mit dem Umwandlungsbeschluss über den Formwechsel der B-GmbH in die Aktiengesellschaft, der Neufassung der Satzung und der Wahl der Aufsichtsratsmitglieder mit der Bescheinigung des Notars nach § 54 Absatz 1 Satz 2 GmbHG und § 181 Absatz 1 Satz 2 AktG;[145]

---

144 Vgl. *BGH* Beschluss vom 17.5.2010 = ZIP 2010, 1337 = DNotZ 2010, 930 = BB 2010, 2203.

145 Es handelt sich bei dem Formwechsel von einer Kapitalgesellschaft in eine andere Kapitalgesellschaft um eine Satzungsänderung im weitesten Sinne, da die Identität des Rechtsträgers gewahrt bleibt. Die Bescheinigung ist daher sinnvoll, wird aber häufig nicht erwähnt.

2. Beschluss des Aufsichtsrats von heute über die Bestellung der Herren <...> zu Vorstandsmitgliedern der Gesellschaft;
3. Gründungsbericht des Gründers der Gesellschaft über den Hergang des Formwechsels;
4. Prüfungsbericht der Mitglieder des Vorstands und des Aufsichtsrats über den Hergang des Formwechsels;
5. Prüfungsbericht des vom Gericht bestellten Umwandlungsprüfers, der <...>;
6. Liste mit Name, Beruf und Wohnort der Mitglieder des Aufsichtsrats,
7. Berechnung des Gründungsaufwands.

Ein Umwandlungsbericht war gemäß § 192 Abs. 3 UmwG nicht erforderlich, da an dem formwechselnden Rechtsträger nur ein Anteilsinhaber beteiligt ist.

Ein Betriebsrat besteht bei der B-GmbH nicht.

Klagen gegen den Umwandlungsbeschluss sind nicht erhoben und der alleinige Gesellschafter hat im Umwandlungsbeschluss auf eine Anfechtung verzichtet.

<...>, den

Der Geschäftsführer der
B-GmbH:[146]

....

B1

Die Vorstandsmitglieder:

Beglaubigung der Unterschrift:

2. Formwechsel einer GmbH & Co. KG in eine GmbH

Häufig ist ein Formwechsel von der GmbH & Co. KG in die GmbH steuerlich motiviert. **49** Sei es wegen der Besteuerung bei den Gesellschaftern (Besteuerung der Gewinne; Möglichkeiten der Thesaurierung) oder durch Nutzung von Steuergestaltungsmöglichkeiten, insbesondere im Konzern, welche Kapitalgesellschaften voraussetzen (z.B. Nutzung von bestimmten Schachtelprivilegien aus Doppelbesteuerungsabkommen).[147] Die Gründe können aber auch in einer schlichten Vereinfachung der Unternehmensstruktur (auch im Hinblick auf die damit verbundene Kostensenkung) oder der Verringerung des eingetragenen Haftkapitals dienen[148] (ggf. sogar unter anschließender Nutzung der für die GmbH geltenden Regeln der vereinfachten Kapitalherabsetzung). Und auch durch die Unternehmens- und Erbschaftsteuerreform ist die Attraktivität der Kapitalgesellschaft gegenüber der Personengesellschaft durch Verminderung der Unterschiede zugunsten der Kapitalgesellschaft gestiegen,[149] insbesondere im Hinblick auf die Proble-

---

146 Gem. § 246 UmwG ist nur das Vertretungsorgan des formwechselnden Rechtsträgers anmeldeverpflichtet; die Unterzeichnung der Vorstandsmitglieder erfolgt lediglich im Hinblick auf deren abzugebende Versicherung. Der Aufsichtsrat muss nicht unterzeichnen.
147 Vgl. hierzu ausführlicher *Engl* E. 4 Rn. 3.; häufig geht dann die Umwandlung einher mit Abschluss von Gewinnabführungsverträgen, bei welchen wiederum Fragen der Rückwirkung einer Umwandlungsart von Bedeutung sein können.
148 Vgl. hierzu die Erläuterungen oben zu Rn. 17.
149 Eine gute Übersicht zu den steuerlichen Kriterien bei der Rechtsformwahl in *Meissner/Bron* SteuK 2011, 47.

matik des schädlichen Verwaltungsvermögens bei vermögensverwaltenden GmbH & Co. KGs kann der Formwechsel in die GmbH ein Lösungsweg sein.[150]

50 Steuerlich gilt für den Formwechsel einer GmbH & Co. KG in eine GmbH § 25 UmwStG. Steuerlich ist bei diesem Formwechsel von einem Wechsel des Steuersubjekts auszugehen, vgl. oben Rn. 1. Da § 25 UmwStG auf die §§ 20–23 UmwStG verweist, ist nunmehr[151] in vollem Umfang auch beim Formwechsel das Antragsrecht auf Buchwertfortführung gegeben.[152] Die übertragende Gesellschaft hat auf den Übertragungsstichtag eine steuerliche Schlussbilanz gem. § 25 S. 2 UmwStG aufzustellen. Die persönlich haftenden Gesellschafter der Ausgangs-KG oder sämtliche Geschäftsführer der Ziel-GmbH müssen die Schlussbilanz unterzeichnen.[153] Gemäß §§ 25 S. 2, 9 S. 3 UmwG darf der Stichtag bis zu acht Monaten vor dem Eingang der Anmeldung des Formwechsels beim Registergericht liegen.

51 Den nachfolgenden Mustern liegt folgende Fallkonstellation zugrunde:

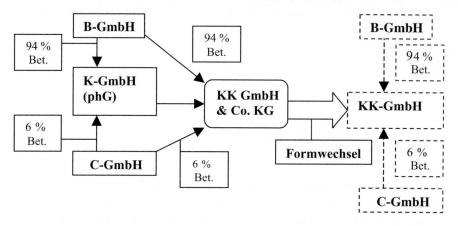

Dabei wird zugrunde gelegt, dass die GmbH und Co KG Einzelbetriebsräte sowie einen Gesamtbetriebsrat hat. Außerdem handelt es sich um ein Unternehmen mit mehr als 600 Arbeitnehmern.

52 In der gegebenen Fallkonstellation stellt sich die Problematik des Formwechsels unter Ausscheiden eines Gesellschafters, nämlich des persönlich haftenden Gesellschafters, der K-GmbH. Gem. dem oben unter Rn. 4 dargestellten Meinungsstand muss davon ausgegangen werden, dass ein Formwechsel unter direktem Ausscheiden des phG zwischenzeitlich vom BGH als zulässig anerkannt ist, so dass der in der Vorauflage beschriebene Alternativlösungsweg nicht mehr begangen werden muss;[154] vgl. zu der entsprechenden Problematik bei der Verschmelzung die Erläuterungen zu Muster im 3. Kap. Rn. 82.

---

150 Vgl. hierzu *Geck* DStR 2011, 962 f.

151 Vgl. UmwSt-Erl Tz. 20.18 ff. s. BMF-Schreiben vom 4.7.2006 – IV B 2 – S. 1909 – 12/06 –, in welchem das volle Wahlrecht bereits nach dem § 20 Abs. 2 S. 1 UmwStG a.F. dem Zielrechtsträger auf der Grundlage des *BFH* Urteils vom 19.10.2005 – IR 38/04 – zugestanden wurde.

152 In diesem Zusammenhang muss nochmals darauf hingewiesen werden, dass im neuen UmwStG das Prinzip der Maßgeblichkeit der Handelsbilanz für die Steuerbilanz vollständig aufgegeben wurde.

153 *Widmann/Mayer* § 25 UmwStG Rn. 33.

154 Ebenso *Heckschen* GWR 2010, 101 ff.

a) Umwandlungsbeschluss

Umwandlungsbeschluss

Geschehen zu
am

Vor mir, dem
Notar

erscheint heute:

GF

Der Erschienene hat sich ausgewiesen durch Vorlage <...>.

Der Erschienene erklärt, er handele nicht in eigenem Namen sondern

a) als einzelvertretungsberechtigter und von den Beschränkungen des § 181 BGB befreiter Geschäftsführer der **C-GmbH** mit dem Sitz in <...>, eingetragen im Handelsregister des Amtsgerichts <...>, HRB <...>.

b) als einzelvertretungsberechtigter und von den Beschränkungen des § 181 BGB befreiter Geschäftsführer der **B-GmbH** mit dem Sitz in <...>, eingetragen im Handelsregister des Amtsgerichts <...>, HRB >...>.

c) als einzelvertretungsberechtigter und von den Beschränkungen des § 181 BGB befreiter Geschäftsführer der **K-GmbH** mit dem Sitz in <...>, eingetragen im Handelsregister des Amtsgerichts <...>, HRB <...>, diese wiederum handelnd sowohl für sich als auch als persönlich haftende Gesellschafterin der **KK GmbH & Co. KG** mit dem Sitz in <...>, eingetragen im Handelsregister des Amtsgerichts <...>, HRA <...>.

Nach Befragung des Erschienenen wird festgestellt, dass eine Vorbefassung im Sinne von § 3 Abs. 1 Nr. 7 BeurkG vorliegt; hierzu erklärt der Erschienene, dass die Beteiligten auftragsgemäß gemeinsam von Herrn Rechtsanwalt RA beraten wurden.

Der Erschienene erklärt zur notariellen Beurkundung Folgendes:

I.
Vorbemerkung

An der

KK GmbH & Co. KG
mit dem Sitz in <...>

sind als Gesellschafter mit nachstehenden Kapitalanteilen beteiligt:[155]

a) *als persönlich haftender Gesellschafter*
K-GmbH
mit dem Sitz in <...>
ohne Kapitalanteil und ohne Anteil am Gesellschaftsvermögen

---

155 Beim Formwechsel von der Personenhandelsgesellschaft in die Kapitalgesellschaft muss keine Umstellung des Kapitals auf EUR bei dem Ausgangsrechtsträger erfolgen, da nur beim Formwechsel von Kapitalgesellschaften untereinander der Identitätsgrundsatz auf die Erhaltung der Kapitalziffer durchschlägt, § 243 Abs. 3 UmwG.

b) *als Kommanditisten*

B-GmbH	DM	5.640.00,00
mit dem Sitz in <...>	(EUR	2.883.686,27)
C-GmbH	DM	360.000,00
mit dem Sitz in <...>	(EUR	184.065,07)
Gesellschaftskapital	**DM**	**6.000.000,00**
	(EUR	**3.067.751,29)**

Es sind somit sämtliche Gesellschafter und das gesamte Gesellschaftskapital vertreten.

Der Jahresabschluss der KK GmbH & Co. KG, mit dem Sitz in <...> zum 31. Dezember <...> wurde festgestellt.

II.

Umwandlungsbeschluss

Unter Verzicht auf die Einhaltung aller durch Gesetz oder Gesellschaftsvertrag vorgeschriebenen Formen und Fristen hält der Erschienene eine

Gesellschafterversammlung

der

KK GmbH & Co. KG

mit dem Sitz in <...>

– nachfolgend „Gesellschaft" genannt –

ab. Die Gesellschafter fassen e i n s t i m m i g folgenden

Umwandlungsbeschluss:

1. Im Wege der formwechselnden Umwandlung der Gesellschaft in eine Gesellschaft mit beschränkter Haftung nach §§ 214 ff. UmwG wird hiermit die

KK-GmbH

mit dem Sitz in <...>

– nachfolgend „GmbH" genannt –

mit einem Stammkapital von EUR 3.000.000,00 errichtet.

An der GmbH sind mit den nachstehenden Geschäftsanteilen beteiligt:

a) C-GmbH

    mit dem Sitz in <...>

    mit dem Geschäftsanteil Nr. 1   EUR   180.000,00

    i.H.v.

b) B-GmbH

    mit dem Sitz in <...>

    mit dem Geschäftsanteil Nr. 2   EUR   2.820.000,00

    i.H.v.

Die bisherige persönlich haftende Gesellschafterin, die K-GmbH mit dem Sitz in <...> tritt auf das Wirksamwerden des Formwechsels mit Zustimmung aller Gesellschafter aus der Gesellschaft aus.

Für das Gesellschaftsverhältnis gilt der dieser Niederschrift als *Anlage 1* beigefügte Gesellschaftsvertrag.[156]

---

156 Der Gesellschaftsvertrag muss gem. § 218 Abs. 1 UmwG Teil des Umwandlungsbeschlusses sein. Für ihn gelten die Anmerkungen zu Muster Rn. 44 (Satzung AG) entsprechend; vgl. auch die Erläuterungen oben Rn. 11.

2. Der Umwandlung wird die dieser Niederschrift als *Anlage 2* beigefügte Bilanz zum 31. Dezember <...> zugrunde gelegt. Das in der Bilanz ausgewiesene Reinvermögen in Höhe von EUR 3.067.751,29 wird wie folgt verwendet:

   a) Ein Betrag in Höhe des Stammkapitals wird als Einlage der Gesellschafter mit deren jeweiligen Einlagen nach obiger Ziffer 1 verrechnet:

   aa) C-GmbH
       mit dem Sitz in <...>   EUR   180.000,00

   bb) B-GmbH
       mit dem Sitz in <...>   EUR 2.820.000,00

   b) Ein Betrag von EUR 67.751,29 wird als Aufgeld der Kapitalrücklage der GmbH zugeführt.

   Auf die Bilanz wird verwiesen. Sie lag den Beteiligten zur Durchsicht vor und wurde von diesen unter Verzicht auf deren Verlesung genehmigt und abgezeichnet.

3. Die Guthaben der Gesellschafter auf Privatkonten werden mit ihrem Stand vom 1. Januar <...> rückwirkend zum 1. Januar <...> in die Gesellschaft eingebracht;[157] der Betrag von EUR 6.590.000,10 wird der Kapitalrücklage der GmbH zugeführt.

4. Im Innenverhältnis gilt die Umwandlung als am 1.1.<...>, 0.00 Uhr erfolgt und die Handlungen der Gesellschaft von diesem Tag an als für Rechnung der GmbH vorgenommen.[158]

5. Zu Geschäftsführern der GmbH werden bestellt:

   a) GF,
       geb. am <...>,
       wohnhaft in <...>,

   b) GF2,
       geb. am <...>,
       wohnhaft in <...>.

   Der Geschäftsführer GF ist stets einzelvertretungsberechtigt und von den Beschränkungen des § 181 BGB befreit.

   Der Geschäftsführer GF2 ist berechtigt, die Gesellschaft in Gemeinschaft mit einem weiteren Geschäftsführer oder einem Prokuristen zu vertreten.

6. Bestehende Beschäftigungsverhältnisse einschließlich aller sich daraus ergebenden Ansprüche der Arbeitnehmer bleiben unberührt; die Vertretungen der Arbeitnehmer bleiben im Amt. Im Übrigen werden gesetzliche Mitbestimmungsrechte der Arbeitnehmer bei der GmbH gewahrt.[159]

   Die bei der formwechselnden Gesellschaft erteilten Prokuren bleiben bestehen. Maßnahmen i.S.v. § 194 Absatz 1 Ziffer 7 UmwG sind nicht vorgesehen.

7. Maßnahmen nach § 194 Absatz 1 Ziffer 5 UmwG sind nicht vorgesehen.

---

157 Es handelt sich bei den Privatkonten um betriebsnotwendiges Kapital, welches im Zuge der Umwandlung zu Fremdkapital würde, vgl. oben Rn. 16; ob für diese Einbringung eine separate Ausweisung von gewährten Anteilen (separate Kapitalerhöhung) erforderlich ist, ist umstritten; m.E. muss die Einbringung der Privatkonten im Zuge des Formwechsels erfolgen, um die Betriebseigenschaft i.S. des UmwStG zu erhalten; dann wiederum kann nicht gefordert werden, dass mehr zu gewähren ist, als im Zuge des Formwechsels an Anteilen gewährt wird; diesbezüglich empfiehlt sich die Einholung einer verbindlichen Auskunft beim Finanzamt.

158 Es handelt sich um einen ausschließlich steuerlichen Umwandlungsstichtag, vgl. die Ausführungen oben Rn. 15.

159 Durch den Formwechsel muss ein mitbestimmter Aufsichtsrat gebildet werden.

III.
Verzichtserklärungen, Austrittserklärung

Nach entsprechender Belehrung durch den beurkundenden Notar verzichten sämtliche Gesellschafter auf

1. die schriftliche Ankündigung des Formwechsels als Gegenstand der Beschlussfassung nach § 216 UmwG;
2. die Erstattung eines Umwandlungsberichts nach § 216 i.V.m. § 192 Absatz 2 UmwG;
3. eine Klage gegen die Wirksamkeit des Umwandlungsbeschlusses nach § 198 Absatz 3 UmwG i.V.m. § 16 Absatz 2 Satz 2 UmwG,
4. auf die Abgabe eines Barabfindungsangebotes gem. § 207 UmwG.[160]

Die K-GmbH mit dem Sitz in <...> erklärt hiermit ausdrücklich ihren Austritt aus der Gesellschaft auf den Zeitpunkt des Wirksamwerdens des Formwechsels.

IV.
Barabfindung

Es wird festgestellt, dass kein Gesellschafter Widerspruch nach § 207 Absatz 1 UmwG erklärt hat und kein Fall des § 207 Absatz 2 UmwG i.V.m. § 29 Absatz 2 UmwG vorliegt, so dass eine Barabfindung nicht zu leisten ist.

V.
Betriebsratszuleitung

Es wird festgestellt, dass der Entwurf des Umwandlungsbeschlusses am <...> den Betriebsräten und am <...> dem Gesamtbetriebsrat der Gesellschaft ordnungsgemäß zugeleitet wurde.[161]

VI.
Kosten, Grundbuchvollzug

(1) Die durch den Formwechsel und ihren Vollzug entstehenden Kosten und Steuern einschließlich eventuell anfallender Grunderwerbsteuer trägt – auch wenn der Formwechsel nicht zustande kommt – die Gesellschaft.

(2) Grundbucherklärungen:[162]

Die formwechselnde Gesellschaft, die KK GmbH & Co. KG, b e w i l l i g t

und die neu entstehende Gesellschaft, die KK-GmbH

b e a n t r a g t

die Grundbücher gemäß *Anlage 3* entsprechend dem Umwandlungsbeschluss (Formwechsel) hinsichtlich des Eigentums zu berichtigen.

Hierzu wird dem Grundbuchamt nach Eintragung des Formwechsels im Handelsregister bei der Gesellschaft ein beglaubigter Handelsregisterauszug vorgelegt.

---

160 Zum Barabfindungsangebot vgl. die Erläuterungen oben Rn. 19.
161 Zur Zuleitung an alle Betriebsräte vgl. die Erläuterungen im 2. Kap. Rn. 38.
162 Die Eintragung des Formwechsels im Handelsregister dient zwar als Unrichtigkeitsnachweis gem. § 22 GBO, jedoch ist durch die Aufnahme zumindest des Grundbuchantrags die Veranlassung der Grundbuchberichtigung entweder durch den Notar oder durch die Beteiligten einfacher möglich. Die Angabe des Grundbesitzes erleichtert auch die Durchführung der Anzeigepflicht an das Finanzamt durch den Notar.

VIII.

Schlussbestimmungen

(1) Es wird gebeten, von dieser Niederschrift zu erteilen:

a) für das Amtsgericht – Registergericht – <...>-<...> –
 zu HRA und HRB,
 je eine elektronisch beglaubigte Abschrift,
b) für die GmbH
 drei beglaubigte Abschriften.

(2) Der beurkundende Notar hat die nach dem Beurkundungsgesetz vorgeschriebenen Belehrungen erteilt. Er hat insbesondere darauf hingewiesen, dass erst mit der Eintragung der GmbH in das Handelsregister die Wirkungen der beschlossenen Umwandlung eintreten, insbesondere nach § 202 UmwG

a) die Gesellschaft in der Rechtsform der GmbH weiter besteht,
b) die Anteilsinhaber der formwechselnden Gesellschaft als Gesellschafter an der GmbH beteiligt sind, sofern sie nicht im Zuge des Formwechsels aus der Gesellschaft ausscheiden,
c) die Anteilsinhaber als Gesellschafter der GmbH gem. § 22 Abs. 3 UmwStG in den auf den steuerlichen Stichtag für den Formwechsel folgenden sieben Jahren jährlich bis zum 31. Mai dem Finanzamt nachzuweisen haben, dass die durch den Formwechsel erworbenen Anteile ihnen noch zustehen und dass es sich hierbei um eine Ausschlussfrist handelt.[163]

Ferner hat der beurkundende Notar über die zeitlich begrenzte Fortdauer der Haftung der Gesellschafter der formwechselnden Gesellschaft nach § 224 UmwG belehrt.

Die vorstehende Urkunde mit Anlagen 1 und 3 wurde in Gegenwart des Notars vorgelesen, von dem Erschienenen genehmigt und wie folgt eigenhändig unterschrieben:

b) Handelsregisteranmeldung

Handelsregisteranmeldung **54**
Amtsgericht
<...>
– Registergericht –

KK GmbH & Co. KG
mit dem Sitz in <...>
HRA <...>
– Umwandlung in eine GmbH –

Zur Eintragung in das Handelsregister wird angemeldet:

1. Aufgrund des Gesellschafterbeschlusses vom <...> wurde die Kommanditgesellschaft unter der Firma KK GmbH & Co. KG in die Rechtsform einer Gesellschaft mit beschränkter Haftung unter der Firma KK-GmbH umgewandelt. Der persönlich haftende Gesellschafter, die K-GmbH mit dem Sitz in <...> ist auf den Zeitpunkt des Wirksamwerdens des Formwechsels aus der Gesellschaft ausgeschieden.

---

163 Vgl. hierzu oben 4. Kap. Rn. 18.

2. Die Vertretung der Gesellschaft ist in § 7 des Gesellschaftsvertrags wie folgt geregelt:

„(1) Ist nur ein Geschäftsführer vorhanden, so vertritt er die Gesellschaft allein. Sind mehrere Geschäftsführer bestellt, so vertritt jeder Geschäftsführer die Gesellschaft in Gemeinschaft mit einem anderen Geschäftsführer oder einem Prokuristen.

(2) Durch Gesellschafterbeschluss kann allen oder einzelnen Geschäftsführern Einzelvertretungsbefugnis sowie Befreiung von den Beschränkungen des § 181 BGB erteilt werden."

3. Zu Geschäftsführern der Gesellschaft wurden bestellt:

a) GF,

geb. am <...>

wohnhaft in <...>,

b) GF2,

geb. am <...>,

wohnhaft in <...>.

Der Geschäftsführer GF ist stets einzelvertretungsberechtigt und von den Beschränkungen des § 181 BGB befreit. Der Geschäftsführer GF2 ist gemäß § 7 Abs. 1 des Gesellschaftervertrages vertretungsberechtigt.

4. Bisher eingetragene Prokuren, nämlich für

a) <...>, geb. am <...>,

wohnhaft in <...>

b) <...>, geb. am <...>,

wohnhaft in <...>

usw.

bestehen weiterhin.[164]

Der Prokurist zu lit. a) vertritt die Gesellschaft allein.

Die Prokuristen zu lit. b) – lit. <...> vertreten die Gesellschaft jeweils in Gemeinschaft mit einem anderen Prokuristen oder einem Geschäftsführer.

5. Die inländische Geschäftsanschrift der Gesellschaft lautet unverändert: <...>.

6. Die unterzeichnenden Geschäftsführer der umgewandelten Gesellschaft versichern, dass

a) die zu erbringenden Leistungen auf die Einlagen von den Gesellschaftern voll bewirkt sind und sich endgültig in ihrer freien Verfügung befinden;[165]

b) sie nie wegen einer oder mehrerer Straftaten im In- und Ausland verurteilt worden sind,[166] dass ihnen weder durch gerichtliches Urteil noch durch vollziehbare Entscheidung einer Verwaltungsbehörde die Ausübung eines Berufs, Berufszweigs, Gewerbes oder Gewerbezwigs untersagt worden ist und dass sie vom beglaubigenden Notar über ihre unbeschränkte Auskunftspflicht gegenüber dem Registergericht belehrt worden sind.

---

164 Zum Bestehenbleiben der Prokuren vgl. oben Rn. 30.

165 Wegen der Erforderlichkeit dieser Versicherung vgl. oben Rn. 28.

166 Vgl. *BGH* Beschluss vom 17.5.2010 = ZIP 2010, 1337 = DNotZ 2010, 930 = BB 2010, 2203.

Beigefügt sind:

a) eine elektronisch beglaubigte Abschrift der notariellen Niederschrift des Umwandlungsbeschlusses vom <...> mit dem Gesellschaftsvertrag der GmbH,

b) eine von den Geschäftsführern unterzeichnete Liste der Gesellschafter,[167]

c) der Sachgründungsbericht,[168]

d) folgende Unterlagen über den Wert der Sacheinlagen:
   aa)
   bb)

e) ein Nachweis über die rechtzeitige Zuleitung des Entwurfs des Umwandlungsbeschlusses an den Betriebsrat (Betriebsräte und Gesamtbetriebsrat),

Die Geschäftsführer erklären, dass

– außer dem Umwandlungsbeschluss keine den Festsetzungen über die Sacheinlagen zugrunde liegenden Erklärungen oder zu ihrer Ausführung geschlossenen Verträge vorliegen;

– alle klageberechtigten Gesellschafter durch notariell beurkundete Erklärungen in dem Umwandlungsbeschluss auf Klage gegen dessen Wirksamkeit verzichtet haben.

<...>, den

Die Geschäftsführer der
umgewandelten Gesellschaft:

....

GF

....

GF2

Beglaubigung der Unterschriften:

3. Formwechsel einer AG in eine GmbH

Für den Wechsel der Rechtsform von der AG in eine GmbH gibt es unterschiedliche **55** Gründe, vgl. hierzu auch oben Rn. 39 ff. Häufig liegt dem Rechtsformwechsel die Erkenntnis zugrunde, dass die AG als Rechtsform zu schwierig bzw. aufwendig zu handhaben ist. Die GmbH-Satzung bietet insbesondere eine wesentlich höhere Flexibilität und gleichzeitig die Möglichkeit, die Satzung an die besonderen individuellen Anforderungen der Gesellschafter anzupassen. Außerdem hat die GmbH im Gegensatz zur AG keine zwingende dreigliedrige Organisationsstruktur (Vorstand, Aufsichtsrat, Hauptversammlung).

---

167 Die Liste der Gesellschafter ist durch die Anwendung der Gründungsvorschriften gem. § 8 Abs. 1 GmbHG von den Geschäftsführern zu unterzeichnen.

168 Wegen des Sachgründungsberichts vgl. Muster und Erläuterungen in Kap. 4 Rn. 67; Sacherhöhungsbericht und Gründungsbericht oben Rn. 45.

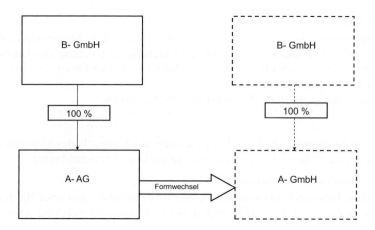

Den nachfolgenden Mustern liegt die Fallkonstellation der Umwandlung einer Ein-personen-AG in eine GmbH zugrunde, um die Mindesterfordernisse bei einer formwechselnden Umwandlung in eine GmbH aufzuzeigen; es handelt sich um eine Fallkonstellation der Konzernumstrukturierung, so dass bei der B-GmbH ein Kon-zernbetriebsrat besteht:

a) Umwandlungsbeschluss[169]

56   Umwandlungsbeschluss

Geschehen zu
am

Vor mir, dem

Notar

erscheint heute:

   B1

Der Erschienene erklärt, er handle nicht im eigenen Namen, sondern als von den Beschränkungen des § 181 BGB befreiter Bevollmächtigter für die im Handelsregis-ter des Amtsgerichts <...> unter HRB <...> eingetragene Gesellschaft mit beschränkter Haftung unter der Firma B-GmbH mit dem Sitz in B.

Der Erschienene hat sich ausgewiesen durch Vorlage <...>. Nach Befragung des Erschienenen wird festgestellt, dass eine Vorbefassung im Sinne von § 3 Abs. 1 Nr. 7 BeurkG nicht vorliegt. Er erklärt sodann mit der Bitte um Beurkundung wie folgt:

I.
Darstellung der rechtlichen Verhältnisse

Am Grundkapital in Höhe von EUR 50.000,00 der im Handelsregister des Amtsge-richts <...> unter HRB <...> eingetragenen Aktiengesellschaft unter der Firma

---

169 Wegen der Erläuterungen kann im Wesentlichen auf die vorhergehenden Muster Rn. 43 ff. verwie-sen werden.

A-AG
mit dem Sitz in <...>

ist die B-GmbH mit 50.000 auf den Namen lautenden nennwertlosen Stückaktien allein beteiligt.

Die Einlagen auf das Grundkapital sind nach Versicherung in voller Höhe erbracht.

Es sind somit sämtliche Aktionäre und das gesamte Grundkapital der A-AG vertreten.

II.
Umwandlungsbeschluss

Unter Verzicht auf die Einhaltung aller durch Gesetz oder Satzung vorgeschriebenen Formen und Fristen sowie unter Verzicht auf die Teilnahme der Mitglieder des Vorstands und des Aufsichtsrats der A-AG hält der Erschienene eine

außerordentliche Hauptversammlung der
A-AG
mit dem Sitz in <...>

ab und fasst namens der Alleinaktionärin, der B-GmbH, folgenden

U m w a n d l u n g s b e s c h l u s s :

1. Die A-AG erhält durch Formwechsel nach den §§ 190 ff., 238 ff. UmwG die Rechtsform einer Gesellschaft mit beschränkter Haftung (GmbH).
2. Die GmbH führt die Firma

A-GmbH

3. Der Sitz der A-GmbH ist <...>.
4. Das bisherige Grundkapital der A-AG wird in der bisherigen Höhe zum Stammkapital der GmbH. Das Stammkapital der GmbH beträgt somit

EUR 50.000,00
(in Worten: Euro fünfzigtausend).

Das Stammkapital ist eingeteilt in einen Geschäftsanteil mit der lfd. Nr. 1 im Nennbetrag von EUR 50.000,00. An die Stelle der bisher 50.000 Stückaktien mit einem rechnerischen anteiligen Betrag des Grundkapitals von EUR 1,00 je Stückaktie tritt der Geschäftsanteil mit der lfd. Nr. 1 im Nennbetrag von EUR 50.000,00.

Der Alleingesellschafter erbringt die Einlage auf seinen Geschäftsanteil durch Formwechsel der A-AG in die A-GmbH.

Am Stammkapital der GmbH in Höhe von EUR 50.000,00 ist die B-GmbH, die Alleinaktionärin der A-AG, als alleinige Gesellschafterin mit dem Geschäftsanteil Nr. 1 im Nennbetrag von EUR 50.000,00 beteiligt.

Für die A-GmbH gilt der dieser Urkunde als Anlage beigefügte Gesellschaftsvertrag. Der Gesellschaftsvertrag wird hiermit festgestellt. Die B-GmbH bekennt sich zum Inhalt des Gesellschaftsvertrags in allen Teilen.

5. Rechte oder Maßnahmen nach § 194 Absatz 1 Nr. 5 UmwG werden nicht gewährt und sind nicht vorgesehen.
6. Der Formwechsel hat keine Auswirkungen für die Arbeitnehmer und ihre betriebsverfassungsrechtlichen Vertretungen, da die bestehenden Beschäftigungsverhältnisse einschließlich aller sich daraus ergebenden Ansprüche der Arbeitnehmer unberührt und die betriebsverfassungsrechtlichen Vertretungen der Arbeitnehmer unverändert im Amt bleiben. Auch Auswirkungen tarifvertragli-

cher Art ergeben sich nicht. Die Direktionsbefugnisse des Arbeitgebers werden nach dem Formwechsel von den Geschäftsführern der A-GmbH ausgeübt. Maßnahmen im Sinne von § 194 Absatz 1 Nr. 7 UmwG sind nicht vorgesehen.

7. Durch den Formwechsel in die Rechtsform der GmbH entfällt bei der Gesellschaft die gesetzliche Verpflichtung zur Bildung eines Aufsichtsrats.
Bei der A-GmbH wird kein Aufsichtsrat gebildet werden.

III.
Verzichtserklärungen

Nach entsprechender Belehrung durch den beurkundenden Notar verzichtet die Alleinaktionärin, die B-GmbH, auf

1. die Ankündigung des Formwechsels nach §§ 238 Satz 1, 230 Absatz 1 UmwG als Gegenstand der Beschlussfassung;
2. die Erläuterung des Umwandlungsbeschlusses nach § 239 Absatz 2 UmwG;
3. eine Klage gegen die Wirksamkeit des Umwandlungsbeschlusses nach § 198 Absatz 3 i.V.m. § 16 Absatz 2 Satz 2 UmwG;
4. die Einhaltung aller sonstigen Förmlichkeiten, auf die von Gesetzes wegen verzichtet werden kann.

IV.
Kein Umwandlungsbericht und kein Abfindungsangebot

Es wird festgestellt, dass ein Umwandlungsbericht nach § 192 Absatz 3 Satz 1 UmwG nicht erforderlich ist, da an dem formwechselnden Rechtsträger, der A-AG, nur ein Aktionär, nämlich die B-GmbH, beteiligt ist. Es wird weiter festgestellt, dass ein Abfindungsangebot nach § 194 Absatz 1 Nr. 6 UmwG nicht erforderlich ist, da an dem formwechselnden Rechtsträger nur ein Anteilsinhaber beteiligt ist. Des Weiteren wird festgestellt, dass die alleinige Aktionärin der A-AG, die B-GmbH, für den Formwechsel gestimmt hat.

V.
Zuleitung an den Betriebsrat

Es wird festgestellt, dass bei der A-AG kein Betriebsrat besteht und der Entwurf des Umwandlungsbeschlusses daher dem bei der B-GmbH gebildeten Teilkonzernbetriebsrat am [•] und damit unter Einhaltung der Monatsfrist nach § 194 Absatz 2 UmwG zugeleitet wurde.[170]

VI.
Bestellung von Geschäftsführern

Zu Geschäftsführern der A-GmbH werden bestellt:

1. Herr A.
Herr A ist einzelvertretungsberechtigt und von den Beschränkungen des § 181 2. Alt. BGB befreit.
2. Herr B.,
Herr B ist einzelvertretungsberechtigt.

---

170 Ein Verzicht auf die Einhaltung der Monatsfrist ist möglich, vgl. oben 2. Kap. Rn. 38.

VII.
Kosten

Die durch den Formwechsel und seinen Vollzug entstehenden Kosten und Steuern trägt – auch wenn der Formwechsel nicht zustande kommt - die Gesellschaft.

VIII.
Schlussbestimmungen

1. Es wird gebeten, von dieser Niederschrift zu erteilen:
   a) für das Amtsgericht – Registergericht – <...> eine elektronisch beglaubigte Abschrift;
   b) diejenigen beglaubigten Abschriften, deren Erteilung gesetzlich vorgeschrieben ist oder die zum Vollzug dieser Niederschrift erforderlich sind;
   c) für die Gesellschaft zwei beglaubigte Abschriften.
2. Der beurkundende Notar hat die nach dem Beurkundungsgesetz vorgeschriebenen Belehrungen erteilt.
   Er hat insbesondere darauf hingewiesen, dass erst mit der Eintragung der GmbH in das Handelsregister die Wirkungen der beschlossenen Umwandlung eintreten, insbesondere nach § 202 UmwG
   a) die Gesellschaft in der Rechtsform der GmbH weiter besteht;
   b) der Anteilsinhaber der formwechselnden Aktiengesellschaft als Gesellschafter an der GmbH beteiligt ist,
   c) das Recht der Gläubiger ggf. Sicherheitsleistung verlangen zu können.

Die vorstehende Niederschrift samt Anlage wurde vom Notar vorgelesen, von dem Erschienenen genehmigt und wie folgt eigenhändig unterschrieben:

GmbH-Satzung als Anlage zum Umwandlungsbeschluss:[171]
(individuelle Satzungsregelungen)

b) Handelsregisteranmeldung

Registeranmeldung
Amtsgericht <...>
– Registergericht –

A-AG
mit Sitz in <...>
HRB <...>

57

---

171 Gem. § 243 Abs. 1 S. 2 sind in die Satzung des Zielrechtsträgers im bisherigen Statut der A-AG enthaltene Festsetzungen über Sondervorteile, Gründungsaufwand, Sacheinlagen und Sachübernahmen zu übernehmen. Vgl. hierzu die Ausführungen oben Rn. 11.

Zur Eintragung in das Handelsregister wird angemeldet:

1. Aufgrund des Umwandlungsbeschlusses von heute wurde die A-AG mit Sitz in <...> nach den §§ 190 ff., 238 ff. UmwG in die Rechtsform der Gesellschaft mit beschränkter Haftung unter der Firma

A-GmbH

nach Maßgabe der beschlossenen Satzung formgewechselt.

Alleinige Gründerin der Gesellschaft mit beschränkter Haftung ist die alleinige Aktionärin der A-AG, nämlich die B-GmbH mit Sitz in B, die für den Formwechsel gestimmt hat.

2. Das Stammkapital der A-GmbH beträgt EUR 50.000,00.

Es ist eingeteilt in einen Geschäftsanteil mit der lfd. Nr. 1 im Nennbetrag von EUR 50.000,00, welcher insgesamt von der alleinigen Gründerin, B-GmbH, gehalten wird.

Die Einlage und damit das Stammkapital der Gesellschaft hat sie durch Formwechsel der A-AG in die Rechtsform der GmbH erbracht.

3. Nach der zu nachstehend Ziffer 1 beigefügten Satzung lautet der Gegenstand des Unternehmens (§ <...> der Satzung) wie folgt:

„§ <...>

Gegenstand des Unternehmens

(1) Gegenstand des Unternehmens ist <...>."

4. Die Vertretungsbefugnis der Geschäftsführer ist in § <...> der Satzung wie folgt geregelt:

„§ <...> **Vertretung**

(1) Die Gesellschaft hat einen oder mehrere Geschäftsführer. Ist nur ein Geschäftsführer bestellt, so vertritt er die Gesellschaft allein. Sind mehrere Geschäftsführer bestellt, so vertritt jeder Geschäftsführer die Gesellschaft in Gemeinschaft mit einem anderen Geschäftsführer oder einem Prokuristen.

(2) Durch Gesellschafterbeschluss kann allen oder einzelnen Geschäftsführern Einzelvertretungsbefugnis sowie Befreiung von den Beschränkungen des § 181 BGB erteilt werden."

5. Zu ersten Geschäftsführern der Gesellschaft wurden bestellt:

a) Herr A, geboren am <...>, wohnhaft in <...>,

b) Herr B, geboren am <...>, wohnhaft in <...>.

Diese Geschäftsführer sind beide berechtigt, die Gesellschaft stets einzeln zu vertreten.

Herr A ist von den Beschränkungen des § 181 2. Alt. BGB befreit.

6. Die mitunterzeichnenden Geschäftsführer versichern jeweils für sich, dass sie

aa) nicht aufgrund eines gerichtlichen Urteils oder einer vollziehbaren Entscheidung einer Verwaltungsbehörde einen Beruf, einen Berufszweig, ein Gewerbe oder einen Gewerbezweig nicht ausüben dürfen,

bb) noch nie, weder im Inland noch im Ausland, wegen einer Straftat verurteilt wurden[172]

und dass sie vom beglaubigenden Notar über ihre unbeschränkte Auskunftspflicht gegenüber dem Registergericht belehrt worden sind.

---

172 Vgl. *BGH* Beschluss vom 17.5.2010 = ZIP 2010, 1337 = DNotZ 2010, 930 = BB 2010, 2203.

7. Der Sitz der Gesellschaft ist weiterhin in <...>.
   Die Geschäftsräume der Gesellschaft befinden sich in <...>; dies ist gleichzeitig die inländische Geschäftsanschrift i. S. d. § 10 Abs. 1 Satz 1 GmbHG.

Beigefügt sind:

1. eine elektronisch beglaubigte Abschrift der notariellen Urkunde von heute (Urkundenrolle Nr. <...> des Notars <...>) mit dem Umwandlungsbeschluss über den Formwechsel der A-AG in die Gesellschaft mit beschränkter Haftung, der Neufassung der Satzung nebst der Bescheinigung des Notars nach § 54 Absatz 1 Satz 2 GmbHG und § 181 Absatz 1 Satz 2 AktG;
2. eine elektronisch beglaubigte Abschrift des Beschlusses über die Geschäftsführerbestellung, in der gleichen Urkunde enthalten,
3. eine Liste der Gesellschafter,
4. ein Nachweis über die Zuleitung des Entwurfs an den Teilkonzernbetriebsrat.

Ein Umwandlungsbericht war gemäß § 192 Abs. 2 UmwG nicht erforderlich, da an dem formwechselnden Rechtsträger nur ein Anteilsinhaber beteiligt ist. Ein Sachgründungsbericht ist gem. § 245 Abs. 4 UmwG ebenfalls nicht erforderlich.

Ein Betriebsrat besteht bei der A-AG nicht.

Klagen gegen den Umwandlungsbeschluss sind nicht erhoben und die alleinige Gesellschafterin hat im Umwandlungsbeschluss auf eine Anfechtung verzichtet.

<...>, den

Die Vorstandsmitglieder (in vertretungsberechtigter Zahl):[173]

....

Die Geschäftsführer der A-GmbH:

....

Unterschriftsbeglaubigung:

---

[173] Vgl. auch oben 5. Kap. Fn. 145 zu Rn. 48; die Unterzeichnung der neu bestellten Geschäftsführer erfolgt lediglich im Hinblick auf deren abzugebende Versicherung.

c) Gesellschafterliste[174]

58 Liste der Gesellschafter:

Liste der Gesellschafter

der A-GmbH (vormals: A-AG)
mit dem Sitz in <...>
Amtsgericht <...>, HRB <...>

Lfd. Nr. des Geschäftsanteils	Firma und Sitz/ Name und Wohnort des Gesellschafters	Nennbetrag der Geschäftsanteile	
1	B-GmbH, B (Amtsgericht <...> HRB <...>)	EUR	50.000,00
Stammkapital		EUR	50.000,00

<...>, den

Die Geschäftsführer:

---

174 M.E. ist bisher zu der Frage, wann eine Liste in der vorstehenden Falllage einzureichen ist und wer sie zu unterzeichnen hat, keine Entscheidung ergangen. Die Liste ist wohl nur von den Geschäftsführern zu unterzeichnen, vgl. *Meister* NZG 2008, 767 ff., 770; dem kann nur zugestimmt werden, da gem. § 197 UmwG die Gründungsvorschriften Anwendung finden, so dass die Liste sofort mit einzureichen ist (so *Lutter* § 246 Rn 21, *Kallmeyer* § 246 Rn. 3), obwohl der Formwechsel erst mit der Eintragung wirksam wird. Da eine „Veränderung" i.S. des § 40 Abs. 1 GmbHG nicht vorliegt, können die unterschiedlichen Auffassungen hinsichtlich der Zuständigkeit außer Betracht gelassen werden, vgl. hierzu 3. Kap. Fn. 361 zu Rn. 71.

6. Kapitel
Vermögensübertragung

I. Die Vermögensübertragung – ein Überblick

Die Vermögensübertragung ist zwar im Vierten Buch des UmwG und somit vor dem **1** Formwechsel geregelt, steht in diesem Handbuch jedoch an letzter Stelle der vier Umwandlungsarten. Dies ist durch die nur sehr geringe Bedeutung der Vermögensübertragung für die Praxis begründet. Diese resultiert aus folgenden wesentlichen Besonderheiten:

* gem. § 175 UmwG können an einer Vermögensübertragung nur Rechtsträger beteiligt sein, bei denen aufgrund ihrer Organisationsstruktur kein Anteilstausch vorgenommen werden kann, d.h. an denen die **öffentliche Hand** oder **Unternehmen der Versicherungswirtschaft** beteiligt sind;
* bei der Vermögensübertragung erhalten die Anteilsinhaber des übertragenden Rechtsträgers oder der übertragende Rechtsträger **als Gegenleistung** gerade **keine Anteile** oder Mitgliedschaften am übernehmenden Rechtsträger, § 174 Abs. 1 und 2 UmwG;
* die Vermögensübertragung kann immer **nur auf bestehende Rechtsträger**[1] erfolgen (keine Vermögensübertragung zur Neugründung).

Die nachstehenden Erläuterungen beschränken sich daher auf die Darstellung des wesentlichen Charakters der Vermögensübertragung.

Die Vermögensübertragung bewirkt entweder als **Vollübertragung** gem. § 174 Abs. 1 **2** UmwG oder als **Teilübertragung** gem. § 174 Abs. 2 UmwG, dass eine Vermögensübertragung vom übertragenden Rechtsträger auf den übernehmenden Rechtsträger erfolgt im Wege der Universalsukzession oder im Wege der partiellen Gesamtrechtsnachfolge. Die Vermögensübertragung ist daher ein Sonderfall der Verschmelzung und der Spaltung, welche sich im Wesentlichen von diesen durch die Art der zu gewährenden Gegenleistung unterscheidet.[2]

In § 174 UmwG ist lediglich geregelt, dass die Gegenleistung **nicht** aus Anteilen am **3** übernehmende Rechtsträger bestehen darf. Durch diese reine Negativabgrenzung ist die Gegenleistung sowohl im Hinblick auf ihren Gegenstand wie auch im Hinblick auf ihre Höhe frei gestaltbar.[3] Eine Gegenleistung ist jedoch durch den umfangreichen Verweis auf die Verschmelzungs- und Spaltungsvorschriften ausgeschlossen, soweit der übernehmende Rechtsträger am übertragenden Rechtsträger beteiligt war, §§ 5, 20 Abs. 3 UmwG. Weitere Besonderheiten ergeben sich aus den Besonderen Vorschriften, z.B. §§ 181, 186 UmwG.

---

1 Die SE ist als Zielrechtsträger zulässig, da sie wie eine inländische AG zu behandeln ist und die SE gem. § 7 Abs. 1 VAG die Zulassung als Versicherungs-SE erhalten kann, vgl. *Widmann/Mayer* § 174 Rn. 15.

2 S.a. *Widmann/Mayer* § 174 Rn. 16.

3 So im Ergebnis *Widmann/Mayer* § 174 Rn. 22 ff. mit zwischenzeitlich ausführlicher Darstellung der Gestaltungsmöglichkeiten; ausführlich dazu auch *Lutter* § 174 Rn. 7 f.; beide mit dem Hinweis, dass die Gegenleistung auch in der Gewährung von Anteilen an einem anderen Rechtsträger bestehen kann; s.a. *Schmitt/Hörtnagl/Stratz* § 174 Rn. 7.

4 Soweit die Gegenleistung den Anteilsinhabern zusteht, erwerben diese aus dem Übertragungsvertrag einen direkten Anspruch nach § 328 BGB. Für die Ermittlung der vollen Höhe der Gegenleistung sind die Grundsätze zur Ermittlung des Umtauschverhältnisses sowie der angemessenen Barabfindung bei Verschmelzung und Spaltung heranzuziehen.[4] Besonderheiten gelten bei der VVaG gem. § 181 UmwG.[5] Einvernehmlich können die beteiligten Rechtsträger unter Zustimmung ihrer Anteilseigner jedoch auch Gegenleistungen festlegen, die dem Wert des übertragenden Rechtsträgers nicht entsprechen.[6]

5 Im Übrigen gilt für die Vollübertragung das Verschmelzungsrecht, für die Teilübertragung das Spaltungsrecht entsprechend, soweit sich nicht Besonderheiten aus den 16 Paragraphen des Vierten Buches ergeben. Auch im Bereich des UmwStG sind grundsätzlich für die Vermögensübertragung die entsprechenden Vorschriften über die Verschmelzung oder Spaltung anzuwenden. Keine Regelung im UmwStG haben die der Ausgliederung entsprechenden Fälle der Teilübertragung erfahren.

6 Die Vermögensübertragung soll u.a. ermöglichen, dass in der Vergangenheit durchgeführte Privatisierungen durch Verselbständigungen von Regie- und Eigenbetrieben der öffentlichen Hand ohne Aufdeckung von stillen Reserven auch wieder eine Rückumwandlung erfahren können.[7]

II. Die Vollübertragung – das Verfahren

7 § 176 UmwG regelt die anzuwendenden Vorschriften für die Vollübertragung einer Kapitalgesellschaft auf die öffentliche Hand. Das Verfahren ist durch den umfassenden **Verweis auf das Verschmelzungsrecht** und folgende Bereiche gekennzeichnet:

Für die Vollübertragung muss gem. §§ 176 Abs. 1, 4 UmwG ein notariell beurkundeter **Übertragungsvertrag** zwischen übertragenden und übernehmenden Rechtsträger abgeschlossen werden. Bezüglich des Inhalts gilt § 5 UmwG mit den Abweichungen gem. § 176 Abs. 2 UmwG.

Für den **Übertragungsbericht** und eine etwaige **Übertragungsprüfung** gelten die Verschmelzungsregeln zum Verschmelzungsbericht und -prüfung entsprechend.

Für den **Zustimmungsbeschluss des übertragenden Rechtsträgers** gelten in vollem Umfang die für dessen Rechtsform zur Anwendung kommenden Vorschriften des Verschmelzungsrechts entsprechend.

Für die **Beteiligung des übernehmenden Rechtsträgers** sind gem. § 176 Abs. 4 UmwG die für diesen geltenden allgemeinen Vorschriften (Staats- und Verwaltungsrecht) anzuwenden. Diese können festlegen, ob und wie seine Organe zu beteiligen sind und der Vermögensübertragung zuzustimmen haben, ob es der Zustimmung übergeordne-

---

4 *Widmann/Mayer* § 174 Rn. 26 ff.; somit sind bei der Vermögensübertragung auch die Neuerungen zur Unterrichtung der Hauptversammlung über wesentliche Vermögensveränderungen gem. § 64 Abs. 1 S. 2 UmwG zu beachten.

5 Vgl. hierzu *FG Düsseldorf* vom 22.2.2011, BB 2011, 1130 zur Zulässigkeit der Zuführung von Veräußerungsgewinnen im Zusammenhang mit einer Vermögensübertragung zur Rückstellung für Beitragsrückerstattung.

6 *Widmann/Mayer* § 174 Rn. 27.

7 Vgl. *Sagasser* U Rn. 4.

ter Behörden bedarf und ob und wie die Vermögensübertragung zuvor geprüft werden muss[8] und welche Form etwaige Zustimmungsbeschlüsse erfüllen müssen; die allgemeinen Vorschriften können aber nicht die Vermögensübertragung an sich ausschließen, da kein Vorbehalt in § 174 Abs. 1 UmwG enthalten ist.

Für die Vollübertragungen unter Beteiligung anderer Rechtsträger ist das Verfahren jeweils unter teilweisem Rückverweis auf § 176 UmwG rechtsformbezogen entsprechend geregelt, vgl. §§ 178, 180 ff., 185 ff., 188 UmwG. **8**

III. Die Teilübertragung – das Verfahren

§ 177 UmwG regelt die anzuwendenden Vorschriften für die Teilübertragung von einer Kapitalgesellschaft auf die öffentliche Hand. Das Verfahren ist durch den umfassenden **Verweis auf das Spaltungsrecht** und folgende Bereiche gekennzeichnet: **9**

Für die Teilübertragung muss gem. §§ 177, 176, 125, 4 UmwG ein notariell beurkundeter **Übertragungsvertrag** zwischen übertragenden und übernehmenden Rechtsträger abgeschlossen werden. Bezüglich des Inhalts gilt § 126 UmwG mit den Abweichungen gem. §§ 177 Abs. 2, 176 Abs. 2 UmwG.

Für den **Übertragungsbericht** und eine etwaige **Übertragungsprüfung** gelten die Spaltungsregeln zum Spaltungsbericht und -prüfung entsprechend.

Für den **Zustimmungsbeschluss des übertragenden Rechtsträgers** gelten in vollem Umfang die für dessen Rechtsform zur Anwendung kommenden Vorschriften des Verschmelzungsrechts entsprechend.

Für die **Beteiligung des übernehmenden Rechtsträgers** sind gem. §§ 177 Abs. 2, 176 Abs. 4 UmwG die für diesen geltenden allgemeinen Vorschriften (Staats- und Verwaltungsrecht) anzuwenden. Diese können festlegen, ob und wie seine Organe zu beteiligen sind und der Vermögensübertragung zuzustimmen haben, ob es der Zustimmung übergeordneter Behörden bedarf und ob und wie die Vermögensübertragung zuvor geprüft werden muss[8] und welche Form etwaige Zustimmungsbeschlüsse erfüllen müssen; die allgemeinen Vorschriften können aber nicht die Vermögensübertragung an sich ausschließen, da kein Vorbehalt in § 174 Abs. 2 UmwG enthalten ist.

Für die Teilübertragungen unter Beteiligung anderer Rechtsträger ist das Verfahren jeweils unter teilweisem Rückverweis auf § 176 UmwG rechtsformbezogen entsprechend geregelt, vgl. §§ 179, 184, 189 UmwG. **10**

---

8 Vgl. *Widmann/Mayer* § 176 Rn. 6.

7. Kapitel
Gestaltungsüberlegungen

I. Welche Denkansätze sind wichtig?

In diesem abschließenden Abschnitt sollen lediglich Anregungen für Gestaltungsüber- **1** legungen gegeben werden. Die **Diskussion über Gestaltungsarten** im Umwandlungsrecht liegt in der Literatur[1] weit hinter der großen Anzahl an höchst unterschiedlich motivierten Gestaltungen in der Praxis zurück. Dies ist sicherlich auch dadurch bedingt, dass das Umwandlungsrecht doch ein „Schmelztiegel" für verschiedene Rechtsgebiete mit sehr unterschiedlichen Anforderungen sein muss.[2]

Bei allen Gestaltungen nach dem UmwG ist immer wieder die Frage relevant, ob der **2** Weg über eine Umwandlung beschritten werden muss oder ob durch eine andere zulässige Gestaltung nicht dasselbe oder zumindest ein ähnlich zufriedenstellendes Ergebnis erreicht werden kann. Diese Frage stellt sich insbesondere deshalb, weil die Umwandlungsgestaltungen i.d.R. sehr zeitaufwendig und (nicht zuletzt auch durch die Beurkundung) kostenintensiv sind.[3] Ein weiterer Grund für Gestaltungen außerhalb des Umwandlungsrechts kann die Unsicherheit bei grenzüberschreitenden Spaltungen und Formwechsel sein, vgl. hierzu auch 4. Kap. Rn. 19 und 5. Kap. Rn. 12.[4] An **Gestaltungen außerhalb des Umwandlungsrechts** kommen insbesondere in Frage:

- Die An- und Abwachsung gem. § 738 BGB bei sämtlichen Personengesellschaften.[5]
- Der Übergang des Gesellschaftsvermögens auf den letzten Gesellschafter einer Personengesellschaft, soweit dieser durch Ausscheiden aller übrigen Gesellschafter eintritt (sog. Anwachsungsmodell) oder durch Einbringung aller Mitunternehmeranteile in das Vermögen des letzten Gesellschafters (sog. erweitertes Anwachsungsmodell).[6]

---

1 Sehr interessante Beiträge zur Gestaltungsdiskussion sind das Handbuch von *Heckschen/Simon* und der Fallkommentar von *Ballreich*; für die Fallkonstellation Umwandlung einer Personengesellschaft in eine Kapitalgesellschaft finden sich in *Meissner/Bron* SteuK 2011, 47 ff. gute Hinweise und Überlegungen.

2 So das Steuerrecht mit seiner ganz eigenen Logik, teilweise abhängig von der einzelnen Steuerart; das Gesellschaftsrecht insbesondere auch im Hinblick auf die Gebote der Kapitalaufbringung und -erhaltung; das Arbeitsrecht mit dem Augenmerk auf der betrieblichen Struktur des Unternehmens; das Kartellrecht etc.; Überlegungen zu Gestaltungsmöglichkeiten bei der Nachfolgeplanung unter Einbeziehung grenzüberschreitender Verschmelzungen finden sich in *Reimann* ZEV 2009, 586 ff.

3 Gute Darstellung zu den Alternativgestaltungsmöglichkeiten bei der Unternehmensnachfolgegestaltung in *Mayer* ZEV 2005, 325 ff.

4 Vgl. hierzu auch *Spahlinger/Wegen* NZG 2006, 728.

5 Zu beachten ist, dass bei einer Anwachsung infolge Verschmelzung der Komplementär-GmbH auf die Kommanditgesellschaft (sog. KG Verschmelzungsmodell) nach der umstrittenen Rechtsprechung des *OLG Hamm* vom 24.6.2010 NZG 2010, 1309 f. eine unzulässige Gestaltung dann gegeben ist, wenn es nur einen Kommanditisten gibt, der zugleich Alleingesellschafter der Komplementär-GmbH ist (Begründung: die Verschmelzungsvorschriften nach dem UmwG setzen das Bestehenbleiben des übernehmenden Rechtsträgers voraus); kritische Stellungnahme hierzu u.a. in *Ege/Klett* DStR 2010, 2463 ff., *Nelißen* NZG 2010, 1291 ff.

6 Einen guten Überblick zu den gesellschaftsrechtlichen und steuerlichen Aspekten der Anwachsungsmodelle geben *Ege/Klett* in DStR 2010, 2463 ff.

- Der „Formwechsel" von OHG, KG und GbR untereinander, der daher den allgemeinen Regeln des HGB unterliegt.[7]
- Die Einbringung eines (Teil-)Betriebs, von GmbH-Geschäftsanteilen, eines Unternehmens einer Personengesellschaft, von sonstigen Wirtschaftsgütern in eine GmbH
  - zum Zweck der Sachgründung einer GmbH,
  - zur Kapitalerhöhung gegen Sacheinlage,
  - als verdeckte Einlage
- Die Einbringung eines (Teil-) Betriebs, von GmbH-Geschäftsanteilen, eines Unternehmens einer Personengesellschaft, von sonstigen Wirtschaftsgütern, in eine AG,
  - zum Zweck der Sachgründung einer AG,
  - zur Kapitalerhöhung gegen Sacheinlage,
  - zur Kapitalerhöhung gegen Sacheinlage bei genehmigtem Kapital,
  - zur Kapitalerhöhung gegen Sacheinlage als Nachgründung
- Die Einbringung eines (Teil-)Betriebs, von GmbH-Geschäftsanteilen, eines Unternehmens eines Einzelkaufmanns, von sonstigen Wirtschaftsgütern in eine Personengesellschaft.

Soweit die vorstehenden Gestaltungsmöglichkeiten im UmwStG geregelt sind (Einbringungsvorgänge der §§ 20–24 UmwStG) ist zu beachten, dass bei grenzüberschreitenden Vorgängen die Anwendbarkeit des UmwStG auch nur erhalten bleibt, wenn der Vorgang seinem Wesen nach einer inländischen Einbringung entspricht.[8]

3 Dabei ist jedoch zu berücksichtigen, dass bei Unternehmenseinbringungen im Wege der Einzelrechtsübertragung sowohl infolge der **„Holzmüller-Entscheidung"** und der **„Gelatine-Entscheidungen"**, vgl. hierzu oben 2. Kap. Rn. 4, als auch im Hinblick auf etwaige **Ausstrahlungswirkungen des UmwG** eine entsprechende Anwendung der Bestimmungen des UmwG immer wieder diskutiert wird, zumindest soweit diese den Minderheiten-, Arbeitnehmer- und Gläubigerschutz betreffen. Die Meinungen hierzu sind sowohl in Literatur als auch in der Rechtsprechung sehr geteilt. Man wird jedoch in der Praxis wohl derzeit davon ausgehen müssen, dass bestimmte Ausstrahlungswirkungen des UmwG, insbesondere zum Minderheitenschutz, Gläubigerschutz und zum Schutz der Arbeitnehmerinteressen angenommen werden müssen, soweit es um strukturändernde Maßnahmen geht. *Mayer* spricht hier von der Einhaltung der gesetzlichen „Mindeststandards" bei strukturändernden Maßnahmen.[9] Einzelheiten werden derzeit diskutiert. Es kann nur jedem empfohlen werden, diese Diskussionen und Entwicklungen aufmerksam zu verfolgen.[10] Miteinbezogen werden müssen auch die Diskussionen zu einer materiellen Inhaltskontrolle von Gesellschafterbeschlüssen, welche vom BVerfG[11] zwar noch abgelehnt wurde, aber in der Literatur zunehmend thematisiert wird.[12]

---

7 So hat auch das *LG München* am 22.2.2007, 13 T 19547/06, entschieden, dass die Umwandlung einer GbR in eine KG ein identitätswahrender Formwechsel ist, der bei einer grundbesitzenden GbR zur Grundbuchberichtigung führt.

8 Vgl. die Gesetzesbegründung BT-Drs. 16/2710, 36.

9 *Mayer* in Widmann/Mayer Anh. 5 Rn. 912 ff.; durch die „Gelatine"-Entscheidungen ist jedoch geklärt, dass die Mitwirkungsbefugnis der Hauptversammlung keine Beschränkung der Vertretungsmacht des Vorstands im Außenverhältnis bewirkt.

10 Ein sehr interessanter Beitrag mit ausführlicher Darstellung des Meinungsstands hierzu sowie zur Problematik Rn. 4 von *D. Mayer* ist zu finden in Festschrift für Andreas Heldrich zum 70. Geburtstag, 327 ff.

11 *BVerfGE* 14, 263 ff. (Feldmühle Entscheidung).

12 Gute Übersicht über den Meinungsstand gibt *Reul* DNotZ 2007, 184 ff.

Darüber hinaus muss jedoch auch bei Umwandlungsvorgängen mit überlegt werden, **4** ob diese nicht ggf. **anderen Schutzbestimmungen** unterliegen können, welche nicht im UmwG enthalten sind.[13] Diskutiert wird dies im Bereich des Kapitalmarktrechtes, wenn durch eine Umwandlungsmaßnahme die Kontrolle über eine börsennotierte Gesellschaft erlangt wird. Dieser Umwandlungsvorgang könnte als Kontrollerwerb ein Pflichtangebot nach § 35 Abs. 2 WpÜG bedingen.[14] Ebenso wurde die Frage diskutiert, welche Regeln anzuwenden sind, wenn durch eine Umwandlungsmaßnahme ein faktisches Delisting einer börsennotierten AG erfolgt; dies hat der Gesetzgeber nun durch Ergänzung des § 29 Abs. 1 UmwG zur Barabfindungspflicht entschieden.

Exemplarisch für die **Überlegungen zu Alternativgestaltungen** werden diese nachste- **5** hend zum Formwechsel von der GmbH und Co. KG in die GmbH dargestellt. Es kommen folgende Alternativen in Betracht:
- Einbringung der Kommanditanteile gegen Kapitalerhöhung in die Komplementär-GmbH; dieser Vorgang kann – zumindest nach derzeit noch geübter Praxis der Finanzverwaltung, vgl. oben 4. Kap. Rn. 17 – ebenfalls gem. § 20 UmwStG steuerneutral gestaltet – werden;
- Ausscheiden aller Kommanditisten und Anwachsung des Vermögens an den Komplementär;
- Verschmelzung der GmbH und Co. KG auf eine zuvor von der KG gegründeten Tochter-GmbH oder auf die Mutter-GmbH (bei solchen Gestaltungen spielen häufig die mit der Verschmelzung gegebenen Bewertungswahlrechte, vgl. oben 2. Kap. Rn. 77, 3. Kap. Rn. 53 ff., 58 und 4. Kap. Rn. 48 eine wichtige Rolle).[15]

Ein wichtiges Kriterium bei den Gestaltungsüberlegungen kann bei wertvollem **6** Grundbesitz im Vermögen der umzuwandelnden Gesellschaft die **Vermeidung von Grunderwerbsteuer** sein. Bei den vorstehenden Gestaltungsüberlegungen zum Formwechsel der GmbH und Co. KG ist es erst seit dem BFH-Urteil vom 4.12.1996[16] geklärt, dass beim Formwechsel zwischen Personen- und Kapitalgesellschaften kein grunderwerbsteuerpflichtiger Vorgang gegeben ist, da durch das Identitätsprinzip nur ein Rechtsträger beteiligt ist.[17] Da es im Grunderwerbsteuerrecht keine ausdrückliche andere Beurteilung gibt, ist dieses an die zivilrechtlichen Vorgaben des UmwG in Bezug auf die Rechtsträgeridentität gebunden. Wählt man hingegen die An- und Abwachsung liegt grundsätzlich ein grunderwerbsteuerpflichtiger Vorgang vor, für welchen jedoch die Vergünstigungen der §§ 5 und 6 GrEStG zu berücksichtigen sind,

---

13 Interessant sind in diesem Zusammenhang auch die Ausführungen von *Götz* NZG 2010, 412 ff. zu den verfassungsrechtlichen Fragen zum vereinfachten aktienrechtlichen Squeeze-Out Verfahren beim krisenbedrohten Finanzinstitut Hypo Real Estate Holding auf Betreiben des staatlichen Sonderfonds („SoFFin").

14 *Mayer* a.a.O. kommt zu dem Ergebnis, dass das geschlossene System des Minderheitenschutzes im UmwG es nicht rechtfertigt, Minderheitsaktionären trotz legitimierter Mehrheitsentscheidungen ein Austrittsrecht zu gewähren.

15 Vgl. auch *Sagasser* Q Rn. 9.

16 *BFH* DB 97, 79.

17 Vorsicht jedoch hinsichtlich der Anwendung von §§ 5–7 GrEStG, durch welche der Formwechsel indirekt eine Grunderwerbsteuer auslösen kann, vgl. 2. Kap. Rn. 89. Des Weiteren ist zu beachten, dass bei **Grundbesitz im Sonderbetriebsvermögen der formwechselnden Personengesellschaft** zum einen der Grundbesitz im Zuge des Formwechsels auf den Zielrechtsträger übertragen werden muss und dass zum anderen aus grunderwerbsteuerlicher Sicht im Hinblick auf die Identitätswahrung der Vorgesellschaft eine Auflassung auf die Personengesellschaft der sichere Weg sein kann; vgl. *Boruttau* § 1 Rn. 263 ff.

vgl. hierzu auch 2. Kap. Rn. 89. Bei der Verschmelzung hingegen gilt – abgesehen von den Ausnahmen des § 6a GrEStG, die in der Praxis sehr selten erfüllt sind - grundsätzlich die Grunderwerbsteuerpflicht, da es sich um eine vermögensübertragende Umwandlung handelt.[18]

7 Bei der **Gestaltung von vermögensübertragenden Umwandlungen** mit Grundbesitz im Vermögen der beteiligten Rechtsträger sind folgende Grundsätze grunderwerbsteuerrechtlich zu beachten:[19]

- Bei einer Verschmelzung/Spaltung sollte so wenig Grundbesitz wie möglich bewegt werden, d.h. aufnehmender Rechtsträger sollte aus grunderwerbsteuerlicher Sicht immer der Rechtsträger mit dem wertvollsten Grundbesitz sein.[20]
- Eine Verschmelzung auf einen neu zu gründenden Rechtsträger ist grunderwerbsteuerlich die ungünstigste Lösung.
- Bei Aufspaltungsvorgängen kann sich ein steuerlich günstigeres Ergebnis durch eine Aufteilung des Aufspaltungsvorgangs in einen Abspaltungs- und Verschmelzungsvorgang ergeben, da dann der nach der Abspaltung verbleibende Unternehmensteil mit Grundbesitz nicht bewegt werden muss.
- Bei einer Verschmelzung bzw. Spaltung muss immer geprüft werden, ob mittelbar durch die Umwandlung eine grunderwerbsteuerpflichtige Anteilsvereinigung gem. § 1 Abs. 3 GrEStG eintritt.
- Weiter muss bei Beteiligung von Personengesellschaften wegen § 1 Abs. 2a GrEStG geprüft werden, ob zusammen mit der durch die vermögensübertragende Umwandlung bedingten Veränderung innerhalb von fünf Jahren sich 95 % oder mehr des Gesellschafterbestandes verändert haben.
- Weiter müssen zu § 6a GrEStG, der für Umstrukturierungen bei Konzernen gewisse Umwandlungsprivilegien gewährt,[21] die sehr restriktiv geregelten Voraussetzungen geprüft werden, vgl. 2. Kap. Rn. 92.

8 Die vorstehenden Überlegungen zum Teilbereich Grunderwerbsteuer sollen beispielhaft aufzeigen, wie komplex steuerliche Fragen im Zusammenhang mit Umwandlungsvorgängen sein können. Ein weiteres Beispiel hierfür ist die Frage des Zusammenspiels der Vorschriften der §§ 24 UmwStG und 16 Abs. 3 EStG im Falle der **Realteilung eines Unternehmens einer Personengesellschaft durch Aufspaltung.**[22] Eine Variante ist die durchaus praxisrelevante Trennung von Gesellschafterstämmen durch Realteilung. Die steuerlich bedingten und in der Gestaltung zu berücksichtigenden Fragestellungen sind gerade bei der Realteilung durch Umwandlung sehr komplex. Wiederum exemplarisch ein kurzer Abriss der Problematik: die Realteilung im Wege der Trennung der Gesellschafterstämme durch Aufspaltung ist steuerlich nach wohl h.M. nach § 24 UmwStG zu behandeln, welcher die Anwendbarkeit des § 16 Abs. 3 EStG wohl verdrängt. Entgegen früherer Auffassung besteht somit nunmehr nach

---

18 Entsprechendes gilt für die Spaltung, vgl. hierzu 2. Kap. Rn. 83 ff.

19 Vgl. auch *Heckschen* DAI Skript Grunderwerb und Umwandlung vom 2.3.2001, 262 ff.

20 Zur grunderwerbsteuerneutralen Übertragung von sicherungsübereigneten Gebäuden auf fremden Grund und Boden *Ropohl* DB 2005, 972 ff.

21 Vgl. auch den koordinierten Ländererlass vom 1.12.2010 zur Anwendung des § 6a GrEStG DStR 2010, 2520 ff.

22 Da eine Realteilung im steuerlichen Sinne eine Betriebsaufgabe und die Übertragung mindestens einer wesentlichen Betriebsgrundlage in ein anderes Betriebsvermögen als notwendige Voraussetzungen verlangt, ist die Aufspaltung nach UmwG ein äußerst geeignetes Instrumentarium für die rechtliche Umsetzung einer Realteilung, vgl. u.a. *Sagasser* P Rn. 174 m.w.N.

wohl h.M.[23] kein Zwang zur Buchwertfortführung. Zu beachten ist jedoch, dass ein Aufgabegewinn für die Betriebsaufgabe bei der übertragenden Gesellschaft gem. § 16 Abs. 3 EStG nur verhindert werden kann, wenn die Besteuerung der stillen Reserven sichergestellt ist[24] und keine baren Ausgleichszahlungen zwischen den Gesellschaftern geleistet werden.[25] Dies gilt seit 1.1.2001 gleichermaßen für die Übertragung von Teilbetrieben, Mitunternehmeranteilen oder Einzelwirtschaftsgütern. Bei Einzelwirtschaftsgütern ist jedoch die dreijährige Behaltefrist (Sperrfrist) des § 16 Abs. 3 S. 3 EStG zu beachten; die bei Veräußerung innerhalb der Sperrfrist eintretende rückwirkende Realisierung bezieht sich jedoch nur auf das einzelne Wirtschaftsgut, nicht auf den gesamten Übertragungsvorgang.[26] Weiter muss darauf geachtet werden, dass die Realteilung selbst nicht gegen Sperrfristen verstößt, vgl. hierzu insbesondere UmwSt-Erl-E Tz. 22.20, 22.41. 24.06.

Die vorstehend unter Rn. 7 und 8 sehr verkürzt dargestellten steuerlichen Fragestellungen können nur andeuten, welche **komplexen steuerlichen Fragestellungen** mit Umwandlungsfällen verbunden sein können. Diese Fragestellung können in einem solchen Handbuch nicht detailliert erörtert werden. Dieses muss sich im Wesentlichen auf die juristischen Fragestellungen beschränken. Bei der Gestaltung müssen jedoch die steuerlichen Fragestellungen schon sehr früh mit einbezogen werden, da diese im Regelfall ganz erheblichen Einfluss auf die Gestaltung im juristischen Bereich haben. In diesem Zusammenhang sei auch darauf hingewiesen, dass das FG Münster[27] zu einem Formwechsel entschieden hat, dass § 42 AO im Rahmen der zulässigen Gestaltungen des UmwStG keinen Raum hat. Die im UmwStG normierten Missbrauchstatbestände sind insoweit abschließend. **9**

In Umstrukturierungsfällen unter Beteiligung von Unternehmen in der Krise, kann ein wichtiges Kriterium für die Gestaltung die Frage der **Erforderlichkeit der Kapitalaufbringung** sein. Hierzu wurden jeweils Erläuterungen bei den einzelnen Umwandlungsarten aufgenommen, vgl. 3. Kap. Rn. 3, 39, 56 zur Verschmelzung, 4. Kap. Rn. 48, 50, 52 zur Spaltung und 5. Kap. Rn. 18, 33 zum Formwechsel. **10**

Bei Umstrukturierungsmaßnahmen zu Sanierungszwecken müssen zusätzlich aber auch Fragen der Insolvenzantragspflicht, möglicher Anfechtungsrechte von Gläubigern und/oder eines etwaigen Insolvenzverwalters und des Strafrechts berücksichtigt werden.[28]

Ist eine Umwandlung im Register eingetragen greifen die starken Bestandswirkungen des § 20 Abs. 2 UmwG bzw. § 202 Abs. 3 UmwG. Eine Rückabwicklung einer Umwandlungsmaßnahme wegen erfolgreicher Anfechtung des Umwandlungsvorgangs nach der InsO oder dem AnfG ist daher nach h.M. ausgeschlossen.[29]

---

23 *Sagasser* P Rn. 159 ff., 174 ff. m.w.N., der nunmehr auch die von *Engl* C.2 Rn. 21 ff. vertretene Meinung teilt, dass die unmittelbare und § 16 Abs. 3 EStG vorrangige Anwendung des § 24 UmwStG zutreffend ist, mit der Folge, dass u.a. ein Bewertungswahlrecht nach § 24 Abs. 2 UmwStG besteht; nach neuem UmwStG müsste ggf. eine Antragstellung nach §§ 24, 20 Abs. 2 UmwStG auf Buchwertfortführung Voraussetzung für die Anwendung von § 16 Abs. 3 EStG sein; *Engl* empfiehlt aber wegen der immer noch vorhandenen Rechtsunsicherheiten die Einholung einer verbindlichen Auskunft.

24 D.h. die Wirtschaftsgüter beim einzelnen Mitunternehmer betrieblich weiterhin verhaftet bleiben.

25 *BFH* DStR 2000,64; vgl. auch UmwSt-Erl Rn. 24.14 und 24.07 f.

26 Vgl. *Engl* C.1 Rn. 26 m.w.N.; vgl. zur Realteilung *BMF* vom 28.2.2006, BStBl. I 2006, 228 ff.

27 *FG Münster* vom 25.10.2006 – 1 K 538/03 F –.

28 Eine gute Übersicht findet sich in *Heckschen* ZInsO 2008, 824 ff.

29 So *Heckschen* ZInsO 2008, 829; siehe hierzu auch ausführlich DNotI-Gutachten Nr. 78531 vom 7.1.2008.

Dies ergibt sich auch aus der Regierungsbegründung zu § 20 UmwG sowie aus der Verschmelzungs- und der Spaltungsrichtlinie.[30] Die vereinzelt in der insolvenzrechtlichen Literatur vertretene Gegenauffassung[31] widerspricht nicht nur der Gesetzesbegründung und den genannten Richtlinien, sondern würde in der Praxis auch häufig zu nicht lösbaren Abwicklungsproblemen führen. Eine „Entschmelzung" im Sinne einer Rückübertragung jedes einzelnen Vermögensgegenstandes dürfte beispielsweise im Regelfall kaum möglich sein.[32]

In strafrechtlicher Hinsicht sind bei Umstrukturierungsmaßnahmen in der Krise vor allem das Beiseiteschaffen des § 283 StGB und die Insolvenzverschleppung nach den Vorschriften des GmbHG bzw. AktG zu berücksichtigen. Die Literatur[33] thematisiert ersteres v.a. in den Fällen, wenn die Gläubiger des übertragenden Rechtsträgers (in der Krise) keine entsprechende Gegenleistung als Haftungsvermögen erhalten. Zu welchem Zeitpunkt eine etwa bestehende Insolvenzantragspflicht durch eine Umstrukturierungsmaßnahme beseitigt werden kann, ist durch Rechtsprechung, soweit ersichtlich, bisher nicht geklärt. Richtigerweise muss sicherlich darauf abgestellt werden, dass die Umstrukturierung materiell und formell soweit umgesetzt sein muss, dass nur noch die Eintragung im Register fehlt, damit die Krisensituation als beseitigt angesehen werden kann. D.h., dass nicht nur der ggf. insolvenzantragspflichtige Geschäftsführer alles getan haben muss, was in seinem Einflussbereich für die Umstrukturierung getan werden kann, sondern auch alle sonstigen am Umstrukturierungsprozess Beteiligten.[34]

11 Auch die erforderlichen Mehrheiten für die jeweiligen Umwandlungsbeschlüsse sowie die **Möglichkeiten des Ausscheidens von Gesellschaftern gegen Barabfindung** können für die Wahl der Umwandlungsform entscheidend sein, insbesondere bei Publikumsgesellschaften oder bei Gesellschaftern mit sehr unterschiedlichen Interessenlagen. Hierzu können die Übersichten im 3. Kap. Rn. 34, 35, 4. Kap. Rn. 38, 39 und 5. Kap. Rn. 25 eine Hilfestellung bieten.

12 Um bei der **Gestaltung der Nachteile aus Barabfindungspflichten für die übernehmende Gesellschaft** flexibler reagieren zu können, wird teilweise eine Verallgemeinerung des in § 122h UmwG vorgesehenen Prinzips der Einschränkbarkeit des Verbesserungsanspruchs in Bezug auf das Umtauschverhältnis gefordert.[35] *Tettinger*[36] schlägt eine Ergänzung von § 15 UmwG durch folgenden anzufügenden Abs. 3 vor:

(3) Der Verschmelzungsvertrag kann bestimmen, dass das Recht, bare Zuzahlungen nach Abs. 1 S. 1 zu verlangen, nicht zusteht

1. Anteilsinhabern, die dem Verschmelzungsbeschluss zustimmen;

2. Anteilsinhabern, die unabhängig von § 14 Abs. II UmwG nicht befugt wären, Klage gegen den Verschmelzungsbeschluss zu erheben.

Zu diesem Vorschlag liefert *Tettinger* zusammenfassend folgende überzeugende Begründung: „Bei Vereinbarung eines unangemessenen Umtauschverhältnisses liegt

---

30 So auch *Lwowski/Wunderlich* Insolvenzanfechtung von Kapitalherabsetzungs- und Umwandlungsmaßnahmen, NZI 2008, 595, 597 ff.
31 *Uhlenbruck/Hirte* Insolvenzordnung, 13. Aufl. 2010.
32 Vgl. die *Regierungsbegründung* zu § 20 UmwG, BT-Drs. 12/6699, 91 f.
33 S. *Heckschen* a.a.O. 830 m.w.N.
34 So im Ergebnis wohl auch *Heckschen* ZInsO 2008, 829 f.
35 Vgl. *Tettinger* NZG 2008, 93 ff. mit sehr interessanter Erläuterung der Thematik und m.w.N.
36 *Tettinger* a.a.O. 96.

in der Bestimmung von Zuzahlungsansprüchen im Spruchverfahren *oftmals* ein besserer Interessenausgleich, als er möglich wäre, wenn die vermeintlich benachteiligten Anteilsinhaber vor der Wahl stünden, Vermögensverluste hinzunehmen oder die Verschmelzung insgesamt anzugreifen.

Die **Nutzung der Vorzüge des Spruchverfahrens** hat ihren Preis. Er liegt in der Belastung des übernehmenden bzw. neuen Rechtsträgers mit etwaigen Zuzahlungspflichten zunächst unbekannten Umfangs. *Ob* die potenziellen Nutznießer des Spruchverfahrens diesen Preis als adäquat erachten, sollte ihrer Einschätzung überlassen bleiben, anstatt – wie derzeit für rein nationale Verschmelzungen – ihnen zwingend auferlegt zu sein. Sie sollten zwischen Anfechtungs- und Zuzahlungsrisiko wählen können.

Die Beteiligten sollten ferner bestimmen dürfen, *welche* Vorzüge des Spruchverfahrens sie sich zu Nutze machen. Eine Erstreckung der Zuzahlungsberechtigung auf sämtliche Anteilsinhaber des übertragenden Rechtsträgers gestattet denen die Zustimmung zur Verschmelzung, die hinsichtlich des Umtauschverhältnisses skeptisch sind, und ermöglicht so manche ansonsten undurchführbare Verschmelzung. Sie erhöht die Belastung der verschmolzenen Gesellschaft durch etwaige Zuzahlungsansprüche aber selbst dann, wenn die erforderlichen Mehrheiten bereits ohne die Zustimmung der Skeptiker erreicht würden. Da es wenig sinnvoll ist, nicht benötigte Zustimmung teuer zu erkaufen, muss der Verschmelzungsvertrag die Zuzahlungsberechtigung der Zustimmenden ausschließen können.

Mit den Möglichkeiten der Verschmelzungsbeteiligten, die Nutzung des Spruchverfahrens auf die konkreten Bedürfnisse abzustimmen, wüchse neben dem Transaktionsnutzen im Einzelfall die Überzeugungskraft, mit der dieses sinnvolle Interessenausgleichsinstrument des deutschen Rechts im europäischen Wettbewerb auftritt".

Da der Gesetzgeber auch im 3. UmwRÄndG diese Idee nicht aufgegriffen hat, bestehen die Gestaltungsmöglichkeiten derzeit noch nicht.

Praktisch sehr wichtig für die Gestaltungsüberlegungen sind selbstverständlich die **13** **bilanziellen Folgen eines Umwandlungsvorgangs**. Exemplarisch sei auf die schwierigen Fragen verwiesen, wenn durch die Umwandlung ein Auseinanderfallen der Handels- und der Steuerbilanz erfolgt, vgl. oben 5. Kap. Rn. 50, oder wenn durch die Umwandlung eine zulässige bilanzielle Unterbilanz entsteht, vgl. oben 5. Kap. Rn. 18. Es ist sicherlich für den juristischen Berater oder den Notar in der Regel nicht leistbar, diesen Fragenbereich selbstständig abzudecken. Die Bedeutung der Fragestellung muss jedoch jedem im Umwandlungsrecht gestaltend Tätigen bewusst sein.

Die Liste der möglichen Denkansätze könnte noch beliebig erweitert werden. Ich **14** möchte mich an dieser Stelle auf einen Abriss beschränken. Dieser kurze das Handbuch abschließende Abschnitt soll einen Ausblick auf Fragestellungen bieten, welche im Handbuch selbst nicht ausführlich erörtert werden konnten, jedoch nicht unberücksichtigt bleiben dürfen. Gerade durch diese vielfältige Vernetzung mit anderen Rechtsgebieten ist das Umwandlungsrecht sehr komplex und zugleich interessant. Eine wichtige Herausforderung, insbesondere für den im Umwandlungsrecht tätigen Notar, ist es, die **Instrumente des UmwG** innerhalb des vorgegebenen numerus clausus der Umwandlungsformen so zu beherrschen, dass für jede Fragestellung unter Berücksichtigung der Vorgaben aus anderen Rechtsbereichen, insbesondere des Steuerrechts, eine passende Lösung innerhalb oder außerhalb des UmwG gefunden werden kann.

Anhang

Aufstellung der Umwandlungsarten des UmwG gem. Umwandlungssteuererlass 1998

(berücksichtigt nicht die
Umwandlungsmöglichkeiten
unter Einbeziehung einer SE,
einer EWIV oder grenzüberschreitender
Verschmelzungen)

I. Verschmelzung

auf / von	Pers. Handels-Ges.	GmbH	AG	KGaA	e.G.	e.V./ wirtsch. Verein	Gen. Prüfungsverband	VVaG	Nat. Pers.
Pers. Handels-Ges.	§§ 2–38, 39–45	§§ 2–38, 39–45, 46–59	§§ 2–38, 39–45, 60–77	§§ 2–38, 39–45, 78	§§ 2–38, 39–45, 79–98	(§ 99 Abs. 2)	– (§ 105)	– (§ 109)	(§ 3 Abs. 2 Nr. 1)
GmbH inkl. UG	§§ 2–38, 39–45, 46–59	§§ 2–38, 46–59	§§ 2–38, 46–59, 60–77	§§ 2–38, 46–59, 78	§§ 2–38, 46–59, 79–98	(§ 99 Abs. 2)	– (§ 105)	– (§ 109)	[1]§§ 2–38, §§ 46–59, 120–122
AG	§§ 2–38, 39–45, 60–77	§§ 2–38, 46–59, 60–77	[2]§§ 2–38, 60–77	§§ 2–38, 60–77, 78	§§ 2–38, 60–77, 79–98	(§ 99 Abs. 2)	– (§ 105)	– (§ 109)	§§ 2–38, 60–77, 120–122
KGaA	§§ 2–38, 39–45, 78	§§ 2–38, 46–59, 78	§§ 2–38, 60–77, 78	§§ 2–38, 78	§§ 2–38, 78, 79–98	(§ 99 Abs. 2)	– (§ 105)	– (§ 109)	[1]§§ 2–38, 78, 120–122
e.G.	§§ 2–38, 39–45, 79–98	§§ 2–38, 45–59, 79–98	§§ 2–38, 60–77, 79–98	§§ 2–38, 78, 79–98	§§ 2–38, 79–98	(§ 99 Abs. 2)	– (§ 105)	– (§ 109)	(§ 3 Abs. 2 Nr. 1)
e.V./ wirtsch. Verein	§§ 2–38, 39–45, 99–104a	§§ 2–38, 46–59, 99–104a	§§ 2–38, 60–77, 99–104a	§§ 2–38, 78, 99–104a	§§ 2–38, 79–98, 99–104a	§§ 2–38, 99–104a	[3]§§ 2–38, 99–104a, 105–108	– (§ 109)	(§ 3 Abs. 2 Nr. 1)
Gen. Prüfungsverband	– (§ 105)	– (§ 105)	– (§ 105)	– (§ 105)	– (§ 105)	(§ 105)	[4]§§ 2–38, 105–108	– (§ 105)	(§ 3 Abs. 2 Nr. 1)

1 Natürliche Person muss Alleingesellschafter des übertragenden Rechtsträgers sein.
2 Verschmelzung zur Gründung einer SE nach Art. 2 Abs. 1, 17–31 SE-VO.
3 Vorgang ist nur unter den Voraussetzungen des § 105 S. 2 UmwG möglich.
4 Vorgang ist nur zur Aufnahme durch einen übernehmenden Rechtsträger möglich.

auf \ von	Pers. Handels.Ges.	GmbH	AG	KGaA	e.G.	e.V./wirtsch. Verein	Gen. Prüfungsverband	VVaG	Nat. Pers.
VVaG	(§109)	(§109)	[5] §§2–38, 60–77, 109–113	(§109)	(§109)	(§109)	(§109)	§§2–38, 109–119	– (§3 Abs.2 Nr.1)
nat. Person	–	–	–	–	–	–	–	–	–

II. Formwechsel

auf \ von	GbR	Pers. Handels-Ges.	PartG	GmbH	AG	KGaA	e.G.
Pers. Handels-Ges.	§§190 Abs.2, 191 Abs.2 Nr.1 i.V.m. 1 Abs.2	§§191 Abs.2 i.V.m. 1 Abs.2	§§190 Abs.2 i.V.m. 1 Abs.2	§§190–213, 214–225	§§190–213, 214–225	§§190–213, 214–225	§§190–213, 214–225
GmbH	§§190–213, 226, 228–237	§§190–213, 226, 228–237	§§190–213, 226, 228–237	[6]	§§190–213, 226, 238–250	§§190–213, 226, 238–250	§§190–213, 226, 251–257
AG	§§190–213, 226, 228–237	§§190–213, 226, 228–237	§§190–213, 226, 228–237	§§190–213, 226, 238–250	[7] –	§§190–213, 226, 238–250	§§190–213, 226, 251–257
KGaA	§§190–213, 226–237	§§190–213, 226–237	§§190–213, 226–237	§§190–213, 226–227, 238–250	§§190–213, 226–227, 238–250	–	§§190–213, 226–227, 251–257
e.G.	–	–		§§190–213, 258–271	§§190–213, 258–271	§§190–213, 258–271	–

5 Vorgang ist nur möglich, wenn der aufnehmende Rechtsträger eine Versicherungs-AG ist.
6 Die „Umwandlung" einer UG in eine GmbH ist ein Firmen- und kein Formwechsel (§5a Abs. 5 GmbHG).
7 Formwechsel einer AG in eine SE nach Art. 2 Abs.4, 37 SE-VO.

auf → / von ↓	GbR	Pers. Handels-Ges.	PartG	GmbH	AG	KGaA	e.G.
e.V./ wirtsch. Verein	–	–		§§ 190–213, 272–282	§§ 190–213, 272–282	§§ 190–213, 272–282	§§ 190–213, 272, 283–290
VVaG	–	–		–	[8]§§ 190–213, 291–300	–	–
Kö./Anstalt des öff. Rechts	–	–		§§ 190–231, 301–303	§§ 190–213, 301–303	§§ 190–213, 301–303	–

III. Spaltung

auf → / von ↓	Pers. Handels.Ges.	GmbH	AG/KGaA	e.G.	e.V.	Gen. Prüfungsverband	VVaG
Pers. Handels-Ges.	§§ 123–137	§§ 123–137, 138–140	§§ 123–137, 141–146	§§ 123–137, 147–148	–	§§ 123–137	–
GmbH	§§ 123–137, 138–140	§§ 123–137, 138–140	§§ 123–137, 138–140, 141–146	§§ 123–137, 138–140, 147–148	– (§ 149 Abs. 2)	§§ 123–137 138–140	– (§ 151)
AG/KGaA	§§ 123–137, 141–146	§§ 123–137, 138–140, 141–146	§§ 123–137, 141–146	§§ 123–137, 141–146, 147–148	– (§ 149 Abs. 2)	§§ 123–137	– (§ 151)
e.G.	§§ 123–137, 147–148	§§ 123–137, 138–140, 147–148	§§ 123–137, 141–146, 147–148	§§ 123–137, 147–148	– (§ 149 Abs. 2)	§§ 123–137	– (§ 151)

8 Nur große VVaG; zum Vorliegen eines kleinen VVaG siehe § 53 VAG.

auf / von	Pers. Handels.Ges.	GmbH	AG/KGaA	e.G.	e.V.	Gen. Prüfungsverband	VVaG
e.V. / wirtsch. Verein	§§123–137, 149	§§123–137, 138–140 149 Abs.1	§§123–137, 141–146, 149 Abs.1	§§123–137, 147–149	[9]§§123–137, 149 Abs.2	§§123–137, 138–140 149 Abs.1	– (§151)
Gen. Prüfungsverband	– (§150)	Nur Ausgliedg. §§123 – 137, 138–140, 150	Nur Ausgliedg. §§123–137, 141–146, 150	– (§150)	– (§150)	[10]§§123–137 150	– (§150)
VVaG	– (§151)	Nur Ausgliedg. wenn keine Übertrag. v. Vers.-Verträgen §§123–137 138–140, 151	Auf-/Abspaltung nur auf Vers.-AG; Ausgliederung nur, wenn keine Übertragung von Vers.-Verträgen §§123–135, 141–146, 151	– (§151)	– (§151)	(§151)	Nur Auf-/Abspaltung §§123–135, 141–146 151
Einzelkaufmann	[10]Nur Ausgliedg. auf PershG §§123–137, 152–160	Nur Ausgliedg. §§123–137, 138–140, 152–160	Nur Ausgliedg. §§123–137, 141–146, 152–160	Nur Ausgliedg. [10]§§123–137, 147–148, 152–160	– (§152)	– (§152)	– (§152)
Stiftungen	[10]Nur Ausgliedg. auf pershG §§123–137, 161–167	Nur Ausgliedg. §§123 – 137, 138–140, 161–167	Nur Ausgliedg. §§123–137, 141–146, 161–167	– (§161)	– (§161)	– (§161)	– (§161)

9 Nur e.V. als übertragender Rechtsträger.
10 Vorgang ist nur zur Aufnahme durch einen übernehmenden Rechtsträger möglich.

auf / von	Pers. Handels.Ges.	GmbH	AG/KGaA	e.G.	e.V.	Gen. Prüfungs-verband	VVaG
Gebiets-Kö.	[11]Nur Ausgliedg. auf PershG §§ 123–137, 168–173	Nur Ausgliedg. §§ 123–137, 138–140, 168–173	Nur Ausgliedg. §§ 123–137, 141–146, 168–173	Nur Ausgliedg. §§ 123–137, 147–148, 168–173	– (§ 168)	– (§ 168)	– (§ 168)

IV. Vermögensübertragung

auf / von	Öff. Hand	VVaG	Öffentl.-rechtl. Versicherungsunternehmer	Vers.-AG
GmbH				
Vollübertr.	§§ 175 Nr. 1, 176	–	–	–
Teilübertr.	§§ 175 Nr. 1, 177	–	–	–
AG/KGaA				
Vollübertr.	§§ 175 Nr. 1, 176	–	–	–
Teilübertr.	§§ 175 Nr. 1, 177	–	–	–
Vers.-AG				
Vollübertr.	–	§§ 175 Nr. 2 Buchst. a, 178	§§ 175 Nr. 2 Buchst. a, 178	–
Teilübertr.	–	§§ 175 Nr. 2 Buchst. a, 179	§§ 175 Nr. 2 Buchst. a, 179	–

11 Vorgang ist nur zur Aufnahme durch einen übernehmenden Rechtsträger möglich.

auf von	Öff. Hand	VVaG	Öffentl.-rechtl. Versicherungsunternehmen	Vers.-AG
VVaG **Vollübertr.**	–	–	§§175 Nr. 2 Buchst. b, 180–183, 185–187	§§175 Nr. 2 Buchst. b, 180–183, 185–187
Teilübertr.	–	–	§§175 Nr. 2 Buchst. b, 184–187	§§175 Nr. 2 Buchst. b, 184–187
öffentl.-rechtl. Versicherungsunternehmen **Vollübertr.**	–	§§175 Nr. 2 Buchst. c, 188	–	§§175 Nr. 2 Buchst. c, 188
Teilübertr.	–	§§175 Nr. 2 Buchst. c, 189	–	§§175 Nr. 2 Buchst. c, 189

V. Gebühren für Eintragung in das Handels-, Partnerschafts- und Genossenschaftsregister nach der Handelsregistergebührenverordnung (HRegGebV), Stand 1.1.2011

Nr.	Gebührentatbestand	Gebührenbetrag
	Teil 1: Eintragung in das Handelsregister Abteilung A und das Partnerschaftsregister **Abschnitt 1: Ersteintragung**	
	Eintragung aufgrund einer Umwandlung nach dem UmwG	
1103	– eines Einzelkaufmanns	150 Euro
1104	– einer Gesellschaft mit bis zu 3 einzutragenden Gesellschaftern oder einer Partnerschaft mit bis zu 3 einzutragenden Partnern	180 Euro
1105	– einer Gesellschaft mit mehr als 3 einzutragenden Gesellschaftern oder einer Partnerschaft mit mehr als 3 einzutragenden Partnern:	70 Euro
	Die Gebühr 1104 erhöht sich für jeden weiteren einzutragenden Gesellschafter oder für jeden weiteren einzutragenden Partner um	
	Abschnitt 4: Umwandlung nach dem Umwandlungsgesetz	
	Eintragung einer Umwandlung nach dem UmwG	
1400	– in das Register des übertragenden oder formwechselnden Rechtsträgers	180 Euro
1401	– in das Register des übernehmenden Rechtsträgers	180 Euro
	Für Eintragungen über den Eintritt der Wirksamkeit werden keine besonderen Gebühren erhoben.	
	Teil 2: Eintragung in das Handelsregister Abteilung B **Abschnitt 1: Ersteintragung**	
	Eintragung aufgrund einer Umwandlung nach dem UmwG	
2104	– einer Gesellschaft mit beschränkter Haftung	260 Euro
2105	– einer Aktiengesellschaft oder einer Kommanditgesellschaft auf Aktien	660 Euro
2106	– eines Versicherungsvereins auf Gegenseitigkeit	460 Euro

Nr.	Gebührentatbestand	Gebührenbetrag
	Abschnitt 4: Besondere spätere Eintragung	
2401	Eintragung der Erhöhung des Stammkapitals durch Sacheinlage oder der Erhöhung des Stammkapitals zum Zwecke der Umwandlung nach dem UmwG	210 Euro
	Eintragung einer Umwandlung nach dem UmwG	
2402	– in das Register des übertragenden oder formwechselnden Rechtsträgers	240 Euro
2403	– in das Register des übernehmenden Rechtsträgers	240 Euro
	Für Eintragungen über den Eintritt der Wirksamkeit werden keine besonderen Gebühren erhoben.	
	Teil 3: Eintragungen in das Genossenschaftsregister	
	Abschnitt 1: Ersteintragung	
3101	Eintragung aufgrund einer Umwandlung nach dem UmwG	360 Euro
	Abschnitt 4: Umwandlung nach dem Umwandlungsgesetz	
	Eintragung einer Umwandlung nach dem UmwG	
3400	– in das Register der übertragenden oder formwechselnden Rechtsträgers	300 Euro
3401	– in das Register des übernehmenden Rechtsträgers	300 Euro
	Teil 5: Weitere Geschäfte	
5006	Bekanntmachung von Verträgen, eines Verschmelzungsplans oder von entsprechenden Entwürfen nach dem UmwG	50 Euro

Stichwortverzeichnis

Die fetten Zahlen verweisen auf die Kapitel, die mageren auf die Randnummern.

Stichwortverzeichnis

Stichwortverzeichnis

Stichwortverzeichnis

Stichwortverzeichnis

Stichwortverzeichnis

Stichwortverzeichnis

Stichwortverzeichnis